STOICORUM VETERUM FRAGMENTA

COLLEGIT

IOANNES ab ARNIM

VOLUMEN III

CHRYSIPPI FRAGMENTA MORALIA
FRAGMENTA SUCCESSORUM CHRYSIPPI

LIPSIAE
IN AEDIBUS B. G. TEUBNERI
MCMIII

WIPF & STOCK · Eugene, Oregon

Wipf and Stock Publishers
199 W 8th Ave, Suite 3
Eugene, OR 97401

Stoicorum Veterum Fragmenta Volume
Chrysippi Fragmenta Moralia Fragmenta
Successorum Chrysippi
By Arnim, Hans Von
ISBN 13: 978-1-4982-4037-6
Publication date 12/20/2016 Previously published by
Lissiae In Aedibus B. G. Teubneri, 1903

Conspectus capitum.

a*

Chrysippi discipuli et successores.

1 Diog. Laërt. VII 84. Τὸ δὲ ἠθικὸν μέρος τῆς φιλοσοφίας δι- αιροῦσιν εἴς τε τὸν περὶ ὁρμῆς καὶ εἰς τὸν περὶ ἀγαθῶν καὶ κακῶν τόπον καὶ εἰς τὸν περὶ παθῶν καὶ περὶ ἀρετῆς καὶ περὶ τέλους περί τε τῆς πρώτης ἀξίας καὶ τῶν πράξεων καὶ περὶ τῶν καθηκόντων προτροπῶν τε καὶ ἀποτροπῶν. καὶ οὕτω δ' 5 ὑποδιαιροῦσιν οἱ περὶ Χρύσιππον καὶ Ἀρχέδημον καὶ Ζήνωνα τὸν Ταρσέα καὶ Ἀπολλόδωρον καὶ Διογένην καὶ Ἀντίπατρον καὶ Ποσει- δώνιον. Ὁ μὲν γὰρ Κιττιεὺς Ζήνων καὶ ὁ Κλεάνθης, ὡς ἂν ἀρχαι- ότεροι, ἀφελέστερον περὶ τῶν πραγμάτων διέλαβον. οὗτοι δὲ διεῖλον καὶ τὸν λογικὸν καὶ τὸν φυσικόν. 10

Ethica I.

De fine bonorum.

§ 1. Explicatur „finis bonorum“ secundum Stoicos.

2 Stobaeus ecl. II p. 46 W. (ex Arii Didymi epitome). λέγεται δ' 15 ὑπὸ μὲν τῶν Στωϊκῶν ὁρικῶς· „τέλος ἐστὶν οὗ ἕνεκα πάντα πράτ- τεται καθηκόντως, αὐτὸ δὲ πράττεται οὐδενὸς ἕνεκα.“ κἀκείνως· „οὗ χάριν τἄλλα, αὐτὸ δ' οὐδενὸς ἕνεκα.“ Καὶ πάλιν· „ἐφ' ὃ πάντα τὰ ἐν τῷ βίῳ πραττόμενα καθηκόντως τὴν ἀναφορὰν λαμβάνει, αὐτὸ δ' ἐπ' οὐδέν.“ 20

3 Stobaeus ecl. II 76, 16 W. Τὸ δὲ τέλος λέγεσθαι τριχῶς ὑπὸ τῶν ἐκ τῆς αἱρέσεως ταύτης· τό τε γὰρ τελικὸν ἀγαθὸν λέγεσθαι τέλος ἐν τῇ φιλολόγῳ συνηθείᾳ, ὡς τὴν ὁμολογίαν λέγουσι τέλος εἶναι· λέγουσι δὲ καὶ τὸν σκοπὸν τέλος, οἷον τὸν ὁμολογούμενον βίον ἀναφορικῶς λέγοντες ἐπὶ τὸ παρακείμενον κατηγόρημα· κατὰ δὲ τὸ τρίτον σημαινόμενον λέγουσι 25 τέλος τὸ ἔσχατον τῶν ὀρεκτῶν, ἐφ' ὃ πάντα τὰ ἄλλα ἀναφέρεσθαι.

4 Diog. Laërt. VII 87. πάλιν δ' ἴσον ἐστὶ τὸ κατ' ἀρετὴν ζῆν τῷ κατ' ἐμπειρίαν τῶν φύσει συμβαινόντων ζῆν, ὥς φησι Χρύσιππος ἐν τῷ πρώτῳ περὶ Τελῶν. μέρη γάρ εἰσιν αἱ ἡμέτε- ραι φύσεις τῆς τοῦ ὅλου. διόπερ τέλος γίνεται τὸ ἀκολούθως τῇ 30

---

5 καὶ om. BP.   7 Διογένη B.   17 κἀκείνως Wachsm., κρατῖνος FP
20 οὐδέν Lipsius, οὐδενός libri.   26 ἐφ' ᾧ libri, corr. Heeren.

φύσει ζῆν· ὅπερ ἐστὶ κατά τε τὴν αὐτοῦ καὶ κατὰ τὴν τῶν ὅλων, οὐ-
δὲν ἐνεργοῦντας ὧν ἀπαγορεύειν εἴωθεν ὁ νόμος ὁ κοινός, ὅσπερ ἐστὶν
ὁ ὀρθὸς λόγος διὰ πάντων ἐρχόμενος, ὁ αὐτὸς ὢν τῷ Διΐ, καθηγε-
μόνι τούτῳ τῆς τῶν ὄντων διοικήσεως ὄντι. εἶναι δ' αὐτὸ τοῦτο τὴν
5 τοῦ εὐδαίμονος ἀρετὴν καὶ εὔροιαν βίου, ὅταν πάντα πράττηται
κατὰ τὴν συμφωνίαν τοῦ παρ' ἑκάστῳ δαίμονος πρὸς τὴν τοῦ ὅλου
διοικητοῦ βούλησιν.

     ibid. 89.   φύσιν δὲ Χρύσιππος μὲν ἐξακούει, ᾗ ἀκολούθως δεῖ
ζῆν τήν τε κοινὴν καὶ ἰδίως τὴν ἀνθρωπίνην.

10   **5** Commenta Lucani lib. II 380 p. 73 Us.   *His versibus declara-*
vit Stoicum Catonem fuisse: cuius philosophiae finis secundum Chry-
sippum ille est ὁμολογουμένως τῇ φύσει ζῆν, *hoc est: congruenter*
naturae vivere.

     6 Clem. Al. Strom. V 14 p. 703 Pott.   ἐντεῦθεν οἱ μὲν Στωϊκοὶ
15 τὸ τέλος τῆς φιλοσοφίας τὸ ἀκολούθως τῇ φύσει ζῆν εἰρήκασι.

     7 Philo de plantatione Noë § 49 Vol. II p. 143, 20 Wendl.   Τὸ γὰρ
ἀκολουθίᾳ φύσεως ἰσχῦσαι ζῆν εὐδαιμονίας τέλος εἶπον οἱ πρῶτοι.

     8 Philo de migrat. Abrah. § 128 Vol. II p. 293, 4 Wendl.   Τοῦτο
δέ ἐστι τὸ παρὰ τοῖς ἄριστα φιλοσοφήσασιν ᾀδόμενον τέλος, τὸ ἀκολούθως
20 τῇ φύσει ζῆν.

     9 Clem. Al. Strom. II p. 482 Pott.   ἐντεῦθεν καὶ οἱ Στωϊκοὶ τὸ
ἀκολούθως τῇ φύσει ζῆν τέλος εἶναι ἐδογμάτισαν, τὸν θεὸν εἰς φύσιν μετο-
νομάσαντες ἀπρεπῶς· ἐπειδὴ ἡ φύσις καὶ εἰς φυτὰ — — καὶ εἰς λίθους
διατείνει.

25   **10** Philo de Moyse lib. III Vol. II Mang. p. 158.   ἐφιεμένην τῆς
ἄκρας εὐδαιμονίας καὶ τοῦ τέλους, ἐφ' ὃ σπεύδειν ἀναγκαῖον καὶ τὰς πρά-
ξεις ἁπάσας ἀναφέρειν, στοχαζομένους ὥσπερ ἐν ταῖς τοξείαις σκοποῦ τοῦ
περὶ βίον.

     11 Cicero de finibus III 23.   Atque ut membra nobis ita data sunt,
30 ut ad quandam rationem vivendi data esse appareat, sic appetitio animi,
quae ὁρμὴ Graece vocatur, non ad quodvis genus vitae, sed ad quandam
formam vivendi videtur data, itemque et ratio et perfecta ratio.   24. ut
enim histrioni actio, saltatori motus non quivis, sed certus quidam est
datus, sic vita agenda est certo genere quodam, non quolibet; quod genus
35 conveniens consentaneumque dicimus.   Nec enim gubernationi aut medi-
cinae similem sapientiam esse arbitramur, sed actioni illi potius,
quam modo dixi, et saltationi, ut in ipsa insit, non foris petatur
extremum, id est artis effectio.   Et tamen est etiam alia cum his
ipsis artibus sapientiae dissimilitudo, propterea quod in illis quae recte
40 facta sunt, non continent tamen omnes partes, e quibus constant; quae
autem — illi appellant κατορθώματα, omnes numeros virtutis continent.
Sola enim sapientia in se tota conversa est. — — 25. Sapientia enim et

---

     1 τε scripsi, γε libri.   2 ὅπερ BP.   3 ἐρχόμενος (sed ε in litura) P³ ‖
διο B διΐ, ΐ in lit. P³.   23 vulgo εὐπρεπῶς.   30 appareant *libri*, corr.
Lambin.

animi magnitudinem complectitur et iustitiam et ut omnia, quae homini
accidant, infra se esse iudicet.

12 Galen. de H. et Plat. decr. V 6 (168) p. 450 M. οὐκ ἀρκεσθεὶς
δὲ τούτοις ὁ Ποσειδώνιος ἐναργέστερόν τε καὶ σφοδρότερον καθάπτεται
τῶν περὶ τὸν Χρύσιππον, ὡς οὐκ ὀρθῶς ἐξηγουμένων τὸ τέλος. 5
ἔχει δὲ ἡ ῥῆσις ὧδε· „ἃ δὴ παρέντες ἔνιοι τὸ ὁμολογουμένως ζῆν συστέλ-
λουσιν εἰς τὸ πᾶν τὸ ἐνδεχόμενον ποιεῖν ἕνεκα τῶν πρώτων κατὰ φύσιν,
ὅμοιον αὐτὸ ποιοῦντες τῷ σκοπὸν ἐκτίθεσθαι τὴν ἡδονὴν ἢ τὴν ἀοχλησίαν
ἢ ἄλλο τι τοιοῦτον. ἔστι δὲ μάχην ἐμφαῖνον κατ᾽ αὐτὴν τὴν ἐκφοράν, καλὸν
δὲ καὶ εὐδαιμονικὸν οὐδέν. παρέπεται γὰρ κατὰ τὸ ἀναγκαῖον τῷ τέλει, τέ- 10
λος δὲ οὐκ ἔστιν. Ἀλλὰ καί, τούτου διαληφθέντος ὀρθῶς, ἔξεστι μὲν αὐτῷ
χρῆσθαι πρὸς τὸ διακόπτειν τὰς ἀπορίας, ἃς οἱ σοφισταὶ προτείνουσι, μὴ
μέντοι γε τῷ „κατ᾽ ἐμπειρίαν τῶν κατὰ τὴν ὅλην φύσιν συμβαινόν-
των ζῆν,“ ὅπερ ἰσοδυναμεῖ τῷ ὁμολογουμένως εἰπεῖν ζῆν, ἡνίκα
μὴ τοῦτο μικροπρεπῶς συντείνει εἰς τὸ τῶν ἀδιαφόρων τυγχάνειν. 15
Stob Eclog. II 76, 3 W. Κλεάνθης γὰρ πρῶτος διαδεξάμενος αὐτοῦ
(sc. τοῦ Ζήνωνος) τὴν αἵρεσιν προσέθηκε „τῇ φύσει“ καὶ οὕτως ἀπέδωκε·
„τέλος ἐστὶ τὸ ὁμολογουμένως τῇ φύσει ζῆν.“ Ὅπερ ὁ Χρύσιππος σα-
φέστερον βουλόμενος ποιῆσαι, ἐξήνεγκε τὸν τρόπον τοῦτον· „ζῆν
κατ᾽ ἐμπειρίαν τῶν φύσει συμβαινόντων“ etc. 20

13 Cicero de finibus IV 14. Cum enim superiores, e quibus pla-
nissime Polemo, secundum naturam vivere summum bonum esse dixissent,
his verbis tria significari Stoici dicunt, unum eius modi „vivere adhi-
bentem scientiam earum rerum, quae natura evenirent"; hunc
ipsum Zenonis aiunt esse finem, declarantem illud, quod a te dictum est, 25
„convenienter naturae vivere"; alterum significari idem, ut si diceretur
„officia media omnia aut pleraque servantem vivere." 15. Hoc sic expo-
situm dissimile est superiori. Illud enim rectum est (quod κατόρθωμα
dicebas) contingitque sapienti soli, hoc autem inchoati cuiusdam officii est,
non perfecti, quod cadere in nonnullos insipientes potest. Tertium autem, 30
omnibus aut maximis rebus iis, quae secundum naturam sint, fruentem
vivere. Hoc non est positum in nostra actione; completur enim et ex eo
genere vitae, quod virtute fruitur, et ex iis rebus, quae sunt secundum
naturam neque sunt in nostra potestate. Sed hoc summum bonum, quod
tertia significatione intellegitur, eaque vita, quae ex summo bono degitur, 35
quia coniuncta ei virtus est, in sapientem solum cadit, isque finis bono-
rum, ut ab ipsis Stoicis scriptum videmus, a Xenocrate atque ab
Aristotele constitutus est.

14 Cicero de fin. II 34. His omnibus, quos dixi, consequentes sunt
fines bonorum, Aristippo simplex voluptas, Stoicis consentire naturae, 40
quod esse volunt 'e virtute' id est honeste vivere; quod ita interpretan-
tur: vivere cum intelligentia rerum earum, quae natura eveni-
rent, eligentem ea, quae essent secundum naturam, reicientemque contraria.

---

14 respicit hanc Chrysippi definitionem Clem. Al. Paed. II 1 p. 162 Pott.
τὴν θεωρίαν τῶν κατὰ τὸν ἄνθρωπον συμβαινόντων κατὰ φύσιν. — τῷ Bake, τὸ
libri. 15 συντείνει Corn., συντείνειν codd. 16 Cf. I n. 552. 21 sq. Videtur
Antiochus libro Antipatri uti, qui pro Zenone et Chrysippo contra Peripateti-
cos (Academicos veteres) et Archedemum pugnaret.

35. Ita tres sunt fines expertes honestatis — — una simplex, cuius Zeno auctor, posita in decore tota, id est in honestate.

15 Cicero de finibus III 9, 31. relinquitur ut summum bonum sit, vivere scientiam adhibentem earum rerum, quae natura eveni-
5 ant, seligentem quae secundum naturam, et, quae contra naturam sint, reicientem, id est convenienter congruenterque naturae vivere.

16 Stobaeus ecl. II 77, 16 W. *Τέλος δέ φασιν εἶναι τὸ εὐδαιμονεῖν, οὗ ἕνεκα πάντα πράττεται, αὐτὸ δὲ πράττεται μὲν οὐδενὸς δὲ ἕνεκα· τοῦτο δὲ ὑπάρχειν ἐν τῷ κατ᾽ ἀρετὴν ζῆν, ἐν τῷ ὁμολογουμένως ζῆν, ἔτι, ταὐτοῦ*
10 *ὄντος, ἐν τῷ κατὰ φύσιν ζῆν. Τὴν δὲ εὐδαιμονίαν ὁ Ζήνων ὡρίσατο τὸν τρόπον τοῦτον· εὐδαιμονία δ᾽ ἐστὶν εὔροια βίου. Κέχρηται δὲ καὶ Κλεάνθης τῷ ὅρῳ τούτῳ ἐν τοῖς ἑαυτοῦ συγγράμμασι καὶ ὁ Χρύσιππος καὶ οἱ ἀπὸ τούτων πάντες, τὴν εὐδαιμονίαν εἶναι λέγοντες οὐχ ἑτέραν τοῦ εὐδαίμονος βίου, καίτοι γε λέγοντες τὴν μὲν εὐδαιμονίαν σκοπὸν ἐκκεῖσθαι, τέλος δ᾽*
15 *εἶναι τὸ τυχεῖν τῆς εὐδαιμονίας, ὅπερ ταυτὸν εἶναι τῷ εὐδαιμονεῖν.*

Δῆλον οὖν ἐκ τούτων, ὅτι ἰσοδυναμεῖ ῾τὸ κατὰ φύσιν ζῆν᾽ καὶ ῾τὸ καλῶς ζῆν᾽ καὶ ῾τὸ εὖ ζῆν᾽ καὶ πάλιν ῾τὸ καλὸν κἀγαθόν᾽ καὶ ῾ἡ ἀρετὴ καὶ τὸ μέτοχον ἀρετῆς᾽· καὶ ὅτι πᾶν ἀγαθὸν καλόν, ὁμοίως δὲ καὶ πᾶν αἰσχρὸν κακόν· δι᾽ ὃ καὶ τὸ Στωϊκὸν τέλος ἴσον δύνασθαι τῷ κατ᾽ ἀρετὴν βίῳ.

20 **17** Michaël in Eth. Nicom. (Comm. graec. Vol. XX) ed. Heylb. p. 598, 20. *ὅτι κατὰ μὲν τὰς τῶν ἄλλων φιλοσόφων, Ἐπικουρείων τε καὶ τῶν ὕστερον Στωϊκῶν περὶ εὐδαιμονίας ὑπολήψεις δύναταί τις εὐδαιμονίαν μεταδιδόναι καὶ τοῖς ἀλόγοις ζῴοις — — διὰ τούτων ἄν τις παραστήσειεν. — — εἰ τὸ κατὰ φύσιν διάγειν κατὰ τοὺς Στωϊκοὺς εὖ ζῆν ἐστι, τὸ δὲ εὖ*
25 *ζῆν καὶ κατ᾽ αὐτοὺς καὶ κατ᾽ Ἐπίκουρον εὐδαιμονεῖν ἐστι, τὸ κατὰ φύσιν ἄρα διάγειν εὐδαιμονεῖν ἐστιν. ἀλλὰ μὴν ὑπάρχει τοῖς ἀλόγοις ζῴοις τὸ κατὰ φύσιν διάγειν ἀπὸ γενέσεως μέχρι τῆς ἀκμῆς· εὐδαιμονεῖν ἔστι ἄρα τὰ ἄλογα ζῷα.*

p. 599, 6. *πάλιν εἰ τὸ εὐδαιμονεῖν ἐστι κατὰ τοὺς Στωϊκοὺς τὸ ἔσχα-*
30 *τον τῆς φυσικῆς ὀρέξεως, ἐφ᾽ ὃ ἐλθοῦσα ἡ φύσις τὸ οὗ ἕνεκα καὶ τὸ τέλος ἔχει, οὗ τυχοῦσα πλέον οὐθὲν ἐπιποθεῖ πλὴν τοῦ κατέχειν αὐτὸ τὸ οἰκεῖον ἀγαθὸν αὐτῇ καὶ μὴ ἀπολλύναι, τοῦτο δὲ ὑπάρχει καὶ τοῖς ἀλόγοις, μετέχει ἄρα καὶ τὰ ἄλογα ζῷα εὐδαιμονίας.*

18 Cicero de finibus III 22. Sed ex hoc primum error tollendus
35 est, ne quis sequi existimet, ut duo sint ultima bonorum. Ut enim, si cui propositum sit conliniare hastam aliquo aut sagittam, sicut nos ulti-mum in bonis dicimus, sic illi facere omnia quae possit ut conliniet, huic in eiusmodi similitudine omnia sint facienda, ut conliniet, et tamen ut omnia faciat quo propositum assequatur sit hoc quasi ultimum quale nos
40 summum in vita bonum dicimus, illud autem ut feriat quasi seligendum, non expetendum.

19 Alexander Aphrod. Qaaest. II 16 p. 61, 1 Bruns. *Εἰ τῶν στο-χαστικῶν τεχνῶν τέλος εἶναί τις λέγοι τὸ πάντα τὰ παρ᾽ αὐτὰς ποιεῖν πρὸς τὸ τοῦ προκειμένου τυγχάνειν, πῶς οὐχ ὁμοίως καὶ αὗται τοῦ οἰκείου τεύ-*

---

9 ταὐτοῦ Heeren, τοῦ libri.   10 Cf. I n. 184 (Zeno) 554 (Cleanthes).
17 πάλιν Meineke, πᾶν libri.   18 καὶ τὸ Canter, ἢ τὸ libri.   19 τῷ Heeren,
τῶν libri. || βίῳ Heeren, βίου libri.   30 Cf. p. 3, 26.   36 sicut nos AB sic
nos *duo* cod. Goerenzii.   39 sit hoc *Ernesti,* sed hoc *libri.*

ξονται τέλους ταῖς οὐ στοχαστικαῖς τῶν τεχνῶν; δοκοῦσι δὲ κατὰ τοῦτο μά-
λιστα διαφέρειν τῶν ἄλλων αἱ στοχαστικαὶ τῷ μὴ ὁμοίως τοῦ τέλους τυγχά-
νειν. καθ' οὓς μὲν ⟨γὰρ⟩ τέλος ἐστὶν αὐταῖς τὸ τυχεῖν τοῦ προκειμένου,
διαφέροιεν ἂν ταύτῃ· καθ' οὓς δὲ τὸ προειρημένον ἐστὶν αὐταῖς τέλος, εἰ
καὶ [τὰ] τοῦ τέλους [μὴ] ὁμοίως τυγχάνουσι, διαφέροιεν ⟨ἂν⟩ αὐτῶν κατὰ 5
τὸ μὴ ὅμοιον αὐταῖς τὸ τέλος ἔχειν. ἐκεῖναι μὲν γὰρ τῷ τοῖς κατὰ τὴν
τέχνην γινομένοις ἕπεσθαι τὸ οὗ χάριν γίνονται καὶ τὴν ἀποτυχίαν αὐταῖς
τοῦ προκειμένου κατὰ τὴν διαμαρτίαν τῶν γινομένων, οὐ τεχνικῶς γινομέ-
νων, ἕπεσθαι, τέλος ἔχουσι τὸ τυχεῖν τοῦ προκειμένου (ἴσον γὰρ ἐν ἐκείναις
τῷ πάντα τὰ παρ' αὐτὰς ποιῆσαι πρὸς τὸ τυχεῖν τοῦ προκειμένου τὸ καὶ 10
τυχεῖν αὐτοῦ· ταῦτα γὰρ ποιουσῶν τὰ παρ' αὐτὰς γίγνεται). ἐπὶ δὲ τῶν
στοχαστικῶν τῷ μὴ πάντως τοῖς γινομένοις κατὰ τὴν τέχνην ἕπεσθαι τὸ οὗ
χάριν, διὰ τὸ δεῖσθαι πρὸς τὸ τυχεῖν ἐκείνου πολλῶν, ἃ μὴ ἔστιν ἐπὶ μόνῃ
τῇ τέχνῃ, ἔτι δὲ καὶ αὐτὰ τὰ κατὰ τὴν τέχνην γινόμενα μὴ ὡρίσθαι μηδὲ
τῶν αὐτῶν εἶναι ποιητικὰ τῷ μὴ πάντῃ ὁμοίως ἔχουσιν προσφέρεσθαι, διὰ 15
⟨τὸ⟩ πάντα ἢ διὰ ⟨τὸ⟩ τινὰ καὶ ἄλλως ἐν αὐταῖς, οὐχ ὡς προσεδοκᾶτο,
ἕπεσθαι, οὐ τὸ τυχεῖν τοῦ προκειμένου τέλος ἐστίν, ἀλλὰ τὸ ἀποπληρῶσαι τὰ
τῆς τέχνης.

§ 2. Contra aliorum philosophorum fines disputatur.

20 Cicero de finib. IV 11, 28. *Chrysippus autem exponens diffe-* 20
rentias animantium, ait alias eorum corpore excellere, alias autem animo,
nonnullas valere utraque re: deinde disputat, quod cuiusque generis ani-
mantium statui deceat extremum. Cum autem hominem in eo genere
posuisset, ut ei tribueret animi excellentiam, summum bonum id consti-
tuit, non ut excellere animo, sed ut nihil esse praeter animum videretur. 25

21 Cicero Acad. Pr. II 45, 138. *Testatur saepe Chrysippus, tres*
solas esse sententias quae defendi possint de finibus bonorum. Circum-
cidit et amputat multitudinem: aut enim honestatem esse finem aut vo-
luptatem aut utrumque; nam qui summum bonum dicant id esse, si
vacemus omni molestia, eos invidiosum nomen voluptatis fugere, sed in 30
vicinitate versari: quod facere eos etiam, qui illud idem cum honestate
coniungerent; nec multo secus eos qui ad honestatem prima naturae
commoda adiungerent: ita tres relinquit sententias, quas putat probabi-
liter posse defendi.

ibid. 46, 140. *Unum igitur par, quod depugnet, reliquum est, vo-* 35
luptas cum honestate. De quo Chrysippo fuit, quantum ego sentio, non
magna contentio. Alteram si sequare, multa ruunt et maxime

---

3 γὰρ addidi.   4 προειρημένον scripsi, προκείμενον libri.   5 εἰ καὶ τὰ
τοῦ Vict., οὐ καὶ τὰ τοῦ libri; τὰ seclusi. || μὴ seclusi. || ἂν add. Spengel.
6 τῷ τοῖς Spengel, τούτοις libri.   10 αὐτὰς Spengel, αὐτῶν libri.   11 ποιουσῶν
scripsi, ποιούντων libri. || αὐτὰς Spengel, ἑαυτοῖς libri.   16 τὸ addidi. || ἢ
διὰ τὸ scripsi, ἢ διὰ Victor. ἡ δὲ libri.   17 ἕπεσθαι scripsi, ἔσεσθαι libri.
24 animus *libri.*

communitas cum hominum genere, caritas, amicitia, iustitia,
reliquae virtutes; quarum esse nulla potest, nisi erit gratuita. Nam
quae voluptate quasi mercede aliqua ad officium impellitur, ea non
est virtus, sed fallax imitatio simulatioque virtutis.

5   **22** Cicero de finib. II 14, 44. *Ita ceterorum sententiis semotis re-*
linquitur, non mihi cum Torquato, sed virtuti cum voluptate certatio.
Quam quidem certationem homo et acutus et diligens, Chrysippus non
contemnit; totumque discrimen summi boni in earum comparatione posi-
tum putat.

10   **23** Plut. de Stoic. repugn. cp. 15 p. 1040c. Πάλιν ἐν τοῖς περὶ
Δικαιοσύνης ὑπειπὼν ὅτι τοὺς ἀγαθὸν ἀλλὰ μὴ τέλος τιθεμένους τὴν
ἡδονὴν ἐνδέχεται cῴζειν καὶ τὴν δικαιοσύνην, θεὶς τοῦτο κατὰ λέξιν
εἴρηκε· „Τάχα γὰρ ἀγαθοῦ αὐτῆς ἀπολειπομένης, τέλους δὲ μή,
τῶν δὲ δι᾽ αὑτὰ αἱρετῶν ὄντος καὶ τοῦ καλοῦ, cῴζοιμεν ἂν
15 τὴν δικαιοσύνην, μεῖζον ἀγαθὸν ἀπολιπόντες τὸ καλὸν καὶ τὸ
δίκαιον τῆς ἡδονῆς.“ Cf. cp. 13. ubi plane eadem verba exstant.

Plut. de comm. not. cp. 25 p. 1070d. *ἔν γε τοῖς περὶ Δικαιοσύ-*
νης, εἰ μέν τις ὑπόθοιτο τὴν ἡδονὴν τέλος, οὐκ οἴεται cῴζεσθαι τὸ δί-
καιον· εἰ δὲ μὴ τέλος ἀλλὰ ἁπλῶς ἀγαθόν, οἴεται· τὰς δὲ λέξεις οὐκ οἴμαί
20 *σε δεῖσθαι νῦν ἀκούειν ἐμοῦ καταλέγοντος· τὸ γὰρ τρίτον περὶ Δικαιο-*
σύνης βιβλίον ἐστὶ πανταχόθεν λαβεῖν.

24 Plut. de Stoic. repugn. cp. 15 p. 1040e. Ἵνα δὲ μηδ᾽ ἀπολο-
γίαν ὑπολίπῃ τοῖς ἐναντιώμασιν, Ἀριστοτέλει περὶ δικαιοσύνης
ἀντιγράφων „οὗ φησιν αὐτὸν ὀρθῶς λέγειν, ὅτι τῆς ἡδονῆς τέλους
25 οὔσης ἀναιρεῖται μὲν ἡ δικαιοσύνη, συναναιρεῖται δὲ τῇ δικαιοσύνῃ καὶ
τῶν ἄλλων ἀρετῶν ἑκάστη· τὴν μὲν γὰρ δικαιοσύνην ὑπ᾽ αὐτῶν ὡς ἀλη-.
θῶς ἀναιρεῖσθαι, τὰς δ᾽ ἄλλας ἀρετὰς οὐδὲν κωλύειν ὑπάρχειν, εἰ καὶ
μὴ δι᾽ αὑτὰς αἱρετάς, ἀλλ᾽ ἀγαθὰς γοῦν καὶ ἀρετὰς ἐσομένας“ εἶτα ἑκάστην
ἐξ ὀνόματος προσαγορεύει. Βέλτιον δὲ τὰς ἐκείνου λέξεις ἀναλαβεῖν·
30 „Τῆς γὰρ ἡδονῆς, φησίν, ἐμφαινομένης τέλους κατὰ τὸν τοιοῦ-
τον λόγον, τὸ μὲν τοιοῦτο πᾶν μοι δοκεῖ οὐκ ἐμπεριλαμβά-
νεσθαι· διὸ ῥητέον, μήτε τῶν ἀρετῶν τινα δι᾽ αὑτὴν αἱρετὴν
εἶναι, μήτε τῶν κακιῶν φευκτήν, ἀλλὰ πάντα ταῦτα δεῖν ἀνα-
φέρεσθαι πρὸς τὸν ὑποκείμενον σκοπόν· οὐδὲν μέντοι κωλύσει
35 κατ᾽ αὐτούς, τὴν ἀνδρείαν μὲν καὶ τὴν φρόνησιν καὶ τὴν ἐγκρά-
τειαν καὶ τὴν καρτερίαν καὶ τὰς ὁμοίας ταύταις ἀρετὰς εἶναι
τῶν ἀγαθῶν, τὰς δ᾽ ἐναντίας ⟨κακίας⟩ ὑπάρχειν φευκτάς.“

25 Plut. de comm. not. cp. 25 p. 1070d. *Καὶ μὴν ὅτι δυοῖν*

---

11 ἀγαθὸν Wy. τἀγαθὸν libri.   13 hoc loco trad. ἀγαθοὺς ἀπολειπομέ-
νους, corr. ex cp. 13.   14 αὐτὰ scripsi, αὐτῶν libri.   28 αἱρετὰς Mez.
37 κακίας add. Mez.

ἀγαθῶν, τοῦ μὲν τέλους, τοῦ δὲ πρὸς τὸ τέλος, μεῖζόν ἐστι τὸ τέλος καὶ τελειότερον, ὑπ' οὐδενὸς ἀγνοεῖται. Γινώσκει δὲ καὶ Χρύσιππος τὴν διαφοράν, ὡς δῆλόν ἐστιν ἐν τῷ τρίτῳ περὶ Ἀγαθῶν· τοῖς γὰρ τέλος ἡγουμένοις τὴν ἐπιστήμην ἀνομολογεῖ.

26 Plut. de comm. not. cp. 27 p. 1071 f. Ὁρᾷς γὰρ ὅτι καὶ Χρύ- 5 σιππος εἰς ταύτην [μᾶλλον] συνελαύνει τὸν Ἀρίστωνα τὴν ἀπο- ρίαν, ὡς τῶν πραγμάτων ⟨οὐ διδόντων⟩ τὴν πρὸς τὸ μήτ' ἀγαθὸν μήτε κακὸν ἀδιαφορίαν ἐπινοῆσαι, τοῦ ἀγαθοῦ καὶ τοῦ κακοῦ μὴ προεπινοηθέντων· οὕτω γὰρ αὐτῆς φανεῖσθαι τὴν ἀδιαφορίαν προϋ- φισταμένην, εἰ νόησιν μὲν αὐτῆς οὐκ ἔστι λαβεῖν, μὴ πρότερον τοῦ 10 ἀγαθοῦ νοηθέντος, ἄλλο δ' οὐδὲν ἀλλ' αὐτὴ μόνον τὸ ἀγαθόν ἐστιν.

27 Cicero de finibus IV 25, 68. *Cum enim, quod honestum sit, id solum bonum esse confirmatur, tollitur cura valetudinis, diligentia rei familiáris, administratio rei publicae, ordo gerendorum negotiorum, officia vitae: ipsum denique illud honestum, in quo uno vultis esse omnia,* 15 *deserendum est. Quae diligentissime contra* **A r i s t o n e m** *dicuntur a* **C h r y s i p p o.**

28 Galenus de animi peccatis dignoscendis 4 Vol. V p. 77 K. ἀρχὴ μὲν οὖν ἐστι πολλῶν ἁμαρτημάτων ἡ περὶ τέλους ἑκάστου βίου ὑπόληψις ψευδής· φύεται γὰρ ὥσπερ ἐκ ῥίζης τινὸς ταύτης τὰ κατὰ μέρος ἁμαρτή- 20 ματα. δύναται δέ τις, ἐν τῇ περὶ τέλους δόξῃ μὴ σφαλείς, ἔν τινι τῶν κατὰ μέρος σφαλῆναι, μὴ συνιεὶς τῆς ἀκολουθίας.

§ 3. Ὅτι μόνον τὸ καλὸν ἀγαθόν.

29 Plut. de Stoic. repugn. c. 13 p. 1039 c. Καὶ μὴν ἐν τῷ περὶ Καλοῦ πρὸς ἀπόδειξιν τοῦ μόνον τὸ καλὸν ἀγαθὸν εἶναι, τοιούτοις λό- 25 γοις κέχρηται· „Τὸ ἀγαθὸν αἱρετόν· τὸ δ' αἱρετὸν ἀρεστόν· τὸ δ' ἀρεστὸν ἐπαινετόν· τὸ δ' ἐπαινετὸν καλόν." Καὶ πάλιν „Τὸ ἀγαθὸν χαρτόν, τὸ δὲ χαρτὸν cεμνόν, τὸ δὲ cεμνὸν καλόν."

30 Diog. Laërt. VII 101. λέγουσι δὲ μόνον τὸ καλὸν ἀγα- θὸν εἶναι, καθά φησιν Ἑκάτων ἐν τῷ τρίτῳ περὶ ἀγαθῶν, καὶ Χρύ- 30 σιππος ἐν τοῖς περὶ τοῦ Καλοῦ. εἶναι δὲ τοῦτο ἀρετὴν καὶ τὸ μετέχον ἀρετῆς· ᾧ ἐστιν ἴσον τὸ πᾶν ἀγαθὸν καλὸν εἶναι καὶ τὸ ἰσο- δυναμεῖν τῷ καλῷ τὸ ἀγαθόν· ὅπερ ἴσον ἐστὶ τούτῳ. ἐπεὶ γάρ ἐστιν ἀγαθὸν καλόν ἐστιν· ἔστι δὲ καλόν· ἀγαθὸν ἄρα ἐστί.

31 Philo de posteritate Caini § 133 Vol. II p. 29, 7 Wendl. memo- 35 rat: τὸ Στωϊκὸν δόγμα τὸ μόνον εἶναι τὸ καλὸν ἀγαθόν.

32 Alexander Aphrod. Quaest. I 14 p. 26 Bruns. ὅτι δὲ μηδὲν παρὰ

---

4 Herillum intellegit.　6 μᾶλλον del. Wy.　7 οὐ διδόντων suppl. Bernar- dakis.　27 cf. Cicero de finibus III 8, 27.　32 ὃ B (pro ᾧ).　33 ἰσοδύνα- μον BP. ‖ τὸ καλὸν τῷ ἀγαθῷ BP.

θεῶν ἀγαθὸν τοῖς ἀνθρώποις κατὰ τοὺς προειρημένους (scil. καθ᾽ οὓς μόνον
τὸ καλὸν ἀγαθόν ἐστιν i. e. Stoicos) γίνεται, δῆλον ἐντεῦθεν. τὸ καλὸν ἐφ᾽
ἡμῖν· ὃ ἐφ᾽ ἡμῖν ἐστι, τοῦτο δι᾽ ἑαυτῶν κτώμεθα· ὃ δι᾽ ἑαυτῶν κτώμεθα,
τοῦθ᾽ ὑπ᾽ οὐδενὸς ἄλλου περιγίνεται· τὸ καλὸν ἄρα ὑπ᾽ οὐδενὸς ἄλλου ἡμῖν
5 περιγίνεται· εἰ ὑπὸ μηδενὸς οὐδ᾽ ὑπὸ τῶν θεῶν. ἀλλὰ μὴν ταὐτὸν ἀγα-
θόν τε καὶ καλόν, καθ᾽ οὓς μόνον τὸ καλὸν ἀγαθόν· οὐδὲν ⟨ἄρα⟩
ἀγαθὸν τοῖς ἀνθρώποις ὑπὸ τῶν θεῶν περιγίνεται.

33 Philo Quod deterius potiori insidiari soleat § 7 Vol. I p. 259, 25
Wendl. (de Iosepho): πρὸς γὰρ πολιτείαν μᾶλλον ἢ πρὸς ἀλήθειαν φιλοσο-
10 φῶν τὰ τρία γένη τῶν ἀγαθῶν τά τε ἐκτὸς καὶ περὶ σῶμα καὶ ψυχήν, ὅλαις
φύσεσιν ἀλλήλων διηρτημένα, εἰς τὸ αὐτὸ ἄγει καὶ συνείρει, χρεῖον ἕκαστον
ἑκάστου καὶ πάντα πάντων ἀποφαίνειν ἀξιῶν καὶ τὸ ἐξ ἀθρόων συντεθὲν
ἄρτιον καὶ πλῆρες ὄντως ἀγαθόν, τὰ δ᾽ ἐξ ὧν τοῦτο ἐπάγη, μέρη μὲν ἢ στοι-
χεῖα ἀγαθῶν, ἀγαθὰ δ᾽ οὐκ εἶναι τέλεια. Καθάπερ γὰρ μήτε πῦρ μήτε γῆν
15 μήτε τι τῶν τεττάρων, ἐξ ὧν ἐδημιουργήθη τὸ πᾶν, κόσμον εἶναι, τὴν δὲ
τῶν στοιχείων εἰς ταὐτὸ σύνοδόν τε καὶ κρᾶσιν, τὸν αὐτὸν τρόπον καὶ τὸ
εὔδαιμον μήτε ἐν τοῖς ἐκτὸς ἰδίᾳ μήτε ἐν τοῖς περὶ σῶμα μήτε ἐν τοῖς
περὶ ψυχὴν καθ᾽ αὑτὰ ἐξετάζεσθαι — τῶν γὰρ εἰρημένων ἕκαστον μερῶν
τινα καὶ στοιχείων λόγον ἔχειν — ἀλλὰ κατὰ τὸ ἐκ πάντων ἄθροισμα. Ταύ-
20 την οὖν τὴν δόξαν πέμπεται μεταδιδαχθησόμενος πρὸς ἄνδρας μόνον τὸ
καλὸν ἀγαθὸν νομίζοντας ὃ ψυχῆς ὡς ψυχῆς ἐστιν ἴδιον. τὰ δ᾽
ἐκτὸς καὶ περὶ σῶμα λεγόμενα πλεονεκτήματα μόνον, οὐ πρὸς ἀλήθειαν ὄντα
ἀγαθὰ πεπιστευκότας.

34 Cicero de finibus III 28 (argumenta explicans placiti ὅτι μόνον
25 τὸ καλὸν ἀγαθόν). Deinde quaero, quis aut de misera vita possit gloriari
aut de non beata. De sola igitur beata. Ex quo efficitur gloriatione —
dignam esse beatam vitam, quod non possit nisi honestae vitae iure con-
tingere. Ita fit, ut honesta vita beata vita sit. Et quoniam is, cui con-
tingit ut iure laudetur, habet insigne quiddam ad decus et ad gloriam,
30 ut ob ea, quae tanta sint, beatus dici iure possit, idem de vita talis viri
rectissime dicetur. Ita, si beata vita honestate cernitur, quod honestum
est, id bonum solum habendum est.

35 Cicero de finibus III 29. Quid vero? negarine ullo modo possit,
⟨nunquam⟩ quemquam stabili et firmo et magno animo, quem fortem vi-
35 rum dicimus, effici posse, nisi constitutum sit, non esse malum dolorem?
Ut enim, qui mortem in malis ponit, non potest eam non timere, sic
nemo ulla in re potest id, quod malum esse decreverit, non curare idque
contemnere. Quo posito — illud assumitur, eum qui magno sit animo
ac forti, omnia quae cadere in hominem possint despicere ac pro nihilo
40 putare. Quae cum ita sunt, effectum est nihil esse malum, quod
turpe non sit.

36 Cicero de finibus III 29. Atque iste vir altus et excellens, magno
animo, vere fortis, infra se omnia humana ducens — — certe et confidere

---

6 ἄρα addidi.   19 ἔχειν Laur. Conv. 59, ἔχει ceteri codd.   22 καὶ om.
HL. ‖ πλεονεκτήματα λεγόμενα UF.   26 aut de non *Madvig*, aut non B aut
non de *ceteri*. ‖ ex qua *libri*.   30 ob ea *Manutius*, ad ea AB ab ea *alii*.
33 quid vero *Davisius*, quod vero A qui vero B. ‖ negarine *Davisius*, negari
libri.   34 nunquam *add*. *Madvig*.

sibi debet ac suae vitae et actae et consequenti et bene de sese iudicare
statuens nihil posse mali incidere sapienti. Ex quo intelligitur idem illud,
solum bonum esse, quod honestum sit; idque esse beate vivere: ho-
neste, id est cum virtute, vivere.

37 Cicero de finibus III 8, 27. Quod est bonum, omne laudabile 5
est; quod autem laudabile est, omne est honestum: bonum igitur quod
est, honestum est. — — Illud autem perabsurdum, bonum esse aliquid,
quod non expetendum sit, aut expetendum, quod non placens: aut, si id,
non etiam diligendum: ergo etiam probandum. ita etiam laudabile: id
autem honestum. Ita fit ut quod bonum sit, id etiam honestum sit. 10

Cf. IV 50. Iam ille sorites —: quod bonum sit, id esse optabile,
quod optabile, id expetendum, quod expetendum, id laudabile, dein reliqui
gradus.

Tusc. disp. V 43. Atque etiam omne bonum laetabile est; quod
autem laetabile, id praedicandum et prae se ferendum; quod tale autem, 15
id etiam gloriosum; si vero gloriosum, certe laudabile; quod laudabile
autem, profecto etiam honestum; quod bonum igitur, id honestum.

45 Quicquid est, quod bonum sit, id expetendum est, quod autem
expetendum, id certe adprobandum; quod vero adprobaris, id gratum ac-
ceptumque habendum; ergo etiam dignitas ei tribuenda est. Quod si ita 20
est, laudabile sit necesse est; bonum igitur omne laudabile. Ex quo effi-
citur ut quod sit honestum, id sit solum bonum.

§ 4. Virtutem propter se ipsam expetendam esse.

38 Sextus adv. math. XI 99. Ναί, ἀλλὰ καὶ οἱ μόνον τὸ καλὸν
ἀγαθὸν δοξάζοντες δείκνυσθαι νομίζουσιν ὅτι φύσει τοῦτο αἱρετόν 25
ἐστι καὶ ἀπὸ τῶν ἀλόγων ζῴων. Ὁρῶμεν γάρ, φασίν, ὥς τινα γενναῖα ζῷα,
καθάπερ ταῦρος καὶ ἀλεκτρυόνες, [ἅπερ] μηδεμιᾶς αὐτοῖς ὑποκειμένης τέρ-
ψεως καὶ ἡδονῆς διαγωνίζεται μέχρι θανάτου. Καὶ τῶν ἀνθρώπων δὲ οἱ
ὑπὲρ πατρίδος ἢ γονέων ἢ τέκνων εἰς ἀναίρεσιν ἑαυτοὺς ἐπιδιδόντες οὐκ
ἄν ποτε τοῦτ' ἐποίουν, μηδεμιᾶς αὐτοῖς ἐλπιζομένης μετὰ θάνατον ἡδονῆς, 30
εἰ μὴ φυσικῶς τὸ καλὸν καὶ ἀγαθὸν τούτους τε καὶ πᾶν τὸ γεν-
ναῖον ἀεὶ ζῷον ἐπεσπᾶτο πρὸς τὴν αὐτοῦ αἵρεσιν.

quae refutans Sextus 101. αὐτῶν γὰρ πάρεστιν ἀκούειν λεγόντων ὅτι
ἡ φρονίμη διάθεσις μόνη βλέπει τὸ καλόν τε καὶ ἀγαθόν, ἡ δὲ ἀφροσύνη
τυφλώττει περὶ τὴν τούτου διάγνωσιν, ὅθεν καὶ ὁ ἀλεκτρυὼν καὶ ὁ ταῦρος 35
μὴ μετέχοντα τῆς φρονίμης διαθέσεως οὐκ ἂν βλέποι τὸ καλόν τε καὶ ἀγαθόν.

39 Diog. Laërt. VII 89. τήν τε ἀρετὴν διάθεσιν εἶναι ὁμολογουμένην·
καὶ αὐτὴν δι' αὑτὴν εἶναι αἱρετήν, οὐ διά τινα φόβον ἢ ἐλπίδα ἤ τι
τῶν ἔξωθεν· ἐν αὐτῇ τε εἶναι τὴν εὐδαιμονίαν, ἅτε οὔσῃ ψυχῇ πεποιημένῃ
πρὸς τὴν ὁμολογίαν παντὸς τοῦ βίου. 40

40 Diog. Laërt. VII 127. καὶ αὐτὴν δι' ⟨αὑτὴν⟩ αἱρετὴν εἶναι
(scil. τὴν ἀρετήν)· αἰσχυνόμεθα γοῦν ἐφ' οἷς κακῶς πράττομεν, ὡς ἂν μό-
νον τὸ καλὸν εἰδότες ἀγαθόν.

9 etiam *Baiter*, et *libri*. — Cf. n. 29.   27 ἅπερ seclusi.   38 ἀρετὴν B.
41 δὲ αἱρετὴν BP.

41 Cicero de finibus III 36. Omne autem quod honestum sit, id esse propter se expetendum — haec est tuenda sententia maxime — Stoicis. 38. et eodem modo turpia per se esse fugienda. 39. Stultitiam autem et timiditatem et iniustitiam et intemperantiam cum dicimus 5 esse fugienda propter eas res, quae ex ipsis eveniant, non ita dicimus, ut cum illo, quod positum est, solum id esse malum quod turpe sit, haec pugnare videatur oratio, propterea quod ea non ad corporis incommodum referuntur, sed ad turpes actiones, quae oriuntur e vitiis. Quas enim κακίας Graeci appellant, vitia malo quam malitias nominare.

10   **42** Cicero de legibus I 14, 40. Quodsi homines ab iniuria poena, non natura arcere deberet, quaenam sollicitudo vexaret impios, sublato suppliciorum metu? quorum tamen nemo tam audax unquam fuit, quin aut abnueret a se commissum esse facinus, aut iusti sui doloris causam aliquam fingeret, defensionemque facinoris a naturae iure aliquo quaereret. 15 Quae si appellare audent impii, quo tandem studio colentur a bonis? — Quodsi poena, si metus supplicii, non ipsa turpitudo deterret ab iniuriosa facinorosaque vita, nemo est iniustus, atque incauti potius habendi sunt improbi. 41. Tum autem qui non ipso honesto movemur, ut boni viri simus, sed utilitate aliqua atque fructu, callidi sumus, non boni. Nam 20 quid faciet is homo in tenebris, qui nihil timet nisi testem et iudicem? quid in deserto quo loco nactus, quem multo auro spoliare possit, imbecillum atque solum? Noster quidem hic natura iustus vir ac bonus etiam colloquetur, iuvabit, in viam deducet: is vero qui nihil alterius causa faciet, metietur suis commodis omnia, videtis credo quid sit acturus. Quodsi 25 negabit, se illi vitam erepturum et aurum ablaturum, nunquam ob eam causam negabit, quod id natura turpe iudicet, sed quod metuat, ne emanet, id est ne malum habeat.

    43 Cicero de legibus I 18, 48. Sequitur — et ius et omne honestum sua sponte esse expetendum. Etenim omnes viri boni ipsam 30 aequitatem et ius ipsum amant, nec est viri boni errare et diligere, quod per se non sit diligendum. Per se igitur ius et expetendum et colendum. Quod si ius, etiam iustitia: si iustitia, reliquae quoque virtutes per se colendae sunt. Quid? liberalitas gratuitane est an mercenaria? Si sine praemio benignus est, gratuita: si cum mercede, conducta: nec est dubium, 35 quin is, qui liberalis benignusve dicitur, officium, non fructum sequatur. Ergo item iustitia nihil expetit praemii, nihil pretii. Per se igitur expetitur. — — 49. ubi illa sancta amicitia, si non ipse amicus per se amatur toto pectore, ut dicitur? — — Quodsi amicitia per se colenda est, societas quoque hominum et aequalitas et iustitia per se ⟨est⟩ ex- 40 petenda.

    44 Cicero de finibus V 20 (Antiochus Carneadeam τῶν τελῶν divisionem enarrans). At vero facere omnia, ut adipiscamur, quae secundum naturam sunt, etiamsi ea non assequamur, id esse et honestum et solum per se expetendum et solum bonum Stoici dicunt.

---

4 timiditatem *Guyetus,* temeritatem *libri.*   5 fugienda *Manutius,* fugiendam *libri.*   13 abnuerit AB aut ob iniuriam H.   17 atque *Ernestius,* aut *libri.*   21 quodam loco *Halmius.*   32 si iustitia *Halmius,* sit in ea ABH. 36 ergo idem AB ergo eadem H. ‖ exprimit ABH.   39 est *add. Lambin.* 43 sunt BE *Madv.,* sint *Baiter.*

45 Servius ad Aeneid. I 604. Et mens sibi conscia recti: secundum Stoicos, qui dicunt, ipsam virtutem esse pro praemio, etiamsi nulla sint praemia.

46 Clem. Al. Strom. IV 8 p. 594 Pott. εἰ δὴ τῶν ἀδιαφόρων ἔνια τοιαύτην εἴληχε τιμήν, ὥστε καὶ ἀκόντων τινῶν αἱρετὰ εἶναι δοκεῖν, πολὺ δὲ πλέον τὴν ἀρετὴν περιμάχητον νομιστέον· μὴ εἰς ἄλλο τι ἀφορῶντας, ἀλλὰ εἰς αὐτὸ τὸ καλῶς πραχθῆναι δυνάμενον, ἐάν τε ἑτέροις δοκῇ τισιν ἐάν τε μή.

47 Lactant. instit. div. III 12. Sed et Stoici — — negant sine virtute effici quemquam beatum posse. Ergo virtutis praemium beata vita est, si virtus, ut recte dictum est, beatam vitam facit. Non est igitur, ut aiunt, propter se ipsam virtus expetenda etc. Cf. ibidem cp. 27.

48 Lactant. div. instit. V 17. Nam et cum de virtute disputant, quamvis intellegant aerumnis ac miseriis esse plenissimam, tamen expetendam esse aiunt sua causa.

§ 5. Virtutem sufficere ad vitam beatam.

49 Diog. Laërt. VII 127. αὐτάρκη τε εἶναι αὐτὴν (scil. τὴν ἀρετὴν) πρὸς εὐδαιμονίαν, καθά φησι Ζήνων καὶ Χρύσιππος ἐν τῷ πρώτῳ περὶ Ἀρετῶν καὶ Ἑκάτων ἐν τῷ δευτέρῳ περὶ ἀγαθῶν. Εἰ γάρ, φησίν, αὐτάρκης ἐστὶν ἡ μεγαλοψυχία πρὸς τὸ πάντων ὑπεράνω ποιεῖν, ἔστι δὲ μέρος ἀρετῆς, αὐτάρκης ἐστὶ καὶ ἡ ἀρετὴ πρὸς εὐδαιμονίαν, καταφρονοῦσα καὶ τῶν δοκούντων ὀχληρῶν.

50 Porphyrio ad Hor. carm. III 2, 17. Haec de Stoicorum secta sunt, qui dicunt virtutem solam sufficere ad vitam beatam.

51 Cicero de fin. I 61. Multoque hoc melius nos (i. e. Epicurei) veriusque quam Stoici. Illi enim negant esse bonum quicquam nisi nescio quam illam umbram, quod appellant honestum non tam solido quam splendido nomine; virtutem autem nixam hoc honesto nullam requirere voluptatem atque ad beate vivendum se ipsa esse contentam.

52 Proclus in Platonis Timaeum p. 61 B. Schn. Οὐχ ὥσπερ οἱ ἀπὸ τῆς Στοᾶς τὸν σπουδαῖον οὐδέν φασι δεῖσθαι τῆς τύχης οὕτω καὶ ὁ Πλάτων.

53 Plut. de Stoic. repugn. cp. 26 p. 1046d. εἰ μὲν οὖν τὴν φρόνησιν ἡγεῖτο (scil. Chrysippus) ποιητικὸν εἶναι τῆς εὐδαιμονίας ἀγαθόν, ὥσπερ ὁ Ἐπίκουρος non ipse sibi repugnaret, ἐπεὶ δ' ἡ φρόνησις οὐχ ἕτερόν ἐστι τῆς εὐδαιμονίας κατ' αὐτὸν ἀλλ' εὐδαιμονία etc.

54 Plut. de comm. not. 8 p. 1061f. Οὐ μόνον οὖν ταῦτα λέ-

---

19 numerum om. B.   20 Ultima inde ab *Εἰ γὰρ* ad solum Hecatonem pertinent.   21 τῆς ἀρετῆς B, rasura ante ἀρετῆς P.   36 κατ' αὐτὸν Mez., καθ' αὐτὸ libri.

γουσιν οἱ ἄνδρες, ἀλλὰ κἀκεῖνα πρὸς τούτοις, ὅτι „ἀγαθὸν ὁ χρόνος
οὐκ αὔξει προσγινόμενος, ἀλλὰ κἂν ἀκαρές τις ὥρας γένηται φρόνι-
μος, οὐδενὶ πρὸς εὐδαιμονίαν ἀπολειφθήσεται τοῦ τὸν αἰῶνα χρωμέ-
νου τῇ ἀρετῇ καὶ μακαρίως ἐν αὐτῇ καταβιοῦντος."

5 Plut. de Stoic. repugn. cp. 26 p. 1046 c. Ἐν πολλοῖς εἰρηκὼς (sc.
Chrysippus) ὅτι παρὰ τὸν πλείονα χρόνον οὐδὲν μᾶλλον εὐδαιμονοῦσιν,
ἀλλ' ὁμοίως καὶ ἐπίσης τοῖς τὸν ἀμερῆ χρόνον εὐδαιμονίας μετασχοῦσιν.
Stobaeus Eclog. II 98,17 W. Δι' ὃ καὶ πάντως εὐδαιμονεῖν ἀεὶ
τῶν ἀνθρώπων τοὺς ἀγαθούς, τοὺς δὲ φαύλους κακοδαιμονεῖν. καὶ
10 ⟨ἐκείνων⟩ τὴν εὐδαιμονίαν μὴ διαφέρειν τῆς θείας εὐδαιμονίας, μηδὲ
τὴν ἀμεριαίαν ὁ Χρύσιππός φησι διαφέρειν τῆς τοῦ Διὸς εὐδαιμο-
νίας, ⟨καὶ⟩ κατὰ μηδὲν αἱρετωτέραν εἶναι μήτε καλλίω μήτε σεμνο-
τέραν τὴν τοῦ Διὸς εὐδαιμονίαν τῆς τῶν σοφῶν ἀνδρῶν.
Themistius Orat. VIII p. 101 d. Χρύσιππος δὲ ἄχρι τῶν ῥημά-
15 των ἔοικεν ἀνδρίζεσθαι, ταὐτὸν δύνασθαι φάσκων ἀνδρὶ σπουδαίῳ
μίαν ἡμέραν, μᾶλλον δὲ καὶ μίαν ὥραν πολλοῖς ἐνιαυτοῖς.

55 Plut. de Stoic. repugn. cp. 18 p. 1042 a. Οὐσίαν κακοδαιμο-
νίας ἀποφαίνει τὴν κακίαν (sc. Chrysippus) ἐν παντὶ βιβλίῳ φυ-
σικῷ καὶ ἠθικῷ γράφων καὶ διατεινόμενος ὅτι τὸ κατὰ κακίαν ζῆν
20 τῷ κακοδαιμόνως ζῆν ταὐτόν ἐστιν.

56 Gellius Noct. Att. XVIII 1, 4. Atqui ibi Stoicus censebat, et
vitam beatam homini virtute animi sola et miseriam summam
malitia sola posse effici etiamsi cetera bona omnia, quae corporalia
et externa appellarentur, virtuti deessent, malitiae adessent (sequitur Peri-
25 patetici responsum). 6. Reclamabat hoc in loco Stoicus et, tamquam
duas ille res diversas poneret, mirabatur; quod, cum essent malitia et
virtus duo contraria, vita misera et beata quoque aeque contraria, non
servaret in utrisque vim et naturam contrarii et ad miseriam quidem
vitae conficiendam satis valere malitiam solam putaret, ad praestandam
30 vero beatam vitam non satis solam esse virtutem diceret. Atque id ma-
xime dissidere neque convenire dicebat, quod qui profiteretur, vitam nullo
pacto beatam effici posse, si virtus sola abesset, idem contra negaret, be-
atam fieri vitam, cum sola virtus adesset, et quem daret haberetque vir-
tuti absenti honorem, eundem petenti atque praesenti adimeret.

35 57 Alexander de anima libri mantissa p. 166, 21 Brnns. ἔτι οὐκ,
„εἰ ᾧ ὁρῶμεν, τῇ τούτου ἀρετῇ εὖ ὁρῶμεν, καὶ ᾧ ἀκούομεν,
τῇ τούτου ἀρετῇ εὖ ἀκούομεν, καὶ διὰ τοῦτο, ᾧ ζῶμεν, τῇ
τούτου ἀρετῇ εὖ ζῶμεν, ὥστε εἴη ἂν ⟨ἡ⟩ τῆς ψυχῆς ἀρετὴ εὐ-
δαιμονία· ψυχῇ γὰρ ζῶμεν." οὐ δὴ διὰ τοῦτο etc.

40 58 Seneca ep. 85, 2. Qui prudens est, et temperans est, qui tempe-
rans, est et constans. qui constans est, imperturbatus est. qui impertur-

---

38 ἡ addidi. — Ipsius Chrysippi videtur esse haec conclusio.

batus est, sine tristitia est. qui sine tristitia est, beatus est: ergo prudens beatus est et prudentia ad beatam vitam satis est.

ibid. 24. Qui fortis est, sine timore est. qui sine timore est, sine tristitia est. qui sine tristitia est, beatus est.

59 Cicero Tusc. disp. V 48. Iam vero qui potest vir bonus non ad 5 id, quod laudabile sit, omnia referre, quae agit quaeque sentit? Refert autem omnia ad beate vivendum. Beata igitur vita laudabilis. Nec quicquam sine virtute laudabile. Beata igitur vita virtute conficitur.

49. Atque hoc sic etiam concluditur: Nec in misera vita quicquam est praedicabile aut gloriandum nec in ea, quae nec misera sit nec beata. 10 Et est in aliqua vita praedicabile aliquid et gloriandum ac prae se ferendum. — — 50. Quod si ⟨est⟩, beata vita glorianda et praedicanda et prae se ferenda est; nihil est enim aliud, quod praedicandum et prae se ferendum sit. Quibus positis intellegis, quid sequatur.

Et quidem, nisi ea vita beata est, quae est eadem honesta, sit aliud 15 necesse est melius vita beata; quod erit enim honestum, certe fatebuntur esse melius. Ita erit vita beata melius aliquid; quo quid potest dici perversius?

60 Cicero de finibus III 43. Ne illud quidem est consentaneum — ut qui plura habent ea, quae in corpore magni aestimantur, sit beatior. 20 — Nam cum ita placeat, ne eorum quidem bonorum, quae nos bona vere appellemus, frequentia beatiorem vitam fieri aut magis expetendam aut pluris aestimandam, certe minus ad beatam vitam pertinet multitudo corporis commodorum. 44. Etenim si et sapere expetendum sit et valere, coniunctum utrumque magis expetendum sit 25 quam sapere solum, neque tamen, si utrumque sit aestimatione dignum, pluris sit coniunctum quam sapere ipsum separatim. Nam qui valetudinem aestimatione aliqua dignam iudicamus neque eam tamen in bonis ponimus, iidem censemus nullam esse tantam aestimationem, ut ea virtuti anteponatur. — — 45. Ut enim obscuratur et offunditur luce solis 30 lumen lucernae, et ut interit ⟨in⟩ magnitudine maris Aegaei stilla mellis, et ut in divitiis Croesi teruncii accessio et gradus unus in ea via, quae est hinc in Indiam, sic cum sit is bonorum finis, quem Stoici dicunt, omnis ista rerum corporearum aestimatio splendore virtutis et magnitudine obscuretur et obruatur atque intereat necesse est. 35

61 Cicero de finibus IV 30 (Antiochus contra Stoicos pugnans) ut mihi in hoc Stoici iocari videantur interdum, cum ita dicant „si ad illam vitam, quae cum virtute degatur, ampulla aut strigilis accedat, sumpturum sapientem eam vitam potius, quo haec adiecta sint, nec beatiorem tamen ob eam causam fore." 40

62 Alexander in Aristot. Topica p. 211, 9. οὕτως δεικνύοιτ' ἂν ἕκαστον τῶν λεγομένων ἀδιαφόρων τε καὶ προηγμένων ὑπὸ τῶν νεωτέρων αἱρετόν τε καὶ ἀγαθόν· ἕκαστον γὰρ αὐτῶν προστιθέμενον τῇ ἀρετῇ τὸ ὅλον αἱρετώτερον τῷ σπουδαίῳ ποιεῖ. αἱρετώτερος γὰρ βίος ὁ κατ' ἀρετήν, εἰ μεθ' ὑγείας εἴη καὶ εἰ μετὰ εὐπορίας καὶ εἰ μετὰ ἀγαθῆς δόξης· τὰ γὰρ αἱρετὰ 45 καὶ φευκτὰ κρίνεται τῇ τοῦ σπουδαίου αἱρέσει τε καὶ φυγῇ.

---

12 est *add. Lambin.* 31 in *add. Halmius.* 34 corporearum *cod. Glogaviensis,* in corpore harum AB.

63 Alexander Aphrod. de anima libri mant. p. 161, 26 Bruns. αἱ δὲ αἰσθήσεις καὶ αὐταί, εἰ μὲν πρὸς τὸ εἶναι τὸν ἄνθρωπον ἀναγκαίου χώραν ἔχουσιν, μηκέτι δὲ συνεργοῦσιν πρὸς τὰς ἐνεργείας τῆς ἀρετῆς, τὸν ὢν οὐκ ἄνευ λόγον ἔχοιεν ἄν. εἰ δὲ πρὸς τῷ ἀναγκαῖαι εἶναι τῷ ἀνθρώπῳ καὶ
5 συνεργοῦσιν πρὸς τὰς πράξεις καὶ προσχρῆται αὐταῖς ἡ ἀρετὴ πρὸς τὰς ἰδίας ἐνεργείας (ἡ γὰρ φαντασία κρηπὶς τῶν κατ' ἀρετὴν πράξεων) οὐκ ἔχουσιν τὸν ὢν οὐκ ἄνευ λόγον πρὸς τὰς κατ' αὐτὴν ἐνεργείας, ὡς ἔχει ὁ οὐρανὸς καὶ ἡ γῆ καὶ ὁ τόπος καὶ ὁ χρόνος. εἰ γὰρ ἐνεργήσομεν κατὰ ἀρετὴν ὁπωσοῦν ἐχουσῶν τῶν αἰσθήσεων, ἤτοι καὶ ταῖς ψευδέσιν
10 φαντασίαις ταῖς ἀπὸ τῶν τοιούτων αἰσθήσεων συγκαταθησόμεθα καὶ ταύταις ἀκόλουθα πράξομεν (καὶ πῶς σπουδαίου τοῦτο;) ἢ εἰ ἐφέξομεν καὶ μὴ συγκαταθησόμεθα, οὐδὲ πράξομέν τι τῶν ἐπ' αὐταῖς, ὥστ' οὐδὲν ἐνεργήσομεν.

64 Alexander Aphrod. de anima libri mant. p. 160, 3 Bruns. ἡ ἀρετὴ ἄρα οὐκ ἔστιν αὐτάρκης πρὸς εὐδαιμονίαν. ἤτοι γὰρ περὶ τὴν ἐκλογήν ἐστι
15 τῶν ἡδέων κατ' Ἐπίκουρον ἢ περὶ τὴν ἐκλογὴν τῶν κατὰ φύσιν, ὡς τοῖς ἀπὸ τῆς Στοᾶς δοκεῖ. — — τῶν γὰρ κατὰ φύσιν οὐχ ἡ κατὰ ἀρετὴν ἐνέργειά ἐστι ποιητική. εἰ δὴ περὶ ὑποκείμενά τινα ἡ ἐνέργεια αὐτῆς, ὧν οὐκ ἔστιν αὐτὴ ποιητική, οὐκ ἔστιν αὐτάρκης ἡ ἀρετὴ πρὸς τὰς οἰκείας ἐνεργείας, ἐπεὶ δεῖται καὶ τῶν περὶ ἃ ἡ ἐνέργεια ἔξωθεν ὄντων αὐτῆς. οὐδὲ
20 γάρ, ὡς φασίν, τὸν ὢν οὐκ ἄνευ λόγον ἔχει ταῦτα, ἀλλ' ἔστιν κινητικὰ τῆς ἀρετῆς καὶ τοῦ πράττειν αὐτὴν καὶ ἐνεργεῖν αἴτια. στοχάζεται γὰρ αὐτῶν, ὡς καὶ τῆς οἰκείας ὕλης οἱ τεχνῖται. ἀναιρεθήσεσθαι γοῦν φασι τὰς πράξεις αὐτοῖς, τούτων μὴ ἐπισπωμένων καὶ κινούντων ταῖς ἐν αὐτοῖς διαφοραῖς τὰς ἀρετάς.

25   **65** Alexander Aphrod. de anima libri mant. p. 162, 32 Bruns. ἔτι εἰ αἱ κοιναὶ περὶ εὐδαιμονίας ἔννοιαι αὐτάρκειάν τε αὐτὴν ζωῆς τίθενται (ἀνεπιδεῆ γὰρ τὸν εὐδαίμονα προειλήφασιν) καὶ τὴν εὐδαιμονίαν τὸ ἔσχατον τῶν ὀρεκτῶν ὑπολαμβάνουσιν (ἀλλὰ καὶ τὸ ζῆν κατὰ φύσιν καὶ τὸν κατὰ φύσιν βίον εὐδαιμονίαν λέγουσιν, πρὸς δὲ τούτοις τὸ εὖ ζῆν καὶ
30 τὸ εὖ βιοῦν καὶ τὴν εὐζωΐαν εὐδαιμονίαν φασίν εἶναι) εἰ τοιοῦτον μὲν ἡ εὐδαιμονία προείληπται, πρὸς μηδὲν δὲ τούτων αὐτάρκης ἡ ἀρετή, οὐδ' ἂν πρὸς εὐδαιμονίαν αὐτάρκης εἴη.

66 Alexander Aphrod. de anima libri mant. p. 159, 33 Bruns. ἔτι εἰ πᾶσα τέχνη ἕτερον ἑαυτῆς ποιεῖ τι καὶ οὐχ ἑαυτήν, ἡ δὲ ἀρετὴ τέχνη κατ'
35 αὐτοὺς εὐδαιμονίας ποιητική, ἕτερον ἂν εἴη τῆς ἀρετῆς ἡ εὐδαιμονία.

67 Alexander in Aristot. Top. p. 93 Ald. p. 173, 11. οὕτως ἐπεὶ τῷ λέγοντι τὴν ἀρετὴν αὐτάρκη πρὸς εὐδαιμονίαν ἕπεται τό τε μὴ εἶναι εὔλογον ἐξαγωγὴν καὶ τὸ μὴ εἶναι αἱρετὸν τὴν ὑγείαν μηδέ τι ἄλλο παρὰ τὴν ἀρετήν, ἂν τούτων τι ἀναιρεθῇ, ἀνῃρημένον ἂν εἴη τὸ τὴν ἀρετὴν αὐ-
40 τάρκη εἶναι πρὸς εὐδαιμονίαν.

---

12 οὐδὲ scripsi, οὐδὲν δὲ libri.

Ethica II.

De bonis et malis.

68 Plut. de Stoic. repugn. cp. 9 p. 1035 c. Πάλιν ἐν ταῖς Φυ-
cικαῖc Θέcεcιν „Οὐ γὰρ ἔcτιν ἄλλωc οὐδ᾽ οἰκειότερον ἐπελ-
θεῖν ἐπὶ τὸν τῶν ἀγαθῶν καὶ κακῶν λόγον, οὐδ᾽ ἐπὶ τὰc ἀρε-
τάc, οὐδ᾽ ἐπὶ εὐδαιμονίαν, ἀλλ᾽ ἢ ἀπὸ τῆc κοινῆc φύcεωc καὶ
ἀπὸ τῆc τοῦ κόcμου διοικήcεωc“ προελθὼν δ᾽ αὖθιc· „δεῖ γὰρ
τούτοιc cυνάψαι τὸν περὶ ἀγαθῶν καὶ κακῶν λόγον, οὐκ οὔcηc
ἄλληc ἀρχῆc αὐτῶν ἀμείνονοc οὐδ᾽ ἀναφορᾶc, οὐδ᾽ ἄλλου τι-
νὸc ἕνεκεν τῆc φυcικῆc θεωρίαc παραληπτῆc οὔcηc, ἢ πρὸc
τὴν περὶ ἀγαθῶν ἢ κακῶν διάcταcιν.“

69 Plut. de Stoic. repugn. cp. 17 p. 1041 e. *Τὸν περὶ ἀγαθῶν
καὶ κακῶν λόγον ὃν αὐτὸς εἰσάγει καὶ δοκιμάζει „συμφωνότατον
εἶναί φησι τῷ βίῳ καὶ μάλιστα τῶν ἐμφύτων ἅπτεσθαι προ-
λήψεων.“ Ταυτὶ γὰρ ἐν τῷ τρίτῳ τῶν Προτρεπτικῶν εἴρηκεν.*

70 Stobaeus ecl. II 57,19 W. *Τῶν δ᾽ ὄντων τὰ μὲν ἀγαθά, τὰ δὲ
κακά, τὰ δὲ ἀδιάφορα. Ἀγαθὰ μὲν τὰ τοιαῦτα· φρόνησιν, σωφροσύνην,
δικαιοσύνην, ἀνδρείαν καὶ πᾶν ὅ ἐστιν ἀρετὴ ἢ μετέχον ἀρετῆς· κακὰ δὲ τὰ
τοιαῦτα· ἀφροσύνην, ἀκολασίαν|, ἀδικίαν, δειλίαν καὶ πᾶν ὅ ἐστι κακία ἢ
μετέχον κακίας· ἀδιάφορα δὲ τὰ τοιαῦτα· ζωὴν θάνατον, δόξαν ἀδοξίαν,
ἡδονὴν πόνον, πλοῦτον πενίαν, ὑγίειαν νόσον, καὶ τὰ τούτοις ὅμοια.*

71 Sextus adv. math. XI 3. *οἵ τε ἀπὸ τῆς ἀρχαίας Ἀκαδημίας καὶ οἱ
ἀπὸ τοῦ Περιπάτου ἔτι δὲ τῆς Στοᾶς εἰώθασι διαιρούμενοι λέγειν τῶν ὄν-
των τὰ μὲν εἶναι ἀγαθὰ τὰ δὲ κακὰ τὰ δὲ μεταξὺ τούτων, ἅπερ καὶ ἀδιά-
φορα λέγουσι.*

§ 1. Notio boni.

72 Cicero de finibus III 33. Cumque rerum notiones in animis
fiant, si aut usu aliquid cognitum sit aut coniunctione aut similitudine
aut collatione rationis, hoc quarto, quod extremum posui, boni no-

---

29 bonum *libri, corr. Lambin.* — Cf. II n. 87 sq. „usu“ = κατὰ περίπτωσιν,
„coniunctione“ = κατὰ σύνθεσιν, „similitudine“ = καθ᾽ ὁμοιότητα, „collatione
rationis“ = κατ᾽ ἀναλογίαν, „non accessione neque crescendo = οὐκ αὐξητικῶς.

titia facta est.　　Cum enim ab iis rebus, quae sunt secundum naturam,
ascendit animus collatione rationis, tum ad notionem boni pervenit.　34. Hoc
autem ipsum bonum non accessione neque crescendo aut cum ceteris com-
parando, sed propria vi sua et sentimus et appellamus bonum.　Ut enim
5 mel, etsi dulcissimum est, suo tamen proprio genere saporis, non compa-
ratione cum aliis dulce esse sentitur, sic bonum hoc, de quo agimus, est
illud quidem plurimi aestimandum, sed ea aestimatio genere valet non
magnitudine.　Nam cum aestimatio, quae ἀξία dicitur, neque in bonis nu-
merata sit nec rursus in malis, quantumcumque eo addideris, in suo genere
10 manebit.　Alia est igitur propria aestimatio virtutis, quae genere, non
crescendo valet.

73 Sextus adv. math. XI 30.　ἦσαν δὲ οἱ φάσκοντες ἀγαϑὸν ὑπάρχειν
τὸ δι᾽ αὐτὸ αἱρετόν.　οἱ δ᾽ οὕτως „ἀγαϑόν ἐστι τὸ συλλαμβανόμενον
πρὸς εὐδαιμονίαν,“ τινὲς δὲ „τὸ συμπληρωτικὸν εὐδαιμονίας“ εὐ-
15 δαιμονία δέ ἐστιν, ὡς οἵ τε περὶ τὸν Ζήνωνα καὶ Κλεάνϑην καὶ Χρύ-
σιππον ἀπέδοσαν, εὔροια βίου.
Cf. Pyrrh. Hypot. III 172.

74 Stobaeus ecl. II p. 69, 17 W.　τὸ δ᾽ ἀγαϑὸν λέγεσϑαί φασι πλεο-
ναχῶς, τὸ μὲν πρῶτον οἷον πηγῆς ἔχον χώραν, ὅπερ οὕτως ἀποδίδοσϑαι·
20 ἀφ᾽ οὗ συμβαίνει ὠφελεῖσϑαι (τὸ δὲ πρώτως εἶναι αἴτιον) ἢ ὑφ᾽ οὗ· τὸ
⟨δὲ⟩ δεύτερον, καϑ᾽ ὃ συμβαίνει ὠφελεῖσϑαι· κοινότερον δὲ καὶ διατεῖνον
καὶ ἐπὶ τὰ προειρημένα, τὸ οἷον ὠφελεῖν.　Ὁμοίως δὲ καὶ τὸ κακὸν κατὰ
τὴν τοῦ ἀγαϑοῦ ἀναλογίαν ὑπογράφεσϑαι.　Τὸ μὲν οὖν ἀφ᾽ οὗ συμβαίνει
βλάπτεσϑαι ἢ ὑφ᾽ οὗ· τὸ δὲ καϑ᾽ ὃ συμβαίνει βλάπτεσϑαι· κοινότερον δὲ
25 τούτων τὸ οἷον βλάπτειν.

75 Sextus adv. math. XI 22.　οἱ μὲν οὖν Στωϊκοὶ τῶν κοινῶν ὡς
εἰπεῖν ἐννοιῶν ἐχόμενοι ὁρίζονται τἀγαϑὸν τρόπῳ τῷδε „ἀγαϑόν ἐστιν ὠφέλεια
ἢ οὐχ ἕτερον ὠφελείας“ ὠφέλειαν μὲν λέγοντες τὴν ἀρετὴν καὶ τὴν σπου-
δαίαν πρᾶξιν, οὐχ ἕτερον δὲ ὠφελείας τὸν σπουδαῖον ἄνϑρωπον καὶ τὸν φίλον.
30 Ἡ μὲν γὰρ ἀρετή πως ἔχον ἡγεμονικὸν καϑεστηκυῖα καὶ ἡ σπουδαία πρᾶξις
ἐνέργειά τις οὖσα κατ᾽ ἀρετήν, ἄντικρύς ἐστιν ὠφέλεια· ὁ δὲ σπουδαῖος ἄνϑρω-
πος καὶ ὁ φίλος, πάλιν τῶν ἀγαϑῶν ὄντες καὶ αὐτοί, οὔτε ὠφέλεια λεχϑεῖεν
ἂν ὑπάρχειν οὔϑ᾽ ἕτεροι ὠφελείας δι᾽ αἰτίαν τοιαύτην.　Τὰ γὰρ μέρη, Στωϊ-
κῶν φασι παῖδες, οὔτε τὰ αὐτὰ τοῖς ὅλοις ἐστὶν οὔτε ἑτεροῖα τῶν ὅλων,
35 οἷον ἡ χεὶρ οὔτε ἡ αὐτή ἐστιν ὅλῳ ἀνϑρώπῳ, οὐ γὰρ ὅλος ἄνϑρωπός ἐστιν
ἡ χείρ, οὔτε ἑτέρα τοῦ ὅλου, σὺν γὰρ τῇ [ὅλῃ] χειρὶ ὅλος ὁ ἄνϑρωπος νοεῖ-
ται ἄνϑρωπος.　Ἐπεὶ οὖν καὶ τοῦ σπουδαίου ἀνϑρώπου καὶ τοῦ φίλου μέ-
ρος ἐστὶν ἡ ἀρετή, τὰ δὲ μέρη οὔτε ταὐτὰ τοῖς ὅλοις ἐστὶν οὔτε ἕτερα τῶν
ὅλων, εἴρηται ὁ σπουδαῖος ἄνϑρωπος καὶ ὁ φίλος οὐχ ἕτερος ὠφελείας.　Ὥστε
40 πᾶν ἀγαϑὸν τῷ ὅρῳ ἐμπεριειλῆφϑαι, ἐάν τε ἐξ εὐϑείας ὠφέλεια τυγχάνῃ ἐάν
τε μὴ ᾖ ἕτερον ὠφελείας.　Ἔνϑεν καὶ κατ᾽ ἀκολουϑίαν τριχῶς εἰπόντες ἀγα-
ϑὸν προσαγορεύεσϑαι, ἕκαστον τῶν σημαινομένων κατ᾽ ἰδίαν πάλιν ἐπιβολὴν
ὑπογράφουσιν.　Λέγεται γὰρ ἀγαϑόν, φασί, καϑ᾽ ἕνα μὲν τρόπον τὸ ὑφ᾽ οὗ
ἢ ἀφ᾽ οὗ ἔστιν ὠφελεῖσϑαι, ὃ δὴ ἀρχικώτατον ὑπῆρχε καὶ ἀρετή· ἀπὸ

---

15 Cf. I n. 184 (Zeno) 554 (Cleanthes).　　21 δὲ add. Meineke. ‖ κοινότε-
ρον schol. Lucian., κοινότατον libri. ‖ διατεῖνον Wachsm., ἐπιδιατεῖνον libri.
23 τοῦ ἀγαϑοῦ Meineke, τῶν ἀγαϑῶν libri.　　24 ὃ Meineke, οὗ libri.　　36 ὅλη
seclusi.

γὰρ ταύτης ὥσπερ τινὸς πηγῆς πᾶσα πέφυκεν ἀνίσχειν ὠφέλεια. Καθ᾽ ἕτε-
ρον δὲ τὸ καθ᾽ ὃ συμβαίνει ὠφελεῖσθαι· οὕτως οὐ μόνον αἱ ἀρεταὶ
λεχθήσονται ἀγαθὰ ἀλλὰ καὶ αἱ κατ᾽ αὐτὰς πράξεις, εἴπερ καὶ κατὰ ταύτας
συμβαίνει ὠφελεῖσθαι. Κατὰ δὲ τὸν τρίτον καὶ τελευταῖον τρόπον λέγεται
ἀγαθὸν τὸ οἷόν τε ὠφελεῖν, ἐμπεριλαμβανούσης τῆς ἀποδόσεως ταύτης 5
τάς τε ἀρετὰς καὶ τὰς ἐναρέτους πράξεις καὶ τοὺς φίλους καὶ τοὺς σπου-
δαίους ἀνθρώπους θεούς τε καὶ σπουδαίους δαίμονας.

ibid. 30. οἱ δ᾽ ἀπὸ τῆς Στοᾶς θέλουσιν ἐπὶ τῆς τοῦ ἀγαθοῦ προσ-
ηγορίας τὸ δεύτερον σημαινόμενον ἐμπεριληπτικὸν εἶναι τοῦ πρώτου καὶ τὸ
τρίτον περιληπτικὸν τῶν δυοῖν. 10

ibid. 33 (adversarii dixerant: ὡς εἰ ταῖς ἀληθείαις ἀγαθόν ἐστι τὸ
ἀφ᾽ οὗ ἔστιν ὠφελεῖσθαι, μόνην ῥητέον τὴν γενικὴν ἀρετὴν ἀγαθὸν
ὑπάρχειν — — ἐκπίπτειν δὲ τοῦ ὅρου ἑκάστην τῶν εἰδικῶν) οἱ δ᾽ ἀντι-
καθιστάμενοι πρὸς τοῦτο τὸ ἔγκλημα τοῦτό φασιν. „Ὅταν λέγωμεν
„ἀγαθόν ἐστιν ἀφ᾽ οὗ συμβαίνει τὸ ὠφελεῖσθαι“ ἐν ἴσῳ τοῦτο 15
λέγομεν ⟨τῷ⟩ „ἀγαθόν ἐστιν ἀφ᾽ οὗ συμβαίνει τι τῶν ἐν τῷ βίῳ
ὠφελεῖσθαι.“ οὕτω γὰρ καὶ ἑκάστη τῶν ἐπ᾽ εἴδους ἀρετῶν ἀγαθὸν
γενήσεται, κοινῶς μὲν τὸ ὠφελεῖν μὴ ἐπιφέρουσα, τὶ δὲ τῶν ἐν τῷ ⟨βίῳ⟩
ὠφελεῖσθαι παρεχομένη, οἷον ἡ μὲν φρονεῖν, καθάπερ ἡ φρόνησις, ἡ δὲ
σωφρονεῖν, ὡς ἡ σωφροσύνη. 20

Cf. Pyrr. Hypot. III 169 sq.

76 Diog. Laërt. VII 94. ἀγαθὸν δὲ κοινῶς μὲν τὸ τὶ ὄφελος, ἰδίως
δὲ ἤτοι ταὐτὸν ἢ οὐχ ἕτερον ὠφελείας. ὅθεν αὐτήν τε τὴν ἀρετὴν
καὶ τὸ μετέχον αὐτῆς ἀγαθὸν τριχῶς οὕτως λέγεσθαι· οἷον τὸ ⟨μὲν⟩ ἀγαθὸν
ἀφ᾽ οὗ συμβαίνει ⟨ὠφελεῖσθαι, τὸ δὲ καθ᾽ ὃ συμβαίνει⟩, ὡς τὴν πρᾶξιν τὴν 25
κατ᾽ ἀρετήν· ὑφ᾽ οὗ δέ, ὡς τὸν σπουδαῖον τὸν μετέχοντα τῆς ἀρετῆς· (ἄλλως
δὲ οὕτως ἰδίως ὁρίζονται τὸ ἀγαθὸν| „τὸ τέλειον κατὰ φύσιν λογικοῦ ὡς
λογικοῦ.“ τοιοῦτον δ᾽ εἶναι τὴν ἀρετὴν) ὥσ⟨τε⟩ μετέχοντα τάς τε πράξεις
τὰς κατ᾽ ἀρετὴν καὶ τοὺς σπουδαίους εἶναι, ἐπιγεννήματα δὲ τήν τε χαρὰν
καὶ τὴν εὐφροσύνην καὶ τὰ παραπλήσια. ὡσαύτως δὲ τῶν κακῶν τὸ μὲν 30
εἶναι ἀφροσύνην, δειλίαν, ἀδικίαν καὶ τὰ παραπλήσια· μετέχοντα δὲ κακίας
τάς τε πράξεις τὰς κατὰ κακίαν καὶ τοὺς φαύλους· ἐπιγεννήματα δὲ τήν
τε δυσθυμίαν καὶ τὴν δυσφροσύνην καὶ τὰ ὅμοια.

77 Sextus adv. math. XI 40. κακὸν γάρ ἐστι τὸ ἐναντίον τῷ ἀγαθῷ·
ὅπερ βλάβη ἐστὶν ἢ, οὐχ ἕτερον βλάβης, καὶ βλάβη μὲν ὥσπερ κακία 35
καὶ ἡ φαύλη πρᾶξις, οὐχ ἕτερον δὲ βλάβης καθάπερ ὁ φαῦλος ἄνθρωπος καὶ
ὁ ἐχθρός.

78 Origenes contra Celsum VIII 8 Vol. II p. 226, 24 Kö. (p. 748
Del.). εἰ δὲ βλάβην τὴν κίνησιν ἢ σχέσιν λέγοι κατὰ κακίαν, δῆλον ὅτι
οὐδεμιᾶς γινομένης βλάβης περὶ τοὺς σοφούς etc. 40

79 Sextus adv. math. XI 90. τῆς ἀφροσύνης, ἣν μόνην φασὶν εἶναι
κακὸν οἱ ἀπὸ τῆς Στοᾶς.

---

16 τῷ et 18 βίῳ add. B.   24 μὲν addidi.   25 necessaria supplevi.
27 ἢ ὡς BP.   28 ὥστε scripsi, ὡς libri.   29 ἐπιγεννήματα P.   30 τῶν κα-
κῶν scripsi, καὶ τῶν κακιῶν BP.   31 κακίας scripsi, κακιῶν libri.   32 ἐπι-
γεννήματα BP.

§ 2. Quale sit bonum.

80 Simplicius in Aristot. Phys. p. 1167, 21. ἔστι μὲν γὰρ τὸ ἐν ἀρχῇ αἰτεῖσθαι τὸ δι' αὐτοῦ δεικνύναι τὸ μὴ δι' αὐτοῦ δῆλον· τοῦτο δὲ γίνεται ἢ ἄντικρυς καὶ φανερῶς ἀξιούντων τὸ προκείμενον, ὥσπερ ἡμῶν λεγόντων 5 τινὰ ἀγαθὰ μὴ εὐθὺς ἀγαθοὺς ποιεῖν, οἷον τὰς δυνάμεις, αἷς ἔστιν εὖ καὶ κακῶς χρῆσθαι (ἀγαθὴ μὲν γὰρ ἡ ἐφ' ἑκάτερα δύναμις, ἀγαθὸν δὲ οὐ ποιεῖ, εἰ μὴ τὸ εὖ χρώμενον αὐτῇ) οἱ Στωϊκοὶ τοῦτο ἀναιροῦντες „πᾶν, φασί, τὸ ἀγαθὸν ἀγαθοὺς ποιεῖ," τὸ ἐν ἀρχῇ λαμβάνοντες.

81 Seneca epistul. ad Lucil. 45, 10. Necessaria iudicat, quorum 10 magna pars supervacua est. etiam quae non est supervacua, nihil in se momenti habet in hoc, ut possit fortunatum beatumque praestare. non enim statim bonum est, si quid necessarium est: aut proicimus bonum, si hoc nomen pani et polentae damus et ceteris sine quibus vita non ducitur. Quod bonum est, utique necessarium est; quod necessarium 15 est, non utique bonum est, quoniam quidem necessaria sunt quaedam, eadem vilissima.

82 Origenes contra Celsum VIII 62 Vol. II p. 278, 15 Kö. (p. 788 Del.). εἰ δ' ἠκριβώκει Κέλσος τὴν τοῦ συμφέροντος ἔννοιαν καὶ ἑωράκει ὅτι τὸ κυρίως συμφέρον ἀρετή ἐστι καὶ ἡ κατ' ἀρετὴν πρᾶξις etc.

20 **83** Diog. Laërt. VII 100. καλὸν δὲ λέγουσι τὸ τέλειον ἀγαθὸν παρὰ τὸ πάντας ἀπέχειν τοὺς ἐπιζητουμένους ἀριθμοὺς ὑπὸ τῆς φύσεως ἢ τὸ τελείως σύμμετρον. εἴδη δὲ εἶναι τοῦ καλοῦ τέτταρα, δίκαιον, ἀνδρεῖον, κόσμιον, ἐπιστημονικόν· ἐν γὰρ τοῖσδε τὰς καλὰς πράξεις συντελεῖσθαι. ἀνὰ λόγον δὲ καὶ τοῦ αἰσχροῦ εἴδη εἶναι τέτταρα, τό τε ἄδικον καὶ 25 τὸ δειλὸν καὶ ἄκοσμον καὶ ἄφρον. λέγεσθαι δὲ τὸ καλὸν μοναχῶς μὲν τὸ ἐπαινετοὺς παρεχόμενον τοὺς ἔχοντας ⟨ἢ⟩ ἀγαθὸν ἐπαίνου ἄξιον· ἑτέρως δὲ τὸ εὖ πεφυκὸς πρὸς τὸ ἴδιον ἔργον· ἄλλως δὲ τὸ ἐπικοσμοῦν, ὅταν λέγωμεν μόνον τὸν σοφὸν ἀγαθὸν καὶ καλὸν εἶναι.

84 Seneca epist. ad Lucilium 106, 2. Scis enim me moralem philo-30 sophiam velle complecti et omnes ad eam pertinentes quaestiones explicare. Itaque dubitavi utrum differrem te an, donec suus isti rei veniret locus, ius tibi extra ordinem dicerem: humanius visum est tam longe venientem non detinere. Itaque et hoc ex illa serie rerum cohaerentium excerpam et, si qua erunt eiusmodi, non quaerenti tibi ultro mittam. Quae sint 35 haec interrogas? Quae scire magis iuvat quam prodest, sicut hoc, de quo quaeris: bonum an corpus sit?

Bonum facit: prodest enim. Quod facit, corpus est. Bonum agitat animum et quodammodo format et continet, quae propria sunt corporis. Quae corporis bona sunt, corpora sunt: ergo et quae animi sunt. Nam 40 et hoc corpus est. Bonum hominis necesse est corpus sit, cum ipse sit corporalis. Mentior, nisi et quae alunt illum et quae valetudinem eius vel custodiunᵗ vel restituunt, corpora sunt: ergo et bonum eius corpus est. Non puto te dubitaturum, an affectus corpora sint — ut aliud quoque, de quo non quaeris, infulciam — tamquam ira, amor, tri-

---

22 τελέως BP.   23 κοσμικὸν BP.   26 ἢ addidi.   27 τῶ B. ‖ πεφυ-κὸς scripsi, πεφυκέναι BP.   28 καὶ om. BP. Ultima verba corruptela loborant.

stitia: si dubitas, vide an voltum nobis mutent, an frontem adstringant, an faciem diffundant, an ruborem evocent, an fugent sanguinem. Quid ergo? Tam manifestas notas corpori credis imprimi nisi a corpore?

Si affectus corpora sunt, et morbi animorum et avaritia, crudelitas, indurata vitia et in statum inemendabilem adducta: ergo et malitia et species eius omnes, malignitas, invidia, superbia: ergo et bona, primum quia contraria istis sunt, deinde quia eadem tibi indicia praestabunt; an non vides, quantum oculis det vigorem fortitudo? quantam intentionem prudentia? quantam modestiam et quietem reverentia? quantam serenitatem laetitia? quantum rigorem severitas? quantam remissionem lenitas? corpora ergo sunt, quae colorem habitumque corporum mutant, quae in illis regnum suum exercent. Omnes autem, quas rettuli, virtutes bona sunt et quicquid ex illis est. Numquid est dubium, an id, quo quid tangi potest, corpus sit? — Omnia autem ista, quae dixi, non mutarent corpus, nisi tangerent: ergo corpora sunt. Etiamnunc cui tanta vis est, ut impellat et cogat et retineat et iubeat, corpus est. Quid ergo? Non timor retinet? non audacia impellit? non fortitudo immittit et impetum dat? Non moderatio refrenat ac revocat? Non gaudium extollit? Non tristitia adducit? Denique quicquid facimus, aut malitiae aut virtutis gerimus imperio: quod imperat corpori, corpus est, quod vim corpori affert, corpus. Bonum corporis corporalis res est. Bonum hominis et corporis bonum est: itaque corporalis res est. (Cf. eiusdem epist. 113, 20).

Cf. Plut. de superstitione cp. 1. πάλιν οἴονταί τινες εἶναι σῶμα τὴν ἀρετὴν καὶ τὴν κακίαν.

Tertullianus de anima cp. 6. Bene autem quod et artes Stoici corporales adfirmant.

85 Plut. de Stoic. repugn. cp. 19. Τἀγαθὰ πρὸς τὰ κακὰ τὴν πᾶσαν ἔχειν διαφορὰν ὁμολογεῖ Χρύσιππος· καὶ ἀναγκαῖόν ἐστιν etc. — — Αἰσθητὰ δ' εἶναι τἀγαθὰ καὶ τὰ κακά φησιν, ἐν τῷ προτέρῳ περὶ Τέλους ταῦτα γράφων· „Ὅτι μὲν γὰρ αἰσθητά ἐστι τἀγαθὰ καὶ τὰ κακά, καὶ τούτοις ἐκποιεῖ λέγειν· οὐ γὰρ μόνον τὰ πάθη ἐστὶν αἰσθητὰ σὺν τοῖς εἴδεσιν, οἷον λύπη καὶ φόβος καὶ τὰ παραπλήσια, ἀλλὰ καὶ κλοπῆς καὶ μοιχείας καὶ τῶν ὁμοίων ἔστιν αἰσθέσθαι· καὶ καθόλου ἀφροσύνης καὶ δειλίας καὶ ἄλλων οὐκ ὀλίγων κακιῶν· οὐδὲ μόνον χαρᾶς καὶ εὐεργεσιῶν καὶ ἄλλων πολλῶν κατορθώσεων, ἀλλὰ καὶ φρονήσεως καὶ ἀνδρείας καὶ τῶν λοιπῶν ἀρετῶν."

Plutarchus de comm. not. cp. 9 p. 1062 c. Φύσει γὰρ ἀνεπαίσθητον οὐκ ἔστι κατ' αὐτούς· ἀλλὰ καὶ λέγει διαρρήδην Χρύσιππος ἐν τοῖς περὶ Τέλους, αἰσθητὸν εἶναι τὸ ἀγαθὸν· ὡς δ' οἴεται, καὶ ἀποδείκνυσι.

86 Stobaeus ecl. II p. 69, 11 W. πάντα δὲ τἀγαθὰ ὠφέλιμα εἶναι καὶ εὔχρηστα καὶ συμφέροντα καὶ λυσιτελῆ καὶ σπουδαῖα καὶ πρέποντα καὶ

---

31 τὰ Reiske, ὄντα libri (ante πάθη). 34 καθόλου Reiske, γὰρ ὅλον libri. 42 πάντα Canter, παντὶ libri. 43 εὔχρηστα Meineke, χρηστὰ libri.

22 DE BONIS ET MALIS.

καλὰ καὶ οἰκεῖα. τὰ δὲ κακὰ ἐκ τῶν ἐναντίων πάντα βλαβερὰ καὶ δύσχρηστα
καὶ ἀσύμφορα καὶ ἀλυσιτελῆ καὶ φαῦλα καὶ ἀπρεπῆ καὶ αἰσχρὰ καὶ ἀνοίκεια.
87 Diog. Laërt. VII 98. πᾶν δὲ ἀγαθὸν συμφέρον εἶναι καὶ δέον
καὶ λυσιτελὲς καὶ χρήσιμον καὶ εὔχρηστον καὶ καλὸν καὶ ὠφέλιμον καὶ αἱρε-
5 τὸν καὶ δίκαιον. συμφέρον μὲν ὅτι φέρει τοιαῦτα ὧν συμβαινόντων ὠφε-
λούμεθα· δέον δὲ ὅτι συνέχει ἐν οἷς χρή· λυσιτελὲς δὲ ὅτι λύει τὰ τελού-
μενα εἰς αὐτό, ὥστε τὴν ἀντικατάλλαξιν τὴν ἐκ τῆς πραγματείας ὑπεραίρειν
τῇ ὠφελείᾳ· χρήσιμον δὲ ὅτι χρείαν ὠφελείας παρέχεται· εὔχρηστον δὲ
ὅτι τὴν χρείαν ἐπαινετὴν ἀπεργάζεται· καλὸν δὲ ὅτι συμμέτρως ἔχει πρὸς
10 τὴν ἑαυτοῦ χρείαν· ὠφέλιμον δὲ ὅτι τοιοῦτόν ἐστιν ὥστε ὠφελεῖν· αἱρε-
τὸν δὲ ὅτι τοιοῦτόν ἐστιν ὥστε εὐλόγως αὐτὸ αἱρεῖσθαι· δίκαιον δὲ ὅτι
νόμῳ ἐστὶ σύμφωνον καὶ κοινωνίας ποιητικόν.
88 Stobaeus ecl. II p. 72,19 W. Καὶ πᾶν μὲν ἀγαθὸν αἱρετὸν εἶναι·
ἀρεστὸν γὰρ καὶ δοκιμαστὸν καὶ ἐπαινετὸν ὑπάρχειν· πᾶν δὲ κακὸν φευκτόν.
15 Τὸ γὰρ ἀγαθὸν καθ' ὃ μὲν αἵρεσιν εὔλογον κινεῖ, αἱρετόν ἐστι· καθ' ὃ δὲ
ἀνυπόπτως εἰς αἵρεσιν ἔρχεται, ἀρεστόν· ⟨καθ' ὃ δὲ ...., δοκιμαστόν⟩· καθ'
ὃ δὲ πάλιν εὐλόγως ἄν τις περὶ αὐτοῦ καθυπολαμβάνοι τῶν ἀπ' ἀρετῆς εἶναι,
⟨ἐπαινετόν⟩.
89 Stobaeus ecl. II 78,7. διαφέρειν δὲ λέγουσι τὸ αἱρετὸν καὶ
20 τὸ αἱρετέον. αἱρετὸν μὲν εἶναι ⟨ἀγαθὸν⟩ πᾶν, αἱρετέον δὲ ὠφέλημα πᾶν,
ὃ θεωρεῖται παρὰ τὸ ἔχειν τὸ ἀγαθόν. δι' ὃ αἱρούμεθα μὲν τὸ αἱρετέον,
οἷον τὸ φρονεῖν, ὃ θεωρεῖται παρὰ τὸ ἔχειν φρόνησιν· τὸ δὲ αἱρετὸν οὐχ
αἱρούμεθα, ἀλλ' εἰ ἄρα, ἔχειν αὐτὸ αἱρούμεθα. ὁμοίως δὲ καὶ τὰ μὲν ἀγαθὰ
πάντα ἐστὶν ὑπομενετὰ καὶ ἐμμενετὰ καὶ ἀνάλογον ἐπὶ τῶν ἄλλων ἀρετῶν
25 ἐστιν, εἰ καὶ μὴ κατωνόμασται· τὰ δὲ ὠφελήματα πάντα ὑπομενετέα καὶ ἐμμε-
νετέα. καὶ κατὰ τὸν αὐτὸν λόγον ἐπὶ τῶν ἄλλων τῶν κατὰ τὰς κακίας.
90 Stobaeus ecl. II 98,7 W. Λέγουσι δὲ ὁμοίως καὶ τἀγαθὰ πάντα
εἶναι ὑπομενετὰ καὶ ἐμμενετὰ καὶ ἀνάλογον ἐπὶ τῶν ἄλλων ἀρετῶν, εἰ καὶ
μὴ κατωνόμασται· τὰ δὲ ὠφελήματα πάντα ὑπομενετέα καὶ ἐμμενετέα καὶ τὰ
30 ὅμοια. Ὡσαύτως δὲ διαφέρειν ὑπολαμβάνουσι καὶ τὰ εὐλαβητὰ καὶ τὰ εὐ-
λαβητέα καὶ ἀνυπομενετὰ καὶ ἀνυπομενετέα. Τῶν δ' ἄλλων τῶν κατὰ τὰς
κακίας ὁ αὐτὸς λόγος.
91 Stobaeus ecl. II 97,15. Διαφέρειν δὲ λέγουσιν, ὥσπερ αἱρετὸν
καὶ αἱρετέον, οὕτω καὶ ὀρεκτὸν καὶ ὀρεκτέον καὶ βουλητὸν καὶ βουλη-
35 τέον καὶ ἀποδεκτὸν καὶ ἀποδεκτέον. Αἱρετὰ μὲν γὰρ εἶναι καὶ βουλητὰ
καὶ ὀρεκτὰ ⟨καὶ ἀποδεκτὰ τἀγαθά· τὰ δ' ὠφελήματα αἱρετέα καὶ βουλητέα
καὶ ὀρεκτέα⟩ καὶ ἀποδεκτέα, κατηγορήματα ὄντα, παρακείμενα δ' ἀγαθοῖς.
Αἱρεῖσθαι μὲν γὰρ ἡμᾶς τὰ αἱρετέα καὶ βούλεσθαι τὰ βουλητέα καὶ ὀρέγε-
σθαι τὰ ὀρεκτέα. Κατηγορημάτων γὰρ αἵ τε αἱρέσεις καὶ ὀρέξεις
40 καὶ βουλήσεις γίνονται, ὥσπερ καὶ αἱ ὁρμαί· ἔχειν μέντοι αἱρούμεθα
καὶ βουλόμεθα καὶ ὁμοίως ὀρεγόμεθα τἀγαθά, διὸ καὶ αἱρετὰ καὶ βουλητὰ
καὶ ὀρεκτὰ τἀγαθά ἐστι. Τὴν γὰρ φρόνησιν αἱρούμεθα ἔχειν καὶ τὴν σωφρο-

5 συμβαινόντων μὲν BP. 11 αὐτὸ om. B. 16 καθ' ὃ—δοκιμαστόν add.
Heeren. 18 ἐπαινετόν add. Wachsm. 20 ἀγαθὸν add. Heeren. 23 εἰ
Meineke, ἢ libri. 24 καὶ ἀνάλογον Meurer, κατὰ λόγου libri. ‖ ἀρετῶν Wachsm.,
αἱρετῶν libri. 25 ὠφελήματα Wachsm,, ὠφέλημα libri. 26 τὰς κακίας
Wachsm., τὰς οἰκείας libri. 28 κατ' ἀνάλογον libri, corr. Heeren. 29 ὠφε-
λήματα Canter, ὠφέλιμα libri. 30 εὐλαβητὰ Heeren, εὐλαβῆ F. 36 καὶ ἀπο-
δεκτὰ—ὀρεκτέα add. Heine. 42 τἀγαθὰ Usener, ἀγαθὰ libri.

σύνην, οὐ μὰ Δία τὸ φρονεῖν καὶ σωφρονεῖν, ἀσώματα ὄντα καὶ κατηγορήματα.

92 Diog. Laërt. VII 101. δοκεῖ δὲ πάντα τὰ ἀγαθὰ ἴσα εἶναι καὶ πᾶν ἀγαθὸν ἐπ' ἄκρον εἶναι αἱρετὸν καὶ μήτε ἄνεσιν μήτε ἐπίτασιν δέχεσθαι.

93 Cicero de finibus III 69. Ut vero conservetur omnis homini 5 erga hominem societas, coniunctio, caritas, et emolumenta et detrimenta, quae ὠφελήματα et βλάμματα appellant, communia esse voluerunt; quorum altera prosunt, nocent altera. Neque solum ea communia, verum etiam paria esse dixerunt. Incommoda autem et commoda (ita enim εὐχρηστήματα et δυσχρηστήματα appello) communia esse 10 voluerunt, paria noluerunt. Illa enim quae prosunt aut quae nocent, aut bona sunt aut mala, quae sint paria necesse est; commoda autem et incommoda in eo genere sunt, quae praeposita et reiecta dicimus; ea possunt paria non esse. Sed emolumenta communia esse dicuntur, recte autem facta et peccata non habentur communia. 15

94 Stobaeus ecl. II 95, 3 W. Εἶναι δὲ καὶ θάτερον τρόπον κοινὰ τὰ ἀγαθά. Πάντα γὰρ τὸν ὁντινοῦν ὠφελοῦντα ἴσην ὠφέλειαν ἀπολαμβάνειν νομίζουσι παρ' αὐτὸ τοῦτο, μηδένα δὲ φαῦλον μήτε ὠφελεῖσθαι μήτε ὠφελεῖν. Εἶναι γὰρ τὸ ὠφελεῖν ἴσχειν κατ' ἀρετὴν καὶ τὸ ὠφελεῖσθαι κινεῖσθαι κατ' ἀρετήν. 20

§ 3. Bonorum genera.

95 Stobaeus ecl. II p. 58, 5 W. Τῶν δὲ ἀγαθῶν τὰ μὲν εἶναι ἀρετάς, τὰ δ' οὔ. Φρόνησιν μὲν οὖν καὶ σωφροσύνην ⟨καὶ δικαιοσύνην⟩ καὶ ἀνδρείαν ⟨καὶ μεγαλοψυχίαν καὶ ῥώμην καὶ ἰσχὺν ψυχῆς⟩ ἀρετάς· χαρὰν δὲ καὶ εὐφροσύνην καὶ θάρρος καὶ βούλησιν καὶ τὰ παραπλήσια οὐκ εἶναι 25 ἀρετάς. Τῶν δὲ ἀρετῶν τὰς μὲν ἐπιστήμας τινῶν καὶ τέχνας, τὰς δ' οὔ. Φρόνησιν μὲν οὖν καὶ σωφροσύνην καὶ δικαιοσύνην καὶ ἀνδρείαν ἐπιστήμας εἶναι τινῶν καὶ τέχνας· μεγαλοψυχίαν δὲ καὶ ῥώμην καὶ ἰσχὺν ψυχῆς οὔτ' ἐπιστήμας τινῶν εἶναι οὔτε τέχνας. Ἀνάλογον δὲ καὶ τῶν κακῶν τὰ μὲν εἶναι κακίας, τὰ δ' οὔ. Ἀφροσύνην μὲν οὖν καὶ ἀδικίαν καὶ δειλίαν καὶ μικρο- 30 ψυχίαν καὶ ἀδυναμίαν κακίας εἶναι· λύπην δὲ καὶ φόβον καὶ τὰ παραπλήσια οὐκ εἶναι κακίας. Τῶν δὲ κακιῶν τὰς μὲν εἶναι ἀγνοίας τινῶν καὶ ἀτεχνίας, τὰς δ' οὔ. Ἀφροσύνην μὲν οὖν καὶ ἀκολασίαν καὶ ἀδικίαν καὶ δειλίαν ἀγνοίας εἶναι τινῶν καὶ ἀτεχνίας· μικροψυχίαν δὲ καὶ ἀδυναμίαν ⟨καὶ ἀσθένειαν⟩ οὔτε ἀγνοίας τινῶν οὔτε ἀτεχνίας. Cf. n. 197. 278. 35

96 Sextus adv. math. XI 46. οἱ δὲ ἀπὸ τῆς Στοᾶς τρία μὲν γένη τῶν ἀγαθῶν καὶ αὐτοὶ τυγχάνειν ἔλεξαν, οὐχ ὡσαύτως δέ· τούτων γὰρ τὰ μὲν περὶ ψυχὴν τὰ δ' ἐκτὸς τὰ δὲ οὔτε περὶ ψυχὴν οὔτε ἐκτός, ἐξαιροῦντες τὸ γένος τῶν περὶ τὸ σῶμα ἀγαθῶν ὡς μὴ ἀγαθῶν. Καὶ δὴ περὶ μὲν ψυχὴν εἶναί φασι τὰς ἀρετὰς καὶ ⟨τὰς⟩ σπουδαίας πράξεις, ἐκτὸς δὲ εἶναι 40 τόν τε φίλον καὶ τὸν σπουδαῖον ἄνθρωπον καὶ τὰ σπουδαῖα τέκνα καὶ γονεῖς καὶ τὰ ὅμοια, οὔτε δὲ περὶ ψυχὴν οὔτε ἐκτὸς αὐτὸν τὸν σπουδαῖον

---

4 ἐπίστασιν B. ‖ ἐπιδέχεσθαι BP. 14 emolumenta ⟨et detrimenta⟩
Lambin. 16 καὶ καθ' ἕτερον Heeren. 23 καὶ — ψυχῆς add. Wachsmuth.
34 add. Meineke. 40 add. B.

ἄνθρωπον ὡς πρὸς ἑαυτόν. οὔτε γὰρ ἐκτὸς ἑαυτοῦ δυνατὸν εἶναι αὐτὸν οὔτε περὶ ψυχῆς· ἐκ γὰρ ψυχῆς καὶ σώματος συνέστηκεν.

97 Stobaeus ecl. II 70, 8 W. Τῶν δ' ἀγαθῶν τὰ μὲν εἶναι περὶ ψυχήν, τὰ δ' ἐκτός, τὰ δ' οὔτε περὶ ψυχὴν οὔτ' ἐκτός. Περὶ ψυχὴν μὲν
5 τὰς ἀρετὰς καὶ ⟨τὰς⟩ σπουδαίας ἕξεις καὶ καθόλου τὰς ἐπαινετὰς ἐνεργείας· ἐκτὸς δὲ τούς τε φίλους καὶ τοὺς γνωρίμους καὶ τὰ παραπλήσια· οὔτε δὲ περὶ ψυχὴν οὔτ' ἐκτός, τοὺς σπουδαίους καὶ καθόλου ⟨τοὺς⟩ τὰς ἀρετὰς ἔχοντας. Ὁμοίως δὲ καὶ τῶν κακῶν τὰ μὲν περὶ ψυχήν, τὰ δ' ἐκτός, τὰ δ' οὔτε περὶ ψυχὴν οὔτ' ἐκτός· περὶ ψυχὴν μὲν τάς τε κακίας σὺν ταῖς μοχ-
10 θηραῖς ἕξεσι καὶ καθόλου τὰς ψεκτὰς ἐνεργείας· ἐκτὸς δὲ τοὺς ἐχθροὺς σὺν τοῖς εἴδεσιν· οὔτε ⟨δὲ⟩ περὶ ψυχὴν οὔτ' ἐκτὸς τοὺς φαύλους καὶ πάντας τοὺς τὰς κακίας ἔχοντας.

97a Diog. Laërt. VII 95. ἔτι τῶν ἀγαθῶν τὰ μὲν εἶναι περὶ ψυχήν, τὰ δὲ ἐκτός, τὰ δ' οὔτε περὶ ψυχὴν οὔτε ἐκτός. τὰ μὲν περὶ ψυχὴν ἀρε-
15 τὰς καὶ τὰς κατὰ ταύτας πράξεις, τὰ δ' ἐκτὸς τό τε σπουδαίαν ἔχειν πατρίδα καὶ σπουδαῖον φίλον καὶ τὴν τούτων εὐδαιμονίαν, τὰ δ' οὔτε ἐκτὸς οὔτε περὶ ψυχὴν τὸ αὐτὸν ἑαυτῷ εἶναι σπουδαῖον καὶ εὐδαίμονα. Ἀνά-παλιν δὲ καὶ τῶν κακῶν τὰ μὲν περὶ ψυχὴν εἶναι, τὰς κακίας καὶ τὰς κατ' αὐτὰς πράξεις, τὰ δὲ ἐκτός, τὸ ἄφρονα πατρίδα ἔχειν καὶ ἄφρονα φίλον καὶ
20 τὴν τούτων κακοδαιμονίαν, τὰ δὲ οὔτε ἐκτὸς οὔτε περὶ ψυχήν, τὸ αὐτὸν ἑαυτῷ εἶναι φαῦλον καὶ κακοδαίμονα.

98 Stobaeus ecl. II 94, 21 W. Τριχῶς δὲ λεγομένης τῆς φιλίας, καθ' ἕνα μὲν τρόπον τῆς κοινῆς ἕνεκ' ὠφελείας, καθ' ἣν φίλοι εἶναι λέγονται, ταύτην μὲν οὔ φασι τῶν ἀγαθῶν εἶναι, διὰ τὸ μηδὲν ἐκ διεστηκότων
25 ἀγαθὸν εἶναι κατ' αὐτούς· τὴν δὲ κατὰ τὸ δεύτερον σημαινόμενον λεγο-μένην φιλίαν, κατάσχεσιν οὖσαν φιλικὴν πρὸς τῶν πέλας, τῶν ἐκτὸς λέ-γουσιν ἀγαθῶν· τὴν δὲ περὶ αὐτὸν φιλίαν, καθ' ἣν φίλος ἐστὶ τῶν πέλας, τῶν περὶ ψυχὴν ἀποφαίνουσιν ἀγαθῶν.

99 Seneca ep. 74, 22. dicitis enim inter bona esse liberos pios et
30 bene moratam patriam et parentes bonos.

100 Seneca ep. 102, 3. probare conabar, id quod nostris placet, claritatem quae post mortem contingit bonum esse.

ibid. 8. claritas — — bonorum virorum secunda opinio est.

ibid. 9. claritas — laus est a bonis bono reddita.

35 **101** Stobaeus ecl. II 74, 15 W. ἔτι δὲ τῶν ἀγαθῶν τὰ μὲν εἶναι ἄμικτα οἷον ἐπιστήμην, τὰ δὲ μεμιγμένα, οἷον εὐτεκνίαν, εὐγηρίαν, εὐ-ζωίαν. ἔστι δ' ἡ μὲν εὐτεκνία χρῆσις τέκνοις κατὰ φύσιν ἔχουσι σπουδαία, ἡ δὲ εὐγηρία χρῆσις σπουδαία γήρᾳ κατὰ φύσιν ἔχοντι, καὶ ὁμοίως ἡ εὐζωΐα.

102 Diog. Laërt. VII 98. κοινῶς δὲ τῶν ἀγαθῶν μικτὰ μέν ἐστιν
40 εὐτεκνία καὶ εὐγηρία, ἁπλοῦν δ' ἐστὶν ἀγαθὸν ἐπιστήμη.

καὶ ἀεὶ μὲν παρόντα αἱ ἀρεταί, οὐκ ἀεὶ δέ, οἷον χαρά, περιπάτησις.

103 Stobaeus ecl. II p. 68, 24 W. ἔτι δὲ τῶν ἀγαθῶν τὰ μὲν πᾶσι τοῖς φρονίμοις ὑπάρχειν καὶ ἀεί, τὰ δὲ οὔ, ἀρετὴν μὲν καὶ φρονίμην αἴσθησιν

---

5 τὰς add. Wachsm.   7 τοὺς add. Heeren.   8 ὁμοίως Canter, ὅμως libri.   11 δὲ add. Meineke.   15 κατ' αὐτὰς P.   17 τό τε σπουδαίαν—ἑαυτῷ B² in lacuna.   21 ἑαυτὸν B.   23 ἕνεκ' ὠφελείας Meineke, ἕνεκα φιλίας libri.
26 κατάσχεσιν Madvig, κατὰ σχέσιν libri. ‖ τὸν πέλας libri, corr. Heeren.
32 Cf. n. 159 (Chrysippus).   37 κτῆσις Wachsm. ‖ τέκνων Heeren et mox ἔχουσα.   38 γήρως Mullach. Mutatione non opus est.

καὶ φρονίμην ὁρμὴν καὶ τὰ ὅμοια πᾶσι τοῖς φρονίμοις ὑπάρχειν καὶ
ἐν παντὶ καιρῷ· χαρὰν δὲ καὶ εὐφροσύνην καὶ φρονίμην περιπάτησιν οὔτε
πᾶσι τοῖς φρονίμοις ὑπάρχειν οὔτε αἰεί. ἀνάλογον δὲ καὶ τῶν κα-
κῶν τὰ μὲν πᾶσι τοῖς ἄφροσιν ὑπάρχειν καὶ αἰεί, τὰ δ' οὔ. κακίαν μὲν
οὖν πᾶσαν καὶ ἄφρονα αἴσθησιν καὶ ἄφρονα ὁρμὴν καὶ τὰ παραπλήσια πᾶσι 5
τοῖς ἄφροσιν ὑπάρχειν ⟨καὶ⟩ αἰεί. λύπην δὲ καὶ φόβον καὶ ἄφρονα ἀπό-
κρισιν οὔτε πᾶσι τοῖς ἄφροσιν ὑπάρχειν οὔτ' ἐν παντὶ καιρῷ.

104 Stobaeus ecl. II 70, 21 W. τῶν δὲ περὶ ψυχὴν ἀγαθῶν τὰ μὲν
εἶναι διαθέσεις, τὰ δὲ ἕξεις μέν, διαθέσεις δ' οὔ, τὰ δ' οὔτε ἕξεις οὔτε δια-
θέσεις. διαθέσεις μὲν τὰς ἀρετὰς πάσας, ἕξεις δὲ μόνον καὶ οὐ δια- 10
θέσεις τὰ ἐπιτηδεύματα ὡς τὴν μαντικὴν καὶ τὰ παραπλήσια· οὔτε δὲ ἕξεις
οὔτε διαθέσεις τὰς κατ' ἀρετὰς ἐνεργείας, οἷον φρονίμευσιν καὶ τὴν τῆς
σωφροσύνης κτῆσιν καὶ τὰ παραπλήσια. ὁμοίως δὲ καὶ τῶν περὶ ψυχὴν
κακῶν τὰ μὲν εἶναι διαθέσεις, τὰ δ' ἕξεις μέν, διαθέσεις δ' οὔ, τὰ δὲ οὔτε
ἕξεις οὔτε διαθέσεις. διαθέσεις μὲν τὰς κακίας πάσας, ἕξεις δὲ μόνον τὰς 15
εὐκαταφορίας, οἷον τὴν φθονερίαν, τὴν ἐπιλυπίαν καὶ τὰ ὅμοια καὶ ἔτι τὰ
νοσήματα καὶ ἀῤῥωστήματα, οἷον φιλαργυρίαν, οἰνοφλυγίαν καὶ τὰ παρα-
πλήσια. οὔτε ⟨δ'⟩ ἕξεις οὔτε διαθέσεις τὰς κατὰ κακίας ἐνεργείας, οἷον
ἀφρόνευσιν, ἀδίκευσιν καὶ τὰ ταύταις παραπλήσια.

105 Diog. Laërt. VII 98. ἔτι τῶν περὶ ψυχὴν ἀγαθῶν τὰ μέν εἰσιν 20
ἕξεις, τὰ δὲ διαθέσεις, τὰ δ' οὔτε ἕξεις οὔτε διαθέσεις· διαθέσεις μὲν αἱ
ἀρεταί, ἕξεις δὲ τὰ ἐπιτηδεύματα, οὔτε δὲ ἕξεις οὔτε διαθέσεις αἱ
ἐνέργειαι.

106 Stobaeus ecl. II p. 71, 15. τῶν τε ἀγαθῶν τὰ μὲν εἶναι τελικά,
τὰ δὲ ποιητικά, τὰ δὲ ἀμφοτέρως ἔχοντα· ὁ μὲν οὖν φρόνιμος ἄνθρωπος 25
καὶ ὁ φίλος ποιητικὰ μόνον ἐστὶν ἀγαθά· χαρὰ δὲ καὶ εὐφροσύνη καὶ θάρ-
ρος καὶ φρονίμη περιπάτησις τελικὰ μόνον ἐστὶν ἀγαθά· αἱ δ' ἀρεταὶ πᾶσαι
καὶ ποιητικά ἐστιν ἀγαθὰ καὶ τελικά, καὶ γὰρ ἀπογεννῶσι τὴν εὐδαι-
μονίαν καὶ συμπληροῦσι, μέρη αὐτῆς γινόμεναι. Ἀνάλογον δὲ καὶ τῶν κα-
κῶν τὰ μέν ἐστι ποιητικὰ τῆς κακοδαιμονίας, τὰ δὲ τελικά, τὰ δὲ ἀμφοτέρως 30
ἔχοντα. Ὁ μὲν οὖν ἄφρων ἄνθρωπος καὶ ὁ ἐχθρὸς ποιητικὰ μόνον ἐστὶ κακά·
λύπη δὲ καὶ φόβος καὶ κλοπὴ καὶ ἄφρων ἐρώτησις καὶ τὰ ὅμοια τελικά
⟨μόνον ἐστὶ κακά⟩· αἱ δὲ κακίαι καὶ ποιητικὰ καὶ τελικά ἐστι κακά· ἀπο-
γεννῶσι γὰρ τὴν κακοδαιμονίαν καὶ συμπληροῦσι, μέρη αὐτῆς γινόμεναι.

107 Diog. Laërt. VII 96. ἔτι τῶν ἀγαθῶν τὰ μὲν εἶναι τελικά, 35
τὰ δὲ ποιητικά, τὰ δὲ τελικὰ καὶ ποιητικά. Τὸν μὲν οὖν φίλον καὶ
τὰς ἀπ' αὐτοῦ γινομένας ὠφελείας ποιητικὰ εἶναι ἀγαθά· θάρσος δὲ καὶ
φρόνημα καὶ ἐλευθερίαν καὶ τέρψιν καὶ εὐφροσύνην καὶ ἀλυπίαν καὶ πᾶσαν
τὴν κατ' ἀρετὴν πρᾶξιν τελικά. ποιητικὰ δὲ καὶ τελικὰ ⟨τὰς ἀρετὰς⟩
εἶναι ἀγαθά· καθὸ μὲν γὰρ ἀποτελοῦσι τὴν εὐδαιμονίαν, ποιητικά ἐστιν 40
ἀγαθά· καθὸ δὲ συμπληροῦσιν αὐτήν, ὥστε μέρη αὐτῆς γίνεσθαι, τελικά.

---

4 ὑπάρχειν Wachsm., ὑπάρχει libri.   6 καὶ add. Heeren.   11 ὡς τὴν
Heeren, καὶ τὴν libri.   12 φρονίμευσιν Meineke, φρόνησιν libri.   13 χρῆσιν
Heine, ἄσκησιν Wachsm.   14 τὰ Heeren, τὰς libri (post οὔ).   15 extr. τὰς
Meineke, τὰς δ' libri.   16 εὐκαταφθορίας libri, corr. Heeren.   18 δ' add.
Meineke.   20 ἔστι// B.   21 τὰ δ' οὔτε—διαθέσεις om. B.   28 ἀποτελοῦσι
schol. Lucian.   29 γινόμεναι Usener, γινόμενα libri.   33 μόνον—κακά add.
Wachsm.˙‖ ἀποτελοῦσι schol. Lucian.   34 γινόμεναι Usener, γινόμενα libri.
39 τὰς ἀρετὰς excidisse vidit Lipsius.   41 γενέσθαι B et fort. P ante corr.

ὁμοίως δὲ καὶ τῶν κακῶν τὰ μὲν εἶναι τελικά, τὰ δὲ ποιητικά, τὰ δὲ
ἀμφοτέρως ἔχοντα· τὸν μὲν ἐχθρὸν καὶ τὰς ἀπ' αὐτοῦ γινομένας βλάβας
ποιητικὰ εἶναι· κατάπληξιν δὲ καὶ ταπεινότητα καὶ δουλείαν καὶ ἀτερπίαν
καὶ δυσθυμίαν καὶ περιλυπίαν καὶ πᾶσαν τὴν κατὰ κακίαν πρᾶξιν τελικά·
5 ἀμφοτέρως δὲ ἔχοντα ⟨τὰς κακίας⟩· ἐπεὶ καθὸ μὲν ἀποτελοῦσι τὴν κακοδαι-
μονίαν, ποιητικά ἐστι· καθὸ δὲ συμπληροῦσιν αὐτήν, ὥστε μέρη αὐτῆς γίνε-
σθαι, τελικά.

108 Cicero de finibus III 55. Sequitur illa divisio, ut bonorum alia
sint ad illud ultimum pertinentia (sic enim appello, quae τελικά dicun-
10 tur —), alia autem efficientia, quae Graeci ποιητικά, alia utrumque. De
pertinentibus nihil est bonum praeter actiones honestas, de efficientibus
nihil praeter amicum, sed et pertinentem et efficientem sapientiam volunt
esse. Nam quia sapientia est conveniens actio, est ⟨ex⟩ illo pertinenti
genere quod dixi; quod autem honestas actiones affert et efficit, efficiens
15 dici potest.

109 Stobaeus ecl. Π 72, 14 W. Ἔτι δὲ τῶν ἀγαθῶν τὰ μὲν εἶναι
δι' αὐτὰ αἱρετά, τὰ δὲ ποιητικά. Ὁπόσα μὲν οὖν οὐδενὸς ἄλλου ἕνεκεν
εἰς εὔλογον αἵρεσιν ἔρχεται, δι' αὐτὰ αἱρετά· ὁπόσα δὲ τῷ ἑτέρων τινῶν
παρασκευαστικὰ γίνεσθαι, κατὰ τὸ ποιητικὸν λέγεσθαι.

20 **110** Clem. Al. Strom. VI 12 p. 789 Pott. αὐτίκα ὁ μὲν κακὸς φύσει
ἁμαρτητικὸς διὰ κακίαν γενόμενος φαῦλος καθέστηκεν, ἔχων ἣν ἑκὼν εἵλετο·
ἁμαρτητικὸς δὲ ὢν καὶ κατὰ ⟨τὰς⟩ πράξεις διαμαρτάνει· ἔμπαλιν δὲ ὁ σπου-
δαῖος κατορθοῖ. Διὸ οὐ μόνον τὰς ἀρετὰς ἀλλὰ καὶ τὰς πράξεις τὰς καλὰς
ἀγαθὰ καλοῦμεν· τῶν δὲ ἀγαθῶν ἴσμεν τὰ μὲν αὐτὰ δι' αὐτὰ αἱρετά,
25 ὡς τὴν γνῶσιν· οὐ γὰρ ἄλλο τι ἐξ αὐτῆς θηρῶμεν, ἐπειδὰν παρῇ ἢ μόνον
τὸ παρεῖναι αὐτήν — — τὰ δὲ δι' ἕτερα etc.

111 Stobaeus ecl. Π p. 73, 1. ἔτι δὲ τῶν ἀγαθῶν τὰ μὲν εἶναι ἐν
κινήσει, τὰ δὲ ἐν σχέσει, ἐν κινήσει μὲν τὰ τοιαῦτα, χαράν, εὐφροσύνην,
σώφρονα ὁμιλίαν· ἐν σχέσει δὲ τὰ τοιαῦτα, εὔτακτον ἡσυχίαν, μονὴν ἀτά-
30 ραχον, προσοχὴν ἔπανδρον. τῶν δὲ ἐν σχέσει τὰς μὲν καὶ ἐν ἕξει εἶναι,
οἷον τὰς ἀρετάς· τὰ δ' ἐν σχέσει μόνον, ὡς τὰ ῥηθέντα. ἐν ἕξει δὲ οὐ
μόνας εἶναι τὰς ἀρετάς, ἀλλὰ καὶ τὰς τέχνας τὰς ἐν τῷ σπουδαίῳ ἀνδρὶ ἀλ-
λοιωθείσας ὑπὸ τῆς ἀρετῆς καὶ γενομένας ἀμεταπτώτους· οἱονεὶ γὰρ ἀρετὰς
γίνεσθαι. φασὶ δὲ καὶ τῶν ἐν ἕξει ἀγαθῶν εἶναι καὶ τὰ ἐπιτηδεύματα κα-
35 λούμενα, οἷον φιλομουσίαν, φιλογραμματίαν, φιλογεωμετρίαν καὶ τὰ παρα-
πλήσια. εἶναι γὰρ ὁδόν τινα ἐκλεκτικὴν τῶν ἐν ταύταις ταῖς τέχναις οἰκείων
πρὸς ἀρετήν, ἀναφέρουσαν αὐτὰ ἐπὶ τὸ τοῦ βίου τέλος.

112 Stobaeus ecl. Π p. 74, 16 W. Ἔτι δὲ τῶν ἀγαθῶν τὰ μὲν εἶναι
καθ' ἑαυτά, τὰ δὲ πρός τί πως ἔχειν. Καθ' ἑαυτὰ μὲν ἐπιστήμην, δικαιο-
40 πραγίαν καὶ τὰ ὅμοια· πρός τι δὲ τιμήν, εὔνοιαν, φιλίαν, ⟨συμφωνίαν⟩.
Εἶναι δὲ τὴν ἐπιστήμην κατάληψιν ἀσφαλῆ καὶ ἀμετάπτωτον ὑπὸ λόγου·
ἑτέραν δὲ ἐπιστήμην σύστημα ἐξ ἐπιστημῶν τοιούτων, οἷον ἡ τῶν κατὰ μέ-
ρος λογικὴ ἐν τῷ σπουδαίῳ ὑπάρχουσα· ἄλλην δὲ σύστημα ἐξ ἐπιστημῶν

---

3 δὲ εἶναι BP.   5 τὰς κακίας supplevi.   13 ex add. Lambin., in Da-
visius.   14 id efficiens libri, corr. Madvig.   18 τῷ Heeren, τῶν libri.
22 addidi.   25 γνῶσιν] Clementem audis.   36 ἐκλεκτικὴν Meurer, ἐκλεκτὴν
libri.   38 ἔτι Canter, ἐπεὶ libri.   40 συμφωνίαν add. Wachsm.   42 ἑτέρως
Wachsm. ‖ ἐκ καταλήψεων Wachsm., ἐξ ἐπιστημῶν libri.   43 ὑπάρχουσαν
libri, corr. Heeren. ‖ ἄλλως Wachsm.

τεχνικῶν ἐξ αὐτοῦ ἔχον τὸ βέβαιον, ὡς ἔχουσιν αἱ ἀρεταί· ἄλλην δὲ ἕξιν φαντασιῶν δεκτικὴν ἀμετάπτωτον ὑπὸ λόγου, ἥν τινά φασιν ἐν τόπῳ καὶ δυνάμει κεῖσθαι. Φιλίαν δ᾽ εἶναι κοινωνίαν βίου· συμφωνίαν δὲ ὁμοδογμα- τίαν περὶ τῶν κατὰ τὸν βίον. Τῆς δὲ φιλίας εἶναι γνωριμότητα μὲν φιλίαν ἐγνωσμένων· συνήθειαν δὲ φιλίαν συνειθισμένων· ἑταιρίαν δὲ φιλίαν καθ᾽ 5 αἵρεσιν, ὡς ἂν ὁμηλίκων· ξενίαν δὲ φιλίαν ἀλλοδαπῶν. Εἶναι δὲ καὶ συγ- γενικήν τινα φιλίαν ἐκ συγγενῶν· καὶ ἐρωτικὴν ἐξ ἔρωτος. Ἀλυπίαν δὲ καὶ εὐταξίαν τὰς αὐτὰς εἶναι τῇ σωφροσύνῃ, νοῦν δὲ καὶ φρένας φρονήσει, μεταδοτικὴν δὲ καὶ ἐπιδοτικὴν χρηστότητι· τῷ μέντοι γε πρός τί πως ἔχειν ὠνομάσθησαν· ὅπερ καθήκει καὶ ἐπὶ τῶν ἄλλων ἀρετῶν παρατηρεῖν. 10

113 Stobaeus ecl. II 77, 6. Καὶ τῶν ἀγαθῶν τὰ μὲν ἀναγκαῖα εἶναι πρὸς εὐδαιμονίαν, τὰ δὲ μή. Καὶ ἀναγκαῖα μὲν τάς τε ἀρετὰς πάσας καὶ τὰς ἐνεργείας τὰς χρηστικὰς αὐτῶν· οὐκ ἀναγκαῖα δὲ χαράν τε καὶ εὐφροσύνην καὶ τὰ ἐπιτηδεύματα. Παραπλησίως δὲ καὶ τῶν κακῶν τὰ μὲν ἀναγκαῖα ὡς ἂν κακὰ πρὸς κακοδαιμονίαν εἶναι, τὰ δ᾽ οὐκ ἀναγκαῖα· ἀναγ- 15 καῖα μὲν τάς τε κακίας πάσας καὶ τὰς ἐνεργείας τὰς ἀπ᾽ αὐτῶν· οὐκ ἀναγ- καῖα δὲ τά τε πάθη πάντα καὶ τὰ ἀρρωστήματα καὶ τὰ τούτοις παραπλήσια.

114 Clem. Al. Strom. IV 6 p. 581 Pott. ἀγαθὰ γοῦν τὰ μὲν αὐτὰ καθ᾽ ἑαυτά· τὰ δὲ μετέχοντα τῶν ἀγαθῶν, ὡς τὰς καλὰς πράξεις φαμέν· ἄνευ δὲ τῶν μεταξύ, ἃ δὴ ὕλης ἐπέχει τάξιν, οὐθ᾽ αἱ ἀγαθαὶ οὐθ᾽ 20 αἱ κακαὶ συνίστανται πράξεις· οἷον ζωῆς λέγω καὶ ὑγιείας τῶν τε ἄλλων τῶν ἀναγκαίων ἢ περιστατικῶν.

115 Seneca ep. 66, 5. Hoc primo die quaesitum est, quomodo pos- sint paria bona esse, si triplex eorum condicio est: quaedam, ut nostris videtur, prima bona sunt, tamquam gaudium, pax, salus patriae, quae- 25 dam secunda, in materia infelici expressa, tamquam tormentorum patientia et in morbo gravi temperantia: illa bona directo optabimus no- bis, haec si necesse erit. sunt adhuc tertia, tamquam modestus incessus et compositus ac probus voltus et conveniens prudenti viro gestus.

(Sequentibus Seneca placiti illius: „omnia bona qua bona paria esse" 30 multa adfert argumenta, ex libro aliquo Stoici antiquioris fort. Hecatonis expressa.)

116 Philo Leg. Alleg. III § 177 Vol. I p. 152, 14 Wendl. Ἀρέσκει γὰρ αὐτῷ (scil. Moysi) τὰ μὲν προηγούμενα ἀγαθὰ αὐτοπροσώπως αὐτὸν τὸν Ὄντα διδόναι, τὰ δεύτερα δὲ τοὺς ἀγγέλους καὶ λόγους αὐτοῦ· δεύτερα δ᾽ 35 ἐστίν, ὅσα περιέχει κακῶν ἀπαλλαγήν.

---

1 ἔχουσιν Canter, ἔχουσαν libri.   7 ἐρωτικὴν Heeren, ἐρωτικῶν libri.
9 τῷ Wachsm., τὸ libri.   15 κακοδαιμονίαν Heeren, εὐδαιμονίαν libri.

Ethica III.

De indifferentibus.

§ 1. De notione indifferentis.

117 Diog. Laërt. VII 102. τῶν δὲ ὄντων φασὶ τὰ μὲν ἀγαθὰ
εἶναι, τὰ δὲ κακά, τὰ δὲ οὐδέτερα — — — οὐδέτερα δὲ ὅσα μήτε
ὠφελεῖ μήτε βλάπτει· οἷον ζωή, ὑγίεια, ἡδονή, κάλλος, ἰσχύς, πλοῦτος,
εὐδοξία, εὐγένεια· καὶ τὰ τούτοις ἐναντία, θάνατος, νόσος, πόνος,
αἶσχος, ἀσθένεια, πενία, ἀδοξία, δυσγένεια καὶ τὰ τούτοις παραπλήσια·
καθά φησιν Ἑκάτων ἐν ἑβδόμῳ περὶ τέλους καὶ Ἀπολλόδωρος ἐν τῇ
ἠθικῇ καὶ Χρύσιππος. μὴ γὰρ εἶναι ταῦτα ἀγαθά, ἀλλ᾽ ἀδιάφορα,
κατ᾽ εἶδος προηγμένα· ὡς γὰρ ἴδιον θερμοῦ τὸ θερμαίνειν, οὐ τὸ ψύ-
χειν, οὕτω καὶ ἀγαθοῦ τὸ ὠφελεῖν, οὐ τὸ βλάπτειν. οὐ μᾶλλον δὲ
ὠφελεῖ ἢ βλάπτει ὁ πλοῦτος καὶ ἡ ὑγίεια· οὐκ ἄρα ἀγαθὸν οὔτε πλοῦ-
τος οὔτε ὑγίεια· ἔτι τέ φασιν· ᾧ ἔστιν εὖ καὶ κακῶς χρῆσθαι, τοῦτο
οὐκ ἔστιν ἀγαθόν· πλούτῳ δὲ καὶ ὑγιείᾳ ἔστιν εὖ καὶ κακῶς χρῆσθαι·
οὐκ ἄρα ἀγαθὸν πλοῦτος καὶ ὑγίεια.

ibid. 104. ὠφελεῖν δέ ἐστι κινεῖν ἢ ἴσχειν κατ᾽ ἀρετήν· βλάπτειν
δὲ κινεῖν ἢ ἴσχειν κατὰ κακίαν.

118 Stobaeus ecl. II 79, 1 W. ἀδιάφορα δ᾽ εἶναι λέγουσι τὰ μεταξὺ
τῶν ἀγαθῶν καὶ τῶν κακῶν, διχῶς τὸ ἀδιάφορον νοεῖσθαι φάμενοι· καθ᾽
ἕνα μὲν τρόπον τὸ μήτε ἀγαθὸν μήτε κακὸν καὶ τὸ μήτε αἱρετὸν μήτε
φευκτόν· καθ᾽ ἕτερον δὲ τὸ μήτε ὁρμῆς μήτε ἀφορμῆς κινητικόν· καθ᾽ ὃ
καὶ λέγεσθαί τινα καθάπαξ ἀδιάφορα εἶναι, οἷον τὸ ⟨ἀρτίας ἔχειν ἐπὶ τῆς
κεφαλῆς τρίχας ἢ περιττάς, ἢ τὸ⟩ προτεῖναι τὸν δάκτυλον ὡδὶ ἢ ὡδί, ἢ τὸ
ἀνελέσθαι τι τῶν ἐμποδών, κάρφος ἢ φύλλον. κατὰ τὸ πρότερον δὴ λεκτέον
τὰ μεταξὺ ἀρετῆς καὶ κακίας ἀδιάφορα λέγεσθαι — —, οὐ μὴν πρὸς ἐκλο-
γὴν καὶ ἀπεκλογήν· δι᾽ ὃ καὶ τὰ μὲν ἀξίαν ἐκλεκτικὴν ἔχειν, τὰ δ᾽ ἀπαξίαν
ἀπεκλεκτικήν, συμβλητικὴν δ᾽ οὐδαμῶς πρὸς τὸν εὐδαίμονα βίον.

119 Diog. Laërt. VII 104. διχῶς δὲ λέγεσθαι ἀδιάφορα· ἅπαξ
μὲν τὰ μήτε πρὸς εὐδαιμονίαν μήτε πρὸς κακοδαιμονίαν συνεργοῦντα, ὡς
ἔχει πλοῦτος, δόξα, ὑγίεια, ἰσχύς καὶ τὰ ὅμοια· ἐνδέχεται γὰρ καὶ χωρὶς τού-

---

4 δεόντων P.　7 δόξα BP.　8 τούτοις om. BP.　10 ἀλλὰ διάφορα B
17 ἔχειν B.　23 ἀρτίας—τὸ add. Wachsm. ex schol. Lucian.　30 δὲ pro
μὲν B.　31 καὶ prius om. P.

τῶν εὐδαιμονεῖν, τῆς ποιᾶς αὐτῶν χρήσεως εὐδαιμονικῆς οὔσης ἢ κακοδαι-
μονικῆς. ἄλλως δὲ λέγεται ἀδιάφορα τὰ μήτε ὁρμῆς μήτε ἀφορμῆς κι-
νητικά, ὡς ἔχει τὸ ἀρτίας ἔχειν ἐπὶ τῆς κεφαλῆς τρίχας ἢ περιττὰς ἢ ἐκτεῖ-
ναι τὸν δάκτυλον ἢ συστεῖλαι, τῶν προτέρων ἀδιαφόρων οὐκέθ᾽ οὕτως λεγο-
μένων· ὁρμῆς γάρ ἐστιν ἐκεῖνα καὶ ἀφορμῆς κινητικά, διὸ τὰ μὲν αὐτῶν 5
ἐκλέγεται, ⟨τὰ δὲ ἀπεκλέγεται⟩, τῶν ἑτέρων ἐπίσης ἐχόντων πρὸς αἵρεσιν καὶ
φυγήν.
120 Seneca ep. 82, 15. Est et horum, Lucili, quae appellamus media,
grande discrimen. non enim sic mors indifferens est, quomodo utrum ca-
pillos pares habeas. 10
121 Stobaeus ecl. II 82, 5. Ἔτι δὲ τῶν ἀδιαφόρων φασὶ τὰ μὲν εἶ-
ναι ὁρμῆς κινητικά, τὰ δὲ ἀφορμῆς, τὰ δὲ οὔτε ὁρμῆς οὔτε ἀφορμῆς. Ὁρ-
μῆς μὲν οὖν κινητικά, ἅπερ ἐλέγομεν εἶναι κατὰ φύσιν· ἀφορμῆς δὲ ὅσα
παρὰ φύσιν· οὔτε δὲ ὁρμῆς οὔτε ἀφορμῆς τὰ μηδετέρως ἔχοντα, οἷά ἐστι τὸ
περιττὰς ἢ ἀρτίας ἔχειν τὰς τρίχας. 15
122 Sextus adv. math. XI 59. οὐκ ἀγαθὸν δ᾽ οἱ ἀπὸ τῆς Στοᾶς
ἔλεξαν αὐτὴν (scil. τὴν ὑγίειαν) ἀλλ᾽ ἀδιάφορον. Τὸ ἀδιάφορον δ᾽ οἴονται
λέγεσθαι τριχῶς, καθ᾽ ἕνα μὲν τρόπον πρὸς ὃ μήτε ὁρμὴ μήτε ἀφορμὴ
γίγνεται, οἷόν ἐστι τὸ περιττοὺς ἢ ἀρτίους εἶναι τοὺς ἀστέρας ἢ τὰς ἐπὶ τῇ
κεφαλῇ τρίχας, καθ᾽ ἕτερον δὲ πρὸς ὃ ὁρμὴ μὲν καὶ ἀφορμὴ γίγνεται, οὐ 20
μᾶλλον δὲ πρὸς τόδε ἢ τόδε, οἷον ἐπὶ δυοῖν δραχμῶν ἀπαραλλάκτων τῷ τε
χαρακτῆρι καὶ τῇ λαμπρότητι, ὅταν δέῃ τὴν ἑτέραν αὐτῶν αἱρεῖσθαι· ὁρμὴ
μὲν γὰρ γίγνεται πρὸς τὸ ἕτερον αὐτῶν, οὐ μᾶλλον δὲ πρὸς τόδε ἢ τόδε,
κατὰ δὲ τρίτον καὶ τελευταῖον τρόπον φασὶν ἀδιάφορον τὸ μήτε πρὸς
εὐδαιμονίαν μήτε πρὸς κακοδαιμονίαν συλλαμβανόμενον. Καθ᾽ ὃ σημαινόμε- 25
νόν φασι τήν τε ὑγίειαν καὶ νόσον καὶ πάντα τὰ σωματικὰ καὶ τὰ πλεῖστα
τῶν ἐκτὸς ἀδιάφορα τυγχάνειν διὰ τὸ μήτε πρὸς εὐδαιμονίαν μήτε πρὸς
κακοδαιμονίαν συντείνειν. Ὧι γὰρ ἔστιν εὖ καὶ κακῶς χρῆσθαι τοῦτ᾽ ἂν εἴη
ἀδιάφορον· διὰ παντὸς δ᾽ ἀρετῇ μὲν καλῶς, κακίᾳ δὲ κακῶς, ὑγείᾳ δὲ καὶ
τοῖς περὶ σῶμα ποτὲ μὲν εὖ ποτὲ δὲ κακῶς ἔστι χρῆσθαι, διὸ ταῦτ᾽ ἂν εἴη 30
ἀδιάφορα. Ἤδη δὲ τῶν ἀδιαφόρων φασὶ τὰ μὲν εἶναι προηγμένα τὰ δ᾽
ἀποπροηγμένα τὰ δὲ μήτε προηγμένα μήτε ἀποπροηγμένα· καὶ προηγμένα
μὲν εἶναι τὰ ἱκανὴν ἀξίαν ἔχοντα, ἀποπροηγμένα δὲ τὰ ἱκανὴν ἀπαξίαν
ἔχοντα, μήτε δὲ προῆχθαι μήτε ἀποπροῆχθαι οἷον τὸ ἐκτεῖναι ἢ συγ-
κάμψαι τὸν δάκτυλον καὶ πᾶν ὃ τούτῳ παραπλήσιόν ἐστι. Τάττεσθαι δ᾽ ἐν 35
μὲν τοῖς προηγμένοις τήν τε ὑγείαν καὶ τὴν ἰσχὺν καὶ τὸ κάλλος πλοῦτόν
τε καὶ δόξαν καὶ τὰ ἐοικότα, ἐν δὲ τοῖς ἀποπροηγμένοις νόσον καὶ πενίαν
καὶ ἀλγηδόνα καὶ τὰ ἀνάλογα. ὧδε μὲν καὶ οἱ ἀπὸ τῆς Στοᾶς.
Cf. Pyrrh. Hypot. III 191.
123 Plutarchus de Stoic. repugn. cp. 31 p. 1048 c. Ἔτι δὲ μᾶλ- 40
λον τῇ ἀποδείξει τὸ ἐναντίωμα ποιοῦσι φανερώτερον. Ὧι γὰρ ἔστιν
εὖ χρήσασθαι καὶ κακῶς, τοῦτό φασι μήτ᾽ ἀγαθὸν εἶναι, μήτε κακόν.
Πλούτῳ δὲ καὶ ὑγιείᾳ καὶ ῥώμῃ σώματος κακῶς χρῶνται πάντες οἱ
ἀνόητοι. Διόπερ οὐδέν ἐστι τούτων ἀγαθόν.

---

1 αὐτῷ B.   6 τὰ δὲ ἀπεκλέγεται supplevi. ‖ τῶν δ᾽ ἑτέρων BP. ‖ ἐχόν-
των τῶν B.   14 τὰς libri, corr. Heeren.   17 trad. οἷόν τε, corr. B.   27 τὴν
ἑτέραν scripsi, τὸ ἕτερον libri.

Plutarchus de comm. not. cp. 23 p. 1070a. *Τὰ αὐτὰ πράγματα
ληπτὰ καὶ οὐχ αἱρετά, καὶ οἰκεῖα καὶ οὐκ ἀγαθά, καὶ ἀνωφελῆ μέν,
εὔχρηστα δέ, καὶ οὐδὲν μὲν πρὸς ἡμᾶς, ἀρχὰς δὲ τῶν καθηκόντων
ὀνομάζοντες.*

§ 2. ἀξία, ἀπαξία, δόσις.

124 Stobaeus ecl. II 83, 10. *πάντα δὲ τὰ κατὰ φύσιν ἀξίαν ἔχειν
καὶ πάντα τὰ παρὰ φύσιν ἀπαξίαν. τὴν δὲ ἀξίαν λέγεσθαι τριχῶς,
τήν τε δόσιν καὶ τιμὴν καθ᾽ αὑτὸ καὶ τὴν ἀμοιβὴν τοῦ δοκιμαστοῦ·
καὶ τὴν τρίτην, ἣν ὁ Ἀντίπατρος ἐκλεκτικὴν προσαγορεύει, καθ᾽ ἣν
διδόντων τῶν πραγμάτων τάδε τινὰ μᾶλλον ἀντὶ τῶνδε αἱρούμεθα, οἷον
ὑγίειαν ἀντὶ νόσου καὶ ζωὴν ἀντὶ θανάτου καὶ πλοῦτον ἀντὶ πενίας. κατὰ
τὸ ἀνάλογον δὲ καὶ τὴν ἀπαξίαν τριχῶς φασι λέγεσθαι, ἀντιτιθεμένων τῶν
σημαινομένων τοῖς ἐπὶ τῆς πρώτης ἀξίας εἰρημένοις.*

125 Stobaeus ecl. II 84, 4 W. *Τὴν δὲ δόσιν φησὶν ὁ Διογένης κρίσιν
εἶναι, ἐφ᾽ ὅσον κατὰ φύσιν ἐστὶν ἢ ἐφ᾽ ὅσον χρείαν τῇ φύσει παρέχεται. Τὸ
δὲ δοκιμαστοῦ, οὐχ ὡς λέγεται τὰ πράγματα δοκιμαστὰ παραλαμβάνεσθαι,
ἀλλ᾽ ὡς δοκιμαστὴν φαμὲν εἶναι τὸν τὰ πράγματα δοκιμάζοντα· τῆς οὖν
ἀμοιβῆς τὸν τοιοῦτόν φησι δοκιμαστὴν εἶναι. Καὶ ταύτας μὲν τὰς δύο ἀξίας
καθ᾽ ἃς λέγομέν τινα τῇ ἀξίᾳ προῆχθαι, τρίτην δέ φησιν εἶναι, καθ᾽ ἣν
φαμὲν ἀξίωμά τινα ἔχειν καὶ ἀξίαν, ἥπερ περὶ ἀδιάφορα οὐ γίνεται, ἀλλὰ
περὶ μόνα τὰ σπουδαῖα. Χρῆσθαι δ᾽ ἡμᾶς φησιν ἐνίοτε τῷ ὀνόματι τῆς
ἀξίας ἀντὶ τοῦ ἐπιβάλλοντος· ὡς ἐν τῷ τῆς δικαιοσύνης ὅρῳ παρείληπται,
ὅταν λέγηται εἶναι ἕξις ἀπονεμητικὴ τοῦ κατ᾽ ἀξίαν ἑκάστῳ· ἔστι γὰρ οἷον
τοῦ ἐπιβάλλοντος ἑκάστῳ.*

126 Diog. Laërt. VII 105. *τῶν ἀδιαφόρων τὰ μὲν λέγουσι προηγ-
μένα, τὰ δὲ ἀποπροηγμένα· προηγμένα μὲν τὰ ἔχοντα ἀξίαν, ἀποπροηγ-
μένα δὲ τὰ ἀπαξίαν ἔχοντα.*

*ἀξίαν δὲ τὴν μέν τινα λέγουσι σύμβλησιν πρὸς τὸν ὁμολογού-
μενον βίον, ἥτις ἐστὶ περὶ πᾶν ἀγαθόν, τὴν δὲ εἶναι μέσην τινὰ δύναμιν
ἢ χρείαν συμβαλλομένην πρὸς τὸν κατὰ φύσιν βίον, ὅμοιον εἰπεῖν
ἥν τινα προσφέρεται πρὸς τὸν κατὰ φύσιν βίον πλοῦτος ἢ ὑγίεια· τὴν δ᾽
εἶναι ἀξίαν ἀμοιβὴν δοκιμαστοῦ, ἣν ἂν ὁ ἔμπειρος τῶν πραγμάτων τάξῃ,
ὅμοιον εἰπεῖν ἀμείβεσθαι πυροὺς πρὸς τὰς σὺν ἡμιόνῳ κριθάς.*

---

8 τε F δὲ P. ‖ τιμὴν Meineke, τὴν libri.   9 ἣν F, καὶ P.   13 τριτ-
τῆς Wachsm.   16 δοκιμαστοῦ Meineke, δοκιμαστὸν F δοκιμαστικὸν P hic locus
probat iam ante Diogenem i. e. apud Chrysippum iisdem verbis diversa ἀξίας
genera definita fuisse. Diogenes enim definitionibus explicandis operam dat.
17 δοκιμαστὴν Heeren, δοκιμαστόν libri.   18 φησι Wachsm., φασι libri.
19 τινα Heeren, τινας libri. ‖ φησὶν F, φασὶν P.   20 τινα Heeren, τινας libri.
27 ἀναξίαν BP.   30 συλλαμβανομένην BP.   31 εἰσφέρεται B προσφέρεται
P (προς in litura P³).   33 συνημιόνων B; scribendum est: πρὸς τὰς ἡμιολίους
κριθάς. — prima hic inducitur ἀξίας notio, quae apud Stobaeum tertia est, al-
tera, quae illic prima, tertia, quae altera.

§ 3. Προηγμένα καὶ ἀποπροηγμένα.

127 Diog. Laërt. VII 106. προηγμένα μὲν οὖν εἶναι ἃ καὶ ἀξίαν ἔχει, οἷον ἐπὶ μὲν τῶν ψυχικῶν εὐφυΐαν, τέχνην, προκοπὴν καὶ τὰ ὅμοια· ἐπὶ δὲ τῶν σωματικῶν ζωήν, ὑγίειαν, ῥώμην, εὐεξίαν, ἀρτιότητα, κάλλος· ἐπὶ δὲ τῶν ἐκτὸς πλοῦτον, δόξαν, εὐγένειαν καὶ τὰ ὅμοια. ἀποπροηγ- 5 μένα δὲ ἐπὶ μὲν τῶν ψυχικῶν ἀφυΐαν, ἀτεχνίαν καὶ τὰ ὅμοια· ἐπὶ δὲ τῶν σωματικῶν θάνατον, νόσον, ἀσθένειαν, καχεξίαν, πήρωσιν, αἶσχος καὶ τὰ ὅμοια· ἐπὶ δὲ τῶν ἐκτὸς πενίαν, ἀδοξίαν, δυσγένειαν καὶ τὰ παραπλήσια. οὔτε δὲ προήχθη οὔτε ἀποπροήχθη τὰ οὐδετέρως ἔχοντα.

128 Stobaeus ecl. II 84, 18. Τῶν δ' ἀξίαν ἐχόντων τὰ μὲν ἔχειν 10 πολλὴν ἀξίαν, τὰ δὲ βραχεῖαν. Ὁμοίως δὲ καὶ τῶν ἀπαξίαν ἐχόντων ἃ μὲν ἔχειν πολλὴν ἀπαξίαν, ἃ δὲ βραχεῖαν. Τὰ μὲν ⟨οὖν⟩ πολλὴν ἔχοντα ἀξίαν προηγμένα λέγεσθαι, τὰ δὲ πολλὴν ἀπαξίαν ἀποπροηγμένα, Ζήνωνος ταύτας τὰς ὀνομασίας θεμένου πρώτου τοῖς πράγμασι. Προηγμένον δ' εἶναι λέγουσιν, ὃ ἀδιάφορον ⟨ὂν⟩ ἐκλεγόμεθα κατὰ προηγούμενον λόγον. Τὸν δ' ὅμοιον 15 λόγον ἐπὶ τῷ ἀποπροηγμένῳ εἶναι, καὶ τὰ παραδείγματα κατὰ τὴν ἀναλογίαν ταὐτά. Οὐδὲν δὲ τῶν ἀγαθῶν εἶναι προηγμένον διὰ τὸ τὴν μεγίστην ἀξίαν αὐτὰ ἔχειν. Τὸ δὲ προηγμένον, τὴν δευτέραν χώραν καὶ ἀξίαν ἔχον, συνεγγίζειν πως τῇ τῶν ἀγαθῶν φύσει· οὐδὲ γὰρ ἐν αὐλῇ τῶν προηγμένων εἶναι τὸν βασιλέα, ἀλλὰ τοὺς μετ' αὐτὸν τεταγμένους. Προηγμένα δὲ λέγεσθαι, οὐ 20 τῷ πρὸς εὐδαιμονίαν τινὰ συμβάλλεσθαι συνεργεῖν τε πρὸς αὐτήν, ἀλλὰ τῷ ἀναγκαῖον εἶναι τούτων τὴν ἐκλογὴν ποιεῖσθαι παρὰ τὰ ἀποπροηγμένα.

Cf. Vol. I n. 192 (Zeno).

129 Cicero de finibus III 50. cum esset satis constitutum id solum esse bonum, quod esset honestum, et id malum solum, quod turpe, tum 25 inter illa, quae nihil valerent ad beate misereve vivendum, aliquid tamen quod differret esse voluerunt, ut essent eorum alia aestimabilia, alia contra, alia neutrum. 51. Quae autem aestimanda essent, eorum in aliis satis esse causae, quam ob rem quibusdam anteponerentur, ut in valetudine, ut in integritate sensuum, ut in doloris vacuitate, ut gloriae, divi- 30 tiarum, similium rerum, alia autem non esse eius modi; itemque eorum quae nulla aestimatione digna essent, partim satis habere causae, quam ob rem reicerentur, ut dolorem, morbum, sensuum amissionem, paupertatem, ignominiam, similia horum, partim non item. Hinc est illud exortum quod Zeno προηγμένον contraque quod ἀποπροηγμένον nominavit. 35

130 Cicero de finibus III 53. Quoniam autem omne, quod est bonum, primum locum tenere dicimus, necesse est nec bonum esse nec malum hoc, quod praepositum vel praecipuum nominamus. Idque ita definimus: quod sit indifferens cum aestimatione mediocri. — —

---

3 ἔχειν BP.   6 ἀπὸ B.   8 δυσιγένειαν B.   9 μηδετέρως BP. 12 οὖν add. Heeren.   15 ὂν add. Heeren.   16 λόγον Mullach, ἀνάλογον libri. ‖ τῷ ἀποπροηγμένῳ Wachsm., τὸ ἀποπροηγμένον F.   17 προηγούμενον F.   18 προηγούμενον FP.   19 οὐδὲ Davisius, οὐδὲν libri. ‖ ἂν αὐλητῶν libri, corr. Canter. ‖ προηγμένων Madvig, προαγόμενον libri.   20 τοὺς—τεταγμένους Davisius, τοῦ—τεταγμένου libri. ‖ προηγούμενα libri, corr. Heeren. 21 τε Meineke, τι libri.

Neque enim illud fieri poterat ullo modo, ut nihil relinqueretur in mediis, quod aut secundum naturam esset aut contra, nec cum id relinqueretur, nihil in his poni, quod satis aestimabile esset, nec hoc posito non aliqua esse praeposita. — — 54. atque etiam ab iis — hoc simile ponitur: Ut 5 enim, inquiunt, si hoc fingamus esse quasi finem et ultimum, ita iacere talum, ut rectus assistat, qui ita talus erit iactus, ut cadat rectus, praepositum quiddam habebit ad finem, qui aliter, contra, neque tamen illa praepositio tali ad eum quem dixi finem pertinebit, sic ea quae sunt praeposita, referuntur illa quidem ad finem, sed ad eius vim naturamque nihil 10 pertinent.

131 Stobaeus ecl. p. 75, 1 W. *Διαφέρειν δὲ λέγουσιν αἱρετὸν καὶ ληπτόν. Αἱρετὸν μὲν γὰρ εἶναι τὸ ὁρμῆς αὐτοτελοῦς κινητικόν, ⟨ληπτὸν δὲ ὃ εὐλογίστως ἐκλεγόμεθα⟩. Ὅσῳ δὲ διαφέρει τὸ αἱρετὸν τοῦ ληπτοῦ, τοσού-τῳ καὶ τὸ ⟨καθ'⟩ αὗθ' αἱρετὸν τοῦ καθ' αὐτὸ ληπτοῦ, καὶ καθόλου τὸ ἀγα-*15 *θὸν τοῦ ἀξίαν ἔχοντος.*

132 Cicero de finibus IV 39 (i. e. Antiochus contra Stoicos pugnans). Naturalem enim appetitionem, quam vocant ὁρμήν, itemque officium, ipsam etiam virtutem volunt esse earum rerum, quae secundum naturam sunt. Cum autem ad summum bonum volunt pervenire, transiliunt omnia et 20 duo nobis opera pro uno relinquunt, ut alia s u m a m u s, alia e x p e t a-m u s, potius quam uno fine utrumque concluderent.

133 Stobaeus ecl. II 80, 14 W. *Ἔτι δὲ τῶν ἀδιαφόρων τὰ μὲν πλείω ἀξίαν ἔχειν, τὰ δ' ἐλάττω· καὶ τὰ μὲν καθ' αὑτά, τὰ δὲ ποιητικά· καὶ τὰ μὲν προηγμένα, τὰ δ' ἀποπροηγμένα, τὰ δ' οὐδετέρως ἔχοντα. Προηγμένα* 25 *μὲν, ὅσα ἀδιάφορα ὄντα πολλὴν ἔχει ἀξίαν, ὡς ἐν ἀδιαφόροις· ἀποπροηγμένα δέ, ὅσα πολλὴν ἔχει ἀπαξίαν ὁμοίως· οὔτε δὲ προηγμένα οὔτε ἀποπροηγμένα, ὅσα μήτε πολλὴν ἔχει ⟨ἀξίαν μήτε⟩ ἀπαξίαν.*

134 Cicero de finibus III 56. Haec quae praeposita dicimus, par-t i m s u n t per se ipsa praeposita, partim q u o d a l i q u i d e f f i c i u n t, 30 partim u t r u m q u e; per se, ut quidam habitus oris et vultus, ut status, ut motus, in quibus sunt et praeponenda quaedam et reicienda; alia ob eam rem praeposita dicentur, quod ex se aliquid efficiant, ut pecunia, alia autem ob utramque rem, ut integri sensus, ut bona valetudo.

135 Diog. Laërt. VII 107. *ἔτι τῶν προηγμένων τὰ μὲν δι' αὐτὰ* 35 *προῆκται, τὰ δὲ δι' ἕτερα, τὰ δὲ καὶ δι' αὐτὰ καὶ δι' ἕτερα. δι' αὐτὰ μὲν εὐφυΐα, προκοπὴ καὶ τὰ ὅμοια, δι' ἕτερα δὲ πλοῦτος, εὐγένεια καὶ τὰ ὅμοια, δι' αὐτὰ δὲ καὶ δι' ἕτερα ἰσχύς, εὐαισθησία, ἀρτιότης· δι' αὐτὰ μέν, ὅτι κατὰ φύσιν ἐστί, δι' ἕτερα δέ, ὅτι περιποιεῖ χρείας οὐκ ὀλίγας. ὁμοίως δὲ ἔχει καὶ τὸ ἀποπροηγμένον κατὰ τὸν ἐναντίον λόγον.*

40 **136** Stobaeus ecl. II 80, 22. *τῶν δὲ προηγμένων τὰ μὲν εἶναι περὶ ψυχήν, τὰ δὲ περὶ σῶμα, τὰ δ' ἐκτός. περὶ ψυχὴν μὲν εἶναι τὰ τοι-αῦτα· εὐφυΐαν, προκοπήν, μνήμην, ὀξύτητα διανοίας, ἕξιν καθ' ἣν ἐπίμονοι*

---

4 esse *Manutius*, esset AB essent *ceteri.* 12 κινητικόν Canter, νικητικόν libri. ‖ add. Wachsm. 13 ληπτοῦ Heeren, ληπτικοῦ libri. 14 αὐθαίρετον libri, καθ' add. Wachsm. 20 expetamus *Baiter*, ea petamus B appetamus *ceteri.* 27 ἀξίαν μήτε suppl. Heeren. 34 δ' αὐτὰ B. 39 ἔχειν B. ‖ τὸ προηγμένον BP. 42 διανοίας schol. Lucian., διάνοιαν libri. ‖ ἐπίμονοι Meineke, ἐπιμόνοις libri.

εἰσιν ἐπὶ τῶν καθηκόντων καὶ τέχνας ὅσαι δύνανται συνεργεῖν ἐπὶ πλεῖον
πρὸς τὸν κατὰ φύσιν βίον· περὶ σῶμα δ' εἶναι προηγμένα ὑγίειαν, εὐαι-
σθησίαν καὶ τὰ παραπλήσια τούτοις· τῶν δ' ἐκτὸς γονεῖς, τέκνα, κτῆσιν
σύμμετρον, ἀποδοχὴν παρὰ ἀνθρώπων.

τῶν δ' ἀποπροηγμένων περὶ ψυχὴν μὲν εἶναι τὰ ἐναντία τοῖς εἰ- 5
ρημένοις· περὶ σῶμα δὲ καὶ ἐκτὸς τὰ ὁμοίως ἀντιτιθέμενα τοῖς εἰρημένοις
περί τε σῶμα καὶ τοῖς ἐκτὸς προηγμένοις.

οὔτε δὲ προηγμένα οὔτ' ἀποπροηγμένα περὶ ψυχὴν ⟨μὲν⟩ φαν-
τασίαν καὶ συγκατάθεσιν καὶ ὅσα τοιαῦτα· περὶ δὲ σῶμα λευκότητα καὶ
μελανότητα καὶ χαροπότητα καὶ ἡδονὴν πᾶσαν καὶ πόνον καὶ εἴ τι ἄλλο τοι- 10
οῦτο. τῶν δ' ἐκτὸς οὔτε προηγμένα ⟨οὔτε ἀποπροηγμένα⟩ εἶναι τὰ τοι-
αῦτα, ὅσα εὐτελῆ ὄντα καὶ μηδὲν χρήσιμον προσφερόμενα μικρὰν παντελῶς
ἔχει τὴν ἀφ' αὑτῶν χρείαν.

τῆς δὲ ψυχῆς οὔσης κυριωτέρας τοῦ σώματος καὶ πρὸς τὸ κατὰ φύσιν
ζῆν φασὶ τὰ περὶ τὴν ψυχὴν κατὰ φύσιν ὄντα καὶ προηγμένα 15
πλείονα τὴν ἀξίαν ἔχειν τῶν περὶ σῶμα καὶ τῶν ἐκτός, οἷον εὐ-
φυΐαν ψυχῆς πρὸς ἀρετὴν ὑπεράγειν τῆς τοῦ σώματος εὐφυΐας καὶ ὁμοίως
ἐπὶ τῶν ἄλλων ἔχειν.

137 Plutarchus de Stoic. repugn. cp. 30 p. 1048a. Ἐν δὲ τῷ
πρώτῳ περὶ Ἀγαθῶν τρόπον τινὰ συγχωρεῖ καὶ δίδωσι τοῖς βουλο- 20
μένοις τὰ προηγμένα καλεῖν ἀγαθά, καὶ κακὰ τἀναντία, ταύταις ταῖς
λέξεσιν· „Εἴ τις βούλεται κατὰ τὰς τοιαύτας παραλλαγὰς τὸ
μὲν ἀγαθὸν αὐτῶν λέγειν (sc. τῶν ἀδιαφόρων), τὸ δὲ κακόν,
ἐπὶ ταῦτα φερόμενος τὰ πράγματα καὶ μὴ ἄλλως ἀποπλανώ-
μενος * ἐν μὲν τοῖς σημαινομένοις οὐ διαπίπτοντος αὐτοῦ, 25
τὰ δ' ἄλλα στοχαζομένου τῆς κατὰ τὰς ὀνομασίας συνηθείας.“

138 Plutarchus de Stoic. repugn. cp. 30 p. 1047e (Antecedit Ze-
nonis de προηγμένῳ sententia). Ἀλλ' ὁ Χρύσιππος ἔτι μᾶλλον τὸ
πρᾶγμα δυσδιάθετον πεποίηκεν· ὁτὲ μὲν γάρ φησι „μαίνεσθαι τοὺς
τὸν πλοῦτον καὶ τὴν ὑγίειαν καὶ τὴν ἀπονίαν καὶ τὴν ὁλοκληρίαν 30
τοῦ σώματος ἐν μηδενὶ ποιουμένους, μηδ' ἀντεχομένους τῶν τοιούτων“
ὁτὲ δὲ παραθέμενος τὰ τοῦ Ἡσιόδου (Op. et D. 299)

Ἐργάζευ, Πέρση, δῖον γένος
ἐπιπεφώνηκεν ὅτι τἀναντία παραινεῖν μανικόν ἐστι, τὸ

Μὴ ἐργάζευ, Πέρση, δῖον γένος. 35

139 Plutarchus de Stoic. repugn. cp. 17 p. 1041e. Ἐν δὲ τῷ
πρώτῳ (scil. τῶν Προτρεπτικῶν) „τοῦτον τὸν λόγον φησὶν ἀπὸ
τῶν ἄλλων ἁπάντων ἀφέλκειν τὸν ἄνθρωπον, ὡς οὐδὲν

---

1 τέχναις libri, corr. Heeren.   2 εὐαισθησίαν schol. Lucian, αἰσθητηρίαν
libri.   8 μὲν add. Meineke.   10 πᾶσαν schol. Lucian., τίς ἂν libri.   11 οὔτε
ἀποπροηγμένα add. Heeren.   13 ἀπ' αὐτῶν libri, corr. Meineke.   16 τὴν
ἀξίαν schol. Lucian., τὴν εὐεξίαν libri.   24 ταῦτα libri, γ' αὐτὰ Wy.   25 la-
cunam significavi, ita fere explendam: ⟨ἀποδεχόμεθ' ὡς⟩.   38 τῶν ἄλλων i. e.
ut ipse Plut. explicat τοῦ ζῆν καὶ τῆς ὑγιείας καὶ τῆς ἀπονίας καὶ τῆς τῶν αἰ-
σθητηρίων ὁλοκληρίας.

ὄντων πρὸς ἡμᾶς οὐδὲ συνεργούντων πρὸς εὐδαιμονίαν
οὐδέν."

Plutarchus de Stoic. repugn. cp. 30 p. 1048a. Οὕτω δὲ τὸ προ-
ηγμένον τῷ ἀγαθῷ συναγαγὼν ἐγγὺς ἐνταῦθα καὶ συμμίξας ἐν ἑτέροις
5 πάλιν „οὐδὲν εἶναί φησι τούτων καθόλου πρὸς ἡμᾶς, ἀλλ'
ἀποσπᾶν τὸν λόγον ἡμᾶς καὶ ἀποστρέφειν ἁπάντων τῶν τοι-
ούτων." ταῦτα γὰρ ἐν τῷ πρώτῳ περὶ τοῦ Προτρέπεσθαι
γέγραφεν.

Plutarchus de comm. not. cp. 5 p. 1060E. Εἰ δὲ ὡς Χρύσιππος
10 ἐν τῷ πρώτῳ περὶ τοῦ Προτρέπεσθαι γέγραφεν, ἐν τῷ κατ' ἀρε-
τὴν βιοῦν μόνον ἐστὶ τὸ εὐδαιμόνως, τῶν ἄλλων, φησίν, οὐδὲν
ὄντων πρὸς ἡμᾶς οὐδ' εἰς τοῦτο συνεργούντων etc.

§ 4. De naturalibus et naturae contrariis.

140 Stobaeus. ecl. Π 79,18 W. καὶ τὰ μὲν εἶναι κατὰ φύσιν, τὰ
15 δὲ παρὰ φύσιν, τὰ δὲ οὔτε παρὰ φύσιν οὔτε κατὰ φύσιν. κατὰ φύσιν
μὲν οὖν τὰ τοιαῦτα· ὑγίειαν, ἰσχύν, αἰσθητηρίων ἀρτιότητα, καὶ τὰ παρα-
πλήσια τούτοις· παρὰ φύσιν δὲ τὰ τοιαῦτα· νόσον, ἀσθένειαν, πήρωσιν
καὶ τὰ τοιαῦτα· οὔτε δὲ παρὰ φύσιν οὔτε κατὰ φύσιν· ψυχῆς κατά-
στασιν καὶ σώματος, καθ' ἢν ἡ μέν ἐστι φαντασιῶν ψευδῶν δεκτική, τὸ
20 δὲ τραυμάτων καὶ πηρώσεων δεκτικόν, καὶ τὰ τούτοις ὅμοια. Ποιεῖσθαι δὲ
λέγουσι τὸν περὶ τούτων λόγον ⟨ἀπὸ⟩ τῶν πρώτων κατὰ φύσιν καὶ παρὰ
φύσιν. Τὸ γὰρ διαφέρον καὶ τὸ ἀδιάφορον τῶν πρός τι λεγομένων εἶναι.
Διότι κἂν, φασί, λέγωμεν ἀδιάφορα τὰ σωματικὰ καὶ τὰ ἐκτός, πρὸς τὸ εὐσχη-
μόνως ζῆν (ἐν ᾧπέρ ἐστι τὸ εὐδαιμόνως) ἀδιάφορά φαμεν αὐτὰ εἶναι, οὐ
25 μὰ Δία πρὸς τὸ κατὰ φύσιν ἔχειν οὐδὲ πρὸς ὁρμὴν καὶ ἀφορμήν.

141 Stobaeus ecl. Π 82,11 W. Τῶν δὲ κατὰ φύσιν ἀδιαφόρων ὄν-
των τὰ μέν ἐστι πρῶτα κατὰ φύσιν, τὰ δὲ κατὰ μετοχήν. Πρῶτα μέν
ἐστι κατὰ φύσιν κίνησις ἢ σχέσις κατὰ τοὺς σπερματικοὺς λόγους γινο-
μένη, οἷον ⟨ἀρτιότης καὶ⟩ ὑγίεια καὶ αἴσθησις (λέγω δὲ τὴν κατάληψιν)
30 καὶ ἰσχύς. Κατὰ μετοχὴν δέ, ὅσα μετέχει κινήσεως καὶ σχέσεως κατὰ τοὺς
σπερματικοὺς λόγους, οἷον χεὶρ ἀρτία καὶ σῶμα ὑγιεινὸν καὶ αἰσθήσεις μὴ
πεπηρωμέναι. Ὁμοίως δὲ καὶ τῶν παρὰ φύσιν κατὰ τὸ ἀνάλογον.

142 Stobaeus ecl. Π 82,20 W. πάντα δὲ ⟨τὰ⟩ κατὰ φύσιν
ληπτὰ εἶναι καὶ πάντα τὰ παρὰ φύσιν ἄληπτα. τῶν δὲ κατὰ φύσιν
35 τὰ μὲν καθ' αὑτὰ ληπτὰ εἶναι, τὰ δὲ δι' ἕτερα. καθ' αὑτὰ μέν, ὅσα ἐστὶν
ὁρμῆς κινητικὰ κατατρεπτικῶς ἐφ' ἑαυτὰ ἢ ἐπὶ τὸ ἀντέχεσθαι αὐτῶν, οἷον
ὑγίειαν, εὐαισθησίαν, ἀπονίαν καὶ κάλλος σώματος. ποιητικὰ ⟨δὲ⟩ ὅσα

---

19 καθ' ἢν Heeren, καθ' ἃς libri.   20 τρωμάτων libri, corr. Wachsm. ‖
πορεύεσθαι coni. Wachsm.   21 ἀπὸ add. Wachsm.; fortasse plura exciderunt.
24 ᾧ πάρεστι libri, corr. Meineke.   29 ἀρτιότης καὶ add. Wachsm.   30 ἰσχύν
libri, corr. Wachsm.   31 ὑγιεινόν schol. Lucian., ὑγιαῖνον libri. ‖ μὴ schol.
Lucian., μὴν libri.   36 κατατρεπτικῶς P κατατρεπτικῶς schol. Lucian., προ-
τρεπτικῶς Wachsm. ‖ τὸ schol. Lucian., τῶν libri.   37 δὲ add. Heeren.

ἐστὶν ὁρμῆς κινητικὰ ἀν⟨εν⟩εκτικῶς ἐφ' ἕτερα καὶ μὴ κατατρεπτικῶς, οἷον πλοῦτον, δόξαν καὶ τὰ τούτοις ὅμοια. παραπλησίως δὲ καὶ τῶν παρὰ φύσιν τὰ μὲν εἶναι καθ' αὑτὰ ἄληπτα, τὰ δὲ τῷ ποιητικὰ εἶναι τῶν καθ' αὑτὰ ἀλήπτων. 143 Cicero de finibus III 20. Aestimabile esse dicunt — id quod aut ipsum secundum naturam sit aut tale quid efficiat, ut selectione dig- 5 num propterea sit, quod aliquod pondus habeat dignum aestimatione, quam illi ἀξίαν vocant, contraque inaestimabile, quod sit superiori contrarium. 144 Arrianus Epict. dissert. I 4, 27. εἰ γὰρ ἐξαπατηθέντα τινὰ ἔδει μαθεῖν, ὅτι τῶν ἐκτὸς ἀπροαιρέτων οὐδέν ἐστι πρὸς ἡμᾶς, ἐγὼ μὲν ἤθελον τὴν ἀπάτην ταύτην, ἐξ ἧς ἤμελλον εὐρόως καὶ ἀταράχως βιώσεσθαι. — — 10 τί οὖν ἡμῖν παρέχει Χρύσιππος; „ἵνα γνῷς, φησίν, ὅτι οὐ ψευδῆ ταῦτά ἐστιν, ἐξ ὧν ἡ εὔροιά ἐστι καὶ ἀπάθεια, ἄπαντα λάβε μου τὰ βιβλία καὶ γνώσῃ ὡς ⟨ἀληθῆ⟩ τε καὶ σύμφωνά ἐστι τῇ φύσει τὰ ἀπαθῆ με ποιοῦντα.“ 145 Alexander Aphrod. de anima libri mant. p. 167, 13 Bruns. ἔτι τὰ οἰκεῖα ⟨καὶ⟩ προηγμένα καὶ εὔχρηστα καὶ ἀξίαν ἔχοντα πρὸς τί ποτε ταύ- 15 τας ἔχει τὰς ὀνομασίας, εἰ μηδὲν συνεργεῖ πρὸς εὐδαιμονίαν; πᾶν γὰρ τὸ προηγμένον πρός τι προῆκται καὶ τῷ φορὸν εἶναι πρὸς τὸ προκείμενον μᾶλλον ἄλλου, διὰ τοῦτο λέγεται καὶ προῆχθαι πρὸς τὸ τέλος καὶ ἡ προαγωγὴ αὐτῶν δῆλον ὡς συνεργεῖ πρὸς εὐδαιμονίαν. εἰ δὲ μὴ πρὸς τοῦτο συνεργεῖ, πρὸς δὲ τὸν κατὰ φύσιν βίον, ἄξιον ἐρέσθαι περὶ τοῦ κατὰ 20 φύσιν αὐτοὺς βίου, πότερον οὗτος ἀγαθόν ἐστιν, ἢ οὐκ ἀγαθὸν μέν, οἰκεῖον δὲ καὶ αὐτὸ καὶ προηγμένον, ἢ ἀλλότριον καὶ ἀποπροηγμένον, ἢ ἀρρεπὲς ὅλως. παρὰ γὰρ ταῦτα οὐδὲν οἷόν τε ἀποκρίνασθαι. οὐ γὰρ δὴ κακόν γε ἐροῦσιν αὐτόν. εἰ μὲν οὖν ἀγαθὸν — — οὐ μόνον ἔσται τὸ καλὸν ἀγαθόν· καὶ γὰρ ὁ κατὰ φύσιν βίος. 25 146 Plutarchus de comm. not. cp. 4 p. 1060 c. Stoicos dicit: τοὺς τὰ κατὰ φύσιν ἀδιάφορα νομίζοντας καὶ μήθ' ὑγίειαν μήτ' εὐεξίαν μήτε κάλλος μήτ' ἰσχὺν ἡγουμένους αἱρετὰ μηδ' ὠφέλιμα μηδὲ λυσιτελῆ μηδὲ συμπληρωτικὰ τῆς κατὰ φύσιν τελειότητος· μήτε τἀναντία φευκτὰ καὶ βλαβερά, πηρώσεις ἀλγηδόνας αἴσχη νόσους· ὧν αὐτοὶ λέγουσι πρὸς ἃ μὲν ἀλλοτριοῦν 30 πρὸς ἃ δ' οἰκειοῦν ἡμᾶς τὴν φύσιν — — καὶ ὃ μεῖζόν ἐστιν, οἰκειοῦν ἐπὶ τοσοῦτο καὶ ἀλλοτριοῦν, ὥστε τῶν μὲν μὴ τυγχάνοντας τοῖς δὲ περιπίπτοντας εὐλόγως ἐξάγειν τοῦ ζῆν ἑαυτοὺς καὶ τὸν βίον ἀπολέγεσθαι.

§ 5. De singulis indifferentibus recte aestimandis.

147 Alexander Aphrod. comm. in Aristot. Topica I p. 43. Ald. 35 p. 79, 5 Wal. καὶ πότερον ἡ ὑγίεια ἀγαθὸν ἢ οὔ, ὡς Χρύσιππος λέγει.

148 [Plutarchus pers. de nobilitate cp. 17. Ἀλλὰ τὸν Χρύσιππον ἀφῶμεν, οὐχ ἅπαξ ἐναντιούμενον ἑαυτῷ, ὥσπερ ἐν τῷ πρώτῳ

---

1 εἰσιν P, corr. Meineke. ‖ ἀνενεκτικῶς scripsi, ἀνεκτικῶς libri. ‖ κατατρεπτικῶς P κατασπρεπτικῶς schol. Lucian., παρατρεπτικῶς F, προτρεπτικῶς Wachsm. 3 ληπτὰ libri, corr. Heeren. ‖ τῶν δὲ libri, δὲ del. Wachsm. ‖ ληπτῶν libri, corr. Heeren. 7 illi — vocant Pearce, ille — vocat libri. 11 videtur ipse Epictetus haec quae Chrysippo tribuit verba finxisse. 12 ἄπαντα scripsi, ἀπαντᾷ libri. 13 ἀληθῆ suppl. Schw. 15 καὶ addidi.

περὶ Ἀγαθῶν καὶ ἐν τῷ περὶ Ῥητορικῆς, ὑγίειαν ἐάν τις τοῖς
ἀγαθοῖς ἐναριθμῇ οὐκ ἀντιμάχεσθαι, καὶ ἐν τῷ περὶ Τῶν Καθ' Αὐτὰ
Αἱρετῶν οὐδὲ μανίας ἀποστερεῖ τοὺς τούτων καταφρονοῦντας].

149 Theodoret. graec. affect. cur. p. 153, 45. οἱ δὲ Στωϊκοὶ ἐναντία
5 τούτοις ἄντικρυς ἐψηφίσαντο. Τὸ γὰρ ἀκολούθως τῇ φύσει ζῆν ὡρίσαντο
τέλος, καὶ τὴν ψυχὴν ἔφασαν μηδὲν ὑπὸ τοῦ σώματος ἢ ὠφελεῖσθαι
ἢ βλάπτεσθαι· οὔτε γὰρ εἰς ἀρετὴν αὐτὴν ἡ ὑγεία μὴ βουλομένην
βιάζεται, οὔτε εἰς κακίαν παρὰ γνώμην ἡ νόσος καθέλκει· ἀδιά-
φορα γὰρ ταῦτα ἔλεγον εἶναι. Ἐκεῖνο δέ γε αὐτῶν κομιδῇ τολμηρόν· ἀν-
10 θρώπου γὰρ καὶ θεοῦ τὴν αὐτὴν ἔλεγον ἀρετήν.

150 Clem. Al. Strom. IV 5 p. 572 Pott. Θαυμάζειν δὲ ἄξιον καὶ
τῶν Στωϊκῶν οἵ τινες φασί, μηδὲν τὴν ψυχὴν ὑπὸ τοῦ σώματος διατί-
θεσθαι μήτε πρὸς κακίαν ὑπὸ τῆς νόσου, μήτε πρὸς ἀρετὴν ὑπὸ τῆς ὑγιείας.
ἀλλ' ἀμφότερα ταῦτα λέγουσιν ἀδιάφορα εἶναι.

15 **151** Seneca ep. 87, 12. Quod bonum est, bonos facit. nam et in
arte musica quod bonum est, bonum facit musicum. fortuita bonum
non faciunt: ergo non snnt bona.

ibid. 15. Quod contemptissimo cuique contingere ac turpissimo potest,
bonum non est. opes autem et lenoni et lanistae contingunt: ergo non
20 sunt bona.

ibid. 22. Bonum ex malo non fit: divitiae fiunt. fiunt autem ex
avaritia: divitiae ergo non sunt bonum.

ibid. 28. Quod dum consequi volumus, in multa mala incidimus, id
bonum non est. dum divitias autem consequi volumus, in multa mala
25 incidimus: ergo divitiae bonum non sunt.

152 Alexander Aphrod. Comm. in Aristot. Topica II p. 107 Ald.
p. 201, 21 Wal. εἰ γὰρ τοῦτο, δόξει καλῶς ὑπὸ τῶν ἀπὸ τῆς Στοᾶς
λέγεσθαι· „τὸ διὰ κακοῦ γινόμενον οὐκ ἔστιν ἀγαθόν· πλοῦτος δὲ καὶ διὰ
πορνοβοσκίας κακοῦ ὄντος γίνεται· οὐκ ἄρα ὁ πλοῦτος ἀγαθόν."

30 **153** Plutarchus de Stoic. repugn. cp. 20 p. 1043 e. Καίτοι πολ-
λαχοῦ μὲν ἀποκναίει ταῦτ' ἐπαινῶν· (Eur. inc. fab. fr. 884 N)

Ἐπεὶ τί δεῖ βροτοῖσι πλὴν δυοῖν μόνων,
Δήμητρος ἀκτῆς πώματος θ' ὑδρηχόου;

ἐν δὲ τοῖς περὶ Φύσεως λέγει „τὸν σοφὸν εἰ τὴν μεγίστην
35 οὐσίαν ἀποβάλοι, δραχμὴν μίαν ἐκβεβληκέναι δόξειν."

Plutarchus de Stoic. repugn. cp. 30 p. 1048 b. Ἐν δὲ τῷ τρίτῳ
περὶ Φύσεως μακαρίζεσθαί φησιν ἐνίους βασιλεύοντας καὶ
πλουτοῦντας, ὅμοιον εἰ χρυσαῖς ἀμίσι χρώμενοι καὶ χρυσοῖς
κρασπέδοις ἐμακαρίζοντο· τῷ δ' ἀγαθῷ τὸ τὴν οὐσίαν ἀπο-
40 βαλεῖν οἱονεὶ δραχμὴν ἀποβαλεῖν καὶ τὸ νοσῆσαι οἷον προσ-
κόψαι.

Plutarchus de comm. not. cp. 22 p. 1069 c. ἀνωφελῶν πραγμά-

---

3 fragmentum spurium, ut tertius maxime titulus probat. 15 Cf. n. 80.
32 Gell. N. A. 6, 16, 7 si versus Euripidi recordemur, quibus saepissime Chry-
sippus philosophus usus est.

των καὶ ἀδιαφόρων· τοιαῦτα γὰρ τὰ κατὰ φύσιν, καὶ τὰ ἐκτὸς ἔτι
μᾶλλον· εἴγε κρασπέδοις καὶ ἀμίσι χρυσαῖς, καὶ νὴ Δία ληκύ-
θοις, ὅταν τύχωσι, παραβάλλουσι τὸν μέγιστον πλοῦτον.

154 Cicero de finibus III 17. In principiis autem naturalibus ple-
rique Stoici non putant voluptatem esse ponendam. 5

155 Sextus adv. math. XI 73. οἷον τὴν ἡδονὴν ὁ μὲν Ἐπίκουρος
ἀγαθὸν εἶναί φησιν, ὁ δὲ εἰπὼν „μανείην μᾶλλον ἢ ἡσθείην‟ κακόν, οἱ δὲ
ἀπὸ τῆς Στοᾶς ἀδιάφορον καὶ οὐ προηγμένον, ἀλλὰ Κλεάνθης μὲν
μήτε κατὰ φύσιν αὐτὴν εἶναι μήτε ἀξίαν ἔχειν ἐν τῷ βίῳ, καθάπερ δὲ τὸ
κάλλυντρον κατὰ φύσιν μὴ εἶναι, ὁ δὲ Ἀρχέδημος κατὰ φύσιν μὲν εἶναι 10
ὡς τὰς ἐν μασχάλῃ τρίχας, οὐχὶ δὲ καὶ ἀξίαν ἔχειν, Παναίτιος δὲ τινὰ μὲν
κατὰ φύσιν ὑπάρχειν, τινὰ δὲ παρὰ φύσιν.

156 Diog. Laërt. VII 103. ἀλλ᾽ οὐδὲ τὴν ἡδονὴν ἀγαθόν φασιν
Ἑκάτων τε ἐν τῷ θ᾽ περὶ ἀγαθῶν καὶ Χρύσιππος ἐν τοῖς περὶ
Ἡδονῆς· εἶναι γὰρ καὶ αἰσχρὰς ἡδονάς· μηδὲν δὲ αἰσχρὸν εἶναι ἀγαθόν. 15

157 Plutarchus de Stoic. repugn. cp. 15 p. 1040d. Ἐν δὲ τοῖς
πρὸς Πλάτωνα (scil. περὶ Δικαιοσύνης) κατηγορῶν αὐτοῦ δοκοῦν-
τος ἀγαθὸν ἀπολιπεῖν τὴν ὑγίειαν „οὐ μόνον τὴν δικαιοσύνην,
φησίν, ἀλλὰ καὶ τὴν μεγαλοψυχίαν ἀναιρεῖσθαι καὶ τὴν σω-
φροσύνην καὶ τὰς ἄλλας ἀρετὰς ἁπάσας, ἂν ἢ τὴν ἡδονὴν ἢ 20
τὴν ὑγίειαν ἤ τι τῶν ἄλλων, ὃ μὴ καλόν ἐστιν, ἀγαθὸν ἀπο-
λίπωμεν.‟

158 Cicero de finibus I 11, 39. *At etiam Athenis, ut a patre au-
diebam, facete et urbane Stoicos irridente, statua est in Ceramico Chry-*
sippi sedentis, porrecta manu, quae manus significet, illum in hac esse 25
rogatiuncula delectatum: „Num quidnam manus tua sic affecta,
quemadmodum affecta nunc est, desiderat? Nihil sane. At,
si voluptas esset bonum, desideraret? Ita credo. Non est igi-
tur voluptas bonum.‟

(paullo post:) primum tibi recte, Chrysippe, concessum est, nihil 30
desiderare manum, cum ita esset affecta: secundum non recte, si volup-
tas esset bonum, fuisse desideraturam.

159 Cicero de finibus III 17, 57. *De bona autem fama (quam*
enim appellant εὐδοξίαν, aptius est bonam famam hoc loco appellare
quam gloriam) Chrysippus quidem et Diogenes, detracta utilitate, ne 35
digitum quidem eius causa porrigendum esse dicebant: quibus ego vehe-
menter assentior. Qui autem post eos fuerunt, cum Carneadem sustinere
non possent, hanc quam dixi bonam famam ipsam propter se praepo-
sitam et sumendam esse dixerunt.

---

3 διαφόρων codd. BE. ‖ ἐστι libri, corr. Mez.   6 naturalibus *Ursinus,*
naturalibus diligendi sui *libri.*   10 Cf. I n. 574.   14 ἐν τῷ θ᾽ P ἐν τῷ θ᾽ ι᾽
B.   25 irridente *Manutius,* arridente *libri.*

160 Seneca epist. ad Lucil. 102, 5. (probaturus „claritatem quae post mortem contingit bonum esse" sic disputat:)

at quae a dialecticis contra hanc opinionem dicuntur segreganda fuerunt et ideo seposita sunt. Nunc quia omnia exigis, omnia quae di-
5 cunt, persequar. Deinde singulis occurram. Nisi aliquid praedixero, intellegi non poterunt, quae refellentur. quid est quod praedicere velim?

quaedam continua esse corpora, ut hominem, quaedam esse composita ut navem, domum, omnia denique, quorum diversae partes iunctura in unum coactae sunt. quaedam ex distantibus, quorum adhuc
10 membra separata sunt, tanquam exercitus populus senatus. illi enim per quos ista corpora efficiuntur, iure aut officio cohaerent, natura diducti et singuli sunt.

quid est quod etiam nunc praedicere velim?

nullum bonum putamus esse, quod ex distantibus constat.
15 uno enim spiritu unum bonum contineri ac regi debet, unum esse unius boni principale.

hoc si quando desideraveris per se probabitur: interim ponendum fuit, quia in nos nostra tela mittuntur.

„Dicitis, inquit, nullum bonum ex distantibus esse: claritas autem
20 ista bonorum virorum secunda opinio est. nam quomodo fama non est unius sermo nec infamia unius mala existimatio, sic nec claritas uni bono placuisse. consentire in hoc plures insignes et spectabiles viri debent, ut claritas sit. haec autem ex iudiciis plurium efficitur, id est distantium: ergo non est bonum. Claritas, inquit, laus est a bonis bono reddita. laus
25 oratio. oratio vox est aliquid significans: vox autem, licet virorum sit bonorum, non est bonum etc. ergo claritas bonum non est. — Ad summam dicite nobis, utrum laudantis an laudati bonum sit: si laudati bonum esse dicitis, tam ridiculam rem facitis, quam si adfirmetis meum esse, quod alius bene valeat. sed laudare dignos honesta actio est: ita lau-
30 dantis bonum est, cuius actio est, non nostrum, qui laudamur: atqui hoc quaerebatur."

(Dein tria argumenta a „dialectico" prolata deinceps a Seneca refelluntur et additur:)

20. Cavillatoribus istis abunde responderimus. sed non debet hoc
35 nobis esse propositum arguta disserere et philosophiam in has angustias ex sua maiestate detrahere: quanto satius est ire aperta via et recta quam sibi ipsum flexus disponere, quos cum magna molestia debeas relegere? Neque enim quicquam aliud istae disputationes sunt, quam inter se perite captantium lusus.

40   **161** Schol. ad Plat. Leg. p. 625 A. καὶ οἱ Στωϊκοὶ πλατωνίζοντες κλέος φασὶ τὸ ἐπὶ τῶν σπουδαίων γενόμενον δίκαιον, δόξαν δὲ τὴν ἐπὶ τῶν ἀσπούδων δόκησιν.

162 Commenta Lucani Lib. II 240 ed Us. p. 66. Cunctisque timentem securumque sui: secundum Stoicos qui dicunt vitam contemnen-
45 dam esse pro laude pulcrumque esse inpendere gloriae quicquid te scias debere naturae. Virgilius „vitamque volunt pro laude pacisci."

---

27 laudati *scripsi,* laudantis *vulgo.*

163 Clem. Al. Strom. II p. 503 Pott. ἔτι κατὰ μὲν τοὺς ἀπὸ τῆς Στοᾶς ἀδιάφορον ὅ τε γάμος ἥ τε παιδοτροφία.

164 Theodoret. graec. affect. cur. p. 176, 21. οἱ δὲ ⟨ἀπὸ⟩ τῆς Ποικίλης μέσην τινὰ ὁδὸν ὥδευσαν· τοῖς γὰρ ἀδιαφόροις τὸν γάμον καὶ τὴν παιδογονίαν συνέζευξαν. 5

165 Alexander Aphrod. Quaest. IV 1 p. 119, 23 Bruns. πῶς γὰρ οὐκ ἀπεμφαῖνον τὸ ὁμοῦ μὲν λέγειν ἡμᾶς ὑπὸ τῆς φύσεως πρὸς τοῦτο (scil. τὸ ζῆν) οἰκειοῦσθαι καὶ τῆς ἑαυτῶν σωτηρίας χάριν ποιεῖν πάντα, ὁμοῦ δὲ μὴ λέγειν [ἡμᾶς] ὡς πρὸς ἀγαθὸν αὐτὸ τὴν φύσιν ἡμᾶς οἰκειοῦν.

Cf. ibid. p. 118, 23 „εἰ τὸ εὖ πλεῖν ἀγαθόν, τὸ δὲ κακῶc κα- 10 κόν, τὸ πλεῖν οὔτε ἀγαθὸν οὔτε κακόν· καὶ εἰ τὸ εὖ ζῆν ἀγαθόν, τὸ δὲ κακῶc κακόν, τὸ ζῆν οὔτ᾿ ἀγαθὸν οὔτε κακόν" (Addit ipse Alexander: ἢ οὐκ ἀληθὲc τὸ τὰc δυνάμεις τῶν ἀντικειμένων ἀδιαφόρουc εἶναι καὶ μέσαc;).

166 Seneca ep. 85, 30. Quod malum est nocet. quod nocet dete- 15 riorem facit. dolor et paupertas deteriorem non faciunt: ergo mala non sunt.

167 Plutarchus de Stoic. repugn. cp. 14 p. 1039 e f. ἐν αὐτοῖc τούτοιc (scil. ἐν τοῖc περὶ τοῦ Προτρέπεcθαι) ποτὲ μὲν τοῦ Ἀντιcθέ-νουc ἐπαινῶν φαίνεται τὸ Δεῖν κτᾶcθαι νοῦν ἢ βρόχον· καὶ τοῦ Τυρ- 20 ταίου τὸ

(B. P. L. II p. 20) Πρὶν ἀρετῆc πελάcαι τέρμαcιν ἢ θανάτου·

— — — ποτὲ δὲ τὸν Θέογνιν ἐπανορθούμενοc, „Οὐκ ἔδει, φηcίν, εἰπεῖν·

Χρὴ πενίην φεύγοντα (Theogn. 175) 25

μᾶλλον δὲ·

Χρὴ κακίαν φεύγοντα καὶ ἐc βαθυκήτεα πόντον ῥιπτεῖν καὶ πετρῶν, Κύρνε, κατ᾿ ἠλιβάτων.

Plutarchus de comm. not. cp. 22 p. 1069 d. Τὸν τοίνυν Θέογνιν αὐτοὶ παντελῶc ἀγεννῆ καὶ μικρὸν ἡγοῦνται λέγοντα 30

(Theogn. 175) Χρὴ πενίην φεύγοντα καὶ ἐc μεγακήτεα πόντον, ῥιπτεῖν καὶ πετρῶν, Κύρνε, κατ᾿ ἠλιβάτων·

οὕτωc ἀποδειλιῶντα πρὸς τὴν πενίαν ἀδιάφορον οὖσαν.

168 Gellius Noct. Att. XII 5, 4. si tanta, inquit, doloris acerbitas est, ut — invitum hominem cogat ad gemendum — — cur dolor apud 35 Stoicos indifferens esse dicitur, non malum? cur deinde aut Stoicus homo cogi aliquid potest aut dolor cogere, cum et dolorem Stoici nihil cogere et sapientem nihil cogi posse dicant?

---

8 οἰκειοῦσθαι scripsi, οἰκειῶσθαι libri.   9 ἡμᾶς del. Spengel.

Ethica IV.

De appetitu et selectione.

§ 1. De notione appetitus.

169 Stobaeus ecl. II 86, 17. τὸ δὲ κινοῦν τὴν ὁρμὴν οὐδὲν ἕτερον
5 εἶναι λέγουσιν ἀλλ᾽ ἢ φαντασίαν ὁρμητικὴν τοῦ καθήκοντος αὐτόθεν,
τὴν δὲ ὁρμὴν εἶναι φορὰν ψυχῆς ἐπί τι κατὰ τὸ γένος. ταύτης δ᾽ ἐν εἴδει
θεωρεῖσθαι τήν τε ἐν τοῖς λογικοῖς γιγνομένην ὁρμὴν καὶ τὴν ἐν τοῖς ἀλό-
γοις ζῴοις· οὐ κατωνομασμέναι δ᾽ εἰσίν· ἡ γὰρ ὄρεξις οὐκ ἔστι λογικὴ
ὁρμή, ἀλλὰ λογικῆς ὁρμῆς εἶδος. τὴν δὲ λογικὴν ὁρμὴν δεόντως ἄν
10 τις ἀφορίζοιτο, λέγων εἶναι φορὰν διανοίας ἐπί τι τῶν ἐν τῷ πράττειν· ταύτῃ
δ᾽ ἀντιτίθεσθαι ἀφορμήν, φοράν τινα ⟨διανοίας ἀπό τινος τῶν ἐν τῷ πράτ-
τειν⟩. ἰδίως δὲ καὶ τὴν ὄρουσιν ὁρμὴν λέγουσι, τῆς πρακτικῆς ὁρμῆς οὖσαν
εἶδος. εἶναι δὲ τὴν ὄρουσιν φορὰν διανοίας ἐπί τι μέλλον. ὥστε
μέχρι μὲν τούτων τετραχῶς ὁρμὴν λέγεσθαι, διχῶς δ᾽ ἀφορμήν· προστεθείσης
15 δὲ καὶ τῆς ἕξεως τῆς ὁρμητικῆς, ἣν δὴ καὶ ἰδίως ὁρμὴν λέγουσιν, ἀφ᾽ οὗ
συμβαίνει ὁρμᾶν, πενταχῶς.

Seneca epist. 113, 18. Omne rationale animal nihil agit, nisi primum
specie alicuius rei inritatum est, deinde impetum cepit, deinde adsensio
confirmavit hunc impetum. quid sit adsensio dicam. oportet me ambulare:
20 tunc demum ambulo, cum hoc mihi dixi et adprobavi hanc opinionem meam.

170 Origenes comment. in Matthaeum Tom. III p. 446 Delarue. ὅπερ
καὶ ἐπὶ τῶν ἄλλων συμβέβηκεν, ὡς τετηρήκασιν οἱ δεινοὶ περὶ τὴν τῶν πολ-
λῶν ὀνομάτων θέσιν, οἵτινες λέγουσι καὶ γενικωτάτην εἶναι τὴν ὁρμὴν
πολλῶν εἰδῶν, ὥσπερ καὶ ἀφορμῆς καὶ ὁρμῆς, ἐν εἴδει λέγοντες ὁμω-
25 νύμως τῷ γενικῷ παραλαμβάνεσθαι πρὸς ἀντιδιαστολὴν τῆς ἀφορμῆς τὴν
ὁρμήν.

171 Stobaeus ecl. II 88, 1 W. Πάσας δὲ τὰς ὁρμὰς συγκαταθέσεις
εἶναι, τὰς δὲ πρακτικὰς καὶ τὸ κινητικὸν περιέχειν. Ἤδη δὲ ἄλλων μὲν εἶ-
ναι συγκαταθέσεις, ἐπ᾽ ἄλλο δὲ ὁρμάς· καὶ συγκαταθέσεις μὲν ἀξιώμασί τισιν,
30 ὁρμὰς δὲ ἐπὶ κατηγορήματα, τὰ περιεχόμενά πως ἐν τοῖς ἀξιώμασιν, οἷς
συγκαταθέσεις.

5 ἀλλ᾽ ἢ Meurer, ἀλλὰ libri.   6 ταύτης δ᾽ ἐν εἴδει Hirzel, ταύτης δ᾽ ἔνι
ἀεὶ F.   8 κατωνομασμένα libri, corr. Heeren.   9 ἄν τις ἀφορίζοιτο Salma-
sius, ἀνταφορίζοιτο libri.   11 διανοίας—πράττειν add. Wachsm. (sed ille μὴ
πράττειν).   13 εἶναι Canter, εἰδέναι libri.   18 species = φαντασία. ‖ impe-
tus = ὁρμή.   30 οἷς Madvig, αἱ libri.

172 Galenus de animi peccatis dignoscendis 1 Vol. V p. 58 K. ἄρχο-
μαι οὖν καὶ νῦν ἀρχὴν ἀρίστην — — τί ποτε λέγουσιν ἁμάρτημα, λόγῳ
διελθὼν δεικνὺς ὥς γε εἰώθασι χρῆσθαι τῇ φωνῇ ταύτῃ πάντες οἱ Ἕλληνες.
ἐνίοτε μὲν γὰρ ἐπὶ τῶν κατὰ κρίσιν οὐκ ὀρθῶς γιγνομένων, ὡς εἶναι τοῦ
λογιστικοῦ μόνου τῆς ψυχῆς, ἐνίοτε δὲ κοινῇ, ὡς καὶ τῆς ἀλόγου δυνάμεως 5
ἅπτεσθαι. (Sequitur magna lacuna, quae hausit Galeni disputationem, qua
κατὰ ψευδῆ δόξαν τὰ ἁμαρτήματα γίγνεσθαι docuerat; deinde videtur contra
Stoicos quosdam disputare, qui τὴν ἀσθενῆ συγκατάθεσιν in peccatorum
numero posuerant:) * * τι συγκατάθεσις ἁμαρτήματος, συνωμολόγηται πᾶσι·
⟨ὅ⟩τι δὲ καὶ ἀσθενής, οὐκέτι· μεταξὺ γὰρ δοκεῖ τισιν ἄμεινον εἶναι τίθε- 10
σθαι τὴν ἀσθενῆ συγκατάθεσιν ἀρετῆς τε καὶ κακίας. ἀσθενῆ δὲ λέγουσι
συγκατάθεσιν, ὅταν μηδέπω πεπεικότες ὦμεν ἡμᾶς αὐτοὺς [οὕτως], ἀληθῆ
τήνδε τινὰ δόξαν ὑπάρχειν, ὡς τὸ πέντε δακτύλους ἔχειν, εἰ τύχοι, καθ'
ἑκατέραν χεῖρα καὶ τὰ δὶς δύο τέτταρα εἶναι. ἴσως μὲν ἐπὶ πρεσβύτου δι'
ὅλου τοῦ βίου σχολάσαντος εὑρήσεις τῶν ἀληθῶν ἁμαρτημάτων τὸ συγκατα- 15
θέσθαι τινὶ τῶν ἀπόδειξιν ἐπιστημονικὴν ἐχόντων ἀσθενῶς. ἐπιστήμη γοῦν
ἐστι τοῦ γεωμετρικοῦ τοιαύτη περὶ τὰ δεδειγμένα διὰ τῶν Εὐκλείδου στοι-
χείων, ὁποία τῶν πολλῶν ἐστι τοῦ τὰ δὶς δύο τέτταρα εἶναι. — ἐὰν οὖν
ἀμφιβάλληται βραχὺ καὶ μὴ βεβαίαν αὐτοῖς ἔχῃ συγκατάθεσιν, ἣν κατάληψιν
ὀνομάζουσί τινες, ἁμάρτημα εἶναι τοῦτο συγχωρήσειεν ἄν τις, ὡς γεωμετρι- 20
κοῦ δηλονότι τἀνθρώπου. τοῦ μέντοι κατὰ τὸν βίον ἁμαρτάνοντος
ἐν τοῖς περὶ ἀγαθῶν τε καὶ κακῶν γνώσεώς τε καὶ κτήσεως καὶ
φυγῆς αἱ μοχθηραὶ δόξαι συνίστανται καὶ ⟨ἡ⟩ ψευδὴς συγκατά-
θεσις ἢ προπετὴς ἢ ἀσθενής. ἐνταῦθα οὖν ἤδη κίνδυνος οὐ σμικρός,
ἅμα⟨δ'⟩ ἁμάρτημα καὶ μέγιστον, ἐὰν ψευδῶς συγκατατιθώμεθα τῇ τῶν ἀγα- 25
θῶν τε καὶ κακῶν δόξῃ.

173 Stobaeus ecl. II 87,14 W. τῆς δὲ πρακτικῆς ὁρμῆς εἴδη
πλείονα εἶναι, ἐν οἷς καὶ ταῦτα· πρόθεσιν, ἐπιβολήν, παρασκευήν, ἐγχείρησιν,
⟨αἵρεσιν⟩, προαίρεσιν, βούλησιν, θέλησιν. πρόθεσιν μὲν οὖν εἶναι λέγουσι
σημείωσιν ἐπιτελέσεως· ἐπιβολὴν δὲ ὁρμὴν πρὸ ὁρμῆς· παρασκευὴν δὲ 30
πρᾶξιν πρὸ πράξεως· ἐγχείρησιν δὲ ὁρμὴν ἐπί τινος ἐν χερσὶν ἤδη ὄντος·
αἵρεσιν δὲ βούλησιν ἐξ ἀναλογισμοῦ· προαίρεσιν δὲ αἵρεσιν πρὸ αἱρέσεως·
βούλησιν δὲ εὔλογον ὄρεξιν· θέλησιν δὲ ἑκούσιον βούλησιν.

174 Plutarchus de Stoic. repugn. cp. 23 p. 1045e. Ἐν δὲ τῷ
ἕκτῳ περὶ Καθήκοντος „εἶναί τινα φήσας πράγματα μὴ πάνυ πολ- 35
λῆς ἄξια [ὄντα] πραγματείας μηδὲ προσοχῆς" ἀφιέναι περὶ ταῦτα τῇ
ὡς ἔτυχεν ἐπικλίσει τῆς διανοίας οἴεται δεῖν τὴν αἵρεσιν ἀποκληρώσαν-
τας· „Οἷον, φησίν, εἰ τῶν δοκιμαζόντων τάσδε τινὰς δραχμὰς
δύο ἐπὶ τοσόνδε, οἱ μὲν τήνδε οἱ δὲ τήνδε φαῖεν εἶναι καλήν,
δέοι δὲ μίαν αὐτῶν λαβεῖν· τηνικαῦτα ἀφέντες τὸ ἐπὶ πλεῖον 40

---

10 ὅτι scripsi, τι libri.   12 οὕτως seclusi.   13 ὡς τὸ scripsi, ὥστε libri.
15 τὸ scripsi, ἢ libri.   18 πολλῶν scripsi, μορίων libri; fort. μυρίων.
19 μὴ βεβαίαν scripsi, μήτ' ἰδίαν libri.   23 ἡ ψευδὴς scripsi, ψευδεῖς libri.
25 οὐ σμικρός, ἅμα δ' scripsi, ὡς σμικρὸν ἅμα libri.   29 αἵρεσιν add. Sal-
masius.   31 ἐν χερσὶν Salmasius, ἐγχείρησιν libri.   36 εἶναι pro ὄντα codd.
a Bern. adhibiti; del. Bern.   38 εἰ τῶν Emperius, οἱ τῶν libri.   39 ἐπὶ
ποσὸν δή Emperius.   40 δέοι δὲ μίαν Wy., δὲ οὐδεμίαν libri.

ἐπιζητεῖν, ἣν ἔτυχε ληψόμεθα, κατ᾽ ἄδηλόν τινα ἀποκληρώ-
cαντες αὐτὰς λόγον, καὶ εἰ μάλιστα τὴν μοχθηρὰν ληψόμεθα
αὐτῶν."

175 Plutarchus de Stoic. repugn. cp. 11 p. 1037f. *Καὶ μὴν ἡ*
5 *ὁρμή, κατά γ᾽ αὐτὸν* (sc. *Χρύσιππον*), *τοῦ ἀνθρώπου λόγος ἐστὶ προσ-*
τακτικὸς αὐτῷ τοῦ ποιεῖν, ὡς ἐν τῷ περὶ Νόμου γέγραφεν. Οὐκ-
οῦν καὶ ἡ ἀφορμὴ λόγος ἀπαγορευτικὸς καὶ ἡ ἔκκλισις· ⟨ἡ δὲ εὐ-
λάβεια⟩ εὔλογος ἔκκλισις· καὶ ἡ εὐλάβεια τοίνυν λόγος ἐστὶν
ἀπαγορευτικὸς τῷ σοφῷ· τὸ γὰρ εὐλαβεῖσθαι σοφῶν ἴδιον, οὐ
10 *φαύλων ἐστίν. Εἰ μὲν οὖν ἕτερον ἐστὶν ὁ τοῦ σοφοῦ λόγος καὶ*
ἕτερον ὁ νόμος, μαχόμενον τῷ νόμῳ λόγον οἱ σοφοὶ τὴν εὐλάβειαν
ἔχουσιν· εἰ δ᾽ οὐκ ἄλλο τι νόμος ἐστὶν ἢ ὁ τοῦ σοφοῦ λόγος, εὕρηται
νόμος ἀπαγορευτικὸς τοῖς σοφοῖς τοῦ ποιεῖν ἃ εὐλαβοῦνται.

176 Clem. Al. Strom. VII 7 p. 853 Pott. *ὧν μὲν οὖν αἱ ὀρέξεις*
15 *εἰσὶ καὶ ἐπιθυμίαι καὶ ὅλως εἰπεῖν αἱ ὁρμαὶ τούτων εἰσὶ καὶ αἱ εὐχαί·*
διόπερ οὐδεὶς ἐπιθυμεῖ πόματος, ἀλλὰ τοῦ πιεῖν τὸ ποτόν· οὐδὲ μὴν κληρο-
νομίας, ἀλλὰ τοῦ κληρονομῆσαι· οὕτωσὶ δὲ οὐδὲ γνώσεως ἀλλὰ τοῦ γνῶναι·
οὐδὲ γὰρ πολιτείας ὀρθῆς, ἀλλὰ τοῦ πολιτεύεσθαι· τούτων οὖν αἱ εὐχαί, ὧν
καὶ αἰτήσεις· καὶ τούτων αἱ αἰτήσεις ὧν καὶ ἐπιθυμίαι· τὸ δὲ εὔχεσθαι καὶ
20 *ὀρέγεσθαι καταλλήλως γίγνεσθαι εἰς τὸ ἔχειν τὰ ἀγαθὰ καὶ τὰ παρακείμενα*
ὠφελήματα.

177 Plutarchus de Stoic. repugn. cp. 47 p. 1057a. *Καὶ μὴν ἔν*
γε τοῖς πρὸς τοὺς Ἀκαδημαϊκοὺς ἀγῶσιν ὁ πλεῖστος λόγος αὐ-
τῷ τε Χρυσίππῳ καὶ Ἀντιπάτρῳ περὶ τίνος γέγονε; περὶ τοῦ
25 *„μήτε πράττειν μήτε ὁρμᾶν ἀσυγκαταθέτως, ἀλλὰ πλάσματα λέγειν*
καὶ κενὰς ὑποθέσεις τοὺς ἀξιοῦντας, οἰκείας φαντασίας γενομένης,
εὐθὺς ὁρμᾶν μὴ εἴξαντας μηδὲ συγκαταθεμένους." *Αὖθις δέ φησι*
Χρύσιππος, „καὶ τὸν θεὸν ψευδεῖς ἐμποιεῖν φαντασίας, καὶ τὸν
σοφόν, οὐ συγκατατιθεμένων οὐδ᾽ εἰκόντων δεομένους ἡμῶν, ἀλλὰ
30 *πραττόντων μόνον καὶ ὁρμώντων ἐπὶ τὸ φαινόμενον· ἡμᾶς δὲ φαύ-*
λους ὄντας, ὑπ᾽ ἀσθενείας συγκατατίθεσθαι ταῖς τοιαύταις φαντασίαις."
— — p. 1057b. Ὁ γὰρ οὐ δεόμενος συγκατατιθεμένων ἀλλὰ πραττόν-
των μόνον, οἷς ἐνδίδωσι τὰς φαντασίας, εἴτε θεὸς εἴτε σοφός, οἶδεν
ὅτι πρὸς τὸ πράττειν ἀρκοῦσιν αἱ φαντασίαι καὶ παρέλκουσιν αἱ συγ-
35 *καταθέσεις· [ὡς] εἰ δὲ γιγνώσκων ὅτι πρακτικὴν ὁρμὴν οὐ παρίστησι*
φαντασία δίχα συγκαταθέσεως, ψευδεῖς ἐνεργάζεται καὶ πιθανὰς φαν-
τασίας, ἑκὼν αἴτιός ἐστι τοῦ προπίπτειν καὶ ἁμαρτάνειν ἀκαταλήπτοις
συγκατατιθεμένους.

---

1 ἄδηλον Wy., ἄλλον libri.   2 αὐτὰς λόγον Wy., αὐτὰ ἔλεγε libri. ‖ εἰ
Dü., ἔτι libri.   7 ἡ δὲ εὐλάβεια addidi.   35 ὡς εἴ γε libri, ὡς seclusi, δὲ
pro γε scripsi.   37 προσπίπτειν libri, corr. Passow.

§ 2. De primo appetitu et prima conciliatione.

178 Diog. Laërt. VII 85. Τὴν δὲ πρώτην ὁρμήν φασι τὸ ζῷον ἴσχειν ἐπὶ τὸ τηρεῖν ἑαυτό, οἰκειούσης αὐτῷ τῆς φύσεως ἀπ᾽ ἀρχῆς· καθά φησιν ὁ Χρύσιππος ἐν τῷ πρώτῳ περὶ Τελῶν, πρῶτον οἰκεῖον λέγων εἶναι παντὶ ζῴῳ τὴν αὐτοῦ σύστασιν καὶ τὴν ταύτης συνείδησιν. 5 οὔτε γὰρ ἀλλοτριῶσαι εἰκὸς ἦν αὐτῷ τὸ ζῷον, οὔτε ποιήσασαν αὐτὸ μήτε ἀλλοτριῶσαι μήτε [οὐκ] οἰκειῶσαι. ἀπολείπεται τοίνυν λέγειν, συστησαμένην αὐτὸ οἰκειῶσαι πρὸς ἑαυτό. οὕτω γὰρ τά τε βλάπτοντα διωθεῖται καὶ τὰ οἰκεῖα προσίεται. ὃ δὲ λέγουσί τινες, πρὸς ἡδονὴν γίγνεσθαι τὴν πρώτην ὁρμὴν τοῖς ζῴοις, ψεῦδος ἀποφαίνουσιν. ἐπι- 10 γέννημα γὰρ φασίν, εἰ ἄρα ἐστίν, ἡδονὴν εἶναι, ὅταν αὐτὴν καθ᾽ αὑτὴν ἡ φύσις ἐπιζητήσασα τὰ ἐναρμόζοντα τῇ συστάσει ἀπολάβῃ· ὃν τρόπον ἀφιλαρύνεται τὰ ζῷα καὶ θάλλει τὰ φυτά. οὐδέν τε, φασί, διήλλαξεν ἡ φύσις ἐπὶ τῶν φυτῶν καὶ ἐπὶ τῶν ζῴων, ὅτε χωρὶς ὁρμῆς καὶ αἰσθήσεως κἀκεῖνα οἰκονομεῖ, καὶ ἐφ᾽ ἡμῶν τινα φυτοειδῶς γίνε- 15 ται. ἐκ περιττοῦ δὲ τῆς ὁρμῆς τοῖς ζῴοις ἐπιγενομένης, ᾗ συγχρώ- μενα πορεύεται πρὸς τὰ οἰκεῖα, τούτοις μὲν τὸ κατὰ φύσιν τῷ κατὰ τὴν ὁρμὴν διοικεῖσθαι· τοῦ δὲ λόγου τοῖς λογικοῖς κατὰ τελειοτέραν προστασίαν δεδομένου τὸ κατὰ λόγον ζῆν ὀρθῶς γίνεσθαι ⟨τού⟩τοις κατὰ φύσιν. τεχνίτης γὰρ οὗτος ἐπιγίνεται τῆς ὁρμῆς. 20

179 Plutarchus de Stoic. repugn. cp. 12 p. 1038 b. Πῶς οὖν ἀποκναίει πάλιν (sc. Chrysippus) ἐν παντὶ βιβλίῳ φυσικῷ, νὴ Δία, καὶ ἠθικῷ γράφων ὡς „οἰκειούμεθα πρὸς αὐτοὺς εὐθὺς γενόμενοι καὶ τὰ μέρη καὶ τὰ ἔκγονα τὰ ἑαυτῶν.“

180 Alexander de anima libri mantissa p. 163, 14 Bruns. ἡ γὰρ 25 φύσις ἡ τὴν ψυχὴν ἡμῖν δοῦσα ἔδωκε καὶ τὸ σῶμα καὶ πρὸς τὰς ἑκατέρου τούτων τελειότητάς τε καὶ οἵας δεῖ κατασκευὰς ᾠκείωσεν ἡμᾶς, ὥστε ὁ τῆς τοῦ ἑτέρου τούτων τελειότητος κατὰ φύσιν στερόμενος οὐδ᾽ ἂν κατὰ φύσιν βιοῖ (τὸ γὰρ κατὰ φύσιν τὸ κατὰ τὸ βούλημα τῆς φύσεως ἀκούεται)· εἰ δὲ μὴ τοῦτο, οὐδὲ εὐδαιμόνως. 30

181 Gellius Noct. Att. XII 5, 7 (Taurum facit disputantem quae „fuisse dicturum putat, siquis nunc adesset Stoicorum“) „Natura, inquit, omnium rerum, quae nos genuit, induit nobis inolevitque in ipsis statim principiis, quibus nati sumus, amorem nostri et caritatem, ita prorsus, ut nihil quicquam esset carius pensiusque nobis quam nosmet ipsi, atque 35 hoc esse fundamentum ratast conservandae hominum perpetuitatis, si unus- quisque nostrum, simul atque editus in lucem foret, harum prius rerum sensum adfectionemque caperet, quae a veteribus philosophis τὰ πρῶτα

---

3 scribendum αὐτὸ αὐτῷ; αὐτὸ BP.   5 σύνδεσιν Menag. falso e Suida s. v. ὁρμή.   6 αὐτῷ scripsi, αὐτὸ libri. ‖ ποιήσασαν Zeller, ποιῆσαι ἂν BP.   7 οὐκ del. Zeller.   8 οἰκειῶσαι nescio quis, οἰκείως libri.   10 ἐπιγένημα BP.   17 τῷ scripsi, τὸ BP.   19 τούτοις scripsi, τοῖς libri.   22 νὴ Δία Reiske, libri ἰδίᾳ.

κατὰ φύσιν appellata sunt: ut omnibus scilicet corporis sui commodis gau-
deret, ab incommodis omnibus abhorreret.   Postea per incrementa aetatis
exorta e seminibus suis ratiost et utendi consilii reputatio et honestatis
utilitatisque verae contemplatio subtiliorque et exploratior commodorum
5 ⟨incommodorum⟩que dilectus; atque ita prae ceteris omnibus enituit et
praefulsit decori et honesti dignitas ac, si ei retinendae obtinendaeve in-
commodum extrinsecus aliquod obstaret, contemptum est; neque aliud esse
vere et simpliciter bonum nisi honestum, aliud quicquam malum, nisi
quod turpe esset, existimatum est.   Reliqua omnia, quae in medio forent,
10 ac neque honesta essent neque turpia, neque bona esse neque mala de-
cretum est.   Productiones tamen et relationes suis quaeque momentis dis-
tinctae divisaeque sunt, quae προηγμένα et ἀποπροηγμένα ipsi vocant.
Propterea voluptas quoque et dolor, quod ad finem ipsum bene beateque
vivendi pertinet, et in mediis relicta et neque in bonis neque in malis
15 iudicata sunt.

182 Cicero de finibus III 5, 16.   Placet his — — simulatque na-
tum sit animal (hinc enim est ordiendum) ipsum sibi conciliari et com-
mendari ad se conservandum et ad suum statum eaque quae conservantia
sunt eius status diligenda: alienari autem ab interitu iisque rebus, quae
20 interitum videantur afferre.   Id ita esse sic probant, quod, ante quam vo-
luptas aut dolor attigerit, salutaria appetant parvi aspernenturque con-
traria: quod non fieret nisi statum suum diligerent, interitum timerent.
Fieri autem non posset, ut appeterent aliquid, nisi sensum haberent
sui eoque se diligerent.   Ex quo intellegi debet, principium ductum esse
25 a se diligendo.

183 Alexander Aphrod. de anima libri mant. p. 150, 25 Bruns.   τοῦτο
δὴ τὸ πρῶτον οἰκεῖον ἐζήτηται τί ποτέ ἐστι παρὰ τοῖς φιλοσόφοις καὶ οὐ
ταὐτὸ πᾶσιν ἔδοξεν, ἀλλὰ σχεδὸν κατὰ τὴν τοῦ ἐσχάτου ὀρεκτοῦ διαφορὰν
καὶ ἡ περὶ τοῦ πρώτου τοῖς περὶ αὐτοῦ λέγουσιν γίνεται.   οἱ μὲν οὖν Στωϊ-
30 κοί, οὐ πάντες δέ, λέγουσιν πρῶτον οἰκεῖον εἶναι τὸ ζῷον αὐτῷ (ἕκαστον
γὰρ ζῷον εὐθὺς γενόμενον πρὸς αὐτὸ οἰκειοῦσθαι καὶ δὴ καὶ τὸν ἄνθρω-
πον) οἱ δὲ χαριέστερον δοκοῦντες λέγειν αὐτῶν καὶ μᾶλλον διαρθροῦν περὶ
τοῦδέ φασιν πρὸς τὴν σύστασιν καὶ τήρησιν ᾠκειῶσθαι εὐθὺς γενομένους
ἡμᾶς τὴν ἡμῶν αὐτῶν.

35   **184** Seneca cp. 121, 5.   quaerebamus, an esset omnibus animalibus
constitutionis suae sensus? esse autem ex eo maxime apparet, quod membra
apte et expedite movent non aliter quam in hoc erudita.

ibid. 10.   Constitutio, inquit, est, ut vos dicitis, principale animi
quodammodo se habens erga corpus.

40   ibid. 14.   Dicitis, inquit, omne animal primum constitutioni suae
conciliari.   hominis autem constitutionem rationalem esse et ideo conci-
liari hominem sibi non tanquam animali, sed tanquam rationali.   ea enim
parte sibi carus est homo, qua homo.

185 Alexander Aphrod. de anima libri mant. p. 162, 29 Bruns.   τὸ
45 γὰρ οἰκειῶσθαι μὲν λέγειν ἡμᾶς πρὸς πλείω, μηδὲν μέντοι διαφέρειν ἡμῖν
ὁπωσοῦν ἐχόντων αὐτῶν, μαχόμενα λέγειν ἐστίν.

---

35 totam Senecae disputationem, quam Posidonio, ni fallor, debet exscri-
bere nolui. „constitutio" = σύστασις.

186 Cicero de finibus III 7, 23. Cum autem omnia officia a prin-
cipiis naturae proficiscantur, ab iisdem necesse est proficisci ipsam sapien-
tiam. Sed quemadmodum saepe fit, ut is qui commendatus sit alicui,
pluris eum faciat, cui commendatus sit, quam illum, a quo sit; sic mi-
nime mirum est, primo nos sapientiae commendari ab initiis 5
naturae, post autem ipsam sapientiam nobis cariorem fieri,
quam illa sint, a quibus ad hanc venerimus.

187 Cicero de finibus III 17. Satis esse autem argumenti videtur,
quam ob rem illa, quae prima sunt adscita natura, diligamus, quod est
nemo, quin cum utrumvis liceat, aptas malit et integras omnis partis cor- 10
poris quam, eodem usu, imminutas aut detortas habere.

188 Cicero de finibus III 20. Initiis igitur ita constitutis, ut ea,
quae secundum naturam sunt, ipsa propter se sumenda sint, contrariaque
item reicienda, primum est officium (id enim appello καθῆκον) ut se con-
servet in naturae statu, deinceps ut ea teneat, quae secundum naturam 15
sint pellatque contraria; qua inventa selectione et item reiectione sequitur
deinceps cum officio selectio, deinde ea perpetua, tum ad extremum con-
stans consentaneaque naturae, in qua primum inesse incipit et intellegi,
quid sit, quod vere bonum possit dici. 21. prima est enim conci-
liatio hominis ad ea, quae suut secundum naturam. simul autem 20
cepit intellegentiam vel notionem potius, quam appellant ἔννοιαν illi, vidit-
que rerum agendarum ordinem et, ut ita dicam, concordiam, multo eam
.pluris aestimavit quam omnia illa, quae prima dilexerat, atque ita cogni-
tione et ratione collegit, ut statueret in eo collocatum summum illud ho-
minis per se laudandum et expetendum bonum. quod cum positum sit 25
in eo, quod ὁμολογίαν Stoici (appellant) — — cum igitur in eo sit id
bonum, quo omnia referenda sunt, honeste facta ipsumque honestum, quod
solum in bonis ducitur, quamquam post oritur, tamen id solum vi sua
et dignitate expetendum est; eorum autem, quae sunt prima naturae,
propter se nihil est expetendum.   30

189 Cicero de finibus III 17. Rerum autem cognitiones, quas vel
comprehensiones vel perceptiones vel, si haec verba aut minus placent
aut minus intelleguntur, καταλήψεις appellemus licet, eas igitur ipsas
propter se adsciscendas arbitramur, quod habeant quiddam in se
quasi complexum et continens veritatem. Id autem in parvis intellegi 35
potest, quos delectari videamus, etiamsi eorum nihil intersit, si quid ra-
tione per se ipsi invenerint.

18. Artis etiam ipsas propter se assumendas putamus, cum quia
sit in iis aliquid dignum assumptione, tum quod constent ex cognitionibus
et contineant quiddam in se ratione constitutum et via.   40

A falsa autem assensione magis nos alienatos esse quam a ceteris
rebus, quae sint contra naturam, arbitrantur.

---

27 *post* sunt *libri iterant* omnia.   34 Scil. καταλήψεις, ut etiam τέχναι,
media sunt δι' αὐτὰ ληπτά (non αἱρετά).

§ 3. De selectione.

190 Cicero de finibus III 31 (commemoratis Herilli et Aristonis sententiis) quid autem apertius quam, si selectio nulla sit ab iis rebus, quae contra naturam sint, earum rerum, quae sint secundum naturam, ⟨fore ut⟩ tollatur omnis — prudentia.

191 Arrianus Epictet. dissert. II 6, 9. Διὰ τοῦτο καλῶς ὁ Χρύσιππος λέγει ὅτι „Μέχρις ἂν ἄδηλά μοι ᾖ τὰ ἑξῆς, ἀεὶ τῶν εὐφυεστέρων ἔχομαι πρὸς τὸ τυγχάνειν τῶν κατὰ φύσιν· αὐτὸς γάρ μ᾽ ὁ θεὸς τοιούτων ἐκλεκτικὸν ἐποίησεν. Εἰ δέ γε ᾔδειν ὅτι νοσεῖν μοι καθείμαρται νῦν, καὶ ὥρμων ἂν ἐπ᾽ αὐτό. Καὶ γὰρ ὁ πούς, εἰ φρένας εἶχεν, ὥρμα ἂν ἐπὶ τὸ πηλοῦσθαι.“

192 Alexander Aphrod. de anima libri mant. p. 163, 4 Bruns. λέγουσι γὰρ „εἶναί τινα προηγμένα τῷ σοφῷ καὶ ἀξίαν ἔχοντα καὶ οἰκεῖά τινα καὶ ἐπισπαστικά,“ ἀλλὰ καὶ „δίχα κειμένων ἀρετῆς τε σὺν τούτοις καὶ ἀρετῆς μόνης, μηδέποτ᾽ ἂν τὸν σοφὸν τὴν κεχωρισμένην ἑλέσθαι, εἰ εἴη αὐτῷ δυνατὸν τὴν μετὰ τῶν ἄλλων λαβεῖν“ εἰ δὲ τοῦτο, δῆλον ὡς χρείαν ὁ σοφὸς ἕξει τούτων.

193 Alexander Aphrod. de anima libri mant. p. 164, 7 Bruns. εἰ γὰρ ἀδιάφορος ἡ κτῆσις τῶν ἐκλεγομένων καὶ μὴ συντείνουσα πρὸς τὸ τέλος, κενὴ ἂν εἴη καὶ ματαία ἡ ἐκλογή.

194 Alexander Aphrod. de anima libri mant. p. 163, 32 Bruns. ἔτι εἰ ὑπὸ ἐκλογὴν πίπτει ταῦτα τῇ ἀρετῇ κατ᾽ αὐτοὺς καὶ ἡ φύσις τῆς τούτων ἐκλογῆς ἕνεκεν, οἰκείων ὄντων ἡμῖν, τὴν ἀρετὴν παραλαμβάνει, τῶν δὲ τούτοις ἀντικειμένων ἀποικονομίας, ἆρα ἐκλέγεσθαι μὲν δεῖ τὰ σωματικὰ καὶ ἐκτὸς ἀγαθά, οὐχὶ δὲ καὶ ἐπιμελεῖσθαι αὐτῶν;
Cf. p. 164, 32. τὰ δὲ σωματικὰ καὶ τὰ ἐκτὸς καὶ αὐτοί φασιν τῆς ἀρετῆς ἕνεκα εἶναι, ὅπως ἐκλέγηται αὐτὰ καὶ περιποιῆται.

195 Plutarchus de comm. not. cp. 26 p. 1071a. εἰ γὰρ αὐτὰ μὲν τὰ πρῶτα κατὰ φύσιν ἀγαθὰ μή ἐστιν, ἡ δ᾽ εὐλόγιστος ἐκλογὴ καὶ λῆψις αὐτῶν καὶ τὸ πάντα τὰ παρ᾽ ἑαυτὸν ποιεῖν ἕκαστον ἕνεκα τοῦ τυγχάνειν τῶν πρώτων κατὰ φύσιν, ἐπ᾽ ἐκεῖνο δεῖ πάντα ἔχειν τὰ πραττόμενα τὴν ἀναφοράν, τὸ τυγχάνειν τῶν πρώτων κατὰ φύσιν· οὐ γὰρ οἷόν τε μὴ στοχαζομένους μηδ᾽ ἐφιεμένους τοῦ τυχεῖν ἐκείνων τὸ τέλος ἔχειν, ἄλλο ⟨ὂν⟩ τῶν ἐφ᾽ ἃ δεῖ ἐκεῖνα ἀναφέρεσθαι, τὴν τούτων ἐκλογὴν καὶ μὴ ταῦτα· τέλος μὲν γὰρ τὸ ἐκλέγεσθαι καὶ λαμβάνειν ἐκεῖνα φρονίμως· ἐκεῖνα δ᾽ αὐτὰ καὶ τὸ τυγχάνειν αὐτῶν οὐ τέλος, ἀλλ᾽ ὥσπερ ὕλη τις ὑπόκειται τὴν ἐκλεκτικὴν ἀξίαν ἔχουσα· τοῦτο γὰρ οἶμαι καὶ τοὔνομα λέγειν καὶ γράφειν αὐτούς, ἐνδεικνυμένους τὴν διαφοράν.

---

5 fore ut *add. Lambin.* 7 Non sunt ipsa Chrysippi verba, praeter ultima inde a καὶ γάρ. 32 οὐ γὰρ scripsi, εἴπερ γὰρ libri. ‖ οἷόν τε Madvig, οἴονται libri. 34 ἄλλο ὂν τῶν ἐφ᾽ ἃ δεῖ ἐκεῖνα scripsi (propter verba Plutarchi p. 1071a in.: παρὰ τὴν ἔννοιάν ἐστιν, ἄλλο μὲν εἶναι τέλος, ἐπ᾽ ἄλλο δὲ τῶν πραττομένων ἕκαστον ἀναφέρεσθαι), ἄλλο οὗ δεῖ ἕνεκα ἐκεῖνα vel ἄλλο ἕνεκα οὗ δεῖ ἐκεῖνα libri. 36 εὐτελές libri, corr. Xyl. 37 ἐκλεκτικὴν ἀξίαν appellavit Antipater cf. III n. 124.

196 M. Frontonis epistulae (ad M. Antoninum de eloquentia) p. 143
ed. Naber. Quis dubitat sapientem ab insipiente vel praecipue consilio
et dilectu rerum et opinione discerni? Ut si sit optio atque electio divi-
tiarum atque egestatis, quamquam utraque et malitia et virtute careant,
tamen electionem laude et culpa non carere. Proprium namque sa- 5
pientis officium est recte eligere, neque perperam vel postponere
vel anteferre. Si me interroges, concupiscamne bonam valetudinem, ab-
nuam equidem, si sim philosophus; nihil est enim fas concupiscere sa-
pienti aut adpetere, quod fors fuat an frustra concupiscat; nec quidquam
quod in manu fortunae situm videat concupiscet. Tamen si necessario 10
sit altera res eligenda, Achillei potius pernicitatem eligam quam debili-
tatem Philoctetae.

Ethica V.

De virtute.

§ 1. Qualis sit virtus.

197 Diog. Laërt. VII 89. τήν τε ἀρετὴν διάθεσιν εἶναι ὁμο-
λογουμένην.

90. ἀρετὴ δέ τοι ἡ μέν τις κοινῶς παντὶ τελείωσις, ὥσπερ ἀνδριάντος·
καὶ ἡ ἀθεώρητος, ὥσπερ ὑγίεια· καὶ ἡ θεωρηματική, ὡς φρόνησις.

198 Cicero Tusc. disp. IV 34. virtus est adfectio animi con-
stans conveniensque, laudabiles efficiens eos, in quibus est.
(ibid. paulo post) ipsa virtus brevissume recta ratio dici potest.

199 Commenta Lucani p. 75 Usener. Prudentiae nulla fit mentio,
sed ut dixi per „honestum‟ generalis virtus ipsa explicatur, cuius haec
definitio est: „habitus consentiens vitae.‟ sed potest per analogiam,
si alias nominat, et illam significare. nam qui generalem, habet et spe-
ciales, qui speciales et generalem virtutem.

200 Seneca epistul. ad. Lucil. 31, 8. Huc et illud accedat, ut per-
fecta virtus sit aequalitas ac tenor vitae per omnia consonans
sibi, quod non potest esse, nisi rerum scientia contingit et ars, per quam
humana ac divina noscantur.

200a Seneca ep. 76, 9. In homine quid proprium est? ratio: hac
antecedit animalia, deos sequitur. ratio ergo perfecta proprium bonum est,
cetera illi cum animalibus satisque communia sunt.

ibid. 10. Quid in homine proprium? ratio. haec recta et consum-
mata felicitatem hominis implevit. ergo si omnis res, cum bonum suum
perfecit, laudabilis est et ad finem naturae suae pervenit, homini autem
suum bonum ratio est, si hanc perfecit, laudabilis est et finem naturae
suae tetigit. haec ratio perfecta virtus vocatur eademque honestum
est. Id itaque unum bonum est in homine, quod unum hominis est.

201 Anonymus in Aristot. Eth. Nicom. (Comm. graec. Vol. XX) ed.
Heylb. p. 128, 5. ἰστέον δὲ ὅτι καὶ πρὸ τῶν Στωϊκῶν ἦν ἡ δόξα αὕτη, ἡ
τὰς ἀρετὰς ἐν ἀπαθείᾳ τιθεῖσα.

202 Philo Leg. Alleg. I § 56 Vol. I p. 75, 6 Wendl. (de arboribus
horti Edem locutus). ἔστι δὲ ταῦτα αἵ τε κατὰ μέρος ἀρεταὶ καὶ αἱ κατ᾽

---

6 τοι om. P.   7 Ad hanc distinctionem cf. III n. 95 μεγαλοψυχίαν δὲ
καὶ ῥώμην καὶ ἰσχὺν ψυχῆς οὔτ᾽ ἐπιστήμας τινῶν εἶναι οὔτε τέχνας. III n. 278.

αὐτὰς ἐνέργειαι, καὶ τὰ κατορθώματα καὶ τὰ λεγόμενα παρὰ τοῖς φιλοσοφοῦσι καθήκοντα. § 57. ἔνιαι γὰρ τῶν τεχνῶν θεωρητικαὶ μέν εἰσιν, οὐ πρακτικαὶ δέ, γεωμετρία ἀστρονομία, ἔνιαι δὲ πρακτικαὶ μέν, οὐ θεωρητικαὶ δέ, τεκτονική, χαλκευτικὴ καὶ ὅσαι βάναυσοι λέγονται. ἡ δὲ ἀρετὴ καὶ θεωρητική ἐστι καὶ πρακτική. καὶ γὰρ θεωρίαν ἔχει, ὁπότε καὶ ἡ ἐπ᾽ αὐ 5 τὴν ὁδὸς φιλοσοφία διὰ τῶν τριῶν αὐτῆς μερῶν, τοῦ λογικοῦ, τοῦ ἠθικοῦ, τοῦ φυσικοῦ. καὶ πρᾶξιν· ὅλου γὰρ τοῦ βίου ἐστὶ τέχνη ἡ ἀρετή, ἐν ᾧ καὶ αἱ σύμπασαι πράξεις. Ἀλλὰ καίτοι θεωρίαν ἔχουσα καὶ πρᾶξιν, πάλιν ἐν ἑκατέρῳ ὑπερβάλλει κατὰ τὸ κρεῖττον. Καὶ γὰρ ἡ θεωρία τῆς ἀρετῆς παγκάλη καὶ ἡ πρᾶξις καὶ ἡ χρῆσις περιμάχητος. 10

203 Simplicius in Aristot. categ. f. 58 A ed. Bas. εἰ μὲν γὰρ ὡς οἱ Στωϊκοὶ ἀποδιδόασι δύναμίς ἐστιν ἡ πλειόνων ἐποιστικὴ συμπτωμάτων, ὡς ἡ φρόνησις τοῦ τε φρονίμως περιπατεῖν καὶ τοῦ φρονίμως διαλέγεσθαι, ἔσονται κατὰ τὸν τοιοῦτον διορισμὸν καὶ αἱ νῦν λεγόμεναι ἀδυναμίαι δυνάμεις· καὶ γὰρ αἱ ἀτεχνίαι πλείονα διαπτώματα ἐπιφέρουσιν. εἰ 15 μέντοι κατ᾽ ἄλλην διάταξιν τῶν Στωϊκῶν λέγοιτο δύναμις ἡ πλειόνων ἐποιστικὴ συμπτωμάτων καὶ κατακρατοῦσα τῶν ὑποτασσομένων ἐνεργειῶν, καὶ οὕτως ἐφαρμόττει ὁ τοῦ Πλωτίνου ὅρος. καὶ γὰρ ἡ κακία ἀδυναμία οὖσα κατὰ τὸν τῶν Στωϊκῶν ὅρον κατακρατεῖ τῶν οἰκείων ἐνεργειῶν· καὶ αἱ μέσαι τέχναι, ὡς ἂν ἀποπίπτουσαι τοῦ βεβαίως ἐνεργεῖν, ὅμως 20 τοιαῦταί εἰσιν, ἀφ᾽ ὧν τὸ ἔχον δύναται ἃ δύναται, ὥστε αἱ τοιαῦται ἀδυναμίαι περιέχονται ἐν τῇ κατὰ τὴν ποιότητα δυνάμει.

204 Alexander Aphrod. de anima libri mant. p. 167, 4 Bruns. τὸ δὲ φάναι „ὥσπερ τὴν αὐλητικὴν παντὶ τῷ δοθέντι μέλει ὀρθῶς δύνασθαι χρῆσθαι, οὕτως καὶ τὴν ἀρετὴν παντὶ πράγματι“ ὑγιὲς 25 μέν ἐστι, προσδιασταλτέον δέ etc.

205 Alexander Aphrod. de anima libri mant. p. 167, 9 Bruns. ἔτι οὐκ „ἐπεὶ πᾶσιν τοῖς πράγμασιν καλῶς χρῆται (scil. ἡ ἀρετή)“ ἤδη καὶ „ἡ παντὸς χρῆσις εὐδαιμονική.“

206 Proclus in Plat. Timaeum p. 18 C. Schneider. μειζόνως τὸ τῆς 30 ἀρετῆς δείκνυσι μέγεθος ὁ πόλεμος τῆς εἰρήνης, ὡς καὶ τῆς κυβερνητικῆς αἱ τρικυμίαι καὶ ὁ κλύδων, καὶ ὅλως αἱ περιστάσεις, ὡς καὶ οἱ Στωϊκοὶ λέγειν εἰώθασι „δὸς περίστασιν καὶ λάβε τὸν ἄνδρα.“ τὸ γὰρ ἀήττητον ὑπὸ τῶν τοὺς ἄλλους καταδουλουμένων τῆς ζωῆς δηλοῖ παντάπασιν ἀξίαν.

207 Philo quaest. et solut. in Genesin IV 11 (p. 254 Aucher). Ad 35 interrogationem ergo respondet (scil. intellectus): Ecce virtus non tantum in me intellectu est, verum etiam in vacuo securoque tabernaculo corporis, extendens se usque ad sensus aliaque instrumenta partialia. Nam video secundum virtutem et audio, olfacio, gusto, tango ceterosque motus exerceo secundum prudentiam, castitatem, fortitudinem 40 et iustitiam.

208 Stobaeus ecl. II 100, 15 W. Τὴν δ᾽ ἀρετὴν πολλοῖς ὀνόμασι προσαγορεύουσιν. Ἀγαθόν τε γὰρ λέγουσιν αὐτήν, ὅτι ἄγει ἡμᾶς ἐπὶ τὸν ὀρθὸν βίον· καὶ ἀρεστόν, ὅτι δοκιμαστόν ἐστιν ἀνυπόπτως· καὶ πολλοῦ

---

1 κατὰ ταύτας UFL.   2 θεωρηματικαί hic et in seq. UF.   7 καὶ πρᾶξιν MAP καὶ πράξεις Arm. καὶ αἱ πράξεις UFL.   34 ultima verba corrupta sunt, τῆς ζωῆς sensu caret.   42 ὀνομάσαι libri, corr. Canter.   44 post ὅτι lacunam statuit Usener.

ἄξιον, ⟨ὅτι⟩ ἀνυπέρβλητον ἔχει τὴν ἀξίαν· καὶ σπουδαῖον, ἄξιον γὰρ εἶ-
ναι πολλῆς σπουδῆς· καὶ ἐπαινετόν, εὐλόγως γὰρ ἄν τις αὐτὴν ἐπαινοίη·
καὶ καλόν, ὅτι πρὸς ἑαυτὴν καλεῖν πέφυκε τοὺς ὀρεγομένους αὐτῆς· καὶ
συμφέρον, φέρειν γὰρ τοιαῦτα ἃ συντείνει πρὸς τὸ εὖ ζῆν· καὶ χρήσι-
5 μον, ὅτι ἐν τῇ χρείᾳ ὠφέλιμόν ἐστι· καὶ αἱρετόν, συμβαίνειν γὰρ ἀπ᾽ αὐ-
τῆς ἃ εὐλόγως ἔστιν αἱρεῖσθαι· καὶ ἀναγκαῖον, ὅτι παροῦσά τε ὠφελεῖ
καὶ μὴ παρούσης οὐκ ἔστιν ὠφελεῖσθαι· καὶ λυσιτελές, τὰς γὰρ ἀπ᾽ αὐτῆς
ὠφελείας κρείττους εἶναι τῆς πραγματείας τῆς εἰς ταύτας συντεινούσης· καὶ
αὔταρκες, ἐξαρκεῖν γὰρ τῷ ἔχοντι· καὶ ἀνενδεές, ὅτι ἐνδείας ἀπαλλάττει
10 πάσης· καὶ ἀποχρῶν διὰ τὸ ἐν τῇ χρήσει ἱκανὸν εἶναι καὶ διατείνειν εἰς
πᾶσαν τὴν κατὰ τὸν βίον χρείαν.

209 Philo quod det. potiori insidiari soleat § 72 Vol. I p. 274, 30
Wendl. Ἀποκαλοῦσι γοῦν ἡμῶν τὰ ὦτα (scil. οἱ σοφισταὶ) τὴν δικαιοσύνην
κοινωνικόν, τὴν σωφροσύνην συμφέρον, τὴν ἐγκράτειαν ἀστεῖον, τὴν εὐσέ-
15 βειαν ὠφελιμώτατον, τὴν ἄλλην ἀρετὴν ὑγιεινότατόν τε καὶ σωτήριον ἀπο-
φαίνοντες· καὶ πάλιν τὴν ἀδικίαν ἄσπονδον, τὴν ἀκολασίαν νοσερόν, τὴν
ἀσέβειαν ἔκθεσμον, τὴν ἄλλην κακίαν βλαβερώτατον διεξιόντες.

210 Plutarchus de Stoic. repugn. cp. 26 p. 1046 c. ἐν πολλοῖc
πάλιν εἴρηκεν, ὡc „οὐδ᾽ ⟨ἂν⟩ τὸν δάκτυλον καθήκοι προτεῖναι χάριν
20 ἀμεριαίαc φρονήcεωc, καθάπερ ἀcτραπῆc διερχομένηc.“ Ἀρκέcει δὲ
παραθεῖναι τὰ ἐν τῷ ἕκτῳ τῶν Ἠθικῶν Ζητημάτων ὑπ᾽ αὐτοῦ
γεγραμμένα περὶ τούτων· ὑπειπὼν γὰρ ὡc „οὔτε πᾶν ἀγαθὸν ἐπίcηc
εἰc χαρὰν πίπτει, οὔτε πᾶν κατόρθωμα εἰc cεμνολογίαν,“
ἐπενήνοχε ταῦτα· „Καὶ γὰρ εἰ μόνον μέλλοι ἀμερῆ χρόνον ἢ τὸν
25 ἔcχατον ἕξειν φρόνηcιν, οὐδ᾽ ἂν τὸν δάκτυλον καθήκοι ἐκτεῖ-
ναι ἕνεκα τῆc οὕτω παρεcομένηc φρονήcεωc.“

Plutarchus de comm. not. cp. 8 p. 1062 a. πάλιν „οὐδὲν εἶναί
φαcιν ἀρετῆc ὄφελοc ὀλιγοχρονίου· τί γάρ, ἂν μέλλοντι ναυαγεῖν εὐ-
θὺc ἢ κατακρημνίζεcθαι φρόνηcιc ἐπιγένηται; τί δ᾽ ἂν ὁ Λίχαc, ὑπὸ
30 τοῦ Ἡρακλέουc ἀποcφενδονώμενοc, εἰc ἀρετὴν ἐκ κακίαc μεταβάλῃ;“

211 Plutarchus de Stoic. repugn. cp. 13 p. 1038 f. Ἐπαινεῖν δὲ
μὴ πᾶν τὸ πραττόμενον κατ᾽ ἀρετὴν κελεύων, ἐμφαίνει τινὰ τῶν κατορ-
θωμάτων διαφοράν· λέγει δὲ οὕτως ἐν τῷ περὶ τοῦ Διός· „Ἔργων
γὰρ κατὰ τὰς ἀρετὰς ὄντων οἰκείων, ἔστι τὰ προενεχθέντα
35 καὶ τούτων· οἷον ἀνδρείως τὸν δάκτυλον ἐκτεῖναι, καὶ ἐγκρα-
τῶς ἀποσχέσθαι δυσθανατώσης γραός, καὶ ἀπροπτώτως ἀκοῦ-
σαι τοῦ τὰ τρία τέσσαρα [μὴ] εἶναι τελέως, τίνα ἐμφαίνει ψυ-
χρίαν ὁ διὰ τῶν τοιούτων ἐπαινεῖν τινας ἐγχειρῶν καὶ ἐγκω-
μιάζειν;“

40 **212** Plutarchus de Stoic. repugn. cp. 13 p. 1039 a. Ὅμοια δ᾽

---

1 ὅτι add. Heeren.   8 ταῦτα libri, corr. Canter.   19 ἂν add. Wy.
34 οἰκείων Wy., οἰκεῖον libri.   37 μὴ seclusi. ‖ τελέως libri, λέγοντος proba-
biliter Wil.

εἴρηται τούτοις ἐν τῷ τρίτῳ περὶ θεῶν· „Ἔτι γὰρ οἶμαι, φησί, τοὺς ἐπαίνους ἀλλοτριώϲεϲθαι κατὰ τὰ τοιαῦτα τῶν ϲυμβαι-νόντων ἀπ᾽ ἀρετῆς, οἷον δυϲθανατώϲης γραὸς ἀποϲχέϲθαι, καὶ καρτερῶϲ ὑπομεῖναι μυίας δηγμόν.“

Plutarchus de comm. not. cp. 6 p. 1061 a. *Λέγει δὲ καὶ Χρύσιπ-* 5 *πος ἐν τῷ περὶ τοῦ Διὸς συγγράμματι καὶ τῷ τρίτῳ περὶ θεῶν, „ψυχρὸν εἶναι καὶ ἄτοπον καὶ ἀλλότριον τὰ τοιαῦτα τῶν ἀπ' ἀρετῆς συμβαινόντων ἐπαινεῖν, ὅτι δῆγμα μυίας ἀνδρείως ὑπέμεινε καὶ δυϲ-θανατώϲης γραὸς ἀπέϲχετο σωφρόνως.*

213 Plutarchus de comm. not. cp. 7 p. 1061 c. *ὁ γὰρ σοφὸς αὐτοῖς* 10 *καὶ φρόνιμος ἐν πολλαῖς καταλήψεσι καὶ μνήμαις καταλήψεων γεγονὼς ὀλί-γας πρὸς αὐτὸν ἡγεῖται· τῶν τ᾽ ἄλλων οὐ πεφροντικὼς οὐδ᾽ ἔλαττον ἔχειν οὐδὲ πλέον οἴεται, μνημονεύων ὅτι πέρυσι κατάληψιν ἔλαβε πταρνυμένου Δίωνος ἢ σφαιρίζοντος Θέωνος. καίτοι πᾶσα κατάληψις ἐν τῷ σοφῷ καὶ μνήμη τὸ ἀσφαλὲς ἔχουσα καὶ βέβαιον εὐθύς ἐστιν ἐπιστήμη καὶ ἀγαθὸν* 15 *μέγα καὶ μέγιστον.*

§ 2. Quomodo virtus existat in homine.

214 Anecdota graeca Paris. ed. Cramer Vol. I p. 171 (Quomodo ho-mines boni et mali fiant?). *Ἀριστοτέλης δὲ φύσει καὶ ἔθει καὶ λόγῳ· ἀμέλει καὶ οἱ Στωϊκοί· τέχνη γὰρ ἡ ἀρετή. πᾶσα δὲ τέχνη σύστημα ἐκ θεω-* 20 *ρημάτων συγγεγυμνασμένων· καὶ κατὰ μὲν τὰ θεωρήματα ὁ λόγος· κατὰ δὲ τὴν συγγυμνασίαν τὸ ἔθος· φύσει δὲ πάντες πρὸς ἀρε-τὴν γεννώμεθα, καθ᾽ ὅσον ἀφορμὰς ἔχομεν* etc.

215 Plutarchus de Stoic. repugn. cp. 31 p. 1048 d. *εἴπερ οὖν ὁ θεὸς ἀρετὴν μὲν οὐ δίδωσιν ἀνθρώποις, ἀλλὰ τὸ καλὸν αὐθαίρετόν* 25 *ἐστιν* etc. *Καίτοι εἰ μὲν δύνανται τὴν ἀρετὴν παρέχειν οἱ θεοί, οὐκ εἰσι χρηστοὶ μὴ παρέχοντες· εἰ δὲ μὴ δύνανται ποιεῖν ἀγαθούς, οὐδ᾽ ὠφελεῖν δύ-νανται, μηδενός γε τῶν ἄλλων ὄντος ἀγαθοῦ μηδ᾽ ὠφελίμου, τὸ δὲ τοὺς ἄλ-λως γενομένους ἀγαθοὺς κρίνειν κατ᾽ ἀρετὴν ἢ ἰσχὺν οὐδέν ἐστι· καὶ γὰρ τοὺς θεοὺς οἱ ἀγαθοὶ κρίνουσι κατ᾽ ἀρετὴν καὶ ἰσχύν· ὥστε μηδὲν μᾶλλον* 30 *ὠφελεῖν ἢ ὠφελεῖσθαι τοὺς θεοὺς ὑπὸ τῶν ἀνθρώπων.*

216 Lactant. div. instit. VI 9. Si autem virtus (ut ab his rec-tissime dicitur) capessenda est, quia constet ad eam nasci ho-minem etc.

217 Simplicius in Aristot. categ. f. 62 *Γ* ed. Bas. *καὶ γὰρ οἱ ἀπὸ* 35 *τῆς Στοᾶς πρὸς μὲν τὰς τέχνας ἐπιτηδειότητα μόνην ἀπέλιπον τὴν ἁπλῶς οὕτωσὶ θεωρουμένην, πρὸς δὲ τὰς ἀρετὰς τὴν ἀξιόλογον προκοπὴν ἐκ φύσεως προϋπάρχειν ἀπεφήναντο, ἣν καὶ οἱ ἀπὸ τοῦ Περιπάτου φυσικὴν ἀρετὴν ἐκάλουν.*

218 Origenes contra Celsum VIII 52 Vol. II p. 267, 15 Kö. (p. 780 40 Del.). *οὐδὲ γὰρ τὰς κοινὰς ἐννοίας περὶ καλῶν καὶ αἰσχρῶν καὶ δικαίων ⟨καὶ ἀδίκων⟩ εὕροι τις ἂν πάντως ἀπολωλεκότας.*

---

28 γε Reiske, τε libri.   42 καὶ *ἀδίκων* add. edit.

219 Seneca ep. 49, 11. dociles natura nos edidit et rationem dedit imperfectam, sed quae perfici posset.

220 Cicero de legibus I 9, 27. ipsam per se naturam longius progredi, quae etiam nullo docente, profecta ab iis, quorum ex prima et in-
5 choata intelligentia genera cognovit, confirmat ipsa per se rationem et perficit.

221 Clemens Al. Strom. IV 6 p. 575 Pott. τὴν δὲ μεταστροφὴν τὴν ἐπὶ τὰ θεῖα οἱ μὲν Στωϊκοὶ ἐκ μεταβολῆς φασὶ γίνεσθαι, μεταβαλλούσης τῆς ψυχῆς εἰς σοφίαν.

10 **222** Philo quis rer. div. heres § 299 Vol. III p. 68, 7 Wendl. πρῶτος μὲν γὰρ ἀριθμὸς καθ' ὃν οὔτε ἀγαθῶν οὔτε κακῶν ἔννοιαν λαβεῖν ἔστιν, ἀτυπώτου τῆς ψυχῆς ὑπαρχούσης, δεύτερος δὲ καθ' ὃν φορᾷ τῶν ἁμαρτημάτων χρώμεθα, τρίτος δ' ἐν ᾧ θεραπευόμεθα, τὰ νοσερὰ διωθούμενοι καὶ τὴν ἀκμὴν τῶν παθῶν ἀφηβῶντες, τέταρτος δὲ ἐν ᾧ παντελοῦς ὑγιείας καὶ
15 ῥώσεως μεταποιούμεθα, ὁπότε ἀποστρεφόμενοι τὰ φαῦλα τοῖς καλοῖς ἐγχειρεῖν δοκοῦμεν, πρότερον δὲ οὐκ ἔξεστι.

223 Diog. Laërt. VII 91. διδακτήν τε εἶναι αὐτὴν (λέγω δὲ τὴν ἀρετὴν) καὶ Χρύσιππος ἐν τῷ πρώτῳ περὶ Τέλους φησί — — — ὅτι δὲ διδακτή ἐστι δῆλον ἐκ τοῦ γίνεσθαι ἀγαθοὺς ἐκ
20 φαύλων.

224 Clemens Al. Strom, VII 3 p. 839 Pott. οὔτε γὰρ φύσει τὴν ἀρετὴν γεννώμεθα ἔχοντες οὔτε γενομένοις ὥσπερ ἄλλα τινὰ τῶν τοῦ σώματος μερῶν φυσικῶς ὕστερον ἐπιγίγνεται· ἐπεὶ οὐδ' ἂν ἦν ἔθ' ἑκούσιον οὐδὲ ἐπαινετόν· οὐδὲ μὴν ἐκ τῆς τῶν συμβάντων [καὶ] ἐπιγενομένης συνη-
25 θείας, ὃν τρόπον ἡ διάλεκτος, τελειοῦται ἡ ἀρετή· σχεδὸν γὰρ ἡ κακία τούτον ἐγγίγνεται τὸν τρόπον· οὐ μὴν οὐδὲ ἐκ τέχνης τινὸς ἤτοι τῶν ποριστικῶν ἢ τῶν περὶ τὸ σῶμα θεραπευτικῶν ἡ γνῶσις περιγίγνεται· ἀλλ' οὐδ' ἐκ παιδείας τῆς ἐγκυκλίου etc.

225 Clemens Al. Strom. I p. 336 Pott. οὐ γὰρ φύσει, μαθήσει δὲ
30 οἱ καλοὶ κἀγαθοὶ γίνονται, καθάπερ ἰατροὶ καὶ κυβερνῆται.

paulo post: τὸ δ' ἄλλους παρ' ἄλλους εὖ πεφυκέναι πρὸς ἀρετὴν ἐπιτηδεύματα μέν τινα τῶν οὕτω πεφυκότων παρὰ τοὺς ἑτέρους ἐνδείκνυται· τελειότητα δὲ κατ' ἀρετὴν οὐδ' ἡντινοῦν τῶν ἄμεινον φύντων κατηγορεῖ, ὁπότε καὶ οἱ κακῶς πεφυκότες πρὸς ἀρετὴν τῆς
35 προσηκούσης παιδείας τυχόντες ὡς ἐπίπαν καλοκἀγαθίας ἤνυσαν· καὶ αὖ τὰ ἐναντία οἱ ἐπιτηδείως φύντες ἀμελείᾳ γεγόνασι κακοί. Φύσει δ' αὖ κοινωνικοὺς καὶ δικαίους ὁ θεὸς ἡμᾶς ἐδημιούργησεν, ὅθεν οὐδὲ τὸ δίκαιον ἐκ μόνης φαίνεσθαι τῆς θέσεως ῥητέον· ἐκ δὲ τῆς ἐντολῆς ἀναζωπυρεῖσθαι τὸ τῆς δημιουργίας ἀγαθὸν νοητέον, μαθήσει παιδευθείσης τῆς ψυχῆς ἐθέλειν
40 αἱρεῖσθαι τὸ κάλλιστον.

226 Plutarchus de Stoic. repugn. cp. 13 p. 1038e. Ἔτι τὸ μὲν λέγειν αὐτὸν ἐν τῷ περὶ τοῦ Διὸς „αὔξεσθαι τὰς ἀρετὰς καὶ διαβαίνειν" ἀφίημι, μὴ δόξω τῶν ὀνομάτων ἐπιλαμβάνεσθαι, καίτοι πικρῶς ἐν τῷ γένει τούτῳ καὶ Πλάτωνα καὶ τοὺς ἄλλους τοῦ Χρυσίππου δάκνοντος.

---

8 trad. γενέσθαι et mox μεταβαλούσης.   24 καὶ delevi. ‖ ἐπιγινομένης cod.

227 Philo de Moyse lib. III Vol. II Mang. p. 162. οὕτως ἔχει καὶ ἐπὶ τῶν ἀρετῶν· ἑκάστῃ γὰρ συμβέβηκεν εἶναι καὶ ἀρχὴν καὶ τέλος, ἀρχὴν μὲν ὅτι οὐκ ἐξ ἑτέρας δυνάμεως, ἀλλ' ἐξ ἑαυτῆς φύεται· τέλος δὲ ὅτι πρὸς αὐτὴν ὁ κατὰ φύσιν βίος σπεύδει.

§ 3. De perversione rationis (διαστροφή).

228 Diog. Laërt. VII 89. διαστρέφεσθαι δὲ τὸ λογικὸν ζῷον ποτὲ μὲν διὰ τὰς τῶν ἔξωθεν πραγμάτων πιθανότητας, ποτὲ δὲ διὰ τὴν κατήχησιν τῶν συνόντων, ἐπεὶ ἡ φύσις ἀφορμὰς δίδωσιν ἀδιαστρόφους.

229 Chalcidius ad Timaeum cp. 165. Dicunt porro non spontanea esse delicta, ideo quod omnis anima particeps divinitatis naturali adpetitu bonum quidem semper expetit, errat tamen aliquando in iudicio bonorum et malorum. namque alii nostrum summum bonum voluptatem putant, divitias alii, plerique gloriam et omnia magis quam ipsum verum bonum. Est erroris causa multiplex. Prima quam Stoici duplicem perversionem vocant. haec autem nascitur tam ex rebus ipsis quam ex divulgatione famae. Quippe mox natis exque materno viscere decidentibus provenit ortus cum aliquo dolore, propterea quod ex calida atque umida sede ad frigus et siccitatem aëris circumfusi migrent. Adversum quem dolorem frigusque puerorum opposita est, medicinae loco, artificiosa obstetricum provisio, ut aqua calida confoveantur recens nati adhibeanturque vices et similitudo materni gremii ex calefactione atque fotu, quo laxatum corpus tenerum delectatur et quiescit. Ergo ex utroque sensu, tam doloris quam delectationis, opinio quaedam naturalis exoritur, omne suave ac delectabile bonum, contraque quod dolorem adferat malum esse atque vitandum. cp. 166. Par atque eadem habetur sententia de indigentia quoque et exsaturatione, blanditiis obiurgationibusque, cum aetatis fuerint auctioris. proptereaque confirmata eadem aetate in anticipata sententia permanent: omne blandum bonum, etiamsi sít inutile, omne etiam laboriosum, etiamsi commoditatem adferat, malum existimantes. Consequenter divitias, quod praestantissimum sit in his instrumentum voluptatis, eximie diligunt, gloriamque pro honore amplexantur. Natura quippe omnis homo laudis atque honoris est adpetens. est enim honor virtutis testimonium. Sed prudentes quidem versatique in sciscitatione sapientiae viri sciunt, quam et cuiusmodi debeant excolere virtutem. Vulgus vero imperitum propter ignorationem rerum pro honore gloriam popularemque existimationem colunt. pro virtute vero vitam consectantur voluptatibus delibutam, potestatem faciendi quae velint regiam quandam esse eminentiam existimantes: natura siquidem regium animal est homo, et quia regnum semper comitatur potestas, potestati quoque regnum obsequi suspicatur, cum regnum sit iusta tutela parentum. simul quia beatum necesse est libenter vivere, putant etiam eos, qui cum voluptate

---

2 ἀρχὴν scripsi, ἀρχῇ vulg.   9 ὁτὲ μὲν B. ‖ πραγμάτων Bake, πραγματειῶν libri. ‖ ὁτὲ δὲ B.

vivant, beatos fore. Talis error est, opinor, qui ex rebus ortus homi-
num animos possidet. cp. 167. ex divulgatione autem succedit errori
supra dicto ex matrum et nutricum votis de divitiis gloriaque et ceteris
falso putatis bonis insusurratio, in terriculis etiam, quibus tenera aetas
5 vehementius commovetur, nec non in solaciis et omnibus huiusmodi per-
turbatio. Quin etiam corroboratarum mentium delinitrix poëtica et cetera
scriptorum et auctorum opera magnifica quantam animis rudibus invehunt,
iuxta voluptatem laboremque, inclinationem favoris? Quid? pictores quoque
et fictores, nonne rapiunt animos ad suavitatem ab industria? Maxima
10 vero vitiorum excitatio est in corporis atque animi concretione, quorum
abundantia vel indigentia propensiores ad libidinem aut iracundiam sumus.
His accedunt vitae ipsius agendae sortisque discrimina, aegritudo, servi-
tium inopiaque rerum necessariarum, quibus occupati ab studiis honestis
ad consentanea vitae institutae officia deducimur atque a cognitione veri
15 boni revocamur. Opus est ergo futuris sapientibus tam educatione libe-
rali praeceptisque ad honestatem ducentibus quam eruditione a vulgo se-
parata, videndaque iis et spectanda sunt lecta omnia quae protelent ad
sapientiam.

(Cum hac Stoica disputatione cf. verba Diogenis L. VII 89. δια-
20 στρέφεσθαι δὲ τὸ λογικὸν ζῶον ποτὲ μὲν διὰ τὰς τῶν ἔξωθεν πραγμάτων
πιθανότητας, ποτὲ δὲ διὰ τὴν κατήχησιν τῶν συνόντων· ἐπεὶ ἡ φύσις ἀφορ-
μὰς δίδωσιν ἀδιαστρόφους.)

229a Galen de H. et Plat. decr. V 5 (165) p. 437 Mü. καὶ πρῶ-
τόν γε — — προχειρισώμεθα τὸ περὶ τῆς τῶν παίδων διοικήσεως.
25 οὔτε γὰρ ὑπὸ λόγου τὰς ὁρμὰς αὐτῶν ἐπιτροπεύεσθαι δυνατὸν εἰπεῖν (οὐ
γὰρ ἔχουσιν ἤδη τὸν λόγον) οὔθ᾽ ὡς οὐ θυμοῦταί τε καὶ λυπεῖται καὶ ἤδε-
ται καὶ γελᾷ καὶ κλαίει καὶ τοιαῦθ᾽ ἕτερα πάθη πάσχει μυρία. πολὺ γὰρ
δὴ καὶ πλείω καὶ σφοδρότερα τὰ πάθη τοῖς παιδίοις ἐστὶν ἢ τοῖς τελείοις.
οὐ μὴν ἀκολουθεῖ γε ταῦτα τοῖς Χρυσίππου δόγμασιν, ὥσπερ οὐδὲ τῷ μηδε-
30 μίαν οἰκείωσιν εἶναι φύσει πρὸς ἡδονὴν ἢ ἀλλοτρίωσιν πρὸς πόνον. — —
— — τριῶν οὖν τούτων ἡμῖν οἰκειώσεων ὑπαρχουσῶν φύσει καθ᾽ ἕκα-
στον τῶν μορίων τῆς ψυχῆς εἶδος, πρὸς μὲν τὴν ἡδονὴν διὰ τὸ ἐπιθυμητι-
κόν, πρὸς δὲ τὴν νίκην διὰ τὸ θυμοειδές, πρὸς δὲ τὸ καλὸν διὰ τὸ λογιστι-
κόν, Ἐπίκουρος μὲν τὴν τοῦ χειρίστου μορίου τῆς ψυχῆς οἰκείωσιν ἐθεάσατο
35 μόνην, ὁ δὲ Χρύσιππος τὴν τοῦ βελτίστου, φάμενος ἡμᾶς οἰκειοῦσθαι πρὸς
μόνον τὸ καλόν, ὅπερ εἶναι δηλονότι καὶ ἀγαθόν. ἁπάσας δὲ τὰς τρεῖς οἰ-
κειώσεις θεάσασθαι μόνοις τοῖς παλαιοῖς ὑπῆρξε φιλοσόφοις. ἐάσας οὖν τὰς
δύο ὁ Χρύσιππος εἰκότως ἀπορεῖν ἐρεῖ τῆς κατὰ ⌊τὴν κακίαν γε-
νέσεως, οὔτ᾽ αἰτίαν ἔχων εἰπεῖν αὐτῆς, οὔτε τρόπους τῆς συστά-
40 σεως, οὔθ᾽ ὅπως ἁμαρτάνει τὰ παιδία δυνάμενος ἐξευρεῖν, ἅπερ εὐλόγως,
οἶμαι, πάντα καὶ ὁ Ποσειδώνιος αὐτοῦ καταμέμφεται καὶ ἐλέγχει. Sequitur
Posidonii contra Chr. argumentatio. ἀλλὰ μὴν ὁρᾶταί γε, κἂν χρηστοῖς ἔθεσιν
ἐντρέφηται καὶ προσηκόντως παιδεύηται, πάντως ἐξαμαρτάνοντά τι καὶ τοῦτ᾽
αὐτὸ καὶ ὁ Χρύσιππος ὁμολογεῖ. καίτοι γ᾽ ἐνῆν αὐτῷ ὑπεριδόντι τῶν
45 ἐναργῶς φαινομένων αὐτὸ μόνον ὁμολογῆσαι τὸ ταῖς ἰδίαις ὑποθέσεσιν ἀκό-
λουθον, εἰ καλῶς ἀχθείη τὰ παιδία, πάντως αὐτὰ φάσκοντι σοφοὺς ἄνδρας
γενήσεσθαι τοῦ χρόνου προϊόντος. ἀλλ᾽ οὐκ ἐτόλμησε τοῦτό γε καταψεύσα-
σθαι τῶν φαινομένων, ἀλλὰ κἂν ὑπὸ φιλοσόφῳ τρέφηται μόνῳ καὶ
μηδὲν μήτε θεάσηται μήτ᾽ ἀκούσῃ πώποτε παράδειγμα κακίας,

ὅμως οὐκ ἐξ ἀνάγκης αὐτὰ φιλοσοφήσειν. διττὴν γὰρ εἶναι τῆς
διαστροφῆς τὴν αἰτίαν, ἑτέραν μὲν ἐκ κατηχήσεως τῶν πολλῶν
ἀνθρώπων ἐγγιγνομένην, ἑτέραν δ' ἐξ αὐτῆς τῶν πραγμάτων τῆς
φύσεως. — — — εἰ γὰρ μὴ ταῖς φωναῖς, ἀλλὰ τῇ γε δυνάμει τῶν λεγο-
μένων ὁμολογεῖν ἔοικεν ὁ Χρύσιππος, ὡς ἔστιν οἰκείωσίς τέ τις ἡμῖν καὶ 5
ἀλλοτρίωσις φύσει πρὸς ἕκαστον τῶν εἰρημένων (sc. πρὸς ἡδονὴν καὶ πό-
νον, τιμὴν καὶ ἀτιμίαν). ἐπειδὰν γὰρ λέγῃ, τὰς περὶ ἀγαθῶν καὶ κα-
κῶν ἐγγίνεσθαι τοῖς φαύλοις διαστροφὰς διά τε τὴν πιθανότητα
τῶν φαντασιῶν καὶ τὴν κατήχησιν, ἐρωτητέον αὐτὸν τὴν αἰτίαν, δι'
ἣν ἡδονὴ μὲν ὡς ἀγαθόν, ἀλγηδὼν δ' ὡς κακὸν πιθανὴν προβάλλουσι φαν- 10
τασίαν· οὕτως δὲ καὶ διὰ τί τὴν μὲν νίκην τὴν ἐν Ὀλυμπίασιν καὶ
τὴν τῶν ἀνδριάντων ἀνάθεσιν ἐπαινούμενά τε καὶ μακαριζόμενα
πρὸς τῶν πολλῶν, ἀκούοντες ὡς ἀγαθά, περὶ δὲ τῆς ἥττης τε καὶ
τῆς ἀτιμίας ὡς κακῶν ἑτοίμως πειθόμεθα. — — — — — ἐν δὲ
(167) τῷ παρόντι πρὸς τοὺς περὶ τὸν Χρύσιππον ὁ λόγος ἐνέστηκέ μοι, 15
μήτ' ἄλλο γιγνώσκοντας τῶν κατὰ τὰ πάθη, μήθ' ὡς αἱ τοῦ σώματος κράσεις
οἰκείας ἑαυταῖς ἐργάζονται τὰς παθητικὰς κινήσεις. De eadem re paullo
infra: ὁ δὲ Χρύσιππος οὐ μόνον αὐτὸς οὐδὲν ἱκνούμενον εἶπεν, ἀλλ' οὐδὲ
τῶν ἀπ' αὐτοῦ τινι κατέλιπεν ἀφορμὴν εὑρέσεως, μοχθηρὰν ὑποβαλλόμενος
τῷ λόγῳ τὴν κρηπῖδα. 20

229b Cicero de legibus I 17, 47. Sed perturbat nos opinionum va-
rietas hominumque dissensio: et quia non idem contingit in sensibus, hos
natura certos putamus: illa quae aliis sic, aliis secus, nec iisdem semper
uno modo videntur, ficta esse ducimus. Quod est longe aliter. Nam
sensus nostros non parens, non nutrix, non magister, non poëta, non 25
scaena depravat, non multitudinis consensus abducit a vero: animis
omnes tenduntur insidiae, vel ab iis quos modo enumeravi, qui
teneros et rudes cum acceperunt, inficiunt et flectunt, ut volunt,
vel ab ea, quae penitus in omni sensu implicata insidet, imitatrix
boni, voluptas, malorum autem mater omnium: cuius blanditiis corrupti, 30
quae natura bona sunt, quia dulcedine hac et scabie carent, non cernunt
satis. Cf. Chalcidius in Timaeum cp. 165 sq. Seneca ep. 115.

230 Cicero de legibus I 11, 31. Nec solum in rectis, sed etiam in
pravitatibus insignis est humani generis similitudo. Nam et voluptate
capiuntur omnes, quae, etsi est illecebra turpitudinis, tamen habet quid- 35
dam simile naturali bono: levitate enim et suavitate delectans sic ab er-
rore mentis, tamquam salutare aliquid, asciscitur; similique inscientia mors
fugitur, quasi dissolutio naturae: vita expetitur, quia nos, in quo nati
sumus, continet: dolor in maximis malis ducitur, cum sua, asperitate, tum
quod natura interitus videtur sequi. 32. propterque honestatis et gloriae 40
similitudinem, beati, qui honorati sunt, videntur: miseri autem, qui sunt
inglorii. Molestiae, laetitiae, cupiditates, timores similiter omnium mentes
pervagantur: nec, si opiniones aliae sunt apud alios, idcirco qui canem et

---

14 κακῶν Müller, κακὰ libri. 26 a vero B² ad vero B¹ a∗ vero A at
vero H. 31 cernunt *Davisius*, cernuntur *libri*. 36 levitate enim et suavi-
tate delectans *Lambin.*, levitatis enim et suavitatis *(deinde tria fere verba erosa)*
delectans A levitatis est enim et suavitatis delectans *(sine lacuna)* B. 37 in-
scientia *Lambin.*, inscitia *libri*.

felem ut deos colunt, non eadem superstitione qua ceterae gentes con-
flictantur.

231 Seneca cp. 115, 11.   Admirationem nobis parentes auri argen-
tique fecerunt et teneris infusa cupiditas altius sedit crevitque nobiscum.
5 deinde totus populus in alia discors in hoc convenit, hoc suspiciunt, hoc
suis optant. — — 12. Accedunt deinde carmina poëtarum — — qui-
bus divitiae velut unicum vitae decus ornamentumque laudantur.
(Citatur § 14 locus ex Euripidis Bellerophonte.)

232 Seneca ep. 94, 53.   Nulla ad aures nostras vox impune perfer-
10 tur: nocent qui optant, nocent qui exsecrantur: nam et horum imprecatio
falsos nobis metus inserit et illorum amor male docet bene optando. mittit
enim nos ad longinqua bona et incerta et errantia, cum possimus felici-
tatem domo promere.

233 Origenes contra Celsum III 69 Vol. I p. 261, 12 Kö. (p. 492
15 Delarue).   ἡμεῖς δὲ μίαν φύσιν ἐπιστάμενοι πάσης λογικῆς ψυχῆς καὶ μη-
δεμίαν φάσκοντες πονηρὰν ὑπὸ τοῦ κτίσαντος τὰ ὅλα δεδημιουργῆσθαι, γεγο-
νέναι ⟨δὲ⟩ πολλοὺς κακοὺς παρὰ τὰς ἀνατροφὰς καὶ τὰς διαστρο-
φὰς καὶ τὰς περιηχήσεις, ὥστε καὶ φυσιωθῆναι ἔν τισι τὴν κακίαν etc.

234 Galenus περὶ τ. τ. ψυχῆς ἠθῶν ed. Bas. I 351 K. IV p. 816. θαυ-
20 μάζω δὲ ἐν τῷδε τῶν Στωϊκῶν ἅπαντας μὲν ἀνθρώπους εἰς ἀρετῆς κτῆσιν
ἐπιτηδείως ἔχειν οἰομένων, διαστρέφεσθαι δὲ ὑπὸ τῶν οὐ καλῶς ζώντων.
ibid. K. p. 818.   πάνυ δ’ ἠλίθιοί εἰσι καὶ οἱ διαστρέφεσθαι λέ-
γοντες ἡμᾶς ὑπό γε τῆς ἡδονῆς, καίτοι γε αὐτῆς μὲν ἐχούσης πολὺ
⟨τὸ ἐπαγωγόν⟩, τοῦ ⟨πόνου⟩ ἀποστρεπτικοῦ τε καὶ τραχέος ὄντος.

25 **235** Galenus περὶ τ. τ. ψυχῆς ἠθῶν ed. Bas. I 351 K. IV p. 820.
οὐ γάρ, ὡς οἱ Στωϊκοί φασιν, ἔξωθεν ἐπέρχεται ταῖς ψυχαῖς ἡμῶν
τὸ σύμπαν τῆς κακίας, ἀλλὰ τὸ πλέον ἐξ ἑαυτῶν ἔχουσιν οἱ πονηροὶ τῶν
ἀνθρώπων· ἔξωθεν δὲ ἔλαττον τούτου πολλῷ τὸ ἐπερχόμενόν ἐστιν.

236 Clemens Al. Strom. I p. 368 Pott.   Οὔτε δὲ οἱ ἔπαινοι οὔτε οἱ
30 ψόγοι οὐθ’ αἱ τιμαὶ οὐθ’ αἱ κολάσεις δίκαιαι, μὴ τῆς ψυχῆς ἐχούσης τὴν
ἐξουσίαν τῆς ὁρμῆς καὶ ἀφορμῆς, ἀλλ’ ἀκουσίου τῆς κακίας οὔσης. — —
Ἐπεὶ δὲ τῶν ἁμαρτημάτων προαίρεσις καὶ ὁρμὴ κατάρχει, διημαρτημένη δὲ
ὑπόληψις ἔσθ’ ὅτε κρατεῖ, ἧς ἀγνοίας καὶ ἀμαθίας οὔσης ὀλιγωροῦμεν ἀπο-
στῆναι, εἰκότως ἐκόλασεν (scil. ὁ θεός).   Καὶ γὰρ τὸ πυρέττειν ἀκούσιον·
35 ἀλλ’ ὅταν δι’ ἑαυτόν τις καὶ δι’ ἀκρασίαν πυρέττῃ, αἰτιώμεθα τοῦτον.   Οὕτως
δὲ καὶ τῆς κακίας, ἀκουσίου οὔσης· οὐ γὰρ αἱρεῖταί τις κακὸν ᾗ κακόν· τῇ
δὲ περὶ αὐτὸ ἡδονῇ συναπαγόμενος, ἀγαθὸν ὑπολαβών, ληπτὸν ἡγεῖται.

§ 4. Num virtus amitti possit.

237 Diog. Laërt. VII 127.   καὶ μὴν τὴν ἀρετὴν Χρύσιππος
40 μὲν ἀποβλητήν, Κλεάνθης δὲ ἀναπόβλητον· ὁ μὲν ἀποβλητὴν διὰ
μέθην καὶ μελαγχολίαν, ὁ δὲ ἀναπόβλητον διὰ βεβαίους καταλήψεις.

---

17 δὲ add. Bo.   22 trad. ἀληθεῖς. ‖ trad. οἶδε στρέφ.   24 supplevi ex
coni.   26 K. ἐπεὶ ἄρχεται.   28 K. ἐλάττω τούτων. ‖ K. ἐπιαρχόμενον.
34 ἐκόλασεν Wilamowitz, αἱ κολάσεις cod.   35 οὕτως scripsi, ὡς cod.   37 αὐ-
τὸ Sylb., αὐτῷ cod.   40 Κλεάνθης] cf. I n. 568.   41 καταλήμψις B¹

238 Simplicius in Aristot. categ. f. 102 A ed. Bas. (ἐκ μὲν φαύλου σπουδαῖος γίνεται) τὸ δ' ἀνάπαλιν οἱ Στωϊκοὶ οὐ διδόασιν. οὐκ εἶναι γάρ φασιν ἀποβλητὴν τὴν ἀρετήν.

ibid. B. Πρὸς δὴ ταῦτα ῥᾴδιον λέγειν, ὡς πρόχειρον εἴληπται τὸ ἀναπόβλητον εἶναι τὴν ἀρετήν. καὶ γὰρ Θεόφραστος περὶ τῆς μεταβολῆς αὐτῆς 5 ἱκανῶς ἀπέδειξε καὶ Ἀριστοτέλει δοκεῖ, οὐκ ἀνθρώπειον εἶναι τὸ ἀναπόβλητον· ἔτι δὲ καὶ οἱ Στωϊκοὶ ἐν μελαγχολίαις καὶ κάροις καὶ ληθάργοις καὶ ἐν φαρμάκων λήψεσι συγχωροῦσιν ἀποβολὴν γίνεσθαι μεθ' ὅλης τῆς λογικῆς ἕξεως καὶ αὐτῆς τῆς ἀρετῆς, κακίας μὲν οὐκ ἀντεισαγομένης, τῆς δὲ βεβαιότητος χαλωμένης καὶ εἰς ἣν λέγουσιν ἕξιν μέσην 10 οἱ παλαιοὶ μεταπιπτούσης.

239 Alexander Aphrod. de anima libri mant. p. 161,16 Bruns. ἔτι εἰ οἷόν τε τὴν ἀρετὴν ἔχοντα καὶ ἐν ληθάργῳ καὶ ἐν μελαγχολίᾳ καὶ ἐν σκοτώσει καὶ ἐν παρακοπῇ γενέσθαι, ἐν οἷς ὄντα ἀδύνατον κατ' ἀρετὴν ἐνεργεῖν, οὐκ αὐτάρκης ἡ ἀρετὴ πρὸς τὰς οἰκείας ἐνεργείας. πῶς 15 γὰρ οἷόν τε λέγειν τὸν παρακόπτοντα καὶ δεσμῶν δεόμενον διὰ τοῦτο καὶ τῆς ἐκ τῶν φίλων βοηθείας φρονίμως ἐνεργεῖν τότε, μὴ βουλομένους θέσιν φυλάττειν; ἔτι εἰ ἡ ἀρετὴ τὰ μὲν διωθεῖ καὶ ἐκκλίνει τῶν ἀδιαφόρων κατὰ τούτους, τὰ δὲ αἱρεῖται καὶ ἐκλέγεται, οὐκ αὐτάρκης ἂν εἴη πρὸς εὐδαιμονίαν. πῶς γὰρ εὐδαίμων ὁ ὢν ἐν τούτοις, ἃ ἡ ἀρετὴ διωθεῖται; 20

240 Clemens Al. Strom. IV 22 p. 627 Pott. οὐχ ἕξει τὴν ἀρετὴν ἀπόβλητον οὗτος οὐδαμῶς, οὔτε ὕπαρ οὔτε ὄναρ, οὐδὲ κατὰ φαντασίαν τινά. ἐπεὶ μηδ' ἐξίσταταί ποθ' ἑαυτῆς ἡ ἕξις, ἀποπεσοῦσα τοῦ ἕξις εἶναι, εἴτ' οὖν ἕξις ἢ γνῶσις εἴτε διάθεσις εἶναι λέγοιτο. τῷ γὰρ μὴ παρεισιέναι ποτὲ ἐννοίας διαφόρους, ἀναλλοίωτον τὸ ἡγεμονικὸν μένον οὐ προσλαμβάνει τινὰ 25 ἑτεροίωσιν φαντασιῶν, τὰς ἐκ τῶν μεθημερινῶν κινήσεων ἀνειδωλοποιίας ὀνειρῶττον.

241 Theognetus comicus Φάσματι ἢ Φιλαργύρῳ IV p. 549 Mein. "Ἄνθρωπ', ἀπολεῖς με· τῶν γὰρ ἐκ τῆς ποικίλης | Στοᾶς λογαρίων ἀναπεπλησμένος νοσεῖς· | „ἀλλότριόν ἐσθ' ὁ πλοῦτος ἀνθρώπῳ" πάχνη· | „σοφία δ' 30 ἴδιον", κρύσταλλος. „οὐδεὶς πώποτε | ταύτην λαβὼν ἀπώλεσ'." ὦ τάλας ἐγώ, | οἵῳ μ' ὁ δαίμων φιλοσόφῳ συνῴκισεν;

242 Alexander Aphrod. de fato cp. 29 p. 199,27. τὴν μὲν οὖν ἕξιν μηκέτ' ἔχειν οὐκ ἐπ' αὐτῷ (scil. penes eum qui virtutem adeptus est) — — ἐπ' αὐτῶν δὲ τῶν ἐνεργειῶν, ὧν τὴν ἕξιν ἔχων ἐνεργεῖ, ἐπ' αὐτῷ καὶ μὴ 35 ποιῆσαί τινα. καὶ γὰρ εἰ ὅτι μάλιστα εὔλογον τὸ τὸν φρόνιμον τὰς κατὰ τὸν λόγον καὶ τὴν φρόνησιν ἐνεργείας ἐνεργεῖν, πρῶτον μὲν οὐχ ὡρισμένως αἵδε τινὲς τοιαῦται etc.

243 Plutarchus de Stoic. repugn. cp. 27 p. 1046f. Ἀλλὰ μὴν ἐν τῷ ἕκτῳ τῶν Ἠθικῶν Ζητημάτων ὁ Χρύσιππος „οὐκ ἀεί φησιν ἀν- 40

---

24 γνῶσιν ipse Clemens ex sua doctrina substituit virtuti.   25 sententia haec est: etiamsi in somno inania visa menti sapientis se offerant, ipsum principale non mutatur, quia non mutantur notiones rerum (ἔννοιαι). manet igitur virtus, quae est principale quodam modo se habens.   34 οὐκ B², ὡς V. 35 ἐπ' αὐτῷ B², om. V.   36 τὰς B², om. V.   38 profert haec Alexander, ut Stoicam notionem τοῦ ἐφ' ἡμῖν impugnet. dicunt enim non ea esse penes nos, ὧν καὶ τὰ ἀντικείμενα ἐφ' ἡμῖν (ut vulgus putet), sed ea quae per ὁρμὴν agimus.   Cf. II n. 979 sq.

ὁρίζεϲθαι τὸν ἀϲτεῖον, οὐδὲ δειλαίνειν τὸν φαῦλον, ὡς δὲ ἐν φαντασίαις
ἐπιφερομένων τινῶν, τὸν μὲν ἐμμένειν τοῖς κρίμαϲι, τὸν δ' ἀφίϲταϲθαι.
„Πιθανὸν δέ, φηϲί, μηδ' ἀκολαϲταίνειν ἀεὶ τὸν φαῦλον."

244 Philo de sobrietate § 34 Vol. II p. 222, 10 Wendl. σχέσις καὶ
5 κίνησις διαφέρουσιν ἀλλήλων· ἡ μὲν γάρ ἐστιν ἠρεμία, φορὰ δὲ ἡ κίνησις·
ἧς εἴδη δύο, τὸ μὲν μεταβατικόν, τὸ δὲ περὶ τὸν αὐτὸν τόπον εἰλούμενον.
σχέσει μὲν οὖν ἀδελφὸν ἕξις, κινήσει δ' ἐνέργεια. τὸ δὲ λεγόμενον παρα-
δείγματι οἰκείῳ γνωριμώτερον γένοιτ' ἄν· τέκτονα καὶ ζωγράφον καὶ γεωργὸν
καὶ μουσικὸν καὶ τοὺς ἄλλους τεχνίτας, κἂν ἡσυχίαν ἄγωσι μηδὲν τῶν κατὰ
10 τὰς τέχνας ἐνεργοῦντες, οὐδὲν ἧττον τοῖς εἰρημένοις ἔθος καλεῖν ὀνόμασιν,
ἐπεὶ τὴν ἐν ἑκάστοις ἐμπειρίαν καὶ ἐπιστήμην ἀνειληφότες ἔχουσιν. ἐπειδὰν
δὲ ὁ τεκτονικὸς ξύλον [ὕλην] ἐργάζηται λαβών — — καὶ τῶν ἄλλων ἕκα-
στος τεχνιτῶν εἴπερ ἐγχειρεῖ τοῖς κατὰ τὰς ἐπιστήμας, ἕτερα ἐξ ἀνάγκης οἰ-
κεῖα τοῖς προτέροις ὀνόματα προσγίνεται, τῷ μὲν τέκτονι τὸ τεκτονεῖν, τῷ δὲ
15 ζωγράφῳ τὸ ζωγραφεῖν etc. τίσιν οὖν οἱ ψόγοι καὶ οἱ ἔπαινοι παρα-
κολουθοῦσιν; ἆρ' οὐχὶ τοῖς ἐνεργοῦσι καὶ δρῶσι; κατορθοῦντες
μὲν γὰρ ἔπαινον, ψόγον δ' ἔμπαλιν καρποῦνται διαμαρτάνοντες.
— § 38. ὁ αὐτὸς τοίνυν λόγος ἐφαρμόττει καὶ τοῖς κατ' ἀφροσύνην
καὶ συνόλως τοῖς κατ' ἀρετήν τε καὶ κακίαν. οἱ φρόνιμοί τε καὶ
20 σώφρονες καὶ ἀνδρεῖοι καὶ δίκαιοι τὰς ψυχὰς μυρίοι γεγόνασι — — τὸ δὲ
κάλλος τῶν ἐν ταῖς διανοίαις ἀγαλμάτων οὐκ ἴσχυσαν ἐπιδείξασθαι διὰ πενίαν
ἢ ἀδοξίαν ἢ νόσον σώματος —. οὐκοῦν οὗτοι μὲν ὥσπερ δεδεμένα καὶ
καθειργμένα ἐκτήσαντο ἀγαθά, ἕτεροι δ' εἰσὶν οἳ λελυμένοις — ἐχρήσαντο
πᾶσι, τὰς εἰς ἐπίδειξιν ὕλας ἀφθονωτάτας προσλαβόντες· ὁ μὲν φρόνιμος
25 ἰδίων τε καὶ κοινῶν προστασίαν πραγμάτων, οἷς σύνεσιν καὶ εὐβουλίαν ἐνεπι-
δείξεται· ὁ δὲ σώφρων τὸν εἰς ἀσωτίαν δεινὸν ἐπᾶραι καὶ παρακαλέσαι τυ-
φλὸν πλοῦτον ἵνα βλέποντα ἀποδείξῃ· ὁ δὲ δίκαιος ἀρχήν, δι' ἧς τὸ κατ'
ἀξίαν ἀπονέμειν ἑκάστῳ τῶν ὄντων ἀκωλύτως δυνατὸς ἔσται. — — ἄνευ
δὲ τούτων ἀρεταὶ μέν εἰσιν, ἀκίνητοι δὲ ἀρεταὶ καὶ ἡσυχίαν ἄγουσαι. Idem
30 ad vitia pertinere docet sequentibus.

§ 5. Eadem virtus deorum et hominum, virorum et mulierum.

245 Cicero de legibus I 8, 25. Iam vero virtus eadem in ho-
mine ac deo est, neque alio ullo in genere praeterea. Est autem virtus
nihil aliud nisi perfecta et ad summum perducta natura.
35 **246** Plutarchus de comm. not. cp. 33 p. 1076 a. Ἀλλὰ κατὰ Χρύ-
σιππον οὐδὲ τοῦτο περίεστιν αὐτοῖς (sc. θεοῖς τὸ εὐδαιμονεῖν)
„ἀρετῇ τε γὰρ οὐχ ὑπερέχειν τὸν Δία τοῦ Δίωνος, ὠφελεῖ-
σθαί τε ὁμοίως ὑπ' ἀλλήλων τὸν Δία καὶ τὸν Δίωνα, σοφοὺς
ὄντας, ὅταν ἕτερος θατέρου τυγχάνῃ κινουμένου."

---

1 ὡς δὲ ἐν Wy., ὡς δέον ἐν libri; locus nondum sanatus.   12 ξύλον
scripsi, ξύλων ὕλην codd.   25 προστασίαν scripsi, περιουσίαν codd. παρουσίαν
Cohn.   28 ὄντων corruptum, συνόντων Mang. ὑπηκόων Wendl.   33 in ge-
nere Davisius, ingenio libri. | praeter eas autem libri.   34 nisi perfecta
Bake, in se perfecto libri.

247 Alexander Aphrod. de fato cp. 37 p. 211,13 Bruns. οὐ γὰρ τὰς αὐτὰς ἀρετὰς οἰόν τε λέγειν εἶναι τῶν τε ἀνθρώπων καὶ τῶν θεῶν· οὔτε γὰρ ἄλλως ἀληθὲς τὸ τὰς τῶν τοσοῦτον ἀλλήλων κατὰ τὴν φύσιν διεστώτων τὰς αὐτὰς τελειότητάς τε καὶ ἀρετὰς λέγειν, οὔθ' οἱ πρὸς αὐτῶν (scil. a Chrysippo) περὶ αὐτῶν λεγόμενοι λόγοι εὔλογόν τι ἐν αὐτοῖς 5 ἔχουσιν.

248 Origenes contra Celsum VI 48 Vol. II p. 119,16 Kö. (p. 670 Delarue). εἶτα ἐὰν μὲν τὴν αὐτὴν ἀρετὴν λέγοντες ἀνθρώπου καὶ θεοῦ οἱ ἀπὸ τῆς Στοᾶς φιλόσοφοι μὴ εὐδαιμονέστερον λέγωσιν εἶναι τὸν ἐπὶ πᾶσι θεὸν τοῦ ἐν ἀνθρώποις κατ' αὐτοὺς σοφοῦ, ἀλλ' ἴσην εἶναι τὴν 10 ἀμφοτέρων εὐδαιμονίαν Κέλσος οὐ καταγελᾶ etc.

249 Origenes contra Celsum IV 29 Vol. I p. 298,27 (p. 522 Del.). ὥστε καὶ ἡ αὐτὴ ἀρετὴ ἀνθρώπου καὶ θεοῦ.

250 Clemens Al. Strom. VII 14 p. 886 Pott. οὐ γὰρ καθάπερ οἱ Στωϊκοὶ ἀθέως πάνυ τὴν αὐτὴν ἀρετὴν ἀνθρώπου λέγομεν καὶ θεοῦ. 15

251 Themistius Orat. II p. 27 c. Εἰ δ' αὖ φήσειέ τις κολακείαν εἶναι τῷ Πυθίῳ παραβάλλειν τὸν βασιλέα, Χρύσιππος μὲν ὑμῖν καὶ Κλεάνθης οὐ συγχωρήσει καὶ ὅλον ἔθνος φιλοσοφίας, ὁ ἐκ τῆς ποικίλης χορός, οἱ φάσκοντες εἶναι τὴν αὐτὴν ἀρετὴν καὶ ἀλήθειαν ἀνδρὸς καὶ θεοῦ. 20

252 Proclus in Platonis Timaeum p. 106 F. Schn. οἱ δὲ ἀπὸ τῆς Στοᾶς καὶ τὴν αὐτὴν ἀρετὴν εἶναι θεῶν καὶ ἀνθρώπων εἰρήκασι, πολλοῦ δεόντες τῆς τοῦ Πλάτωνος ὁσιότητος εἶναι ζηλωταὶ καὶ τῆς Σωκρατικῆς μετριότητος.

253 Lactant. instit. div. III 25. Quodsi natura hominis sapientiae 25 capax est, oportuit et opifices et rusticos et mulieres et omnes denique, qui humanam formam gerunt, doceri, ut sapiant; populumque ⟨sapientum⟩ ex omni lingua et conditione et sexu et aetate conflari. — — Senserunt hoc adeo Stoici, qui et servis et mulieribus philosophandum esse dixerunt, Epicurus quoque qui rudes omnium literarum 30 ad philosophiam invitat.

254 Clemens Al. Strom. IV 8 p. 590. ὡμολόγηται δ' ἡμῖν τὴν αὐτὴν φύσιν κατὰ γένος ἕκαστον τὴν αὐτὴν καὶ ἴσχειν ἀρετήν· οὐκ ἄλλην τοίνυν πρὸς τὴν ἀνθρωπότητα φύσιν ἔχειν ἡ γυνή, ἄλλην δὲ ὁ ἀνὴρ φαίνεται, ἀλλὰ τὴν αὐτήν· ὥστε καὶ τὴν ἀρετήν. 35

idem p. 592. φιλοσοφητέον οὖν καὶ ταῖς γυναιξίν, ἐμφερῶς τοῖς ἀνδράσιν etc.

§ 6. Plures esse virtutes qualitate differentes.

255 Plutarchus de virtute morali cp. 2 p. 441 a. ἔοικε δὲ καὶ Ζήνων εἰς τοῦτό πως ὑποφέρεσθαι ὁ Κιτιεὺς (praecedentibus Aristo- 40 nis de virtutibus sentientia enarratur) ὁριζόμενος τὴν φρόνησιν ἐν μὲν

---

18 Κλεάνθης] cf. I n. 564.   28 add. Usener.   34 trad. ἔχει.   35 trad. ἀλλ' ἦ.

ἀπονεμητέοις δικαιοσύνην, ἐν δ᾽ αἱρετέοις σωφροσύνην, ἐν δὲ ὑπομε-
νετέοις ἀνδρείαν· ἀπολογούμενοι δὲ ἀξιοῦσιν ἐν τούτοις τὴν ἐπιστήμην
φρόνησιν ὑπὸ τοῦ Ζήνωνος ὠνομάσθαι. Χρύσιππος δὲ κατὰ τὸ
ποιὸν ἀρετὴν ἰδίᾳ ποιότητι συνίστασθαι νομίζων ἔλαθεν ἑαυ-
5 τὸν κατὰ τὸν Πλάτωνα „σμῆνος ἀρετῶν‟ οὐ σύνηθες οὐδὲ γνώριμον
ἐγείρας· ὡς γὰρ παρὰ τὸν ἀνδρεῖον ἀνδρείαν καὶ παρὰ τὸν πρᾷον
πρᾳότητα καὶ δικαιοσύνην παρὰ τὸν δίκαιον, οὕτως παρὰ τὸν χαρίεντα
χαριεντότητα καὶ παρὰ τὸν ἐσθλὸν ἐσθλότητα, καὶ παρὰ τὸν μέ-
γαν μεγαλότητα, καὶ παρὰ τὸν καλὸν καλότητα, ἑτέρας τε τοιαύ-
10 τας ἐπιδεξιότητας, εὐαπαντησίας, εὐτραπελίας ἀρετὰς τιθέμε-
νος, πολλῶν καὶ ἀτόπων ὀνομάτων οὐδὲν δεομένην ἐμπέπληκε φιλο-
σοφίαν.

256 Galenus de H. et Plat. decr. VII 2 (208. 591 M.) de Chrysippi
libro, quem contra Aristonem conscripsit περὶ τοῦ ποιὰς εἶναι τὰς
15 ἀρετάς, disputans: νομίσας γοῦν ὁ Ἀρίστων μίαν εἶναι τῆς ψυχῆς
δύναμιν, ᾗ λογιζόμεθα, καὶ τὴν ἀρετὴν τῆς ψυχῆς ἔθετο μίαν, ἐπι-
στήμην ἀγαθῶν καὶ κακῶν. ὅταν μὲν οὖν αἱρεῖσθαί τε δέῃ τἀγαθὰ
καὶ φεύγειν τὰ κακά, τὴν ἐπιστήμην τήνδε καλεῖ σωφροσύνην· ὅταν
δὲ πράττειν μὲν τἀγαθά, μὴ πράττειν δὲ τὰ κακά, φρόνησιν· ἀνδρείαν
20 δὲ ὅταν τὰ μὲν θαρρῇ, τὰ δὲ φεύγῃ· ὅταν δὲ τὸ κατὰ ἀξίαν ἑκάστῳ
νέμῃ, δικαιοσύνην· ἑνὶ δὲ λόγῳ γινώσκουσα μὲν ἡ ψυχὴ χωρὶς τοῦ
πράττειν τἀγαθά τε καὶ κακὰ σοφία τέ ἐστι καὶ ἐπιστήμη, πρὸς δὲ
τὰς πράξεις ἀφικνουμένη τὰς κατὰ τὸν βίον, ὀνόματα πλείω λαμβάνει
τὰ προειρημένα, φρόνησίς τε καὶ σωφροσύνη καὶ δικαιοσύνη καὶ ἀν-
25 δρεία καλουμένη. τοιαύτη μέν τις ἡ Ἀρίστωνος δόξα περὶ τῶν τῆς
ψυχῆς ἀρετῶν. ὅ γε μὴν Χρύσιππος οὐκ οἶδα ὅπως ἀντιλέγειν ἐπι-
χειρεῖ τἀνδρὶ τὴν κοινὴν πρὸς αὐτὸν ὑπόθεσιν ἀκριβῶς διαφυλάτ-
τοντι. καλῶς γὰρ ἅπαντα γινωσκόντων τε καὶ πραττόντων
ἡμῶν ἂν ὁ βίος διοικοῖτο κατὰ ἐπιστήμην, κακῶς δὲ καὶ ψευ-
30 δῶς γινωσκόντων τε καὶ πραττόντων κατὰ ἄγνοιαν, ὡς αὐ-
τὸς ὁ Χρύσιππος βούλεται, καὶ διὰ ταῦτα μία μὲν ἀρετὴ γίνοιτο
ἄν, ἡ ἐπιστήμη, μία δὲ ὡσαύτως ἡ κακία, προσαγορευομένη καὶ ἥδε
ποτὲ μὲν ἄγνοια, ποτὲ δὲ ἀνεπιστημοσύνη. ἐὰν οὖν τις τὸν θάνατον
ἢ τὴν πενίαν ἢ τὴν νόσον ὡς κακὰ δεδιὼς ᾖ, δέον θαρρεῖν, ὡς ἐπὶ
35 ἀδιαφόροις, ἐνδείᾳ μὲν ἐπιστήμης αὐτὸν τίθενται ἀγνοεῖν τἀληθές,
ὡς ἂν Ἀρίστων τε καὶ Χρύσιππος εἴποι, κακίαν δὲ ἔχειν ψυχῆς, ἣν
ὀνομάζουσι δειλίαν, ἧ ἐναντίαν ἀρετὴν αὐτοὶ φασιν εἶναι τὴν ἀν-
δρείαν, ἐπιστήμην οὖσαν ὧν χρὴ θαρρεῖν ἢ μὴ θαρρεῖν, τοὐ-
τέστιν ἀγαθῶν τε καὶ κακῶν τῶν ὄντως δηλονότι τοιούτων, οὐ κατὰ

---

1 διαιρετέοις libri, corr. Wy.   4 malim ἀρετὴν ⟨ἑκάστην⟩. ‖ ἰδίᾳ scripsi,
ἰδίαν libri.   8 χαριεντότητας et mox ἐσθλότητας, μεγαλότητας, καλότητας libri.

ψευδῆ δόξαν ὑπειλημμένων, οἷάπερ ἐστὶν ὑγίεια καὶ πλοῦτος καὶ νόσος καὶ πενία. τούτων γὰρ οὐδὲν οὔτε ἀγαθὸν οὔτε κακὸν εἶναί φασιν, ἀλλὰ ἀδιάφορα πάντα. καὶ τοίνυν, εἰ τὸ μὲν ἡδὺ νομίσας τις ἀγαθόν, τὸ δὲ ἀνιαρὸν κακὸν ἀκολουθῶν τῇ δόξῃ τῇδε τοῦ μὲν τὴν αἵρεσιν ποιοῖτο, τοῦ δὲ τὴν φυγήν, ἀμαθής ἐστιν οὐσίας ἀγαθοῦ καὶ διὰ 5 ταῦτα ἀκόλαστος. ἐν ἁπάσαις γὰρ πράξεσιν αἱρουμένων ἡμῶν τὸ φαινόμενον ἀγαθόν, φευγόντων δὲ τὸ φαινόμενον κακόν, ἐχόντων δὲ φύσει τὰς ὁρμὰς ταύτας ἐφ' ἑκάτερον ἡ φιλοσοφία διδάσκουσα τὸ κατὰ ἀλήθειαν ἀγαθόν τε καὶ κακὸν ἀναμαρτήτους ἐργάζεται. Χρύσιππος δὲ οὐκ οἶδα ὅπως, ὥσπερ οἱ ἰδιῶται λόγων, τῇ διαφορᾷ τῶν φωνῶν, 10 οὐ τοῖς τυγχάνουσιν αὐταῖς πράγμασι προσέχει τὸν νοῦν, ἕτερόν τι νομίζων δηλοῦσθαι καθ' ἑκάστην τῶνδε τῶν φωνῶν, αἱρε- τέον, ποιητέον, θαρρητέον, ἀγαθόν. ἔστι δὲ οὐχ ἕτερον, ἀλλὰ ἐν ἁπάσαις ταὐτόν, ὅπερ ἐκ τῆς ἀγαθὸν δηλοῦται. — — — ἁπάσαις γὰρ ταύταις ταῖς λέξεσιν ἀγαθὸν καὶ κακὸν λέγει καὶ κατὰ αὐτὸν 15 τὸν Χρύσιππον, εἴ γε δὴ τὸ ἀγαθὸν αὐτὸ μόνον ἐστὶ αἱρε- τέον καὶ ποιητέον καὶ θαρρητέον· ὥστε τὴν τῶν ἀγαθῶν ἐπι- στήμην ἐν διαφόροις ὕλαις ἢ πράξεσιν ἐξεταζομένην ὀνόματα πλείω λαμβάνειν, ἕκαστον ἐν τῷ πρός τι κατὰ τὴν ὕλην ἢ τὴν πρᾶξιν ὑφι- στάμενον. — — — οὕτως οὖν κἀν τοῖς περὶ τῆς τῶν ἀρετῶν 20 διαφορᾶς ὁ Χρύσιππος ἀποχωρῶν τῶν ἐπιστημονικῶν καὶ ἀποδεικτι- κῶν λημμάτων ἐν τοῖς ὑπολοίποις ἀλᾶται τρισὶ γένεσιν, ὃς ἔν γε τῷ ποιὰς εἶναι τὰς ἀρετὰς ἐπιστημονικῶν μᾶλλον ἅπτεται, καταβαλ- λόντων μὲν ὄντως τὸν Ἀρίστωνος λόγον, οὐ μὴν τῇ γε οἰκείᾳ πρε- πόντων ὑποθέσει. 25

257 Galenus de H. et Plat. decr. V 5 (167) p. 446 Mü. ἕπεται δ' αὖθις τοῖσδε (sc. τῷ περὶ τῶν παθῶν λόγῳ) καὶ ὁ περὶ τῶν ἀρετῶν λόγος αὐτὸς ἔχων τὸ σφάλμα διττόν, εἴτ' ἐπιστήμας τις ἁπάσας αὐ- τάς, εἴτε δυνάμεις ὑπολάβοι. τῶν μὲν γὰρ ἀλόγων τῆς ψυχῆς μερῶν ἀλόγους ἀνάγκη καὶ τὰς ἀρετὰς εἶναι, τοῦ λογιστικοῦ δὲ μόνου λογι- 30 κήν. ὥστ' εὐλόγως ἐκείνων μὲν αἱ ἀρεταὶ δυνάμεις εἰσίν, ἐπιστήμη δὲ μόνου τοῦ λογιστικοῦ. Χρύσιππος δὲ μεγάλα σφάλλεται, οὐχ ὅτι μηδεμίαν ἀρετὴν ἐποίησε δύναμιν (οὐ γὰρ μέγα τὸ τοιοῦ- τον σφάλμα ἐστίν, οὐδὲ διαφερόμεθα πρὸς αὐτὸ) ἀλλ' ὅτι πολλὰς ἐπιστήμας τε καὶ ἀρετὰς εἶναι φήσας μίαν ἔφησεν εἶναι δύ- 35 ναμιν τῆς ψυχῆς. οὐ γὰρ ἐνδέχεται μιᾶς δυνάμεως ἀρετὰς εἶναι πολλάς, εἴγε μηδὲ τελειότητας πολλὰς ἑνὸς πράγματος. μία γὰρ ἑκά- στου τῶν ὄντων ἡ τελειότης, ἡ δ' ἀρετὴ τελειότης ἐστὶ τῆς ἑκά- στου φύσεως, ὡς αὐτὸς ὁμολογεῖ. κάλλιον οὖν Ἀρίστων ὁ Χῖος,

---

37 τελειότητας Cornarius, τελειοτάτας libri.

οὔτε πολλὰς εἶναι τὰς ἀρετὰς τῆς ψυχῆς ἀποφηνάμενος, ἀλλὰ μίαν, ἣν ἐπιστήμην ἀγαθῶν τε καὶ κακῶν εἶναί φησιν, οὔτε περὶ τῶν παθῶν ἐναντία ταῖς ἰδίαις ὑποθέσεσι γράψας, ὥσπερ ὁ Χρύσιππος.

258 Plutarchus de Stoic. repugn. cp. 7 p. 1034d. *Οὐ μόνον δὲ*
5 *ὁ Ζήνων περὶ ταῦτα φαίνεται αὐτῷ μαχόμενος* (unane sit virtus an
complures), *ἀλλὰ καὶ Χρύσιππος, Ἀρίστωνι μὲν ἐγκαλῶν, ὅτι μιᾶς*
ἀρετῆς σχέσεις ἔλεγε τὰς ἄλλας εἶναι, Ζήνωνι δὲ συνηγορῶν οὕτως
ὁριζομένῳ τῶν ἀρετῶν ἑκάστην.

259 Galenus de H. et Plat. decr. VII (206. 583 M.). *οὐ μόνον δὲ*
10 *τοὺς περὶ ψυχῆς ἡγεμονικοῦ λόγους ἠρωτημένους ὑπὸ αὐτῶν ἐλέγχον-*
τες ἐμηκύναμεν, ἀλλὰ καὶ τὰ περὶ τῶν παθῶν τῆς ψυχῆς ὑπὸ Χρυ-
σίππου γεγραμμένα, τοῦτο μὲν ἐν τοῖς λογικοῖς ὑπομνήμασι τρισί,
τοῦτο δὲ ἐν τῷ θεραπευτικῷ, μετὰ τοῦ καὶ δεικνύειν αὐτὸν ἑαυτῷ
διαφερόμενον. ἐπεμνήσθημεν δὲ καὶ τῶν Ποσειδωνίου συγγραμμάτων,
15 *ἐν οἷς ἐπαινεῖ τὸν παλαιὸν λόγον ἐλέγχων τὰ Χρυσίππῳ κακῶς εἰρη-*
μένα περί τε τῶν παθῶν τῆς ψυχῆς καὶ τῶν ἀρετῶν τῆς διαφορᾶς.
ὥσπερ γὰρ ἀναιρεῖται τὰ πάθη τῆς ψυχῆς, εἰ μόνον εἴη τὸ λογιστικὸν
αὐτῇ, μηδενὸς μήτε ἐπιθυμητικοῦ μήτε θυμοειδοῦς ὄντος, οὕτω καὶ
τῶν ἀρετῶν πλὴν φρονήσεως αἱ λοιπαὶ πᾶσαι. καίτοι κἀνταῦθα εἴ
20 *τις ἐπεξέρχοιτο τῷ λόγῳ τά τε περὶ τῆς διαφορᾶς τῶν ἀρετῶν*
ἐν τέτταρσι βιβλίοις ὑπὸ Χρυσίππου γεγραμμένα βασανίζων
ὅσα τε καθ' ἓν ἄλλο διῆλθεν, ᾧ δείκνυσι ποίας εἶναι τὰς ἀρετὰς
ἐλέγχων τὸν Ἀρίστωνος λόγον, οὐχ ἑνὸς ἢ δυοῖν ἀλλὰ τριῶν ἢ τετ-
τάρων ἂν δεηθείη βιβλίων. ἔστι μὲν γὰρ κἀνταῦθα λόγος εἷς βραχὺς
25 *ἐπιστημονικὸς ἐλέγχων τὸν Χρύσιππον, οὔτε τἀληθῆ πρεσβεύοντα καὶ*
μηκύνοντα περιττῶς. ἀλλὰ οἱ μήτε παιδευθέντες ἐν ἀποδεικτικῇ με-
θόδῳ μήθ' ὅλως γνόντες, ὁποία τίς ἐστι, μόνῳ δὲ τῷ μεγέθει καὶ
πλήθει τῶν ὑπὸ Χρυσίππου γραφέντων βιβλίων προσέχοντες τὸν νοῦν
ἀληθῆ νομίζουσι πάνθ' ὑπάρχειν αὐτά. καὶ γὰρ καὶ ὄντως ἐστὶ τὰ
30 *πλεῖστα αὐτῶν ἀληθῆ καὶ μάλιστά γε τὰ κατὰ ἐκεῖνο τὸ βιβλίον, ἐν*
ᾧ δείκνυσι ποίας εἶναι τὰς ἀρετάς. ἀλλὰ ὅτι τῷ μίαν ὑποθεμένῳ
δύναμιν ὑπάρχειν ἐν τῇ ψυχῇ τὴν λογικήν τε καὶ κριτικὴν ὀνομαζο-
μένην, ἀνελόντι δὲ τὴν ἐπιθυμητικήν τε καὶ θυμοειδῆ, καθάπερ ὁ
Χρύσιππος ἀνεῖλε, μάχεται τὰ κατὰ τοῦτο τὸ βιβλίον εἰρημένα, ταυτὶ
35 *μέμψαιτο ἄν τις αὐτῷ· τὸ μέντοι καταβάλλεσθαι τὴν Ἀρίστωνος αἵ-*
ρεσιν ἀληθῶς ὑπὸ τῶν γεγραμμένων οὐκ ἄν τις μέμψαιτο. νομίζει
γὰρ ὁ ἀνὴρ ἐκεῖνος μίαν οὖσαν τὴν ἀρετὴν ὀνόμασι πλείοσιν ὀνομά-

---

7 Ecce Zenonis definitiones a Plut. allatae: Πάλιν δὲ ὁριζόμενος αὐτῶν
ἑκάστην, τὴν μὲν ἀνδρείαν φησὶ (sc. ὁ Ζήνων) φρόνησιν εἶναι ἐν ἐνεργητέοις· τὴν
δὲ δικαιοσύνην φρόνησιν ἐν ἀπονεμητέοις, ὡς μίαν οὖσαν ἀρετήν, ταῖς δὲ πρὸς
τὰ πράγματα σχέσεσι κατὰ τὰς ἐνεργείας διαφέρειν δοκοῦσαν. Cf. I n. 200.

ξεσθαι κατὰ τὴν πρός τι σχέσιν. ὁ τοίνυν Χρύσιππος δείκνυσιν
οὐκ ἐν τῇ πρός τι σχέσει γινόμενον τὸ πλῆθος τῶν ἀρετῶν
τε καὶ κακιῶν, ἀλλὰ ἐν ταῖς οἰκείαις οὐσίαις ὑπαλλαττομέ-
ναις κατὰ τὰς ποιότητας, ὡς ὁ τῶν παλαιῶν ἠβούλετο λό-
γος· ὅπερ καὶ αὐτὸ βραχὺ παρατρέψας ὁ Χρύσιππος ἑτέραις λέξεσι 5
διῆλθεν ἐν τῷ ποιὰς εἶναι τὰς ἀρετὰς τοῖς τε ἐπιχειρήμασιν οὐ
πρέπουσι τῷ τὸ λογικὸν εἶναι μόνον τῆς ψυχῆς τεθειμένῳ, τὸ παθητι-
κὸν δὲ ἀνῃρηκότι. πῶς οὖν ἐγὼ τοῦ μήκους τῶν λόγων αἴτιος, ἐὰν
ἀναγκασθῶ νῦν ἀποδεικνύειν ἀλλοτρίας αἱρέσεως ἐπιχειρήμασι χρώ-
μενον τὸν Χρύσιππον εἰκότως καταβαλεῖν τὴν Ἀρίστωνος δόξαν; 10

260 Galenus in Hippocr. de humoribus lib. II Vol. XVI p. 303 K.
(postquam trichotomiam animae Platonicam probare studuit). ἀλλ' ὅμως
ἔνιοί φασι μίαν εἶναι τῆς ψυχῆς οὐσίαν· τὴν δ' ἀρετὴν εἶναι · βούλονται τε-
λειότητα τῆς ἑκάστου φύσεως. εἰ μὲν οὖν τι τοιοῦτον πρᾶγμά ἐστιν ἡ
ἀρετή, μία ἔσται, εἴπερ καὶ τελειότης ἐστὶ μία· καὶ οὕτω κατὰ τὸ λογιστικὸν 15
μέρος τῆς ψυχῆς ἀναγκαῖον ἐπιστήμην εἶναι τὴν ἀρετήν· καὶ εἴπερ ἓν μόνον
ἐστὶ τοῦτο ἐν ταῖς ψυχαῖς ἡμῶν, τὸ λογιζόμενον, οὐ χρὴ ζητεῖν ἀρετὰς
πολλάς.

261 Diog. Laërt. VII 92. Παναίτιος μὲν οὖν δύο φησὶν ἀρετάς
— — τέτταρας δὲ οἱ περὶ Ποσειδώνιον καὶ πλείονας οἱ περὶ Κλε- 20
άνθην καὶ Χρύσιππον.

§ 7. De singulis virtutibus.

262 Stobaeus ecl. II 59, 4 W. φρόνησιν δ' εἶναι ἐπιστήμην ὧν
ποιητέον καὶ οὐ ποιητέον καὶ οὐδετέρων ἢ ἐπιστήμην ἀγαθῶν καὶ κακῶν
καὶ οὐδετέρων φύσει πολιτικοῦ ζῴου (καὶ ἐπὶ τῶν λοιπῶν δὲ ἀρετῶν οὕτως 25
ἀκούειν παραγγέλλουσι). σωφροσύνην δ' εἶναι ἐπιστήμην αἱρετῶν καὶ
φευκτῶν καὶ οὐδετέρων· δικαιοσύνην δὲ ἐπιστήμην ἀπονεμητικὴν τῆς
ἀξίας ἑκάστῳ· ἀνδρείαν δὲ ἐπιστήμην δεινῶν καὶ οὐ δεινῶν καὶ οὐδετέρων·
ἀφροσύνην δὲ ⟨ἄγνοιαν⟩ ἀγαθῶν καὶ κακῶν καὶ οὐδετέρων, ἢ ἄγνοιαν
ὧν ποιητέον καὶ οὐ ποιητέον καὶ οὐδετέρων· ἀκολασίαν δὲ ἄγνοιαν αἱρε- 30
τῶν καὶ φευκτῶν καὶ οὐδετέρων· ⟨ἀδικίαν δὲ ἄγνοιαν μὴ ἀπονεμητικὴν
τῆς ἀξίας ἑκάστῳ⟩· δειλίαν δὲ ἄγνοιαν δεινῶν καὶ οὐ δεινῶν καὶ οὐδετέ-
ρων. Παραπλησίως δὲ καὶ τὰς ἄλλας ἀρετὰς καὶ κακίας ὁρίζονται, τῶν
εἰρημένων ἐχόμενοι. Κοινότερον δὲ τὴν ἀρετὴν διάθεσιν εἶναί φασι ψυχῆς
σύμφωνον αὐτῇ περὶ ὅλον τὸν βίον. 35

263 Philo Leg. Alleg. I § 63 Vol. I p. 77, 12 Wendl. Διὰ τούτων
βούλεται τὰς κατὰ μέρος ἀρετὰς ὑπογράφειν· εἰσὶ δὲ τὸν ἀριθμὸν τέσσαρες,
φρόνησις, σωφροσύνη, ἀνδρία, δικαιοσύνη.

§ 65. ἡ μὲν φρόνησις περὶ τὰ ποιητέα, ὅρους αὐτοῖς τιθεῖσα, ἡ δὲ

---

13 ἀρετὴν scripsi, οὐσίαν ed.   16 εἴπερ scripsi, ὑπὲρ ed.   25 πολιτικοῦ
⟨λογικοῦ⟩ Wachsm.   31 ἀδικίαν—ἑκάστῳ add. Heeren.

ἀνδρεία τοῖς ὑπομενετέοις· ἡ δὲ σωφροσύνη τοῖς αἱρετέοις· ἡ δὲ δικαιο-
σύνη τοῖς ἀπονεμητέοις.

§ 67. κατὰ δὲ τὸν τόπον τῆς φρονήσεως δύο εἰσὶ ποιοί, ὅ τε φρόνι-
μος καὶ ὁ φρονῶν. fere eadem redeunt p. 79 addito: ὁ μὲν συνιστάμενος
5 κατὰ τὴν φρόνησιν, ὁ δὲ φρονῶν κατὰ τὸ φρονεῖν.

de fortitudine § 68: ἐπιστήμη γάρ ἐστιν ὑπομενετέων καὶ οὐχ ὑπο-
μενετέων καὶ οὐδετέρων.

de iustitia § 87 p. 84, 2. ὅτι ἀπονεμητικὴ τῶν κατ᾽ ἀξίαν ἐστὶν ἡ
δικαιοσύνη καὶ τέτακται οὔτε κατὰ τὸν κατήγορον οὔτε κατὰ τὸν ἀπολογού-
10 μενον, ἀλλὰ κατὰ τὸν δικαστήν. Ὥσπερ οὖν ὁ δικαστὴς οὔτε νικῆσαί τινας
προῄρηται οὔτε πολεμῆσαί τισι καὶ ἐναντιωθῆναι, γνώμην δ᾽ ἀποφηνάμενος
βραβεύει τὸ δίκαιον· οὕτως ἡ δικαιοσύνη οὐδενὸς οὖσα ἀντίδικος, ἀπονέμει
τὸ κατ᾽ ἀξίαν ἑκάστῳ πράγματι.

264 Stobaeus ecl. II 60, 9 W. Τῶν δ᾽ ἀρετῶν τὰς μὲν εἶναι πρώτας,
15 τὰς δὲ ταῖς πρώταις ὑποτεταγμένας· πρώτας δὲ τέτταρας εἶναι, φρόνησιν,
σωφροσύνην, ἀνδρείαν, δικαιοσύνην. Καὶ τὴν μὲν φρόνησιν περὶ τὰ καθή-
κοντα γίνεσθαι· τὴν δὲ σωφροσύνην περὶ τὰς ὁρμὰς τοῦ ἀνθρώπου· τὴν δὲ
ἀνδρείαν περὶ τὰς ὑπομονάς· τὴν δὲ δικαιοσύνην περὶ τὰς ἀπονεμήσεις. Τῶν
δὲ ὑποτεταγμένων ταῖς ἀρεταῖς ταύταις τὰς μὲν τῇ φρονήσει ὑποτετάχθαι,
20 τὰς δὲ τῇ σωφροσύνῃ, τὰς δὲ τῇ ἀνδρείᾳ, τὰς δὲ τῇ δικαιοσύνῃ. Τῇ μὲν
οὖν φρονήσει ὑποτάττεσθαι εὐβουλίαν, εὐλογιστίαν, ἀγχίνοιαν, νουνέχειαν,
⟨εὐστοχίαν⟩, εὐμηχανίαν· τῇ δὲ σωφροσύνῃ εὐταξίαν, κοσμιότητα, αἰδημοσύ-
νην, ἐγκράτειαν· τῇ δὲ ἀνδρείᾳ καρτερίαν, θαρραλεότητα, μεγαλοψυχίαν, εὐ-
ψυχίαν, φιλοπονίαν· τῇ δὲ δικαιοσύνῃ εὐσέβειαν, χρηστότητα, εὐκοινωνησίαν,
25 εὐσυναλλαξίαν. Εὐβουλίαν μὲν οὖν εἶναι λέγουσιν ἐπιστήμην τοῦ ποῖα
καὶ πῶς πράττοντες πράξομεν συμφερόντως· εὐλογιστίαν δὲ ἐπιστήμην
ἀνταιρετικὴν καὶ συγκεφαλαιωτικὴν τῶν γινομένων καὶ ἀποτελουμένων·
ἀγχίνοιαν δὲ ἐπιστήμην εὑρετικὴν τοῦ καθήκοντος ἐκ τοῦ παραχρῆμα·
νουνέχειαν δὲ ἐπιστήμην ⟨τῶν χειρόνων καὶ βελτιόνων· εὐστοχίαν δὲ
30 ἐπιστήμην⟩ ἐπιτευκτικὴν τοῦ ἐν ἑκάστῳ σκοποῦ· εὐμηχανίαν δὲ ἐπιστήμην
εὑρετικὴν διεξόδου πραγμάτων· εὐταξίαν δὲ ἐπιστήμην τοῦ πότε πρακτέον
καὶ τί μετὰ τί καὶ καθόλου τῆς τάξεως τῶν πράξεων· κοσμιότητα δὲ ⟨ἐπι-
στήμην⟩ πρεπουσῶν καὶ ἀπρεπῶν κινήσεων· αἰδημοσύνην δὲ ἐπιστήμην
εὐλαβητικὴν ὀρθοῦ ψόγου· ἐγκράτειαν δὲ ἐπιστήμην ἀνυπέρβατον τῶν
35 κατὰ τὸν ὀρθὸν λόγον φανέντων· καρτερίαν δὲ ἐπιστήμην ἐμμενητικὴν
τοῖς ὀρθῶς κριθεῖσι· θαρραλεότητα δὲ ἐπιστήμην καθ᾽ ἣν οἴδαμεν ὅτι
οὐδενὶ δεινῷ μὴ περιπέσωμεν· μεγαλοψυχίαν δὲ ἐπιστήμην ὑπεράνω ποι-
οῦσαν τῶν πεφυκότων ἐν σπουδαίοις τε γίνεσθαι καὶ φαύλοις· εὐψυχίαν
δὲ ἐπιστήμην ψυχῆς παρεχομένης ἑαυτὴν ἀήττητον· φιλοπονίαν δὲ ἐπιστή-
40 μην ἐξεργαστικὴν τοῦ προκειμένου, οὐ κωλυομένην διὰ πόνον· εὐσέβειαν
δὲ ἐπιστήμην θεῶν θεραπείας· χρηστότητα δὲ ἐπιστήμην εὐποιητικήν· εὐ-
κοινωνησίαν δὲ ἐπιστήμην ἰσότητος ἐν κοινωνίᾳ· εὐσυναλλαξίαν δὲ
ἐπιστήμην τοῦ συναλλάττειν ἀμέμπτως τοῖς πλησίον.

Πασῶν δὲ τούτων τῶν ἀρετῶν τὸ τέλος εἶναι τὸ ἀκολούθως τῇ φύσει
45 ζῆν· ἑκάστην δὲ τούτου διὰ τῶν ἰδίων παρέχεσθαι τυγχάνοντα τὸν ἄνθρω-

---

22 εὐστοχίαν add. Wachsm.   27 συγκεφαλαιωτικὴν Heine, μὴ κεφαλαιω-
τικὴν libri.   29 τῶν — ἐπιστήμην add Wachsm.   32 ἐπιστήμην add. Heeren.
34 ἀνυπέρβατον Wachsm., ἀνυπέρβλητον libri.

πον. Ἔχειν γὰρ ἀφορμὰς παρὰ τῆς φύσεως καὶ πρὸς τὴν τοῦ καθήκοντος
εὕρεσιν καὶ πρὸς τὴν τῶν ὁρμῶν εὐστάθειαν καὶ πρὸς τὰς ὑπομονὰς καὶ
πρὸς τὰς ἀπονεμήσεις. Καὶ ⟨κατὰ⟩ τὸ σύμφωνον καὶ τὸ ἑαυτῆς ἑκάστη
τῶν ἀρετῶν πράττουσα παρέχεται τὸν ἄνθρωπον ἀκολούθως τῇ φύσει ζῶντα.
265 Diog. Laërt. VII 92. τῶν δὲ ἀρετῶν τὰς μὲν πρώτας, τὰς δὲ 5
ταύταις ὑποτεταγμένας· πρώτας μὲν τάσδε· φρόνησιν, ἀνδρείαν, δικαιο-
σύνην, σωφροσύνην· ἐν εἴδει δὲ τούτων μεγαλοψυχίαν, ἐγκράτειαν, καρτερίαν,
ἀγχίνοιαν, εὐβουλίαν. καὶ τὴν μὲν φρόνησιν εἶναι ἐπιστήμην κακῶν καὶ
ἀγαθῶν καὶ οὐδετέρων, τὴν δὲ δικαιοσύνην ἐπιστήμην ὧν αἱρετέον καὶ
εὐλαβητέον καὶ οὐδετέρων **** τὴν δὲ μεγαλοψυχίαν ἐπιστήμην ⟨ἢ⟩ 10
ἕξιν ὑπεράνω ποιοῦσαν τῶν συμβαινόντων κοινῇ φαύλοις τε καὶ σπουδαίοις,
τὴν δὲ ἐγκράτειαν διάθεσιν ἀνυπέρβατον τῶν κατ' ὀρθὸν λόγον ἢ ἕξιν
ἀήττητον ἡδονῶν, τὴν δὲ καρτερίαν ἐπιστήμην ἢ ἕξιν ὧν ἐμμενετέον καὶ
μὴ καὶ οὐδετέρων, τὴν δὲ ἀγχίνοιαν ἕξιν εὑρετικὴν τοῦ καθήκοντος ἐκ
τοῦ παραχρῆμα, τὴν δὲ εὐβουλίαν ἐπιστήμην τοῦ σκοπεῖσθαι ποῖα καὶ 15
πῶς πράττοντες πράξομεν συμφερόντως.

ἀνὰ λόγον δὲ καὶ τῶν κακῶν τὰς μὲν εἶναι πρώτας, τὰς δὲ ὑπὸ ταύ-
τας· οἷον ἀφροσύνην μὲν καὶ δειλίαν καὶ ἀδικίαν καὶ ἀκολασίαν ἐν ταῖς
πρώταις, ἀκρασίαν δὲ καὶ βραδύνοιαν καὶ κακοβουλίαν ἐν ταῖς ὑπὸ ταύτας.
εἶναι δὲ ἀγνοίας τὰς κακίας ὧν αἱ ἀρεταὶ ἐπιστῆμαι. 20

266 Andronicus περὶ παθῶν p. 19 Schuchardt.
Φρόνησις μὲν οὖν ἐστιν ἐπιστήμη ἀγαθῶν καὶ κακῶν καὶ οὐδετέρων. — —
Σωφροσύνη δὲ ἐπιστήμη αἱρετῶν καὶ οὐχ αἱρετῶν καὶ οὐδετέρων.
Δικαιοσύνη δὲ ἕξις ἀπονεμητικὴ τοῦ κατ' ἀξίαν ἑκάστῳ.
Ἀνδρεία δὲ ἐπιστήμη δεινῶν καὶ οὐ δεινῶν καὶ οὐδετέρων. 25
267 Andronicus περὶ παθῶν p. 20, 21 Schuchardt.
εὐβουλία μὲν οὖν ἐστιν ἐπιστήμη συμφερόντων.
ἀγχίνοια δὲ ἕξις ἐξ ὑπογύου τὸ καθῆκον εὑρίσκουσα. —
πρόνοια δὲ ἕξις ὁδοποιεῖσθαι δυναμένη εἰς τὸ μέλλον, ὡς ἂν πράττηται
ὡς χρή. — 30
βασιλικὴ δὲ ἐμπειρία τοῦ ἄρχειν πλήθους ἀνυπευθύνως.
στρατηγικὴ δὲ ἕξις θεωρητικὴ καὶ πρακτικὴ τῶν στρατοπέδῳ συμφε-
ρόντων. — —
πολιτικὴ δὲ ἕξις θεωρητικὴ ⟨καὶ πρακτικὴ⟩ τῶν πόλει συμφερόντων.
οἰκονομικὴ δὲ ἕξις θεωρητικὴ ⟨καὶ πρακτικὴ⟩ τῶν οἴκῳ συμφερόν- 35
των. —
διαλεκτικὴ δὲ ἐπιστήμη τοῦ εὖ διαλέγεσθαι.
ῥητορικὴ δὲ ἐπιστήμη τοῦ εὖ λέγειν.
φυσικὴ δὲ ἐπιστήμη τῶν περὶ φύσιν.
268 Andronicus περὶ παθῶν p. 27, 16 Schuchardt (ex cod. Par. 2131) 40
κατὰ Χρύσιππον.
Φρόνησίς ἐστιν ἐπιστήμη τοῦ ποῖα δεῖ ποιεῖν, ποῖα δ' οὔ.
Ἀφροσύνη δὲ ἡ ἄγνοια τῶν αὐτῶν καὶ ἄφρονες οἱ τούτων τι ἀγνοοῦν-

---

8 ἀγχίνοιαν εὐβουλίαν om. B.   9 non est haec iustitiae definitio, τῶν (pro
ὧν) B.   10 ἀνδρείας et σωφροσύνης definitiones exciderunt. ‖ ἢ om. BP.
11 φαύλοις τε καὶ σπουδαίοις recte n. 270, φαύλων τε καὶ σπουδαίων BP.
16 πράξωμεν P.   19 ἐν ταῖς πρώταις vulg., καὶ BP. ‖ δὲ om. BP. ‖ ταύταις
BP.   22 ipse Chrysippus hoc fine utitur II n. 174.   34. 35 καὶ πρακτικὴ add.
Schuchardt.

τες καὶ περὶ ταῦτα διεψευσμένοι· ἔστι γὰρ ἀφροσύνη ἄγνοια τοῦ ποῖα δεῖ ποιεῖν, ποῖα δ' οὔ.

Ὑποτέτακται δὲ τῇ φρονήσει εὐβουλία, εὐλογιστία, ἀγχίνοια, νουνέχεια, εὐστοχία, εὐμηχανία.

5 εὐλογιστία δέ ἐστιν ἐπιστήμη συγκεφαλαιωτικὴ τῶν γινομένων καὶ ἀποτελουμένων.

ἀγχίνοιά ἐστιν ἐπιστήμη εὑρετικὴ τοῦ καθήκοντος ἐκ τοῦ παραχρῆμα.

νουνέχειά ἐστιν ἐπιστήμη χειρόνων καὶ βελτιόνων.

εὐστοχία ἐστὶν ἐπιστήμη ἐπιτευκτικὴ τοῦ ἐν ἑκάστῳ σκοποῦ.

10 εὐμηχανία ἐστὶν ἐπιστήμη εὑρετικὴ διεξόδου πραγμάτων.

269 Andronicus περὶ παθῶν p. 28, 1 Schuchardt (ex Paris. 2131) (Κατὰ Χρύσιππον).

Ὑποτέτακται δὲ τῇ ἀνδρείᾳ· καρτερία, θαρραλεότης, μεγαλοψυχία, εὐψυχία, φιλοπονία.

15 καρτερία ἐστὶν ἐπιστήμη ἔμμονος τοῖς ὀρθῶς κριθεῖσι.

θαρραλεότης ἐστὶν ἐπιστήμη καθ' ἣν οἴδαμεν ὅτι οὐ περιπέσομεν.

μεγαλοψυχία ἐστὶν ἐπιστήμη ⟨ὑπεράνω ποιοῦσα⟩ τῶν πεφυκότων ἐν σπουδαίοις τε γίνεσθαι καὶ φαύλοις.

εὐψυχία ἐστὶν ἐπιστήμη ψυχῆς παρεχομένη αὐτὴν ἀήττητον.

20 φιλοπονία ἐστὶν ἐπιστήμη ἐξεργαστικὴ μὲν τοῦ προκειμένου, οὐ καταναλισκομένη δὲ ὑπὸ πόνων.

270 Andronicus περὶ παθῶν p. 22, 13 Schuchardt.

εὐψυχία μὲν οὖν ἐστιν εὐτονία ψυχῆς πρὸς τὸ ἐπιτελεῖν τὰ ἑαυτῆς ἔργα.

λῆμα δὲ ἕξις προχείρους παρεχομένη πρὸς τὸ ἐπιχειρεῖν τε οἷς χρὴ καὶ

25 ὑπομένειν ἃ λόγος αἱρεῖ.

μεγαλοψυχία δὲ ἕξις ὑπεράνω ποιοῦσα τοῦ κοινῇ συμβαίνοντος φαύλοις τε καὶ σπουδαίοις.

ἀῤῥενότης δὲ ἕξις αὐτάρκεις παρεχομένη ἐν τοῖς κατ' ἀρετὴν πόνοις.

καρτερία δὲ ἐπιστήμη ἐμμενετῶν ⟨καὶ οὐκ ἐμμενετῶν⟩ καὶ οὐδετέρων.

30 μεγαλοπρέπεια δὲ ἕξις ἐπαίρουσα τοὺς ἔχοντας αὐτὴν καὶ φρονήματος πληροῦσα.

271 Philo quaest. et solut. in Genesin IV 136 (p. 348 Aucher). Nomina autem ancillarum perseverantiae sunt impropendens, indeclinatum in unam partem, minime declivum in contrarium, impoenitens, immutabile,

35 indifferens, constans, basi fixum, invincibile, rectum, et quaecunque horum fratres sunt, qui cupiunt stabilem perseverantiam.

272 Andronicus περὶ παθῶν p. 23, 17 Schuchardt.

αὐστηρία μὲν οὖν ἐστιν ἕξις καθ' ἣν οὔτε προσφέρουσιν ἄλλοις τὴν περὶ ἡδονῶν ὁμιλίαν οὔτε παρ' ἄλλων προσδέχονται. — —

40 ἐγκράτεια δὲ ἕξις ἀήττητος ὑφ' ἡδονῶν.

εὐτέλεια δὲ ἕξις ἀνυπέραρτος ἐν δαπάναις καὶ παρασκευαῖς.

λιτότης δὲ ἕξις ἀρκουμένη τοῖς παροῦσιν.

κοσμιότης δὲ ἐπιστήμη περὶ τὸ πρέπον ἐν κινήσει καὶ σχέσει.

---

10 διεξόδου Schuchardt, διεξόδων cod.   16 ὅτι οὐ περιπέσομεν corrupta, ὅτι οὐ μὴ περιπέσωμεν Schuchardt.   17 ὑπεράνω ποιοῦσα add. Schuchardt ex Stobaeo.   19 ἑαυτῇ ἀήττητος codex, corr. Schuchardt.   24 παρεχομένη Schuchardt, παρέχουσα C.   29 καὶ οὐκ ἐμμενετῶν add. Schuchardt.   43 σχέσει Wachsmuth, συγχύσει C.

εὐταξία δὲ ἐμπειρία καταχωρισμοῦ πράξεων ἢ περὶ τὰς πράξεις ἔχουσα
τὸ βέβαιον ἢ τοὺς καταχωρισμοὺς τῶν πράξεων.

αὐτάρκεια δὲ ἕξις ἀρκουμένη οἷς δεῖ καὶ δι' αὐτῆς ποριστικὴ τῶν πρὸς
τὸ ζῆν καθηκόντων.

273 Andronicus περὶ παθῶν p. 25, 9 Schuchardt.   5

ἐλευθεριότης μὲν οὖν ἐστιν ἕξις ἐν προέσει καὶ λήψει ὁμολογουμένως
ἀναστρεφομένους παρεχομένη.

χρηστότης δὲ ἕξις ἐκουσίως εὐποιητική.

δικαστικὴ δὲ ἐπιστήμη κρίσεων καὶ κολάσεων καὶ ἀδικημάτων.

εὐγνωμοσύνη δὲ ἑκούσιος δικαιοσύνη.   10

εὐσέβεια δὲ ἐπιστήμη θεῶν θεραπείας.

εὐχαριστία δὲ ἐπιστήμη τοῦ τίσι καὶ πότε παρεκτέον χάριν καὶ πῶς καὶ
παρὰ τίνων ληπτέον.

ὁσιότης δὲ ἐπιστήμη παρεχομένη πιστοὺς καὶ τηροῦντας τὰ πρὸς τὸ θεῖον
δίκαια. —   15

εὐσυναλλαξία δὲ ἕξις ἐν συναλλαγαῖς φυλάττουσα τὸ δίκαιον.

νομοθετικὴ δὲ ἐπιστήμη διαταγμάτων πολιτικῶν πρὸς κοινωνίαν ἀναφε-
ρομένων.

274 Sextus adv. math. IX 153 (Carneades Stoicis virtutum defini-
tionibus utitur) ἐγκράτεια γάρ ἐστι διάθεσις ἀνυπέρβατος τῶν κατ' ὀρθὸν 20
λόγον γιγνομένων ἢ ἀρετὴ ὑπεράνω ποιοῦσα ἡμᾶς τῶν δοκούντων εἶναι δυσα-
ποσχέτων. ἐγκρατεύεται γάρ, φασίν, οὐχ ὁ θανατιώσης γραὸς ἀπεχόμενος,
ἀλλ' ὁ Λαΐδος καὶ Φρύνης ἤ τινος τοιαύτης, δυνάμενος ἀπολαῦσαι, εἶτα
ἀπεχόμενος. καρτερία δέ ἐστιν ἐπιστήμη ὑπομενετέων καὶ οὐχ ὑπομενετέων
ἢ ἀρετὴ ὑπεράνω ποιοῦσα ἡμᾶς τῶν δοκούντων εἶναι δυσυπομενήτων.   25

ibid. 158. εἰ δὲ ἀνδρίαν ἔχει, ἐπιστήμην ἔχει δεινῶν καὶ οὐ δεινῶν
καὶ τῶν μεταξύ.

ibid. 161. εἰ δὲ μεγαλοψυχίαν ἔχει, ἐπιστήμην ἔχει ποιοῦσαν ὑπερ-
αίρειν τῶν συμβαινόντων.

ibid. 162. εἰ φρόνησιν ἔχει, ἔχει καὶ ἐπιστήμην ἀγαθῶν τε καὶ κα- 30
κῶν καὶ ἀδιαφόρων.

ibid. 167. εἴπερ τε πανάρετόν ἐστι τὸ θεῖον καὶ τὴν φρόνησιν ἔχει,
ἔχει καὶ τὴν εὐβουλίαν, παρόσον ἡ εὐβουλία φρόνησίς ἐστι πρὸς τὰ
βουλευτά.

ibid. 174. ἔστι γὰρ ἡ σωφροσύνη ἕξις ἐν αἱρέσεσι καὶ φυγαῖς σώ- 35
ζουσα τὰ τῆς φρονήσεως κρίματα.

275 Clemens Al. Strom. II p. 470 Pott. ἐπεὶ δ' οὖν τὴν μὲν ἀν-
δρείαν ὁρίζονται ἐπιστήμην δεινῶν καὶ οὐ δεινῶν καὶ τῶν μεταξύ· τὴν δὲ
σωφροσύνην ἕξιν εἶναι αἱρέσει καὶ φυγῇ σώζουσαν τὰ τῆς φρονήσεως
κρίματα· παράκειται τῇ μὲν ἀνδρείᾳ ἥ τε ὑπομονή, ἣν καρτερίαν καλοῦσιν, 40
ἐπιστήμην ἐμμενετέων καὶ οὐκ ἐμμενετέων· ἥ τε μεγαλοψυχία ἐπιστήμη
τῶν συμβαινόντων ὑπεραίρουσα· ἀλλὰ καὶ τῇ σωφροσύνῃ ἡ εὐλάβεια ἔκ-
κλισις οὖσα σὺν λόγῳ.

paulo post dicit: ὅτι ὁ μίαν ἔχων ἀρετὴν — πάσας ἔχει διὰ τὴν ἀντα-
κολουθίαν. Αὐτίκα ἡ ἐγκράτεια διάθεσίς ἐστιν ἀνυπέρβατος τῶν κατὰ 45

---

1 ἢ περὶ—πράξεων secludit Schuchardt.   4 δι' αὐτῆς ποριστικὴ τῶν—
καθηκόντων Wachsmuth, διὰ ταύτης ὁριστικὴ τὰ πρὸς τὸ ζῆν καθήκοντα C.
11 θεῶν Schuchardt, θεοῦ libri.   39 εἶναι] fortasse ἐν.

5*

τὸν ὀρθὸν λόγον φανέντων· ἐγκρατεύεται δὲ ὁ κατέχων τὰς παρὰ τὸν ὀρθὸν
λόγον ὁρμάς· ἢ ὁ κατέχων αὐτὸν ὥστε μὴ ὁρμᾶν παρὰ τὸν ὀρθὸν λόγον.
276 Clemens Al. Paedag. II p. 247 Pott. ἱκανότης δὲ ἕξις ἐστὶν
ἐξικνουμένη πρὸς τὸ οἰκεῖον πέρας ἀνελλιπῶς καὶ ἀπερίττως.
ἡ αὐτάρκεια — — ἕξις ἐστὶν ἀρκουμένη οἷς δεῖ καὶ δι' αὐτῆς πο-
ριστικὴ τῶν πρὸς τὸν μακάριον συντελούντων βίον.
idem III p. 286 Pott. ἡ μὲν καθαριότης ἕξις ἐστὶν παρασκευαστικὴ
διαίτης καθαρᾶς καὶ ἀμιγοῦς αἰσχροῖς· ἡ δὲ ἀφέλεια ἕξις ἀφαιρετικὴ τῶν
περιττῶν.
p. 287. εὐκολία δέ ἐστιν ἕξις ἀπέριττος, προσδεκτικὴ πρὸς τὸ ἀνελ-
λιπὲς ἐξαρκούντων εἰς τὸν κατὰ λόγον τὸν ὑγιῆ καὶ μακάριον βίον.
p. 303. εὐταξία ἐστί — — δύναμις τεταγμένη βεβαία τῶν ἑξῆς ἀλ-
λήλοις κειμένων ἐν ἔργῳ καλῶς ἀποδοτική, κατ' ἀρετὴν ἀνυπέρβλητος.
277 Philo quaest. et solut. in Exodum II 112 (p. 541 Aucher).
Quatuor virtutum unaquaeque elementum sortita est ex his tribus, ex
habitudine, habendo et habere. Sicut et in sensibus est, e. g. visus,
visibile, et videre; itidem auditus, audibile, et audire. Sic ergo est
scientia, scibile, scire, sicut et continentia, continendum, continere; ite-
rumque fortitudo, fortificandum et habere fortitudinem, quod magis com-
muniter dicitur fortificari; similiter iustitia, iustum et habere iustitiam,
quod appellatur iustificari.
278 Stobaeus ecl. II 62, 15 W. Ταύτας μὲν οὖν τὰς ῥηθείσας ἀρε-
τὰς τελείας εἶναι λέγουσι περὶ τὸν βίον καὶ συνεστηκέναι ἐκ θεωρημά-
των· ἄλλας δὲ ἐπιγίνεσθαι ταύταις, οὐκ ἔτι τέχνας οὔσας, ἀλλὰ
δυνάμεις τινάς, ἐκ τῆς ἀσκήσεως περιγιγνομένας, οἷον τὴν ὑγίειαν τῆς
ψυχῆς καὶ τὴν ἀρτιότητα καὶ τὴν ἰσχὺν αὐτῆς καὶ τὸ κάλλος. Ὥσπερ γὰρ
τὴν τοῦ σώματος ὑγίειαν εὐκρασίαν εἶναι τῶν ἐν τῷ σώματι θερμῶν καὶ
ψυχρῶν καὶ ξηρῶν καὶ ὑγρῶν, οὕτω καὶ τὴν τῆς ψυχῆς ὑγίειαν εὐκρασίαν
εἶναι τῶν ἐν τῇ ψυχῇ δογμάτων. Καὶ ὁμοίως ὥσπερ ἰσχὺς τοῦ σώματος
τόνος ἐστὶν ἱκανὸς ἐν νεύροις, οὕτω καὶ ἡ τῆς ψυχῆς ἰσχὺς τόνος ἐστὶν
ἱκανὸς ἐν τῷ κρίνειν καὶ πράττειν ἢ μή· ὥσπερ τε τὸ κάλλος τοῦ σώματός
ἐστι συμμετρία τῶν μελῶν καθεστώτων αὐτῷ πρὸς ἄλληλά τε καὶ πρὸς τὸ
ὅλον, οὕτω καὶ τὸ τῆς ψυχῆς κάλλος ἐστὶ συμμετρία τοῦ λόγου καὶ τῶν
μερῶν αὐτοῦ πρὸς ⟨τὸ⟩ ὅλον τε αὐτῆς καὶ πρὸς ἄλληλα. Cf. III n. 95. 197.
279 Cicero Tusculan. disput. IV 13, 30. Atque ut in malis attingit
animi naturam corporis similitudo, sic in bonis. Sunt enim in corpore
praecipua valetudo, pulchritudo, vires, firmitas, velocitas: sunt item in
animo. ⟨Ut⟩ enim corporis temperatio, cum ea congruunt inter se, e
quibus constamus, sanitas: sic animi dicitur, cum eius iudicia opiniones-
que concordant. — — 31. Et ut corporis est quaedam apta figura mem-
brorum cum coloris quadam suavitate, eaque dicitur pulchritudo: sic in
animo opinionum iudiciorumque aequabilitas et constantia, cum firmitate
quadam et stabilitate — pulchritudo vocatur. Itemque viribus corporis
et nervis et efficacitati similes similibus quoque verbis animi vires nomi-

---

20 fortificari = ἀνδρίζεσθαι. 31 ἢ μὴ Wachsm., καὶ μὴ libri. ‖ τε Da-
visius, γε libri. 34 τὸ add. Mullach. ‖ αὐτῆς Wachsm., αὐτοῦ libri.
37 pulchritudo, vires, valetudo *hoc ord. libri, transposuit Ursinus.* 38 Ut *add.*
Camerarius. 44 similibus quoque *Manutius,* similibusque *libri.*

nantur. Velocitas autem corporis celeritas appellatur, quae eadem ingenii etiam laus habetur propter animi multarum rerum brevi tempore percursionem.

280 Stobaeus ecl. II 63, 6 W. πάσας δὲ τὰς ἀρετὰς ὅσαι ἐπιστῆμαί εἰσι καὶ τέχναι κοινά τε θεωρήματα ἔχειν καὶ τέλος, ὡς εἴρηται, τὸ 5 αὐτό· διὸ καὶ ἀχωρίστους εἶναι· τὸν γὰρ μίαν ἔχοντα πάσας ἔχειν, καὶ τὸν κατὰ μίαν πράττοντα κατὰ πάσας πράττειν. διαφέρειν δ' ἀλλήλων τοῖς κεφαλαίοις. φρονήσεως μὲν γὰρ εἶναι κεφάλαια τὸ μὲν θεωρεῖν καὶ πράττειν, ὃ ποιητέον, προηγουμένως, κατὰ δὲ τὸν δεύτερον λόγον τὸ θεωρεῖν καὶ ἃ δεῖ ἀπονέμειν ⟨καὶ ἃ δεῖ αἱρεῖσθαι καὶ ἃ δεῖ ὑπομένειν⟩, χάριν τοῦ ἀδι- 10 απτώτως πράττειν ὃ ποιητέον. τῆς δὲ σωφροσύνης ἴδιον κεφάλαιόν ἐστι τὸ παρέχεσθαι τὰς ὁρμὰς εὐσταθεῖς καὶ θεωρεῖν αὐτὰς προηγουμένως, κατὰ δὲ τὸν δεύτερον λόγον τὰ ὑπὸ τὰς ἄλλας ἀρετάς, ἕνεκα τοῦ ἀδιαπτώτως ἐν ταῖς ὁρμαῖς ἀναστρέφεσθαι· καὶ ὁμοίως τὴν ἀνδρείαν προηγουμένως μὲν πᾶν ὃ δεῖ ὑπομένειν, κατὰ δὲ τὸν δεύτερον λόγον τὰ ὑπὸ τὰς ἄλλας· 15 καὶ τὴν δικαιοσύνην προηγουμένως μὲν τὸ κατ' ἀξίαν ἑκάστῳ σκοπεῖν, κατὰ δὲ τὸν δεύτερον λόγον καὶ τὰ λοιπά. πάσας γὰρ τὰς ἀρετὰς τὰ πασῶν βλέπειν καὶ τὰ ὑποτεταγμένα ἀλλήλαις. ὅμοιον γὰρ ἔλεγεν εἶναι ὁ Παναίτιος τὸ συμβαῖνον ἀπὸ τῶν ἀρετῶν, ὡς εἰ πολλοῖς τοξόταις εἰς σκοπὸς εἴη κείμενος, ἔχοι δ' οὗτος ἐν αὑτῷ γραμμὰς διαφόρους τοῖς χρώμασιν· εἶθ' ἕκα- 20 στος μὲν στοχάζοιτο τοῦ τυχεῖν τοῦ σκοποῦ, ἤδη δ' ὁ μὲν διὰ τοῦ πατάξαι εἰς τὴν λευκὴν εἰ τύχοι γραμμήν, ὁ δὲ διὰ τοῦ εἰς τὴν μέλαιναν, ἄλλος ⟨δὲ⟩ διὰ τοῦ εἰς ἄλλο τι χρῶμα γραμμῆς. Καθάπερ γὰρ τούτους ὡς μὲν ἀνωτάτω τέλος ποιεῖσθαι τὸ τυχεῖν τοῦ σκοποῦ, ἤδη δ' ἄλλον κατ' ἄλλον τρόπον προτίθεσθαι τὴν τεῦξιν, τὸν αὐτὸν τρόπον καὶ τὰς ἀρετὰς πάσας 25 ποιεῖσθαι μὲν τέλος τὸ εὐδαιμονεῖν, ὅ ἐστι κείμενον ἐν τῷ ζῆν ὁμολογουμένως τῇ φύσει, τούτου δ' ἄλλην κατ' ἄλλον τυγχάνειν.

281 Cicero de finibus III 72. Ad easque virtutes, de quibus disputatum est, dialecticam etiam adiungunt et physicam easque ambas virtutum nomine appellant, alteram, quod habeat rationem, ne cui falso 30 assentiamur neve umquam captiosa probabilitate fallamur, eaque quae de bonis et malis didicerimus, ut tenere tuerique possimus. Nam sine hac arte quemvis arbitrantur a vero abduci fallique posse. Recte igitur, si omnibus in rebus temeritas ignoratioque vitiosa est, ars ea, quae tollit haec, virtus nominata est. 35

282 Cicero de finibus III 73. Physicae quoque non sine causa tributus idem est honos (scil. ut virtus appellaretur) propterea quod, qui convenienter naturae victurus est, ei proficiscendum est ab omni mundo atque ab eius procuratione. Nec vero potest quisquam de bonis et malis vere iudicare nisi omni cognita ratione naturae et vitae etiam deorum, 40 et utrum conveniat necne natura hominis cum universa. Quaeque sunt vetera praecepta sapientium, qui iubent „tempori parere" et „sequi deum" et „se noscere" et „nihil nimis" haec sine physicis quam vim habeant (et

---

10 καὶ—ὑπομένειν add. Usener.   13 τὰ Heeren, τὰς libri.   18 ἀλλήλαις Usener, ἀλλήλοις libri.   21 τοῦ πατάξαι Usener, τὸ ὑποτάξαι libri, ἀποτοξεῦσαι Wyttenb.   23 δὲ add. Heeren. ‖ τοῦ Usener, τὸ libri.   27 ἄλλον κατ' ἄλλην libri, corr. Heine et Canter.   30 de dialectica virtute cf. II n. 130 sq.   38 est *Madvig,* sit *libri.*

habent maximam), videre nemo potest. Atque etiam ad iustitiam colendam, ad tuendas amicitias et reliquas caritates quid natura valeat, haec una cognitio potest tradere. Nec vero pietas adversus deos nec quanta iis gratia debeatur, sine explicatione naturae intellegi potest.

5   **283** Alexander Aphrod. de fato cp. 36 p. 211,17. *ἀνθρώπου δὲ ἡ φρόνησις ἀρετή, ἥ-ἐστιν, ὥς φασιν, ἐπιστήμη ποιητέων τε καὶ οὐ ποιητέων.*

    284 Sextus adv. math. VII 158 (Arcesilaus e Stoicorum placitis profectus contra Stoicos disputat:) *τὴν μὲν γὰρ εὐδαιμονίαν περιγίνεσθαι διὰ τῆς φρονήσεως, τὴν δὲ φρόνησιν κινεῖσθαι ἐν τοῖς κατορθώμασιν, τὸ δὲ* 10 *κατόρθωμα εἶναι ὅπερ πραχθὲν εὔλογον ἔχει τὴν ἀπολογίαν.*

    285 Cicero Tusculan. disput. IV 24,53. *Fortitudo est igitur affectio animi, legi summae in perpetiendis rebus obtemperans; vel conservatio stabilis iudicii in eis rebus, quae formidolosae videntur, subeundis et repellendis; vel scientia rerum formidolosarum contrariarumque aut* 15 *omnino neglegendarum, conservans earum rerum stabile iudicium; vel brevius, ut Chrysippus: — nam superiores definitiones erant Sphaeri, hominis in primis bene definientis, ut putant Stoici: sunt enim omnino omnes fere similes, sed declarant communes notiones alia magis alia — quo modo igitur Chrysippus? Fortitudo est, inquit, scientia* 20 *rerum perferendarum vel affectio animi, in patiendo ac perferendo summae legi parens sine timore.*

    286 Philo de sept. et fest. dieb. Vol. II Mang. p. 360. *τὴν ἀνδρείαν ἀρετὴν περὶ τὰ δεινὰ πραγματευομένην ἴσασιν οἱ μὴ παντελῶς ἄμουσοι καὶ ἀχόρευτοι, κἂν ἐπὶ βραχὺ παιδείας προσάψωνται τῶν ὑπομε-* 25 *νετέων οὖσαν ἐπιστήμην.*

    287 Scholia in Hom. Iliad. E 2. *Θάρσος δέ ἐστι κατὰ μὲν Στωϊκοὺς φιλοσόφους τὸ ἀσφαλῶς πεποιθέναι αὐτῷ ὅτι οὐδενὶ ἂν δεινῷ περιπέσοι, κατὰ δὲ τοὺς ἐκ τοῦ Περιπάτου τὸ εὔελπιν εἶναι τοῦ μηδενὶ ἂν δεινῷ περιπεσεῖν* etc.

30   **288** Plutarchus de Stoic. repugn. cp. 16 p. 1041 b. *Χρυσ. (ἐν τοῖς πρὸς Πλάτωνα περὶ δικαιοσύνης). Τοῦ δὲ Πλάτωνος εἰπόντος τὴν ἀδικίαν, ὡς διαφθορὰ ψυχῆς οὖσα καὶ στάσις, οὐδ' ἐν αὐτοῖς τοῖς ἔχουσιν ἀποβάλλει τὴν δύναμιν, ἀλλ' αὐτὸν ἑαυτῷ συμβάλλει καὶ ⟨συγ⟩-κρούει καὶ ταράττει τὸν πονηρόν· ἐγκαλῶν Χρύσιππος, „ἀτόπως,* 35 *φησί, λέγεσθαι τὸ ἀδικεῖν ἑαυτόν· εἶναι γὰρ πρὸς ἕτερον οὐ πρὸς ἑαυτὸν τὴν ἀδικίαν."*

    p. 1041 c. ἐν μὲν τοῖς πρὸς Πλάτωνα ταῦτ' εἴρηκε περὶ τοῦ τὴν ἀδικίαν λέγεσθαι μὴ πρὸς ἑαυτὸν ἀλλὰ πρὸς ἕτερον· „οἱ γὰρ κατ' ἰδίαν ἄδικοι ⟨οὐ⟩ συνεστήκασιν ἐκ πλειόνων τοιούτων τἀναν-

---

3 advorsum *Nonius.*   4 explanatione *Nonius.*   5 hoc Alexandri est, dis φρόνησιν abiudicantis.   14 et omnino *coni. Heine, quod non sufficit.* 31 Rep. p. 351 d.   33 συγκρούει Reiske, κρούει libri.   39 οὐ inserui, quo locum multis doctorum coniecturis vexatum sanasse mihi videor. Antecedebant haec fere: ὁ γὰρ εἷς λέγεται ἄδικος οὐχ ὡς ἀδικῶν ἑαυτόν; quibus respondent:

τία λεγόντων, καὶ ἄλλωc τῆc ἀδικίαc λαμβανομένηc ὥc ἂν ἐν πλείοcι πρὸc ἑαυτοὺc οὕτωc ἔχουcιν, εἰc δὲ τὸν ἕνα μηδενὸc διατείνοντοc τοιούτου· καθ᾽ ὅcον δὲ πρὸc τοὺc πληcίον ἔχει οὕτωc."

289 Plutarchus de Stoic. repugn. cp. 16 p. 1041 c. *ἐπιλαθόμενος* 5 *γὰρ τούτων αὖθις ἐν ταῖς περὶ Δικαιοσύνης ἀποδείξεσιν "ἀδι-κεῖσθαί φησιν ὑφ᾽ ἑαυτοῦ τὸν ἀδικοῦντα καὶ αὐτὸν ἀδικεῖν, ὅταν ἄλλον ἀδικῇ, γενόμενον ἑαυτῷ τοῦ παρανομεῖν αἴτιον, καὶ βλάπτοντα παρ᾽ ἀξίαν ἑαυτόν."*

p. 1041 d. Ἐν δὲ ταῖc Ἀποδείξεcι τοιούτουc ἠρώτηκε λόγουc 10 περὶ τοῦ τὸν ἄδικον καὶ ἑαυτὸν ἀδικεῖν· „Παραίτιον γενέcθαι παρα-νομήματοc ἀπαγορεύει ὁ νόμοc, καὶ τὸ ἀδικεῖν ἐcτι παρανό-μημα· ὁ τοίνυν παραίτιοc γενόμενοc αὐτῷ τοῦ ἀδικεῖν, παρα-νομεῖ εἰc ἑαυτόν· ὁ δὲ παρανομῶν εἰc ἕνα καὶ ἀδικεῖ ἐκεῖνον· ὁ ἄρα καὶ ὁντινοῦν ἀδικῶν καὶ ἑαυτὸν ἀδικεῖ." Πάλιν „τὸ 15 ἁμάρτημα τῶν βλαμμάτων ἐcτί, καὶ πᾶc ἁμαρτάνων παρ᾽ ἑαυ-τὸν ἁμαρτάνει· πᾶc ἄρα ὁ ἁμαρτάνων βλάπτει ἑαυτὸν παρὰ τὴν ἀξίαν, εἰ δὲ τοῦτο καὶ ἀδικεῖ ἑαυτόν." Ἔτι καὶ οὕτωc· „Ὁ βλαπτόμενοc ὑφ᾽ ἑτέρου ἑαυτὸν βλάπτει, καὶ παρὰ τὴν ἀξίαν ἑαυτὸν βλάπτει· τοῦτο δ᾽ ἦν τὸ ἀδικεῖν· ὁ ἄρα ἀδι- 20 κούμενοc καὶ ὑφ᾽ ὁτουοῦν πᾶc ἑαυτὸν ἀδικεῖ."

290 Seneca de clementia lib. II 3. Clementia est temperantia animi in potestate ulciscendi vel lenitas superioris adversus inferiorem in constituendis poenis. Plura proponere tutius est, ne una finitio parum rem comprehendat et, ut ita dicam, formula excidat: 25 itaque dici potest et inclinatio animi ad lenitatem in poena exi-genda. Illa finitio contradictiones inveniet, quamvis maxime ad verum accedat: si dixerimus clementiam esse moderationem aliquid ex merita ac debita poena remittentem; reclamabitur nullam virtutem cuiquam mi-nus debito facere. 30

291 Hieronymus comment. in epist. ad Galatas Lib. III cp. 5 v. 22. Denique et hanc (scilicet *τὴν χρηστότητα*) Stoici ita definiunt: benigni-tas est virtus sponte ad bene faciendum exposita. Non multum bonitas a benignitate diversa est — — hanc quoque sectatores Zenonis ita definiunt: bonitas est virtus quae prodest: sive virtus ex qua 35 oritur utilitas: aut virtus propter semet ipsam: aut affectus qui fons sit utilitatum.

292 Clemens Al. Strom. II p. 450 Pott. *ἀγάπη δὲ ὁμόνοια ἂν εἴη τῶν κατὰ τὸν λόγον καὶ τὸν βίον καὶ τὸν τρόπον· ἢ συνελόντι φάναι κοι-νωνία βίου· ἢ ἐκτένεια φιλίας καὶ φιλοστοργίας μετὰ λόγου ὀρθοῦ περὶ* 40 *χρῆσιν ἑταίρων.*

καθ᾽ ὅσον δὲ etc.   12 καὶ τὸ libri, καὶ del. Reiske, malim τὸ δὲ. ‖ ἔστι
Reiske, ἔσται libri.   14 εἰς ἕνα libri, malim εἴς τινα.   20 ἀδικούμενος Xyl.,
δικαιούμενος libri.   32 Cf. n. 273 χρηστότης δὲ ἕξις ἑκουσίως εὐποιητική.

paullo post: παράκειται δὲ τῇ ἀγάπῃ ἥ τε φιλοξενία, φιλοτεχνία τις οὖσα περὶ χρῆσιν ξένων.

p. 451. ἥ τε φιλανθρωπία — — φιλικὴ χρῆσις ἀνθρώπων ὑπάρχουσα.

ἥ τε φιλοστοργία φιλοτεχνία τις οὖσα περὶ στέρξιν φίλων ἢ οἰκείων.

στέρξις δ' αὖ τήρησίς ἐστιν εὐνοίας ἢ ἀγαπήσεως·

ἀγάπησις δὲ ἀπόδεξις παντελής — —

δι' ὁμόνοιαν, ἐπιστήμην οὖσαν κοινῶν ἀγαθῶν.

293 Clemens Al. Paedag. I 13 p. 159 Pott. hasce Stoicorum definitiones prodit:

ἡ ἀρετὴ — διάθεσίς ἐστι ψυχῆς σύμφωνος ὑπὸ τοῦ λόγου περὶ ὅλον τὸν βίον.

τὴν φιλοσοφίαν ἐπιτήδευσιν λόγου ὀρθότητος ἀποδιδόασιν.

p. 160. καὶ ἔστιν ἡ μὲν πρᾶξις ⟨ἡ σπουδαία⟩ ψυχῆς ἐνέργεια λογικῆς κατὰ κρίσιν ἀστείαν [καὶ ὄρεξιν ἀληθείας], διὰ τοῦ συμφυοῦς καὶ συναγωνιστοῦ σώματος ἐκτελουμένη.

καθῆκον δὲ ἀκόλουθον ἐν τῷ βίῳ.

καὶ γὰρ ὁ βίος ⟨ὁ σπουδαῖος⟩ σύστημά τί ἐστι λογικῶν πράξεων, τουτέστι τῶν ὑπὸ τοῦ λόγου διδασκομένων ἀδιάπτωτος ἐνέργεια.

294 Stobaeus ecl. II 67, 5 W. φιλομουσίαν δὲ καὶ φιλογραμματίαν καὶ φιλιππίαν καὶ φιλοκυνηγίαν καὶ καθόλου ⟨τὰς⟩ ἐγκυκλίους λεγομένας τέχνας ἐπιτηδεύματα μὲν καλοῦσιν, ἐπιστήμας δ' οὔ· ἐν ⟨δὲ⟩ ταῖς σπουδαίαις ἕξεσι ταῦτα καταλείπουσι, καὶ ἀκολούθως μόνον τὸν σοφὸν φιλόμουσον εἶναι λέγουσι καὶ φιλογράμματον, καὶ ἐπὶ τῶν ἄλλων κατὰ τὸ ἀνάλογον. τό τε ἐπιτήδευμα τοῦτον ὑπογράφουσι τὸν τρόπον· ὁδὸν διὰ τέχνης ἢ μέρους ἄγουσαν ἐπὶ ⟨τὰ⟩ κατ' ἀρετήν.

§ 8. Mutua virtutum coniunctio.

295 Diog Laërt. VII 125. τὰς δὲ ἀρετὰς λέγουσιν ἀντακολουθεῖν ἀλλήλαις, καὶ τὸν μίαν ἔχοντα πάσας ἔχειν. εἶναι γὰρ αὐτῶν τὰ θεωρήματα κοινά, καθάπερ Χρύσιππος ἐν τῷ πρώτῳ περὶ Ἀρετῶν φησίν, Ἀπολλόδωρος δὲ ἐν τῇ φυσικῇ κατὰ τὴν ἀρχαίαν, Ἑκάτων δὲ ἐν τῷ τρίτῳ περὶ ἀρετῶν. τὸν γὰρ ἐνάρετον θεωρητικόν τε εἶναι καὶ πρακτικὸν τῶν ποιητέων· τὰ δὲ ποιητέα καὶ αἱρετέα ἐστί, καὶ ὑπομενετέα καὶ ἀπονεμητέα καὶ ἐμμενητέα. ὥστε εἰ τὰ μὲν αἱρετικῶς ποιεῖ, τὰ δὲ ὑπομενετικῶς, τὰ δὲ ἀπονεμητικῶς,

---

15 et 19 addidi pro eo quod Clemens habet ἡ τοῦ Χριστιανοῦ. 16 a Cl. additum. 23 τὰς Heeren, καὶ κατὰ libri. 24 δὲ add. Valckenaar. 27 ὑπογράφουσι Wyttenb., ἐπιγράφουσι libri. ‖ ἢ μέρους Usener, ἡμέρου libri. 28 τὰ add. Wachsm. 34 fortasse τὴν ἀρχήν. ‖ τὸ B (pro τὸν). 35 πρακτικὸν ποιητέων (-ον B) BP. ‖ ποιητέα BP. 36 ὑπομενετέα BP. ‖ ἐμμενετέα P. 37 αἱρετῶς P αἰτιῶς B. ‖ τὰ δὲ—οἰκεῖα τρέπεσθαι om. B. ‖ ὑπομενετικῶς P.

τὰ δὲ ἐμμενητικῶς, φρόνιμός τέ ἐστι καὶ ἀνδρεῖος καὶ δίκαιος καὶ σώφρων. κεφαλαιοῦσθαί τε ἑκάστην τῶν ἀρετῶν περί τι ἴδιον κεφάλαιον· οἷον τὴν ἀνδρείαν περὶ τὰ ὑπομενετέα, τὴν φρόνησιν περὶ τὰ ποιητέα καὶ μὴ καὶ οὐδέτερα· ὁμοίως τε καὶ τὰς ἄλλας περὶ τὰ οἰκεῖα τρέπεσθαι. ἕπονται δὲ τῇ μὲν φρονήσει εὐβουλία καὶ σύνεσις· τῇ δὲ 5 σωφροσύνῃ εὐταξία καὶ κοσμιότης· τῇ δὲ δικαιοσύνῃ ἰσότης καὶ εὐγνωμοσύνη· τῇ δὲ ἀνδρείᾳ ἀπαραλλαξία καὶ εὐτονία. Cf. III n. 280.

296 Galenus optimum medicum esse philosophum Vol. I p. 61 K. οὕτω δὲ καὶ τὰς ἄλλας ἀρετὰς ἀναγκαῖον ἔχειν αὐτόν (scil. medicum sapientem). σύμπασαι γὰρ ἀλλήλαις ἕπονται, καὶ οὐχ οἷόν τε μίαν ἡντιναοῦν λα- 10 βόντι μὴ οὐχὶ καὶ τὰς ἄλλας ἁπάσας εὐθὺς ἀκολουθούσας ἔχειν, ὥσπερ ἐκ μιᾶς μηρίνθου δεδεμένας.

297 Plutarchus de Stoic. repugn. cp. 15 p. 1041a. Καὶ μὴν ἐν ταῖς περὶ Δικαιοσύνης ἀποδείξεσι λέγει ῥητῶς ὅτι „πᾶν κατόρθωμα καὶ εὐνόμημα καὶ δικαιοπράγημά ἐστι· τὸ δέ γε κατ᾽ 15 ἐγκράτειαν ἢ καρτερίαν ἢ φρόνησιν ἢ ἀνδρείαν πραττόμενον κατόρθωμά ἐστιν· ὥστε καὶ δικαιοπράγημα.“

298 Lactant. div. instit. V 17. Denique, ut concludam disputationem, non posse eundem iustum esse ac stultum, eundem sapientem et iniustum, docet ipsa ratio. Qui enim stultus est, quid sit iustum ac bonum nescit 20 et ideo semper peccat. Ducitur enim quasi captivus a vitiis, nec resistere ullo modo potest, quia caret virtute, quam nescit. Iustus autem ab omni peccato se abstinet; quod aliter facere non potest, quam si habeat recti pravique notitiam. Rectum autem discernere a pravo quis potest nisi sapiens? Ita fit ut nunquam possit esse iustus, qui stultus est, ne- 25 que sapiens qui fuerit iniustus.

ibidem: Stultitia igitur est in factis dictisque per ignorantiam recti ac boni erratio.

299 Plutarchus de Stoic. repugn. cp. 27 p. 1046e. „Τὰς ἀρετάς φησιν ἀντακολουθεῖν ἀλλήλαις, οὐ μόνον τῷ τὸν μίαν ἔχοντα πάσας 30 ἔχειν, ἀλλὰ καὶ τῷ τὸν κατὰ μίαν ὁτιοῦν ἐνεργοῦντα κατὰ πάσας ἐνεργεῖν· οὔτε γὰρ ἄνδρα φησὶ τέλειον εἶναι τὸν μὴ πάσας ἔχοντα τὰς ἀρετάς, οὔτε πρᾶξιν τελείαν, ἥτις οὐ κατὰ πάσας πράττεται τὰς ἀρετάς.“

300 Hieronymus ep. 66 (ad Pammachium) 3. Quattuor virtutes 35 describunt Stoici, ita sibi invicem nexas et mutuo cohaerentes, ut qui unam non habuerit omnibus careat: prudentiam, iustitiam, fortitudinem, temperantiam.

301 Philo de ebrietate § 88 Vol. II p. 186, 21 Wendl. Χρὴ μέντοι μηδὲ τοῦτ᾽ ἀγνοεῖν ὅτι ἡ σοφία, τέχνη τεχνῶν οὖσα, δοκεῖ μὲν ταῖς διαφόροις 40 ὕλαις ἐναλλάττεσθαι, τὸ δ᾽ αὐτῆς ἀληθὲς εἶδος ἄτρεπτον ἐμφαίνει τοῖς ὀξυδορκοῦσι καὶ μὴ τῷ περικεχυμένῳ τῆς οὐσίας ὄγκῳ μεθελκομένοις, ἀλλὰ τὸν

---

3 ὑπομενετέα P. 6 καὶ om. BP. 14 cf. Stobaeus eclog. II 7 p. 97, 5 Wachsm. 32 φησὶ Wy., φασὶ libri.

ἐνεσφραγισμένον ὑπὸ τῆς τέχνης αὐτῆς χαρακτῆρα διορῶσι. Τὸν ἀνδριαντο-
ποιὸν Φειδίαν ἐκεῖνον, καὶ χαλκὸν λαβόντα φασὶ καὶ ἐλέφαντα καὶ χρυσὸν
καὶ ἄλλας διαφόρους ὕλας, ἀνδριάντας ἀπεργάσασθαι καὶ ἐν ἅπασι τούτοις
μίαν καὶ τὴν αὐτὴν ἐνσημήνασθαι τέχνην, ὡς μὴ μόνον ἐπιστήμονας ἀλλὰ
5 καὶ λίαν ἰδιώτας τὸν δημιουργὸν ἀπὸ τῶν δημιουργηθέντων γνωρίσαι. ―
Καθάπερ γὰρ ἐπὶ τῶν διδύμων ἡ φύσις χρησαμένη τῷ αὐτῷ πολλάκις χαρακ-
τῆρι, παρὰ μικρὸν ἀπαραλλάκτους ὁμοιότητας ἐτύπωσε· τὸν αὐτὸν τρόπον
καὶ ἡ τελεία τέχνη, μίμημα καὶ ἀπεικόνισμα φύσεως οὖσα, ὅταν διαφόρους
ὕλας παραλάβῃ, σχηματίζει καὶ ἐνσφραγίζεται τὴν αὐτὴν ἀπάσαις ἰδέαν, ὡς
10 ταύτῃ μάλιστα συγγενῆ καὶ ἀδελφὰ καὶ δίδυμα τὰ δημιουργηθέντα γενέσθαι.
― Ταὐτὸν οὖν καὶ ἡ ἐν τῷ σοφῷ δύναμις ἐπιδείξεται· πραγματευομένη γὰρ
τὰ περὶ τοῦ Ὄντος, εὐσέβεια καὶ ὁσιότης ὀνομάζεται, τὰ δὲ περὶ οὐρανοῦ
καὶ τῶν κατ' αὐτόν, φυσιολογία· μετεωρολογικὴ δὲ τὰ περὶ τὸν ἀέρα
καὶ ὅσα κατὰ τὰς τροπὰς αὐτοῦ καὶ μεταβολὰς ἔν τε ταῖς ὁλοσχερέσιν ἐτη-
15 σίοις ὥραις καὶ ταῖς ἐν μέρει κατά τε μηνῶν καὶ ἡμερῶν περιόδους πέφυκε
συνίστασθαι· ἠθικὴ δὲ τὰ πρὸς ἀνθρωπίνων ἐπανόρθωσιν ἠθῶν, ἧς ἰδέαι
πολιτική τε ἡ περὶ πόλιν, καὶ ἡ περὶ οἰκίας ἐπιμέλειαν οἰκονομική,
συμποτική τε ἡ περὶ τὰ συμπόσια καὶ τὰς εὐωχίας. Ἔτι δ' αὖ ἡ μὲν
περὶ ἀνθρώπων ἐπιστασίαν βασιλική, ἡ δὲ περὶ προστάξεις καὶ · ἀπαγορεύ-
20 σεις νομοθετική. Πάντα γὰρ ταῦτα ὁ πολύφημος ὡς ἀληθῶς καὶ πολυ-
ώνυμος σοφὸς κεχώρηκεν (iterum singulae artes enumerantur) καὶ ἐν ἀπά-
σαις ἕν εἶδος καὶ ταὐτὸν ἔχων ὀφθήσεται.

302 Olympiodorus in Plat. Alcib. pr. p. 214 Creuzer. ὅτι εἰ καὶ
ἀντακολουθοῦσιν ἀλλήλαις αἱ ἀρεταί, ἀλλὰ τῇ ἰδιότητι διαφέ-
25 ρουσιν. οὐ γὰρ εἰσὶ μία, ἀλλὰ πᾶσαι ἐν μὲν τῇ ἀνδρείᾳ εἰσὶν ἀνδρείως,
ἐν ἄλλῳ δὲ σωφρονικῶς· ὡς καὶ πάντες οἱ θεοὶ ἐν μὲν τῷ Διΐ εἰσι διΐως,
ἐν ἄλλῳ δὲ ἡραίως· οὐδεὶς γὰρ θεὸς ἀτελής. Καὶ ὡς Ἀναξαγόρας ἔλεγε
πάντα ἐν πᾶσιν, ἓν δὲ πλεονάζειν, οὕτω καὶ ἐπὶ τῶν θείων ἐροῦμεν. Πᾶσα
γὰρ ἀρετὴ φρόνησίς ἐστιν, ὡς τὰ πρακτ⟨έ⟩α εἰδυῖα· πᾶσα ἀνδρεία, ὡς ἀγω-
30 νιζομένη· πᾶσα σωφροσύνη, ὡς ἐπὶ τὸ κρεῖττον ἐπανάγουσα· πᾶσα δικαιοσύνη,
ᾗ τὰ προσήκοντα τοῖς πρακτοῖς ἀπονέμουσα.

303 Philo de Mose lib. II Vol. II Mang. p. 135. ὃ καὶ ἐπὶ τῶν
ἀρετῶν εἴωθε λέγεσθαι ὅτι ὁ μίαν ἔχων καὶ πάσας ἔχει.

304 Philo de sacrif. Abel et Cain § 82 Vol. I p. 236, 3 Wendl.
35 διαιρετέον οὖν αὐτὸν (scil. τὸν λόγον) εἰς κεφάλαια προηγούμενα, τὰ λεγό-
μενα ἐμπίπτοντα, καὶ ἐφαρμοστέον ἑκάστῳ τὰς οἰκείους κατασκευάς, μιμου-
μένους τοὺς ἀγαθοὺς τῶν τοξοτῶν, οἳ σκοπόν τινα προθέμενοι τὰ βέλη
πάντα ἐπ' αὐτὸν ἀφιέναι πειρῶνται. Σκοπῷ μὲν γὰρ τὸ κεφάλαιον, βέλεσι
δὲ ἔοικεν ἡ κατασκευή. οὕτως τὸ πάντων ἄριστον ἐσθημάτων ὁ λόγος ἁρ-
40 μονίως συνυφαίνεται.
　　p. 237, 2 § 84. τὸ γὰρ ὅλον καὶ ἕν ἐστιν ἡ ἀρετὴ ἡ κατὰ εἴδη τὰ
προσεχῆ τέμνεται, φρόνησιν καὶ σωφροσύνην, δικαιοσύνην καὶ ἀνδρείαν, ἵνα
τὰς καθ' ἕκαστον εἰδότες διαφορὰς ἑκούσιον ὑπομένωμεν λατρείαν καὶ καθ'
ὅλον καὶ κατὰ μέρη.

---

17 περὶ Mang., πρὸς libri, ‖ οἰκίας FH, οἰκίαν UG. ‖ ἐπιμέλειαν Η ἐπι-
μέλεια GUF.　　36 οἰκείους Pap., οἰκείας codd.　　39 ἐσθημάτων Pap. U, αἰσθη-
μάτων F, μαθημάτων ceteri.　　41 ἐν γένει UF, ἐν γενέσει Pap., ἕν ἐστιν ceteri.

§ 9. Virtutes esse animalia.

305 Stobaeus ecl. II 64, 18 W. Ἀρετὰς δ' εἶναι πλείους φασὶ καὶ ἀχωρίστους ἀπ' ἀλλήλων, καὶ τὰς αὐτὰς τῷ ἡγεμονικῷ μέρει τῆς ψυ-χῆς καθ' ὑπόστασιν, καθ' ὃ δὴ καὶ σῶμα πᾶσαν ἀρετὴν εἶναί τε καὶ λέγεσθαι, τὴν γὰρ διάνοιαν καὶ τὴν ψυχὴν σῶμα εἶναι· τὸ γὰρ συμφυὲς 5 πνεῦμα ἡμῖν ἔνθερμον ὂν ψυχὴν ἡγοῦνται.

306 Stobaeus ecl. II 65, 1 Wachsm. βούλονται δὲ καὶ τὴν ἐν ἡμῖν ψυχὴν ζῷον εἶναι· ζῆν τε γὰρ καὶ αἰσθάνεσθαι· καὶ μάλιστα τὸ ἡγεμονικὸν μέρος αὐτῆς, ὃ δὴ καλεῖται διάνοια. διὸ καὶ πᾶσαν ἀρετὴν ζῷον εἶναι, ἐπειδὴ ἡ αὐτὴ ⟨τῇ⟩ διανοίᾳ ἐστὶ κατὰ τὴν οὐσίαν. κατὰ τοῦτο γάρ φασι 10 καὶ τὴν φρόνησιν φρονεῖν· ἀκολουθεῖ γὰρ αὐτοῖς τὸ οὕτως λέγειν.

307 Seneca epist. 113, 1. quid sentiam de hac quaestione, iactata apud nostros: an iustitia fortitudo prudentia ceteraeque virtutes animalia sint. Hac subtilitate effecimus, Lucili carissime, ut exercere ingenium inter inrita videremur et disputationibus nihil profuturis otium 15 terere. Faciam, quod desideras, et quid nostris videatur, exponam. — — — quae sint ergo, quae antiquos moverint, dicam. Animum constat animal esse, cum ipse efficiat, ut simus animalia, [et] cum ab illo ani-malia nomen hoc traxerint. virtus autem nihil aliud est quam animus quodammodo se habens: ergo animal est. Deinde virtus agit aliquid. 20 agi autem nihil sine inpetu potest. si inpetum habet, qui nulli est nisi animali, animal est. „Si animal est, inquit, virtus, habet ipsa virtutem.“ Quidni habeat se ipsam? quomodo sapiens omnia per virtutem gerit, sic virtus per se. „Ergo, inquit, et omnes artes animalia sunt et omnia, quae cogitamus quaeque mente conplectimur. sequitur, ut multa milia 25 animalium habitent in his angustiis pectoris et singuli multa simus ani-malia aut multa habeamus animalia.“ Quaeris, quid adversus istuc respondeatur? unaquaeque ex istis res animal erit: multa animalia non erunt. quare? dicam, si mihi adcommodaveris subtilitatem et intentionem tuam. Singula animalia singulas habere debent substantias. ista omnia 30 unum animum habent. itaque singula esse possunt, multa esse non pos-sunt. Ego et animal sum et homo, non tamen duos esse dices. quare? quia separati debent esse (ita dico, alter ab altero debet esse diductus) ut duo sint. Quicquid in uno multiplex est, sub unam naturam cadit. itaque unum est. Et animus meus animal est et ego animal sum: duo 35 tamen non sumus. quare? quia animus mei pars est. Tunc aliquid per se numerabitur, cum per se stabit: ubi vero alterius membrum erit, non poterit videri aliud. quare? dicam: quia quod aliud est, suum oportet esse et proprium et totum et intra se absolutum.

Ibidem § 24: Non sunt, inquit, virtutes multa animalia et tamen 40 animalia sunt. nam quemaqmodum aliquis et poëta est et orator, et tamen unus, sic virtutes istae animalia sunt, sed multa non sunt.

---

10 τῇ addidi. ‖ διανοίᾳ Heeren, διάνοια libri.   11 ἀκολουθεῖ Heeren, ἀκολουθεῖν libri.   21 impetus = ὁρμή.

Ethica VI.

De iure et lege.

§ 1. Ius esse natura.

308 Diog. Laërt. VII 128. φύσει τε τὸ δίκαιον εἶναι καὶ
5 μὴ θέσει, ὡς καὶ τὸν νόμον καὶ τὸν ὀρθὸν λόγον, καθά φησι Χρύ-
σιππος ἐν τῷ περὶ τοῦ Καλοῦ.

309 Cicero de finibus III 21, 71. Ius autem, quod ita dici apel-
larique possit, id esse natura, alienumque esse a sapiente non modo
iniuriam cui facere, verum etiam nocere. Nec vero rectum est cum ami-
10 cis aut bene meritis consociare aut coniungere iniuriam. Gravissimeque
— defenditur numquam aequitatem ab utilitate posse seiungi,
et, quicquid aequum iustumque esset, id etiam honestum, vicissimque
quicquid esset honestum, iustum etiam atque aequum fore.

310 Proclus in Plat. Alcib. pr. p. 318 Creuzer. Ὁ μὲν δὴ cυλ-
15 λογιcμὸc ὅλοc ὁ κατασκευάζων ὅτι τὸ δίκαιον cυμφέρον οὑτωcὶ πρόειcι·
πᾶν δίκαιον καλόν, πᾶν καλὸν ἀγαθόν· πᾶν ἄρα δίκαιον ἀγα-
θόν· ἀλλὰ μὴν καὶ τὸ ἀγαθὸν τῷ cυμφέροντι ταὐτόν· πᾶν ἄρα
δίκαιον cυμφέρον (sequitur alius syllogismus, inverso menbrorum
ordine). Οὔτε γὰρ τὸ ἀγαθὸν τῆc ψυχῆc ἐν ἄλλῳ τινὶ ἢ ἐν τῇ ἀρετῇ
20 ὑφέcτηκεν, οὔτε τὸ καλόν, ἀλλὰ πᾶν τὸ ἀγαθὸν κατ᾽ ἀρετὴν ἀφώριcται,
καὶ τὸ αὐτὸ καλόν ἐcτιν ὅπερ ἀγαθόν, καὶ ταῦτα ἀμφότερα δίκαιά ἐcτι.
Κἂν γὰρ cῶφρον ᾖ καὶ ἀνδρεῖον, δίκαιόν ἐcτι διὰ τὴν τῶν ἀρετῶν ἀν-
τακολούθηcιν· οὐ γάρ ἐcτι cωφρονεῖν μὲν ἀδίκωc δὲ ζῆν, οὐδὲ ἀνδρί-
ζεcθαι μέν, cτέρεcθαι δέ ποτε δικαιοcύνηc, ἀλλὰ τὸ αὐτὸ τῆc ζωῆc εἶ-
25 δοc ἐκ παcῶν ὑφέcτηκε τῶν ἀρετῶν.

311 Cicero de legibus I 16, 44. Nec solum ius et iniuria na-
tura diiudicantur, sed omnino omnia honesta ac turpia. Nam
et communis intelligentia notas nobis res efficit easque in animis nostris
inchoavit, ut honesta in virtute ponantur, in vitiis turpia. Haec autem
30 in opinione existimare, non in natura posita, dementis est. Nam nec ar-
boris nec equi virtus, quae dicitur (in quo abutimur nomine) in opinione

---

5 Cf. Stobaeus eclog. II 7 p. 94, 7 W.

sita est, sed in natura. Quodsi ita est', honesta quoque et turpia natura diiudicanda sunt. Nam si opinione universa virtus, eadem eius etiam partes probarentur. Quis igitur prudentem et, ut ita dicam, catum non ex ipsius habitu, sed ex aliqua re externa iudicet? Est enim virtus perfecta ratio; quod certe in natura est. Igitur omnis honestas 5 eodem modo.

312 Cicero de legibus I 17,45. Nam ut vera et falsa, ut consequentia et contraria sua sponte, non aliena iudicantur: sic constans et perpetua ratio vitae, quae est virtus, itemque inconstantia, quod est vitium, sua natura probabitur. Nos ingenia iuvenum iudicamus natura: 10 non item virtutes et vitia, quae existunt ab ingeniis, iudicabuntur? An ea aliter: honesta et turpia non ad naturam referri necesse erit? Quod laudabile bonum est, in se habeat quod laudetur necesse est: ipsum enim bonum non est opinionibus, sed natura. Nam ni ita esset, beati quoque opinione essent. Quo quid dici potest stultius? Quare quum et bonum 15 et malum natura iudicetur et ea sint principia naturae: certe honesta quoque et turpia simili ratione diiudicanda et ad naturam referenda sunt.

313 Plutarchus de Stoic. repugn. cp. 15 p. 1040a. Ἐν δὲ τοῖς πρὸς αὐτὸν Πλάτωνα περὶ Δικαιοσύνης εὐθὺς ἐξ ἀρχῆς ἐνάλ- 20 λεται τῷ περὶ θεῶν λόγῳ καὶ φησιν „οὔτ' ὀρθῶς ἀποτρέπειν τῷ ἀπὸ τῶν θεῶν φόβῳ τῆς ἀδικίας τὸν Κέφαλον, εὐδιάβλητόν τ' εἶναι καὶ πρὸς τοὐναντίον ἐξάγειν πολλοὺς περισπασμοὺς καὶ πιθανότητας ἀντιπιπτούσας τὸν περὶ τῶν ὑπὸ τοῦ θεοῦ κολάσεων λόγον, ὡς οὐδὲν διαφέροντα τῆς Ἀκκοῦς καὶ τῆς 25 Ἀλφιτοῦς, δι' ὧν τὰ παιδάρια τοῦ κακοσχολεῖν αἱ γυναῖκες ἀνείργουσιν.“ Οὕτω δὲ διασύρας τὰ τοῦ Πλάτωνος, ἐπαινεῖ πάλιν ἐν ἄλλοις καὶ προφέρεται τὰ τοῦ Εὐριπίδου ταυτὶ πολλάκις· (Nauck fr. trag. p. 679) ἀλλ' ἔστι, κεἴ τις ἐγγελᾷ λόγῳ,

Ζεὺς καὶ θεοὶ βρότεια λεύσσοντες πάθη. 30

§ 2. De lege aeterna et de legibus singularum civitatium.

314 Marcianus libro I institut. (Vol. I p. 11,25 Mommsen) sed et philosophus summae Stoicae sapientiae Chrysippus sic incipit libro quem fecit περὶ νόμου· ὁ νόμος πάντων ἐστὶ βασιλεὺς θείων τε καὶ ἀνθρωπίνων πραγμάτων· δεῖ δὲ αὐτὸν προστά- 35 την τε εἶναι τῶν καλῶν καὶ τῶν αἰσχρῶν καὶ ἄρχοντα καὶ ἡγεμόνα, καὶ κατὰ τοῦτο κανόνα τε εἶναι δικαίων καὶ ἀδίκων καὶ τῶν φύσει πολιτικῶν ζῴων προστακτικὸν μὲν ὧν ποιητέον, ἀπαγορευτικὸν δὲ ὧν οὐ ποιητέον.

---

23 ἐξάγειν Dü., ἐξάγοντα libri. ‖ adde ἔχοντα. 38 verba καὶ τῶν—ζῴων post ἡγεμόνα transponit Hercher.

315 Cicero de legibus I 6, 18. Igitur doctissimis viris proficisci placuit a lege: haud scio an recte, si modo, ut iidem definiunt, lex est ratio summa, insita in natura, quae iubet ea quae facienda sunt prohibetque contraria. Eadem ratio, cum est hominis mente 5 confirmata et perfecta, lex est. 19. Itaque arbitrantur prudentiam esse legem, cuius ea vis sit, ut recte facere iubeat, vetet delinquere: eamque rem illi Graeco putant nomine ⟨a⟩ suum cuique tribuendo appellatam — — — — a lege ducendum est iuris exordium: ea est enim naturae vis, ea mens ratioque prudentis, ea iuris atque iniuriae regula — — 10 quae saeclis omnibus ante nata est, quam scripta lex ulla aut quam omnino civitas constituta.

316 Cicero de legibus II 8. legem neque hominum ingeniis excogitatam nec scitum aliquod esse populorum, sed aeternum quiddam, quod universum mundum regeret imperandi prohibendique sapientia. Ita prin-15 cipem legem illam et ultimam mentem esse dicebant omnia ratione aut cogentis aut vetantis dei; ex quo illa lex, quam di humano generi dederunt, recte est laudata; est enim ratio mensque sapientis ad iubendum et ad deterrendum idonea. 9. iussa ac vetita populorum vim habere ad recte facta vocandi et a peccatis avocandi, quae vis non 20 modo senior est quam aetas populorum et civitatium, sed aequalis illius caelum atque terras tuentis et regentis dei. 10. Neque enim esse mens divina sine ratione potest, nec ratio divina non hanc vim in rectis pravisque sanciendis habet. — Quam ob rem lex vera atque princeps apta ad iubendum et ad vetandum ratio est recta summi Iovis.

25   **317** Cicero de legibus I 12, 33. Quodsi, quo modo est natura, sic iudicio homines „humani (ut ait poëta) nihil a se alienum putarent" coleretur ius aeque ab omnibus. Quibus enim ratio a natura data est, iisdem etiam recta ratio data est: ergo etiam lex, quae est recta ratio in iubendo et vetando: si lex, ius quoque. At om-30 nibus ratio. Ius igitur datum est omnibus. Recteque Socrates exsecrari eum solebat, qui primus utilitatem a iure seiunxisset: id enim querebatur caput esse exitiorum omnium.

318 Cicero de legibus II 11. Omnem enim legem, quae quidem recte lex appellari possit, esse laudabilem quibusdam talibus 35 argumentis docent. Constat profecto ad salutem civium civitatumque incolumitatem vitamque hominum quietam et beatam inventas esse leges, eosque, qui primum eius modi scita sanxerint, populis ostendisse ea se scripturos atque laturos, quibus illi adscitis susceptisque honeste beateque viverent; quaeque ita composita sanctaque essent, eas leges videlicet nomi-40 narunt. Ex quo intellegi par est eos, qui perniciosa et iniusta populis iussa descripserint, cum contra fecerint quam polliciti professique sint, quidvis potius tulisse quam leges. 12. Quaero igitur — sicut illi solent: quo si civitas careat, ob eam ipsam causam, quod eo careat,

---

3 in *del. Madvig.*   5 perfecta *Vahlen,* confecta *libri.*   13 populorum quod aeternum AB² populorumque aeternum B¹H.   15 dicebat ABH.   27 a natura H, a *om. ceteri.*   28 etiam *Baiter,* et *libri*   31 a iure *C. F. W. Müller,* naturae (om. a) ABH.   38 illi adscitis *Lambin.,* illis adscriptis ABH. 39 nominarunt *Victorius,* nominarent ABH.   43 quodsi ABH.

pro nihilo habenda sit, id estne numerandum in bonis? — Ac maxumis quidem. — Lege autem carens civitas estne ob ⟨id⟩ ipsum habenda nullo loco? — Dici aliter non potest. — Necesse est igitur legem haberi in rebus optimis.

319 Cicero de legibus I 15, 42. Iam vero illud stultissimum, exis- 5 timare omnia iusta esse, quae sancita sint in populorum institutis aut legibus. Etiamne si quae leges sint tyrannorum? — — — — Est enim unum ius, quo devincta est hominum societas et quod lex constituit una; quae lex est recta ratio imperandi atque prohibendi: quam qui ignorat, is est iniustus, sive est illa scripta uspiam, sive nusquam. 10

320 Cicero de legibus I 15, 42. Quod si iustitia est obtemperatio scriptis legibus institutisque populorum et si, ut iidem dicunt, utilitate omnia metienda sunt, negliget leges eosque perrumpet, si poterit, is, qui sibi eam rem fructuosam putabit fore. Ita fit, ut nulla sit omnino iustitia, si neque natura est eaque, quae propter utilitatem constituitur, utilitate 15 alia convellitur.

321 Cicero de legibus I 16, 43. Quodsi populorum iussis, si principum decretis, si sententiis iudicum iura constituerentur: ius esset latrocinari, ius adulterare, ius testamenta falsa supponere, si haec suffragiis aut scitis multitudinis probarentur. 44. Quod si tanta potestas est stultorum 20 sententiis atque iussis, ut eorum suffragiis rerum natura vertatur: cur non sanciunt, ut quae mala perniciosaque sunt habeantur pro bonis ac salutaribus? aut cur ius ex iniuria lex facere possit, bonum eadem facere non possit ex malo? Atqui nos legem bonam a mala nulla alia nisi naturae norma dividere possumus. 25

322 Cicero Tusculan. disp. I 45, 108. *Sed quid singulorum opiniones animadvertam, nationum varios errores perspicere cum liceat? Condiunt Aegyptii mortuos et eos servant domi, Persae etiam cera circumlitos condunt, ut quam maxime permaneant diuturna corpora. Magorum mos est, non humare corpora suo-* 30 *rum, nisi a feris sint ante laniata. In Hyrcania plebs publicos alit canes, optimates domesticos (nobile autem genus canum illud scimus esse) sed pro sua quisque facultate parat, a quibus lanietur, eamque optimam illi esse censent sepulturam. Permulta alia colligit Chrysippus, ut est in omni historia* 35 *curiosus: sed ita tetra sunt quaedam, ut ea fugiat et reformidet oratio.*

323 Philo de Joseph. Vol. II Mang. p. 46. προσθήκη γάρ ἐστι τῆς τὸ κῦρος ἁπάντων ἀνημμένης φύσεως ἡ κατὰ δήμους πολιτεία· ἡ μὲν γὰρ μεγαλόπολις ὅδε ὁ κόσμος ἐστὶ καὶ μιᾷ χρῆται πολιτείᾳ καὶ νόμῳ ἑνί. Λόγος δέ ἐστι φύσεως προστακτικὸς μὲν ὢν πρακτέον, ἀπα- 40 γορευτικὸς δὲ ὢν οὐ ποιητέον. Αἱ δὲ κατὰ τόπους αὖται πόλεις ἀπερί-

---

2 id add. *Lambin.* 6 sancita *Ernestius*, sita *libri;* scita *alii.* ‖ in del. *Madvig.* 15 eaque, quae *Goerenz*, ea quae A aea quae B eaque H. 16 alia *Stephanus*, illa *libri.* 20 quod si H quae si AB. 23 aut cur *Bake*, aut cum *libri;* aut cur cum *alii.*

γραφοί τε εἰσὶν ἀριθμῷ καὶ πολιτείαις χρῶνται διαφερούσαις καὶ 'νόμοις οὐχὶ
τοῖς αὐτοῖς. "Αλλα γὰρ παρ' ἄλλοις ἔθη καὶ νόμιμα παρεξηυρημένα καὶ
προστεθειμένα. — Αἴτιον δὲ τὸ ἄμικτον καὶ ἀκοινώνητον, οὐ μόνον Ἑλλήνων
πρὸς βαρβάρους ἢ βαρβάρων πρὸς Ἕλληνας ἀλλὰ καὶ τὸ ἑκατέρου γένους
5 ἰδίᾳ πρὸς τὸ ὁμόφυλον. Εἶθ', ὡς ἔοικε, τὰ ἀναίτια αἰτιώμενοι, καιροὺς
ἀβουλήτους, ἀγονίαν καρπῶν, τὸ λυπρόγειον, τὴν θέσιν, ὅτι παράλιος ἢ
μεσόγειος ἢ κατὰ νῆσον ἢ κατὰ ἤπειρον ἢ ὅσα τούτοις ὁμοιότροπα τἀληθὲς
ἡσυχάζουσιν. "Εστι δ' ἡ πλεονεξία καὶ ἡ πρὸς ἀλλήλους ἀπιστία, δι' ἅς,
οὐκ ἀρκεσθέντες τοῖς τῆς φύσεως θεσμοῖς, τὰ δόξαντα συμφέρειν κοινῇ
10 τοῖς ὁμογνώμοσιν ὁμίλοις ταῦτα νόμους ἐπεφήμισαν, ὥστε εἰκό-
τως προσθῆκαι μᾶλλον αἱ κατὰ μέρος πολιτεῖαι μιᾶς τῆς κατὰ
φύσιν. Προσθῆκαι μὲν γὰρ οἱ κατὰ πόλεις νόμοι τοῦ τῆς φύσεως ὀρθοῦ
λόγου. p. 47. οἰκία γὰρ πόλις ἐστὶν ἐσταλμένη καὶ βραχεῖα, καὶ οἰκονομία
συνηγμένη τις πολιτεία· ὡς καὶ πόλις μὲν οἶκος μέγας, πολιτεία δὲ κοινή τις
15 οἰκονομία. Δι' ὧν μάλιστα παρίσταται τὸν αὐτὸν οἰκονομικόν τε εἶναι
καὶ πολιτικόν, κἂν τὰ πλήθη καὶ μεγέθη τῶν ὑποκειμένων διαλλάττῃ.

324 Diogenianus apud Eusebium praep. evang. VI p. 264 b. πῶς
δὲ τοὺς κειμένους νόμους ἡμαρτῆσθαι φῂς ἅπαντας καὶ τὰς πολι-
τείας (Adloquitur D. Chrysippum).

20 **325** Cicero de republ. III 33 (Lactant. instit. div. VI 8). Est qui-
dem vera lex recta ratio, naturae congruens, diffusa in omnes, constans,
sempiterna, quae vocet ad officium iubendo, vetando a fraude deterreat;
quae tamen neque probos frustra iubet aut vetat nec improbos
iubendo aut vetando movet. Huic legi nec obrogari fas est neque
25 derogari ex hac aliquid licet neque tota abrogari potest, nec vero — solvi
hac lege possumus, neque est quaerendus explanator aut interpres eius
alius, nec erit alia lex Romae alia Athenis, alia nunc alia posthac, sed
et omnes gentes et omni tempore una lex et sempiterna et immutabilis
continebit, unusque erit communis quasi magister et imperator omnium
30 deus, ille legis huius inventor, disceptator, lator; cui qui non parebit,
ipse se fugiet ac naturam hominis aspernatus hoc ipso luet maxi-
mas poenas, etiamsi cetera supplicia, quae putantur, effugerit.

326 Plutarchus de Stoic. repugn. cp. 9 p. 1035 c. Ἄκουε δὲ ἃ
λέγει περὶ τούτων ἐν τῷ τρίτῳ περὶ Θεῶν „οὐ γάρ ἐστιν εὑρεῖν
35 τῆς δικαιοσύνης ἄλλην ἀρχήν, οὐδ' ἄλλην γένεσιν, ἢ τὴν ἐκ
τοῦ Διὸς καὶ τὴν ἐκ τῆς κοινῆς φύσεως· ἐντεῦθεν γὰρ δεῖ πᾶν
τὸ τοιοῦτον τὴν ἀρχὴν ἔχειν, εἰ μέλλομέν τι ἐρεῖν περὶ ἀγα-
θῶν καὶ κακῶν.“

§ 3. De civitate.

40 **327** Clemens Al. Strom. IV 26 p. 642 Pott. λέγουσι γὰρ καὶ οἱ
Στωϊκοὶ τὸν μὲν οὐρανὸν κυρίως πόλιν· τὰ δὲ ἐπὶ γῆς ἐνταῦθα οὐκέτι
πόλεις. λέγεσθαι μὲν γάρ, οὐκ εἶναι δέ· σπουδαῖον γὰρ ἡ πόλις καὶ ὁ

---

37 ἔρωτι pro τι codd. a Bern. adhibiti.

δῆμος ἀστεῖόν τι σύστημα καὶ πλῆθος ἀνθρώπων ὑπὸ νόμου διοι-
κούμενον.

328 Stobaeus eclog. II 7 p. 103, 9 W. *Λέγουσι δὲ καὶ φυγάδα πάντα
φαῦλον εἶναι καθ' ὅσον στέρεται νόμου καὶ πολιτείας κατὰ φύσιν ἐπιβαλ-
λούσης. Τὸν γὰρ νόμον εἶναι, καθάπερ εἴπομεν, σπουδαῖον, ὁμοίως* 5
δὲ καὶ τὴν πόλιν. Ἱκανῶς δὲ καὶ Κλεάνθης περὶ τὸ σπουδαῖον εἶναι τὴν
πόλιν λόγον ἠρώτησε τοιοῦτον· Πόλις μὲν ⟨εἰ⟩ ἔστιν οἰκητήριον κατασκεύασμα,
εἰς ὃ καταφεύγοντας ἔστι δίκην δοῦναι καὶ λαβεῖν, οὐκ ἀστεῖον δὴ πόλις
ἐστίν; ἀλλὰ μὴν τοιοῦτόν ἐστιν ἡ πόλις οἰκητήριον· ἀστεῖον ἄρ' ἔστιν ἡ πόλις.
Τριχῶς δὲ λεγομένης τῆς πόλεως, τῆς τε κατὰ τὸ οἰκητήριον καὶ τῆς* 10
κατὰ τὸ σύστημα τῶν ἀνθρώπων καὶ τρίτον τῆς κατ' ἀμφότερα τούτων, κατὰ
δύο σημαινόμενα λέγεσθαι τὴν πόλιν ἀστείαν, κατά τε τὸ σύστημα τῶν ἀν-
θρώπων καὶ κατὰ τὸ συναμφότερον διὰ ⟨τὴν εἰς⟩ τοὺς ἐνοικοῦντας ἀνα-
φοράν.

329 Dio Chrysost. or. XXXVI § 20 (Vol. II p. 6, 13). *τὴν πόλιν* 15
*φασὶν εἶναι πλῆθος ἀνθρώπων ἐν ταὐτῷ κατοικούντων ὑπὸ νόμου
διοικούμενον.*

330 Philo de septen. et fest. dieb. p. 284 Vol. II Mang. *συνόλως
γὰρ ἐνάρετος ἡ πολιτεία καὶ νόμοις οἳ μόνον τὸ καλὸν ἀγαθὸν εἰσηγοῦνται.*

331 Dio Chrysost. or. III § 43 (Vol. I p. 41, 7 Arn.). *λέγεται γὰρ* 20
*ἡ μὲν ἀρχὴ „νόμιμος ἀνθρώπων διοίκησις" καὶ „πρόνοια ἀνθρώπων κατὰ
νόμον."*

332 Clemens Al. Strom. II p. 420 Pott. *ᾗ τινες — — λόγον ὀρθὸν
τὸν νόμον ἔφασαν, προστακτικὸν μὲν ὧν ποιητέον, ἀπαγορευτικὸν δὲ ὧν οὐ
ποιητέον. — —* 25

πολιτείαν — — ἡ δέ ἐστι τροφὴ ἀνθρώπων καλὴ κατὰ κοινωνίαν.

*τὴν δικαστικὴν — ἐπιστήμην οὖσαν διορθωτικὴν τῶν ἁμαρτανομέ-
νων ἕνεκεν τοῦ δικαίου.*

*σύστοιχος δὲ αὐτῇ ἡ κολαστικὴ τοῦ κατὰ τὰς κολάσεις μέτρου ἐπιστη-
μονική τις οὖσα. κόλασις δὲ οὖσα διόρθωσίς ἐστι ψυχῆς — —* 30

*μόνον γοῦν τὸν σοφὸν οἱ φιλόσοφοι βασιλέα, νομοθέτην, στρατηγόν, δί-
καιον, ὅσιον, θεοφιλῆ κηρύττουσιν. — —*

*καθάπερ οὖν τὴν ποιμενικὴν τῶν προβάτων προνοεῖν φαμέν — —
οὕτω γε καὶ τὴν νομοθετικὴν τὴν ἀνθρώπων ἀρετὴν κατασκευάζειν ἐροῦμεν,
τὸ ἀνθρώπινον κατὰ δύναμιν ἀγαθὸν ἀναζωπυροῦσαν, ἐπιστατικὴν καὶ κηδε-* 35
μονικὴν οὖσαν τῆς ἀνθρώπων ἀγέλης.

§ 4. De coniunctione deorum et hominum.

333 Cicero de finibus III 19, 64. Mundum autem censent regi
numine deorum eumque esse quasi communem urbem et civi-
tatem hominum et deorum, et unumquemque nostrum eius mundi 40
esse partem: ex quo illud natura consequi, ut communem utilitatem nostrae
anteponamus. Ut enim leges omnium salutem singulorum saluti antepo-
nunt, sic vir bonus et sapiens et legibus parens et civilis officii non igna-

---

6 *Κλεάνθης*] cf. I n. 587.   7 add. Heeren.   11 *τῆς* Meineke, libri *τό*.
13 add. Wachsm.

rus utilitati omnium plus quam unius alicuius aut suae consulit. Nec magis est vituperandus proditor patriae quam communis utilitatis aut salutis desertor propter suam utilitatem aut salutem. Ex quo fit, ut laudandus is sit, qui mortem oppetat pro re publica, quod deceat cariorem
5 nobis esse patriam quam nosmet ipsos.

334 Dio Chrysost. Or. XXXVI § 23 (Vol. II p. 7, 7 Arn.). μίαν γὰρ δὴ ταύτην καθαρῶς εὐδαίμονα πολιτείαν εἴτε καὶ πόλιν χρὴ καλεῖν, τὴν θεῶν πρὸς ἀλλήλους κοινωνίαν, ἐάν τε καὶ ξύμπαν τὸ λογικὸν περιλάβῃ τις, ἀνθρώπων σὺν θεοῖς ἀριθμουμένων, ὡς παῖδες σὺν
10 ἀνδράσι λέγονται μετέχειν πόλεως, φύσει πολῖται ὄντες, οὐ τῷ φρονεῖν τε καὶ πράττειν τὰ τῶν πολιτῶν οὐδὲ τῷ κοινωνεῖν τοῦ νόμου, ἀξύνετοι ὄντες αὐτοῦ.

335 Dio Chrysost. Or. I § 42 (Vol. I p. 8, 8 Arn.). καλὸν οὖν εἰπεῖν ὑπὲρ τῶν ὅλων τῆς διοικήσεως, ὁποῖόν γε τὸ ξύμπαν αὐτό τε εὔδαιμον
15 καὶ σοφὸν ἀεὶ διαπορεύεται τὸν ἄπειρον αἰῶνα συνεχῶς ἐν ἀπείροις περιόδοις μετὰ ψυχῆς τε ἀγαθῆς καὶ δαίμονος ὁμοίου καὶ προνοίας καὶ ἀρχῆς τῆς δικαιοτάτης τε καὶ ἀρίστης, ἡμᾶς τε ὁμοίους παρέχεται, κατὰ φύσιν κοινὴν τὴν αὐτοῦ καὶ τὴν ἡμετέραν ὑφ᾽ ἑνὶ θεσμῷ καὶ νόμῳ κεκοσμημένους καὶ τῆς αὐτῆς μετέχοντας πολιτείας· ἣν ὁ μὲν τιμῶν καὶ φυλάττων
20 καὶ μηδὲν ἐναντίον πράττων νόμιμος καὶ θεοφιλὴς καὶ κόσμιος, ὁ δὲ ταράττων ὅσον ἐφ᾽ ἑαυτῷ καὶ παραβαίνων καὶ ἀγνοῶν ἄνομος καὶ ἄκοσμος, ὁμοίως μὲν ἰδιώτης, ὁμοίως δὲ καὶ ἄρχων ὀνομαζόμενος.

336 Philo de mundi opificio § 3 Vol. I p. 1, 11 Wendl. τοῦ νομίμου ἀνδρὸς εὐθὺς ὄντος κοσμοπολίτου, πρὸς τὸ βούλημα τῆς φύσεως τὰς
25 πράξεις ἀπευθύνοντος, καθ᾽ ἣν καὶ ὁ σύμπας κόσμος διοικεῖται.

337 Philo de mundi opificio § 142 Vol. I p. 50, 2 Wendl. Τὸν δὲ ἀρχηγέτην ἐκεῖνον οὐ μόνον πρῶτον ἄνθρωπον ἀλλὰ καὶ μόνον κοσμοπολίτην λέγοντες ἀψευδέστατα ἐροῦμεν. Ἦν γὰρ οἶκος αὐτῷ καὶ πόλις ὁ κόσμος. — — § 143. Ἐπεὶ δὲ πᾶσα πόλις εὔνομος ἔχει πολιτείαν, ἀναγ-
30 καίως ξυνέβαινε τῷ κοσμοπολίτῃ χρῆσθαι πολιτείᾳ ᾗ καὶ σύμπας ὁ κόσμος. Αὕτη δέ ἐστιν ὁ τῆς φύσεως ὀρθὸς λόγος, ὃς κυριωτέρᾳ κλήσει προσονομάζεται θεσμός, νόμος θεῖος ὤν, καθ᾽ ὃν τὰ προσήκοντα καὶ ἐπιβάλλοντα ἑκάστοις ἀπενεμήθη. Ταύτης τῆς πόλεως καὶ πολιτείας ἔδει τινὰς εἶναι πρὸ ἀνθρώπου πολίτας, οἳ λέγοιντ᾽ ἂν ἐνδίκως μεγαλοπολῖται —
35 οὗτοι δὲ τίνες ἂν εἶεν ὅτι μὴ λογικαὶ καὶ θεῖαι φύσεις, αἱ μὲν ἀσώματοι καὶ νοηταί, αἱ δὲ οὐκ ἄνευ σωμάτων, ὁποίους συμβέβηκεν εἶναι τοὺς ἀστέρας.

338 Cicero de republ. I 19. An tu ad domos nostras non censes pertinere scire, quid agatur et quid fiat domi? quae non ea est, quam parietes nostri cingunt, sed mundus hic totus, quod domicilium
40 quamque patriam di nobis communem secum dederunt.

339 Cicero de legibus I 7, 22. Animal hoc providum, sagax, multiplex, acutum, memor, plenum rationis et consilii, quem vocamus hominem, praeclara quadam condicione generatum esse a supremo deo. Solum est enim ex tot animantium generibus atque naturis particeps rationis et

---

16 τύχης Laur. E cf. or. III § 45 μετὰ δαίμονός τε ἀγαθοῦ καὶ τύχης ὁμοίας.
29 ἀναγκαῖον MF.   33 πολίτας MABP.   34 εἰκότως ACP.   35 καὶ θεῖαι M, καὶ om.· ceteri. ‖ αἱ μὲν ἀσώματοι καὶ νοηταί: haec a Stoicis aliena, quibus cetera debet Philo.

cogitationis, cum cetera sint omnia expertia. Quid est autem, non dicam
in homine, sed in omni caelo atque terra ratione divinius? quae cum adu-
levit atque perfecta est, nominatur rite sapientia. 23. Est igitur, quo-
niam nihil est ratione melius, eaque ⟨est⟩ et in homine et in
deo, prima homini cum deo rationis societas. Inter quos autem 5
ratio, inter eosdem etiam recta ratio [et] communis est. Quae cum sit
lex, lege quoque consociati homines cum diis putandi sumus. Inter quos
porro est communio legis, inter eos communio iuris est. Quibus autem
haec sunt [inter eos] communia, ei civitatis eiusdem habendi sunt.
Si vero iisdem imperiis et potestatibus parent, multo iam magis. Parent 10
autem huic caelesti discriptioni mentique divinae et praepotenti deo: ut
iam universus hic mundus una civitas communis deorum atque
hominum existimanda ⟨sit⟩. Et quod in civitatibus ratione quadam —
de qua dicetur idoneo loco — agnationibus familiarum distinguuntur sta-
tus, id in rerum natura tanto est magnificentius tantoque praeclarius, ut 15
homines deorum agnatione et gente teneantur.

§ 5. De coniunctione hominum.

340 Cicero de finibus III 62.   Pertinere autem ad rem arbitrantur
intellegi natura fieri, ut liberi a parentibus amentur; a quo initio
profectam communem humani generis societatem persequimur. 20
Quod primum intellegi debet figura membrisque corporum, quae ipsa de-
clarant procreandi a natura habitam esse rationem. Neque vero haec
inter se congruere possent, ut natura et procreari vellet et diligi procrea-
tos non curaret. Atque etiam in bestiis vis naturae perspici potest; qua-
rum in fetu et in educatione laborem cum cernimus, naturae ipsius vocem 25
videmur audire. Quare ⟨ut⟩ perspicuum est natura nos a dolore abhor-
rere, sic apparet a natura ipsa, ut eos, quos genuerimus, amemus,
impelli.

63. Ex hoc nascitur, ut etiam communis hominum inter homines
naturalis sit commendatio, ut oporteat hominem ab homine ob id 30
ipsum, quod homo sit, non alienum videri.

341 Cicero de finibus III 64.   Quoniamque illa vox inhumana et
scelerata ducitur eorum, qui negant se recusare, quominus ipsis mortuis
terrarum omnium deflagratio consequatur (quod vulgari quodam versu Graeco
pronuntiari solet), certe verum est etiam iis, qui aliquando futuri 35
sint, esse propter ipsos consulendum. Ex hac animorum affectione
testamenta commendationesque morientium natae sunt.

342 Cicero de finibus III 65.   Quodque nemo in summa solitudine
vitam agere velit ne cum infinita quidem voluptatum abundantia, facile
intellegitur nos ad coniunctionem congregationemque hominum 40
et ad naturalem communitatem esse natos. Impellimur autem na-

---

4 est *add. Madvig.*   6 et *secludunt omnes editores.*   9 inter eos *del.*
Moser. ‖ ei *Bake,* et *libri.*   11 deo ut iam universus H, deutiam universus
B¹ de . . . . . . versus A¹.   13 sit *add. Manutius.*   26 ut *add. Manutius.*
38 cumque *Bremius.*

tura, ut prodesse velimus quam plurimis in primisque docendo rationibus-
que prudentiae tradendis. 66. Itaque non facile est invenire, qui, quod
sciat ipse, non tradat alteri; ita non solum ad discendum propensi su-
mus, verum etiam ad docendum. Atque ut tauris natura datum est,
5 ut pro vitulis contra leones summa vi impetuque contendant, sic ii qui
valent opibus atque id facere possunt, ut de Hercule et de Libero acce-
pimus, ad servandum genus hominum natura incitantur. — Quem
ad modum igitur membris utimur prius quam didicimus, cuius ea causa
utilitatis habeamus, sic inter nos natura ad civilem communitatem con-
10 iuncti et consociati sumus. Quod ni ita se haberet, nec iustitiae ullus
esset nec bonitati locus.

343 Cicero de legibus I 10, 28. nihil est profecto praestabilius,
quam plane intellegi, nos ad iustitiam esse natos, neque opinione, sed na-
tura constitutum esse ius. Id iam patebit, si hominum inter ipsos
15 societatem coniunctionemque perspexeris. 29. Nihil est enim
unum uni tam simile, tam par, quam omnes inter nosmet ipsos sumus:
quod si depravatio consuetudinum, si opinionum vanitas non imbecillitatem
animorum torqueret et flecteret, quocunque coepisset, sui nemo ipse tam
similis esset, quam omnes sunt omnium. Itaque quaecunque est hominis
20 definitio, una in omnes valet. 30. Quod argumenti satis est, nullam dis-
similitudinem esse in genere: quae si esset, non una omnes definitio con-
tineret. Etenim ratio, qua una praestamus beluis, per quam coniectura
valemus, argumentamur, refellimus, disserimus, conficimus aliquid, conclu-
dimus certe est communis, doctrina differens, discendi quidem facultate
25 par. Nam et sensibus eadem omnia comprehenduntur: et ea quae mo-
vent sensus, itidem movent omnium: quaeque in animis imprimuntur, de
quibus ante dixi, inchoatae intelligentiae, similiter in omnibus im-
primuntur: interpresque mentis oratio verbis discrepat, sententiis congruens.
Nec est quisquam gentis ullius, qui ducem ⟨naturam⟩ nactus ad virtutem
30 pervenire non possit.

344 Cicero de legibus I 15, 43. Atque si natura confirmatura ius
non erit, virtutes omnes tollentur. Ubi enim liberalitas, ubi patriae ca-
ritas, ubi pietas, ubi aut bene merendi de altero aut referendae gratiae
voluntas poterit existere? Nam haec nascuntur ex eo, quia natura pro-
35 pensi ſumus ad diligendos homines, quod fundamentum iuris est.
Neque solum in homines obsequia, sed etiam in deos caerimoniae religio-
nesque tollentur: quas non metu, sed ea coniunctione, quae est ho-
mini cum deo, conservandas puto.

345 Lactant. div. instit. V 17. In omnibus enim videmus animali-
40 bus, quia sapientia carent, conciliatricem sui esse naturam. Nocent igitur
aliis, ut sibi prosint; nesciunt enim, quia malum est nocere. Homo vero,
qui scientiam boni ac mali habet, abstinet se a nocendo, etiam cum in-
commodo suo; quod animal irrationale facere non potest: et ideo inter
summas hominis virtutes innocentia numeratur. Quibus rebus apparet,

23 concludimus *del. Holmius.* 29 naturam *margo H.,* om. *ceteri.*
32 virtutes omnes *om.* ABH. ‖ tollantur ABH. 33 praeferendae AB, praepa-
rande H. 37 tollentur *Lambin.,* tollantur ABH.

sapientissimum esse, qui mavult perire, ne noceat, ut id offi-
cium, quo a mutis discernitur servet.

346 Origenes contra Celsum VIII 50 Vol. II p. 265, 22 Kö. (p. 778
Del.). οὐδὲ γὰρ τὸ κοινωνικὸν περιγέγραπται ὥσπερ ἀπὸ τῶν ἀλόγων ζῴων
οὕτω καὶ ἀπὸ τῶν ἀγροικοτέρων ἀνθρώπων· ἀλλ᾽ ἐπίσης ὁ ποιήσας ἡμᾶς 5
πρὸς πάντας ἀνθρώπους πεποίηκε κοινωνικούς.

347 Proclus in Plat. Alcib. pr. Vol. III p. 64 ed. Cousin. Οἱ μὲν
γὰρ ἀπὸ ⟨τῆς⟩ Στοᾶς εὐθὺς τὰ τοιαῦτα πάντα ὡς μοχθηρὰ διαβάλλουσιν.
Οὔτε γὰρ ἐξαπατᾶν ἐστι δικαίως κατ᾽ αὐτοὺς οὔτε βιάζεσθαι οὔτε
ἀποστερεῖν, ἀλλ᾽ ἑκάστη τῶν πράξεων τούτων ἀπὸ μοχθηρᾶς πρόεισιν ἕξεως 10
καὶ ἄδικός ἐστιν. Οἱ δὲ ἀρχαῖοι μέσα τὰ τοιαῦτα τίθενται πάντα etc.

348 Cicero de finibus III 70. Amicitiam autem adhibendam esse
censent, quia sit ex eo genere, quae prosunt. Quamquam autem in ami-
citia alii dicant aeque caram esse sapienti rationem amici ac suam, alii
autem sibi cuique cariorem suam, tamen hi quoque posteriores fatentur 15
alienum esse a iustitia, ad quam nati esse videamur, detrahere quid de
aliquo, quod sibi assumat. Minime vero probatur — aut iustitiam aut
amicitiam propter utilitates adscisci aut probari. Eaedem enim utilitates
poterunt eas labefactare atque pervertere. Etenim nec iustitia nec ami-
citia esse omnino poterunt, nisi ipsae per se expetuntur. 20

§ 6. De nobilitate et libertate.

349 Seneca de beneficiis lib. III cp. 28. eadem omnibus principia
eademque origo, nemo altero nobilior, nisi cui rectius ingenium
et artibus bonis aptius. — — Unus omnium parens mundus est:
sive per splendidos sive per sordidos gradus ad hunc prima cuiusque origo 25
perducitur.

350 Plutarchus pers. de nobil. cp. 12. ὁ δὲ Χρύσιππος ἐν τῷ
περὶ τῶν Ἀρετῶν „ἰσοτιμίας περίτηγμα καὶ διάξυσμα τὴν εὐγένειαν
καλεῖ.“ μηδὲν ἄρα διαφέρειν ὅτου παρὰ πατρὸς γεγονὼς τυγχάνῃς,
εὐγενοῦς ἢ μή. 30

ibid. cp. 13. Πάλιν πρὸς Χρύσιππον ἀναχωρῶ, ὃς κατὰ τῆς
εὐγενείας ὑπὸ τοῦ ξυνετωτάτου ποιητοῦ πεποιῆσθαι γράφει τάδε·

Ὃν κεν ἐγὼ δήσας ἀγάγω ἢ ἄλλος Ἀχαιῶν·

paullo infra: πάλιν ὑλακτεῖ λέγων ὑπὸ τοῦ αὐτοῦ ποιητοῦ τὰ τῶν
εὐγενῶν κακῶς πεπραγμένα δηλωθέντα, ὅταν τὴν Ἄρεως καὶ Ἀφρο- 35
δίτης μοιχείαν ὁ Ἥφαιστος κατείληφε·

Θ 308 sq. ὣς ἐμὲ χωλὸν ἐόντα Διὸς θυγάτηρ Ἀφροδίτη
αἰὲν ἀτιμάζει, φιλέει δ᾽ ἀίδηλον Ἄρηα.

paullo infra: εἰ δὲ μὴ τὴν Στοὰν καταβάλλετε, τὰ πάντα ἁμαρτήματα
φάσκοντες ἴσα τυγχάνειν, τί τὰ τῶν εὐγενῶν ἀκριβέστερον ἐπιτηρεῖτε; 40
θυγατρὸς ἀποκεχρῆσθαι τὸν ἐκ δήμου καὶ τὸν βασιλέα μηδὲν δια-

---

19 nec iustitiae nec amicitiae *libri opt.*

φέρειν λέγετε· ὅμως πολλὰ φλυαροῦντες εἰς τὸν τῶν εὐγενῶν τῦφον, ἀλαζονείαν, ἔρωτας, ἀθεμίστους συνουσίας, ὠμότητα ἀντιδίκων ἐπιθυμητικοὺς καλεῖτε, καὶ τῶν μὲν εὐεργεσιῶν ἀμνήμονας, ἀδικουμένους δὲ δριμυτάτους πρὸς τὸ ἀποτίειν.

5 cp. 16. Ἀλλ' ἐπεὶ ὁ Χρύσιππος ἐξ ἐραστοῦ Εὐριπίδου πρὸς ἡμᾶς ἀναμάχεται, φέρε δή, προφέρωμεν ἅπερ ἐκεῖνος τῆς εὐγενείας κῆρυξ ἦδε περὶ αὐτῆς· οὕτω γὰρ αὐτός· sq. frgm. Eur. περὶ εὐγενείας.

Ex verbis Plut. pers. mediis versibus insertis (ταῦτα μὲν γὰρ οὐκ ἔστιν ἀνθρώπου διαμαχομένου καὶ καταβαλλομένου τὴν εὐγένειαν, μᾶλ-10 λον δὲ ἐπαινοῦντος καὶ ὑπεραίροντος) sequitur eosdem versus a Chrysippo contra nobilitatem esse allatos.

351 Seneca de beneficiis III 22. *Servus, ut placet Chrysippo, perpetuus mercenarius est. Quemadmodum ille beneficium dat, ubi plus praestat quam in quod operas locavit, sic servus ubi benevolentia* 15 *erga dominum fortunae suae modum transiit et altius aliquid ausus quod etiam felicius natis decori esset [et] spem domini antecessit, beneficium est intra domum inventum.*

352 Philo de septen. et fest. dieb. p. 283 Vol. II Mang. ἄνθρωπος γὰρ ἐκ φύσεως δοῦλος οὐδείς.

20 p. 291. οἱ δὲ δεσπόται τοῖς ἀργυρωνήτοις μὴ ὡς φύσει δούλοις ἀλλ' ὡς μισθωτοῖς προσφέρωνται.

353 Athenaeus Deipnosoph. VI p. 267 b. διαφέρειν δέ φησι Χρύσιππος δοῦλον οἰκέτου, γράφων ἐν δευτέρῳ περὶ ὁμονοίας, διὰ τὸ τοὺς ἀπελευθέρους μὲν δούλους ἔτι εἶναι, οἰκέτας δὲ τοὺς μὴ τῆς 25 κτήσεως ἀφειμένους. „ὁ γὰρ οἰκέτης (φησί) δοῦλος ἐν κτήσει κατατεταγμένος."

354 Clemens Al. Paed. III p. 288 Pott. τὸ δὲ εὐγενὲς τῆς ἀληθείας, ἐν τῷ φύσει καλῷ κατὰ ψυχὴν ἐξεταζόμενον, οὐ πράσει καὶ ὠνῇ τὸν δοῦλον, ἀλλὰ τῇ γνώμῃ τῇ ἀνελευθέρῳ διακέρικεν.

30 **355** Diog. Laërt. VII 121. μόνον τε ἐλεύθερον (scil. εἶναι τὸν σοφόν), τοὺς δὲ φαύλους δούλους· εἶναι γὰρ τὴν ἐλευθερίαν ἐξουσίαν αὐτοπραγίας, τὴν δὲ δουλείαν στέρησιν αὐτοπραγίας· εἶναι δὲ καὶ ἄλλην δουλείαν τὴν ἐν ὑποτάξει, καὶ τρίτην τὴν ἐν κτήσει τε καὶ ὑποτάξει, ᾖ ἀντιτίθεται ἡ δεσποτεία, φαύλη οὖσα καὶ αὐτή.

35 **356** Dio Chrysost. or. XIV § 16 (Vol. II p. 230, 17 Arn.). Ἑνὶ δὴ λόγῳ τὰ μὲν φαῦλα — οὐκ ἔξεστι πράττειν, τὰ δὲ δίκαια καὶ συμφέροντα καὶ ἀγαθὰ χρὴ φάναι ὅτι προσήκει τε καὶ ἔξεστιν. — οὐκοῦν οὐδενὶ τά τε φαῦλα καὶ ἀσύμφορα ποιεῖν ἀζήμιόν ἐστιν —. τὰ δέ γε ἐναντία πᾶσιν ὁμοίως ἐφεῖται, καὶ οἱ μὲν τὰ ἐφειμένα πράττοντες ἀζήμιοι διατελοῦσιν, οἱ 40 δὲ τὰ κεκωλυμένα ζημιοῦνται. ἄλλοι οὖν δοκοῦσί σοι πράττειν ἃ ἔξεστιν ἢ οἱ ἐπιστάμενοι ταῦτα, καὶ ἄλλοι τἀναντία ἢ οἱ ἀγνοοῦντες; — οὐκοῦν οἱ

---

1 Haec suspecta quidem propter auctorem, nec tamen plane abiicienda sunt.   31 ἐλευθερίαν add. B² in mg.   33 καὶ τρίτην—ὑποτάξει om. B. ‖ ᾖ P.

φρόνιμοι ὅσα βούλονται πράττειν, ἔξεστιν αὐτοῖς· οἱ δὲ ἄφρονες ὅσα βούλον-
ται οὐκ ἐξὸν ἐπιχειροῦσι πράττειν. ὥστε ἀνάγκη τοὺς μὲν φρονίμους
ἐλευθέρους τε εἶναι καὶ ἐξεῖναι αὐτοῖς ποιεῖν ὡς ἐθέλουσι, τοὺς
δὲ ἀνοήτους δούλους τε εἶναι καὶ ἃ μὴ ἔξεστιν αὐτοῖς, ταῦτα ποιεῖν. οὐκοῦν
καὶ τὴν ἐλευθερίαν χρὴ λέγειν ἐπιστήμην τῶν ἐφειμένων καὶ τῶν 5
κεκωλυμένων, τὴν δὲ δουλείαν ἄγνοιαν ὧν τε ἔξεστι καὶ ὧν μή.

357 Philo quod omnis probus liber Vol. II p. 450, 23 Mang. ὅτι δ᾽
οὐχ αἱ ὑπηρεσίαι μηνύματ᾽ εἰσὶ δουλείας, ἐναργεστάτη πίστις οἱ πόλε-
μοι· τοὺς γὰρ στρατευομένους ἰδεῖν ἔστιν αὐτουργοὺς ἅπαντας, οὐ μόνον τὰς
πανοπλίας κομίζοντας, ἀλλὰ καὶ ὅσα πρὸς τὴν ἀναγκαίαν χρῆσιν ὑποζυγίων 10
τρόπον ἐπηχθισμένους, εἶτ᾽ ἐφ᾽ ὑδρείαν ἐξιόντας καὶ φρυγανισμὸν καὶ χιλὸν
κτήνεσι. — ἔστι δέ τις καὶ κατ᾽ εἰρήνην πόλεμος τῶν ἐν τοῖς ὅπλοις
οὐκ ἀποδέων, ὃν ἀδοξία καὶ πενία καὶ δεινὴ σπάνις τῶν ἀναγκαίων συγκρο-
τοῦσιν· ὑφ᾽ οὗ βιασθέντες ἐγχειρεῖν καὶ τοῖς δουλοπρεπεστάτοις ἀναγκάζονται,
σκάπτοντες, γεωπονοῦντες, βαναύσους ἐπιτηδεύοντες τέχνας, ὑπηρετοῦντες 15
ἀόκνως ἕνεκα τοῦ παρατρέφεσθαι etc.

p. 451, 2. καὶ πῶς πατρὸς μὲν ἢ μητρὸς ἐπιταγμάτων παῖδες ἀνέχον-
ται, γνώριμοι δὲ ὧν ἂν ὑφηγῆται διακελεύωνται· δοῦλος γὰρ ἑκὼν οὐδείς.
οἵ γε μὴν τοκέες οὐ τοσαύτην ὑπερβολὴν ἐπιδείξονταί ποτε μισοτεκνίας, ὥσθ᾽
ἃ μόνον ⟨οὐ⟩ σύμβολα δουλείας ἐστί, τὰς ὑπηρεσίας, ἀναγκάσαι ἂν παῖδας 20
τοὺς ἑαυτῶν ὑπομένειν.

358 Philo quod omnis probus liber Vol. II p. 451, 9 Mang. εἰ δέ
τινας ὑπ᾽ ἀνδραποδοκαπήλων ἐπευωνιζομένους ἰδών τις οἴεται δούλους εὐθὺς
εἶναι, πολὺ διαμαρτάνει τῆς ἀληθείας. οὐ γὰρ ἡ πρᾶσις κύριον ἀπο-
φαίνει τὸν πριάμενον ἢ τὸν πραθέντα δοῦλον, ἐπεὶ καὶ πατέρες 25
υἱῶν τιμὰς κατέθεσαν καὶ υἱοὶ πολλάκις πατέρων, ἢ κατὰ λῃστείας ἀπαχθέν-
των ἢ κατὰ πόλεμον αἰχμαλώτων γενομένων. — ἤδη δέ τινες καὶ προσ-
υπερβάλλοντες εἰς τοὐναντίον περιήγαγον τὸ πρᾶγμα, δεσπόται γενόμενοι τῶν
πριαμένων ἀντὶ δούλων. —

359 Philo quod omnis probus liber Vol. II p. 451, 47 Mang. πρὸς 30
τούτοις ἔτι ⟨πῶς⟩ οὐκ ἂν εἴποι τις τοὺς φίλους τοῦ θεοῦ ἐλευθέ-
ρους εἶναι; εἰ μὴ τοῖς μὲν τῶν βασιλέων ἑταίροις ἄξιον ⟨οὐ⟩ μόνον ἐλευ-
θερίαν ἀλλὰ καὶ ἀρχὴν συνομολογεῖν, συνεπιτροπεύουσι καὶ συνδιέπουσι τὴν
ἡγεμονίαν, τοῖς δὲ θεῶν τῶν Ὀλυμπίων δουλείαν ἐπιφημιστέον, οἳ διὰ τὸ
φιλόθεον εὐθὺς γενόμενοι θεοφιλεῖς, ἴσῃ ἀντιτιμηθέντες εὐνοίᾳ, παρ᾽ ἀληθείᾳ 35
δικαζούσῃ, καθάπερ οἱ ποιηταί φασι, πανάρχοντές τε καὶ βασιλέων βασι-
λῆές εἰσι.

360 Philo quod omnis probus liber Vol. II p. 452, 22 Mang. ἔτι
τοίνυν ὥσπερ τῶν πόλεων αἱ μὲν ὀλιγαρχούμεναι καὶ τυραννούμεναι δουλείαν
ὑπομένουσι, χαλεποὺς καὶ βαρεῖς ἔχουσαι δεσπότας τοὺς ὑπαγομένους καὶ 40
κρατοῦντας, αἱ δὲ νόμοις ἐπιμεληταῖς χρώμεναι καὶ προστάταις εἰσὶν ἐλεύθε-
ραι, οὕτω καὶ τῶν ἀνθρώπων, παρ᾽ οἷς μὲν ἂν ὀργὴ ἢ ἐπιθυμία ἤ τι ἄλλο
πάθος ἢ καὶ ἐπίβουλος κακία δυναστεύῃ, πάντως εἰσὶ δοῦλοι, ὅσοι δὲ
μετὰ νόμου ζῶσιν ἐλεύθεροι. νόμος δὲ ἀψευδὴς ὁ ὀρθὸς λόγος, οὐχ
ὑπὸ τοῦ δεῖνος ἢ τοῦ δεῖνος θνητοῦ φθαρτὸς ἐν χαρτιδίοις ἢ στήλαις ἄψυ- 45

---

1 ὅσα scripsi, ἃ libri.   5 ἐφιεμένων libri, corr Reiske.   20 οὐ addidi·
31 πῶς addidi. ‖ scribendum: τῶν θεῶν.   32 οὐ addidi   43 δυναστεύῃ
scripsi, δυναστεύει vulgo.

χος ἀψύχοις, ἀλλ' ὑπ' ἀθανάτου φύσεως ἄφθαρτος ἐν ἀθανάτῳ διανοίᾳ τυ-
πωθείς· διὸ καὶ θαυμάσαι ἄν τις τῆς ἀμβλυωπίας τοὺς τρανὰς οὕτω πραγ-
μάτων ἰδιότητας μὴ συνορῶντας, οἳ μεγίστοις μὲν δήμοις Ἀθηναίων καὶ
Λακεδαιμονίων πρὸς ἐλευθερίαν αὐταρκεστάτους εἶναί φασι τοὺς Σόλωνος
5 καὶ Λυκούργου νόμους, κρατοῦντάς τε καὶ ἄρχοντας πειθαρχούντων αὐτοῖς
τῶν πολιτευομένων· σοφοῖς δὲ ἀνδράσι τὸν ὀρθὸν λόγον, ὃς καὶ τοῖς ἄλλοις
ἐστὶ πηγὴ νόμοις, οὐχ ἱκανὸν εἶναι πρὸς μετουσίαν ἐλευθερίας τοῖς ὑπακού-
ουσι πάντων, ἅττ' ἂν ἢ προστάττῃ ἢ ἀπαγορεύῃ.

361 Philo quod omnis probus liber Vol. II p. 452, 46 Mang. πρὸς
10 τοίνυν τοῖς εἰρημένοις ἐναργεστάτη πίστις ἐλευθερίας ἡ ἰσηγορία,
ἣν οἱ σπουδαῖοι πάντες ἄγουσι πρὸς ἀλλήλους· ὅθεν καὶ τὰ τρίμετρα φιλο-
σόφως ἐκεῖνά φασιν εἰρῆσθαι·
 οὐ γὰρ μετεῖναι τῶν νόμων δούλοις ἔφυ
καὶ πάλιν·
15 δοῦλος πέφυκας, οὐ μέτεστί σοι λόγου.
καθάπερ οὖν ὁ μουσικὸς λόγος ἅπασι τοῖς ἐπιτετηδευκόσι μουσικὴν ἰσηγορίας
τῆς ἐν τῇ τέχνῃ μεταδίδωσι καὶ ὁ γραμματικὸς ἢ γεωμετρικὸς γραμματικοῖς
ἢ γεωμέτραις, οὕτω καὶ ὁ ἐν τῷ βίῳ νόμος τοῖς ἐμπείροις τῶν βιωτικῶν.
οἱ δὲ σπουδαῖοι ἅπαντες ἔμπειροι τῶν κατὰ τὸν βίον πραγμάτων εἰσί, ὁπότε
20 καὶ τῶν ἐν ἁπάσῃ τῇ φύσει· καὶ εἰσί τινες αὐτῶν ἐλεύθεροι· ὥστε καὶ ὅσοι
τούτοις ἰσηγορίας μετέχουσιν· οὐδεὶς ἄρα τῶν σπουδαίων δοῦλος, ἀλλ' ἐλεύ-
θεροι πάντες. ἀπὸ δὲ τῆς αὐτῆς ἀφορμῆς καὶ ὅτι δοῦλος ὁ ἄφρων ἐστὶν ἐπι-
δειχθήσεται· ὥσπερ γὰρ ὁ κατὰ μουσικὴν νόμος οὐ δίδωσιν ἰσηγορίαν
ἀμούσοις πρὸς μεμουσωμένους οὐδ' ὁ κατὰ γραμματικὴν ἀγραμμάτοις πρὸς
25 γραμματικοὺς οὐδὲ συνόλως ὁ τεχνικὸς πρὸς τεχνίτας ἀτέχνοις, οὕτως οὐδ'
ὁ βιωτικὸς νόμος ἰσηγορίας μεταδίδωσι τοῖς κατὰ τὸν βίον ἀπείροις πρὸς
τοὺς ἐμπείρους· τοῖς δὲ ἐλευθέροις ἡ ἐκ νόμου πᾶσιν ἰσηγορία δίδοται· καὶ
εἰσί τινες τῶν σπουδαίων ἐλεύθεροι· καὶ τῶν βιωτικῶν ἄπειροι μὲν οἱ φαῦ-
λοι, ἐμπειρότατοι δ' οἱ σοφοί· οὐκ ἄρα εἰσί τινες τῶν φαύλων ἐλεύθεροι,
30 δοῦλοι δὲ πάντες.

362 Philo quod omnis probus liber Vol. II p. 454, 12 Mang. λέγεται
τοίνυν οὐκ ἀπὸ σκοποῦ, ὅτι ὁ φρονίμως πάντα ποιῶν εὖ ποιεῖ πάντα· ὁ δ'
εὖ ποιῶν πάντα ὀρθῶς ποιεῖ πάντα· ὁ δ' ὀρθῶς πάντα ποιῶν καὶ ἀναμαρ-
τήτως καὶ ἀμέμπτως καὶ ἀνεπιπλήκτως καὶ ἀνυπευθύνως καὶ ἀζημίως. ὥστ'
35 ἐξουσίαν σχήσει πάντα δρᾶν καὶ ζῆν ὡς βούλεται· ᾧ δὲ ταῦτ' ἔξεστιν, ἐλεύ-
θερος ἂν εἴη. ἀλλὰ μὴν πάντα φρονίμως ποιεῖ ὁ ἀστεῖος· μόνος
ἄρα ἐστὶν ἐλεύθερος.

363 Philo quod omnis probus liber Vol. II p. 454, 31 Mang. καὶ
μὴν ὃν μὴ ἐνδέχεται μήτ' ἀναγκάσαι μήτε κωλῦσαι, ἐκεῖνος οὐκ ἂν εἴη δοῦ-
40 λος· τὸν δὲ σπουδαῖον οὐκ ἔστιν ἀναγκάσαι οὐδὲ κωλῦσαι· οὐκ
ἄρα δοῦλος ὁ σπουδαῖος· ὅτι δ' οὔτ' ἀναγκάζεται οὔτε κωλύεται δῆλον.
κωλύεται μὲν γὰρ ὁ μὴ τυγχάνων ὧν ὀρέγεται· ὀρέγεται δ' ὁ σοφὸς τῶν ἀπ'
ἀρετῆς, ὧν ἀποτυγχάνειν οὐ πέφυκε. καὶ μὴν εἰ ἀναγκάζεται, δῆλον ὅτι
ἄκων τι ποιεῖ. ἀνθρώποις δὲ αἱ πράξεις ἢ ἀπ' ἀρετῆς εἰσι κατορθώματα ἢ
45 ἀπὸ κακίας ἁμαρτήματα ἢ μέσα καὶ ἀδιάφορα. τὰ μὲν οὖν ἀπ' ἀρετῆς οὐ

---

8 προστάττῃ ἢ ἀπαγορεύῃ scripsi, προτάττει ἢ ἀπαγορεύει vulgo. 16 ma-
lim νόμος. 34 ἀνεπιλήπτως cod. Mediceus. 44 ἀνθρώποις (i. e. ἀνοις)
scripsi, ἐν οἷς vulg.

βιασθείς, ἀλλ᾿ ἑκών (αἱρετὰ γάρ ἐστιν αὐτῷ) πάνθ᾿ ὅσα δρᾷ· τὰ δ᾿ ἀπὸ κα-
κίας ἅτε φευκτὰ οὐδ᾿ ὄναρ πράττει. οὐδὲ μὴν τὰ ἀδιάφορα εἰκός (scil. ἄκοντα
πράττειν), πρὸς ἃ καθάπερ ἐπὶ πλάστιγγος ἡ διάνοια ἰσορροπεῖ, διδιδαγμένη
μήτε ὡς ὁλκὸν ἔχουσι δύναμιν ἐνδιδόναι μήτ᾿ ὡς ἀποστροφῆς ἀξίοις δυσχε-
ραίνειν. ἐξ ὧν ἐστι δῆλον ὅτι οὐδὲν ἄκων ποιεῖ οὐδ᾿ ἀναγκάζεται. δοῦλος 5
δ᾿ εἴπερ ἦν, ἠναγκάζετ᾿ ἄν· ὥστ᾿ ἐλεύθερος ἂν εἴη ὁ ἀστεῖος.

364 Philo de poster. Caini § 138 Vol. II p. 30, 17 Wendl. τοῦτο
δ᾿ ἐστὶ τὸ δογματικώτατον ὅτι ὁ σοφὸς μόνος ἐλεύθερός τε καὶ ἄρχων κἂν
μυρίους τοῦ σώματος ἔχῃ δεσπότας.

365 Dio Chrysost. or. XV § 31 (Vol. II p. 240, 32 Arn.). ὥστε ὃς 10
ἂν ᾖ πρὸς ἀρετὴν καλῶς γεγονώς, τοῦτον προσήκει γενναῖον λέγεσθαι — —.
ἀλλὰ μὴν οὐχ οἷόν τε γενναῖον μὲν εἶναί τινα, μὴ εὐγενῆ δὲ τοῦτον, οὐδ᾿
εὐγενῆ ὄντα μὴ ἐλεύθερον εἶναι. ὥστε καὶ τὸν ἀγεννῆ πᾶσα ἀνάγκη δοῦ-
λον εἶναι.

366 Stobaeus ecl. II 107, 14 W. περὶ δὲ εὐφυοῦς, ἔτι δὲ εὐγενοῦς 15
οἱ μὲν τῶν ἐκ τῆς αἱρέσεως ἐπηνέχθησαν ἐπὶ τὸ λέγειν πάντα σοφὸν τοιοῦ-
τον εἶναι, οἱ δ᾿ οὔ. οἱ μὲν γὰρ οἴονται οὐ μόνον εὐφυεῖς γίγνεσθαι πρὸς
ἀρετὴν ἐκ φύσεως, ἀλλὰ καί τινας ἐκ κατασκευῆς, καὶ τὸ ἐν ταῖς παροιμίαις
λεγόμενον τοῦτο ἀπεδέξαντο (frg. trag. adesp. 227 N.)
   μελέτη χρονισθεῖσ᾿ εἰς φύσιν καθίσταται, 20
τὸ δ᾿ ὅμοιον καὶ περὶ εὐγενείας ὑπέλαβον, ὥστε εὐφυΐαν μὲν εἶνα κοινῶς
ἕξιν ἐκ φύσεως ἢ ἐκ κατασκευῆς οἰκείαν πρὸς ἀρετήν, ἢ ἕξιν καθ᾿
ἣν εὐανάληπτοι ἀρετῆς εἰσί τινες· τὴν δ᾿ εὐγένειαν ἕξιν ἐκ γένους ἢ
ἐκ κατασκευῆς οἰκείαν πρὸς ἀρετήν.

§ 7. Iuris communionem non pertinere ad bruta animalia. 25
Cf. Phys. IV § 2.

367 Diog. Laërt. VII 129. ἔτι ἀρέσκει αὐτοῖς μηδὲν εἶναι ἡμῖν
δίκαιον πρὸς τὰ ἄλλα ζῷα, διὰ τὴν ἀνομοιότητα, καθά φησι Χρύ-
σιππος ἐν τῷ πρώτῳ περὶ Δικαιοσύνης.

368 Origenes contra Celsum IV 81 Vol. I p. 351, 7 Kö. (p. 563 30
Delarue) (Celsus formicarum et apum sollertiam laudibus extulerat). οὐδ᾿
ἐν τούτοις δὲ ἑώρακε τίνι διαφέρει τὰ ἀπὸ λόγου καὶ λογισμοῦ ἐπιτελούμενα
τῶν ἀπ᾿ ἀλόγου φύσεως καὶ κατασκευῆς ψιλῆς γινομένων, ὧν τὴν αἰτίαν
οὐδεὶς μὲν ἐνυπάρχων τοῖς ποιοῦσι λόγος ἀναδέχεται· οὐδὲ γὰρ ἔχουσιν αὐ-
τόν — — πόλεις οὖν παρ᾿ ἀνθρώποις μετὰ πολλῶν ὑπέστησαν τεχνῶν καὶ 35
διατάξεως νόμων· πολιτεῖαι δὲ καὶ ἀρχαὶ καὶ ἡγεμονίαι ἐν ἀνθρώποις ἤτοι
αἱ κυρίως εἰσὶν οὕτως καλούμεναι, σπουδαῖαί τινες ἕξεις καὶ ἐνέργειαι, ἢ
καὶ αἱ καταχρηστικώτερον οὕτως ὀνομαζόμεναι πρὸς τὴν κατὰ τὸ δυνατὸν
ἐκείνων μίμησιν· ἐκείναις γὰρ ἐνορῶντες οἱ ἐπιτετευγμένως νομοθετήσαντες
συνεστήσαντο τὰς ἀρίστας πολιτείας καὶ τὰς ἀρχὰς καὶ τὰς ἡγεμονίας, ὧν 40
οὐδὲν ἐν τοῖς ἀλόγοις ἔστιν εὑρεῖν.

---

1 ἐστιν scripsi, εἰσιν vulgo. 8 μόνος D, μόνον U. 13 πᾶσα Reiske,
πάντα libri. 16 ἀπηνέχθησαν Canter. 16 τὸ Canter, τῷ libri. 18 τινας
Heine, τοὺς libri. 23 ἐκ γένους Canter, εὐγενοῦς libri. 32 λογικῆς A.

Vol. I p. 352, 4 Kö. *τὴν θείαν δὲ φύσιν θαυμαστέον μέχρι τῶν ἀλόγων ἐκτείνασαν τὸ οἱονεὶ πρὸς τὰ λογικὰ μίμημα.*

369 Cicero de finibus III 19, 63. Ut enim in membris alia sunt tamquam sibi nata, ut oculi, ut aures, aliqua etiam ceterorum membro-
5 rum usum adiuvant, ut crura, ut manus, sic immanes quaedam bestiae sibi solum natae sunt: at illa quae in concha patula pina dicitur, isque qui enat e concha, qui quod eam custodit pinoteres vocatur, in eamque cum se recepit includitur, ut videatur monuisse ut caveret: itemque formicae, apes, ciconiae aliorum etiam causa quaedam
10 faciunt. Multo *** haec coniunctio est hominis. Itaque natura sumus apti ad coetus, concilia, civitates.

370 Sextus adv. math. IX 130. *ταῦτα δὴ παρῄνουν οἱ περὶ τὸν Πυθαγόραν πταίοντες* (scil. *κοινωνίαν εἶναί τινα ἡμῖν πρὸς τὰ ἄλογα τῶν ζῴων). οὐ γὰρ εἰ ἔστι τι διῆκον δι' ἡμῶν τε καὶ ἐκείνων πνεῦμα, εὐθὺς
15 ἔστι τις ἡμῖν δικαιοσύνη πρὸς τὰ ἄλογα τῶν ζῴων. ἰδοὺ γὰρ καὶ διὰ τῶν λίθων καὶ διὰ τῶν φυτῶν πεφοίτηκέ τι πνεῦμα, ὥστε ἡμᾶς αὐτοῖς συνενοῦσθαι, ἀλλ' οὐδέν ἐστιν ἡμῖν δίκαιον πρὸς τὰ φυτὰ καὶ ⟨τοὺς⟩ λίθους οὐδὲ μὴν τέμνοντες καὶ πρίζοντες τὰ τοιαῦτα τῶν σωμάτων ἀδικοῦμεν. τί οὖν φασιν οἱ Στωϊκοὶ δικαιοσύνην τινὰ καὶ ἐπιπλοκὴν ἔχειν τοὺς ἀνθρώ-
20 πους πρὸς ἀλλήλους καὶ τοὺς θεούς; οὐ καθόσον ἐστὶ τὸ ἐληλακὸς διὰ πάν-των πνεῦμα, ἐπεὶ ἂν καὶ πρὸς τὰ ἄλογα τῶν ζῴων ἐσῴζετό τι δίκαιον ἡμῖν, ἀλλ' ἐπεὶ λόγον ἔχομεν τὸν ἐπ' ἀλλήλους τε καὶ θεοὺς διατείνοντα, οὗ τὰ ἄλογα τῶν ζῴων μὴ μετέχοντα οὐκ ἂν ἔχοι τι πρὸς ἡμᾶς δίκαιον.*

371 Cicero de finibus III 20, 67. *Et quomodo hominum inter ho-
25 mines iuris esse vincula putant, sic homini nihil iuris esse cum bestiis. Praeclare enim Chrysippus, cetera nata esse hominum causa et deo-rum; eos autem communitatis et societatis suae: ut bestiis homines uti ad utilitatem suam possent sine iniuria; quoniamque ea natura esset hominis, ut ei cum genere humano quasi civile ius intercederet: qui id
30 conservaret, eum iustum: qui migraret, iniustum fore. Sed quemadmo-dum, theatrum cum commune sit, recte tamen dici potest, eius esse eum locum, quem quisque occuparit: sic in urbe mundove communi non ad-versatur ius, quo minus suum quidque cuiusque sit.*

372 Philo de mundi opificio § 73 Vol. I p. 24, 21 Wendl. *Τῶν ὄν-
35 των τὰ μὲν οὔτε ἀρετῆς οὔτε κακίας μετέχει, ὥσπερ φυτὰ καὶ ζῷα ἄλογα, τὰ μὲν ὅτι ἄψυχά τέ ἐστι καὶ ἀφαντάστῳ φύσει διοικεῖται, τὰ δὲ ὅτι νοῦν καὶ λόγον ἐκτέτμηται. Κακίας δὲ καὶ ἀρετῆς ὡς ἂν οἶκος νοῦς καὶ λόγος, ᾧ πεφύκασιν ἐνδιαιτᾶσθαι. Τὰ δὲ αὖ μόνης κεκοινώνηκεν ἀρε-τῆς, ἀμέτοχα πάσης ὄντα κακίας, ὥσπερ οἱ ἀστέρες. Οὗτοι γὰρ ζῷά τε εἶναι
40 λέγονται καὶ ζῷα νοερά. — — Τὰ δὲ τῆς μικτῆς ἐστι φύσεως, ὥσπερ ἄν-θρωπος, ὃς ἐπιδέχεται — ἀρετὴν καὶ κακίαν.*

373 Plutarchus *πότερα τῶν ζῴων φρονιμώτερα* cp. 6 p. 963f. *οἱ γὰρ*

---

4 alia *Marsus.*   8 recepit *Glogaviensis*, recipit AB.   10 multoque ma-gis haec *Madvig.*   17 *τοὺς* addidi.   28 possint *libri*, corr. *C. F. W. Müller.*
29 ut ei cum *Lambin.*, ut et cum AB ut cum *ceteri.*   37 *οὐ κέκτηται* ABP.
38 *ᾧ* V, *οἷς* plerique.

ἀπὸ τῆς Στοᾶς καὶ τοῦ Περιπάτου μάλιστα πρὸς τοὐναντίον ἐντείνονται
τῷ λόγῳ, τῆς δικαιοσύνης ἑτέραν γένεσιν οὐκ ἐχούσης, ἀλλὰ παν-
τάπασιν ἀσυστάτου καὶ ἀνυπάρκτου γινομένης, εἰ πᾶσι τοῖς ζῴοις
λόγου μέτεστι· γίνεται γὰρ ἢ τὸ ἀδικεῖν ἀναγκαῖον ἡμῖν ἀφειδοῦσιν αὐ-
τῶν ἢ μὴ χρωμένων αὐτοῖς τὸ ζῆν ἀδύνατον καὶ ἄπορον· καὶ τρόπον τινὰ 5
θηρίων βίον βιωσόμεθα, τὰς ἀπὸ τῶν θηρίων προέμενοι χρείας. —

374 Plutarchus de esu carnium II 6 p. 999 a.   Οὐκ ἴσος δέ τις οὗτος
ὁ ἀγὼν τοῖς Στωϊκοῖς ὑπὲρ τῆς σαρκοφαγίας. τίς γὰρ ὁ πολὺς τόνος
εἰς τὴν γαστέρα καὶ τὰ ὀπτανεῖα; τί τὴν ἡδονὴν θηλύνοντες καὶ διαβάλλον-
τες, ὡς οὔτε ἀγαθὸν οὔτε προηγούμενον οὔτε οἰκεῖον, οὕτω [πρὸς τὰ] περὶ 10
τῶν ἡδονῶν ἐσπουδάκασι; καὶ μὴν ἀκόλουθον ἦν αὐτοῖς, εἰ μῦρον ἐξελαύ-
νουσι καὶ πέμμα τῶν συμποσίων, μᾶλλον αἷμα καὶ σάρκα δυσχεραίνειν. νῦν
δ' ὥσπερ εἰς ἐφημερίδα φιλοσοφοῦντες δαπάνην ἀφαιροῦσι τῶν δείπνων ἐν
τοῖς ἀχρήστοις καὶ περιττοῖς, τὸ δὲ ἀνήμερον τῆς πολυτελείας καὶ φονικὸν
οὐ παραιτοῦνται· „ναί, φησίν, οὐδὲν γὰρ ἡμῖν πρὸς τὰ ἄλογα δίκαιόν 15
ἐστι." οὐδὲ γὰρ πρὸς τὸ μῦρον, φαίη τις ἄν, οὐδὲ πρὸς τὰ ξενικὰ τῶν
ἡδυσμάτων· ἀλλὰ καὶ τούτων ἀποτρέπεσθε, τὸ μὴ χρήσιμον μηδὲ ἀναγκαῖον
ἐν ἡδονῇ πανταχόθεν ἐξελαύνοντες.

375 Philo de sacrif. Abel et Cain § 46 Vol. I p. 220, 19 Wendl.
διττὸν εἶναι πέφυκε τὸ ἄλογον, τὸ μὲν παρὰ τὸν αἱροῦντα λόγον, ὃν 20
ἄφρονα φασί τινες, τὸ δὲ κατ' ἐκτομὴν λόγου, ὡς τῶν ζῴων τὰ μὴ
λογικά.

376 Anecdota Paris. ed. Cramer Vol. I p. 244 (Schol. in Eth. Nicom).
Οἱ Ἐπικούρειοι καὶ τινες τῶν ὕστερον Στωϊκῶν μετεδίδοσαν καὶ τοῖς
ἀλόγοις εὐδαιμονίας. 25

---

5 χρωμένοις Porphyrius.   10 πρὸς τὰ del. Bernardakis.   13 εἰς τὰς
ἐφημερίδας libri, corr. Dü.   15 δίκαιον Bernardakis (S?); οἰκεῖον libri.
20 ὡς ἄλογον τὸν ἄφρονα Pap. UFL², ὃν ἄφρονα ceteri.   25 nemo certe hoc
dixit ex antiquioribus Stoicis, neque Chrysippus neque eius discipuli.

Ethica VII.

De affectibus.

§ 1. Notio affectus et singulorum affectuum definitiones.

377 Clemens Al. Strom. II p. 460 Pott. Ὁρμὴ μὲν οὖν φορὰ δια-
νοίας ἐπί τι ἢ ἀπό του· πάθος δὲ πλεονάζουσα ὁρμὴ ἢ ὑπερτείνουσα
τὰ κατὰ τὸν λόγον μέτρα· ἢ ὁρμὴ ἐκφερομένη καὶ ἀπειθὴς λόγῳ.
Παρὰ φύσιν οὖν κινήσεις ψυχῆς κατὰ τὴν πρὸς τὸν λόγον ἀπείθειαν τὰ
πάθη.

378 Stobaeus ecl. II 88, 6 W. Ἐπεὶ δ' ἐν εἴδει τὸ πάθος τῆς
ὁρμῆς ἐστι, λέγωμεν ἐξῆς περὶ παθῶν.

10. Πάθος δ' εἶναί φασιν ὁρμὴν πλεονάζουσαν καὶ ἀπειθῆ τῷ αἱροῦντι
λόγῳ ἢ κίνησιν ψυχῆς ⟨ἄλογον⟩ παρὰ φύσιν (εἶναι δὲ πάθη πάντα τοῦ
ἡγεμονικοῦ τῆς ψυχῆς), διὸ καὶ πᾶσαν πτοίαν πάθος εἶναι, ⟨καὶ⟩ πάλιν
⟨πᾶν⟩ πάθος πτοίαν. Τοῦ δὲ πάθους τοιούτου ὄντος ὑποληπτέον, τὰ μὲν
πρῶτα εἶναι καὶ ἀρχηγά, τὰ δ' εἰς ταῦτα τὴν ἀναφορὰν ἔχειν. Πρῶτα δ'
εἶναι τῷ γένει ταῦτα τὰ τέσσαρα, ἐπιθυμίαν, φόβον, λύπην, ἡδονήν. Ἐπι-
θυμίαν μὲν οὖν καὶ φόβον προηγεῖσθαι, τὴν μὲν πρὸς τὸ φαινόμενον ἀγα-
θόν, τὸν δὲ πρὸς τὸ φαινόμενον κακόν. Ἐπιγίνεσθαι δὲ τούτοις ἡδονὴν
καὶ λύπην, ἡδονὴν μὲν ὅταν τυγχάνωμεν ὧν ἐπεθυμοῦμεν ἢ ἐκφύγωμεν ἃ
ἐφοβούμεθα· λύπην δέ, ὅταν ἀποτυγχάνωμεν ὧν ἐπεθυμοῦμεν ἢ περιπέσωμεν
οἷς ἐφοβούμεθα. Ἐπὶ πάντων δὲ τῶν τῆς ψυχῆς παθῶν, ἐπεὶ δόξας αὐτὰ
λέγουσιν εἶναι, παραλαμβάνεσθαι τὴν δόξαν ἀντὶ τῆς ἀσθενοῦς ὑπολήψεως,
τὸ δὲ πρόσφατον ἀντὶ τοῦ κινητικοῦ συστολῆς ἀλόγου ⟨ἢ⟩ ἐπάρσεως.

379 Cicero Tusc. disp. IV 22. Omnium autem perturbationum fontem
esse dicunt intemperantiam, quae est [a] tota mente a recta ratione
defectio, sic aversa a praescriptione rationis, ut nullo modo adpetitiones
animi nec regi nec contineri queant. Quem ad modum igitur temperantia
sedat adpetitiones et efficit, ut eae rectae rationi pareant, conservatque
considerata iudicia mentis, sic huic inimica intemperantia omnem animi
statum inflammat, conturbat, incitat, itaque et aegritudines et metus et
reliquae perturbationes omnes gignuntur ex ea.

380 Cicero Tusc. disp. IV 14. Sed omnes perturbationes iu-

---

12 ἄλογον add. Wachsm.   13 τοῦ ἡγεμονικοῦ Wachsm., τῷ γένει ἢ libri. ‖
καὶ add. Heeren.   14 πᾶν add. Meineke.   19 ἐπεθυμοῦμεν Meurer, ἐπιθυ-
μοῦμεν libri.   21 ἐπεὶ Usener, ἐπὶ libri.   23 ἢ add. Salmasius.   25 a se-
clusi. ‖ a recta ratione del. Bentley.

dicio censent fieri et opinione. Itaque eas definiunt pressius, ut intellegatur, non modo quam vitiosae, sed etiam quam in nostra sint potestate. — — 15. Sed quae iudicia quasque opiniones perturbationum esse dixi, non in eis perturbationes solum positas esse dicunt, verum illa etiam, quae efficiuntur perturbationibus, ut aegritudo quasi morsum ali- 5 quem doloris efficiat, metus recessum quendam animi et fugam, laetitia profusam hilaritatem, lubido effrenatam adpetentiam. Opinationem autem, quam in omnis definitiones superiores inclusimus, volunt esse imbecillam adsensionem.

381 Cicero de finibus III 35. perturbationes animorum — quas Graeci 10 πάθη appellant. — omnesque eae sunt genere quattuor, partibus plures: aegritudo, formido, libido, quamque Stoici communi nomine corporis et animi ἡδονήν appellant — quasi gestientis animi elationem voluptariam. Perturbationes autem nulla naturae vi commoventur, omniaque ea sunt opiniones ac iudicia levitatis. Itaque his sapiens semper vacabit. 15

382 Themistius paraphr. in Aristot. de anima III 5 p. 197 Sp. καὶ οὐ κακῶς οἱ ἀπὸ Ζήνωνος τὰ πάθη τῆς ἀνθρωπίνης ψυχῆς τοῦ λόγου διαστροφὰς εἶναι τιθέμενοι καὶ λόγου κρίσεις ἡμαρτημένας etc.

383 Proclus in Plat. Alcib. pr. Vol. III p. 159 ed. Cousin. οὐ γὰρ μόνον ἀπὸ τῶν δογμάτων τοιάδε κινεῖται πάθη τοῖς ἀνθρώποις, ὡς οἱ ἀπὸ 20 τῆς Στοᾶς λέγουσιν, ἀλλὰ καὶ τοὐναντίον διὰ τὰ τοιάδε πάθη καὶ τὰς ὀρέξεις μεταβάλλουσι τὰς δόξας etc.

384 Plutarchus de virtute morali cp. 9 p. 449c. καὶ φασὶν αὐτοί (scil. Stoici) τῶν πραγμάτων ἐκβιαζομένων „οὐ πᾶσαν εἶναι κρίσιν πάθος, ἀλλὰ τὴν κινητικὴν ὁρμῆς βιαίου καὶ πλεονα- 25 ζούσης“ ὁμολογοῦντες ἕτερον εἶναι τὸ κρῖνον καὶ τὸ πάσχον ἐν ἡμῖν, ὥσπερ τὸ κινοῦν καὶ τὸ κινούμενον. αὐτός τε Χρύσιππος ἐν πολλοῖς ὁριζόμενος τὴν καρτερίαν καὶ τὴν ἐγκράτειαν ἕξεις ἀκολουθητικὰς τῷ αἱροῦντι λόγῳ, δῆλός ἐστιν ὑπὸ τῶν πραγμάτων ὁμολογεῖν ἀναγκαζόμενος ὡς ἕτερόν ἐστι τὸ ἀκολουθοῦν ἐν ἡμῖν τοῦ 30 ᾧ ἀκολουθεῖ πειθόμενον, ἢ πάλιν μάχεται μὴ πειθόμενον.

385 Cicero Tusculan. disput. III 11, 24. Est igitur causa omnis in opinione, nec vero aegritudinis solum, sed etiam reliquarum omnium perturbationum, quae sunt genere quattuor, partibus plures. Nam cum omnis perturbatio sit animi motus vel rationis expers vel rationem aspernans 35 vel rationi non oboediens, isque motus aut boni aut mali opinione citetur bifariam, quattuor perturbationes aequaliter distributae sunt. Nam duae sunt ex opinione boni, quarum altera, voluptas gestiens, id est praeter modum elata laetitia, opinione praesentis magni alicuius boni, altera, quae est immoderata appetitio opinati magni boni, rationi non obtemperans vel 40 cupiditas recte vel libido dici potest. 25. Ergo haec duo genera, voluptas gestiens et libido, bonorum opinione turbantur, ut duo reliqua, metus et aegritudo malorum. Nam et metus opinio magni mali impendentis, et aegritudo est opinio magni mali praesentis, et quidem recens opinio

---

39 altera quae *Davisius,* altera cupiditas quae recte vel libido dici potest quae *libri.*

talis mali, ut in eo rectum videatur esse angi; id autem est, ut is, qui
doleat, oportere opinetur se dolere.

386 Aspasius in Aristot. Eth. Nicom. p. 44, 12 Heylb. οἱ μὲν οὖν
ἐκ τῆς Στοᾶς ᾠήθησαν πάθος εἶναι ὁρμὴν σφοδρὰν ἢ ὁρμὴν ἄλογον, λαμ-
5 βάνοντες τὸ ὑπεναντίον τῷ ὀρθῷ λόγῳ. cf. ibid. 23.

idem p. 45, 16. γενικὰ δὲ πάθη οἱ μὲν ἐκ τῆς Στοᾶς ἔφασαν εἶναι
ἡδονὴν καὶ λύπην φόβον ⟨καὶ⟩ ἐπιθυμίαν· γίνεσθαι μὲν γὰρ τὰ πάθη
ἔφασαν δι' ὑπόληψιν ἀγαθοῦ καὶ κακοῦ, ἀλλ' ὅταν μὲν ὡς ἐπὶ παροῦσι τοῖς
ἀγαθοῖς κινῆται ἡ ψυχή, ἡδονὴν εἶναι, ὅταν δὲ ὡς ἐπὶ παροῦσι τοῖς κακοῖς,
10 λύπην· πάλιν δὲ ἐπὶ τοῖς προσδοκωμένοις ἀγαθοῖς ἐπιθυμία συμβαίνει, ὄρεξις
οὖσα ὡς φαινομένου ἀγαθοῦ, κακῶν δὲ προσδοκωμένων τὸ συμβαῖνον πάθος
φόβον ἔλεγον εἶναι.

Anonymus in Aristot. Eth. Nicom. (Michaël, Eustratius) ed. Heylb.
p. 180, 14. τοιαύτη ἐστὶν ἡ λύπη, ἣν οἱ ἀπὸ τῆς Στοᾶς ἀντὶ λύπης
15 συστολὴν καλοῦσι.

387 Servius ad Aeneid. VI 733. Varro et omnes philosophi dicunt,
quattuor esse passiones, duas a bonis opinatis, et duas a malis opi-
natis rebus: nam dolere et timere duae opiniones malae sunt, una prae-
sentis, alia futuri: item gaudere et cupere opiniones bonae sunt, una
20 praesentis, altera futuri.

388 Philo de fortitudine p. 419 Vol. II Mang. τεττάρων ὄντων ἐν
τῇ ψυχῇ παθῶν, δυοῖν μὲν περὶ τὸ ἀγαθὸν ἐνεστὼς ἢ μέλλον, ἡδονῆς
καὶ ἐπιθυμίας, δυοῖν δὲ περὶ τὸ κακόν, παρὸν ἢ προσδοκώμενον, λύπης
καὶ φόβου etc.

25 **389** Stobaeus ecl. II 89, 4 W. τὸ δὲ „ἄλογον" καὶ τὸ „παρὰ φύσιν"
(scil. in πάθους definitione) οὐ κοινῶς, ἀλλὰ τὸ μὲν „ἄλογον" ἴσον τῷ
„ἀπειθὲς τῷ λόγῳ." πᾶν γὰρ πάθος βιαστικόν ἐστι, ὡς πολλάκις ὁρῶντας
τοὺς ἐν τοῖς πάθεσιν ὄντας ὅτι οὐ συμφέρει τόδε ποιεῖν, ὑπὸ τῆς σφοδρό-
τητος ἐκφερομένους, καθάπερ ὑπό τινος ἀπειθοῦς ἵππου, ἀνάγεσθαι πρὸς τὸ
30 ποιεῖν αὐτό, παρ' ὃ καὶ πολλάκις τινὰς ἐξομολογεῖσθαι λέγοντας τὸ θρυλού-
μενον τοῦτο· (Eur. fr. 837 Nauck)
        γνώμην δ' ἔχοντα μ' ἡ φύσις βιάζεται·
γνώμην γὰρ λέγει νῦν τὴν εἴδησιν καὶ γνῶσιν τῶν ὀρθῶν πραγμάτων. καὶ
τὸ „παρὰ φύσιν" δ' εἴληπται ἐν τῇ τοῦ πάθους ὑπογραφῇ, ὡς συμ-
35 βαίνοντος παρὰ τὸν ὀρθὸν καὶ κατὰ φύσιν λόγον. πάντες δ' οἱ ἐν
τοῖς πάθεσιν ὄντες ἀποστρέφονται τὸν λόγον, οὐ παραπλησίως δὲ τοῖς ἐξη-
πατημένοις ἐν ὁτῳοῦν, ἀλλ' ἰδιαζόντως. οἱ μὲν γὰρ ἠπατημένοι λόγου χάριν
περὶ ⟨τοῦ⟩ τὰς ἀτόμους ἀρχὰς εἶναι, διδαχθέντες ὅτι οὔκ εἰσιν, ἀφίστανται
τῆς κρίσεως· οἱ δ' ἐν τοῖς πάθεσιν ὄντες, κἂν μάθωσι, κἂν μεταδιδαχθῶσιν
40 ὅτι οὐ δεῖ λυπεῖσθαι ἢ φοβεῖσθαι, ἢ ὅλως ἐν τοῖς πάθεσιν εἶναι τῆς ψυχῆς,
ὅμως οὐκ ἀφίστανται τούτων, ἀλλ' ἄγονται ὑπὸ τῶν παθῶν εἰς τὸ ὑπὸ τῆς
τούτων κρατεῖσθαι τυραννίδος.

390 Plutarchus de virtute morali cp. 10 p. 450c. ἐν δὲ τοῖς
περὶ Ἀνομολογίας ὁ Χρύσιππος εἰπὼν „ὅτι τυφλόν ἐστιν ἡ

---

7 καὶ addidi.   26 ἴσον Usener, ὅσον libri.   27 ἀπειθῶς libri, corr.
Usener. ‖ ὡς Meineke, καὶ libri.   28 οὐ huc transposui, post τόδε habent
libri εὖ.   38 τοῦ add. Wachsm.   44 Ἀνωμαλίας Reiske.

ὀργὴ καὶ πολλάκις μὲν οὐκ ἐᾷ ὁρᾶν τὰ ἐκφανῆ, πολλάκις δὲ
τοῖς καταλαμβονομένοις ἐπιπροσθεῖ" μικρὸν προελθὼν „Τὰ γὰρ
ἐπιγιγνόμενα," φησὶ „πάθη ἐκκρούει τοὺς λογισμοὺς καὶ τὰ
ὡς ἑτέρως φαινόμενα, βιαίως προωθοῦντα ἐπὶ τὰς ἐναντίας
πράξεις." εἶτα χρῆται μάρτυρι τῷ Μενάνδρῳ λέγοντι (Kock Frg. Com. 5
III p. 173)

> Οἴμοι τάλας ἔγωγε, ποῦ ποθ' αἱ φρένες
> ἡμῶν ἐκεῖνον ἦσαν ἐν τῷ σώματι
> τὸν χρόνον, ὅτ' οὐ ταῦτ', ἀλλ' ἐκεῖν' ἡρούμεθα;

καὶ πάλιν ὁ Χρύσιππος προελθὼν „Τοῦ λογικοῦ (φησὶ) ζῴου φύ- 10
σιν ἔχοντος προσχρῆσθαι εἰς ἕκαστα τῷ λόγῳ καὶ ὑπὸ τούτου
κυβερνᾶσθαι, πολλάκις ἀποστρέφεσθαι αὐτὸν ἡμᾶς, ἄλλῃ βι-
αιοτέρᾳ φορᾷ χρωμένους."

391 Andronicus περὶ παθῶν 1 (p. 11 Kreuttner). Πάθος ἐστὶν ἄλο-
γος ψυχῆς κίνησις καὶ παρὰ φύσιν ἢ ὁρμὴ πλεονάζουσα. — — τὰ δὲ γενι- 15
κώτερα πάθη τέσσαρα· λύπη, φόβος, ἐπιθυμία, ἡδονή.
λύπη μὲν οὖν ἐστιν ἄλογος συστολή. ἢ δόξα πρόσφατος κακοῦ παρου-
σίας, ἐφ' ᾧ οἴονται δεῖν συστέλλεσθαι.
φόβος δὲ ἄλογος ἔκκλισις· ἢ φυγὴ ἀπὸ προσδοκωμένου δεινοῦ.
ἐπιθυμία δὲ ἄλογος ὄρεξις· ἢ δίωξις προσδοκωμένου ἀγαθοῦ. 20
ἡδονὴ δὲ ἄλογος ἔπαρσις· ἢ δόξα πρόσφατος ἀγαθοῦ παρουσίας, ἐφ'
ᾧ οἴονται δεῖν ἐπαίρεσθαι.

392 Philo de Mose lib. III Vol. II Mang. p. 156. ἐξ ἀλόγου πάθους,
ἢ παρὰ φύσιν ἐπαιρούσης καὶ μετεωριζούσης ἡδονῆς, ἢ συστελλούσης ἔμ-
παλιν λύπης καὶ καθαιρούσης ἢ ἀποστρέφοντος καὶ ἀποκλίνοντος τὴν ἐπ' 25
εὐθείας ὁρμὴν φόβου, ἢ τῆς ἐπιθυμίας πρὸς τὰ μὴ παρόντα ἑλκούσης
καὶ ἀποτεινούσης βίᾳ. ibid. τὸ μὲν γὰρ τοῦ σώματος (scil. κάλλος) ἐν συμ-
μετρίᾳ μερῶν εὐχροίᾳ τε καὶ εὐσαρκίᾳ κεῖται, — — τὸ δὲ τῆς διανοίας ἐν
ἁρμονίᾳ δογμάτων καὶ ἀρετῶν συμφωνίᾳ etc.

393 Cicero Tusculan. disput. IV 7, 14. Est ergo aegritudo opinio 30
recens mali praesentis, in quo demitti contrahique animo rectum esse vi-
deatur; laetitia opinio recens boni praesentis, in quo efferri rectum esse
videatur; metus opinio impendentis mali, quod intolerabile esse videatur;
libido opinio venturi boni, quod sit ex usu iam praesens esse atque
adesse. 35

394 Stobaeus ecl. II 90, 7 W. Τὴν μὲν οὖν ἐπιθυμίαν λέγουσιν
ὄρεξιν εἶναι ἀπειθῆ λόγῳ· αἴτιον δ' αὐτῆς τὸ δοξάζειν ἀγαθὸν ἐπιφέρεσθαι,
οὗ παρόντος εὖ ἀπαλλάξομεν, τῆς δόξης αὐτῆς ἐχούσης τὸ ἀτάκτως κινητικὸν
⟨πρόσφατον τοῦ ὄντος αὐτὸ ὀρεκτὸν εἶναι⟩. Φόβον δ' εἶναι ἔκκλισιν ἀπειθῆ
λόγῳ, αἴτιον δ' αὐτοῦ τὸ δοξάζειν κακὸν ἐπιφέρεσθαι, τῆς δόξης τὸ κινητι- 40
κὸν [καὶ] πρόσφατον ἐχούσης τοῦ ὄντως αὐτὸ φευκτὸν εἶναι. Λύπην δ'
εἶναι συστολὴν ψυχῆς ἀπειθῆ λόγῳ, αἴτιον δ' αὐτῆς τὸ δοξάζειν πρόσφατον
κακὸν παρεῖναι, ἐφ' ᾧ καθήκει ⟨συστέλλεσθαι. Ἡδονὴν δ' εἶναι ἔπαρσιν

---

38 ἀτάκτως del. Salmasius,   39 πρόσφατον—εἶναι add. Wachsm.
41 καὶ del. Wachsm. ‖ ὄντος F, corr. Heeren.

ψυχῆς ἀπειϑῆ λόγῳ, αἴτιον δ᾽ αὐτῆς τὸ δοξάζειν πρόσφατον ἀγαϑὸν παρεῖναι, ἐφ᾽ ᾧ καϑήκει⟩ ἐπαίρεσϑαι.

Ὑπὸ μὲν οὖν τὴν ἐπιϑυμίαν ὑπάγεται τὰ τοιαῦτα· ὀργὴ καὶ τὰ εἴδη αὐτῆς (ϑυμὸς καὶ χόλος καὶ μῆνις καὶ κότος καὶ πικρίαι καὶ τὰ τοι-
5 αῦτα), ἔρωτες σφοδροὶ καὶ πόϑοι καὶ ἵμεροι καὶ φιληδονίαι καὶ φιλοπλουτίαι καὶ φιλοδοξίαι καὶ τὰ ὅμοια· ὑπὸ δὲ τὴν ἡδονὴν ἐπιχαιρεκακίαι καὶ ἀσμενισμοὶ καὶ γοητεῖαι καὶ τὰ ὅμοια· ὑπὸ δὲ τὸν φόβον ὄκνοι καὶ ἀγωνίαι καὶ ἔκπληξις καὶ αἰσχύναι καὶ ϑόρυβοι καὶ δεισιδαιμονίαι καὶ δέος καὶ δείματα· ὑπὸ δὲ τὴν λύπην φϑόνος, ζῆλος, ζηλοτυπία, ἔλεος, πένϑος, ἄχϑος,
10 ἄχος, ἀνία, ὀδύνη, ἄση.

Stobaeus ecl. II 92, 18. τούτων δὲ τῶν παϑῶν τὰ μὲν ἐμφαίνειν τὸ ἐφ᾽ ᾧ γίγνεται, οἷον ἔλεον, φϑόνον, ἐπιχαιρεκακίαν, αἰσχύνην· τὰ δὲ τὴν ἰδιότητα τῆς κινήσεως, οἷον ὀδύνην, δεῖμα.

395 Stobaeus ecl. II 91, 10. ὀργὴ μὲν οὖν ἐστιν ἐπιϑυμία ⟨τοῦ⟩
15 τιμωρήσασϑαι τὸν δοκοῦντα ἠδικηκέναι παρὰ τὸ προσῆκον· ϑυμὸς δὲ ὀργὴ ἐναρχομένη· χόλος δὲ ὀργὴ διοιδοῦσα· μῆνις δὲ ὀργὴ εἰς παλαίωσιν ἀποτεϑειμένη ἢ ἐναποκειμένη· κότος δὲ ὀργὴ ἐπιτηροῦσα καιρὸν εἰς τιμωρίαν· πικρία δὲ ὀργὴ παραχρῆμα ἐκρηγνυμένη· ἔρως δὲ ἐπιβολὴ φιλοποιίας διὰ κάλλος ἐμφαινόμενον· πόϑος δὲ ἐπιϑυμία τοῦ ἔρωτι ἀπόντος· ἵμερος δὲ
20 ἐπιϑυμία φίλου ἀπόντος ὁμιλίας· φιληδονία δὲ ἐπιϑυμία ἡδονῶν· φιλοπλουτία δὲ πλούτου· φιλοδοξία δὲ δόξης.

396 Diog. Laërt. VII 113. ἐπιϑυμία δέ ἐστιν ἄλογος ὄρεξις, ὑφ᾽ ἣν τάττεται καὶ ταῦτα· σπάνις, μῖσος, φιλονικία, ὀργή, ἔρως, μῆνις, ϑυμός. ἔστι δὲ ἡ μὲν σπάνις ἐπιϑυμία τις ἐν ἀποτεύξει καὶ οἷον κεχωρισμένη ἐκ
25 τοῦ πράγματος, τεταμένη δὲ διακενῆς ἐπ᾽ αὐτὸ καὶ σπωμένη· μῖσος δέ ἐστιν ἐπιϑυμία τις τοῦ κακῶς εἶναί τινι μετὰ προκοπῆς τινος καὶ παρατάσεως, φιλονικία δὲ ἐπιϑυμία τις περιαιρέσεως, ὀργὴ δὲ ἐπιϑυμία τιμωρίας τοῦ δοκοῦντος ἠδικηκέναι οὐ προσηκόντως· ἔρως δέ ἐστιν ἐπιϑυμία τις ⟨καὶ⟩ οὐχὶ περὶ σπουδαίους· ἔστι γὰρ ἐπιβολὴ φιλοποιίας διὰ κάλλος ἐμφαινόμενον·
30 μῆνις δέ ἐστιν ὀργή τις πεπαλαιωμένη καὶ ἐπι *** κότος ἐπιτηρητικὴ [δέ], ὅπερ ἐμφαίνεται διὰ τῶνδε·

εἴπερ γάρ τε χόλον γε καὶ αὐτῆμαρ καταπέψῃ,
ἀλλά τε καὶ μετόπισϑεν ἔχει κότον, ὄφρα τελέσσῃ.

ὁ δὲ ϑυμός ἐστιν ὀργὴ ἀρχομένη.

35 **397** Andronicus περὶ παϑῶν 4 (p. 16 Kreuttner).

Ἐπιϑυμίας εἴδη κζ΄.

Ὀργὴ μὲν οὖν ἐστιν ἐπιϑυμία τιμωρίας τοῦ ἠδικηκέναι δοκοῦντος.
Θυμὸς δὲ ὀργὴ ἐναρχομένη.
Χόλος δὲ ὀργὴ διοιδοῦσα.
40 Πικρία δὲ ὀργὴ παραχρῆμα ἐκρηγνυμένη.
Μῆνις δὲ ὀργὴ εἰς παλαίωσιν ἀποτιϑεμένη.
Κότος δὲ ὀργὴ καιρὸν ἐπιτηροῦσα εἰς τιμωρίαν.
Ἔρως δὲ ἐπιϑυμία σωματικῆς συνουσίας.

---

2 συστέλλεσϑαι—ἐφ᾽ ᾧ καϑήκει add. Salmasius.   4 σκότος P, corr. Heeren.
16 ἀποτεϑειμένη Meineke, ἀποτιϑεμένη libri.   19 κάλλους libri. ‖ τοῦ ἔρωτι
libri, τοῦ ἐρωμένου Meineke, κατ᾽ ἔρωτα Andr.   22 ἡ δὲ ἐπιϑυμία BP.
26 προσκοπῆς B προ//κοπῆς P. ‖ προστάσεως B παραστάσεως (αρα in litura) P³.
29 οὐχ ἢ BP. ‖ ἐστὶν ἔστι P. ‖ φιλινπονίας B φιλοπονίας P.   30 τις om.
B. ‖ ἐπίσκοτος B ἐπί//κοτος P.

ἄλλος ἔρως· ἐπιθυμία φιλίας.

ἄλλος ἔρως· [ὑπηρεσία θεῶν εἰς ναῶν κατακόσμησιν καὶ καλῶν] ὃν ἐπι-
βολὴν καλοῦσι φιλοποιΐας διὰ κάλλος ἐμφαινόμενον.

Ἵμερος δὲ ἐπιθυμία φίλου ἀπόντος ὁμιλίας.

Πόθος δὲ ἐπιθυμία κατὰ ἔρωτα ἀπόντος. 5

Δυσμένεια δὲ δύσνοια ἐπιτηρητικὴ καὶ κακοποιός.

Δύσνοια δὲ ἐπιθυμία τοῦ κακῶς εἶναί τινι αὐτοῦ ἕνεκεν ἐκείνου.

Ἀψικορία δὲ ἐπιθυμία ταχὺ ἐμπιπλαμένη.

Ῥιψοφθαλμία δὲ ταχυτὴς περὶ τὸ ἰδεῖν τὸ ποθούμενον.

Σπάνις δὲ ἐπιθυμία ἀτελής. 10

Τραχυτὴς δὲ ἐπιθυμία ἀνώμαλος.

Ἔρις δὲ ἐπιθυμία εἰς ἀντίταξιν κακοποιητικήν.

Προσπάθεια δὲ ἐπιθυμία δεδουλωμένη.

Φιληδονία δὲ ἐπιθυμία ἡδονῶν ἄμετρος.

Φιλοχρηματία δὲ ἐπιθυμία [ἄχρηστος ἢ] ἄμετρος χρημάτων. 15

Φιλοτιμία δὲ ἐπιθυμία ἄμετρος τιμῆς.

Φιλοζωΐα δὲ ἐπιθυμία ζωῆς ἄλογος.

Φιλοσωματία δὲ ἐπιθυμία σώματος εὐθηνίας παρὰ τὸ δέον.

Γαστριμαργία δὲ ἐπιθυμία ἄμετρος σιτίων.

Οἰνοφλυγία δὲ ἐπιθυμία οἴνου ἄπληστος. 20

Λαγνεία δὲ ἐπιθυμία συνουσιῶν ἄμετρος.

398 Cicero Tusc. disp. IV 21. Quae autem libidini subiecta sunt,
ea sic definiunt, ut ira sit libido poeniendi eius, qui videatur laesisse
iniuria, excandescentia autem sit ira nascens et modo existens, quae
θύμωσις Graece dicitur, odium ira inveterata, inimicitia ira ulciscendi 25
tempus observans, discordia ira acerbior intimo animo et corde con-
cepta, indigentia libido inexplebilis, desiderium libido eius, qui non-
dum adsit, videndi.

Distinguunt illud etiam, ut libido sit earum rerum, quae dicuntur
de quodam aut quibusdam, quae κατηγορήματα dialectici appellant, ut ha- 30
bere divitias, capere honores, indigentia rerum ipsarum sit, ut honorum,
ut pecuniae.

399 Sextus adv. math. VII 239. ὁ λέγων τὸν ἔρωτα „ἐπιβολὴν
εἶναι φιλοποιΐας" συνεμφαίνει τὸ „νέων ὡραίων", καὶ εἰ μὴ κατὰ ῥητὸν
τοῦτο ἐκφέρῃ· οὐθεὶς γὰρ γερόντων . καὶ ἀκμῆς ὥραν μὴ ἐχόντων ἐρᾷ. 35

400 Diog. Laërt. VII 114. ἡδονὴ δέ ἐστιν ἄλογος ἔπαρσις ἐφ' αἱ-
ρετῷ δοκοῦντι ὑπάρχειν, ὑφ' ἣν τάττεται κήλησις, ἐπιχαιρεκακία, τέρψις, διά-
χυσις. κήλησις μὲν οὖν ἐστιν ἡδονὴ δι' ὤτων κατακηλοῦσα, ἐπιχαιρεκακία
δὲ ἡδονὴ ἐπ' ἀλλοτρίοις κακοῖς, τέρψις δέ, οἷον τρέψις, προτροπή τις ψυχῆς
ἐπὶ τὸ ἀνειμένον, διάχυσις δὲ ἀνάλυσις ἀρετῆς. 40

401 Andronicus περὶ παθῶν 5 (p. 19 Kreuttner)

Ἡδονῆς εἴδη ε'.

Ἀσμενισμὸς μὲν οὖν ἐστιν ἡδονὴ ἐπὶ ἀπροσδοκήτοις ἀγαθοῖς.

Τέρψις δὲ ἡδονὴ δι' ὄψεως ἢ δι' ἀκοῆς.

---

2 ὑπηρεσία—καλῶν aliena seclusi.   15 ἄχρηστος ἢ seclusit Wachsmuth.
23 definiuntur *libri* opt.   26 animo *Lambin.*, odio *libri*.   31 sit *Bentley*, est
libri.   38 κατακλῶσα BP.

Κήλησις δὲ ἡδονὴ δι᾽ ἀκοῆς κατακηλοῦσα· ἢ ἡδονὴ ἐκ λόγου τε καὶ μουσικῆς ἢ δι᾽ ἀπάτης γινομένη.

Ἐπιχαιρεκακία δὲ ἡδονὴ ἐπὶ τοῖς τῶν πέλας ἀτυχήμασιν.

Γοητεία δὲ ἡδονὴ κατ᾽ ἀπάτην ἢ διὰ μαγείας.

402 Stobaeus ecl. II 91, 20 W. ἐπιχαιρεκακία δὲ ἡδονὴ ἐπ᾽ ἀλλοτρίοις κακοῖς· ἀσμενισμὸς δὲ ἡδονὴ ἐπὶ ἀπροσδοκήτοις· γοητεία δὲ ἡδονὴ δι᾽ ὄψεως κατὰ ἀπάτην.

403 Cicero Tusc. disp. IV 20. Voluptatis autem partes hoc modo discribunt, ut malivolentia sit voluptas ex malo alterius sine emolumento suo, delectatio voluptas suavitate auditus animum deleniens; et qualis est haec aurium, tales sunt et oculorum et tactionum et odorationum et saporum, quae sunt omnes unius generis ad perfundendum animum tamquam inliquefactae voluptates. Iactatio est voluptas gestiens et se efferens insolentius.

404 Cicero de finibus II 4, 13. Sed hoc interest, quod voluptas dicitur etiam in animo, vitiosa res, ut Stoici putant, qui eam sic definiunt: sublationem animi sine ratione, opinantis se magno bono frui.

405 Clemens Al. Strom. II p. 491 Pott. (allato notissimo illo Sardanapalli epigrammate): καθόλου γὰρ οὐκ ἀναγκαῖον τὸ τῆς ἡδονῆς πάθος, ἐπακολούθημα δὲ χρείαις τισὶ φυσικαῖς, πείνῃ, δίψει, ῥίγει, γάμῳ. Εἰ γοῦν ταύτης δίχα πιεῖν οἷόν τε ἦν ἢ τροφῆς προσίεσθαι ἢ παιδοποιεῖν, ἐδείχθη ἂν οὐδεμία ἑτέρα χρεία ταύτης. Οὔτε γὰρ ἐνέργεια, οὔτε διάθεσις οὐδὲ μὴν μέρος τι ἡμέτερον ἡδονή· ἀλλ᾽ ὑπουργίας ἕνεκα παρῆλθεν εἰς τὸν βίον, ὥσπερ τοὺς ἅλας φασὶ τῆς παραπέψεως τῆς τροφῆς χάριν. Ἡ δὲ ἀφηνιάσασα καὶ τοῦ οἴκου κατακρατήσασα, πρώτην ἐπιθυμίαν γεννᾷ, ἔφεσιν καὶ ὄρεξιν οὖσαν ἄλογον τοῦ κεχαρισμένου αὐτῇ. (Deinde impugnatur Epicurus, laudantur Diogenis ex quadam tragoedia, Antisthenis, Cratetis in voluptatem invectivae, Philemonis porro comici de Zenone Citiensi testimonium).

406 Philo Leg. Alleg. III § 246 Vol. I p. 167, 23 Wendl. ἡ ἡδονὴ ἔπαρσις ἄλογος ψυχῆς· αὕτη κατάρατος ἐξ ἑαυτῆς, μόνῳ γέ τοι τῷ φαύλῳ προσγίνεται, σπουδαίῳ δ᾽ οὐδενί.

407 Diog. Laërt. VII 112. ὁ δὲ φόβος ἐστὶ προσδοκία κακοῦ· εἰς δὲ τὸν φόβον ἀνάγεται καὶ ταῦτα· δεῖμα, ὄκνος, αἰσχύνη, ἔκπληξις, θόρυβος, ἀγωνία. δεῖμα μὲν οὖν ἐστι φόβος δέος ἐμποιῶν, αἰσχύνη δὲ φόβος ἀδοξίας, ὄκνος δὲ φόβος μελλούσης ἐνεργείας, ἔκπληξις δὲ φόβος ἐκ φαντασίας ἀσυνήθους πράγματος, θόρυβος δὲ φόβος μετὰ κατεπείξεως φωνῆς, ἀγωνία δὲ φόβος ἀδήλου πράγματος.

408 Stobaeus ecl. II 92 W. Ὄκνος δὲ φόβος μελλούσης ἐνεργείας· ἀγωνία δὲ φόβος διαπτώσεως καὶ ἑτέρως φόβος ἥττης· ἔκπληξις δὲ φόβος ἐξ ἀσυνήθους φαντασίας· αἰσχύνη δὲ φόβος ἀδοξίας· θόρυβος δὲ φόβος μετὰ φωνῆς κατεπείγων· δεισιδαιμονία δὲ φόβος θεῶν ἢ δαιμόνων· δέος δὲ φόβος δεινοῦ· δεῖμα δὲ φόβος ἐκ λόγου.

409 Andronicus περὶ παθῶν 3 (p. 15 Kreuttner).

$$Φόβου\ εἴδη\ ιγ'.$$

Ὄκνος μὲν οὖν ἐστι φόβος μελλούσης ἐνεργείας.

---

6 ἡδονή (altero loco) Heeren, δι᾽ ἡδονῆς libri.   11 sunt et Nonius, et om. libri Cic.   34 φόβος om. BP.   38 ἀγωνία—ἀδήλου πράγματος BP.

Αἰσχύνη δὲ φόβος ἀδοξίας.

Δεῖμα δὲ φόβος ὑφορωμένου.

Δέος δὲ φόβος συνδέων.

Ἔκπληξις δὲ φόβος ἕνεκα ἀσυνήθους φαντασίας δεινοῦ.

Κατάπληξις δὲ φόβος ἐκ μείζονος φαντασίας. 5

[Δειλία δὲ ἀποχώρησις ἀπὸ φαινομένου καθήκοντος διὰ φαντασίαν δεινοῦ.]

Ψοφοδέεια δὲ φόβος κενός.

Ἀγωνία δὲ φόβος διαπτώσεως· ἢ φόβος ἥττης· ἢ φόβος ἐμποιητικὸς
    τῶν ἐναντίων ἐλπίδων, περὶ ὧν ὄρεξιν σφοδρὰν ἔχομεν.

Μέλλησις δὲ ὄκνος διεγνωκότος ποιεῖν. 10

Ὀῤῥωδία δὲ φόβος ἐννοηθέντος.

Θόρυβος δὲ φόβος μετὰ φωνῆς κατεπείγων.

Δεισιδαιμονία δὲ φόβος τοῦ δαιμονίου. [ἢ ὑπερέκπτωσις τῆς πρὸς
    θεοὺς τιμῆς.]

410 Cicero Tusc. disp. IV 19. Quae autem subiecta sunt sub metum, 15
ea sic definiunt: pigritiam metum consequentis laboris ..... terrorem
metum concutientem, ex quo fit, ut pudorem rubor, terrorem pallor et
tremor et dentium crepitus consequatur, timorem metum mali adpro-
pinquantis, pavorem metum mentem loco moventem — — exanima-
tionem metum subsequentem et quasi comitem pavoris, conturbationem 20
metum excutientem cogitata, formidinem metum permanentem.

411 Clemens Al. Strom. II p. 446 Pott. ναί, φασίν, ἄλογος ἔκκλισις
ὁ φόβος ἐστὶ καὶ πάθος. — — ἀλλ᾽ εἰ σοφίζονται τὰ ὀνόματα εὐλάβειαν
καλούντων οἱ φιλόσοφοι τὸν τοῦ νόμου φόβον, εὔλογον οὖσαν ἔκκλισιν.
ὀνοματομάχους τούτους οὐκ ἀπὸ τρόπου ὁ Φασηλίτης ἐκάλει Κριτόλαος. 25

p. 448 Pott. ἔστι μὲν οὖν ἡ μὲν ἔκπληξις φόβος ἐκ φαντασίας
ἀσυνήθους ἢ ἐπ᾽ ἀπροσδοκήτῳ φαντασίᾳ ✱✱ ἅτε καὶ ἀγγελίας· φόβος δὲ ὡς
γεγονότι ἢ ὄντι ἢ θαυμασιότης ὑπερβάλλουσα.

p. 450. ἡ γοῦν δεισιδαιμονία πάθος, φόβος δαιμόνων οὖσα.

412 Diog. Laёrt. VII 110. ἐκ δὲ τῶν ψευδῶν ἐπιγίγνεσθαι τὴν δια- 30
στροφὴν ἐπὶ τὴν διάνοιαν, ἀφ᾽ ἧς πολλὰ πάθη βλαστάνειν καὶ ἀκαταστασίας
αἴτια. ἔστι δὲ αὐτὸ τὸ πάθος κατὰ Ζήνωνα ἡ ἄλογος καὶ παρὰ φύσιν ψυ-
χῆς κίνησις ἢ ὁρμὴ πλεονάζουσα. τῶν δὲ παθῶν τὰ ἀνωτάτω, καθά φησιν
Ἑκάτων — καὶ Ζήνων ἐν τῷ περὶ παθῶν, εἶναι γένη τέτταρα, λύπην, φό-
βον, ἐπιθυμίαν, ἡδονήν. — — — 35

VII 111. καὶ τὴν μὲν λύπην εἶναι συστολὴν ἄλογον, εἴδη δὲ αὐτῆς
ἔλεον, φθόνον, ζῆλον, ζηλοτυπίαν, ἄχθος, ἐνόχλησιν, ἀνίαν, ὀδύνην, σύγχυσιν.
ἔλεον μὲν οὖν εἶναι λύπην ὡς ἐπὶ ἀναξίως κακοπαθοῦντι, φθόνον δὲ
λύπην ἐπ᾽ ἀλλοτρίοις ἀγαθοῖς, ζῆλον δὲ λύπην ἐπὶ τῷ ἄλλῳ παρεῖναι, ὧν
αὐτὸς ἐπιθυμεῖ, ζηλοτυπίαν δὲ λύπην ἐπὶ τῷ καὶ ἄλλῳ παρεῖναι, ἃ καὶ 40
αὐτὸς ἔχει, ἄχθος δὲ λύπην βαρύνουσαν, ἐνόχλησιν λύπην στενοχωροῦσαν
καὶ δυσχωρίαν παρασκευάζουσαν, ἀνίαν λύπην ἐκ διαλογισμῶν μένουσαν ἢ

---

11 πτοηθέντος Valcken. ἐκπτοηθέντος Kreuttner. 14 ἢ—τιμῆς aliena
seclusi. 16 lacuna hausit pudoris definitionem; pudorem metum sanguinem
diffundentem Baiter. 27 fort. legendum ⟨κατάπληξις δὲ⟩ φόβος ⟨ἐπὶ⟩ δε⟨ι-
νῷ⟩ ὡς γεγ. etc. 37 ἄνοιαν Β, P ante corr. 38 ἔλαιον Β. 39 δι᾽ ὧν Β.
40 ὧν (pro ἃ) BP. 42 ἄνοιαν Β, P ante corr.

7*

ἐπιτεινομένην, ὀδύνην λύπην ἐπίπονον, σύγχυσιν λύπην ἄλογον, ἀποκναίουσαν καὶ κωλύουσαν τὰ παρόντα συνορᾶν.

413 Stobaeus ecl. II 92, 7 W. Φθόνος δὲ λύπη ἐπ' ἀλλοτρίοις ἀγαθοῖς· ζῆλος δὲ λύπη ἐπὶ τῷ ἕτερον ἐπιτυγχάνειν ὧν αὐτὸς ἐπιθυμεῖ, αὐτὸν
5 δὲ μή· λέγεσθαι δὲ καὶ ἑτέρως ζῆλον, μακαρισμὸν ἐνδεοῦς καὶ ἔτι ἄλλως μίμησιν ὡς ἂν κρείττονος· ζηλοτυπίαν δὲ λύπην ἐπὶ τῷ ⟨καὶ⟩ ἕτερον ἐπιτυγχάνειν ὧν αὐτὸς ἐπεθύμει· ἔλεον δὲ λύπην ἐπὶ τῷ δοκοῦντι ἀναξίως κακοπαθεῖν· πένθος δὲ λύπην ἐπὶ θανάτῳ ἀώρῳ· ἄχθος δὲ λύπην βαρύνουσαν· ἄχος δὲ λύπην ἀφωνίαν ἐμποιοῦσαν· ἀνίαν δὲ λύπην κατὰ δια-
10 λογισμόν· ὀδύνην δὲ λύπην εἰσδύνουσαν καὶ καθικνουμένην· ἄσην δὲ λύπην μετὰ ῥιπτασμοῦ.

414 Andronicus περὶ παθῶν 2 (p. 12 Kreuttner).

Εἴδη λύπης κε'.

— —

15 Ἔλεος μὲν οὖν ἐστι λύπη ἐπ' ἀλλοτρίοις κακοῖς, ἀναξίως πάσχοντος ἐκείνου.
Φθόνος δὲ λύπη ἐπ' ἀλλοτρίοις ἀγαθοῖς· [ἢ λύπη ἐπὶ τῇ τῶν ἐπιεικῶν εὐπραγίᾳ.]
Ζῆλος δὲ λύπη ἐπὶ τῷ ἕτερον τυγχάνειν, ὧν αὐτὸς ἐπιθυμεῖ· ἢ λύπη ἐπὶ τῷ ἄλλοις ὑπάρχειν, ἡμῖν δὲ μή· [ἢ ζῆλος μακαρισμὸς ἀστει-
20 ότητος.] — —
Ζηλοτυπία δὲ λύπη ἐπὶ τῷ ἄλλοις ὑπάρχειν, ἃ καὶ ἡμῖν ὑπάρχει.
Δυσθυμία δὲ λύπη ἐπ' ἀλύτῳ ἢ δυσκινήτῳ.
Συμφορὰ δὲ λύπη ἐπὶ συμπεφραγμένοις κακοῖς.
Ἄχθος δὲ λύπη βαρύνουσα.
25 Ἄχος δὲ λύπη ἀφωνίαν ἐμποιοῦσα.
Σφακελισμὸς δὲ λύπη σφοδρά.
Πένθος δὲ λύπη ἐπὶ ἀώρῳ τελευτῇ.
Δυσχέρανσις δὲ λύπη ἐξ ἐναντίων λογισμῶν.
Ὄχλησις δὲ λύπη στενοχωροῦσα ἢ ἀναστροφὴν οὐ διδοῦσα.
30 Ὀδύνη δὲ λύπη εἰσδύνουσα καὶ ὀξεῖα.
Ἀνία δὲ λύπη ἐξ ἀναλογισμῶν.
Μεταμέλεια δὲ λύπη ἐπὶ ἁμαρτήμασι πεπραγμένοις ὡς δι' αὐτοῦ γεγονόσιν.
Σύγχυσις δὲ λύπη κωλύουσα διορᾶν τὸ μέλλον.
35 Ἀθυμία δὲ λύπη ἀπελπίζοντος ὧν ἐπιθυμεῖ τυχεῖν.
Ἄση δὲ λύπη μετὰ ῥιπτασμοῦ.
Νέμεσις δὲ λύπη ἐπὶ ἐπαιρομένοις παρὰ τὸ προσῆκον.
Δυσφορία δὲ λύπη μετ' ἀπορίας τοῦ πῶς χρήσεται τοῖς παροῦσιν.
Γόος δὲ θρῆνος ἀγομένου κατὰ λύπην.
40 Βαρυθυμία δὲ λύπη βαρύνουσα καὶ ἀνάνευσιν οὐ διδοῦσα.
Κλαῦσις δὲ δάκρυσις λυπουμένου νεύοντος ἐπὶ τὸ χεῖρον.
Φροντὶς δὲ λογισμὸς λυπουμένου.
Οἶκτος δὲ λύπη ἐπ' ἀλλοτρίοις κακοῖς.

---

2 ἀποκλύουσαν B, ἀποκναίουσαν καὶ κωλύουσαν P, sed ναίου in litura P³.
5 εὐκλεοῦς coni. Wachsm. ‖ ἔτι Pierson, τι P.   6 μίμησις P, corr. Pierson. ‖ καὶ add. Heine.   7 ἐπεθύμει Davisius, ἐπιθυμεῖ libri. ‖ ἔλεος libri, corr. Wachsm.
16. 19 uncis inclusi quae aut Stoica non sunt aut aliena ab affectuum doctrina.   23 συμπεφυρμένοις Dah.   27 ἐπὶ ἀώρου τελευτῆς C, corr. Kreuttner.

415 Cicero Tusc. disp. IV 17. Invidentiam esse dicunt aegritudinem susceptam propter alterius res secundas, quae nihil noceant invidenti. Nam si qui doleat eius rebus secundis, a quo ipse laedatur, non recte dicatur invidere — — Aemulatio autem dupliciter illa quidem dicitur, ut et in laude et in vitio nomen ·hoc sit; nam et imitatio vir- 5 tutis aemulatio dicitur; (sed ea nihil hoc loco utimur; est enim laudis) et est aemulatio aegritudo, si eo, quod concupierit, alius potiatur, ipse careat. 18. Obtrectatio autem est ea quam intellegi ζηλοτυπίαν volo, aegritudo ex eo, quod alter quoque potiatur eo, quod ipse concupiverit. Misericordia est aegritudo ex miseria alterius iniuria laborantis; nemo 10 enim parricidae aut proditoris supplicio misericordia commovetur; angor aegritudo premens, luctus aegritudo ex eius, qui carus fuerit, interitu acerbo, maeror aegritudo flebilis, aerumna aegritudo laboriosa, dolor aegritudo crucians, lamentatio aegritudo cum eiulatu, sollicitudo aegritudo cum cogitatione, molestia aegritudo permanens, adflictatio aegri- 15 tudo cum vexatione corporis, desperatio aegritudo sine ulla rerum exspectatione meliorum.

416 Stoicae affectuum definitiones apud Nemesium de nat. hom. cp. 19—21. cp. 19. Τῆς δὲ λύπης εἴδη τέσσαρα· ἄχος, ἄχθος, φθόνος, ἔλεος. ἔστι δὲ ἄχος λύπη ἀφωνίαν ἐμποιοῦσα· ἄχθος δὲ λύπη βαρύνουσα· 20 φθόνος δὲ λύπη ἐπ᾽ ἀλλοτρίοις ἀγαθοῖς· ἔλεος δὲ λύπη ἐπ᾽ ἀλλοτρίοις κακοῖς· πᾶσα δὲ λύπη κακὸν τῇ ἑαυτῆς φύσει· εἰ γὰρ καὶ ὁ σπουδαῖος λυπηθήσεται ποτὲ χρηστῶν ἀνδρῶν διαφθειρομένων ἢ τέκνων ἢ πόλεως πορθουμένης, ἀλλ᾽ οὐ προηγουμένως· οὐδὲ κατὰ πρόθεσιν, ἀλλὰ κατὰ περίστασιν. καὶ ἐν τούτοις δὲ ὁ μὲν θεωρητικὸς ἀπαθὴς ἔσται παντάπασιν ἀλλοτριώσας 25 ἑαυτὸν τῶν τῇδε καὶ συνάψας θεῷ· ὁ δὲ σπουδαῖος μετριοπαθὴς ἐν αὐταῖς καὶ οὐχ ὑπερβάλλων οὐδὲ αἰχμαλωτιζόμενος ὑπ᾽ αὐτῶν ἀλλὰ μᾶλλον κρατῶν αὐτῶν etc. cp. 20. Διαιρεῖται δὲ καὶ φόβος εἰς ἕξ, εἰς ὄκνον, εἰς αἰδώ, εἰς αἰσχύνην, εἰς κατάπληξιν, εἰς ἀγωνίαν, εἰς ἔκπληξιν· ἔστι δὲ ὄκνος μὲν φόβος 30 μελλούσης ἐνεργείας· κατάπληξις δὲ φόβος ἐκ μεγάλης φαντασίας· ἔκπληξις δὲ φόβος ἐξ ἀσυνήθους φαντασίας· ἀγωνία δὲ φόβος διαπτώσεως, τουτέστιν ἀποτυχίας· φοβούμενοι γὰρ ἀποτυχεῖν τῆς πράξεως ἀγωνιῶμεν· αἰδὼς δέ φόβος ἐπὶ προσδοκίᾳ ψόγου· κάλλιστον δὲ τοῦτο τὸ πάθος· αἰσχύνη δὲ φόβος ἐπ᾽ αἰσχρῷ πεπραγμένῳ· οὐδὲ τοῦτο δὲ ἀνέλπιστον εἰς σωτη- 35 ρίαν· ταύτῃ δὲ διαφέρει αἰδὼς αἰσχύνης, ὅτι ὁ μὲν αἰσχυνόμενος ἐφ᾽ οἷς ἔπραξε καταδύεται· ὁ δὲ αἰδούμενος φοβεῖται περιπεσεῖν ἀδοξίᾳ τινί· κακαλοῦσι δὲ οἱ παλαιοὶ πολλάκις καὶ τὴν αἰδὼ αἰσχύνην, καταχρώμενοι τοῖς ὀνόμασι· γίνεται δὲ ὁ φόβος κατὰ περίψυξιν τοῦ θερμοῦ παντὸς συντρέχοντος εἰς τὴν καρδίαν ἐπὶ τὸ ἀρχικόν, καθάπερ καὶ ὁ δῆμος ὅταν φοβῆται 40 καταφεύγει πρὸς τοὺς ἄρχοντας· τῆς δὲ λύπης ὄργανον τὸ στόμα τῆς κοιλίας· τοῦτο γάρ ἐστι τὸ τῆς δήξεως αἰσθανόμενον ἐν ταῖς λύπαις. ὡς ὁ Γαληνὸς ἐν τῷ τρίτῳ τῆς ἀποδεικτικῆς etc. cp. 21. Θυμὸς δέ ἐστι ζέσις τοῦ περὶ καρδίαν αἵματος ἐξ ἀναθυμιάσεως τῆς χολῆς ἢ ἀναθολώσεως γινομένη· διὸ καὶ χολὴ λέγεται καὶ χόλος. ἔστι 45 δ᾽ ὅτε καὶ ὁ θυμός ἐστιν ὄρεξις ἀντιτιμωρήσεως· ἀδικούμενοι γὰρ ἢ νομίζοντες ἀδικεῖσθαι θυμούμεθα· καὶ γίνεται τότε μικτὸν τὸ πάθος ἐξ ἐπιθυμίας καὶ θυμοῦ. εἴδη δὲ τοῦ θυμοῦ τρία· ὀργή, ἢ καὶ χολὴ καὶ χόλος καλεῖται· μῆνις καὶ κότος. Θυμὸς μὲν γὰρ ἀρχὴν καὶ κίνησιν ἔχων ὀργὴ

καὶ χολὴ καὶ χόλος λέγεται. μῆνις δὲ χολὴ εἰς παλαίωσιν ἀγομένη· εἴρηται
γὰρ παρὰ τὸ μένειν καὶ τῇ μνήμῃ παραδεδόσθαι. κότος δὲ ὀργὴ παρατη-
ροῦσα καιρὸν εἰς τιμωρίαν· εἴρηται δὲ καὶ οὗτος παρὰ τὸ κεῖσθαι. ἔστι δὲ
ὁ θυμὸς τὸ δορυφορικὸν τοῦ λογισμοῦ. ὅταν γὰρ οὗτος ἄξιον κρίνῃ τὸ
5 γινόμενον ἀγανακτήσεως, τότε ὁ θυμὸς ὑπεξέρχεται, ἐὰν κατὰ φύσιν τὴν οἰ-
κείαν τάξιν φυλάττωσιν.

417 Cicero Tusc. disp. III 52. *Cyrenaicorum restat sententia; qui
tum aegritudinem censent existere, si necopinato quid evenerit. Est id
quidem magnum, ut supra dixi; etiam Chrysippo ita videri scio, quod
10 provisum ante non sit, id ferire vehementius.*

418 Plutarchus de Stoic. repugn. cp. 25 p. 1046 b. Ἐν δὲ τῷ
δευτέρῳ περὶ Ἀγαθοῦ τὸν φθόνον ἐξηγηςάμενος, ὅτι „λύπη
ἐςτὶν ἐπ' ἀλλοτρίοις ἀγαθοῖς, ὡς δήποτε βουλομένων ταπει-
νοῦν τοὺς πληςίον, ὅπως ὑπερέχωςιν αὐτοί,“ συνάπτει τὰ τῆς
15 ἐπιχαιρεκακίας· „Ταύτη δὲ συνεχὴς ἡ ἐπιχαιρεκακία γίνεται, τα-
πεινοὺς βουλομένων εἶναι τοὺς πληςίον διὰ τὰς ὁμοίας αἰ-
τίας· καθ' ἑτέρας δὲ φυςικὰς φορὰς ἐκτρεπομένων ὁ ἔλεος
γίνεται.“

419 Cicero Tusc. disp. III 83. *Sed ratio una omnium est aegritu-
20 dinum, plura nomina. Nam et invidere aegritudinis est et aemulari et
obtrectare et misereri et angi, lugere, maerere, aerumna adfici, lamentari,
sollicitari, dolere, in molestia esse, adflictari, desperare. 84. Haec omnia
definiunt Stoici, eaque verba, quae dixi, singularum rerum sunt, non ut
videntur easdem res significant, sed aliquid differunt.*

25 **420** Galenus in Hippocr. de humoribus lib. I Vol. XVI p. 174 K.
εἰσὶ δὲ καὶ θυμὸς καὶ δυσθυμία τῆς ψυχῆς πάθη· διαφέρει δὲ ὁ θυμὸς καὶ
⟨ἡ⟩ ὀργὴ τῆς δυσθυμίας καὶ λύπης κατὰ τὰς ἐνεργείας· ἐν γὰρ τῇ ὀργῇ
καὶ τῷ θυμῷ ἡ ἔμφυτος αὐτῇ θερμασία ἐκτείνεται. καὶ χολὴ τότε γίνεταί
τε καὶ αὐξάνεται. ἐν δὲ τῇ λύπῃ καὶ δυσθυμίᾳ συναιρεῖται καὶ ὁ ψυχρός
30 τε καὶ φλεγματικὸς χυμὸς ἔνθεν τὴν γένεσιν ἔχει.

§ 2. De proclivitate, morbo, aegrotatione
(εὐεμπτωσία, νόσημα, ἀρρώστημα).

421 Stobaeus ecl. II 93. 1. εὐεμπτωσίαν δ' εἶναι εὐκαταφορίαν εἰς
πάθος ἤ τι τῶν παρὰ φύσιν ἔργων, οἷον ἐπιλυπίαν, ὀργιλότητα, φθονερίαν,
35 ἀκροχολίαν καὶ τὰ ὅμοια. γίγνεσθαι δὲ εὐεμπτωσίας καὶ εἰς ἄλλα ἔργα τῶν
παρὰ φύσιν, οἷον εἰς κλοπὰς καὶ μοιχείας καὶ ὕβρεις, καθ' ἃς κλέπται τε
καὶ μοιχοὶ καὶ ὑβρισταὶ λέγονται. νόσημα δ' εἶναι δόξαν ἐπιθυμίας ἐρρυη-
κυῖαν εἰς ἕξιν καὶ ἐνεσκιρωμένην, καθ' ἣν ὑπολαμβάνουσι τὰ μὴ αἱρετὰ
σφόδρα αἱρετὰ εἶναι, οἷον φιλογυνίαν, φιλοινίαν, φιλαργυρίαν· εἶναι δέ τινα
40 καὶ ἐναντία ⟨τούτοις⟩ τοῖς νοσήμασι κατὰ προσκοπὴν γινόμενα, οἷον

---

10 ferire *Rivius*, fieri *libri.*   13 malim ὅπως δήποτε.   14 malim τὰ
⟨περὶ⟩ τῆς.   34 ἤ τι scripsi, εἴς τι libri.   40 τούτοις add. Heeren.

μισογυνίαν, μισοινίαν, μισανθρωπίαν. τὰ δὲ νοσήματα μετ᾽ ἀσθενείας συμ-
βαίνοντα ἀῤῥωστήματα καλεῖσθαι.

422 Diog. Laërt. VII 115. ὡς δὲ λέγεταί τινα ἐπὶ τοῦ σώματος ἀῤῥω-
στήματα, οἷον ποδάγρα καὶ ἀρθρίτιδες, οὕτω κἀπὶ τῆς ψυχῆς φιλοδοξία καὶ
φιληδονία καὶ τὰ παραπλήσια. τὸ γὰρ ἀῤῥώστημά ἐστι νόσημα μετὰ ἀσθε- 5
νείας, τὸ δὲ νόσημα οἴησις σφόδρα δοκοῦντος αἱρετοῦ.

καὶ ὡς ἐπὶ τοῦ σώματος εὐεμπτωσίαι τινὲς λέγονται, οἷον κατάῤῥους
καὶ διάῤῥοια, οὕτω κἀπὶ τῆς ψυχῆς εἰσιν εὐκαταφορίαι, οἷον φθονερία, ἐλεη-
μοσύνη, ἔριδες καὶ τὰ παραπλήσια.

423 Cicero Tusc. disp. IV 27. ut sunt alii ad alios morbos pro- 10
cliviores (itaque dicimus gravedinosos quosdam, torminosos, non quia iam
sint, sed quia saepe), sic alii ad metum, alii ad aliam perturbationem;
ex quo in aliis anxietas, unde anxii, in aliis iracundia dicitur, quae
ab ira differt, estque aliud iracundum esse, aliud iratum, ut differt an-
xietas ab angore; neque enim omnes anxii, qui anguntur aliquando, 15
nec qui anxii, semper anguntur, ut inter ebrietatem ⟨et ebriositatem⟩ in-
terest, aliudque est amatorem esse, aliud amantem.

424 Cicero Tusculan. disp. IV 10, 23. *Quemadmodum, cum san-
guis corruptus est aut pituita redundat aut bilis, in corpore morbi aegro-
tationesque nascuntur: sic pravarum opinionum conturbatio et ipsarum* 20
*inter se repugnantia sanitate spoliat animum morbisque perturbat. Ex
perturbationibus autem primum morbi conficiuntur, quae vocant illi*
νοσήματα, *eaque quae sunt eis morbis contraria, quae habent ad res
certas vitiosam offensionem atque fastidium, deinde aegrotationes,
quae appellantur a Stoicis* ἀῤῥωστήματα, *hisque item oppositae con-* 25
*trariae offensiones. Hoc loco nimium operae consumitur a Stoicis, ma-
xime a Chrysippo, dum morbis corporum comparatur morborum animi
similitudo. Qua oratione praetermissa minime necessaria, ea quae rem
continent pertractemus. 24. Intellegatur igitur perturbationem iactanti-
bus se opinionibus inconstanter et turbide in motu esse semper; cum* 30
*autem hic fervor concitatioque animi inveteravit et tamquam in venis
medullisque insedit, tum exsistit et morbus et aegrotatio et offensiones
eae, quae sunt eis morbis aegrotationibusque contrariae. Haec, quae dico,
cogitatione inter se differunt, re quidem copulata sunt, eaque* oriuntur
ex libidine *et ex* laetitia. *Nam cum est concupita pecunia nec ad-* 35
*hibita continuo ratio quasi quaedam Socratica medicina, quae sanaret
eam cupiditatem, permanat in venas et inhaeret in visceribus illud ma-
lum, existitque morbus et aegrotatio, quae evelli inveterata non possunt,
eique morbo nomen est avaritia; 25. similiterque ceteri morbi, ut gloriae
cupiditas, ut mulierositas, ut ita appellem eam quae Graece* φιλογυνία 40

---

4 ποδάγραι BP.   7 τοῦ om. P.   9 ἔριδες om. B.   16 et ebriositatem
additum ex Nonio.   31 inveteravit—insedit *Seyffert*, inveteraverit—inse-
derit *libri.*   38 evelli *Wopkens*, avelli *libri.*

dicitur, ceterique similiter morbi aegrotationesque nascuntur. — Quae
autem sunt his contraria, ea nasci putantur a metu, ut odium muli-
erum, quale in μισογύνῳ *Atilii est, ut in hominum universum genus,*
quod accepimus de Timone, qui μισάνϑρωπος *appellatur, ut inhospita-*
5 *litas est; quae omnes aegrotationes animi ex quodam metu nascuntur ea-*
rum rerum, quas fugiunt et oderunt.

425 Cicero Tusc. disp. IV 29. Quo modo autem in corpore est
morbus, est aegrotatio, est vitinm, sic in animo. Morbum appellant to-
tius corporis corruptionem, aegrotationem morbum cum imbecillitate,
10 vitium, cum partes corporis inter se dissident, ex quo pravitas membro-
rum, distortio, deformitas. Itaque illa duo, morbus et aegrotatio, ex to-
tius valetudinis corporis conquassatione et perturbatione gignuntur, vitium
autem integra valetudine ipsum ex se cernitur. Sed in animo tantum-
modo cogitatione possumus morbum ab aegrotatione seiungere; vitiositas
15 autem est habitus aut adfectio in tota vita inconstans et a se ipsa dissen-
tiens. Ita fit, ut in altera corruptione opinionum morbus efficiatur et
aegrotatio, in altera inconstantia et repugnantia. Non enim omne vitium
paris habet dissensiones, ut eorum, qui non longe a sapientia absunt, ad-
fectio est illa quidem discrepans sibi ipsa, dum est insipiens, sed non
20 distorta nec prava. Morbi autem et aegrotationes partes sunt vitiositatis,
sed perturbationes sintne eiusdem partes, quaestio est. 30. Vitia enim
adfectiones sunt manentes, perturbationes autem moventes, ut non
possint adfectionum manentium partes esse.

426 Cicero Tusc. disp. IV 31. Illud animorum corporumque dissi-
25 mile, quod animi valentes morbo temptari [non] possunt, ⟨ut⟩ corpora
possunt; sed corporum offensiones sine culpa accidere possunt, animorum
non item, quorum omnes morbi et perturbationes ex aspernatione
rationis eveniunt; itaque in hominibus solum existunt; nam
bestiae simile quiddam faciunt, sed in perturbationes non in-
30 cidunt.

427 Cicero Tusc. disp. IV 26. Definiunt autem animi aegrota-
tionem opinionem vehementem de re non expetenda, tamquam valde
expetenda sit, inhaerentem et penitus insitam. Quod autem nascitur ex
offensione ita definiunt: opinionem vehementem de re non fugienda in-
35 haerentem et penitus insitam tamquam fugienda. Haec autem opinatio
est iudicatio se scire, quod nesciat.

Aegrotationi autem talia quaedam subiecta sunt: avaritia, ambitio,
mulierositas, pervicacia, ligurritio, vinulentia, cuppedia et siqua similia:
Est autem avaritia opinatio vehemens de pecunia, quasi valde expetenda
40 sit, inhaerens et penitus insita, similisque est eiusdem generis definitio
reliquarum.

27. Offensionum autem definitiones sunt eius modi, ut inhospitali-
tas sit opinio vehemens valde fugiendum esse hospitem, eaque inhaerens
et penitus insita, similiterque definitur et mulierum odium, ut Hippo-
45 lyti, et, ut Timonis, generis humani.

---

8 est vitium *cod. Gryph.*, et vitium *ceteri.* 18 paris h. dissensiones *Bentley,*
partis h. dissentientis *libri.* 25 non *seclusit Bentley.* ‖ ut *inseruit idem.*

428 Seneca ep. 75, 11. Ut breviter finiam: „morbus est iudicium in pravo pertinax, tamquam valde expetenda sint, quae leviter expetenda sunt" vel si mavis ita finiamus: „nimis imminere leviter petendis vel ex toto non petendis aut in magno pretio habere in aliquo habenda vel in nullo."

429 Galenus de locis affectis I 3 Vol. VIII p. 32 K. κινήσεως δ' οὔσης κατὰ γένος διττῆς, ἀλλοιώσεώς τε καὶ φορᾶς, ὅταν εἰς μόνιμον ἀφίκηται διάθεσιν ἡ ἀλλοίωσις, ὀνομάζεται νόσημα, παρὰ φύσιν οὖσα δηλονότι διάθεσις· καταχρώμενοι δ' ἐνίοτε καὶ τὴν τοιαύτην διάθεσιν ὀνομάζομεν πάθος.

430 Cicero Tusc. disp. IV 32. Aegrotationes autem morbique animorum difficilius evelli posse putantur, quam summa illa vitia, quae virtutibus sunt contraria. Morbis enim manentibus vitia sublata esse possunt, quia non tam celeriter sanantur, quam illa tolluntur.

§ 3. De tribus constantiis.

431 Diog. Laërt. VII 115. εἶναι δὲ καὶ εὐπαθείας φασὶ τρεῖς, χαράν, εὐλάβειαν, βούλησιν. καὶ τὴν μὲν χαρὰν ἐναντίαν φασὶν εἶναι τῇ ἡδονῇ, οὖσαν εὔλογον ἔπαρσιν, τὴν δὲ εὐλάβειαν τῷ φόβῳ, οὖσαν εὔλογον ἔκκλισιν· φοβηθήσεσθαι μὲν γὰρ τὸν σοφὸν οὐδαμῶς, εὐλαβηθήσεσθαι δέ. τῇ δὲ ἐπιθυμίᾳ ἐναντίαν φασὶν εἶναι τὴν βούλησιν, οὖσαν εὔλογον ὄρεξιν. καθάπερ οὖν ὑπὸ τὰ πρῶτα πάθη πίπτει τινά, τὸν αὐτὸν τρόπον καὶ ὑπὸ τὰς πρώτας εὐπαθείας· καὶ ὑπὸ μὲν τὴν βούλησιν εὔνοιαν, εὐμένειαν, ἀσπασμόν, ἀγάπησιν, ὑπὸ δὲ τὴν εὐλάβειαν αἰδῶ, ἀγνείαν, ὑπὸ δὲ τὴν χαρὰν τέρψιν, εὐφροσύνην, εὐθυμίαν.

432 Andronicus περὶ παθῶν 6 (p. 20 Kreuttner).

Εὐπαθείας εἴδη γ'.

Βούλησις μὲν οὖν ἐστιν εὔλογος ὄρεξις.

Χαρὰ δὲ εὔλογος ἔπαρσις.

Εὐλάβεια δὲ εὔλογος ἔκκλισις.

Βουλήσεως εἴδη δ'.

Εὔνοια μὲν οὖν ἐστι βούλησις ἀγαθῶν ⟨ἑτέρῳ⟩ αὐτοῦ ἕνεκεν ἐκείνου.

Εὐμένεια δὲ εὔνοια ἐπίμονος.

Ἀσπασμὸς δὲ ἀδιάστατος ⟨εὔνοια⟩

Ἀγάπησις — — —

Χαρᾶς εἴδη γ'.

Τέρψις μὲν οὖν ἐστι χαρὰ πρέπουσα ταῖς περὶ αὐτὸν ὠφελείαις.

Εὐφροσύνη δὲ χαρὰ ἐπὶ τοῖς τοῦ σώφρονος ἔργοις.

Εὐθυμία δὲ χαρὰ ἐπὶ διαγωγῇ ἢ ἀνεπιζητησίᾳ παντός.

Εὐλαβείας εἴδη β'.

Αἰδὼς μὲν οὖν ἐστιν εὐλάβεια ὀρθοῦ ψόγου.

Ἁγνεία δὲ εὐλάβεια τῶν περὶ θ⟨εοὺς⟩ ἁμαρτημάτων.

---

13 non possunt *libri*, non *del. Lamb.* 14 qui *Davisius.* ‖ Cf. Seneca de tranq. animi cp. 1. 18 τῇ λύπῃ· τῇ ἡδονῇ PB (τὴν ἡδονὴν B²). ‖ δειλίαν B. 19 εὐλαβήσεσθαι BP. 21 πίπτειν B. 31 ἑτέρῳ add. Wachsm. 33 εὔνοια addendum esse suspicatus est Wachsm. 41 θεοὺς suppl. Kreuttner.

433 Clemens Al. Strom. II p. 466 Pott. τὴν μὲν γὰρ χαρὰν εὔλο-
γον ἔπαρσιν ἀποδιδόασι· καὶ τὸ ἀγάλλεσθαι χαίρειν ἐπὶ καλοῖς· τὸ δὲ ἔλεος
λύπην ἐπὶ ἀναξίως κακοπαθοῦντι· τροπὰς δὲ εἶναι ψυχῆς καὶ πάθη τὰ
τοιαῦτα.

434 Alexander Aphrod. ·comm. in Aristot. Topica II p. 96 Ald.
p. 181, 1 Wal. ταὐτὸν γὰρ κατὰ τὸ ὑποκείμενόν τε καὶ σημαινόμενον ἡδονὴ
καὶ χαρὰ καὶ εὐφροσύνη καὶ τέρψις, Πρόδικος δὲ ἐπειρᾶτο ἑκάστῳ τῶν ὀνο-
μάτων τούτων ἴδιόν τι σημαινόμενον ὑποτάσσειν, ὥσπερ καὶ οἱ ἀπὸ τῆς
Στοᾶς, χαρὰν μὲν λέγοντες εὔλογον ἔπαρσιν, ἡδονὴν δὲ ἄλογον ἔπαρσιν,
τέρψιν δὲ τὴν δι᾽ ὤτων ἡδονήν, εὐφροσύνην δὲ τὴν διὰ λόγων· νομο-
θετούντων δέ ἐστι τοῦτο, ἀλλ᾽ οὐδὲν ὑγιὲς λεγόντων.

435 Seneca ep. 59, 2. vitium esse voluptatem credimus. — —
Scio, inquam, et voluptatem, si ad nostrum album verba dirigimus, rem
infamem esse, et gaudium nisi sapienti non contingere. est enim animi
elatio suis bonis verisque fidentis. — gaudio autem iunctum
est non desinere nec in contrarium verti.

436 Philo de migrat. Abrah. § 156 Vol. II p. 299, 3 Wendl. Ἀλλὰ
γὰρ καὶ τοῖς χορευταῖς ἀρετῆς στενάζειν καὶ δακρύειν ἔθος, ἢ τὰς τῶν ἀφρό-
νων ὀδυρομένοις συμφοράς, διὰ τὸ φύσει κοινωνικὸν καὶ φιλάνθρωπον, ἢ
διὰ περιχάρειαν· γίνεται δὲ αὕτη, ὅταν ἀθρόα ἀγαθὰ μηδὲ προσδοκηθέντα
ποτὲ αἰφνίδιον ὀμβρήσαντα πλημμυρῇ· ἀφ᾽ οὗ καὶ τὸ ποιητικὸν εἰρῆσθαί
μοι δοκεῖ (Hom. Z 484)

    Δακρυόεν γελάσασα.

Προσπεσοῦσα γὰρ ἐκ τοῦ ἀνελπίστου ἡ εὐπαθειῶν ἀρίστη χαρὰ ψυχῇ,
μείζονα αὐτὴν ἢ πρότερον ἦν ἐποίησεν, ὡς διὰ τὸν ὄγκον μηκέτι χωρεῖν τὸ
σῶμα· θλιβόμενον δὲ καὶ πιεζόμενον ἀποστάζειν λιβάδας, ἃς καλεῖν ἔθος
δάκρυα.

437 Lactantius div. instit. VI 15. Videamus nunc iidem illi, qui
vitia penitus excidunt, quid effecerint. Quattuor illos affectus, quos ex
opinione bonorum malorumque nasci putant, quibus evulsis sanandum esse
animum sapientis existimant, quoniam intelligunt et natura insitos esse
et sine his nihil moveri, nihil agi posse, alia quaedam in eorum locum
vicemque supponunt. Pro cupiditate substituunt voluntatem: quasi vero
non multo sit praestabilius, bonum cupere quam velle: item pro laetitia
gaudium, pro metu cautionem. At in illo quarto immutandi nominis
eos ratio defecit. Itaque aegritudinem penitus, id est moestitiam dolorem-
que animi sustulerunt.

    ibidem paulo post: sed putemus, ut ipsi volunt, esse diversa. Nempe
igitur cupiditatem esse dicent perseverantem ac perpetuam voluntatem:
laetitiam vero insolenter se efferens gaudium: metum autem nimiam et
excedentem modum cautionem. — — Eo igitur imprudentes revolvuntur,
quo Peripatetici ratione perveniunt, ut vitia, quoniam tolli non possunt,
medie temperanda sint.

438 Cicero Tusc. disp. IV 12. Natura enim omnes ea, quae bona
videntur, sequuntur fugiuntque contraria. Quam ob rem simul obiecta
species est cuiuspiam, quod bonum videatur, ad id adipiscendum impellit

---

18 στενάζειν Mang., σφαδάζειν libri.   41 vides Stoicam doctrinam perverti
ab adversario.

ipsa natura. Id cum constanter prudenterque fit, eius modi adpetitionem
Stoici βούλησιν appellant, nos appellemus voluntatem. Eam illi putant
in solo esse sapiente, quam sic definiunt: voluntas est, quae quid cum
ratione desiderat. Quae autem ⟨a⟩ ratione aversa incitata est vehemen-
tius, ea libido est vel cupiditas effrenata, quae in omnibus stultis inveni- 5
tur. 13. Itemque cum ita movemur, ut in bono simus aliquo, dupliciter
id contingit. Nam cum ratione animus movetur placide atque constanter,
tum illud gaudium dicitur; cum autem inaniter et effuse animus exultat,
tum illa laetitia gestiens vel nimia dici potest, quam ita definiunt: sine
ratione animi elationem. Quoniamque ut bona natura adpetimus, sic a 10
malis natura declinamus, quae declinatio cum ratione fiet, cautio appel-
letur, eaque intellegatur in solo esse sapiente; quae autem sine ratione
et cum exanimatione humili atque fracta, nominatur metus; est igitur
metus ⟨a⟩ ratione aversa cautio. 14. Praesentis autem mali sapientis
affectio nulla est, stultorum aegritudo est, eaque adficiuntur in malis opi- 15
natis animosque demittunt et contrahunt rationi non obtemperantes. Ita-
que haec prima definitio est, ut aegritudo sit animi adversante ratione
contractio. Sic quattuor perturbationes sunt, tres constantiae, quoniam
aegritudini nulla constantia opponitur.

439 Plutarchus de virtute morali cp. 9 p. 449a. Οἷς καὶ αὐτοὶ (scil. 20
Stoici) τρόπον τινὰ διὰ τὴν ἐνάργειαν ὑπείκοντες „αἰδεῖσθαι τὸ αἰσχύ-
νεσθαι καλοῦσι καὶ τὸ ἥδεσθαι χαίρειν καὶ τοὺς φόβους εὐλαβείας"
ταύτην μὲν οὐδενὸς ἂν αἰτιασαμένου τὴν εὐφημίαν, εἰ τὰ αὐτὰ πάθη προσ-
τιθέμενα μὲν τῷ λογισμῷ τούτοις καλοῦσι τοῖς ὀνόμασι, μαχόμενα δὲ καὶ
βιαζόμενα τὸν λογισμὸν ἐκείνοις. ὅταν δὲ δακρύοις ἐλεγχόμενοι καὶ τρόμοις 25
καὶ χρόας μεταβολαῖς ἀντὶ λύπης καὶ φόβου δηγμούς τινας καὶ συνεόρσεις
λέγωσι, καὶ προθυμίας τὰς ἐπιθυμίας ὑποκορίζωνται, σοφιστικὰς δοκοῦσιν,
οὐ φιλοσόφους δικαιώσεις καὶ ἀποδράσεις ἐκ τῶν πραγμάτων μηχανᾶσθαι
διὰ τῶν ὀνομάτων. καίτοι πάλιν αὐτοὶ τάς τε χαρὰς ἐκείνας καὶ τὰς βου-
λήσεις καὶ τὰς εὐλαβείας εὐπαθείας καλοῦσιν, οὐκ ἀπαθείας, ὀρθῶς ἐν- 30
ταῦθα χρώμενοι τοῖς ὀνόμασι.

440 Galenus de H. et Plat. decr. IV 4 (140) p. 354 M. Chrysip-
pus inducitur: μὴ συγχωρῶν ἐπὶ ταὐτοῦ λέγειν αἰσχύνεσθαι καὶ αἰ-
δεῖσθαι, μήδ' ἥδεσθαι καὶ χαίρειν, ἀλλ' ἀκριβοῦν ἅπαντα καὶ μέχρι
τῶν ὀνομάτων ἀξιῶν (αὐτὸν) ἐν τοῖς συγγράμμασιν.   35

441 Galenus de H. et Plat. decr. V 7 (173) p. 468 M. εἴτε δὲ προσ-
ίεσθαι καὶ φεύγειν λέγεις, εἴτε διώκειν, εἴτ' ἐφίεσθαι, διαφέρει οὐδέν, ὥσπερ
οὐδὲ εἰ βούλεσθαι ἢ ὀρέγεσθαι ἢ ἀντιποιεῖσθαι ἢ ἀσπάζεσθαι ἢ ἐπιθυμεῖν.
ἡ γὰρ τῶν τοιούτων ὀνομάτων διαίρεσις οὐδὲν εἰς τὴν παροῦσαν σκέψιν ὀνί-
νησιν, ἀλλ' αὐτὸ τοὐναντίον ἄκαιρός τ' ἐστὶ καὶ τὴν περὶ τῶν πραγμάτων 40
ζήτησιν εἰς τὴν περὶ τῶν ὀνομάτων ἀμφισβήτησιν ἀπάγει. διὸ καὶ τεχνά-
ζονταί τινες ἐξεπίτηδες ὑπὲρ τοῦ μηδὲν περανθῆναι πρὸς ἕκαστον τῶν ὀνο-

---

2 appellemus *Wesenberg*, appellamus *libri*.   4 ⟨a⟩ ratione aversa *Orel-*
lius, ratione adversa *libri*.   11 cum *Bentley*, si cum *libri*.   14 a add. *Mich.*
Brutus.   15 stulta autem *libri*. ‖ eaque *Bake*, ea qua *libri*.   20 οἷς καὶ
αὐτοὶ Turnebus, οἳ καὶ αὐτοῖς libri.   26 συνεόρσεις corruptum, συνθροήσεις
Hauptius.   28 δικαιώσεις Xyl., διακαύσεις libri.

μάτων ἐνίστασθαι, εἰ μὲν ὀρέγεσθαι πόματος εἴποις τὸν διψῶντα, μὴ συγ-
χωροῦντες „ὀρέγεσθαι‟ λέγειν, ἀστεῖον γάρ τι τὴν ὄρεξιν εἶναι καὶ
μόνου τοῦ σοφοῦ, ὑπάρχειν γοῦν αὐτὴν ὁρμὴν λογιστικὴν ἐπί τι
ὅσον χρὴ ἥδοντος, ἂν δὲ „ἐπιθυμεῖν‟, οὐδὲ οὕτως ὀνομάζειν συγχωροῦν-
5 τες· τὸ μὲν γὰρ διψῆν οὐκ ἐν τοῖς φαύλοις μόνον, ἀλλὰ καὶ τοῖς
ἀστείοις γίγνεσθαι, τὴν δ' ἐπιθυμίαν αὐτήν τε φαύλην εἶναι καὶ
μόνοις τοῖς φαύλοις ἐγγίνεσθαι, εἶναι γὰρ ὄρεξιν ἀθρόως ῥεπτι-
κὴν πρὸς τὸ τυγχάνειν. εἰ δὲ μὴ μακρὸν οὕτως αὐτῆς ὁρισμὸν ποιήσειεν,
ἀλλ' ὄρεξιν [τε] ἄλογον ὑπάρχειν εἰπών, ἐπιτιμήσει μάλα σεμνῶς ἀνδρὶ πολ-
10 λάκις οὐκ ἐν τῇ πραγμάτων ἐπιστήμῃ μόνον, ἀλλὰ κἂν τῇ τῶν ὀνομάτων
χρήσει μυρίων διαφέροντι. τοιοῦτοι δ' ἀμέλει καὶ τῶν παλαιῶν ἦσαν οὐκ
ὀλίγοι, καθάπερ καὶ αὐτὸς ὁ Πλάτων φησίν, ὀνόμασι χρώμενοι καινῶς μετω-
νομασμένοις.

(Videtur mihi Chrysippus Platoni opprobrio vertisse, quod in libro
15 quarto de re publica in synonymorum distinctione parum diligens fuisset:
cui patrocinatur Galenus.)

442 Clemens Al. Strom. IV 18 p. 617 Pott. ὄρεξιν οὖν ἐπιθυμίας
διακρίνουσιν οἱ περὶ ταῦτα δεινοί· καὶ τὴν μὲν ἐπὶ ἡδοναῖς καὶ ἀκολασίᾳ
τάττουσιν, ἄλογον οὖσαν· τὴν δὲ ὄρεξιν ἐπὶ τῶν κατὰ φύσιν ἀναγκαίων,
20 λογικὴν ὑπάρχουσαν κίνησιν.

§ 4. Affectus exstirpandos esse, non temperandos.

443 Seneca ep. 116, 1. Utrum satius sit modicos habere adfectus
an nullos, saepe quaesitum est: nostri illos expellunt, Peripatetici
temperant.

25 **444** Lactant. div. instit. VI 14. Nam Stoici affectus omnes, quo-
rum impulsu animus commovetur, ex homine tollunt, cupiditatem, laeti-
tiam, metum, moestitiam: quorum duo priora ex bonis sunt aut futuris
aut praesentibus; posteriora ex malis. Eodem modo haec quattuor morbos
(ut dixi) vocant, non tam natura insitos, quam prava opinione susceptos:
30 et idcirco eos censent exstirpari posse radicitus, si bonorum malorumque
opinio falsa tollatur. Si enim nihil censeat sapiens bonum, nihil malum,
nec cupiditate ardescet, nec laetitia gestiet, nec metu terrebitur nec aegri-
tudine contrahetur.

Lactant. de ira cp. 17. Sed Stoici non viderunt esse discrimen
35 recti et pravi; esse iram iustam, esse et iniustam; et quia medelam rei
non inveniebant, voluerunt eam penitus excidere.

Cf. cp. 18. Quid opus est, inquiunt, ira, cum sine hoc affectu
peccata corrigi possint.

445 Clemens Al. Paed. I 13 p. 158 Pott. Πᾶν τὸ παρὰ τὸν λό-
40 γον τὸν ὀρθὸν τοῦτο ἁμάρτημά ἐστι. αὐτίκα γοῦν τὰ πάθη τὰ
γενικώτατα ὧδέ πως ὁρίζεσθαι ἀξιοῦσιν οἱ φιλόσοφοι· τὴν μὲν ἐπιθυμίαν
ὄρεξιν ἀπειθῆ λόγῳ· τὸν δὲ φόβον ἔκκλισιν ἀπειθῆ λόγῳ· ἡδονὴν δὲ ἔπαρσιν
ψυχῆς ἀπειθῆ λόγῳ.

---

2 ἀστεῖον scripsi, αἴτιον libri.   8 εἰ δὲ — ἐπιτιμήσει corrupta; fortasse:
εἰ δέ ⟨τις⟩ — — εἴποι, ἐπιτιμῶσι.

446 Philo de septen. et festis dieb. Vol. II Mang. p. 348. *Πᾶν μὲν πάθος ἐπίληπτον, ἐπεὶ καὶ πᾶσα ἄμετρος καὶ πλεονάζουσα ὁρμὴ καὶ τῆς ψυχῆς ἡ ἄλογος καὶ παρὰ φύσιν κίνησις ὑπαίτιος.*

447 Hieronymus ep. 132 (ad Ctesiphontem) 1. *venena — quae de philosophorum et maxime Pythagorae et Zenonis principis Stoico- 5 rum fonte manarunt. Illi enim quae Graeci appellant πάθη, nos per- turbationes possumus dicere: aegritudinem videlicet et gaudium, spem et metum: quorum duo praesentia, duo futura sunt, asserunt exstirpari posse de mentibus et nullam fibram radicemque vitiorum in homine omnino residere, meditatione et assidua exercitatione vir- 10 tutum.* Cf. dial. adv. Pelag. II 6 (ubi Chrysippum quoque nominat).

448 Diog. Laërt. VII 117. *φασὶ δὲ καὶ ἀπαθῆ εἶναι τὸν σοφόν, διὰ τὸ ἀνέμπτωτον εἶναι. εἶναι δὲ καὶ ἄλλον ἀπαθῆ, τὸν φαῦλον, ἐν ἴσῳ λεγόμενον τῷ σκληρῷ καὶ ἀτέγκτῳ.*

449 Porphyrion ad Hor. Serm. II 4, 1. Catius Epicureus fuit, qui 15 scripsit quattuor libros de rerum natura et de summo bono. Sub eius nomine quomodo in proxima Stoicos ita in hac Epicureos inrisurus est, qui dicunt summum bonum *ἡδονὴν* rerum honestarum. Unde Stoici hanc gulae et corporis libidinem criminantur, *τὴν ἀταραχίαν τῆς ψυχῆς,* hoc est nihil timere nec cupere, summum bonum esse. Unde 20 Varro dicit *λογομαχίαν* inter illos esse.

450 Lactant. div. instit. VI 10 (de humanitate disputans). Ad hanc partem philosophorum nulla praecepta sunt; quippe qui falsae virtutis specie capti misericordiam de homine sustulerunt; et dum volunt sa- nare vitia, auxerunt. Et cum iidem plerumque fateantur, societatis hu- 25 manae communionem esse retinendam, ab ea plane se ipsos inhumanae suae virtutis rigore dissociant.

ibid. 11. Quaero igitur ab iis, qui flecti ac misereri non putant esse sapientis, si homo ab aliqua bestia comprehensus auxilium sibi armati hominis imploret, utrumne succurrendum putent an minime? non 30 sunt tam impudentes, ut negent fieri oportere quod flagitat, quod exposcit humanitas. Item si aliquis circumveniatur igni, ruina opprimatur, merga- tur mari, flumine rapiatur, num putent hominis esse non auxiliari? non sunt ipsi homines si putent. Nemo enim potest eiusmodi periculis non esse subiectus. Immo vero et hominis et fortis viri esse dicent, servare 35 periturum. Si ergo in eiusmodi casibus, qui periculum vitae ho- mini afferunt, succurrere humanitatis esse concedunt: quid causae est, cur si homo esuriat, sitiat, algeat, succurrendum esse non putent? Quae cum sint paria natura cum illis casibus fortuitis et unam eandemque humanitatem desiderent, tamen illa discernunt, quia 40 non re ipsa vera, sed utilitate praesenti omnia metiuntur.

451 Origenes comm. in Ezechielem cp. 8 Tom. III p. 424 Delarue. *ἔλεος· — ὅντινα ὡρίσαντο οἱ περὶ ταῦτα δεινοὶ λύπην εἶναι ἐπὶ τῇ τοῦ πλησίον δυσπραγίᾳ· καὶ φασὶ μὴ δεῖν ἰατρὸν ἢ δικαστὴν τοῦτον τὸν ἔλεον ἐλεεῖν, μή ποτε συγχυθέντες ὑπὸ τῆς ἐπὶ τὸ οὕτως ἐλεεῖν ἐπα- 45 γούσης λύπης ἐμποδισθῶσιν ἀποδοῦναι τὸ ἰατρικὸν ἢ τὸ δικαστικὸν συμφε- ρόντως τῷ θεραπευομένῳ ἢ τῷ δικαζομένῳ ἔργον.*

452 Seneca de clementia lib. II cp. 4.   Ad rem pertinet quaerere hoc loco, quid sit misericordia. plerique enim ut virtutem eam laudant et bonum hominem vocant misericordem. Et haec vitium animi est etc.

5   cp. 5. Scio male audire apud imperitos sectam Stoicorum tanquam nimis duram et minime principibus regibusque bonum daturam consilium. obicitur enim illi, quod sapientem negat misereri, negat ignoscere. — — Misericordia est aegritudo animi ob alienarum miseriarum speciem, aut tristitia ex alienis malis contracta, quae accidere 10 immerentibus credit. aegritudo autem in sapientem virum non cadit.

453 Seneca de clementia lib. II cp. 7. Constituamus nunc quoque, quid sit venia, et sciemus illam dari a sapiente non debere. Venia est poenae debitae remissio. Hanc sapiens quare non debeat dare, reddunt rationem diutius, quibus hoc propositum est. ego ut breviter 15 tamquam in alieno iudicio dicam: Ei ignoscitur, qui puniri debuit, sapiens autem nihil facit quod non debet, nihil praetermittit quod debet: itaque poenam, quam exigere debet, non donat. sed illud quod ex venia consequi vis, honestiore tibi via tribuit: parcit enim sapiens, consulit et corrigit.

20   **454** Origenes comment. in Matthaeum Vol. III p. 674 Delarue. εἴπερ τέλειός ἐστιν ὁ πάσας ἔχων τὰς ἀρετὰς καὶ μηκέτι ἀπὸ κακίας πράττων etc.

πῶς ἂν καὶ ἀόργητος γένοιτ' ἂν ἀθρόως, εἰ τύχοι εὐέμπτωτος ὢν εἰς ὀργήν; πῶς δὲ καὶ ἄλυπος καὶ κρείττων παντὸς οὑτινοσοῦν συμβῆναι δυναμένου, τὴν λύπην προκαλουμένου; πῶς δὲ καὶ ἔξω φόβου πάντῃ ἔσται 25 τοῦ περὶ πόνων ἢ θανάτου ἢ τῶν ὅσα δύναται τὴν ἔτι ἀτελεστέραν ψυχὴν φοβῆσαι; τίνα δὲ τρόπον — — ἐκτὸς ἔσται πάσης ἐπιθυμίας; — — εἰ δὲ καὶ ἡ λεγομένη ἡδονή, ἄλογος οὖσα ἔπαρσις τῆς ψυχῆς, πάθος ἐστί, πῶς ἄν τις — — ἀπαλλαγείη τοῦ ἀλόγως ἐπαίρεσθαι.

455 Plutarchus de comm. not. cp. 25 p. 1070e. Ἀλλ' ὁμολογεῖ γε 30 Χρύσιππος, εἶναί τινας φόβους καὶ λύπας καὶ ἀπάτας, αἳ βλάπτουσι μὲν ἡμᾶς, χείρονας δ' οὐ ποιοῦσιν. Ἔντυχε δὲ τῷ πρώτῳ τῶν πρὸς Πλάτωνα γεγραμμένων περὶ Δικαιοσύνης· καὶ γὰρ ἄλλων ἕνεκα τὴν ἐκεῖ τοῦ ἀνδρὸς εὑρησιλογίαν ἄξιον ἱστορῆσαι, πάντων ἁπλῶς πραγμάτων καὶ δογμάτων, οἰκείων ὁμοῦ καὶ 35 ἀλλοτρίων, ἀφειδοῦσαν.

§ 5. Chrysippi περὶ παθῶν libri IV (quibus demonstratur ὅτι κρίσεις τοῦ ἡγεμονικοῦ τὰ πάθη).

456 Diog. Laërt. Zeno 111. δοκεῖ δὲ αὐτοῖς τὰ πάθη κρίσεις εἶναι, καθά φησι Χρύσιππος ἐν τῷ περὶ Παθῶν· ἥ τε γὰρ φιλαρ-40 γυρία ὑπόληψίς ἐστι τοῦ τὸ ἀργύριον καλὸν εἶναι, καὶ ἡ μέθη δὲ καὶ ἡ ἀκολασία ὁμοίως καὶ τὰ ἄλλα.

---

35 ἀπιδοῦσαν libri, corr. Mez.

457 Galenus de locis affectis III 1 ed. Bas. III 270 K. VIII 138.
τὰ μὲν οὖν τοιαῦτα λογικώτερά πως ἔφην εἶναι· λογικὰ γὰρ ὄντως
ἐστὶν ὅσα τῆς χρείας ἐπέκεινα προερχόμενα τὴν φύσιν ἀθρεῖ τῶν
πραγμάτων, ὁποία τις ὑπάρχει κατὰ τὴν οἰκείαν οὐσίαν· οὕτως γοῦν
καὶ Χρύσιππος ὁ φιλόσοφος ἔγραψεν περὶ τῶν τῆς ψυχῆς παθῶν 5
ἓν μὲν τὸ θεραπευτικὸν βιβλίον, οὗ μάλιστα χρῄζομεν εἰς τὴν ἴασιν
αὐτῶν, ἕτερα δὲ τρία λογικὰς ἔχοντα ζητήσεις.

458 Galenus de H. et Plat. decr. V 6 (171) p. 459 M. ὡς τοῦ-
τό γε καὶ ἐξ αὐτῶν ὧν ἔγραφε Χρύσιππος περὶ παθῶν ἔνεστι καταμα-
θεῖν. τεττάρων γὰρ βιβλίων οὕτω μεγάλων αὐτῷ γεγραμμένων, ὥσθ' 10
ἕκαστον εἶναι διπλάσιον τῶν ἡμετέρων, ὅμως ἡμεῖς οὐδ' ἐν ὅλοις δύο
τὴν περὶ τῶν παθῶν αὐτῷ γνώμην ἐξητάκαμεν etc.

459 Plutarchus de virtute morali cp. 3 p. 441 c. Κοινῶς δὲ ἅπαν-
τες οὗτοι (scil. Stoici, Aristo, Zeno, Chrysippus) τὴν ἀρετὴν τοῦ
ἡγεμονικοῦ τῆς ψυχῆς διάθεσίν τινα καὶ δύναμιν, γεγενημένην ὑπὸ 15
λόγου, μᾶλλον δὲ λόγον οὖσαν αὐτὴν ὁμολογούμενον καὶ βέβαιον καὶ
ἀμετάπτωτον, ὑποτίθενται· καὶ νομίζουσιν οὐκ εἶναι τὸ παθητικὸν
καὶ ἄλογον διαφορᾷ τινι καὶ φύσει ψυχῆς τοῦ λογικοῦ διακεκριμένον,
ἀλλὰ τὸ αὐτὸ τῆς ψυχῆς μέρος, ὃ δὴ καλοῦσι διάνοιαν καὶ ἡγεμονι-
κόν, διόλου τρεπόμενον καὶ μεταβάλλον ἔν τε τοῖς πάθεσι καὶ ταῖς 20
κατὰ ἕξιν ἢ διάθεσιν μεταβολαῖς, κακίαν τε γίγνεσθαι καὶ ἀρετήν,
καὶ μηδὲν ἔχειν ἄλογον ἐν ἑαυτῷ· λέγεσθαι δὲ ἄλογον, ὅταν τῷ πλεο-
νάζοντι τῆς ὁρμῆς, ἰσχυρῷ γενομένῳ καὶ κρατήσαντι, πρός τι τῶν
ἀτόπων παρὰ τὸν αἱροῦντα λόγον ἐκφέρηται· καὶ γὰρ τὸ πάθος εἶναι
λόγον πονηρὸν καὶ ἀκόλαστον, ἐκ φαύλης καὶ διημαρτημένης κρίσεως 25
σφοδρότητα καὶ ῥώμην προσλαβούσης.

Cf. ibidem cp. 7 p. 446 f. ἔνιοι δέ φασιν οὐχ ἕτερον εἶναι τοῦ
λόγου τὸ πάθος οὐδὲ δυοῖν διαφορὰν καὶ στάσιν, ἀλλὰ ἑνὸς λόγου
τροπὴν ἐπ' ἀμφότερα, λανθάνουσαν ἡμᾶς ὀξύτητι καὶ τάχει μεταβολῆς·
οὐ συνορῶντας ὅτι ταὐτόν ἐστι τῆς ψυχῆς ᾧ πέφυκεν ἐπιθυμεῖν καὶ 30
μετανοεῖν, ὀργίζεσθαι καὶ δεδιέναι, φέρεσθαι πρὸς τὸ αἰσχρὸν ὑφ'
ἡδονῆς καὶ φερομένη πάλιν αὐτῆς ἐπιλαμβάνεσθαι· καὶ γὰρ ἐπιθυμίαν
καὶ ὀργὴν καὶ φόβον καὶ τὰ τοιαῦτα πάντα, δόξας εἶναι καὶ κρίσεις
πονηράς, οὐ περὶ ἕν τι γιγνομένας τῆς ψυχῆς μέρος, ἀλλὰ ὅλου τοῦ
ἡγεμονικοῦ ῥοπὰς καὶ εἴξεις καὶ συγκαταθέσεις καὶ ὁρμὰς καὶ ὅλως 35
ἐνεργείας τινὰς οὔσας ἐν ὀλίγῳ μεταπτωτάς, ὥσπερ αἱ τῶν παίδων
ἐπιδρομαὶ τὸ ῥαγδαῖον καὶ τὸ σφοδρὸν ἐπισφαλὲς ὑπὸ ἀσθενείας καὶ
ἀβέβαιον ἔχουσι.

460 Galenus de H. et Plat. decr. V 6 (168) p. 448 M. Posido-

---

32 φερομένη—αὐτῆς scripsi, φερομένης—αὐτῆς libri.

nius Chrysippi sententiam spectans: „τὸ δὴ τῶν παθῶν αἴτιον, του-
τέστι τῆς τε ἀνομολογίας καὶ τοῦ κακοδαίμονος βίου, τὸ μὴ κατὰ πᾶν
ἕπεσθαι τῷ ἐν αὑτῷ δαίμονι συγγενεῖ τε ὄντι καὶ τὴν ὁμοίαν φύσιν
ἔχοντι τῷ τὸν ὅλον κόσμον διοικοῦντι, τῷ δὲ χείρονι καὶ ζῳώδει ποτὲ
5 συνεκκλίνοντας φέρεσθαι. οἱ δὲ (sc. οἱ περὶ Χρύσιππον) τοῦτο πα-
ριδόντες οὔτε ἐν τούτοις βελτιοῦσι τὴν αἰτίαν τῶν παθῶν,
οὔτ᾽ ἐν τοῖς περὶ τῆς εὐδαιμονίας καὶ ὁμολογίας ὀρθοδο-
ξοῦσιν. οὐ γὰρ βλέπουσιν, ὅτι πρῶτόν ἐστιν ἐν αὐτῇ τὸ κατὰ μη-
δὲν ἄγεσθαι ὑπὸ τοῦ ἀλόγου τε καὶ κακοδαίμονος καὶ ἀθέου τῆς
10 ψυχῆς.“ ἐν τούτοις φανερῶς ὁ Ποσειδώνιος ἐδίδαξε, πηλίκον ἁμαρ-
τάνουσιν οἱ περὶ τὸν Χρύσιππον, οὐ μόνον ἐν τοῖς περὶ τῶν
παθῶν λογισμοῖς, ἀλλὰ καὶ περὶ τοῦ τέλους. οὐ γὰρ ὡς ἐκεῖνοι λέ-
γουσιν ἀλλ᾽ ὡς ὁ Πλάτων ἐδίδαξε, τὸ τῇ φύσει ζῆν ὁμολογουμένως ἐστίν.

461 Galenus de H. et Plat. decr. IV 1 (135) p. 334 M. κατὰ
15 μὲν τὸ πρότερον περὶ ψυχῆς βιβλίον ὁ Χρύσιππος οὐχ ὅπως
ἀντιλέγει, μηδεμίαν εἶναι τῆς ψυχῆς δύναμιν ἢ ἐπιθυμητικὴν ἢ θυ-
μοειδῆ, ἀλλὰ καὶ τὰ παθήματ᾽ αὐτῶν ἐκδιδάσκει καὶ τόπον ἀπονέμει
τοῦ σώματος ἕνα· κατὰ δὲ τὰ περὶ τῶν παθῶν ἅπαντα, τά τε τρία,
δι᾽ ὧν ἐπισκέπτεται τὰ λογικὰ περὶ αὐτῶν ζητήματα, καὶ προσέτι τὸ
20 θεραπευτικόν, ὃ δὴ καὶ ἠθικὸν ἐπιγράφουσί τινες, οὐκέθ᾽ ὁμοίως εὑ-
ρίσκεται γιγνώσκων, ἀλλὰ τὰ μὲν ὡς ἐπαμφοτερίζων γράφει, τὰ δὲ
ὡς μηδεμίαν ἡγούμενος εἶναι δύναμιν τῆς ψυχῆς μήτε ἐπιθυμητικὴν
μήτε θυμοειδῆ. κατὰ μὲν γὰρ τὴν ἐξήγησιν τῶν ὁρισμῶν τοῦ πάθους,
ἐμφαίνει τινὰ δύναμιν ἄλογον ἐν τῇ ψυχῇ τῶν παθῶν αἰτίαν ὑπάρχειν,
25 ὡς ὀλίγον ὕστερον ἐπιδείξω τὴν ῥῆσιν ἐξηγησάμενος αὐτοῦ· ἐν δὲ τοῖς
ἐφεξῆς ἔνθα ζητεῖ, πότερα ⟨κρίσεις ἐστὶν ἢ⟩ κρίσεσιν ἐπιγίγνεται τὰ
πάθη, προφανῶς ἀποχωρεῖ τῆς Πλάτωνος δόξης, ὅς γ᾽ οὐδὲ τὴν ἀρχὴν
ἐν τῇ διαιρέσει τοῦ προβλήματος ἠξίωσε καὶ ταύτης ἐπιμνησθῆναι.
καίτοι τοῦτο πρῶτον εὐθὺς ἐγκαλέσειεν ἄν τις αὐτῷ παρὰ τὸ τῆς
30 διαιρέσεως ἐλλιπὲς ἐσφαλμένῳ. τὸ γάρ τοι πάθος, οἷον ὁ ἔρως, ἤτοι
κρίσις τίς ἐστιν, ἢ κρίσεσιν ἐπιγιγνόμενον, ἢ κίνησις ἔκφορος τῆς
ἐπιθυμητικῆς δυνάμεως. οὕτω δὲ καὶ ὁ χόλος ἤτοι κρίσις ἢ ἑπόμενόν
τι ταύτῃ πάθος ἄλογον, ἢ κίνησις σφοδρὰ τῆς θυμοειδοῦς δυνάμεως.
ὁ δέ γ᾽ οὐδ᾽ οὕτως ἐγχωροῦν εἰς τρία τέμνεσθαι τὸ πρόβλημα μετα-
35 χειρίζεται τὸν λόγον ἐπιδεικνύναι πειρώμενος, ὡς ἄμεινον εἴη
κρίσεις ὑπολαμβάνειν αὐτὰ καὶ οὐκ ἐπιγινόμενά τινα ταῖς
κρίσεσιν, ἐπιλαθόμενος ὧν αὐτὸς ἐν τῷ προτέρῳ τῷ περὶ ψυχῆς
ἔγραψε, τὸν μὲν ἔρωτα τῆς ἐπιθυμητικῆς εἶναι δυνάμεως,
τὸν δὲ χόλον τῆς θυμοειδοῦς.

---

26 add. Müller.

idem V 1 (155 i. f.) p. 405 M. Χρύσιππος μὲν οὖν ἐν τῷ πρώ-
τῳ περὶ παθῶν ἀποδεικνύναι πειρᾶται, κρίσεις τινὰς εἶναι τοῦ λο-
γιστικοῦ τὰ πάθη, Ζήνων δ᾽ οὐ τὰς κρίσεις αὐτάς, ἀλλὰ τὰς ἐπιγιγ-
νομένας αὐταῖς συστολὰς καὶ χύσεις, ἐπάρσεις τε καὶ πτώσεις τῆς
ψυχῆς ἐνόμιζεν εἶναι τὰ πάθη.
idem V 7 (175) p. 477 M. ἀλλὰ καὶ κατὰ τὰ περὶ παθῶν συγ-
γράμματα, τά τε τρία τὰ λογικὰ καὶ τὸ χωρὶς αὐτῶν ἰδίᾳ γεγραμμένον
ὑπ᾽ αὐτοῦ, τὸ θεραπευτικόν τε καὶ ἠθικὸν ἐπιγραφόμενον.
Galenus de propriorum animi affectuum curat. 1 Vol. V p. 3 K.
γέγραπται μὲν οὖν Χρυσίππῳ καὶ ἄλλοις πολλοῖς τῶν φιλοσόφων
θεραπευτικὰ συγγράμματα τῶν τῆς ψυχῆς παθῶν.
462 Galenus de H. et Plat. decr. IV 2 (136) p. 338 M. καὶ γὰρ
οὐ κατὰ ταῦτα μόνον αὐτὸς ἑαυτῷ διαφέρεται φανερῶς, ἀλλὰ κἀπει-
δὰν ὑπὲρ τῶν κατὰ τὸ πάθος ὁρισμῶν γράφων ἄλογόν τε καὶ παρὰ
φύσιν κίνησιν ψυχῆς αὐτὸ φάσκῃ καὶ πλεονάζουσαν ὁρμήν, εἶτα τὸ
μὲν ἄλογον ἐξηγούμενος τὸ χωρὶς λόγου τε καὶ κρίσεως εἰρῆσθαι
φάσκῃ, τῆς δὲ πλεοναζούσης ὁρμῆς παράδειγμα τοὺς τρέχοντας σφο-
δρῶς παραλαμβάνῃ· ταυτὶ γὰρ ἀμφότερα μάχεται τῷ κρίσεις εἶναι τὰ
πάθη· εἰσόμεθα δ᾽ ἐναργέστερον αὐτὰς τὰς ῥήσεις αὐτοῦ παραγρά-
ψαντες· ἔχει δ᾽ ἡ μὲν ἑτέρα τόνδε τὸν τρόπον.

„Δεῖ δὲ πρῶτον ἐντεθυμῆσθαι, ὅτι τὸ λογικὸν ζῷον ἀκο-
λουθητικὸν φύσει ἐστὶ τῷ λόγῳ, καὶ κατὰ τὸν λόγον ὡς ἂν
ἡγεμόνα πρακτικόν. πολλάκις μέντοι καὶ ἄλλως φέρεται ἐπί
τινα καὶ ἀπό τινων, ἀπειθῶς τῷ λόγῳ ὠθούμενον ἐπὶ πλεῖον,
καθ᾽ ἣν φορὰν ἀμφότεροι ἔχουσιν οἱ ὅροι, τῆς παρὰ φύσιν
κινήσεως ἀλόγως οὕτως γινομένης καὶ τοῦ ἐν ταῖς ὁρμαῖς
πλεονασμοῦ. τὸ γὰρ ἄλογον τουτὶ ληπτέον ἀπειθὲς λόγῳ καὶ
ἀπεστραμμένον τὸν λόγον, καθ᾽ ἣν φορὰν καὶ ἐν τῷ ἔθει τινὰ
φαμεν ὠθεῖσθαι καὶ ἀλόγως φέρεσθαι ἄνευ λόγου κρίσεως,
οὐχὶ εἰ διημαρτημένως φέρεται καὶ παριδών τι κατὰ τὸν λό-
γον ταῦτ᾽ ἐπισημαινόμεθα, ἀλλὰ μάλιστα καθ᾽ ἣν ὑπογράφει
φοράν, οὐ πεφυκότος τοῦ λογικοῦ ζῴου κινεῖσθαι οὕτως κατὰ
τὴν ψυχήν, ἀλλὰ κατὰ τὸν λόγον."

Ἡ μὲν οὖν ἑτέρα τῶν τοῦ Χρυσίππου ῥήσεων ἐξηγουμένη τὸν
πρότερον τῶν ὅρων τοῦ πάθους ἐνταυθοῖ τελευτᾷ· τὴν δ᾽ ὑπόλοιπον,
ἐν ᾗ τὸν ἕτερον ὅρον ἐξηγεῖται, γεγραμμένην ἐφεξῆς τῇδε κατὰ τὸ
πρῶτον σύγγραμμα περὶ παθῶν ἤδη σοι παραθήσομαι.

---

4 χύσεις an λύσεις in Ham. incertum. διαχύσεις Müller. 7 τὸ et γε-
γραμμένον Müller, τὰ—γεγραμμένα libri. ‖ αὐτῶν L, αἰτιῶν ceteri. 13 οὐ
κατὰ ταῦτα Cornarius, οὐκ αὐτὰ ταῦτα libri. 28 τινὰ Müller, τινὰς libri.
31 coniicio ἐπισημαινόμενοι. 31 ὑπογράφομεν Müller.

„Κατὰ τοῦτο δὲ καὶ ὁ πλεονασμὸς τῆς ὁρμῆς εἴρηται, διὰ
τὸ τὴν καθ᾽ αὑτοὺς καὶ φυσικὴν τῶν ὁρμῶν συμμετρίαν ὑπερ-
βαίνειν. γένοιτο δ᾽ ἂν τὸ λεγόμενον διὰ τούτων γνωριμώτερον.
οἷον ἐπὶ τοῦ πορεύεσθαι καθ᾽ ὁρμὴν οὐ πλεονάζει ἡ τῶν σκε-
5 λῶν κίνησις, ἀλλὰ συναπαρτίζει τι τῇ ὁρμῇ ὥστε καὶ στῆναι,
ὅταν ἐθέλῃ, καὶ μεταβάλλειν. ἐπὶ δὲ τῶν τρεχόντων καθ᾽ ὁρ-
μὴν οὐκέτι τοιοῦτον γίνεται, ἀλλὰ πλεονάζει παρὰ τὴν ὁρμὴν
ἡ τῶν σκελῶν κίνησις, ὥστε ἐκφέρεσθαι καὶ μὴ μεταβάλλειν
εὐπειθῶς οὕτως εὐθὺς ἐναρξαμένων. οἷς οἶμαί τι παραπλήσιον
10 καὶ ἐπὶ τῶν ὁρμῶν γίνεσθαι διὰ τὸ τὴν κατὰ λόγον ὑπερβαί-
νειν συμμετρίαν, ὥσθ᾽ ὅταν ὁρμᾷ μὴ εὐπειθῶς ἔχειν πρὸς αὐ-
τόν, ἐπὶ μὲν τοῦ δρόμου τοῦ πλεονασμοῦ λεγομένου παρὰ τὴν
ὁρμήν, ἐπὶ δὲ τῆς ὁρμῆς παρὰ τὸν λόγον. συμμετρία γάρ ἐστι
φυσικῆς ὁρμῆς ἡ κατὰ τὸν λόγον, καὶ ἕως τοσούτου [καὶ] ἕως
15 αὐτὸς ἀξιοῖ. διὸ δὴ καὶ τῆς ὑπερβάσεως κατὰ τοῦτο καὶ οὕ-
τως γινομένης πλεονάζουσά τε ὁρμὴ λέγεται εἶναι καὶ παρὰ
φύσιν καὶ ἄλογος κίνησις ψυχῆς.“

Αἱ μὲν τοῦ Χρυσίππου ῥήσεις αὗται. Similia *ἐν τῷ περὶ πα-*
θῶν ἠθικῷ exstitisse testatur Gal. IV 5 (144) p. 365 M.

20　　　Has affectus definitiones Galenus probare studet cum Platonis
decretis congruere. Ad intellegenda Chr. verba utilia haecce: *ἐπειδὴ*
γὰρ ἠπίστατο δύο σημαινόμενα πρὸς τῆς „ἄλογος“ φωνῆς, ὧν τὸ ἕτερον
βούλεται μόνον δηλοῦσθαι κατὰ τὸν ὅρον, τὸ χωρὶς κρίσεως, ὀρθῶς
ἐποίησε μηδεμίαν ὑπολιπόμενος ἀμφιβολίαν, ἀλλ᾽ αὐτὸς δηλώσας, ὅτι
25 *τὴν κατὰ τὸ πάθος ὁρμὴν ἄλογον εἶναί φησι, καθ᾽ ὅσον ἀπέστραπται*
τὸν λόγον καὶ ἀπειθεῖ τῷ λόγῳ καὶ χωρὶς κρίσεως γίνεται. διὰ μὲν οὖν
τοῦ ἀπεστράφθαι φάναι τὸν λόγον ἐχώρισε τὴν κατὰ τὸ πάθος ἄλογον
κίνησιν τῶν ἀψύχων τε καὶ τῶν ἀλόγων ζῴων. — — ἐκ μὲν δὴ τῶν
τοιούτων δείκνυται τὸ μήτ᾽ ἀψύχῳ τινὶ μήτ᾽ ἀλόγῳ ζῴῳ πάθος ἐγγί-
30 *νεσθαι ψυχικόν. ἐπειδὰν δὲ γράφῃ, χωρὶς λόγου καὶ κρίσεως γίγνε-*
σθαι τὴν κατὰ τὸ πάθος κίνησιν, εἶτα συνάπτων ἐφεξῆς λέγῃ, „οὐχὶ
εἰ διημαρτημένως φέρεται καὶ παριδών τι κατὰ τὸν λόγον“, καὶ
„ἀπεστραμμένως τε καὶ ἀπειθῶς αὐτῷ“, διορίζει τῶν ἁμαρτημάτων
τὰ πάθη καὶ πάνυ δεόντως. τὰ μὲν γὰρ ἁμαρτήματα μοχθηραὶ κρί-
35 *σεις εἰσί, καὶ [ὁ] λόγος ἐψευσμένος τῆς ἀληθείας καὶ διημαρτημένος.*
τὸ δὲ πάθος — ἀπειθής ἐστι τῷ λόγῳ κίνησις ψυχῆς. Exempla affe-
runtur Agamemno filiam caedens (nomen deest) et Medea pueros tru-
cidans.

　　　ibid. cp. 3 (139) p. 349 Mü. Gal. ideo potissimum Chrys. vitu-

---

5 τῇ ὁρμῇ Müller τῆς ὁρμῆς libri.　　9 οἷς Müller αἷς li.　　14 del. Mü.
23. 26. 30 cave ne Galenus fraudem tibi faciat.　　35 ὁ del. Mü.

perandum iudicat ὅτι μήτε ἐπεχείρησεν ὅλως τὰ πρὸς τῶν παλαιῶν
εἰρημένα διαλύσασθαι καὶ πρὸς αὐτὸν διαφέρεται, νυνὶ μὲν γίνεσθαι
νομίζων τὰ πάθη ἄνευ λόγου καὶ κρίσεως, νυνὶ δ' οὐ μόνον κρίσεσιν
ἔπεσθαι φάσκων, ἀλλ' αὐτὸ δὴ τοῦτο κρίσεις εἶναι. τὸ γὰρ μηδ'
ὅλως ἐφάπτεσθαι κρίσεως ἐναντιώτατον δήπου τῷ κρίσιν εἶναι τὸ πά- 5
θος, εἰ μή, νὴ Δία, βοηθῶν τις αὐτῷ φαίη, πλείω σημαίνειν τὸ
τῆς κρίσεως ὄνομα, καὶ κατὰ μὲν τὴν ἐξήγησιν τοῦ ὅρου τὴν οἷον
„περίσκεψιν" εἰρῆσθαι κρίσιν, ὡς εἶναι τὸ ἄνευ κρίσεως ἴσον τῷ ἄνευ
περισκέψεως, ἔνθα δὲ κρίσεις εἶναί φησι τὰ πάθη, τὰς ὁρμάς τε καὶ
τὰς συγκαταθέσεις ὀνομάζεσθαι κρίσεις. ἀλλ' εἴπερ τοῦτό τις δέξαιτο, 10
πλεονάζουσα συγκατάθεσις ἔσται τὸ πάθος, καὶ πάλιν ὁ Ποσειδώνιος
ἐρήσεται τὴν αἰτίαν, ὑφ' ἧς πλεονάζεται, πρὸς τῷ καὶ μέγιστον ἁμάρ-
τημα κατὰ τὴν διδασκαλίαν ἡμαρτῆσθαι τῷ Χρυσίππῳ. εἰ γὰρ ἐν
αὐτῷ δὴ τούτῳ τὸ κῦρος τοῦ δόγματός ἐστιν, ἐν τῷ διαστείλασθαι
τὴν ὁμωνυμίαν καὶ δεῖξαι, κατὰ τί μὲν σημαινόμενον ἄνευ κρίσεως 15
γίνεται τὰ πάθη, κατὰ τί δὲ κρίσεις εἰσίν, ὁ δ' οὐδὲ καθ' ἓν τῶν
τεττάρων βιβλίων, ἃ περὶ τῶν παθῶν ἔγραψεν, ἐποίησεν αὐτό, πῶς
οὐκ ἄν τις αὐτὸν δικαίως μέμψαιτο.

ibid. cp. 4 (140) p. 353 M. Gal. dicit absurdum esse: ἐπειδὰν ἀπειθῶς
τε καὶ ἀπεστραμμένως τοῦ λόγου (sc. λέγῃ τὰ πάθη γίνεσθαι) τὸ μη- 20
δεμίαν ἐπιζητεῖν ἑτέραν ἐν τῇ ψυχῇ δύναμιν, ἧς κινουμένης ἀπειθῶς
τῷ λόγῳ γίγνεσθαι τὰ πάθη· μηδὲ γὰρ εἶναί τινα τοιαύτην, ὡς
ἔνιοι τῶν φιλοσόφων ὑπολαμβάνουσιν, ἐπιθυμητικήν τε καὶ θυ-
μοειδῆ προσαγορεύοντες, τὸ ὅλον γὰρ εἶναι τὸ τῶν ἀνθρώ-
πων ἡγεμονικὸν λογικόν. 25

463 Galenus de H. et Plat. decr. IV 2 (135) p. 336 M. κατὰ τὸν
αὐτὸν τρόπον ἐν τοῖς ὁρισμοῖς τῶν γενικῶν παθῶν, οὓς πρώ-
τους ἐξέθετο, τελέως ἀποχωρεῖ τῆς γνώμης αὐτῶν (sc. τῶν παλαιῶν),
„τὴν λύπην ὁριζόμενος δόξαν πρόσφατον κακοῦ παρουσίας,
τὸν δὲ φόβον προσδοκίαν κακοῦ, τὴν δ' ἡδονὴν δόξαν πρόσ- 30
φατον ἀγαθοῦ παρουσίας." ἄντικρυς γὰρ ἐν τούτοις τοῦ λογιστι-
κοῦ τῆς ψυχῆς μόνου μέμνηται, παραλείπων τό τ' ἐπιθυμητικὸν καὶ
τὸ θυμοειδές. „Καὶ γὰρ τὴν δόξαν καὶ τὴν προσδοκίαν ἐν τῷ
λογιστικῷ μόνῳ συνίστασθαι νομίζει." Κατὰ μέντοι τὸν τῆς
ἐπιθυμίας ὅρον, ἣν ὄρεξιν ἄλογον εἶναί φησιν, ἐφάπτεται μέν 35
πως ὅσον ἐπὶ τῇ λέξει τῆς ἀλόγου κατὰ τὴν ψυχὴν δυνάμεως, ἀπο-
χωρεῖ δὲ κἀνταῦθα κατὰ τὴν ἐξήγησιν αὐτῆς, εἴ γε καὶ ἡ ὄρεξις, ἣν
κατὰ τὸν ὁρισμὸν· παρέλαβε, τῆς λογικῆς ἐστι δυνάμεως. ὁρίζεται
γοῦν αὐτὴν ὁρμὴν λογικὴν ἐπί τι ὅσον χρὴ ἧδον. ἐν μέντοι

---

34 λογιστικῷ Marcianus, vulgo λογικῷ.   39 μὲν Müller.

δὴ τούτοις τοῖς ὅροις ὁρμὰς καὶ δόξας καὶ κρίσεις ὑπάρχειν οἴεται
τὰ πάθη, κατὰ δέ τινας τῶν ἑξῆς Ἐπικούρῳ καὶ Ζήνωνι μᾶλλον ἢ
τοῖς ἑαυτοῦ δόγμασιν ἀκόλουθα γράφει. τήν τε γὰρ λύπην ὁρι-
ζόμενος μείωσιν εἶναί φησιν ἐπὶ φευκτῷ δοκοῦντι ὑπάρ-
5 χειν, τήν θ᾽ ἡδονὴν ἔπαρσιν ἐφ᾽ αἱρετῷ δοκοῦντι ὑπάρχειν.
καὶ γὰρ αἱ μειώσεις καὶ αἱ ἐπάρσεις καὶ αἱ συστολαὶ καὶ αἱ διαχύσεις
(καὶ γὰρ τούτων ἐνίοτε μέμνηται) τῆς ἀλόγου δυνάμεώς ἐστι παθή-
ματα ταῖς δόξαις ἐπιγιγνόμενα. τοιαύτην δέ τινα τὴν οὐσίαν τῶν
παθῶν Ἐπίκουρος καὶ Ζήνων, οὐκ αὐτὸς ὑπολαμβάνει. ὃ καὶ θαυ-
10 μάζειν ἐπέρχεταί μοι τἀνδρός, ἐν ἐπαγγελίᾳ λογικῆς τε ἅμα καὶ ἀκρι-
βοῦς διδασκαλίας οὐκ ἀκριβοῦντος.

464 Galenus de H. et Plat. decr. IV 4 (139) p. 351 Mü. Περὶ
δὲ τοῦ μὴ φροντίζειν τῆς πρὸς ἑαυτὸν ἐναντιολογίας αὐτὸν ἔχων ἔτι
μυρία λέγειν, ἃ τάχ᾽ ἂν καὶ ὕστερον, εἰ μακροτέρας ἐπιλαβοίμην σχο-
15 λῆς, εἰς μίαν ἀθροίσαιμι πραγματείαν ἅπαντα, παραλιπὼν τἆλλα μό-
νων τῶν οἰκείων τοῖς νῦν προκειμένοις μνημονεύσω. τὴν τοίνυν
ἐπιθυμίαν ἐν τῷ πρώτῳ περὶ παθῶν ὁρισάμενος ὄρεξιν ἄλο-
γον, αὐτὴν πάλιν τὴν ὄρεξιν ἐν ἕκτῳ τῶν κατὰ γένος ὅρων
ὁρμὴν λογικὴν εἶναί φησιν ἐπί τι, ὅσον χρή, ἦδον αὐτῷ.
20 οὕτω δὲ αὐτὴν ὁρίζεται κἂν τοῖς περὶ τῆς ὁρμῆς.

Ad primam sententiam confer Gal. V 1 p. 407 M.: τὸ δὲ μηδὲ
ἅπερ ὑπέθεντο δύνασθαι διαφυλάττειν, ἀλλ᾽ ἐναντία γράφειν αὐτῶν,
ἀγυμνάστων περὶ λόγον ἀνθρώπων, οἷός περ καὶ ὁ θαυμασιώτατος
Χρύσιππος ἐν παμπόλλαις εὑρίσκεται πραγματείαις. ἀλλὰ περὶ μὲν
25 τῶν ἄλλων ἑτέρωθι.

465 Galenus de H. et Plat. decr. V 2 (156) p. 407 Mü. τὸ πά-
θος τῆς ψυχῆς κίνησίν τινα παρὰ φύσιν ἄλογον ὑπάρχειν, οὐχ οἱ
παλαιοὶ μόνον, ἀλλὰ καὶ Χρύσιππος ὁμολογεῖ. καὶ μὲν δὴ ὡς ἡ κί-
νησις αὕτη ταῖς τῶν ἀστείων οὐκ ἐγγίνεται ψυχαῖς, ὡμολόγηται παρ᾽
30 ἀμφοῖν. ὁποία δὲ τίς ἐστιν ἡ τῶν φαύλων ψυχὴ κατά τε τὰ πάθη
καὶ πρὸ τῶν παθῶν, οὐκ ἔθ᾽ ὁμοίως ἐξηγοῦνται. Χρύσιππος μὲν γὰρ
ἀνάλογον ἔχειν αὐτήν φησι τοῖς ἐπιτηδείοις σώμασιν εἰς
πυρετοὺς ἐμπίπτειν ἢ διαρροίας ἤ τι τοιοῦτον ἕτερον ἐπὶ
σμικρᾷ καὶ τυχούσῃ προφάσει. Dein affert G. quae contra Chry-
35 sippum Posidonius disputaverat, quem ipsum quoque in quibusdam
erravisse, evincere studet. Pergit p. 411 Mü.

Χρύσιππος δ᾽ ἀτοπώτερον ἔτι (sc. τοῦ Ποσειδωνίου), μηδ᾽ ἐν ταῖς
περιοδικαῖς τισι νόσοις καθεστῶσι, οἱονεὶ τριταίων ἢ τεταρταίων
πυρετῶν, ὡμοιῶσθαι συγχωρῶν τὴν νόσον τῆς ψυχῆς· γράφει γοῦν ὧδε·

---

5 θ᾽ Müller, vulgo δ᾽

„Ὑπονοητέον τοίνυν, τὴν μὲν τῆς ψυχῆς νόσον ὁμοιοτά-
την εἶναι τῇ τοῦ σώματος πυρετώδει καταστάσει, καθ᾽ ἣν οὐ
περιοδικῶς ἀλλ᾽ ἀτάκτως πυρετοὶ καὶ φρῖκαι γίνονται, καὶ
ἄλλως ἀπὸ τῆς διαθέσεως καὶ μικρῶν ἐπιγινομένων αἰτίων.“

οὐκ οἶδα τί ποτε δόξαν αὐτῷ τοὺς μὲν ἑτοίμως ἔχοντας πρὸς τὸ 5
νοσῆσαι νοσεῖν ἤδη φησί, τοὺς δ᾽ ἤδη νοσοῦντας οὐδ᾽ ὅλως νοσεῖν.
Sequentibus probat Galenus τοὺς πενθοῦντας ἢ ἐρῶντας ἢ φθονοῦν-
τας bene cum iis comparari, qui in quartanis vel tertianis periodis
sint, ὅσοις μέντοι μήτε πένθος ἐνέστηκε μήτ᾽ ἐπιθυμία τις ὑπόγυιος
ἢ θυμός, οὗτοι τοῖς ὑγιαίνουσι τὰ σώματα παραπλησίως ἔχουσιν. 10
ἐπεὶ δὲ καὶ τούτων αὐτῶν ἔνιοι μέν εἰσιν εὐάλωτοι νόσοις, ἔνιοι
δ᾽ οὔ etc.

Ubi verba supra allata scripta fuerint, elucet ex verbis p. 419, 8 M.:
διὰ δὲ τοῦ πρώτου τῶν λογικῶν εἰκάζων αὐτὴν εὐλύτῳ καὶ
εὐδιαφθάρτῳ ὑγιείᾳ. 15

466 Galenus de H. et Plat. decr. IV 7 (152) p. 394 Mü. ex Posi-
donio: ὅτι δ᾽ ἐν τῷ χρόνῳ μαλάττεται τὰ πάθη, κἂν αἱ δόξαι μένωσι
τοῦ κακόν τι αὐτοῖς γεγονέναι, καὶ ὁ Χρύσιππος ἐν τῷ δευτέρῳ
περὶ παθῶν μαρτυρεῖ, γράφων ὧδε·

„Ζητήσαι δ᾽ ἄν τις καὶ περὶ τῆς ἀνέσεως τῆς λύπης, πῶς 20
γίνεται, πότερον δόξης τινὸς μετακινουμένης, ἢ πασῶν δια-
μενουσῶν, καὶ διὰ τί τοῦτ᾽ ἔσται.“ (cf. p. 455, 2 M. τὴν αἰτίαν
ἀποδίδωσιν, ὑπὲρ ἧς ὁ Χρύσιππος ἐν τῷ δευτέρῳ περὶ παθῶν ἀπορεῖν
ὡμολόγησεν).

εἶτ᾽ ἐπιφέρων φησί· 25

„Δοκεῖ δέ μοι ἡ μὲν τοιαύτη δόξα διαμένειν, ὅτι κακὸν
αὐτό, ὃ δὴ πάρεστιν, ἐγχρονιζομένης δ᾽ ἀνίεσθαι ἡ συστολὴ
καί, ὡς οἶμαι, ἡ ἐπὶ τὴν συστολὴν ὁρμή. τυχὸν δὲ καὶ ταύ-
της διαμενούσης, οὐχ ὑπακούσεται τὰ ἑξῆς, διὰ ποιὰν ἄλλην
ἐπιγινομένην διάθεσιν ἀσυλλόγιστον τούτων γινομένων. οὕ- 30
τω γὰρ καὶ κλαίοντες παύονται καὶ μὴ βουλόμενοι κλαίειν
κλαίουσιν, ὅταν [μὴ] ὁμοίας τὰς φαντασίας τὰ ὑποκείμενα
ποιῇ καὶ ἐνίστηταί τι ἢ μηδέν. ὃν τρόπον γὰρ ἡ θρήνων παῦσις
γίνεται καὶ κλαυθμῶν, τοιαῦτα εὔλογον καὶ ἐπ᾽ ἐκείνων συν-
τυγχάνειν, ἐν ταῖς ἀρχαῖς μᾶλλον τῶν πραγμάτων κινούντων, 35
καθάπερ ἐπὶ τῶν τὸν γέλωτα κινούντων γίνεσθαι ἔφην, καὶ
τὰ ὅμοια τούτοις.“

ὅτι μὲν οὖν τῷ χρόνῳ παύεται τὰ πάθη, καίτοι τῆς δόξης δια-

---

14 αὐτήν sc. τὴν τῆς ψυχῆς νόσον. id. p. 425, 3 M. ἐν τῷ πρώτῳ περὶ πα-
θῶν. 30 δισυλλόγιστον (i. e. ἀσυλλ.) Ham. unde δυσλόγιστον apogr. 32 μή
seclusit Müller. 33 malim καθὸ ἄν (pro καί). 34 κλαυθμῶν Mü., κλαυθμοὶ libri.

μενούσης, αὐτὸς ὁ Χρύσιππος ὁμολογεῖ· διὰ τίνα μέντοι τὴν αἰτίαν
τοῦτο γίνεται, δυσλόγιστον εἶναί φησιν. εἶθ᾽ ἑξῆς ἕτερα παραπλησίως
γινόμενα γράφει, περὶ ὧν οὐδ᾽ αὐτῶν δηλονότι τὴν αἰτίαν ἐπαγγέλ-
λεται γινώσκειν. — — σὺ δ᾽ — — οἴει λελύσθαι τὸ ζητούμενον, ἂν
5 ὁμολογήσῃς ἀγνοεῖν τὴν αἰτίαν. καίτοι τό γε συνέχον ὅλην τὴν πραγ-
ματείαν τήν τε τῶν λογικῶν ζητημάτων καὶ τὴν θεραπευτικὴν τῶν
παθῶν οὐδὲν ἄλλο ἐστίν, ἢ τὸ τὰς αἰτίας ἐξευρεῖν, ὑφ᾽ ὧν γίνεταί τε
καὶ παύεται τά πάθη. οὕτω γὰρ ἄν τις, οἶμαι, καὶ τὴν γένεσιν αὐ-
τῶν κωλύσειε καὶ γενομένας παῦσαι δυνηθείη. συναναιρεῖσθαι γὰρ
10 εὔλογον οἶμαι ταῖς αἰτίαις τάς τε γενέσεις καὶ τὰς ὑπάρξεις τῶν
πραγμάτων. ταῦτά τοι καὶ ἀπορεῖς κατὰ τὸ περὶ τῶν παθῶν βιβλίον
τι καὶ γράψαι τοιοῦτον ἡμῖν, ᾧ προσέχοντες τὸν νοῦν κωλύσομέν τε
τῶν παθῶν ἕκαστον γίνεσθαι καὶ γενόμενον ἰασόμεθα etc.

Contra verba Chrysippi supra prolata pugnat Posidonius apud
15 Galenum l. l. p. 153. 154. p. 400 M. Iterum laudantur verba τυχὸν
δὲ — ποιῇ, verbo μὴ ante ὁμοίας omisso.

467 Galenus de H. et Plat. decr. IV 7 (152) p. 397 Mü. de Posi-
donio: προσχρῆται δ᾽ εἰς τοῦτο (sc. ὑπὸ θυμοῦ καὶ ἐπιθυμίας γίγνε-
σθαι τὰ πάθη) μάρτυρι καὶ αὐτῷ τῷ Χρυσίππῳ κατὰ τὸ δεύτερον
20 περὶ τῶν παθῶν ὧδέ πως γράφοντι·

„Περὶ δὲ τῆς λύπης [καὶ] ὡς ἂν ἐμπλησθέντες τινὲς ὁμοίως
φαίνονται ἀφίστασθαι, καθάπερ καὶ ἐπὶ Ἀχιλλέως ταῦτα λέ-
γει ὁ ποιητὴς πενθοῦντος τὸν Πάτροκλον· (δ 541. Ω 514)
Ἀλλ᾽ ὅτε δὴ κλαίων τε κυλινδόμενός τ᾽ ἐκορέσθη,
25 Καί οἱ ἀπὸ πραπίδων ἦλθ᾽ ἵμερος ἠδ᾽ ἀπὸ γυίων,
ἐπὶ τὸ παρακαλεῖν ὥρμησε τὸν Πρίαμον, τὴν τῆς λύπης ἀλο-
γίαν αὐτῷ παριστάς.“

εἶτ᾽ ἐφεξῆς ἐπιφέρει καὶ ταῦτα·

„Καθ᾽ ὃν λόγον οὐκ ἂν ἀπελπίσαι τις οὕτως τῶν πραγμά-
30 των ἐγχρονιζομένων, καὶ τῆς παθητικῆς φλεγμονῆς ἀνιεμένης,
τὸν λόγον παρεισδυόμενον καὶ οἰονεὶ χώραν λαμβάνοντα
παριστάναι τὴν τοῦ πάθους ἀλογίαν.“

ἐναργῶς γὰρ ἐν τούτοις ὁ Χρύσιππος ὁμολογεῖ, τήν τε παθητι-
κὴν φλεγμονὴν ἀνίεσθαι κατὰ τὸν χρόνον, ἔτι τῆς ὑπολήψεώς τε καὶ
35 δόξης μενούσης, ἐμπίπλασθαί τε τῶν παθητικῶν κινήσεων τοὺς ἀνθρώ-
πους, καὶ διὰ τοῦτο παῦλάν τινα λαμβάνοντος τοῦ πάθους καὶ ἡσυ-
χάσαντος, τὸν λόγον ἐπικρατέστερον γίνεσθαι. ταῦτα γὰρ ἀληθῆ μέν
ἐστιν, εἴπερ τινὰ καὶ ἄλλα, μάχεται δὲ ταῖς ὑποθέσεσιν αὐτοῦ, καθάπερ
καὶ τὰ ἐπιφερόμενα τόνδε τὸν τρόπον ἔχοντα.

---

21 καὶ seclusit Müller.

„Λέγεται δὲ καὶ τοιαῦτα εἰς τὴν μεταβολὴν τῶν παθῶν·
(δ 103)

— — λαιψηρὸς δὲ κόρος στυγεροῖο γόοιο.
καὶ ἔτι τὰ τοιαῦτα εἰς τὸ κατὰ τὴν λύπην ἀγωγόν (Eur. fr. 576N)

— — τοῖς δὲ δυστυχοῦσί πως 5

Τερπνὸν τὸ κλαῦσαι κἀποδύρασθαι τύχας.
καὶ ἔτι τούτων ἐφεξῆς· (δ 113?)

Ὡς φάτο· τοῖσι δὲ πᾶσιν ὑφ' ἵμερον ὦρσε γόοιο.
καί· (Eur. El. 125. 126)

Τὸν αὐτὸν ἀνέγειρε γόον, ἄναγε πολύδακρυν ἀηδόνα." 10

ἔστι δὲ ἀμέλει πάμπολλα, καὶ ἄλλα τοιαῦτα παρὰ τῶν ποιητῶν
ἀθροῖσαι μαρτύρια τοῦ καὶ λύπης καὶ δακρύων καὶ κλαυθμῶν καὶ
θρήνου καὶ νίκης καὶ τιμῆς καὶ πάντων [τε] τῶν τοιούτων ἐμπίπλα-
σθαι τοὺς ἀνθρώπους, ἐφ' οἷς οὐδὲν χαλεπόν ἐστι συλλογίζεσθαι τὴν
αἰτίαν, δι' ἣν ἐν τῷ χρόνῳ παύεται μὲν τὰ πάθη, κρατεῖ δὲ τῶν ὁρ- 15
μῶν ὁ λόγος. ὡς γὰρ ἐφίεται τὸ παθητικὸν τῆς ψυχῆς οἰκείων τι-
νῶν ὀρεκτῶν, οὕτως καὶ τυγχανόντων αὐτῶν ἐμπίπλαται, κἂν τούτῳ
τὴν ἑαυτῶν κίνησιν καθίστησιν, ἥτις ἐκράτει τῆς ὁρμῆς τοῦ ζῴου
καὶ καθ' ἑαυτὴν ἦγεν ἐφ' ὅτι παρήγετο. Ultima (a verbis ἔστι δὲ ἀμέλει)
omnia Posidonio tribuenda arbitror. 20

468 Plutarchus de virtute morali cp. 10 p. 449 d. Ἴσα τοίνυν
τὰ ἁμαρτήματα πάντα καὶ πάσας τιθέμενοι τὰς ἁμαρτίας, εἰ μὲν ἄλλῃ
πῃ παρορῶσι τὸ ἀληθὲς οὐκ ἔστι καιρὸς ἐν τῷ παρόντι διελέγχειν, ἐν
δὲ τοῖς πλείοσι φαίνονται κομιδῇ παρὰ τὴν ἐνάργειαν ἐνιστάμενοι τῷ
λόγῳ. πᾶν μὲν γὰρ πάθος ἁμαρτία κατ' αὐτούς ἐστι καὶ πᾶς ὁ λυ- 25
πούμενος ἢ φοβούμενος ἢ ἐπιθυμῶν ἁμαρτάνει. μεγάλαι δὲ τῶν πα-
θῶν διαφοραὶ κατὰ τὸ μᾶλλον καὶ τὸ ἧττον ὁρῶνται — — — —
ταῦτα τοίνυν καὶ τὰ τοιαῦτα διακρουόμενοι „τὰς ἐπιτάσεις τῶν
παθῶν καὶ τὰς σφοδρότητας οὔ φασι γίγνεσθαι κατὰ τὴν
κρίσιν, ἐν ᾗ τὸ ἁμαρτητικόν, ἀλλὰ τὰς δήξεις καὶ τὰς συστο- 30
λὰς καὶ τὰς διαχύσεις εἶναι τὰς τὸ μᾶλλον καὶ τὸ ἧττον τῷ
λόγῳ δεχομένας."

p. 450 b. ἐκεῖνο δ' ἐκ τούτου ληπτέον, ὅτι συγχωροῦσι καὶ αὐτοὶ
τῆς κρίσεως ἕτερον εἶναι τὸ ἄλογον, καθ' ὃ φασι γίγνεσθαι τὸ
πάθος σφοδρότερον καὶ μεῖζον, ἐρίζοντες πρὸς τοὔνομα καὶ τὸ 35
ῥῆμα, τὰ δὲ πράγματα διδόντες τοῖς διαφέρειν τὸ παθητικὸν καὶ ἄλο-
γον τοῦ λογιζομένου καὶ κρίνοντος ἀποφαινομένοις.

469 Galenus περὶ τ. τ. ψυχῆς ἠθῶν ed. Bas. I 351 K. p. 820. διὰ

11 ἔστι Cornarius, trad. ἔτι.   13 θρήνου A, ῥυθμοῦ Hamilt. ‖ τε seclu-
sit Müller.   24 πλείοσι libri, πάθεσι Reiske.   30 δήξεις Amyotus, λήξεις
libri.   32 λόγῳ libri, ἀλόγῳ Mez.

τοῦτο (scil. Posidonius) κατά γε τὴν περὶ τῶν παθῶν πραγματείαν ἐναντιώ-
τατα φρονεῖ Χρυσίππῳ καὶ ἐν τῷ περὶ τῆς διαφορᾶς τῶν ἀρετῶν, πολλὰ μὲν
ὧν εἶπε Χρύσιππος ἐν τοῖς λογικῶς ζητουμένοις περὶ τῶν παθῶν τῆς ψυχῆς
μεμψάμενος, ἔτι δὲ πλείω τῶν ἐν τοῖς περὶ διαφορῶν τῶν ἀρετῶν.

5   **470** Philodemus περὶ ὀργῆς Col. I (p. 17 Gomp.). εἰ μὲν οὖν
ἐπετίμα τοῖς ψέγουσι μόνον, ἄλλο δὲ μηδὲ ἓν ποιοῦσιν ἢ † βα .. λως†
Βίων ἐν τῷ περὶ τῆς ὀργῆς καὶ Χρύσιππος ἐν τ(ῶ)ι πε(ρὶ) παθῶν
(θε)ρ(α)πευ(τι)κῷ, κἂν μετρίως ἵστατο.

    471 Galenus de H. et Plat. decr. V 2 (158) p. 413 Mü. ἀλλά,
10 νὴ Δία, φήσει τις ἴσως τῶν Στωϊκῶν, ὥσπερ οὖν καὶ λέγουσιν, οὐ
τὴν αὐτὴν ἀναλογίαν εἶναι τῇ ψυχῇ πρὸς τὸ σῶμα κατά τε τὰ πάθη
καὶ τὰ νοσήματα καὶ τὴν ὑγίειαν. At, Galenus inquit, Chrysippus
ipse hanc corporis et animi analogiam instituit. τί δὲ Χρύσιππος ἐν
τῷ περὶ παθῶν ἠθικῷ γράφει ταυτί;

15   „Οὔτε γὰρ περὶ τὸ νοσοῦν σῶμά ἐστί τις τέχνη, ἣν προσ-
αγορεύομεν ἰατρικήν, οὐχὶ δὲ καὶ περὶ τὴν νοσοῦσαν ψυχὴν
ἐστί τις τέχνη, οὔτ' ἐν τῇ κατὰ μέρος θεωρίᾳ τε καὶ θεραπείᾳ
δεῖ λείπεσθαι ταύτην ἐκείνης. διὸ καί, καθάπερ τῷ περὶ τὰ
σώματα ἰατρῷ καθήκει τῶν τε συμβαινόντων αὐτοῖς παθῶν ἐν-
20 τὸς εἶναι, ὡς εἰώθασι τοῦτο λέγειν, καὶ τῆς ἑκάστῳ οἰκείας
θεραπείας, οὕτω καὶ τῷ τῆς ψυχῆς ἰατρῷ ἐπιβάλλει, ἀμφο-
τέρων τούτων ἐντὸς εἶναι, ὡς ἔνι ἄριστα. καὶ ὅτι οὕτως ἔχει,
μάθοι ἄν τις τῆς πρὸς ταῦτα ἀναλογίας παρατεθείσης ἀπ' ἀρ-
χῆς. ἡ γὰρ πρὸς ταῦτα ἀντιπαρατείνουσα οἰκειότης παραστή-
25 σει, ὡς οἴομαι, καὶ τὴν τῶν θεραπειῶν ὁμοιότητα, καὶ ἔτι τὴν
ἀμφοτέρων τῶν ἰατρειῶν πρὸς ἀλλήλας ἀναλογίαν."

    ὅτι μὲν οὖν ἀναλογίαν τινὰ βούλονται εἶναι τῶν ἐν τῇ ψυχῇ
τοῖς κατὰ τὸ σῶμα, δῆλον οἶμαι γεγονέναι, καὶ οὐ μόνον γε διὰ τῆς
προγεγραμμένης ῥήσεως, ἀλλὰ καὶ δι' ὧν ἐφεξῆς γράφει, τόνδε τὸν
30 τρόπον ἐχόντων·

    „Καθάπερ γὰρ καὶ ἐπὶ τοῦ σώματος θεωρεῖται ἰσχύς τε
καὶ ἀσθένεια, εὐτονία καὶ ἀτονία [καὶ τόνος], πρὸς δὲ τούτοις
ὑγίειά τε καὶ νόσος, εὐεξία τε καὶ καχεξία," καὶ τἆλλα ὅσα τού-
τοις ἑξῆς καταλέγει πάθη τε καὶ ἀρρωστήματα καὶ νοσήματα, „κατὰ
35 τὸν αὐτόν, φησί, τρόπον ἀνάλογόν τινα πᾶσι τούτοις καὶ ἐν
ψυχῇ λογικῇ συνίσταταί τε καὶ ὀνομάζεται."

    εἶθ' ἑξῆς ἐπιφέρων φησίν „Ὡς οἴομαι, ἀπὸ τῆς τοιαύτης ἀνα-
λογίας τε καὶ ὁμοιότητος καὶ τῆς ἐν αὐτοῖς συνωνυμίας γεγε-
νημένης. Καὶ γὰρ καὶ κατὰ ψυχήν τινας λέγομεν ἰσχύειν καὶ

---

    3 ὧν scripsi, οὖν ed.   6 fortasse ἢ βα(ι)ά, ὡς.   27 τινὰ Cornarius, li.
τινὲς.   32 seclusit Müller.   35 ἀνάλογά Müller.

ἀϲθενεῖν καὶ εὐτόνουϲ καὶ ἀτόνουϲ εἶναι, καὶ ἔτι νοεῖν καὶ
ὑγιαίνειν, οὕτω πωϲ καὶ τοῦ πάθουϲ καὶ τοῦ κατ᾽ αὐτὴν ἀρ-
ρωϲτήματοϲ λεγομένου καὶ τῶν τούτοιϲ παραπληϲίων."

His verbis dicit Galenus Chrysippum analogiam statuisse quae
inter synonymas et corporis et animi condiciones intercedat: „καὶ 5
γὰρ τοὔνομα καὶ τὸν λόγον αὐτῶν εἶναι τὸν αὐτόν, εἴ γε δὴ
συνώνυμά φησιν ὑπάρχειν αὐτά." — — ὅτι μὲν οὖν πρόκειται
τῷ Χρυσίππῳ ἀναλογίαν ἅπασαν ἐξηγεῖσθαί τε καὶ φυλάττειν, ἐκ
τούτων δῆλον. εἰ δὲ ἐπιχειρήσας αὐτὸ ποιεῖν, οὐ τυγχάνει τοῦ
προτεθέντος, οὐκ ἀποστατέον ἐστὶ τῆς ὁμοιότητος, ἀλλὰ (416 Mü.) τῇ 10
διδασκαλίᾳ μεμπτέον, ὡς οὐκ ἀληθεῖ. τοῦτο δ᾽ οὐδὲν ἧττον αὐτῷ
καὶ κατὰ τὸν ἐφεξῆς ὑπάρχει λόγον ἅπαντα τὸν ἐν τῷ περὶ παθῶν
ἠθικῷ. γράφει γοῦν ὧδε·

„Διὸ καὶ κατὰ τρόπον προῆκται Ζήνωνι λόγος. ἡ δὲ τῆϲ
ψυχῆϲ νόϲοϲ ὁμοιοτάτη ἐϲτὶ τῇ τοῦ ϲώματοϲ ἀκαταϲταϲίᾳ. 15
λέγεται δὲ εἶναι ϲώματοϲ νόϲοϲ ἡ ἀϲυμμετρία τῶν ἐν αὐτῷ,
θερμοῦ καὶ ψυχροῦ, ξηροῦ καὶ ὑγροῦ."

Καὶ μετ᾽ ὀλίγα·

„Ἡ δ᾽ ἐν τῷ ϲώματι ὑγίεια εὐκραϲία τιϲ καὶ ϲυμμετρία τῶν
δ᾽ εἰρημένων."   20

Καὶ πάλιν ἐφεξῆϲ·

„Οἶμαι γὰρ εἶναι εὐεξίαν ϲώματοϲ τὴν ἀρίϲτην τῶν ῥηθέν-
των εὐκραϲίαν."

Καὶ πάλιν ἐφεξῆϲ·

„Λέγεται δὲ καὶ ταῦτα οὐκ ἄπο τρόπου ἐπὶ τοῦ ϲώματοϲ, 25
διότι ἡ ἐν θερμοῖϲ καὶ ψυχροῖϲ καὶ ὑγροῖϲ καὶ ξηροῖϲ γενομένη
ϲυμμετρία ἢ ἀϲυμμετρία ἐϲτὶν ὑγίεια ἢ νόϲοϲ, ἡ δ᾽ ἐν νεύροιϲ
ϲυμμετρία ἢ ἀϲυμμετρία ἰϲχὺϲ ἢ ἀϲθένεια καὶ εὐτονία ἢ ἀτονία,
ἡ δ᾽ ἐν τοῖϲ μέλεϲι ϲυμμετρία ἢ ἀϲυμμετρία κάλλοϲ ἢ αἶϲχοϲ."

Sequentibus G. multis verbis probare studet, Chrysippum dicere 30
nequivisse: τίνων ἐστὶ μορίων ἡ τῆς ψυχῆς ὑγίεια συμμετρία καὶ νόσος
ἀσυμμετρία.

471a Galenus de H. et Plat. decr. V 2 (160) p. 420 M. καίτοι
γράφει γ᾽ ἐφεξῆς ὧν ὀλίγον ἔμπροσθεν αὐτοῦ παρεθέμην ῥήσεων ὡδί.

„Διὸ καὶ καλὴ ἢ αἰσχρὰ ψυχὴ ἀνάλογον ῥηθήσεται κατὰ 35
συμμετρίαν τέ τινα καὶ ἀσυμμετρίαν τοιῶνδέ τινων μερῶν."

— — τίνα δ᾽ ἐστὶ ταῦτα τὰ τῆς ψυχῆς μόρια, μὴ δυνάμενος εἰ-
πεῖν, ὡς ἂν ἐν ἑνὶ μόνῳ, τῷ λογιστικῷ, καὶ τὴν ὑγίειαν αὐτῆς καὶ
τὴν νόσον καὶ τὸ κάλλος καὶ τὸ αἶσχος τιθέμενος, ἀναγκάζεται περι-

---

11 αὐτῷ Müller, αὐτῇ codd.   20 δ᾽ εἰρημένων Müller διῃρημ. codd.

πλέκειν τε τὸν λόγον καὶ τῶν ἐνεργειῶν αὐτῆς ὡς μερῶν μνημονεύειν.
ἐφεξῆς γοῦν οἷς παρεθέμην ὡδὶ γράφει·

„Ἔcτι δὲ τῆс ψυχῆс μέρη, δι' ὧν ὁ ἐν αὐτῇ λόγοс cυν-
έcτηκε καὶ ἡ ἐν αὐτῷ διάθεcιc. Καὶ ἔcτι καλὴ ἢ αἰcχρὰ ψυχὴ
5 κατὰ τὸ ἡγεμονικὸν μόριον, ἔχον οὕτωс ἢ οὕτωс κατὰ τοὺс
οἰκείουc μεριcμούc."

ποίους οἰκείους μερισμούς, ὦ Χρύσιππε, προσγράψας ἐφεξῆς ἀπαλ-
λάξεις ἡμᾶς πραγμάτων. ἀλλ' οὔτ' ἐνταῦθα προσέγραψας, οὔτ' ἐν ἄλλῳ
τινὶ τῶν σεαυτοῦ βιβλίων, ἀλλ' ὥσπερ οὐκ ἐν τούτῳ τὸ πᾶν κῦρος
10 ὑπάρχον τῆς περὶ τῶν παθῶν πραγματείας, ἀποχωρεῖς τε παραχρῆμα
τῆς διδασκαλίας αὐτοῦ καὶ μηκύνεις τὸν λόγον ἐν τοῖς οὐ προσήκουσι,
δέον ἐπιμεῖναι καὶ δεῖξαι, τίνα ποτέ ἐστι τὰ μόρια τοῦ λογιστικοῦ
τῆς ψυχῆς.

472 Galenus de H. et Plat. decr. V 3 (161) p. 425 Mü. Ana-
15 logiam, quam inter corporis et animi condiciones intercedere iudicat,
demonstrare Chrysippus non potuit μετὰ τοῦ καὶ συγχεῖν εἰς ταὐτὸν
τὴν θ' ὑγίειαν τῆς ψυχῆς καὶ τὸ κάλλος. ἐπὶ μὲν γὰρ τοῦ σώματος
ἀκριβῶς αὐτὰ διωρίσατο, τὴν μὲν ὑγίειαν ἐν τῇ τῶν στοιχείων
συμμετρίᾳ θέμενος, τὸ δὲ κάλλος ἐν τῇ τῶν μορίων. ἐδήλωσε
20 γὰρ σαφῶς τοῦτο διὰ τῆς προγεγραμμένης ὀλίγον ἔμπροσθεν ῥήσεως,
ἐν ᾗ τὴν μὲν ὑγίειαν τοῦ σώματος ἐν θερμοῖς καὶ ψυχροῖς καὶ ξηροῖς
καὶ ὑγροῖς συμμετρίαν εἶναί φησιν, ἅπερ δὴ στοιχεῖα δηλονότι τῶν
σωμάτων ἐστίν, τὸ δὲ κάλλος οὐκ ἐν τῇ τῶν στοιχείων, ἀλλ' ἐν τῇ
τῶν μορίων συμμετρίᾳ συνίστασθαι νομίζει etc.

25 p. 427 M. κατὰ γὰρ τοὺς οἰκείους τοῦ λόγου μερισμοὺς
καλὴν ἢ αἰσχρὰν ἔφησε γίγνεσθαι ψυχήν. ὑγιαίνουσα δ' ἢ νο-
σοῦσα πῶς ἂν γένοιτο, παρέλιπεν, εἰς ταὐτὸν οἶμαι συγχέων ἄμφω,
καὶ μὴ δυνάμενος ἀκριβῶς τε καὶ ὡρισμένως ὑπὲρ αὐτῶν ἀπο-
φήνασθαι.

30 **473** Galenus de H. et Plat. decr. IV 6 (147) p. 376 Mü. Ὅτι δ'
ὁ Χρύσιππος οὐχ ἅπαξ ἢ δίς, ἀλλὰ πάνυ πολλάκις αὐτὸς ὁμολογεῖ,
δύναμίν τινα ἑτέραν εἶναι τῆς λογικῆς ἐν ταῖς ψυχαῖς τῶν ἀνθρώπων
αἰτίαν τῶν παθῶν, ἔνεστιν ἡμῖν ἐκ τῶν τοιούτων καταμαθεῖν, ἐν οἷς

---

3 Ubi haec verba iterum afferuntur (p. 421, 15 Mü.) post δέ additur γε.
10 ἀποχωρήσεις libri, corr. Mü.   24 Sequentia: δακτύλου πρὸς δάκτυλον δηλονότι
καὶ συμπάντων αὐτῶν πρός τε μετακάρπιον καὶ καρπόν, καὶ τούτων πρὸς πῆχυν,
καὶ πήχεως πρὸς βραχίονα, καὶ πάντων πρὸς πάντα, καθάπερ ἐν τῷ Πολυκλείτου
κανόνι γέγραπται. πάσας γὰρ ἐκδιδάξας ἡμᾶς ἐν ἐκείνῳ τῷ συγγράμματι τὰς συμ-
μετρίας τοῦ σώματος ὁ Πολύκλειτος, ἔργῳ τὸν λόγον ἐβεβαίωσε, δημιουργήσας
ἀνδριάντα κατὰ τὰ τοῦ λόγου προστάγματα, καὶ καλέσας δὴ καὶ αὐτὸν τὸν ἀν-
δριάντα, καθάπερ καὶ τὸ σύγγραμμα, κανόνα ipsa quoque ex Chrys. desump-
sisse Galenum verisimile.

αἰτιᾶται τῶν πραττομένων οὐκ ὀρθῶς ἀτονίαν τε καὶ ἀσθέ-
νειαν τῆς ψυχῆς· οὕτω γὰρ αὐτὰς ὀνομάζει, καθάπερ γε καὶ
τἀναντία τὸ μὲν εὐτονίαν τὸ δ' ἰσχύν. ὅσα γὰρ οὐκ ὀρθῶς
πράττουσιν ἄνθρωποι, τὰ μὲν εἰς μοχθηρὰν κρίσιν ἀναφέρει, τὰ δ'
εἰς ἀτονίαν καὶ ἀσθένειαν τῆς ψυχῆς, ὥσπερ γε καὶ ὧν κατορθοῦ- 5
σιν ἡ ὀρθὴ κρίσις ἐξηγεῖται μετὰ τῆς κατὰ τὴν ψυχὴν εὐ-
τονίας. ἀλλὰ τοιούτων, ὥσπερ ἡ κρίσις ἔργον ἐστὶ τῆς λογικῆς δυ-
νάμεως, οὕτως ἡ εὐτονία ῥώμη τε καὶ ἀρετὴ δυνάμεως ἑτέρας παρὰ
τὴν λογικήν, ἣν αὐτὸς ὁ Χρύσιππος ὀνομάζει τόνον, ἀφίστα-
σθαί τέ φησιν ἔστιν ὅτε τῶν ὀρθῶς ἐγνωσμένων ἡμῖν, ἐν- 10
δόντος τοῦ τόνου τῆς ψυχῆς καὶ μὴ παραμείναντος ἕως
παντὸς μήδ' ἐξυπηρετήσαντος τοῖς τοῦ λόγου προστάγμασιν,
ἐναργῶς ἐν τοῖς τοιούτοις ἐνδεικνύμενος, οἷόν τι τὸ πάθος ἐστίν.
ἤδη δὲ καὶ ῥῆσιν αὐτοῦ τινα παραγράψω, περὶ τούτων ἐκδιδάσκουσαν.
ἔστι δ' ἐκ τοῦ περὶ παθῶν ἠθικοῦ. 15

„Ἔτι δὲ καὶ κατὰ τοῦτ' ἴσως οἱ ἐπὶ τοῦ cώματος λέγονται
τόνοι ἄτονοι καὶ εὔτονοι εἶναι κατὰ τὸ νευρῶδες, τῷ δύνασθαι
ἡμᾶς ἢ ἀδυνατεῖν ἐν τοῖς διὰ τούτων ἐπιτελουμένοις ἔργοις,
καὶ ὁ ἐν τῇ ψυχῇ τόνος λέγεται, ὡς εὐτονία καὶ ἀτονία."

Καὶ ἐφεξῆς· 20

„Ὥσπερ γὰρ ἐν δρόμῳ καὶ ἀνθέξει τινὸς καὶ τοῖς παρα-
πλησίοις ἤδη, ἃ διὰ τῶν νεύρων ἐνεργεῖται, ἔστι τις ἐπιτε-
λεστικὴ κατάστασις καὶ ἐνδοτική, τῶν νεύρων προεκλελυμένων
καὶ ἀνειμένων, ἀναλόγως καὶ ἐπὶ ψυχῆς ἐστι τοιοῦτο νευ-
ρῶδες, καθ' ὃ καὶ κατὰ μεταφορὰν ἀνεύρους τινὰς λέγομεν 25
καὶ νεῦρα ἔχειν."

εἶθ' ἑξῆς ἐξηγούμενος αὐτὸ τοῦτο τάδε γράφει·

„Ὁ μὲν δειμῶν ἐπιγινομένων ἀφίσταται, ὁ δὲ κέρδους ἢ
ζημίας φερομένης ἐξελύθη καὶ ἐνέδωκεν, ὁ δὲ καθ' ἕτερα τοι-
αῦτα οὐκ ὀλίγα. ἕκαστον γὰρ τῶν τοιούτων τρέπεταί τε καὶ 30
δουλοῦται ἡμᾶς, ὡς ἐνδιδόντας αὐτοῖς καὶ φίλους καὶ πόλεις
προδιδόναι, καὶ αὐτοὺς εἰς πολλὰς καὶ ἀσχήμονας πράξεις
ἐπιδιδόναι, τῆς πρὸς θάτερα φορᾶς ἐκλυθείσης. οἷος εἰσῆκται
καὶ τῷ Εὐριπίδῃ ὁ Μενέλαος· σπασάμενος γὰρ τὴν μάχαιραν
φέρεται ἐπὶ τὴν Ἑλένην ὡς ἀναιρήσων, ἰδὼν δὲ καὶ κατα- 35
πλαγεὶς εἰς τὸ κάλλος ἐξέβαλε τὴν μάχαιραν, οὐδὲ ταύτης
ἔτι δυνάμενος κρατεῖν, καθὰ καὶ ἡ ἐπίπληξις αὕτη εἴρηκεν
αὐτῷ· (Eur. Andr. 629. 630)

_____

7 conicio τοίννν.   12 μηδ' Mü., li. μήτ'.   19 ὡς delet Mü.   21 δρόμῳ
Mü., li. τρόμῳ. ‖ τοῖς π — οις Mü., li. τῶν π —ων.   31 φίλους Corn., πολλοὺς
MA.   33 θάτερα scripsi, θέατρα libri.   37 verba corrupta. Ham. αὐτῆ.

cὺ δ' ὡc ἐceîδεc μαcτὸν [ἐκείνηc] ἐκβαλὼν ξίφοc
φίλημ' ἐδέξω, προδότιν αἰκάλλων κύνα."

p. 380 Mü. ὅθεν καὶ αὐτὸc ὁ Χρύcιπποc ἐπιφέρων ἐρεῖ·

„Διὸ πάντων τῶν φαύλων οὕτω πραττόντων ἀποcτατι-
5 κῶc καὶ ἐνδοτικῶc κατὰ πολλὰc αἰτίαc, ἀcθενῶc καὶ κακῶc
ἕκαcτα πράττειν ἂν λέγοιντο."

De verbis „κατὰ πολλὰς αἰτίας" disputat Galenus: Utinam mul-
tas illas Chr. causas protulisset: εἰ γάρ τις προσέχοι τὸν νοῦν, οὐδὲν
οὕτως εὑρήσει συνέχον τὴν περὶ τῶν παθῶν πραγματείαν, καὶ μά-
10 λιστα τὴν θεραπευτικήν, ἐν ᾗ ταῦτ' ἔγραψεν, ὡς τὸ πάσας γνῶναι
τὰς αἰτίας, ὑφ' ὧν ἀποχωροῦσι τῶν ἐξ ἀρχῆς κρίσεων οἱ κατὰ πάθος
τι πράττοντες. ὁ δέ γε τοσούτου δεῖ συμπάσας ἀκριβῶς ἐκδιδάσκειν,
ὥστ' οὐδ' αὐτὴν ταύτην ἧς μέμνηται νῦν ἐδήλωσε σαφῶς.

Versus quosdam Medeae Euripidis attulisse Chrys. in hoc libro
15 G. testatur p. 382 Mü.: ἡ δέ γε Μήδεια βιασθεῖσα πρὸς τοῦ θυμοῦ,
περὶ ἧς καὶ αὐτῆς οὐκ οἶδ' ὅπως ὁ Χρύσιππος οὐκ αἰσθάνεται καθ'
ἑαυτοῦ τῶν Εὐριπίδου μεμνημένος ἐπῶν· (Eur. Med. 1078. 1079)

Καὶ μανθάνω μέν, οἷα δρᾶν μέλλω κακά,
Θυμὸς δὲ κρείσσων τῶν ἐμῶν βουλευμάτων.

20   Cuius rei exemplum hos versus attulerit Chr., ex Galeni loco
non patet.

474 Origenes contra Celsum I 64 Vol. I p. 117, 16 Kö. (p. 379
Delarue). καὶ ταῦτα δ' ἂν προσθείην τοῖς λεγομένοις ὅτι Χρύσιπ-
πος ἐν τῷ περὶ παθῶν θεραπευτικῷ πειρᾶται ὑπὲρ τοῦ καταστεῖ-
25 λαι τὰ ἐν ἀνθρώποις πάθη τῶν ψυχῶν, μὴ προσποιησάμενος ποῖον
τὸ τῆς ἀληθείας ἐστὶ δόγμα, θεραπεύειν κατὰ τὰς διαφόρους αἱρέσεις
τοὺς ἐν τοῖς πάθεσι προκατειλημμένους, καὶ φησίν ὅτι κἂν ἡδονὴ
τέλος ᾖ, οὑτωσὶ θεραπευτέον τὰ πάθη· κἂν τρία γένη τῶν ἀγαθῶν,
οὐδὲν ἧττον καὶ κατὰ τὸν λόγον τοῦτον τῶν παθῶν οὕτως ἀπαλλακ-
30 τέον τοὺς ἐνεχομένους αὐτοῖς.

Cf. VIII 51 Vol. II p. 266, 18 Kö. (p. 779 Del.). ἀλλὰ φιλανθρω-
πότερον οἶμαι Κέλσου Χρύσιππον πεποιηκέναι ἐν τῷ περὶ παθῶν
θεραπευτικῷ, βουλόμενον θεραπεῦσαι τὰ πάθη ὡς κατεπείγοντα
καὶ ἐνοχλοῦντα τὴν ἀνθρωπίνην ψυχήν, προηγουμένως μὲν τοῖς δο-
35 κοῦσιν αὐτῷ ὑγιέσι λόγοις, δευτέρως δὲ καὶ τρίτως κἂν τοῖς μὴ
ἀρέσκουσι τῶν δογμάτων·

„Κἂν γὰρ τρία, φησίν, ᾖ γένη τῶν ἀγαθῶν, καὶ οὕτω θερα-
πευτέον τὰ πάθη· οὐ περιεργαζόμενον ἐν τῷ καιρῷ τῆς φλεγ-

---

6 λέγοιντο Mü., li. λέγοιτο.   26 τὸ Φ Del., τι ceteri.   29 καὶ EH, om.
ceteri.

μονῆς τῶν παθῶν τὸ προκαταλαβὸν δόγμα τὸν ὑπὸ τοῦ πά-
θους ἐνοχλούμενον· μή πως τῇ ἀκαίρῳ περὶ τὴν ἀνατροπὴν
τῶν προκαταλαβόντων τὴν ψυχὴν δογμάτων σχολῇ ἢ ἐγχω-
ροῦσα θεραπεία παραπόληται." Φησὶ δὲ ὅτι „κᾶν ἡδονὴ ᾖ τὸ
ἀγαθὸν καὶ τοῦτο φρονῇ ὁ ὑπὸ τοῦ πάθους κρατούμενος· οὐ- 5
δὲν ἧττον αὐτῷ βοηθητέον καὶ παραδεικτέον, ὅτι καὶ τοῖς
ἡδονὴν τἀγαθὸν καὶ τέλος τιθεμένοις ἀνομολογούμενόν ἐστι
πᾶν πάθος."

475 Galenus de H. et Plat. decr. IV 6 (149) p. 383 Mü. *Χρύ-
σιππος δ' οὔτε τῆς ἐν τούτοις ἐναντιώσεως αἰσθάνεται καὶ μυρία ἕτερα* 10
γράφει τοιαῦτα, καθάπερ ἐπειδὰν λέγῃ·

„Ἔστι δ', ὡς οἶμαι, κοινότατον ἡ ἄλογος αὕτη φορὰ καὶ
ἀπεστραμμένη τὸν λόγον, καθ' ὃ καὶ θυμῷ φαμέν τινας φέ-
ρεσθαι."

καὶ πάλιν· 15

„Διὸ καὶ ἐπὶ τῶνδε τῶν ἐμπαθῶν ὡς περὶ ἐξεστηκότων
ἔχομεν καὶ ὡς πρὸς παρηλλαχότας ποιούμεθα τὸν λόγον καὶ
οὐ παρ' ἑαυτοῖς οὐδ' ἐν ἑαυτοῖς ὄντας."

καὶ ἐφεξῆς δὲ πάλιν ἐξηγούμενος αὐτὰ ταῦτα·

„Ἡ δὲ παραλλαγὴ γίγνεται καὶ ἡ ἐξ αὐτοῦ ἀναχώρησις οὐ 20
κατ' ἄλλο τι ἢ τὴν τοῦ λόγου ἀποστροφήν, ὡς προείπομεν."

*τό τε γὰρ „θυμῷ φέρ\esθαι" καὶ „ἐξεστηκέναι" καὶ „οὐ παρ'
ἑαυτοῖς οὐδ' ἐν ἑαυτοῖς εἶναι" καὶ πάνθ' ὅσα τοιαῦτα, φανερῶς
μαρτυρεῖ τῷ κρίσεις εἶναι τὰ πάθη κᾶν τῇ λογικῇ δυνάμει τῆς ψυχῆς
συνίστασθαι, καθάπερ καὶ τὰ οὕτως ἔχοντα·* 25

„Διὸ καὶ τοιαύτας ἔστιν ἀκοῦσαι φωνὰς ἐπί τε τῶν ἐρών-
των καὶ τῶν ἄλλως σφόδρα ἐπιθυμούντων, καὶ ἐπὶ τῶν ὀργι-
ζομένων, ὅτι τε τῷ θυμῷ θέλουσι χαρίζεσθαι καὶ ἐὰν αὐτοὺς
εἴτ' ἄμεινον εἴτε μὴ καὶ μηδὲν λέγειν αὐτοῖς καὶ ὡς τοῦτο ἐκ
παντός γε τρόπου ποιητέον, καὶ εἰ διαμαρτάνουσι καὶ εἰ 30
ἀσύμφορόν ἐστιν αὐτοῖς."

καὶ γὰρ καὶ τὰ οὕτως ὑπὸ τοῦ Χρυσίππου λεγόμενα etc. — —
*ὅμοια δὲ τοῖς προγεγραμμένοις καὶ τὰ οὕτως ὑπὸ τοῦ Χρυσίππου
λεγόμενα, καθάπερ ἔχει καὶ τάδε·*

„Οἵας μάλιστα φορὰς καὶ οἱ ἐρώμενοι ἀξιοῦσι πρὸς ἑαυ- 35
τοὺς ἔχειν τοὺς ἐραστάς, ἀπερισκεπτότερον καὶ ἄνευ ἐπιστρο-
φῆς λογικῆς ἱσταμένους, καὶ ἔτι τοῦ παραινοῦντος λόγου
αὐτοῖς ὑπερβατικοὺς ὄντας, μᾶλλον δ' οὐδ' ὅλως ὑπομονητι-
κοὺς ἀκοῦσαί τινος τοιούτου."

---

3 σχολῇ P, σχολήν A.   22 τό Mü., li. τῷ.   24 immo ἀντιμαρτυρεῖ.

Καὶ γὰρ τὰ τοιαῦτα πάντα τῇ παλαιᾷ δόξῃ μαρτυρεῖ, καθάπερ καὶ τὰ ἐφεξῆς αὐτῶν τάδε·

„Οὕτως τε μακρὰν ἀπέχουσιν ἀπὸ τοῦ λόγου, ὡς ἂν ἀκοῦ-σαι ἢ προσέχειν τινὶ τοιούτῳ, ὥστε μηδὲ τὰ τοιαῦτα ἄπο τρό-
5 που ἔχει γ' αὐτοῖς λέγεσθαι·

(Eur. fr. 341 N) Κύπρις γὰρ οὐδὲ νουθετουμένη χαλᾷ·
        Ἂν γὰρ βιάζῃ, μᾶλλον ἐντείνειν φιλεῖ.
(Eur. fr. 668 N) — — — Νουθετούμενος δ' ἔρως
        Μᾶλλον πιέζει.“ — —

10 Καὶ γὰρ καὶ ταῦτα καὶ τὰ ἐφεξῆς λεγόμενα τῷ παλαιῷ μαρτυρεῖ δόγματι περὶ τῆς τῶν παθῶν γενέσεως· ἔχει δ' οὕτως·

„Ὅτι δ' ὥσπερ ἄκαιρον ἐπιτιμητὴν καὶ οὐκ ἐπιγνώμονα τοῖς γινομένοις ἐν τῷ ἐρᾶν ἀποκλίνουσι τὸν λόγον, καθάπερ ἄνθρωπον ἀκαίρως δοκοῦντα νουθετεῖν, ἡνίκα δὴ καὶ οἱ θεοὶ
15 δοκοῦσιν αὐτοῖς ἐφιέναι ἐπιορκεῖν.“

καὶ ἔτι τὰ τούτων ἑξῆς·

„Ἔτι μᾶλλον ⟨ἂν⟩ ἐξείη, φησίν, αὐτοῖς τὸ ἐπιὸν ποιεῖν ἀκολουθοῦσι τῇ ἐπιθυμίᾳ.“

476 Galenus de H. et Plat. dogm. IV 4 (141) p. 356 Mü. dicit
20 „ἄλογος“ vocem adhiberi aut de στερήσει aut de κακώσει τοῦ λόγου. ἄλλο δὲ τρίτον ἢ καὶ νὴ Δία τέταρτον, ὡς οὗτοι (Chrysippi sc. secta-tores) βιάζονται, σημαινόμενον οὐκ ἔστιν ἐν ἔθει τοῖς Ἕλλησιν, ὃ ἐξηγεῖσθαι τὴν φωνὴν ἐπαγγέλλονται. δηλοῖ δὲ τοῦτο καὶ αὐτὸς ὁ Χρύσιππος ἐν τῇδε τῇ ῥήσει.

25 „Διὸ καὶ οὐκ ἀπὸ τρόπου λέγεται ὑπό τινων τὸ τῆς ψυ-χῆς πάθος εἶναι κίνησις παρὰ φύσιν, ὡς ἐπὶ φόβου ἔχει καὶ ἐπιθυμίας καὶ τῶν ὁμοίων. πᾶσαι γὰρ αἱ τοιαῦται κινήσεις τε καὶ καταστάσεις ἀπειθεῖς τε τῷ λόγῳ εἰσὶ καὶ ἀπεστραμ-μέναι. καθ' ὃ καὶ ἀλόγως φαμὲν φέρεσθαι τοὺς τοιούτους,
30 οὐχ οἷον κακῶς ἐν τῷ διαλογίζεσθαι, ὡς ἄν τις εἴποι κατὰ τὸ ἔχειν ἐναντίως πρὸς τὸ εὐλόγως, ἀλλὰ κατὰ τὴν τοῦ λό-γου ἀποστροφήν.“

Unde haec sumpta sint, ex sequentibus apparet p. 358 Mü. ὡς εἴγε χρώμεθα λόγῳ καὶ κατ' αὐτήν (sc. τὴν τοῦ πάθους κίνησιν), οὐκ ὀρ-
35 θῶς ὁ Χρύσιππος εἶπεν, ἔν τε τῷ πρώτῳ περὶ παθῶν, „οὐχὶ διη-μαρτημένως φέρεται καὶ παριδών τι κατὰ τὸν λόγον, ἀλλ' ἀπεστραμ-μένως τε καὶ ἀπειθῶς αὐτῷ,“ καὶ πάλιν ἐν τῷ θεραπευτικῷ τῶν παθῶν αὐτὰ δὴ ταῦτα τὰ σμικρῷ πρόσθεν μοι παραγεγραμμένα διὰ

---

5 ita Ham., vulgo ἔχειν.   16 ante ἡνίκα haec verba transponit Mü.
17 ἂν post μᾶλλον add. Mü.; fort. ἐξεῖναί φασιν αὐτοῖς.   22 οἳ pro ὃ Mü.

τῆς ῥήσεως, ἐν ᾗ τὸ μὲν ἐναντίως τῷ εὐλόγως λεγόμενον ἄλογον οὐκ ἔφασκεν etc. — — ἐπιφέρων γοῦν φησιν·

„Οἷαι καὶ ἀκρατεῖς αἱ τοιαῦται καταστάσεις εἰσίν, ὡς ἂν οὐ κρατούντων ἑαυτῶν, ἀλλ' ἐκφερομένων, καθάπερ οἱ τῷ τόνῳ τρέχοντες προσεκφέρονται, οὐ κρατοῦντες τῆς τοιαύτης 5 κινήσεως. οἱ δὲ κατὰ τὸν λόγον κινούμενοι ὡς ἂν ἡγεμόνα καὶ τούτῳ οἰακίζοντες, κἂν ὁποιοσοῦν ᾖ, κρατοῦσιν [ἤτοι ἀπαθεῖς εἰσι] τῆς τοιαύτης κινήσεως καὶ τῶν κατ' αὐτὴν ὁρμῶν."

Paucis interpositis quibus probat verbis κἂν ὁποιοσοῦν ᾖ Chry- 10 sippum discrimen illud significare, quod inter πάθος et ἁμάρτημα intercedat, Gal. eundem Chrisippi locum iterum adfert, sed ultimis verbis paullulum mutatis et additis quibusdam:

„κρατοῦσι τῶν κινήσεων καὶ τῶν κατ' αὐτὰς ὁρμῶν, ὥστε πεισθῆναι, ἐάν περ ἐνδεικνύηται αὐτός, παραπλησίως τοῖς 15 περιπατοῦσιν."

οὐκ ἀρκεσθεὶς δὲ τούτοις ἐπιφέρει·

„Διὸ καὶ αἱ οὕτως ἄλογοι κινήσεις πάθη τε λέγονται καὶ παρὰ φύσιν εἶναι, ἅτ' ἐκβαίνουσαι τὴν λογικὴν σύστασιν."

ibidem cp. 5 (143) p. 364 Mü. οὐ μόνον τοίνυν οἱ ἄλλοι, ἀλλὰ 20 καὶ ὁ Χρύσιππος αὐτὸς ἐν τοῖς περὶ παθῶν συγγράμμασιν ἐπ' οὐδεμιᾶς ὁρμίζει βεβαίως δόξης, ἀλλ' ἀεὶ σαλεύει καθάπερ ἐν κλύδωνι. καὶ γὰρ καὶ χωρὶς λόγου παντὸς γίγνεσθαί φησι τὰ πάθη, καὶ αὖθις τῆς λογικῆς εἶναι δυνάμεως μόνης, ὥστε διὰ τοῦτο μηδὲ ἐν τοῖς ἀλόγοις ζῴοις συνίστασθαι, καὶ χωρὶς κρίσεως γίνεσθαι, καὶ αὖθις κρί- 25 σεις εἶναι. ἐμπίπτει δέ ποτε καὶ εἰς τὸ φάσκειν, εἰκῇ γίνεσθαι τὰς κατὰ τὰ πάθη κινήσεις, ὅπερ οὐδὲν ἄλλο ἐστὶν ἢ ἀναιτίως, εἴ τις ἀκριβῶς ἐξετάζοι τὸ ῥῆμα. αἷς γοῦν ὀλίγον ἔμπροσθεν γέγραφα ῥήσεσιν ἐφεξῆς φησιν·

„Οἰκείως δὲ τῷ τῶν παθῶν γένει ἀποδίδοται καὶ ἡ πτοιὰ 30 κατὰ τὸ ἐνσεσοβημένον τοῦτο καὶ φερόμενον εἰκῇ."

Cf. id. V 1 (156) p. 407 Mü. τῶν ἄλλων Στωϊκῶν, οἵ γε μέχρι τοσούτου φιλονεικίας ἥκουσιν, ὥστ' ἐπειδὴ τῆς λογικῆς δυνάμεως ἔφασαν εἶναι τὰ πάθη, τοῖς ἀλόγοις ζῴοις μὴ μετέχειν αὐτῶν συγχωρεῖν, οἱ πλεῖστοι δ' οὐδὲ τοῖς παιδίοις, ὅτι δηλαδὴ καὶ ταῦτ' οὐδέπω 35 λογικά.

477 Origenes comment. in Matthaeum Vol. III p. 591 Delarue. ὅπερ δὲ ἐπὶ τῶν κατὰ τὰ ἀφροδίσια λέλεκται περὶ τῶν παιδίων, τοῦτ'

---

3 ὅθεν Mü. dubitanter.　7 desunt haec verba in schedis Cantabrig.
15 ἐνδεικνύηται Mü., li. ἐνδείκνυνται.　22 ὁρμίζει Mü., li. ὁρίζει.

ἂν λεχθείη καὶ περὶ τῶν λοιπῶν παθῶν καὶ ἀῤῥωστημάτων καὶ νοση-
μάτων τῆς ψυχῆς, εἰς ἃ μὴ πέφυκε παιδία ἐμπίπτειν, ὅσα τὸν λόγον
μηδέπω συμπεπλήρωκεν.

paulo post: ὁ στραφεὶς ὡς παιδία καὶ ἕξιν ἀναλαβὼν ἐκ λόγου
5 τῆς λύπης ἀπαράδεκτον. —

p. 592. ὡς μὲν οὖν πρὸς τὸ ἀκριβὲς ἀποδέδεικται καὶ ἄλλοις ὅτι
οὐδὲν τῶν παθῶν πίπτει εἰς τὰ μηδέπω συμπεπληρωκότα τὸν λόγον
παιδία· εἰ δ᾽ οὐδὲν δηλονότι καὶ ὁ φόβος· ἀλλ᾽ εἰ ἄρα ἀνάλογόν τι
τοῖς πάθεσι, καὶ ταῦτα ἀμυδρὰ καὶ τάχιστα ἀνασκευαζόμενα καὶ θερα-
10 πευόμενα γίνεται ἐν τοῖς παιδίοις. — — ὅτι τὰ παιδία τὸν μὲν φό-
βον τῶν φαύλων οὐ πάσχει, ἄλλο δέ τι οἱ διακριβοῦντες τὰ τῶν
παθῶν καὶ τῶν ὀνομάτων ἐκείνων λέγουσιν εἶναι φόβον. οἷον δὲ
καὶ τὸ τῶν παιδίων ἀμνησίκακον, παρ᾽ αὐτοὺς τοὺς τῶν δακρύων και-
ροὺς ἐν ἀκαρεῖ μεταβαλλομένων καὶ γελώντων καὶ συμπαιζόντων τοῖς
15 νομιζομένοις λελυπηκέναι καὶ πεφοβηκέναι, ἀλλ᾽ οὐ κατὰ τὴν ἀλήθειαν
ταῦτα ἐνηργηκόσιν.

478 Galenus de H. et Plat. decr. IV 6 (149) p. 386 Mü. καὶ
μὲν δὴ καὶ ὅταν μνημονεύῃ τοῦ Μενανδρείου ἔπους, ἐν ᾧ φησι· τὸν
νοῦν ἔχων ὑποχείριον εἰς τὸν πίθον δέδωκα, φανερῶς κἀνταῦθα μαρ-
20 τυροῦσαν ἀπόφασιν τῇ παλαιᾷ δόξῃ παρατίθεται, καθάπερ κἀπειδὰν
ἐξηγούμενος τὸ μὴ παρ᾽ ἑαυτοῖς εἶναι μηδ᾽ ἐν ἑαυτοῖς λέγῃ ταυτί·

„Οἰκείως δὲ καὶ ἐκφέρεσθαι λέγονται οἱ οὕτως ὀργιζόμε-
νοι, τοῖς ἐπὶ τῶν δρομέων προεκφερομένοις παραπλησίως
κατὰ τὸ πλεονάζον, τῶν μὲν παρὰ τὴν ἐν τῷ τρέχειν ὁρμήν,
25 τῶν δὲ παρὰ τὸν ἴδιον λόγον. οὐ γὰρ ἂν οὕτως οἵ γε κρατοῦν-
τες τῆς κινήσεως καθ᾽ ἑαυτοὺς ἂν κινεῖσθαι λέγοιντο, ἀλλὰ
κατ᾽ ἄλλην τινὰ βίαν ἔξωθεν αὐτῶν.“

ὁμολογεῖ κἀνταῦθα βίαν τινὰ τὴν κινοῦσαν εἶναι πᾶσι τοῖς ἐμ-
παθέσιν ὁρμάς, ὀρθότατα γιγνώσκων, πλὴν ὅτι τὴν βίαν ἔξωθεν αὐ-
30 τῶν ἔφησεν εἶναι, δέον οὐκ ἔξωθεν, ἀλλ᾽ ἐν τοῖς ἀνθρώποις ὑπάρχειν
εἰπεῖν etc. — — ὅπερ, οἶμαι, καὶ διὰ τῶν τοιούτων παραδειγμά-
των ὁ Χρύσιππος κατασκευάζων οὐκ αἰσθάνεται. παρατίθεται γοῦν
τὸν Εὐριπίδου γεγραμμένον Ἡρακλεῖ πρὸς Ἄδμητον διάλο-
γον. ἔχει δ᾽ ὧδε· (Alc. 1079)

35 Τί δ᾽ ἂν προκόπτοις, εἰ θέλεις στένειν ἀεί;
ταυτὶ μὲν Ἡρακλῆς λέγει, ὁ δ᾽ Ἄδμητος ἀποκρίνεται·
Ἔγνωκα κ᾽ αὐτός, ἀλλ᾽ ἔρως τις ἐξάγει.
δῆλον γὰρ ὅτι τῆς ἐπιθυμητικῆς δυνάμεως, οὐ τῆς λογικῆς ὁ ἔρως
πάθος ὑπάρχων ἐξάγει τὴν ὅλην ψυχὴν καὶ ἄγει τὸν ἄνθρωπον εἰς

---

25 immo μὴ κρατ.   28 ἐμπ. Mü., li. πάθεσιν.

ἐναντίας πράξεις ὧν ἐξ ἀρχῆς ἐκεκρίκει. παρατίθεται δὲ καὶ τὰ
τοῦ Ἀχιλλέως πρὸς τὸν Πρίαμον εἰρημένα· (Ω 549—551)

Ἄνσχεο μηδ᾽ ἀλίαστον ὀδύρεο σὸν κατὰ θυμόν·

Οὐ γάρ τι πρήξεις, ἀκαχήμενος υἷος ἑῆος,

Οὐδέ μιν ἀνστήσεις, πρὶν καὶ κακὸν ἄλλο πάθῃσθα. 5

Ταῦτα μέν φησι λέγειν αὐτὸν „παρ᾽ αὐτῷ διαλεγόμενον (οὕτω
γὰρ ἔγραψεν αὐτοῖς ὀνόμασιν), ἐξίστασθαι δ᾽ οὐκ ὀλιγάκις ἐκ τῶν
αὐτῶν τούτων κρίσεων ἐν τοῖς συμπίπτουσιν, καὶ μὴ κρατεῖν
ἑαυτοῦ νικωμένου ὑπὸ τῶν παθῶν.‟

Καὶ γὰρ οὖν κἀνταῦθα „τό τε τῶν κρίσεων ἐξίστασθαι‟ καὶ τὸ 10
„μὴ κρατεῖν ἑαυτοῦ‟ καὶ τὸ „ποτὲ μὲν εἶναι παρ᾽ ἑαυτῷ, ποτὲ δ᾽ οὔ‟
καὶ πάνθ᾽ ὅσα τοιαῦτα, τοῖς τε φαινομένοις ἐναργῶς ὁμολογεῖ καὶ τῇ
παλαιᾷ δόξῃ περὶ παθῶν τε καὶ ψυχῆς δυνάμεων, οὐ μὴν οἷς ὑπέ-
θετο Χρύσιππος. ὁμοίως δ᾽ εἴρηται καὶ τὰ τοιαῦτα κατὰ τὸ περὶ
τῶν παθῶν βιβλίον· 15

„Τὸ γὰρ δὴ σεσοβημένον καὶ παρηλλαχὸς ἐν ἡμῖν καὶ ἀπει-
θὲς τῷ λόγῳ οὐχ ἧττον ἐπὶ τῆς ἡδονῆς καταγίνεται.‟

καὶ πάλιν·

„Οὕτω γὰρ ἐξιστάμεθα καὶ ἔξω γινόμεθα ἑαυτῶν καὶ τε-
λέως ἀποτυφλούμεθα ἐν τοῖς σφαλλομένοις, ὥστ᾽ ἔστιν ὅτε 20
σπόγγον ἔχοντες ἢ ἔριον ἐν ταῖς χερσὶν τοῦτο διαράμενοι
βάλλομεν ὡς δή τι περανοῦντες δι᾽ αὐτῶν· εἰ δ᾽ ἐτυγχάνομεν
μάχαιραν ἔχοντες ἢ ἄλλο τι, τούτῳ ἂν ἐχρησάμεθα παρα-
πλησίως.‟

καὶ ἐφεξῆς· 25

„Πολλάκις δὲ κατὰ τὴν τοιαύτην τυφλότητα τὰς κλεῖς
δάκνομεν, καὶ τὰς θύρας τύπτομεν, οὐ ταχὺ αὐτῶν ἀνοιγο-
μένων, πρός τε τοὺς λίθους ἐὰν προσπταίσωμεν, τιμωρητικῶς
προσφερόμεθα καταγνύντες καὶ ῥιπτοῦντες αὐτοὺς εἴς τινας
τόπους, καὶ ἐπιλέγοντες καθ᾽ ἕκαστα τούτων ἀτοπώτατα.‟ 30

ὡσαύτως δὲ κἂν τοῖς ἑξῆς φησιν·

„Ἐννοήσειε δ᾽ ἄν τις ἐκ τῶν τοιούτων καὶ τὴν ἐν τοῖς
πάθεσιν ἀλογιστίαν, καὶ ὡς ἐν τοῖς τοιούτοις ἀποτυφλούμεθα
καιροῖς, ὡς ἂν ἕτεροί τινες γεγονότες τῶν προδιαλελογισ-
μένων.‟ 35

ὅλως δ᾽ εἴ τις ἐκλέγοι πάντα καὶ παραγράφοι νῦν, ὅσα κατὰ τὸ
περὶ π. βιβλίον εἴρηται αὐτῷ, μαχόμενα μὲν οἷς αὐτὸς ὑπέθετο δόγ-
μασιν, ὁμολογοῦντα δὲ τοῖς τε φαινομένοις ἐναργῶς καὶ τῇ Πλάτωνος
δόξῃ, μῆκος ἂν ἄμετρόν τι γένοιτο τοῦ βιβλίου. μεστὸν γάρ ἐστιν

---

9 νικώμενον Mü.   21 τοῦτο Mü., τοῦτον libri.

αὐτῷ τὸ γράμμα τῶν τε [καὶ] κρίσεων ἐξίστασθαι λέγοντι καὶ τῶν
προδιαλελογισμένων διὰ τὸν θυμὸν ἢ τὴν ἐπιθυμίαν ἢ τὴν ἡδονήν,
ἤ τι τοιοῦτον etc.

479 Galenus de H. et Plat. decr. IV 5 (144) p. 366 Mü. Cum
de motu in affectibus verba facit, dicit: τῆς ἀμέτρου καί, ὡς αὐτὸς
εἴωθεν ὀνομάζειν, ἐκφόρου κινήσεως. — — ἡ δ' οὖν ῥῆσις ἡ κατὰ
τὸ θεραπευτικὸν τῶν παθῶν βιβλίον ὧδ' ἔχει·

„Οἰκείως δὲ καὶ ὁρμὴ πλεονάζουσα λέγεται εἶναι τὸ πά-
θος, ὡς ἄν τις ἐπὶ τῶν ἐκφερομένων κινήσεων πλεονάζουσαν
κίνησιν εἴποι, τοῦ πλεονασμοῦ ἐν αὐτῇ γινομένου κατὰ τὴν
τοῦ λόγου ἀποστροφὴν καὶ τὸ ἄνευ τοῦ πλεονασμοῦ τούτου
cωστικόν. ὑπερβαίνουcα γὰρ τὸν λόγον ἡ ὁρμὴ καὶ παρὰ τοῦ-
τον ἀθρόως φερομένη οἰκείως τ' ἂν πλεονάζειν ῥηθείη καὶ
κατὰ τοῦτο παρὰ φύcιν γίγνεcθαι καὶ εἶναι ἄλογος, ὡς ὑπο-
γράφομεν.“

480 Galenus de H. et Plat. decr. IV 5 (144) p. 368 M. τὴν μὲν
οὖν ἐκ τοῦ πρώτου περὶ παθῶν ῥῆσιν, ἔνθα φησὶν χωρὶς κρίσεως
γίνεσθαι τὰ πάθη, παρεθέμην ἔμπροσθεν. ὅτι δὲ καὶ κατὰ τὸ θερα-
πευτικὸν αὐτοῦ βιβλίον, ὃ δὴ καὶ ἠθικὸν ἐπιγράφεται, τῆς αὐτῆς
δόξης ἔχεται, μαθεῖν ἔστιν ἐκ τῆσδε τῆς ῥήσεως.

(145) „Οὐ γὰρ ἐν τῷ κρίνειν ἀγαθὰ ἕκαστα τούτων λέγε-
ται ἀρρωστήματα ταῦτα, ἀλλὰ κατὰ τὸ ἐπὶ πλέον ἐκπεπτω-
κέναι πρὸς ταῦτα τοῦ κατὰ φύcιν.“

(Quae siquis falso interpretatus sit,) ἐκ τῶν ἐπιφερομένων ἡ
γνώμη τοῦ Χρυσίππου καταφανήσεται

„Ὅθεν οὐκ ἀλόγως γυναικομανεῖς τινες λέγονται καὶ ὀρ-
νιθομανεῖς.“

— — Ἀλλὰ νὴ Δία ἴσως ἄν τις φήσειε, τὸ μανιῶδες οὐ διὰ τὴν
ἄλογον γίνεσθαι δύναμιν, ἀλλὰ διὰ τὸ ἐπὶ πλέον ἢ προσῆκεν ἐξῆχθαι
τήν τε κρίσιν καὶ τὴν δόξαν, ὡς εἰ καὶ οὕτως ἔλεγεν, ἀρρωστήματα
γίνεσθαι κατὰ τὴν ψυχὴν οὐχ ἁπλῶς τῷ ψευδῶς ὑπειληφέναι περὶ
τινων, ὡς ἀγαθῶν ἢ κακῶν, ἀλλὰ τῷ μέγιστα νομίζειν αὐτά· μηδέπω
γὰρ ἀρρώστημα τὴν περὶ τῶν χρημάτων εἶναι δόξαν, ὡς
ἀγαθῶν, ἀλλ' ἐπειδάν τις αὐτὰ μέγιστον ἀγαθὸν εἶναι νο-
μίζῃ καὶ μηδὲ ζῆν ἄξιον ὑπολαμβάνῃ τῷ στερηθέντι χρημά-
των. ἐν τούτῳ γὰρ συνίσταcθαι τήν τε φιλοχρηματίαν καὶ τὴν
φιλαργυρίαν ἀρρωστήματα οὔσας. Ἀλλὰ τῷ ταῦτα φάσκοντι Ποσει-
δώνιος ἀντιλέγων ὧδέ πώς φηcι· τοιούτων δ' ὑπὸ τοῦ Χρυσίππου
λεγομένων etc. Ultima verba evincunt antecedentia Chrysippea esse.

---

1 καὶ seclusi.   11 scribendum ⟨ὡς⟩ καί.

481 Posidonius apud Galenum de H. et Plat. decr. IV 7 p. 391 Mü.
ὁ γοῦν ὅρος οὗτος, φησίν, ὁ τῆς ἄτης, ὥσπερ οὖν καὶ ἄλλοι πολλοὶ τῶν
παθῶν, ὑπό τε Ζήνωνος εἰρημένοι καὶ πρὸς τοῦ Χρυσίππου γεγραμ-
μένοι, σαφῶς ἐξελέγχουσι τὴν γνώμην αὐτοῦ. „δόξαν γὰρ εἶναι πρόσ-
φατον, τοῦ κακὸν αὐτῷ παρεῖναι," φησὶ τὴν λύπην. ἐν ᾧ καὶ συν- 5
τομώτερον ἐνίοτε λέγοντες ὧδέ πως προφέρονται· „λύπη ἐστὶ δόξα
πρόσφατος κακοῦ παρουσίας." εἶναι μὲν δὴ τὸ πρόσφατόν φησι „τὸ
ὑπόγυον κατὰ τὸν χρόνον," ἀξιοῖ δὲ (sc. Posidonius) τὴν αἰτίαν ὑπ'
αὐτῶν ῥηθῆναι, δι' ἣν ἡ τοῦ κακοῦ δόξα πρόσφατος μὲν οὖσα συστέλλει
τε τὴν ψυχὴν καὶ λύπην ἐργάζεται, χρονισθεῖσα δ' ἢ οὐδ' ὅλως ἢ οὐκ 10
ἔθ' ὁμοίως συστέλλει. καίτοι οὐδὲ τὸ πρόσφατον ἐχρῆν ἐγκεῖσθαι
κατὰ τὸν ὅρον, εἴπερ ἀληθῆ τὰ Χρυσίππου. κατὰ γὰρ τὴν γνώμην
αὐτοῦ μᾶλλον τοῦ μεγάλου κακοῦ ἢ ἀνυπομονήτου ἢ ἀκαρ-
τερήτου, καθάπερ αὐτὸς εἴωθεν ὀνομάζειν, τὴν λύπην εἰρῆσθαι
ἔδει δόξαν, οὐ προσφάτου. ἔνθα καὶ διχόθεν ὁ Ποσειδώνιος ἀντι- 15
λέγει τῷ Χρυσίππῳ, κατὰ μὲν τοῦτον τὸν δεύτερον ὁρισμὸν ἀναμι-
μνήσκων τῶν τε σοφῶν καὶ τῶν προκοπτόντων, ὡς ἔμπροσθεν εἴρηται·
οἱ μὲν γὰρ ἐν μεγίστοις ἀγαθοῖς, οἱ δ' ἐν μεγίστοις κακοῖς ἑαυτοὺς
ὑπολαμβάνοντες εἶναι, ὅμως οὐ γίνονται διὰ τοῦτ' ἐν πάθει· κατὰ δὲ
τὸν πρῶτον ἐρωτᾷ τὴν αἰτίαν, δι' ἣν οὐχ ἡ τῆς τοῦ κακοῦ παρουσίας 20
δόξα τὴν λύπην, ἀλλ' ἡ πρόσφατος ἐργάζεται μόνη etc.

482 Galenus de Platonis et Hippocr. plac. IV 7 p. 392 M. καὶ
φησι διότι πᾶν τὸ ἀμελέτητον καὶ ξένον ἀθρόως προσπῖπτον ἐκπίπτει
τε καὶ τῶν παλαιῶν ἐξίστησι κρίσεων, ἀσκηθὲν δὲ καὶ συνεθισθὲν
καὶ χρονίσαν ἢ οὐδ' ὅλως ἐξίστησιν, ὡς κατὰ πάθος κινεῖν, ἢ ἐπὶ μι- 25
κρὸν κομιδῇ· διὸ καὶ προενδημεῖν δεῖν φησι τοῖς πράγμασι μήπω τε
παροῦσιν οἷον παροῦσι χρῆσθαι. βούλεται δὲ τὸ προενδημεῖν ῥῆμα
τῷ Ποσειδωνίῳ τὸ οἷον προαναπλάττειν τε καὶ προτυποῦν τὸ πρᾶγμα
παρ' ἑαυτῷ τὸ μέλλον γενήσεσθαι καὶ ὡς πρὸς ἤδη γενόμενον ἐθισμόν
τινα ποιεῖσθαι κατὰ βραχύ. διὸ καὶ τὸ τοῦ Ἀναξαγόρου παρείληφεν 30
ἐνταῦθα, ὡς ἄρα τινὸς ἀναγγείλαντος αὐτῷ τεθνάναι τὸν υἱὸν εὖ
μάλα καθεστηκότως εἶπεν „ᾔδειν θνητὸν γεννήσας" καὶ ὡς τοῦτο λα-
βὼν Εὐριπίδης τὸ νόημα τὸν Θησέα πεποίηκε λέγοντα· (Eur. fr. 392 N)
ἐγὼ δὲ ⟨τοῦτο⟩ παρὰ σοφοῦ τινος μαθὼν
εἰς φροντίδας νοῦν συμφοράς τ' ἐβαλλόμην, 35
φυγάς τ' ἐμαυτῷ προστιθεὶς πάτρας ἐμῆς
θανάτους τ' ἀώρους καὶ κακὰς ἄλλας ὁδούς,

---

2 ἄτης] λύπης coni. Cornarius et Bake. 5 τοῦ Mü., τὸ libri. ‖ pro ἐν
ᾧ malim ὅ. 8 ὑπ' add. Mü. 15 ἔδει add. Kühn. 23 φησι] sc. Chry-
sippus cf. Bake Posid. rell. p. 204. ‖ vulgo ἀμέτρητον cf. Petersen p. 25. ‖ ἐκ-
πλήττει Kühn. 28 Χρυσίππῳ reponit Bake h. l.

ὥστ᾽ εἴ τι πάσχοιμ᾽ ὧν ἐδόξαζόν ποτε
μή μοι νεῶρες προσπεσὸν ψυχὴν δάκοι."
οὕτω δὲ εἰρῆσθαί φησι καὶ τὰ τοιαῦτα· (Eur. fr. 818 N)
   „εἰ μὲν τόδ᾽ ἦμαρ πρῶτον ἦν κακουμένῳ
5   καὶ μὴ μακρὰν δὴ διὰ πόνων ἐναυστόλουν,
   εἰκὸς σφαδάζειν ἦν ἂν ὡς νεόζυγα
   πῶλον, χαλινὸν ἀρτίως δεδεγμένον·
   νῦν δ᾽ ἀμβλύς εἰμι καὶ κατηρτυκὼς κακῶν"
ἔσθ᾽ ὅτε τὰ τοιαῦτα· (Eur. Alc. 1085)
10   μακρὸς
   χρόνος μαλάξει· νῦν δ᾽ ἔτ᾽ ἡβάσκει κακόν.

483 Cicero Tusculan. disput. IV 5, 9. *Chrysippus et Stoici, cum de animi perturbationibus disputant, magnam partem in his partiendis et definiendis occupati sunt; illa eorum perexigua oratio est, qua* 15 *medeantur animis nec eos turbulentos esse patiantur.*

484 Cicero Tusculan. disp. IV 29, 63. *quodque vetat Chrysippus, ad recentes quasi tumores animi remedium adhibere, id nos fecimus etc.*

485 Cicero Tusculan. disput. III 25, 61. *Omnibus enim modis fulciendi sunt qui ruunt nec cohaerere possunt propter magnitudinem* 20 *aegritudinis. Ex quo ipsam aegritudinem* λύπην *Chrysippus, quasi solutionem totius hominis, appellatam putat.*

486 Cicero Tusculan. disput. III 31, 76. *Chrysippus autem caput esse censet in consolando, detrahere illam opinionem maerenti, si se officio fungi putet iusto atque debito.*

25   Cf. ibid. 33, 79.

487 Cicero Tusculan. disp. III 25, 59. *Quocirca Carneades, ut video nostrum scribere Antiochum, reprehendere Chrysippum solebat, laudantem Euripideum carmen illud:*

   Mortalis nemo est, quem non attingit dolor
30   *Morbusque; multis sunt humandi liberi,*
   Rursum creandi; morsque est finita omnibus;
   Quae generi humano angorem nequiquam afferunt.
   Reddenda terrae est terra: tum vita omnibus
   Metenda, ut fruges. Sic iubet Necescitas.

35   60. *Negabat genus hoc orationis quicquam omnino ad levandam aegritudinem pertinere.*

488 Cicero Tusculan. disput. IV 29, 62. *Quare omnium philosophorum, ut ante dixi, una ratio est medendi, ut nihil, quale sit illud, quod*

---

17 scil. ipse Cicero in Consolatione.   29 versus ex Eur. Hypsipyle vid.
Nauck fr. 757.   30 multis *Lambin.*, multi *libri.*

perturbet animum, sed de ipsa sit perturbatione dicendum. Itaque primum in ipsa cupiditate, cum id solum agitur, ut ea tollatur, non est quaerendum, bonum illud necne sit, quod libidinem moveat; sed libido ipsa tollenda est, ut sive, quod honestum est, id sit summum bonum, sive voluptas, sive horum utrumque coniunctum, sive tria illa genera bonorum, 5 tamen, etiamsi virtutis ipsius vehementior appetitus sit, eadem sit omnibus ad deterrendum adhibenda oratio.

489 Olympiodorus in Plat. Alcib. Vol. II p. 54 Creuzer. Ἰστέον γὰρ ὅτι — τρεῖς εἰσι τρόποι καθάρσεως, Πυθαγορικός, Σωκρατικός, Περιπατητικὸς ἤτοι Στωϊκός· καὶ ὁ μὲν Στωϊκὸς διὰ τῶν ἐναντίων τὰ ἐναντία ἰᾶται, 10 τῷ μὲν θυμῷ τὴν ἐπιθυμίαν ἐπάγων καὶ οὕτω μαλάσσων αὐτήν, τὴν δὲ ἐπιθυμίαν τῷ θυμῷ καὶ οὕτω ῥωννύων αὐτὴν καὶ ἀνάγων πρὸς τὸ ἀνδρικώτερον, δίκην τῶν κεκαμμένων ῥάβδων, ἃς οἱ θέλοντες εὐθῦναι πρὸς τὸ ἐναντίον περιλυγίζουσιν, ἵνα ἐκ τῆς εἰς τὸ ἐναντίον περιφορᾶς τὸ σύμμετρον ἀναφανῇ. Οὕτω καὶ ἐπὶ ψυχῆς ἐκ τοῦ τοιούτου τρόπου ἁρμονίαν ἐμποιεῖν 15 ἐπετήδευον.

490 Clemens Al. Strom. VII 17 p. 893 Pott. τριττὴ δὲ θεραπεία οἰήσεως, καθάπερ καὶ παντὸς πάθους· μάθησίς τε τοῦ αἰτίου καὶ τοῦ πῶς ἂν ἐξαιρεθείη τοῦτο· καὶ τρίτον ἡ ἄσκησις τῆς ψυχῆς καὶ ὁ ἐθισμὸς πρὸς ⟨τὸ⟩ τοῖς κριθεῖσιν ὀρθῶς ἔχειν ἀκολουθεῖν δύνασθαι. 20

Cf. paullo post: ἐπὰν δὲ παραβῇ τις τὸν λόγον — — εἰ μὲν διὰ τὸ αἰφνίδιον προσπεσεῖν τινα φαντασίαν ἠσθένησεν, προχείρους τὰς φαντασίας τὰς λογικὰς ποιητέον· εἰ δὲ τῷ ἔθει τῷ προκατεσχηκότι ἡττηθεὶς γέγονεν, ᾗ φησιν ἡ γραφή, χυδαῖος, ἀποπαυστέον τὸ ἔθος εἰς τὸ παντελὲς καὶ πρὸς τὸ ἀντιλέγειν αὐτῷ τὴν ψυχὴν γυμναστέον· εἰ δὲ καὶ μαχόμενα δόγματα ἐφέλ- 25 κεσθαί τινας δοκεῖ, ὑπεξαιρετέον ταῦτα etc.

---

18 τοῦ scripsi, τὸ cod.   20 πρὸς τὸ Wil., πρὸς cod.

Ethica VIII.

De actionibus.

§ 1. De mediis officiis.

491 Plutarchus de comm. not. cp. 23 p. 1069e. *Πόθεν οὖν,
φησίν, ἄρξωμαι; καὶ τίνα λάβω τοῦ καθήκοντος ἀρχὴν καὶ ὕλην
τῆς ἀρετῆς, ἀφεὶς τὴν φύσιν καὶ τὸ κατὰ φύσιν;* (Incertum an sit ex
libro *περὶ τοῦ Καθήκοντος* Chrysippi.)

492 Commenta Lucani p. 74 Usener. *** de officiis declarat:
quae homini a prima conciliatione nascendi sumuntur. inde
enim colligit (scil. Cicero) unum hominem sociale esse animal et cum
sibi tum omnibus hominibus natura esse conciliatum.

493 Diog. Laërt. VII 107. *ἔτι δὲ καθῆκόν φασιν εἶναι ὃ πραχθὲν
εὔλογον [τε] ἴσχει ἀπολογισμόν, οἷον τὸ ἀκόλουθον ἐν [τῇ] ζωῇ, ὅπερ καὶ ἐπὶ
τὰ φυτὰ καὶ ζῷα διατείνει· ὁρᾶσθαι γὰρ κἀπὶ τούτων καθήκοντα. κατωνο-
μάσθαι δὲ οὕτως ὑπὸ πρώτου Ζήνωνος τὸ καθῆκον, ἀπὸ τοῦ κατά τινας
ἥκειν τῆς προσονομασίας εἰλημμένης. ἐνέργημα δὲ αὐτὸ εἶναι ταῖς κατὰ
φύσιν κατασκευαῖς οἰκεῖον.*

494 Stobaeus ecl. II 85, 13. *Ἀκόλουθος δ' ἐστὶ τῷ λόγῳ τῷ περὶ
τῶν προηγμένων ὁ περὶ τοῦ καθήκοντος τόπος. Ὁρίζεται δὲ τὸ καθῆ-
κον· 'τὸ ἀκόλουθον ἐν ζωῇ, ὃ πραχθὲν εὔλογον ἀπολογίαν ἔχει·' παρὰ τὸ
καθῆκον δὲ τὸ ἐναντίως. Τοῦτο διατείνει καὶ εἰς τὰ ἄλογα τῶν ζῴων, ἐνερ-
γεῖ γάρ τι κἀκεῖνα ἀκολούθως τῇ ἑαυτῶν φύσει· ἐπὶ ⟨δὲ⟩ τῶν λογικῶν
ζῴων οὕτως ἀποδίδοται· 'τὸ ἀκόλουθον ἐν βίῳ.' Τῶν δὲ καθηκόντων τὰ
μὲν εἶναί φασι τέλεια, ἃ δὴ καὶ κατορθώματα λέγεσθαι. Κατορθώματα
δ' εἶναι τὰ κατ' ἀρετὴν ἐνεργήματα, οἷον τὸ φρονεῖν, τὸ δικαιοπραγεῖν. οὐκ
εἶναι δὲ κατορθώματα τὰ μὴ οὕτως ἔχοντα, ἃ δὴ οὐδὲ τέλεια καθήκοντα
προσαγορεύουσιν, ἀλλὰ μέσα, οἷον τὸ γαμεῖν, τὸ πρεσβεύειν, τὸ διαλέγεσθαι,
τὰ τούτοις ὅμοια.*

495 Diog. Laërt. VII 108. *τῶν γὰρ καθ' ὁρμὴν ἐνεργουμένων τὰ
μὲν καθήκοντα εἶναι, τὰ δὲ παρὰ τὸ καθῆκον, τὰ δὲ οὔτε καθή-
κοντα οὔτε παρὰ τὸ καθῆκον. καθήκοντα μὲν οὖν εἶναι ὅσα λόγος*

---

5 ἄρξομαι libri, corr. Rasmus.   2 παρὰ libri, corr. Mez.   12 πραχθέν
Menag., προαχθέν BP.   13 τε seclusi. ‖ τῇ om. BP.   15 Cf. I n. 230.
16 πρὸς ὀνυμίας B.   20 παραχθὲν libri, corr. Menag.   25 τὰ—ἐνεργήματα
Davisius, τὸ—ἐνέργημα libri.   30 τὸ δὲ B. ‖ τὰ δὲ οὔτε—καθῆκον om. BP.
31 τὰ pro καθήκοντα B.

αἱρεῖ ποιεῖν, ὡς ἔχει γονεῖς τιμᾶν, ἀδελφούς, πατρίδα, συμπεριφέρεσθαι φί-
λοις· παρὰ τὸ καθῆκον δέ, ὅσα μὴ αἱρεῖ λόγος, ὡς ἔχει τὰ τοιαῦτα, γο-
νέων ἀμελεῖν, ἀδελφῶν ἀφροντιστεῖν, φίλοις μὴ συνδιατίθεσθαι, πατρίδα
ὑπερορᾶν καὶ τὰ παραπλήσια. οὔτε δὲ καθήκοντα οὔτε παρὰ τὸ κα-
θῆκον, ὅσα οὔτε αἱρεῖ λόγος πράττειν οὔτε ἀπαγορεύει, οἷον κάρφος ἀνε- 5
λέσθαι, γραφεῖον κρατεῖν ⟨ἢ⟩ στλεγγίδα καὶ τὰ ὅμοια τούτοις.
    496 Diog. Laërt. VII 109. καὶ τὰ μὲν εἶναι καθήκοντα ἄνευ
περιστάσεως, τὰ δὲ περιστατικά. καὶ ἄνευ μὲν περιστάσεως τάδε·
ὑγιείας ἐπιμελεῖσθαι καὶ αἰσθητηρίων καὶ τὰ ὅμοια· κατὰ περίστασιν δὲ
τὸ πηροῦν ἑαυτὸν καὶ τὴν κτῆσιν διαρρίπτειν. 10
    ἀνὰ λόγον δὲ καὶ τῶν παρὰ τὸ καθῆκον.
    ἔτι τῶν καθηκόντων τὰ μὲν ἀεὶ καθήκει, τὰ δὲ οὐκ ἀεί. καὶ ἀεὶ
μὲν καθήκει τὸ κατ' ἀρετὴν ζῆν, οὐκ ἀεὶ δὲ τὸ ἐρωτᾶν καὶ ἀποκρίνεσθαι
καὶ περιπατεῖν καὶ τὰ ὅμοια. ὁ δ' αὐτὸς λόγος καὶ ἐπὶ τῶν παρὰ τὸ καθῆκον.
    ἔστι δὲ καὶ ἐν τοῖς μέσοις τι καθῆκον, ὡς τὸ πείθεσθαι τοὺς παῖδας 15
τοῖς παιδαγωγοῖς.
    497 Cicero de finibus III 22. Cum vero illa, quae officia esse
dixi, proficiscantur ab initiis naturae, necesse est ea ad haec re-
ferri, ut recte dici possit omnia officia eo referri, ut adipiscamur principia
naturae, nec tamen ut hoc sit bonorum ultimum, propterea quod non inest
in primis naturae conciliationibus honesta actio; consequens enim est et
post oritur, ut dixi. Est tamen ea secundum naturam multoque nos ad
se expetendam magis hortatur quam superiora omnia.
    498 Cicero de finibus III 17, 58. Sed cum quod honestum sit, id
solum bonum esse dicamus, consentaneum tamen est, fungi officio, cum
id officium nec in bonis ponamus, nec in malis. Est enim
aliquid in his rebus probabile, et quidem ita, ut eius ratio reddi pos-
sit, ergo ut etiam probabiliter acti ratio reddi possit.. Est autem offi-
cium, quod ita factum est, ut eius facti probabilis ratio reddi possit.
Ex quo intelligitur, officium medium quiddam esse, quod neque in bo-
nis ponatur, neque in contrariis. Quoniamque in iis rebus, quae ne-
que in virtutibus sunt neque in vitiis, est tamen quiddam, quod usui
possit esse, tollendum id non est. Est autem eius generis actio quoque
quaedam, et quidem talis, ut ratio postulet agere aliquid et facere eorum;
quod autem ratione actum est, id officium appellamus; est igitur officium
eius generis, quod nec in bonis putatur nec in contrariis. 59. Atque
perspicuum etiam illud est, in istis rebus mediis aliquid agere sapientem.
Iudicat igitur, cum agit, officium illud esse. Quodquoniam nunquam falli-
tur in iudicando, erit in mediis rebus officium. Quod efficitur hac etiam
conclusione rationis: Quoniam enim videmus esse quiddam, quod recte
factum appellemus, id autem est perfectum officium, erit etiam in-
choatum, ut si „iuste depositum reddere" in recte factis sit, in officiis
ponatur „depositum reddere"; illo enim addito „iuste" fit recte factum,

---

    1 ἐρεῖ B.   5 ἐρεῖ B. ‖ λόγῳ B.   6 ἢ add. Cobetus.   9 καὶ δι' αἰσθ.
P.   13 verba: τὸ κατ' ἀρετὴν ζῆν, οὐκ ἀεὶ δὲ om. BP.   15 μέσοι hic dicuntur,
qui nec rationales sunt, ut homines adulti, nec irrationales, ut bruta animalia.
30 quiddam *Madvig,* quoddam *libri.*   35 est *prius Madvig,* sit *libri.*
41 autem etiam *libri,* autem *del. Lambin.*   43 fit *Lambin.,* facit *libri.*

per se autem hoc ipsum reddere in officio ponitur. Quoniamque non du-
bium est, quin in iis, quae media dicamus, sit aliud sumendum, aliud
reiciendum, quicquid ita fit aut dicitur, omne officio continetur. Ex quo
intelligitur, quoniam se ipsi omnes natura diligant, tam insipientem quam
5 sapientem sumpturum, quae secundum naturam sint, reiecturumque con-
traria. Ita est quoddam commune officium sapientis et insipientis; ex
quo efficitur versari in iis, quae media dicamus.

499 Stobaeus ecl. II 86, 10 W. *πᾶν δὲ τὸ παρὰ τὸ καθῆκον ἐν
λογικῷ γινόμενον ἁμάρτημα εἶναι· τὸ δὲ καθῆκον τελειωθὲν κατόρθωμα γί-*
10 *νεσθαι. παραμετρεῖσθαι δὲ τὸ μέσον καθῆκον ἀδιαφόροις τισί, καλουμένοις
δὲ παρὰ φύσιν καὶ κατὰ φύσιν, τοιαύτην δ' εὐφυΐαν προσφερομένοις, ὥστ'
εἰ μὴ λαμβάνοιμεν αὐτὰ ἢ διωθοίμεθα ἀπερισπάστως, μὴ ἂν εὐδαιμονεῖν.*

§ 2. Recte facta a mediis officiis qua re differant.

500 Stobaeus ecl. II 93, 14 W. *κατόρθωμα δ' εἶναι λέγουσι καθῆ-*
15 *κον πάντας ἐπέχον τοὺς ἀριθμούς, ἢ — — τέλειον καθῆκον· ἁμάρτημά
τε τὸ παρὰ τὸν ὀρθὸν λόγον πραττόμενον ἢ ἐν ᾧ παραλέλειπταί τι καθῆκον
ὑπὸ λογικοῦ ζῴου.*

501 Stobaeus ecl. II 96, 18 W. *ἔτι δὲ τῶν ἐνεργημάτων φασὶ τὰ μὲν
εἶναι κατορθώματα, τὰ δὲ ἁμαρτήματα, τὰ δ' οὐδέτερα· κατορθώματα μὲν*
20 *τὰ τοιαῦτα· φρονεῖν, σωφρονεῖν, δικαιοπραγεῖν, χαίρειν, εὐεργετεῖν, εὐφραί-
νεσθαι, φρονίμως περιπατεῖν, πάνθ' ὅσα κατὰ τὸν ὀρθὸν λόγον πράττεται·
ἁμαρτήματα δ' εἶναι τό τε ἀφραίνειν καὶ τὸ ἀκολασταίνειν καὶ τὸ ἀδικεῖν
καὶ τὸ λυπεῖσθαι καὶ τὸ φοβεῖσθαι καὶ τὸ κλέπτειν καὶ καθόλου ὅσα παρὰ
τὸν ὀρθὸν λόγον πράττεται· οὔτε δὲ κατορθώματα οὔτε ἁμαρτήματα*
25 *τὰ τοιαῦτα· λέγειν, ἐρωτᾶν, ἀποκρίνεσθαι, περιπατεῖν, ἀποδημεῖν καὶ τὰ τού-
τοις παραπλήσια.*

502 Stobaeus eclog. II 7 p. 97, 5 Wachsm. *Πάντα δὲ τὰ κατορθώ-
ματα δικαιοπραγήματα εἶναι καὶ εὐνομήματα καὶ εὐτακτήματα
καὶ εὐεπιτηδεύματα καὶ εὐτυχήματα καὶ εὐδαιμονήματα καὶ εὐ-*
30 *καιρήματα καὶ εὐσχημονήματα· οὐκ ἔτι μέντοιγε φρονιμεύματα, ἀλλὰ
μόνα τὰ ἀπὸ φρονήσεως· καὶ ὁμοίως ἐπὶ τῶν ἄλλων ἀρετῶν, εἰ καὶ μὴ
ὠνόμασται, οἷον σωφρονήματα μὲν τὰ ἀπὸ σωφροσύνης, δικαιώματα δὲ τὰ
ἀπὸ δικαιοσύνης. Τὰ δὲ ἁμαρτήματα ἐκ τῶν ἀντικειμένων ἀδικοπραγήματα
καὶ ἀνομήματα καὶ ἀτακτήματα.*

35   **503** Stobaeus ecl. II 86, 5. *τῶν δὲ κατορθωμάτων τὰ μὲν εἶναι
ὧν χρή, τὰ δ' οὔ. ὧν χρὴ μὲν εἶναι ⟨τὰ⟩ κατηγορούμενα ὠφελήματα, οἷον*

---

3 omni *libri, corr. Gruter.* 10 διαφόροις libri, corr. Heeren. ‖ ἐκλεγο-
μένοις Usener. 11 εὐφυΐαν F, ἐφυΐαν P, χρείαν Lynden de Panaet. p. 98 alii
alia. 12 ὥστ' εἰ μὴ Lynden, ὥστε μὴ libri. ‖ ἀπεριστάτως vel ἀπερισκέπτως
coni. Wachsm. 15 ἀπέχον libri, corr. Canter. ‖ ἁμάρτημά τε Heeren, ἁμαρτή-
ματα libri. 28 codd. εὐνοήματα, corr. Dindorf. 29 εὐεπιτηδεύματα Heeren;
libri ἐπιτηδεύματα vel ἐπιτεύματα; ἐπιτεύγματα Wachsm. in adn. dubitanter,
fort. recte. 31 ὁμοίως Heeren, libri ὁμοιώσεως. 32 libri σωφρονιμεύματα
corr. Canter. 36 τὰ addidi. ‖ κατηγορούμενα ὠφελήματα Wachsm., κατηγό-
ρημα ὠφέλημα libri.

τὸ φρονεῖν, τὸ σωφρονεῖν· οὐκ εἶναι δὲ ὧν χρὴ τὰ μὴ οὕτως ἔχοντα.
ὁμοίως δὲ καὶ τῶν παρὰ τὸ καθῆκον τὴν αὐτὴν γίνεσθαι τεχνολογίαν.

504 Cicero de finibus III 32. Sed in ceteris artibus cum dicitur
„artificiose" posterum quodam modo et consequens putandum est, quod illi
ἐπιγεννηματικόν appellant; cum autem in quo „sapienter" dicimus, id a 5
primo rectissime dicitur. Quicquid enim a sapiente proficiscitur,
id continuo debet expletum esse omnibus suis partibus; in eo
enim positum est id, quod dicimus esse expetendum. Nam ut peccatum
est patriam prodere, parentes violare, fana depeculari, quae sunt in effectu,
sic timere, sic maerere, sic in libidine esse peccatum est etiam sine effectu. 10
Verum ut haec non in posteris et in consequentibus, sed in primis con-
tinuo peccata sunt, sic ea, quae proficiscuntur a virtute, suscep-
tione prima, non perfectione recta sunt iudicanda.

505 Philo de sacrif. Abel et Cain § 115 p. 249,4 Wendl. λέγω δὲ
ταῦτα οὐ περὶ τῶν ἀρετῶν, ἀλλὰ περὶ τῶν μέσων τεχνῶν καὶ ὧν ἄλλων 15
ἀναγκαίων περί τε σώματος ἐπιμέλειαν καὶ τὴν τῶν ἐκτὸς περιουσίαν πραγμα-
τεύονται. ἐπεὶ ὅγε περὶ ἀγαθῶν καὶ καλῶν τελείων πόνος κἂν ὑστε-
ρίξῃ τοῦ τέλους ἱκανὸς ἐξ αὐτοῦ προσωφελῆσαι τοὺς χρωμένους,
τὰ δ' ὅσα ἐκτὸς ἀρετῆς ἐὰν μὴ προσγένηται τὸ πέρας ἀνωφελῆ πάντα.

506 Seneca de beneficiis I 6. Magnum autem esse inter ista dis- 20
crimen vel ex hoc intellegas licet, quod beneficium utique bonum
est, id autem quod fit aut datur, nec bonum nec malum est. — — Non
est beneficium ipsum, quod numeratur aut traditur: sicut ne in victimis
quidem, licet opimae sint auroque praefulgeant, deorum est honor, sed pia
ac recta voluntate venerantium. itaque boni etiam farre ac fitilla religiosi 25
sunt, mali rursus non effugiunt impietatem, quamvis aras sanguine multo
cruentaverint.

507 Seneca de beneficiis II 31. Hoc ex paradoxis Stoicae sectae
minime mirabile, ut mea fert opinio, aut incredibile est, eum qui li-
benter accipit beneficium reddidisse. nam cum omnia ad animum 30
referamus, fecit quisque quantum voluit. et cum pietas, fides, iu-
stitia, omnis denique virtus intra se perfecta sit, etiamsi illi
manum exserere non licuit, gratus quoque potest esse homo voluntate.

508 Seneca de beneficiis III cp. 18. refert enim cuius animi sit qui
praestat, non cuius status: nulli praeclusa virtus est, omnibus patet, omnes 35
admittit, omnes invitat, ingenuos, libertinos, servos, reges, exules. non
eligit domum nec censum, nudo homine contenta est.

509 Seneca de beneficiis IV 21. Quomodo est disertus etiam qui
tacet, fortis etiam qui compressis manibus vel etiam adligatis, quomodo
gubernator etiam qui in sicco est, quia consummatae scientiae nihil deest, 40
etiamsi quid obstat, quominus se utatur: ita gratus est etiam qui vult
tantum nec habet huius voluntatis suae ullum alium quam se testem.

510 Stobaeus Florileg. 103,22. Χρυσίππου. Ὁ δ' ἐπ' ἄκρον,
φησί, προκόπτων ἅπαντα πάντως ἀποδίδωσι τὰ καθήκοντα
καὶ οὐδὲν παραλείπει. 45

Τὸν δέ τούτου βίον οὐκ εἶναί πω φησὶν εὐδαίμονα, ἀλλ'

---

5 cum *Ernestius,* quod *libri.* ‖ dicimus *om. A.*

ἐπιγίγνεσθαι αὐτῷ τὴν εὐδαιμονίαν ὅταν αἱ μέσαι πράξεις
αὗται προσλάβωσι τὸ βέβαιον καὶ ἑκτικὸν καὶ ἰδίαν πῆξιν
τινὰ λάβωσι.

511 Clemens Al. Strom. VII 10 p. 867 Pott. καίτοι πράσσεταί τινα
5 καὶ πρὸς τῶν μὴ γνωστικῶν ὀρθῶς, ἀλλ' οὐ κατὰ λόγον· οἷον ἐπὶ ἀν-
δρείας· ἔνιοι γὰρ ἐκ φύσεως θυμοειδεῖς γενόμενοι, εἶτα ἄνευ τοῦ λόγου
τοῦτο θρέψαντες, ἀλόγως ἐπὶ τὰ πολλὰ ὁρμῶσι καὶ ὅμοια τοῖς ἀνδρείοις
δρῶσιν, ὥστε ἐνίοτε τὰ αὐτὰ κατορθοῦν οἷον βασάνους ὑπομένειν εὐκόλως·
ἀλλ' οὔτε ἀπὸ τῆς αὐτῆς αἰτίας τῷ γνωστικῷ οὔτε καὶ τὸ αὐτὸ προθέμενοι,
10 οὐδ' ἂν τὸ σῶμα ἅπαν ἐπιδιδῶσιν. — — Πᾶσα οὖν ἡ διὰ τοῦ ἐπιστή-
μονος πρᾶξις εὐπραγία, ἡ δὲ διὰ τοῦ ἀπεπιστήμονος κακοπραγία,
κἂν ἔνστασιν σῴζῃ. ἐπεὶ μὴ ἐκ λογισμοῦ ἀνδρίζεται μηδὲ ἐπί τι χρήσιμον
τῶν ἐπὶ ἀρετὴν καὶ ἀπὸ ἀρετῆς καταστρεφόντων τὴν πρᾶξιν κατευθύνει. Ὁ
δὲ αὐτὸς λόγος καὶ ἐπὶ τῶν ἄλλων ἀρετῶν.

15 **512** Philo Leg. Alleg. III § 210 Vol. I p. 160, 2 Wendl. ἐπεὶ καὶ
ὁ φαῦλος ἔνια δρᾷ τῶν καθηκόντων οὐκ ἀφ' ἕξεως καθηκούσης·
καὶ ὁ μεθύων μέντοι καὶ μεμηνὼς ἔστιν ὅτε νηφάλια φθέγγεταί τε καὶ ποιεῖ,
ἀλλ' οὐκ ἀπὸ νηφούσης διανοίας· καὶ οἱ ἔτι κομιδῇ νήπιοι παῖδες οὐκ ἀπὸ
λογικῆς ἕξεως (οὔπω γὰρ αὐτοὺς ἡ φύσις λογικοὺς πεπαίδευκε) πολλὰ πράτ-
20 τουσι καὶ λέγουσι ὧν οἱ λογικοί. Βούλεται δὲ ὁ νομοθέτης τὸν σοφὸν μὴ
σχετικῶς καὶ εὐαλώτως καὶ ὡς ἂν ἐκ τύχης εὐλόγιστον δοκεῖν εἶναι, ἀλλ'
ἀπὸ ἕξεως καὶ διαθέσεως εὐλογίστου.

513 Philo de Cherubim § 14 Vol. I p. 173, 12 Wendl. τὸ δέον
πολλάκις δεόντως οὐκ ἐνεργεῖται καὶ τὸ μὴ καθῆκον ἔστιν ὅτε δρᾶται καθη-
25 κόντως. Οἷον ἡ μὲν τῆς παρακαταθήκης ἀπόδοσις, ὅταν μὴ ἀπὸ γνώμης
ὑγιοῦς γίγνηται, ἀλλ' ἢ ἐπὶ βλάβῃ τοῦ λαμβάνοντος ἢ ἐπ' ἐνέδρᾳ τῆς περὶ
μείζονα πίστιν ἀρνήσεως, καθῆκον ἔργον οὐ δεόντως ἐπιτελεῖται. Τὸ δὲ τῷ
κάμνοντι μὴ ἀληθεῦσαι τὸν ἰατρόν, κενοῦν ἢ τέμνειν ἢ καίειν διεγνωκότα
ἐπ' ὠφελείᾳ τοῦ νοσοῦντος, ἵνα μὴ προλαβὼν τὰ δεινὰ φύγῃ τὴν θεραπείαν,
30 ἢ ἐξασθενήσας ἀπείπῃ πρὸς αὐτήν· ἢ πρὸς τοὺς πολεμίους τὸν σοφὸν ψεύ-
σασθαι ἐπὶ τῇ τῆς πατρίδος σωτηρίᾳ, δείσαντα μὴ ἐκ τοῦ ἀληθεῦσαι ῥωσθῇ
τὰ τῶν ἀντιπάλων, οὐ καθῆκον ἔργον δεόντως ἐνεργεῖται.

514 Frontonis epistulae (de eloquentia ad M. Antoninum) p. 140 ed.
Naber. — — officiorum genera duo, rationes tripertitae: prima species
35 substantiae, ut sit; altera qualitatis, ut talis sit; tertia rei, ut rem ipsam,
cuius causa superiora officia suscepit, expleat — — ⟨dis⟩cendae exer-
cendaeque sapientiae: tertiam autem hanc speciem rei dico ac negotiis
solam terminatam, se quasi contentam. Hac officiorum partititione, si
tamen aut ille verum aiebat aut ego olim audita memoria retineo ⟨Stoici
40 utuntur⟩, ut prima homini ad sapientiam tendenti sint ⟨moli⟩menta quae
ad vitam salutemque pertinent ⟨conservandam⟩. Igitur et prandere et
lavari et ungui et cetera eiusmodi munera sunt sapientis officia. Quam-
quam neque in balneis quisquam sapientia etc.

Non est sapientiae negotium vesci; sed sine vita quae cibo constat
45 nulla sapientia, studia nulla esse possunt.

---

8 trad. βαναύσους, corr. Potter.   26 γένηται H.   36. 40. 41. add. Naber.
39 ipse ludendo supplevi.

515 Clemens Al. Strom. VI 14 p. 796 Pott. ὥσπερ οὖν τὸ μὲν ἁπλῶς σῴζειν τῶν μέσων ἐστίν· τὸ δ' ὀρθῶς καὶ δεόντως κατόρθωμα· οὕτως καὶ πᾶσα πρᾶξις γνωστικοῦ μὲν κατόρθωμα, τοῦ δὲ ἁπλῶς πιστοῦ μέση πρᾶξις λέγοιτ' ἄν, μηδέπω κατὰ λόγον ἐπιτελουμένη μηδὲ μὴν κατ' ἐπίστασιν κατορθουμένη· παντὸς δὲ ἔμπαλιν τοῦ ἐθνικοῦ ἁμαρτητική· οὐ γὰρ ἁπλῶς τὸ εὖ 5 πράττειν ἀλλὰ τὸ πρός τινα σκοπὸν τὰς πράξεις ποιεῖσθαι καὶ ⟨κατὰ⟩ λόγον ἐνεργεῖν καθῆκον αἱ γραφαὶ παριστᾶσιν.

516 Sextus adv. math. XI 200 (Sextus probaverat ὅτι ἡ φρόνησις οὐκ ἔστι τέχνη τις περὶ τὸν βίον, ἧς ἴδιον οὐδὲν τεχνικόν ἐστιν ἔργου). Ἀλλὰ πρὸς τοῦθ' ὑπαντῶντές φασι πάντα μὲν κοινὰ εἶναι καὶ πάντων 10 τὰ ἔργα, διορίζεσθαι δὲ τῷ ἀπὸ τεχνικῆς διαθέσεως ἢ ἀπὸ ἀτέχνου γίγνεσθαι. Οὐ γὰρ τὸ ἐπιμελεῖσθαι γονέων καὶ ἄλλως τιμᾶν γονεῖς τοῦ σπουδαίου ἐστὶν ἔργον, ἀλλὰ σπουδαίου τὸ ἀπὸ φρονήσεως τοῦτο ποιεῖν· καὶ ὡς τὸ μὲν ὑγιάζειν κοινόν ἐστι τοῦ τε ἰατροῦ καὶ ἰδιώτου, τὸ δὲ ἰατρικῶς ὑγιάζειν τοῦ τεχνίτου ἴδιον, ὧδε καὶ τὸ μὲν τιμᾶν τοὺς γονεῖς κοινὸν 15 τοῦ τε σπουδαίου καὶ μὴ σπουδαίου, τὸ δὲ ἀπὸ φρονήσεως τιμᾶν τοὺς γονεῖς ἴδιον τοῦ σοφοῦ, ὥστε καὶ τέχνην αὐτὸν ἔχειν περὶ τὸν βίον, ἧς ἴδιόν ἐστιν ἔργον τὸ ἕκαστον τῶν πραττομένων ἀπὸ ἀρίστης διαθέσεως πράττειν.

Cf. ibid. 207. Ἄλλοι δέ εἰσιν οἱ τῷ διομαλισμῷ καὶ τάξει ταῦτα διο- 20 ρίζεσθαι νομίζοντες. Καθὰ γὰρ ἐπὶ τῶν μέσων τεχνῶν ἴδιόν ἐστι τοῦ τεχ- νίτου τό τε τεταγμένως τι ποιεῖν καὶ τὸ ἐν τοῖς ἀποτελέσμασι διομαλίζειν (ποιῆσαι γὰρ ἄν ποτε καὶ ἰδιώτης τὸ τεχνικὸν ἔργον, ἀλλὰ σπανίως καὶ οὐ πάντοτε, οὐδὲ κατὰ τὸ αὐτὸ καὶ ὡσαύτως) ὧδε καὶ τοῦ μὲν φρονίμου φασὶν ἔργον εἶναι τὸ ἐν τοῖς κατορθώμασι διομαλίζειν, τοῦ δὲ 25 ἄφρονος τοὐναντίον.

517 Seneca ep. 95, 57. Actio recta non erit, nisi recta fuerit voluntas: ab hac enim est actio. Rursus voluntas non erit recta, nisi habitus animi rectus fuerit: ab hoc enim est volun- tas. Habitus porro animi non erit in optimo, nisi totius vitae 30 leges perceperit et quid de quoque iudicandum sit exegerit etc.

518 Philo quod deus sit immutab. § 100 Vol. II p. 78,4 Wendl. καὶ τοὺς ἄλλο τι τῶν δεόντων ἀσυγκαταθέτῳ γνώμῃ πράττοντας ἐθελουσίως, βιαζομένους δὲ τὸ παρ' αὐτοῖς ἑκούσιον, μὴ κατορθοῦν.

519 Philo Leg. Alleg. I § 93 Vol. I p. 85, 17 Wendl. Διαφέρει δὲ 35 τρία ταῦτα, πρόσταξις, ἀπαγόρευσις, ἐντολὴ καὶ παραίνεσις. ἡ μὲν γὰρ ἀπαγόρευσις περὶ ἁμαρτημάτων γίνεται καὶ πρὸς φαῦλον· ἡ δὲ πρόσταξις ⟨περὶ⟩ κατορθωμάτων· ἡ δὲ παραίνεσις πρὸς τὸν μέσον τὸν μήτε φαῦλον μήτε σπουδαῖον. οὔτε γὰρ ἁμαρτάνει ὡς ἀπαγορεύειν ἄν τινα αὐτῷ, οὔτε κατορθοῖ κατὰ τὴν τοῦ ὀρθοῦ λόγου πρόσταξιν, ἀλλὰ 40 χρείαν ἔχει παραινέσεως, τῆς ἀνέχειν μὲν τῶν φαύλων διδασκούσης, προτρε- πούσης δὲ ἐφίεσθαι τῶν ἀστείων. Τῷ μὲν οὖν τελείῳ (scil. σοφῷ) — —

---

6 κατὰ add. Pott.   7 trad. καθῆκεν, quod correxi. — gnosticum substi- tuit Clemens pro sapiente.   10 trad. τοὺς ὑπαντῶντας, corr. Fabricius.   11 libri ante διαθέσεως habent διαιρέσεως καὶ, quae iure seclusit B.   14 τὸ μὲν Bk., μὲν τὸ libri.   24 πάντοτε Fabr., πάνυ τότε libri.   33 ⟨μὴ⟩ ἐθελουσίως Mang.
37 περὶ om. UFL Arm.   38 περὶ add. Wendl. ‖ κατορθωμάτων ⟨πρὸς τὸν σπουδαῖον⟩ Mang., ⟨πρὸς τὸν αὐτὸν⟩ Wendl.

προστάττειν ἢ ἀπαγορεύειν ἢ παραινεῖν οὐχὶ δεῖ· οὐδενὸς γὰρ τούτων ὁ τέ-
λειος δεῖται· τῷ δὲ φαύλῳ προστάξεως καὶ ἀπαγορεύσεως χρεία· τῷ δὲ νηπίῳ
παραινέσεως καὶ διδασκαλίας. Ὥσπερ τῷ τελείῳ γραμματικῷ ἢ μουσικῷ οὐ-
δενὸς δεῖ παραγγέλματος τῶν εἰς τὰς τέχνας· τῷ δὲ σφαλλομένῳ περὶ τὰ
5 θεωρήματα ὡσανεί τινων νόμων, προστάξεις καὶ ἀπαγορεύσεις ἐχόντων· τῷ
δ᾽ ἄρτι μανθάνοντι διδασκαλίας.

520 Plutarchus de Stoic. repugn. cp. 11 p. 1037 c. (Ἐν τῷ περὶ
Νόμου?) Τὸ κατόρθωμά φασι νόμου πρόσταγμα εἶναι· τὸ δ᾽ ἁμάρ-
τημα νόμου ἀπαγόρευμα, διὸ τὸν νόμον πολλὰ τοῖς φαύλοις ἀπαγο-
10 ρεύειν, προστάττειν δὲ μηδέν· οὐ γὰρ δύνανται κατορθοῦν.

521 Plutarchus de Stoic. repugn. cp. 11 p. 1037 e. (Χρύσιππος
ἐν τῷ περὶ Νόμου?) Καὶ τὸν ἰατρὸν τῷ μαθητῇ προστάττειν λέ-
γουσι τεμεῖν καὶ καῦσαι, κατὰ παράλειψιν τοῦ εὐκαίρως καὶ μετρίως·
καὶ τὸν μουσικὸν λυρίσαι καὶ ᾆσαι, κατὰ παράλειψιν τοῦ ἐμμελῶς καὶ
15 συμφώνως· διὸ τοὺς ταῦτα ποιήσαντας ἀτέχνως καὶ κακῶς κολάζουσιν·
[ὡς] προσετάχθη γὰρ ὀρθῶς οἱ δ᾽ οὐκ ὀρθῶς ἐποίησαν. Οὐκοῦν καὶ
ὁ σοφὸς τῷ θεράποντι προστάττων εἰπεῖν τι καὶ πρᾶξαι, κἂν μὴ εὐ-
καίρως τοῦτο πράξῃ μηδὲ ὡς δεῖ κολάζων, δῆλός ἐστι κατόρθωμα
προστάττων, οὐ μέσον· εἰ δὲ μέσα προστάττουσιν οἱ σοφοὶ τοῖς φαύ-
20 λοις, τί κωλύει καὶ τὰ τοῦ νόμου προστάγματα τοιαῦτα εἶναι.

522 Philo de sacrificiis Abel et Cain § 43 Vol. I p. 219, 14 Wendl.
αἱ τέλειοι ἀρεταὶ μόνου τοῦ τελείου καὶ γνησίου κτήματα· τὰ δὲ μέσα τῶν
καθηκόντων ἐφαρμόττει καὶ τοῖς ἀτελέσι μέχρι τῶν ἐγκυκλίων προ-
παιδευμάτων ἐλθοῦσιν.

25 **523** Origenes comment. in Matthaeum Vol. III p. 494 Delarue. καὶ
πρέπον γέ ἐστι θεοῦ νόμῳ ἀπαγορεύειν τὰ ἀπὸ κακίας καὶ προστάσσειν τὰ
κατ᾽ ἀρετήν· τὰ δὲ τῷ ἰδίῳ λόγῳ ἀδιάφορα ταῦτα ἐᾶν ἐπὶ χώρας, δυνάμενα
διὰ τὴν προαίρεσιν καὶ τὸν ἐν ἡμῖν λόγον ἁμαρτανόμενα μὲν κακῶς πράτ-
τεσθαι, κατορθούμενα δὲ γίνεσθαι καλῶς.

30 ## § 3. Recte facta et peccata esse paria nihilque medium inter virtutem et vitium.

524 Cicero de finibus III 14, 45. Et quemadmodum opportunitas
(sic enim appellemus εὐκαιρίαν) non fit maior productione temporis (habent
enim suum modum quae opportuna dicuntur) sic recta effectio (κατόρθωσιν
35 enim ita appello, quoniam recte factum κατόρθωμα) recta igitur effectio,
item convenientia, denique ipsum bonum, quod in eo positum est, ut na-
turae consentiat, crescendi accessionem nullam habet. 46. Ut
enim opportunitas illa, sic haec de quibus dixi, non fiunt temporis pro-
ductione maiora: ob eamque causam Stoicis non videtur optabilior nec

---

4 ἐσφαλμένῳ παρὰ UFL.　　7 Chrysippi esse probant § 6 verba κατάγ᾽ αὐτόν.
10 excidisse: οὐδὲν δὲ τοῖς σοφοῖς ἀπαγορεύειν, οὐ γὰρ δύνανται ἁμαρτάνειν
putat Wy.　　16 ὡς del. Reiske.　　18 μέσον προστάττων, οὐ κατόρθωμα Madvig.

magis expetenda beata vita, si sit longa, quam si brevis, utunturque si-
mili: Ut si cothurni laus illa esset, ad pedem apte convenire, neque· multi
cothurni paucis anteponerentur nec maiores minoribus, sic quorum omne
bonum convenientia atque opportunitate finitur, nec plura paucioribus nec
longinquiora brevioribus anteponent.   5

525 Porphyrius in Aristot. categ. p. 137, 29 Busse. οἱ δὲ τινὰς μὲν
ἕξεις καὶ τοὺς κατὰ ταύτας ποιοὺς ὑπελάμβανον μὴ ἐπιδέχεσθαι τὸ μᾶλλον
καὶ τὸ ἧττον ὡς ⟨τὰς ἀρετὰς καὶ⟩ τοὺς κατὰ ταύτας ⟨ποιούς, τινὰς δὲ ἕξεις⟩
καὶ ποιοὺς ἐπιδέχεσθαι ἐπίτασιν καὶ ἄνεσιν, ὡς πάσας ⟨τὰς μέσας⟩ τέχνας
καὶ τὰς μέσας ποιότητας καὶ τοὺς κατὰ ταύτας ποιούς. ἧς γεγόνασι δόξης 10
οἱ ἀπὸ τῆς Στοᾶς.

Supplementa sunt Bussii. Cf. II n. 393: τὰς μὲν ἕξεις ἐπιτείνεσθαί
φασι δύνασθαι καὶ ἀνίεσθαι· τὰς δὲ διαθέσεις ἀνεπιτάτους εἶναι καὶ ἀνα-
νέτους.

526 Plutarchus de Stoic. repugn. cp. 13 p. 1038 c. Χρύσιππος, εἰ καὶ 15
πολλὰ πρὸς τοὐναντίον γέγραφε, δῆλός ἐστι προστιθέμενος τῷ μήτε κακίαν
κακίας ἢ ἁμαρτίαν ἁμαρτίας ὑπερέχουσαν εἶναι, μήτ᾽ ἀρετὴν ἀρετῆς ἢ κατόρ-
θωσιν κατορθώσεως ὅς γε φησὶν ἐν τῷ τρίτῳ περὶ Φύσεως „Ὥσπερ
τῷ Διὶ προσήκει σεμνύνεσθαι ἐπ᾽ αὐτῷ τε καὶ τῷ βίῳ καὶ μέγα
φρονεῖν, καί, εἰ δεῖ οὕτως εἰπεῖν, ὑψαυχεῖν καὶ κομᾶν καὶ 20
μεγαληγορεῖν ἀξίως βιοῦντι μεγαληγορίας· οὕτω τοῖς ἀγαθοῖς
πᾶσι ταῦτα προσήκει, κατ᾽ οὐθὲν προεχομένοις ὑπὸ τοῦ Διός.“

527 Diog. Laërt. VII 120. ἀρέσκει τε αὐτοῖς ἴσα ἡγεῖσθαι
τὰ ἁμαρτήματα, καθά φησι Χρύσιππος ἐν τῷ τετάρτῳ τῶν
Ἠθικῶν Ζητημάτων καὶ Περσαῖος καὶ Ζήνων. εἰ γὰρ ἀληθὲς 25
ἀληθοῦς μᾶλλον οὐκ ἔστιν οὐδὲ ψεῦδος ψεύδους· οὕτως οὐδὲ ἀπάτη
ἀπάτης οὐδὲ ἁμάρτημα ἁμαρτήματος. Καὶ γὰρ ὁ ἑκατὸν σταδίους
ἀπέχων Κανώβου καὶ ὁ ἕνα ἐπίσης οὐκ εἰσὶν ἐν Κανώβῳ· οὕτω καὶ ὁ
πλεῖον καὶ ὁ ἔλαττον ἁμαρτάνων ἐπίσης οὐκ εἰσὶν ἐν τῷ κατορθοῦν.

528 Stobaeus eclog. II 7 p. 106, 21. Ἰσά τε πάντα λέγουσιν εἶ- 30
ναι τὰ ἁμαρτήματα, οὐκέτι δ᾽ ὅμοια. Καθάπερ γὰρ ἀπὸ μιᾶς τινος
πηγῆς τῆς κακίας φέρεσθαι πέφυκε, τῆς κρίσεως οὔσης ἐν πᾶσι τοῖς ἁμαρ-
τήμασι τῆς αὐτῆς· παρὰ δὲ τὴν ἔξωθεν αἰτίαν τῶν ἐφ᾽ οἷς αἱ κρίσεις ἀποτε-
λοῦνται μέσων διαλλαττόντων, διάφορα κατὰ ποιότητα γίνεσθαι τὰ ἁμαρτή-
ματα. Λάβοις δ᾽ ἂν εἰκόνα σαφῆ τοῦ δηλουμένου τῷδ᾽ ἐπιστήσας· πᾶν γὰρ 35
τὸ ψεῦδος ἐπ᾽ ἴσης ψεῦδος συμβέβηκεν, οὐ γὰρ εἶναι ἕτερον ἑτέρου
μᾶλλον διεψευσμένον· τό [τε] γὰρ νύκτ᾽ ⟨ἀεὶ⟩ εἶναι ψεῦδός ἐστι, καθάπερ
τὸ ἱπποκένταυρον ζῆν· καὶ οὐ μᾶλλον εἰπεῖν ἔστι ψεῦδος εἶναι θάτερον θα-
τέρου· ἀλλ᾽ οὐχὶ τὸ ψεῦδος ἐπίσης ψεῦδός ἐστιν, οὐχὶ δὲ καὶ οἱ διεψευσμένοι
ἐπίσης εἰσὶ διεψευσμένοι. Καὶ ἁμαρτάνειν δὲ μᾶλλον καὶ ἧττον οὐκ 40

---

5 anteponent *Madvig*, anteponentur A anteponerentur B.   19 ἐφ᾽ ἑαυτῷ
Mez.   25 Ζήνων] cf. I n. 224.   26 ψεύδους ψεῦδος (hoc ord.) B.   28 ἐννέα
P ἕνα Pᵃ. ‖ ὁ ante πλεῖον om. B, suppl. P¹.   29 ὁ om. B, suppl. P⁵.
31 trad. οὐκ ἔστι, corr. Heeren.   34 trad. μέσον, corr. idem.   37 del.
Meineke.   40 καὶ ἁμαρτ. Meineke, libri διαμαρτ.

ἔστιν, πᾶσαν γὰρ ἁμαρτίαν κατὰ διάψευσιν πράττεσθαι. Ἔτι οὐχὶ κατόρ-
θωμα μὲν μεῖζον καὶ ἔλαττον οὐ γίγνεσθαι, ἁμάρτημα δὲ μεῖζον καὶ ἔλαττον
γίγνεσθαι· πάντα γάρ ἐστι τέλεια, διόπερ οὔτ᾽ ἐλλείπειν οὔτ᾽ ὑπερέχειν δύναιτ᾽
ἂν ἀλλήλων.

5　　**529** Stobaeus ecl. II 113, 18 W.　πάντων τε τῶν ἁμαρτημάτων ἴσων
ὄντων καὶ τῶν κατορθωμάτων, καὶ τοὺς ἄφρονας ἐπίσης πάντας ἄφρο-
νας εἶναι, τὴν αὐτὴν καὶ ἴσην ἔχοντας διάθεσιν. ἴσων δὲ ὄντων τῶν
ἁμαρτημάτων εἶναί τινας ἐν αὐτοῖς διαφοράς, καθ᾽ ὅσον τὰ μὲν αὐτῶν
ἀπὸ σκληρᾶς καὶ δυσιάτου διαθέσεως γίνεται, τὰ δ᾽ οὔ.

10　　καὶ τῶν σπουδαίων δὲ ἄλλους ἄλλων προτρεπτικωτέρους
γίγνεσθαι καὶ πειστικωτέρους, ἔτι δὲ καὶ ἀγχινουστέρους, κατὰ
τὰ μέσα τὰ ἐμπεριλαμβανόμενα τῶν ἐπιτάσεων συμβαινουσῶν.

530 Cicero de finibus III 14, 48.　Ut enim qui demersi sunt in
aqua, nihilo magis respirare possunt, si non longe absunt a summo, ut
15 iam iamque possint emergere, quam si etiamtum essent in profundo: nec
catulus ille, qui iam appropinquat, ut videat, plus cernit, quam is qui
modo est natus: item qui processit aliquantum ad virtutis habi-
tum nihilo minus in miseria est quam ille, qui nihil processit
— — Sed quamquam negant nec virtutes nec vitia crescere, tamen utrum-
20 que eorum fundi quodam modo et quasi dilatari putant.

531 Cicero de finibus IV 75.　Peccata paria. — Quonam modo?
— — Ut, inquit, in fidibus pluribus, si nulla earum ita contenta nervis
sit, ut concentum servare possit, omnes aeque incontentae sint, sic peccata
quia discrepant, aeque discrepant; paria sunt igitur.

25　　76. Ut enim, inquit, gubernator aeque peccat, si palearum
navem evertit et si auri, item aeque peccat, qui parentem et qui
servum iniuria verberat.

77. Quoniam, inquiunt, omne peccatum imbecillitatis et in-
constantiae est, haec autem vitia in omnibus stultis aeque magna sunt,
30 necesse est paria esse peccata.

532 Cicero de finibus IV 21.　Omnium insipientiam, iniustitiam,
alia vitia similia esse, omniaque peccata esse paria, eosque qui natura
doctrinaque longe ad virtutem processissent, nisi eam plane
consecuti essent, summe esse miseros, neque inter eorum vitam et
35 improbissimorum quicquam omnino interesse.

533 Porphyrion ad Hor. Serm. I 2, 62.　Negat interesse quicquam,
utrum quis in matrona an in ancilla an etiam in adultera delinquat, se-
cutus opinionem Stoicorum, qui omnia peccata paria esse di-
cunt; neque enim rei admissae quantitatem, sed admittentis voluntatem
40 spectant.

534 Acro ad Hor. ep. I 1, 17.　Stoicorum sector — qui non dant
virtutem nisi perfectae philosophiae.　Peripatetici et alii et non perfectis
honorem derelinquunt.

---

2 *oὐ* quod post alterum *ἔλαττον* in F legebatur (deerat in P) huc trans-
posuit Madvig.　3 trad. *γίγνεται,* corr. Heeren. — Chrysippea est syllogismorum
in hoc frg. forma.　11 *πιστικωτέρους* libri, corr. Usener.　17 habitum *cod.
Leidensis,* aditum AB procedere = *προκόπτειν.*　19 et tamen *libri.*　20 Chry-
sippus dixit: *αὔξεσθαι τὰς ἀρετὰς καὶ διαβαίνειν.*

535 Plutarchus quomodo quis in virt. sent. prof, cp. 2 p. 75 f. οἱ δὲ μὴ τιθέμενοι τὰ δόγματα πρὸς τοῖς πράγμασιν ἀλλὰ τὰ πράγματα πρὸς τὰς ἑαυτῶν ὑποθέσεις ὁμολογεῖν μὴ πεφυκότα καταβιαζόμενοι πολλῶν ἀποριῶν ἐμπεπλήκασι τὴν φιλοσοφίαν, μεγίστης δὲ τῆς εἰς μίαν ὁμοῦ κακίαν πάντας ἀνθρώπους πλὴν ἑνὸς τοῦ τελείου τιθεμένης, ὑφ᾽ ἧς αἴνιγμα γέγονεν ἡ λε- 5 γομένη προκοπή, μικρὸν ἀπολείπουσα ἀφροσύνης ἐσχάτης, τοὺς δὲ μὴ πάντων ἅμα παθῶν καὶ νοσημάτων ἀφειμένους ὑπ᾽ αὐτῆς ἔτι τοῖς μηδενὸς ἀπηλλαγμένοις τῶν κακίστων ὁμοίως παρέχουσα κακοδαιμονοῦντας· οὗτοι μὲν οὖν ἑαυτοὺς ἐλέγχουσιν, ἐν μὲν ταῖς σχολαῖς ἴσην ἀδικίαν τὴν Ἀριστείδου τῇ Φαλάριδος τιθέμενοι, καὶ δειλίαν τὴν 10 Βρασίδου τῇ Δόλωνος καὶ νὴ Δία τῆς Μελήτου μηδ᾽ ὁτιοῦν τὴν Πλάτωνος ἀγνωμοσύνην διαφέρουσαν, ἐν δὲ τῷ βίῳ καὶ τοῖς πράγμασιν ἐκείνων μὲν ἐκτρεπόμενοι καὶ φεύγοντες ὡς ἀμειλίκτους, τούτοις δ᾽ ὡς ἀξίοις πολλοῦ τὰ μέγιστα καὶ χρώμενοι καὶ πιστεύοντες.

536 Diog. Laërt. VII 227. ἀρέσκει δὲ αὐτοῖς μηδὲν μέσον εἶναι 15 ἀρετῆς καὶ κακίας, τῶν Περιπατητικῶν μεταξὺ ἀρετῆς καὶ κακίας εἶναι λεγόντων τὴν προκοπήν· ὡς γὰρ δεῖν φασιν ἢ ὀρθὸν εἶναι ξύλον ἢ στρεβλόν, οὕτως ἢ δίκαιον ἢ ἄδικον, οὔτε δὲ δικαιότερον οὔτε ἀδικώτερον, καὶ ἐπὶ τῶν ἄλλων ὁμοίως.

537 Alexander Aphrod. Quaest. IV 3 p. 121, 14 Bruns. Ὅτι δικαιο- 20 σύνης τε καὶ ἀδικίας καὶ ὅλως ἀρετῆς τε καὶ κακίας ἔστι τις ἕξις μεταξὺ ἣν μέσην ἕξιν λέγομεν. εἰ ἡ δικαιοσύνη καὶ ἡ ἀδικία διαθέσεις κατ᾽ αὐτούς, αἱ δὲ διαθέσεις ἀναπόβλητοι, οὔτ᾽ ἂν ἐξ ἀδίκου γίνοιτό τις δίκαιος, οὔτε ἐκ δικαίου ἄδικος. —— 24. εἰ δὲ λέγοιεν τὰς κακίας μὴ εἶναι διαθέσεις μηδ᾽ ἀναποβλήτους, ἀλλὰ μεταβάλλειν τινὰς μηδὲν κωλύειν ἐξ 25 ἀδικίας εἰς δικαιοσύνην καὶ ὅλως ἐκ κακίας εἰς ἀρετήν, ἀλλ᾽ εἴς γε τὴν κακίαν πόθεν μεταβάλλουσιν;

ibid. 32. εἰ δὲ λέγοιεν μηδέπω τοὺς παῖδας λογικοὺς εἶναι, διὸ μηδὲ δικαίους μηδὲ ἀδίκους (λογικοῦ γὰρ αἱ ἕξεις αὗται, εἰ δ᾽ αὗται λογικοῦ καὶ ἡ μέση, διὸ ὁ παῖς ἄλογος ὢν οὔτ᾽ ἐν ἀρετῇ ἐστιν οὔτ᾽ ἐν κακίᾳ 30 οὔτ᾽ ἐν τῷ μεταξὺ τούτων, ὥσπερ οὐδ᾽ ἄλλο τι τῶν ἀλόγων) μεταβάλλοντας δ᾽ εἰς τὸ λογικὸν εὐθὺς εἶναι κακούς, ἀλλ᾽ οὐ γίνεσθαι, ὁμολογοῖεν ἂν διὰ τούτων etc.

538 Origenes de princ. III p. 129 ed. Delarue. τρίτον δὲ ἐροῦσιν ὅτι τῶν μέσων ἐστὶ τὸ θέλειν τὰ καλὰ καὶ τὸ τρέχειν ἐπὶ τὰ καλά, 35 καὶ οὔτε ἀστεῖον οὔτε φαῦλον· λεκτέον δὲ πρὸς τοῦτο ὅτι εἰ τὸ θέλειν τὰ καλὰ καὶ τὸ τρέχειν ἐπὶ τὰ καλὰ μέσον ἐστί, καὶ τὸ ἐναντίον αὐτῷ μέσον ἐστί etc.

539 Plutarchus de comm. not. cp. 10 p. 1063 a. Ναί, φασίν, ἀλλὰ ὥσπερ ὁ πῆχυν ἀπέχων ἐν θαλάττῃ τῆς ἐπιφανείας, οὐ- 40 δὲν ἧττον πνίγεται τοῦ καταδεδυκότος ὀργυιὰς πεντακοσίας, οὕτως οὐδὲ οἱ πελάζοντες ἀρετῇ τῶν μακρὰν ὄντων ἧττόν εἰσιν ἐν κακίᾳ· καὶ καθάπερ οἱ τυφλοὶ τυφλοί εἰσι, κἂν ὀλίγον ὕστερον ἀναβλέπειν μέλλωσιν, οὕτως οἱ προκόπτοντες, ἄχρις

---

15 μεταξύ τι pro μέσον P.   17 ἢ στρεβλὸν εἶναι ξύλον ἢ ὀρθόν (hoc ord.) BP etiam II n. 393 ἡ εὐθύτης τοῦ ξύλου exemplum est διαθέσεως ἀνεπιτάτου. 18 δὲ om. BP.   44 ἄχρις ⟨ἂν⟩ Rasmus.

οὗ τὴν ἀρετὴν ἀναλάβωcιν, ἀνόητοι καὶ μοχθηροὶ διαμένουcιν (fragmentum incertum, puto, ex libro ethico Chrysippi).

Plutarchus Quomodo quis in virtute sentiat profectus cp. 1 p. 75 c.

οὕτως ἐν τῷ φιλοσοφεῖν οὔτε προκοπὴν οὔτε τινὰ προκοπῆς αἴσθησιν
5 ὑποληπτέον, εἰ μηδὲν ἡ ψυχὴ μεθίησι μηδ' ἀποκαθαίρεται τῆς ἀβελ-
τερίας, ἄχρι δὲ τοῦ λαβεῖν ἄκρατον τὸ ἀγαθὸν καὶ τέλειον ἀκράτῳ
τῷ κακῷ χρῆται. Καὶ γὰρ ἀκαρεῖ χρόνου καὶ ὥρας ἐκ τῆς ὡς
ἔνι μάλιστα φαυλότητος εἰς οὐκ ἔχουσαν ὑπερβολὴν ἀρετῆς
διάθεσιν μεταβαλὼν ὁ σοφός, ἧς οὐδ' ἐν χρόνῳ πολλῷ μέρος
10 ἀφεῖλε κακίας ἅμα πᾶσαν ἐξαίφνης ἐκπέφευγε. καίτοι ἤδη
τοὺς ταῦτά γε λέγοντας οἶσθα δήπου πάλιν πολλὰ παρέχοντας αὐ-
τοῖς πράγματα καὶ μεγάλας ἀπορίας περὶ τοῦ διαλεληθότος, ὃς
αὐτὸς ἑαυτὸν οὐδέπω κατείληφε γεγονὼς σοφός, ἀλλ' ἀγνοεῖ
καὶ ἀμφιδοξεῖ τῷ κατὰ μικρὸν ἐν χρόνῳ πολλῷ τὰ μὲν ἀφαι-
15 ροῦντι τὰ δὲ προστιθέντι γιγνομένην τὴν ἐπίδοσιν καθάπερ
πορείαν τῇ ἀρετῇ λαθεῖν ἀτρέμα προσμίξασαν. εἰ δέ γε ἦν
τάχος τοσοῦτον τῆς μεταβολῆς καὶ μέγεθος, ὥστε τὸν πρωῒ κάκιστον
ἑσπέρας γεγονέναι κράτιστον, ἢ ἂν οὕτω τινὶ συντύχῃ τὰ τῆς μετα-
βολῆς, καταδαρθόντα φαῦλον ἀνεγρέσθαι σοφὸν καὶ προσειπεῖν ἐκ
20 τῆς ψυχῆς μεθεικότα τὰς χθιζὰς ἀβελτερίας καὶ ἀπάτας

„ψευδεῖς ὄνειροι, χαίρετ'· οὐδὲν ἦτ' ἄρα,"

τίς ἂν ἀγνοήσειεν αὐτοῦ διαφορὰν ἐν αὐτῷ τοσαύτην γενομένην καὶ
φρόνησιν ἀθρόον ἐκλάμψασαν;

540 Stobaeus eclog. II 7 p. 113 W. Γίνεσθαι δὲ καὶ διαλελη-
25 θότα τινὰ σοφὸν νομίζουσι κατὰ τοὺς πρώτους χρόνους, οὔτε ὀρεγόμενόν
τινος οὔθ' ὅλως γινόμενον ἔν τινι τῶν ἐν τῷ βούλεσθαι εἰδικῶν ὄντων, διὰ
τὸ μὴ κρίνοντι αὐτῷ παρεῖναι ὧν χρή. Οὐ μόνον δ' ἐπὶ τῆς φρονήσεως
ἀλλὰ καὶ ἐπὶ τῶν ἄλλων τεχνῶν τὰς τοιαύτας ἔσεσθαι διαλήψεις.

541 Philo de agricultura § 160 Vol. II p. 127,23 Wendl. Οἱ δὲ
30 μὴ τούτων (scil. μελέτης συνεχοῦς καὶ γυμνασμάτων) τυγχάνοντες παρὰ τοῖς
φιλοσόφοις διαλεληθότες λέγονται εἶναι σοφοί. Τοὺς γὰρ ἄχρι σοφίας
ἄκρας ἐληλακότας καὶ τῶν ὅρων αὐτῆς ἄρτι πρῶτον ἀψαμένους, ἀμήχανον
εἰδέναι φασὶ τὴν ἑαυτῶν τελείωσιν. Μὴ γὰρ κατὰ τὸν αὐτὸν χρόνον ἄμφω
συνίστασθαι, τήν τε πρὸς τὸ πέρας ἄφιξιν καὶ τὴν τῆς ἀφίξεως κατάληψιν·
35 ἀλλ' εἶναι μεθόριον ἄγνοιαν, οὐ τὴν μακρὰν ἀπεληλαμένην ἐπιστήμης, ἀλλὰ
τὴν ἐγγὺς καὶ ἀγχίθυρον αὐτῇ.

542 Plutarchus de comm. not. cp. 8 p. 1061f. ἔτι παρὰ τὴν ἔννοιάν

---

19 καταδαρθέντα libri, corr. Wy. 26 libri οὔτε νομίζειν βουλόμενον; au-
dacter posui quod sententia postulat; οὔτ' ἐνομιλεῖν βουλόμενόν τινι Usener. ‖
ἰδικῶν libri, corr. Meineke. ‖ trad. ὄντα, corr. Wyttenbach. 27 trad. κρίνειν
τι, corr. Usener. 28 fortasse scribendum est: διαλήσεις; vocabulum sane ali-
unde non notum, sed λῆσις (pro λῆστις) exstat apud Soph. OC 577, occurrit etiam
apud ipsos Stoicos cf. n. 548. 31 ἑαυτοὺς pro εἶναι coni. Mang. 35 ἐπι-
στήμης Turn., ἐπιστήμην MAG ἐπιστήμη H.

ἔστιν ἀγαθῶν μὲν εἶναι μέγιστον τὸ ἀμετάπτωτον ἐν ταῖς κρίσεσι καὶ βέβαιον,
μὴ δεῖσθαι δὲ τούτου τὸν ἐπ' ἄκρον προκόπτοντα μηδὲ φροντίζειν
παραγενομένου· πολλάκις δὲ μηδὲ τὸν δάκτυλον προτεῖναι ταύτης γ' ἕνεκα
τῆς ἀσφαλείας καὶ βεβαιότητος, ἣν τέλειον ἀγαθὸν καὶ μέγα νομίζουσιν.

543 Proclus in Plat. Alcib. pr. Vol. III p. 158 ed. Cousin. Ὀρθῶς 5
οἱ ἀπὸ τῆς Στοᾶς λέγειν εἰώθασιν, ὡς ὁ μὲν ἀπαίδευτος ἄλλους αἰτιᾶται
καὶ οὐχ ἑαυτὸν τῆς αὐτοῦ κακοδαιμονίας· ὁ δὲ προκόπτων εἰς αὐτὸν
ἀναφέρει τὴν αἰτίαν ὧν ποιεῖ πάντων ἢ λέγει κακῶς· ὁ δὲ πεπαι-
δευμένος οὔτε ἑαυτὸν οὔτε ἄλλους αἰτιᾶται τῶν οἰκείων παροραμάτων. Οὐδὲ
γὰρ αὐτὸς παρορᾷ τῶν δεόντων οὐδὲν ἀλλ' ἔστιν αὐτὸς τῆς τοῦ καθήκοντος 10
εὑρέσεως ἀρχηγός.

Ethica IX.

De sapiente et insipiente.

544 Origenes in evang. Ioannis II 10 p. 122 Lo. Ἔστι τινὰ δόγ-
ματα παρ᾽ Ἕλλησι καλούμενα παράδοξα, τῷ κατ᾽ αὐτοὺς σοφῷ
5 πλεῖστα ὅσα προσάπτοντα μετά τινος ἀποδείξεως ἢ φαινομένης
ἀποδείξεως. καθ᾽ ἃ φασι μόνον καὶ πάντα τὸν σοφὸν εἶναι ἱερέα, τῷ
μόνον καὶ πάντα τὸν σοφὸν ἐπιστήμην ἔχειν τῆς τοῦ θεοῦ θεραπείας, καὶ
μόνον καὶ πάντα τὸν σοφὸν εἶναι ἐλεύθερον, ἐξουσίαν αὐτοπραγίας ἀπὸ τοῦ
θείου νόμου εἰληφότα· καὶ τὴν ἐξουσίαν δὲ ὁρίζονται νομίμην ἐπιτροπήν.

10   **545** Plutarchus de Stoic. repugn. cp. 17 p. 1041f. ἐν τῷ τρίτῳ
περὶ Δικαιοσύνης ταῦτ᾽ εἴρηκε· „Διὸ καὶ διὰ τὴν ὑπερβολὴν τοῦ
τε μεγέθους καὶ τοῦ κάλλους, πλάσμασι δοκοῦμεν ὅμοια λέ-
γειν, καὶ οὐ κατὰ τὸν ἄνθρωπον καὶ τὴν ἀνθρωπίνην φύσιν."

546 Plutarchus Quaest. Conv. I 9 p. 626f. Θέων — — πρὸς
15 Θεμιστοκλέα τὸν Στωϊκὸν διηπόρησε τί δήποτε Χρύσιππος ἐν πολ-
λοῖς τῶν παραλόγων καὶ ἀτόπων ἐπιμνησθείς, οἷόν ἐστι τὸ „τάριχος,
ἂν ἅλμη βρέχηται, γλυκύτερον γίγνεσθαι" καὶ τὸ „τῶν ἐρίων
τοὺς πόκους ἧττον ὑπακούειν τοῖς βίᾳ διασπῶσιν ἢ τοῖς
ἀτρέμα διαλύουσι" καὶ τὸ „νηστεύσαντας ἀργότερον ἐσθίειν
20 ἢ προφαγόντας" οὐδενὸς αὐτῶν αἰτίαν ἀπέδωκεν.

Ὁ δὲ Θεμιστοκλῆς εἰπὼν ὅτι ταῦτα Χρύσιππος ἄλλως ἐν
παραδείγματος λόγῳ προὔθετο, ῥᾳδίως ἡμῶν καὶ ἀλόγως
ὑπὸ τοῦ εἰκότος ἀλισκομένων καὶ πάλιν ἀπιστούντων τῷ
παρὰ τὸ εἰκὸς ἐπιστρέφων· Σοὶ δ᾽, ἔφη, etc.

25   **547** Proclus in Euclidem 35, 25 p. 397 Friedlein. ἐξειργάσαντο γὰρ
καὶ οἱ ἀπὸ τῶν μαθημάτων τὸν παράδοξον λεγόμενον τόπον, ὥσπερ οἱ ἀπὸ
τῆς Στοᾶς ἐπὶ τῶν δειγμάτων etc.

§ 1. Sapiens neque fallitur neque fallit.

548 Stobaeus ecl. II 111, 18 W. ψεῦδος δ᾽ ὑπολαμβάνειν οὐδέ-
30 ποτέ φασι τὸν σοφόν, οὐδὲ τὸ παράπαν ἀκαταλήπτῳ τινὶ συγκατατίθε-

---

23 τὸ codices a Bernard. adhibiti.

σθαι, διὰ τὸ μηδὲ δοξάζειν αὐτὸν μηδ' ἀγνοεῖν μηδέν. τὴν γὰρ ἄγνοιαν μεταπτωτικὴν εἶναι συγκατάθεσιν καὶ ἀσθενῆ. Μηδὲν δ' ὑπολαμβάνειν ἀσθενῶς, ἀλλὰ μᾶλλον ἀσφαλῶς καὶ βεβαίως, διὸ καὶ μηδὲ δοξάζειν τὸν σοφόν. Διττὰς γὰρ εἶναι δόξας, τὴν μὲν ἀκαταλήπτῳ συγκατάθεσιν, τὴν δὲ ὑπόληψιν ἀσθενῆ· ταύτας ⟨δ'⟩ ἀλλοτρίους εἶναι τῆς τοῦ σοφοῦ διαθέσεως· δι' ὃ καὶ 5 τὸ προπίπτειν πρὸ καταλήψεως ⟨καὶ⟩ συγκατατίθεσθαι κατὰ τὸν προπετῆ φαῦλον εἶναι καὶ μὴ πίπτειν εἰς τὸν εὐφυῆ καὶ τέλειον ἄνδρα καὶ σπουδαῖον. Οὐδὲ λανθάνειν δὲ αὐτόν τι, τὴν γὰρ λῆσιν εἶναι ψεύδους ὑπόληψιν ἀποφαντικὴν πράγματος. Τούτοις δ' ἀκολούθως οὐκ ἀπιστεῖν, τὴν γὰρ ἀπιστίαν εἶναι ψεύδους ὑπόληψιν· τὴν δὲ πίστιν ἀστεῖον ὑπάρχειν, 10 εἶναι γὰρ κατάληψιν ἰσχυράν, βεβαιοῦσαν τὸ ὑπολαμβανόμενον. Ὁμοίως δὲ καὶ τὴν ἐπιστήμην ἀμετάπτωτον ὑπὸ λόγου· διὰ ταῦτά φασι μήτε ἐπίστασθαί τι τὸν φαῦλον μήτε πιστεύειν. Ἐχομένως δὲ τούτων οὔτε πλεονεκτεῖσθαι τὸν σοφὸν οὔτε βουκολεῖσθαι οὔτε διαιτᾶσθαι οὔτε παραριθμεῖν οὔτε ὑφ' ἑτέρου παραριθμεῖσθαι. ταῦτα γὰρ πάντα τὴν ἀπάτην περιέχειν καὶ τοῖς 15 κατὰ τὸν τόπον ψεύδεσι πρόσθεσιν. Οὐδένα δὲ τῶν ἀστείων οὔθ' ὁδοῦ διαμαρτάνειν οὔτ' οἰκίας οὔτε σκοποῦ· ἀλλ' οὐδὲ παρορᾶν [ἀλλ'] οὐδὲ παρακούειν νομίζουσι τὸν σοφόν, οὐδὲ τὸ σύνολον παραπαίειν κατά τι τῶν αἰσθητηρίων· καὶ γὰρ τούτων ἕκαστον ἔχεσθαι νομίζουσι τῶν[δε] ψευδῶν συγκαταθέσεων. οὐδ' ὑπονοεῖν δέ φασι τὸν σοφόν· καὶ γὰρ τὴν 20 ὑπόνοιαν ἀκαταλήπτῳ εἶναι τῷ γένει συγκατάθεσιν· οὐδὲ μετανοεῖν δ' ὑπολαμβάνουσι τὸν νοῦν ἔχοντα· καὶ γὰρ τὴν μετάνοιαν ἔχεσθαι ψευδοῦς συγκαταθέσεως, ⟨ὡς⟩ ἂν προδιαπεπτωκότος. οὐδὲ μεταβάλλεσθαι δὲ κατ' οὐδένα τρόπον οὐδὲ μετατίθεσθαι οὐδὲ σφάλλεσθαι· ταῦτα γὰρ εἶναι πάντα τῶν τοῖς δόγμασι μεταπιπτόντων, ὅπερ ἀλλότριον εἶναι τοῦ νοῦν ἔχοντος· 25 οὐδὲ δοκεῖν αὐτῷ τι φασὶ παραπλησίως τοῖς εἰρημένοις.

549 Diog. Laërt. VII 121. ἔτι τε μὴ δοξάσειν τὸν σοφόν, τουτέστι ψευδεῖ μὴ συγκαταθήσεσθαι μηδενί.

550 Sextus adv. math. VII 157 (Arcesilaus). οὐχὶ δέ γε τῶν δοξαστῶν ἐστιν ὁ σοφός. τοῦτο γὰρ ἀφροσύνης ἦν κατ' αὐτοὺς καὶ τῶν 30 ἁμαρτημάτων αἴτιον.

551 Cicero Acad. Pr. II 48. praesertim cum ipsi dicatis (scil. Stoici) sapientem in furore sustinere se ab omni adsensu, quia nulla in visis distinctio appareat.

552 Augustinus Soliloq. I 5, 9 R. Ergo istarum rerum disciplinam, 35 siqua tibi est, non dubitas vocari scientiam? A. Non, si Stoici sinant, qui scientiam tribuunt nulli nisi sapienti. Perceptionem sane istorum me habere non nego, quam etiam stultitiae concedunt.

553 Lactant. iustit. div. III 4. Recte igitur Zeno ac Stoici opinionem repudiarunt. Opinari enim te scire, quod nescias, non 40

---

2 μεταπτωτὴν libri, corr. Usener.   4 ἀκαταλήπτων libri, corr. Wachsm.
5 δ' add. Heeren.   6 καὶ add. Salmasius.   7 φαῦλον Wachsm., μᾶλλον libri.
9 ἀποφαντικοῦ libri, corr. Heeren.   11 κατάληψιν Wachsm., ὑπόληψιν
libri.   12 μετάπτωτον libri, corr. Heeren.   13 τούτων οὔτε Mullach, τούτῳ
μήτε libri. ‖ πλεονεκτεῖσθαι Usener, πλεονάζεσθαι libri.   17 ἀλλ' del. Mullach.   19 τῶν Meineke. τῶνδε libri.   21 ἀκαταλήπτῳ Wachsm., ἀκατάληπτον
libri.   23 ὡς add. Heeren. Ad totam disputationem cf. II n. 131.   28 ψεύδει B. ‖ συγκατατίθεσθαι B.

10*

est sapientis, sed temerarii potius ac stulti. Ergo si neque sciri quicquam potest, ut Socrates docuit, nec opinari oportet, ut Zeno: tota philosophia sublata est.

554 Stobaeus eclog. II 7 p. 111, 10. *Λέγεσθαι δὲ μὴ ψεύδεσθαι*
5 *τὸν σοφόν, ἀλλ' ἐν πᾶσιν ἀληθεύειν· οὐ γὰρ ἐν τῷ λέγειν τι ψεῦδος τὸ*
ψεύδεσθαι ὑπάρχειν, ἀλλ' ἐν τῷ διαψευστ⟨ικ⟩ῶς τὸ ψεῦδος λέγειν καὶ ἐπὶ
ἀπάτῃ τῶν πλησίον. Τῷ μέντοι ψεύδει ποτὲ συγχρήσεσθαι νομίζουσιν αὐ-
τὸν κατὰ πολλοὺς τρόπους ἄνευ συγκαταθέσεως· καὶ γὰρ κατὰ στρατηγίαν
⟨κατὰ⟩ τῶν ἀντιπάλων καὶ κατὰ τὴν τοῦ συμφέροντος πρόορασιν καὶ κατ'
10 *ἄλλας οἰκονομίας τοῦ βίου πολλάς.*

555 Quintilianus instit. orat. XII 1, 38. ac primum concedant mihi
omnes oportet, quod Stoicorum quoque asperrimi confitentur, facturum
aliquando virum bonum, ut mendacium dicat, et quidem nonnunquam levioribus causis, ut in pueris aegrotantibus utilitatis eorum gratia
15 multa fingimus, multa non facturi promittimus: nedum si ab homine occidendo grassator avertendus sit aut hostis pro salute patriae fallendus, ut
hoc quod alias in servis quoque reprehendendum est, sit alias in ipso sapiente laudandum.

556 Diog. Laërt. VIII 122. *ἔτι καὶ ἀναμαρτήτους* (scil. εἶναι τοὺς
20 *σοφούς) τῷ ἀπεριπτώτους εἶναι ἁμαρτήματι.*

§ 2. Sapiens omnes res bene gerit.

557 Stobaeus ecl. II 65, 12 W. *φασὶ δὲ καὶ πάντα ποιεῖν τὸν*
σοφὸν ⟨κατὰ⟩ πάσας τὰς ἀρετάς. πᾶσαν γὰρ πρᾶξιν τελείαν αὐτοῦ
εἶναι, διὸ καὶ μηδεμιᾶς ἀπολελεῖφθαι ἀρετῆς.
25 **558** Philo de fortitudine Vol. II Mang. p. 426. *ὡς δὴ ἑκάστην ἡμέ-*
ραν τοῦ σπουδαίου μηδὲν ἔρημον καὶ κενὸν ἐᾶν εἰς πάροδον ἁμαρτημάτων,
ἀλλὰ πᾶσι τοῖς μέρεσι καὶ διαστήμασιν αὐτῆς καλοκαγαθίας πεπληρῶσθαι.
Κρίνεται γὰρ οὐ ποσότητι ἀλλὰ ποιότητι ἡ ἀρετὴ καὶ τὸ καλόν· ὅθεν ἰσότι-
μον καλῷ βίῳ σοφοῦ καὶ μίαν ἡμέραν ὑπέλαβον εἶναι κατορθουμένην. —
30 *— — διότι πάσαις μὲν ταῖς κινήσεσι, πάσαις δὲ ταῖς σχέσεσιν ὁ*
σπουδαῖος ἐπαινετός, ἔνδον τε καὶ ἔξω, πολιτικός τε ὁμοῦ καὶ οἰκονόμος,
τὰ μὲν ἔνδον ἐξορθῶν οἰκονομικῶς, τὰ δ' ἔξω πολιτικῶς ᾗ συμφέρον ἐπανορ-
θοῦσθαι.

559 Philo de anim. sacrif. idon. Vol. II Mang. p. 249. *τὸν αὐτὸν*
35 *τρόπον καὶ τῶν σπουδαίων καὶ φιλοθέων συμβαίνει τὰς πρὸς καλοκαγαθίαν*
ἀφορίας ἀμείνους εἶναι ὧν ἐκ τύχης οἱ φαῦλοι κατορθοῦσι.

560 Stobaeus ecl. II 66, 14 W. *Λέγουσι δὲ καὶ πάντ' εὖ ποιεῖν*
τὸν σοφόν, ἃ ποιεῖ· δῆλον. Ὃν τρόπον γὰρ λέγομεν πάντ' εὖ ποιεῖν τὸν
αὐλητὴν ἢ κιθαρῳδόν, συνυπακουομένου τοῦ ὅτι τὰ μὲν κατὰ τὴν αὔλησιν,
40 *τὰ δὲ κατὰ τὴν κιθαρῳδίαν, τὸν αὐτὸν τρόπον πάντ' εὖ ποιεῖν τὸν φρόνι-*
μον, καὶ ὅσα ποιεῖ καὶ οὐ μὰ Δία καὶ ἃ μὴ ποιεῖ. Τῷ γὰρ κατὰ λόγον
ὀρθὸν ἐπιτελεῖν πάντα καὶ οἷον κατ' ἀρετήν, περὶ ὅλον οὖσαν τὸν βίον τέχ-

---

7 *συγχρήσασθαι* libri, corr. Zeller.   9 *κατὰ* add. Heeren.   24 *μη-*
δεμιᾶς Heeren, *μηδεμίαν* libri.   41 *ναὶ*, deleto *οὐ* Hense. ‖ *τῷ γὰρ* Canter,
τὸ γὰρ libri.

νην, ἀκόλουθον ᾠήθησαν τὸ περὶ τοῦ πάντ᾽ εὖ ποιεῖν τὸν σοφὸν δόγμα. κατὰ τὸ ἀνάλογον δὲ καὶ τὸν φαῦλον πάντα ὅσα ποιεῖ κακῶς ποιεῖν κατὰ πάσας τὰς κακίας.

561 Diog. Laërt. VII 125. πάντα τε εὖ ποιεῖν τὸν σοφόν, ὡς καὶ πάντα φαμὲν τὰ αὐλήματα εὖ αὐλεῖν τὸν Ἰσμηνίαν. 5

562 Dio Chrysost. or. LXXI § 5 (Vol. II p. 182 Arn.). ἐγὼ δέ φημι τὸν φιλόσοφον τὰς μὲν τέχνας οὐχ οἷόν τε εἶναι πάσας εἰδέναι (χαλεπὸν γὰρ καὶ μίαν ἀκριβῶς ἐργάσασθαι), ποιῆσαι δ᾽ ἂν ἅπαντα βέλτιον ὅ,τι ἂν τύχῃ ποιῶν τῶν ἄλλων ἀνθρώπων, καὶ τὰ κατὰ τὰς τέχνας, ἂν ἄρα ἀναγκασθῇ ποτε ἅψασθαι τοιούτου τινός, οὐ κατὰ τὴν τέχνην διαφέροντα — 10 τοῦτο γὰρ οὐχ οἷόν τε, τοῦ τέκτονος τὸν ἰδιώτην ἄμεινον ποιῆσαί τι κατὰ τὴν τεκτονικὴν ἢ τοῦ γεωργοῦ τὸν οὐκ ὄντα γεωργίας ἔμπειρον ἐν τῷ ποιεῖν τι τῶν γεωργικῶν ἐμπειρότερον φανῆναι — ποῦ δ᾽ ἂν διαφέροι; τῷ συμφερόντως ποιεῖν ἢ μὴ ποιεῖν καὶ ὅτε δεῖ καὶ ὅπου καὶ τὸν καιρὸν γνῶναι τοῦ δημιουργοῦ μᾶλλον καὶ τὸ δυνατόν. 15

563 Stobaeus ecl. II 102, 20 W. Πάντα τε εὖ ποιεῖ ὁ νοῦν ἔχων, καὶ γὰρ φρονίμως καὶ ἐγκρατῶς καὶ κοσμίως καὶ εὐτάκτως ταῖς περὶ τὸν βίον ἐμπειρίαις χρώμενος συνεχῶς. ὁ δὲ φαῦλος, ἄπειρος ὢν τῆς ὀρθῆς χρήσεως, πάντα κακῶς ποιεῖ καθ᾽ ἣν ἔχει διάθεσιν ἐνεργῶν, εὐμετάπτωτος ὢν καὶ παρ᾽ ἕκαστα μεταμελείᾳ συνεχόμενος. Εἶναι δὲ τὴν μεταμέλειαν λύπην 20 ἐπὶ πεπραγμένοις ὡς παρ᾽ αὑτοῦ ἡμαρτημένοις, κακοδαιμονικόν τι πάθος ψυχῆς καὶ στασιῶδες· ἐφ᾽ ὅσον γὰρ ἄχθεται τοῖς συμβεβηκόσιν ὁ ἐν ταῖς μεταμελείαις ὤν, ἐπὶ τοσοῦτον ἀγανακτεῖ πρὸς ἑαυτὸν ὡς αἴτιον γεγονότα τούτων· δι᾽ ὃ καὶ ἄτιμον εἶναι πάντα φαῦλον, μήτε τιμῆς ἄξιον ὄντα μήτε τίμιον ὑπάρχοντα. τὴν γὰρ τιμὴν εἶναι γέρως ἀξίωσιν, τὸ δὲ γέρας ἆθλον 25 ἀρετῆς εὐεργετικῆς. τὸν οὖν ἀρετῆς ἀμέτοχον ἄτιμον δικαίως λέγεσθαι.

564 Stobaeus ecl. II 115, 5 W. Λέγουσι δὲ μήτε παρὰ τὴν ὄρεξιν μήτε παρὰ τὴν ὁρμὴν μήτε παρὰ τὴν ἐπιβολὴν γίνεσθαί τι περὶ τὸν σπουδαῖον, διὰ τὸ μεθ᾽ ὑπεξαιρέσεως πάντα ποιεῖν τὰ τοιαῦτα καὶ μηδὲν αὐτῷ τῶν ἐναντιουμένων ἀπρόληπτον προσπίπτειν. 30

565 Seneca de beneficiis IV 34. Non mutat sapiens consilium omnibus his manentibus, quae erant, cum sumeret. ideo nunquam illum poenitentia subit, quia nihil melius illo tempore fieri potuit, quam quod factum est, nihil melius constitui, quam quod constitutum est. ceterum ad omnia cum exceptione venit: si nihil inciderit, quod 35 impediat. ideo omnia illi succedere dicimus et nihil contra opinionem accidere, quia praesumit animo posse aliquid intervenire, quod destinata prohibeat.

566 Philo Quod deus sit immut. § 22 Vol. II p. 61, 1 Wendl. καίτοι τινῶν ἀξιούντων μηδὲ πάντας ἀνθρώπους ταῖς γνώμαις ἐπαμφοτερίζειν. 40 Τοὺς γὰρ ἀδόλως καὶ καθαρῶς φιλοσοφήσαντας μέγιστον ἐκ τῆς ἐπιστήμης ἀγαθὸν εὕρασθαι, τὸ μὴ τοῖς πράγμασι συμμεταβάλλειν, ἀλλὰ μετὰ στερρότητος ἀκλινοῦς καὶ παγίου βεβαιότητος ἅπασι τοῖς ἁρμόττουσιν ἐγχειρεῖν.

---

§ 3. Sapiens malis non afficitur.

567 Stobaeus eclog. II 7 p. 99, 9 W. *Καὶ τὸν μὲν σπουδαῖον, ταῖς περὶ τὸν βίον ἐμπειρίαις χρώμενον ἐν τοῖς πραττομένοις ὑπ' αὐτοῦ, πάντ' εὖ ποιεῖν, καθάπερ φρονίμως καὶ σωφρόνως καὶ κατὰ τὰς ἄλλας ἀρετάς· 5 τὸν δὲ φαῦλον κατὰ τοὐναντίον κακῶς. Καὶ τὸν μὲν σπουδαῖον μέγαν εἶναι καὶ ἁδρὸν καὶ ὑψηλὸν καὶ ἰσχυρόν. Μέγαν μέν, ὅτι δύναται ἐφικνεῖσθαι τῶν κατὰ προαίρεσιν ὄντων αὐτῷ καὶ προκειμένων· ἁδρὸν δὲ ὅτι ἐστὶν ηὐ- ξημένος πάντοθεν· ὑψηλὸν δ' ὅτι μετείληφε τοῦ ἐπιβάλλοντος ὕψους ἀνδρὶ γενναίῳ καὶ σοφῷ· καὶ ἰσχυρὸν δ' ὅτι τὴν ἐπιβάλλουσαν ἰσχὺν περιπεποίη- 10 ται, ἀήττητος ὢν καὶ ἀκαταγώνιστος. Παρ' ὃ καὶ οὔτε ἀναγκάζεται ὑπό τινος οὔτε ἀναγκάζει τινά, οὔτε κωλύεται οὔτε κωλύει, οὔτε βιάζεται ὑπό τινος οὔτ' αὐτὸς βιάζει τινά, οὔτε δεσπόζει οὔτε δεσπόζεται, οὔτε κακο- ποιεῖ τινα οὔτ' αὐτὸς κακοποιεῖται, οὔτε κακοῖς περιπίπτει ⟨οὔτ' ἄλλον ποιεῖ κακοῖς περιπίπτειν⟩ οὔτ' ἐξαπατᾶται οὔτε ἐξαπατᾷ ἄλλον, οὔτε 15 διαψεύδεται οὔτε ἀγνοεῖ οὔτε λανθάνει ἑαυτὸν οὔτε καθόλου ψεῦδος ὑπο- λαμβάνει· εὐδαίμων δ' ἐστὶ μάλιστα καὶ εὐτυχὴς καὶ μακάριος καὶ ὄλβιος καὶ εὐσεβὴς καὶ θεοφιλὴς καὶ ἀξιωματικός, βασιλικός τε καὶ στρατηγικὸς καὶ πολιτικὸς καὶ οἰκονομικὸς καὶ χρηματιστικός. Τοὺς δὲ φαύλους ἅπαντα τού- τοις ἐναντία ἔχειν.*

20 Cf. ibidem p. 102, 20 W. *Πάντα τε εὖ ποιεῖ ὁ νοῦν ἔχων· καὶ γὰρ φρονίμως καὶ ἐγκρατῶς καὶ κοσμίως καὶ εὐτάκτως ταῖς περὶ τὸν βίον ἐμπει- ρίαις χρώμενος συνεχῶς. ὁ δὲ φαῦλος, ἄπειρος ὢν τῆς ὀρθῆς χρήσεως, πάντα κακῶς ποιεῖ καθ' ἣν ἔχει διάθεσιν ἐνεργῶν, εὐμετάπτωτος ὢν καὶ παρ' ἕκαστα μεταμελείᾳ συνεχόμενος. Εἶναι δὲ τὴν μεταμέλειαν λύπην ἐπὶ 25 πεπραγμένοις ὡς παρ' αὐτοῦ ἡμαρτημένοις, κακοδαιμονικόν τι πάθος ψυχῆς καὶ στασιῶδες· ἐφ' ὅσον γὰρ ἄχθεται τοῖς συμβεβηκόσιν ὁ ἐν ταῖς μεταμε- λείαις ὤν, ἐπὶ τοσοῦτον ἀγανακτεῖ πρὸς ἑαυτὸν ὡς αἴτιον γεγονότα τούτων.*

568 Aët. Plac. IV 9, 17. *Οἱ Στωϊκοὶ τὸν σοφὸν αἰσθήσει κατα- ληπτὸν ἀπὸ τοῦ εἴδους τεκμηριωδῶς.*

30 **569** Varro ταφὴ Μενίππου II (Satur. Men. ed. Riese p. 222). In charteo stadio ἐπιτάφιον ago ἀγῶνα, quam qui certassit animo, bellus homo, magis delectatus Stoicorum pancratio quam athletarum.

570 Cicero Tuscul. disp. III 14. Qui fortis est, idem est fidens, qui autem est fidens, is profecto non extimescit; discrepat enim a timendo 35 confidere. Atqui in quem cadit aegritudo, in eundem timor; quarum enim rerum praesentia sumus in aegritudine, easdem impendentes et ve- nientes timemus. Ita fit ut fortitudini aegritudo repugnet. — Verisi- mile est igitur, in quem cadat aegritudo, cadere in eundem timorem et infractionem quidem animi et demissionem. Quae in quem cadunt, in 40 eundem cadit ut serviat, ut victum, si quando, se esse fateatur. Quae qui recipit, recipiat idem necesse est timiditatem et ignaviam. Non cadunt autem haec in virum fortem; igitur ne aegritudo quidem. At nemo sa- piens nisi fortis; non cadet ergo in sapientem aegritudo.

---

12 *οὐ δεσπόζει* libri, corr. Meineke.   13 *κακῶς* libri, corr. Gaisford.
14 add. Meineke.   24 libri *μεταμελείας*, corr. Heeren.   25 *αὐτοῦ* Meineke,
libri *αὐτὸν* vel *αὐτῶν*.   28 *καταληπτὸν* Damasc., *καταληπτικὸν* Diels vix recte.
37 Ita fit — repugnet del. *O. Heine.*

19. Praeterea necesse est, qui fortis sit, eundem esse magni animi; ⟨qui magni animi⟩ sit, invictum; qui invictus sit, eum res humanas despicere atque infra se positas arbitrari; despicere autem nemo potest eas res, propter quas aegritudine adfici potest; ex quo efficitur fortem virum aegritudine numquam adfici; omnes autem sapientes fortes; non cadit 5 igitur in sapientem aegritudo.

Et quem ad modum oculus conturbatus non est probe adfectus ad suum munus fungendum, et reliquae partes totumve corpus, statu cum est motum, deest officio suo et muneri, sic conturbatus animus non est aptus ad exsequendum munus suum. Munus autem animi est ratione 10 bene uti, et sapientis animus ita semper adfectus est, ut ratione optime utatur; numquam igitur est perturbatus. At aegritudo perturbatio est animi; semper igitur ea sapiens vacabit.

18. Qui sit frugi igitur vel, si mavis, moderatus et temperans, eum necesse est esse constantem; qui autem constans, quietum; qui quietus, 15 perturbatione omni vacuum, ergo etiam aegritudine. Et sunt illa sapientis; aberit igitur a sapiente aegritudo.

571 Philo quaest. et solut. in Genesin IV 73 (p. 302 Aucher). Luctus non habet locum in incorruptis; atqui tam sapientia quam virtus omnis incorruptibilis est; in illis vero, quae haberi possunt et defici- 20 unt tamen, necesse est aegre ferri. Verum optime diligentia habenda in hoc, quod nec planctum neque luctum usurpasse sapientem inducit — —; quoniam res ex improviso occurrentes praeterque voluntatem impingentes hominem pusillae mentis coarctant et praecipitant, constantem vero undique, humiliant tantum impetu facto, haud tamen tali, quae usque in finem 25 perducant, sed a rectore consilii fortissime repulsae retroverti coguntur.

572 Augustinus de vita beata c. 25. Ergo, inquam, miserum esse omnem qui egeat, dubitat nemo: nec nos terrent quaedam sapientium corpori necessaria. Non enim eis eget ipse animus, in quo posita est vita beata. Ipse enim perfectus est, nullus autem perfectus aliquo 30 eget et quod videtur corpori necessarium, sumet, si adfuerit: si non adfuerit, non eum istarum rerum franget inopia. Omnis namque sapiens fortis est, nullus autem fortis aliquid metuit. Non igitur metuit sapiens aut mortem corporis aut dolores, quibus pellendis vel vitandis vel differendis sunt necessaria illa, quorum ei potest contingere inopia. Sed tamen 35 non desinit eis bene uti, si ipsa non desunt. Verissima est enim illa sententia: (Ter. Eun. IV 6) Nam tu quod vitare possis, stultum admittere est. Vitabit ergo mortem ac dolorem quantum potest et quantum decet, ne si minime vitaverit non ex eo miser sit quia haec accidunt, sed quia vitare cum posset noluit: quod manifestum stultitiae signum est. Erit 40 ergo ista non vitans non earum rerum perpessione, sed stultitia miser. Si autem non valuerit evitare, cum id sedulo ac decenter egerit, non eum ista irruentia miserum facient. Etenim et illa eiusdem Comici sententia non minus vera est: Quoniam non potest id fieri quod vis, id velis quod possit (Ter. Andr. II 1). Quomodo erit miser, cui nihil accidit 45 praeter voluntatem? Quia quod sibi videt non posse provenire, non potest velle. Habet enim rerum certissimarum voluntatem, id est ut

---

2 qui — animi *om. libri opt.*

quidquid agit non agat nisi ex virtutis quodam praescripto et divina lege sapientiae, quae nullo ab eo pacto eripi possunt.

Cp. 26 et 27 probatur omnem qui miser est egere.

573 Seneca de beneficiis II 18. Totiens admoneam necesse est, non loqui me de sapientibus, quos quicquid oportet et iuvat, qui animum in potestate habent et legem sibi quam volunt dicunt, quam dixerunt servant etc.

574 Stobaeus Florilegium 7, 21. *Χρυσίππου· Ἔλεγεν δὲ ὁ Χρύσιππος ἀλγεῖν μὲν τὸν σοφόν, μὴ βασανίζεσθαι δέ· μὴ γὰρ ἐνδιδόναι τῇ ψυχῇ. Καὶ δεῖσθαι μέν, μὴ προσδέχεσθαι δέ.*

575 Commenta Lucani lib. IX 569 p. 304 Us. Sapientem enim violentia nulla commutat, nec fortuna terret amissione aut adquisitione rerum. libenter subit quicquid inimica fortuna protulerit. Stoici negant sapientem malis adfici, cum * *

576 Minuc. Fel. Octav. cp. 37. Quam pulchrum spectaculum deo cum Christianus cum dolore congreditur, cum adversum minas et supplicia et tormenta componitur, cum strepitum mortis et horrorem carnificis inridens inculcat, cum libertatem suam adversus reges et principes erigit, soli deo cuius est cedit, cum triumphator et victor ipsi qui adversum se sententiam dixit, insultat. Vicit enim qui quod contendit obtinuit.

Sen. dial. I 2, 7 sq. Minucium hic Stoica exempla sequi probant.

577 Lactant. div. instit. V 13. Haec est vera virtus, quam philosophi quoque gloriabundi non re, sed verbis inanibus iactant, disserentes nihil esse tam congruens viri sapientis gravitati atque constantiae, quam nullis terroribus de sententiae proposito posse depelli; sed tanti esse cruciari et emori, ne fidem prodat, ne ab officio discedat, ne metu mortis aut dolore acerbo subactus aliquid faciat iniustum.

578 Stobaeus eclog. II 7 p. 110 W. *Λέγουσι δὲ καὶ τὸν σοφὸν ἀνύβριστον εἶναι· οὔθ᾽ ὑβρίζεσθαι γὰρ οὔθ᾽ ὑβρίζειν διὰ τὸ τὴν ὕβριν ἀδικίαν εἶναι καταισχύνουσαν καὶ βλάβην· μήτε δὲ ἀδικεῖσθαι μήτε βλάπτεσθαι τὸν σπουδαῖον· ἀδικητικῶς μέντοι γέ τινας αὐτῷ προσφέρεσθαι καὶ ὑβριστικῶς καὶ κατὰ τοῦτο ἀδικοπραγεῖν. Πρὸς τούτῳ μηδὲ ⟨τὴ⟩ν τυχοῦσαν ἀδικίαν εἶναι τὴν ὕβριν, ἀλλὰ ⟨τὴν⟩ καταισχύνουσαν καὶ ὑβριστικὴν οὖσαν. Ἀπερίπτωτον δ᾽ ὑπάρχειν τὸν νοῦν ἔχοντα τούτοις καὶ μηδαμῶς καταισχύνεσθαι· ἐν ἑαυτῷ γὰρ ἔχειν τὸ ἀγαθὸν καὶ τὴν θείαν ἀρετήν, δι᾽ ὃ καὶ πάσης ἀπηλλάχθαι κακίας καὶ βλάβης.*

Cf. Senecae dial. II cp. 7 § 3—6.

579 Plutarchus de Stoic. repugn. cp. 20 p. 1044 a. *ἀδικεῖται γὰρ οὐδεὶς μὴ βλαπτόμενος· ὅθεν μὴ ἀδικεῖσθαι τὸν σοφὸν ἐν ἄλλοις ἀποφηνάμενος* (scil. Chrysippus) *ἐνταῦθά φησιν* (scil. *ἐν τῷ πρώτῳ περὶ βίων) ἀδικημά τι τὸν τόπον ἐπιδέχεσθαι.*

580 Seneca de beneficiis II 35. A consuetudine quaedam quae dicimus abhorrent, deinde alia via ad consuetudinem redeunt. Negamus

---

16 Ad Christianum transtulit Minucius quae de sapiente Stoici iactabant. 31 trad. αὐτῶν, corr. Heeren. 32 δικαιοπραγεῖν libri et W., ipse correxi. ‖ πρός τε τὸ μηδὲν libri, recepi Wachsmuthii coniecturam. 33 τὴν ipse addidi.

iniuriam accipere sapientem, tamen qui illum pugno percusserit, iniuriarum damnabitur; negamus stulti quicquam esse, et tamen eum, qui rem aliquam stulto subripuit, furti condemnabimus; insanire omnes dicimus, nec tamen omnes curamus elleboro; his ipsis, quos vocamus insanos, et suffragium et iurisdictionem committimus. 5

581 Stobaeus ecl. II 115, 18 W. Ἀδιάβολον δ' εἶναι πάντα τὸν καλὸν κἀγαθόν, ἀπαράδεκτον ὄντα διαβολῆς, ὅθεν καὶ ἀδιάβολον εἶναι κατά τε τοῦτον τὸν τρόπον καὶ τῷ μὴ διαβάλλειν ἕτερον. Εἶναι δὲ τὴν διαβολὴν διάστασιν φαινομένων φίλων ψευδεῖ λόγῳ· τοῦτο δὲ μὴ γίνεσθαι περὶ τοὺς ἀγαθοὺς ἄνδρας, μόνους δὲ τοὺς φαύλους καὶ διαβάλλεσθαι καὶ διαβάλλειν, 10 δι' ὃ καὶ τοὺς μὲν κατ' ἀλήθειαν φίλους μήτε διαβάλλειν μήτε διαβάλλεσθαι, τοὺς δὲ δοκοῦντας καὶ φαινομένους.

§ 4. Sapiens beatus est.

582 Cicero de finibus III 26. cum igitur hoc sit extremum, congruenter naturae convenienterque vivere, necessario sequitur omnes sa- 15 pientes semper feliciter, absolute, fortunate vivere, nulla re impediri, nulla prohiberi, nulla egere.

583 Philo quaest. et solut. in Genesin IV 92 (p. 318 Aucher). Vita sapientis omnis omnino plena est felicitate, nulla relicta parte vacua, in quam irreperet peccatum. 20

584 Dio Chrysost. or. LXIX § 4 (Vol. II p. 175, 14 Arn.). ἂν δὲ ἡ ψυχὴ ἔμφρων γένηται καὶ ὁ νοῦς ἀγαθὸς καὶ ἱκανοὶ ὦσι τά τε αὑτῶν πράγματα ὀρθῶς πράττειν καὶ τὰ τῶν ἄλλων, τούτους ἀνάγκη καὶ εὐδαιμόνως ζῆν, νομίμους ἄνδρας γενομένους καὶ ἀγαθοῦ δαίμονος τυχόντας καὶ φίλους ὄντας τοῖς θεοῖς. 25

οὐ γὰρ ἄλλους μὲν φρονίμους εἰκὸς εἶναι, ἄλλους δὲ ἐμπείρους τῶν ἀνθρωπίνων πραγμάτων, οὐδὲ ἄλλους μὲν τἀνθρώπεια ἐπίστασθαι, ἄλλους δὲ τὰ θεῖα, οὐδὲ, ἄλλους μὲν εἶναι τῶν θείων ἐπιστήμονας, ἄλλους δὲ ὁσίους, οὐδὲ ἄλλους μὲν ὁσίους, ἄλλους δὲ θεοφιλεῖς· οὐδὲ ἕτεροι μὲν ἔσονται 30 θεοφιλεῖς, ἕτεροι δὲ εὐδαίμονες.

οὐδὲ ἕτεροι μέν εἰσιν ἄνθρωποι ἄφρονες, ἕτεροι δ' ἀγνοοῦσι τὰ καθ' αὑτοὺς πράγματα· οὐδὲ οἳ τὰ σφέτερα πράγματα ἀγνοοῦσι, τὰ θεῖα ἴσασιν· οὐδὲ οἱ φαύλως περὶ τῶν θείων ὑπειληφότες οὐκ ἀνόσιοί εἰσιν. οὐδέ γε τοὺς ἀνοσίους οἷόντε 35 φίλους εἶναι θεοῖς, οὐδὲ τοὺς μὴ φίλους θεοῖς μὴ δυςτυχεῖς εἶναι.

585 Stephanus fragm. comment. in Aristot. Rhet. III p. 325, 13 Rabe. οἱ Στωϊκοὶ εὐδαίμονα λέγουσι τὸν τὰς Πριαμικὰς συμφορὰς ὑπομένοντα. 40

---

8 τῷ Heeren, τὸ libri. ‖ ἕτερον Canter, ἑτέρον libri.　　26 Has conclusiones ipsius esse Chrysippi puto propter concludendi formam.

586 Gregorius Nazianzenus epist. 32. Ἐπαινῶ δὲ τῶν ἀπὸ τῆς Στοᾶς τὸ νεανικόν τε καὶ μεγαλόνουν, οἳ μηδὲν κωλύειν φασὶ πρὸς εὐδαιμονίαν τὰ ἔξωθεν, ἀλλ᾽ εἶναι τὸν σπουδαῖον μακάριον, κἂν ὁ Φαλάριδος ταῦρος ἔχῃ καιόμενον.

587 Stobaeus ecl. II 101, 5 W. τῶν τε ἀγαθῶν μηδενὸς μετέχειν τοὺς φαύλους, ἐπειδὴ τὸ ἀγαθὸν ἀρετή ἐστιν ἢ τὸ μετέχον ἀρετῆς· τά τε παρακείμενα τοῖς ἀγαθοῖς, ἅπερ ἐστὶν ὧν χρή, ὠφελήματα ὄντα, μόνοις τοῖς σπουδαίοις συμβαίνειν· καθάπερ καὶ τὰ παρακείμενα τοῖς κακοῖς, ἅπερ ἐστὶν ὧν οὐ χρή, μόνοις τοῖς κακοῖς· βλάμματα γὰρ εἶναι. καὶ διὰ τοῦτο τοὺς μὲν ἀγαθοὺς ἀβλαβεῖς πάντας εἶναι κατ᾽ ἀμφότερα, οὔτε βλάπτειν οἵους τε ὄντας οὔτε βλάπτεσθαι, τοὺς δὲ φαύλους κατὰ τοὐναντίον.

588 Diog. Laërt. VII 123. ἀβλαβεῖς τε εἶναι· οὔ⟨τε⟩ γὰρ ἄλλους βλάπτειν οὔτε αὐτούς.

§ 5. Sapiens est dives, formosus, liber.

589 Stobaeus ecl. II p. 100, 7 W. Καθόλου δὲ τοῖς μὲν σπουδαίοις πάντα τἀγαθὰ ὑπάρχειν, τοῖς δὲ φαύλοις πάντα τὰ κακά. Οὐ νομιστέον δὲ λέγειν αὐτοὺς οὕτως, ὡς εἴ τινά ἐστιν ἀγαθά, ἐκεῖνα ὑπάρχει τοῖς σπουδαίοις, ὁμοίως δὲ καὶ ἐπὶ τῶν κακῶν· ἀλλά τοι τοὺς μὲν τοσαῦτα ἔχειν ἀγαθὰ ὥστε μηδὲν ἐλλείπειν εἰς τὸ τέλειον αὐτοῖς εἶναι τὸν βίον ⟨καὶ εὐδαίμονα⟩, τοὺς δὲ τοσαῦτα κακά, ὥστε τὸν βίον ἀτελῆ εἶναι καὶ κακοδαίμονα.

590 Diog. Laërt. VII 125. καὶ τῶν σοφῶν δὲ πάντα εἶναι· δεδωκέναι γὰρ αὐτοῖς παντελῆ ἐξουσίαν τὸν νόμον. τῶν δὲ φαύλων εἶναί τινα λέγεται, ὃν τρόπον καὶ τῶν ἀδίκων ἄλλως μὲν τῆς πόλεως, ἄλλως δὲ τῶν χρωμένων φαμέν.

591 Cicero de finibus III 75. (de sapiente parodoxa enumerans) recte eius omnia dicentur, qui scit uti solus omnibus, recte etiam pulcher appellabitur (animi enim liniamenta sunt pulchriora quam corporis) recte solus liber nec dominationi cuiusquam parens nec oboediens cupiditati, recte invictus, cuius etiamsi corpus constringatur, animo tamen vincula inici nulla possint etc.

592 Philo quaest. et solut. in Genesin IV 99 (p. 323 Aucher). Noli tamen existimare pulchritudinem corporis nunc in medium referre iuxta illam formositatem nominatam, quae ex symmetria partium decoreque formae constat, qualis inest et meretricibus, quas tamen nunquam pulchras esse dixerim, sed ex adverso turpes; id enim nomen est eis proprium; siquidem — sicut per speculum proprietates corporis apparent, sic etiam animae per vultum ac faciem.

---

12 οὔτε scripsi, οὐ libri.   13 ἑαυτούς BP.   18 ἀλλά τοι Hense, ἀλλὰ τῷ libri.   19 καὶ εὐδαίμονα add. Meineke.   23 τὸν δὲ φαῦλον B.   24 latet accusativus nominis, locum aliquem Athenarum significantis, velut τὸν ⟨κερ⟩αμικόν ‖ τῶν ἀδίκων P τὸν ἄδικον B.

aspectus vero impudens et cervix alta frequensque motus superciliorum atque gressus lascivus et nullo modo erubescens de malis ac pudens indicium est animae turpissimae, quae occultas proprii vituperii figuras pingit describitque evidenter in visibili corpore.

ἀναιδὲς βλέμμα καὶ μετέωρος αὐχὴν καὶ συνεχὴς κίνησις ὀφρύων καὶ βάδισμα σεσοβημένον καὶ τὸ ἐπὶ μηδενὶ τῶν φαύλων ἐρυθριᾶν σημεῖα ψυχῆς ἐστιν αἰσχίστης, τοὺς ἀφανεῖς τῶν οἰ- 5 κείων ὀνειδῶν τύπους ἐγγραφούσης τῷ φανερῷ σώματι.

In quo vero dei oracula habitaverint sapientiae studio atque virtutis, etsi Silenum superaverit corporis deformitate, pulcherrimus est 10 necessario: bonum est enim ei proprio pudore venerabiliter conformari acceptationi videntium.

593 Stobaeus ecl. II 101,14 W.   τὸν δὲ κατ᾽ ἀλήθειαν πλοῦτον ἀγαθὸν εἶναι λέγουσι καὶ τὴν κατ᾽ ἀλήθειαν πενίαν κακόν. καὶ τὴν μὲν κατ᾽ ἀλήθειαν ἐλευθερίαν ἀγαθόν, τὴν δὲ κατ᾽ ἀλήθειαν δουλείαν 15 κακόν· δι᾽ ὃ δὴ καὶ τὸν σπουδαῖον εἶναι μόνον πλούσιον καὶ ἐλεύθερον, τὸν δὲ φαῦλον τοὐναντίον πένητα, τῶν εἰς τὸ πλουτεῖν ἀφορμῶν ἐστερημένον, καὶ δοῦλον διὰ τὴν ὑποπτωτικὴν ἐν αὐτῷ διάθεσιν.

594 Alexander Aphrod. comm. in Aristot. Topica II p. 72. Ald. p. 134,13 Wal.   ὡς οἱ λέγοντες μόνον τὸν σοφὸν πλούσιον ἢ μόνον κα- 20 λὸν ἢ μόνον εὐγενῆ ἢ μόνον ῥήτορα· οὐ γὰρ ἀγνοῦντες οὗτοι τὰ ὑπάρχοντα τῷ σοφῷ πλοῦτον ταῦτα λέγουσιν ἢ κάλλος ἢ εὐγένειαν, ἀλλὰ παραβαίνοντες τὴν κειμένην λέξιν.

Cf. etiam p. 79.

595 Alexander in Aristot. Top. p. 79 Ald. p. 147,12 Wal.   ἀπὸ τού- 25 του τοῦ τόπου ἐπιχειροίη τις ἂν καὶ πρὸς τὰ ὑπὸ τῶν Στωϊκῶν παράδοξα λεγόμενα· εἰ γὰρ τῶν πολλῶν πλούσιον λεγόντων μόνον τὸν πολυκτήμονα μὴ κατὰ τούτου τις χρῷτο τῷ ὀνόματι τούτῳ, κατὰ δὲ τοῦ σοφοῦ καὶ τοῦ τὰς ἀρετὰς ἔχοντος παραβαίνοι ἂν τὸν κείμενον τῆς τῶν ὀνομάτων χρήσεως διορισμόν. 30

ibid. 22.   πάλιν οἱ μὲν πολλοὶ εὐτυχῆ λέγουσι τὸν ἐν τοῖς τυχηροῖς ἀγαθοῖς εὐθηνοῦντα· οἱ δὲ τὸν τὴν ἀρετὴν ἔχοντά φασιν εὐτυχῆ, ὃ οὐκ ἔστι τῶν τυχηρῶν ἀγαθῶν. παραβαίνουσιν οὖν καὶ οὗτοι τὴν προσήκουσαν χρῆσιν τῶν ὀνομάτων.

596 Philo de plantatione Noë § 69 Vol. II p. 147,15 Wendl.   Τοὺς 35 μὲν οὖν πάντα τοῦ σπουδαίου φάσκοντας εἶναι παραδοξολογεῖν ᾠήθησάν τινες, ἀφορῶντες εἰς τὴν ⟨τῶν⟩ ἐκτὸς ἔνδειάν τε καὶ περιουσίαν καὶ μηδένα τῶν ἀχρημάτων ἢ ἀκτημόνων πλούσιον νομίζοντες.

597 Acro ad Hor. Serm. I 3,124.   Dicunt Stoici sapientem divitem esse, si mendicet, et nobilem esse, si servus sit, et pulcherri- 40 mum esse, etiamsi sit sordidissimus.

Porphyrio ad Serm. I 3,124.   Porro autem Stoici existimant, perfectae sapientiae virum omnia habere; in quo sensu et Lucilius versatus sic ait: nondum etiam haec omnia habebit formosus, dives, liber, rex solus.

Acron ad Hor. ep. I 19,19.   negant Stoici quemquam liberum 45 esse praeter sapientem.

---

18 ἐστερημένον P, ὑστερημένον F.   37 τῶν add. Wendl.

598 Sextus adv. math. XI 170. οἱ δὲ Στωϊκοὶ καὶ ἄντικρύς φασι τὴν φρόνησιν, ἐπιστήμην οὖσαν ἀγαθῶν καὶ κακῶν καὶ οὐδετέρων, τέχνην ὑπάρχειν περὶ τὸν βίον, ἣν οἱ προσλαβόντες μόνοι γίγνονται καλοί, μόνοι πλούσιοι, σοφοὶ μόνοι. Ὁ γὰρ πολλοῦ ἄξια κεκτημένος πλούσιός 5 ἐστιν, ἡ δὲ ἀρετὴ πολλοῦ ἐστιν ἀξία, καὶ μόνος ταύτην ὁ σοφὸς κέκτηται· μόνος ἄρα ὁ σοφός ἐστι πλούσιος. Καὶ ὁ ἀξιέραστός ἐστι καλός, μόνος δὲ ὁ σοφός ἐστιν ἀξιέραστος· μόνος ἄρα ὁ σοφός ἐστι καλός.

599 Cicero Acad. Pr. II 136. Illa vero ferre non possum, non quo mihi displiceant (sunt enim Socratica pleraque mirabilia Stoicorum, 10 quae παράδοξα nominantur) sed ubi Xenocrates, ubi Aristoteles ista tetigit? — Illi unquam dicerent sapientes solos reges, solos divites, solos formosos? omnia, quae ubique essent, sapientis esse? neminem consulem, praetorem, imperatorem, nescio an ne quinquevirum quidem quemquam nisi sapientem? postremo solum civem, solum liberum, insipientes omnes 15 peregrinos, exsules, servos, furiosos? denique scripta Lycurgi, Solonis, duodecim tabulas nostras non esse leges? ne urbes quidem aut civitates, nisi quae essent sapientium?

600 Cicero de republ. I 28. Quis vero divitiorem quemquam putet quam eum, cui nihil desit, quod quidem natura desideret, aut po- 20 tentiorem quam illum, qui omnia, quae expetat, consequatur, aut beatiorem, quam qui sit omni perturbatione animi liberatus, aut firmiore fortuna, quam qui ea possideat, quae secum, ut aiunt, vel e naufragio possit ecferre? Quod autem imperium, qui magistratus, quod regnum potest esse praestantius quam despicientem omnia humana et inferiora sapientia 25 ducentem nihil unquam nisi sempiternum et divinum animo volutare?

601 Stobaeus ecl. II p. 114, 4. Εὐτεκνεῖν δὲ μόνον τὸν ἀστεῖον, οὔ τι μὴν πάντα, δεῖν γὰρ τὸν εὐτεκνοῦντα ἀστεῖα τέκνα ἔχοντα χρήσασθαι αὐτοῖς ὡς τοιούτοις. Εὐγηρεῖν τε μόνον καὶ εὐθανατεῖν τὸν σπουδαῖον· εὐγηρεῖν γὰρ εἶναι τὸ μετὰ ποιοῦ γήρως διεξάγειν κατ᾽ ἀρετήν, εὐθανατεῖν 30 δὲ τὸ μετὰ ποιοῦ θανάτου κατ᾽ ἀρετὴν τελευτᾶν.

602 Stobaeus ecl. II 114, 10 W. Καὶ τά τε ὑγιεινὰ καὶ νοσερὰ πρὸς ἄνθρωπον λέγεσθαι καὶ ὡς τρόφιμα, καὶ τὰ λυτικὰ καὶ στατικὰ καὶ τὰ τούτοις παραπλήσια. Ὑγιεινὰ μὲν γὰρ εἶναι τὰ εὐφυῶς ἔχοντα πρὸς τὸ περιποιεῖν ὑγίειαν ἢ συνέχειν· νοσερὰ δὲ τὰ ἐναντίως ἔχοντα τούτοις. Παρα- 35 πλήσιον δ᾽ εἶναι καὶ τὸν ἐπὶ τῶν ἄλλων λόγον.

603 Philo de sobrietate § 56 Vol. II p. 226, 16 Wendl. ὁ δὲ ἔχων τὸν κλῆρον. πέραν ὁρῶν ἀνθρωπίνης εὐδαιμονίας προελήλυθε· μόνος γὰρ εὐγενὴς ἅτε θεὸν ἐπιγεγραμμένος πατέρα καὶ γεγονὼς εἰσποιητὸς αὐτῷ μόνος υἱός· οὐ πλούσιος, ἀλλὰ πάμπλουτος, ἐν ἀφθόνοις καὶ γνησίοις, οὐ 40 χρόνῳ παλαιουμένοις, καινουμένοις δὲ καὶ ἡβῶσιν ἀεὶ τρυφῶν ἀγαθοῖς μόνοις· οὐκ ἔνδοξος, ἀλλ᾽ εὐκλεής, τὸν μὴ κολακείᾳ νοθούμενον, ἀλλὰ βεβαιούμενον ἀληθείᾳ καρπούμενος ἔπαινον· μόνος βασιλεύς, παρὰ τοῦ πανηγεμόνος λαβὼν τῆς ἐφ᾽ ἅπασιν ἀρχῆς τὸ κράτος ἀνανταγώνιστον· μόνος ἐλεύθερος, ἀφειμένος ἀργαλεωτάτης δεσποίνης, κενῆς δόξης.

---

16 quidem *Manutius*, denique *libri*.   30 τὸ Canter, τὸν libri. Sunt haec ἀγαθά, quae vocantur μεμιγμένα cf. III n. 101.   40 γρ. μόνος mg. HL[1]. 44 ἀφειμένος Mang., ἀφιέμενος codd.

§ 6. Sapiens res divinas callet.

604 Stobaeus ecl. II 67, 20 W. λέγουσι δὲ καὶ ἱερέα μόνον εἶναι τὸν σοφόν, φαῦλον δὲ μηδένα. τὸν γὰρ ἱερέα εἶναι δεῖν ἔμπειρον νόμων 5 τῶν περὶ θυσίας καὶ εὐχὰς καὶ καθαρμοὺς καὶ ἱδρύσεις καὶ πάντα τὰ τοιαῦτα, πρὸς δὲ τούτοις καὶ ἁγιστείας τε καὶ εὐσεβείας δεῖσθαι καὶ ἐμπειρίας τῆς τῶν θεῶν θεραπείας, καὶ ⟨τοῦ⟩ ἐντὸς εἶναι τῆς φύσεως τῆς θείας. Μηδ' ἓν ⟨δέ τ⟩ι τούτων ὑπάρχειν τῷ φαύλῳ, διὸ καὶ πάντας εἶναι τοὺς ἄφρονας ἀσεβεῖς. Τὴν γὰρ ἀσέβειαν κακίαν οὖσαν, ἄγνοιαν εἶναι θεῶν 10 θεραπείας, τὴν δ' εὐσέβειαν, ὡς εἴπομεν (p. 62, 2), ἐπιστήμην θεῶν θεραπείας.

605 Stobaeus ecl. II 114, 16 W. Καὶ μαντικὸν δὲ μόνον εἶναι τὸν σπουδαῖον, ὡς ἂν ἐπιστήμην ἔχοντα διαγνωστικὴν σημείων τῶν ἐκ θεῶν ἢ δαιμόνων πρὸς ἀνθρώπινον βίον τεινόντων. Δι' ὃ καὶ τὰ εἴδη τῆς 15 μαντικῆς εἶναι περὶ αὐτόν, τό τε ὀνειροκριτικὸν καὶ τὸ οἰωνοσκοπικὸν καὶ θυτικὸν καὶ εἴ τινα ἄλλα τούτοις ἐστὶ παραπλήσια.

606 Diog. Laërt. VII 119. θείους τε εἶναι (scil. τοὺς σπουδαίους). ἔχειν γὰρ ἐν ἑαυτοῖς οἱονεὶ θεόν· τὸν δὲ φαῦλον ἄθεον· διττὸν δὲ εἶναι τὸν ἄθεον, τόν τε ἐναντίως τῷ θείῳ λεγόμενον καὶ τὸν ἐξουθενητικὸν τοῦ θείου· 20 ὅπερ οὐκ εἶναι περὶ πάντα φαῦλον.

607 Cicero de divin. II 129. Stoici autem tui negant quemquam nisi sapientem divinum esse posse.

608 Diog. Laërt. VII 119. θεοσεβεῖς τοὺς σπουδαίους· ἐμπείρους γὰρ εἶναι τῶν περὶ θεῶν νομίμων· εἶναί τε τὴν εὐσέβειαν ἐπιστήμην 25 θεῶν θεραπείας. ἀλλὰ μὴν καὶ θύειν αὐτοὺς θεοῖς ἁγνούς τε ὑπάρχειν· ἐκνεύειν γὰρ τὰ περὶ τοὺς θεοὺς ἁμαρτήματα. καὶ τοὺς θεοὺς ἄγασθαι αὐτούς· ὁσίους τε γὰρ εἶναι καὶ δικαίους πρὸς τὸ θεῖον. μόνους ἱερέας τοὺς σοφούς· ἐπεσκέφθαι γὰρ περὶ θυσιῶν, ἱδρύσεων, καθαρμῶν, τῶν ἄλλων τῶν πρὸς θεοὺς οἰκείων. 30

609 Philo de sacrif. Abel et Cain § 111 Vol. I p. 247, 9 Wendl. ἑορτὴ γὰρ ψυχῆς ἡ ἐν ἀρεταῖς εὐφροσύνη τελείαις — — μόνος δὲ ἑορτάξει τὴν τοιαύτην ἑορτὴν ὁ σοφός, τῶν δ' ἄλλων οὐδείς· ἄγευστον γὰρ παθῶν ἢ κακιῶν ψυχὴν εὑρεῖν σπανιώτατον.

610 Philo de septenario et festis diebus p. 279 Vol. II Mang. (ὅτι 35 οἱ σοφοί) ἅπαντα τὸν βίον ἑορτὴν ἄγουσι.

p. 280. τῶν φαύλων οὐδεὶς ἀλλ' οὐδὲ τὸν βραχύτατον χρόνον ἑορτάζει.

§ 7. Sapiens res politicas et oeconomicas callet.

611 Stobaeus ecl. II 94, 7 W. Τό τε δίκαιόν φασι φύσει εἶναι καὶ μὴ θέσει. Ἑπόμενον δὲ τούτοις ὑπάρχειν καὶ τὸ πολιτεύεσθαι τὸν σο- 40

---

7 ἁγιστείας Usener, ἄλλου διὰ libri. ‖ καὶ Usener, τὸ libri. 8 τοῦ add. Usener. 9 μηδ' ἓν δέ τι Wachsm., μηδενὶ libri. ‖ τῷ φαύλῳ Meineke, τῶν φαύλων libri. 14 ἐκ Heeren, ἐς libri. 19 εἶναι om. BP. 20 θεῶ B θείῳ P, sed εἰ a P³. 26 θύσειν BP. 32 τελείαις Pap. D. 33 οὐδὲ εἰς Pap. UF.

φὸν καὶ μάλιστ' ἐν ταῖς τοιαύταις πολιτείαις ταῖς ἐμφαινούσαις τινὰ προκο-
πὴν πρὸς τὰς τελείας πολιτείας· καὶ τὸ νομοθετεῖν δὲ καὶ τὸ παιδεύειν
ἀνθρώπους, ἔτι δὲ συγγράφειν τὰ δυνάμενα ὠφελεῖν τοὺς ἐντυγχάνοντας
τοῖς γράμμασιν οἰκεῖον εἶναι τοῖς σπουδαίοις καὶ τὸ συγκαταβαίνειν καὶ εἰς
5 γάμον καὶ εἰς τεκνογονίαν καὶ αὐτοῦ χάριν καὶ τῆς πατρίδος καὶ ὑπομένειν
περὶ ταύτης, ἐὰν ᾖ μετρία, καὶ πόνους καὶ θάνατον. Παρακεῖσθαι δὲ τού-
τοις φαῦλα, τό τε δημοκοπεῖν καὶ τὸ σοφιστεύειν καὶ τὸ συγγράφειν ἐπι-
βλαβῆ τοῖς ἐντυγχάνουσιν, ἅπερ εἰς σπουδαίους οὐκ ἂν πέσοι.
612 Diog. Laërt. VII 122. ὁμοίως δὲ καὶ ἀρχικοὺς δικαστικούς
10 τε καὶ ῥητορικοὺς μόνους εἶναι, τῶν δὲ φαύλων οὐδένα.
613 Stobaeus eclog. II 7 p. 96 Wachsm. Τόν τε νόμον σπουδαῖον
εἶναί φασι, λόγον ὀρθὸν ὄντα πραστακτικὸν μὲν ὧν ποιητέον, ἀπαγορευτικὸν
δὲ ὧν οὐ ποιητέον. Τοῦ δὲ νόμου ἀστείου ὄντος καὶ ὁ νόμιμος ἀστεῖος
ἂν ⟨εἴη⟩· νόμιμον μὲν γὰρ εἶναι ἄνδρα καὶ ἀκολουθητικὸν τῷ νόμῳ καὶ
15 πρακτικὸν τῶν ὑπ' αὐτοῦ προσταττομένων, νομικὸν δὲ τὸν ἐξηγητικὸν τοῦ
νόμου. Μηδένα δὲ τῶν φαύλων μήτε νόμιμον εἶναι μήτε νομικόν.
Iisdem fere verbis iteratur ibid. p. 102, 3—10.
614 Stobaeus ecl. II 102, 4 W. Τοῦ δὲ νόμου ὄντος σπουδαίου,
καθάπερ εἴπομεν, ἐπειδὴ λόγος ὀρθός ἐστι προστακτικὸς μὲν ὧν ποιητέον,
20 ἀπαγορευτικὸς δὲ ὧν οὐ ποιητέον, μόνον τὸν σοφὸν εἶναι λέγουσι νόμιμον,
πρακτικὸν ὄντα τῶν ὑπὸ τοῦ νόμου προσταττομένων καὶ μόνον ἐξηγητικὸν
τούτου, δι' ὃ καὶ νομικὸν εἶναι· τοὺς δ' ἠλιθίους ἐναντίως ἔχειν.
615 Stobaeus ecl. II 102, 11 W. Ἀστείοις δ' ἔτι καὶ τὴν ἀρχι-
κὴν κατανέμουσιν ἐπιστασίαν καὶ τὰ ταύτης εἴδη, βασιλείαν, στρατη-
25 γίαν, ναυαρχίαν καὶ τὰς ταύταις παραπλησίους. Κατὰ τοῦτο δὴ καὶ μόνος
ὁ σπουδαῖος ἄρχει καὶ εἰ μὴ πάντως κατ' ἐνέργειαν, κατὰ διάθεσιν δὲ καὶ
πάντως. Καὶ πειθαρχικὸς μόνος ὁ σπουδαῖός ἐστιν, ἀκολουθητικὸς ὢν
ἄρχοντι. Τῶν δ' ἀφρόνων οὐδεὶς τοιοῦτος· οὔτε γὰρ ἄρχειν οὔτ' ἄρχεσθαι
οἷός ⟨τ'⟩ ἐστιν ὁ ἄφρων, αὐθάδης τις ὢν καὶ ἀνάγωγος.
30 **616** Cicero de finibus III 68. Cum autem ad tuendos conservan-
dosque homines hominem natum esse videamus, consentaneum est huic
naturae, ut sapiens velit gerere et administrare rem publicam
atque, ut e natura vivat, uxorem adiungere et velle ex ea liberos.
617 Diog. Laërt. VII 122. οὐ μόνον δὲ ἐλευθέρους εἶναι τοὺς
35 σοφούς, ἀλλὰ καὶ βασιλέας, τῆς βασιλείας οὔσης ἀρχῆς ἀνυπευθύ-
νου, ἥτις περὶ μόνους ἂν τοὺς σοφοὺς ⟨συ⟩σταίη, καθά φησι Χρύ-
σιππος ἐν τῷ Περὶ τοῦ κυρίως κεχρῆσθαι Ζήνωνα τοῖς ὀνό-
μασιν. ἐγνωκέναι γάρ φησι δεῖν τὸν ἄρχοντα περὶ ἀγαθῶν καὶ
κακῶν· μηδένα δὲ τῶν φαύλων ἐπίστασθαι ταῦτα.
40 Cf. Stobaeus eclog. II 7 p. 108, 26. Καὶ μόνον εἶναι τὸν σοφὸν

3 ἔστι libri, corr. Heeren. 6 μέτρια libri, corr. Meineke. 7 ἐπιβλάπην
libri, corr. Meineke. 10 ἐπίστασθαι ταῦτα οὐδένα B (ἐπ. ταῦτα in litura).
14 add. ex eiusdem Florileg. XLIV 12. 16 νόμου Flor., eclog. codd. νομίμου.
19 μὲν προστακτικὸς libri, transposuit Meineke. 23 ἀστείως δ' εἶναι libri, corr.
Heeren. ‖ ἀρχὴν libri, corr. Usener. 24 κατανέμουσαν libri, corr. Usener.
27 πάντες libri, corr. Heeren. ‖ μόνον libri, corr. Heeren. 29 τ' add. Usener.
36 συσταίη restituit Menagius e Suida s. v. δοῦλοι, σταίη BP.

βασιλέα τε καὶ βασιλικόν, τῶν δὲ φαύλων μηδένα· τὴν γὰρ βασιλείαν
ἀρχὴν ἀνυπεύθυνον εἶναι καὶ τὴν ἀνωτάτω καὶ τὴν ἐπὶ πάσαις.

618 Olympiodorus in Plat. Alcib. pr. p. 55 ed. Creuzer. Τρίτον ὅτι
κατὰ τὴν τῶν Στωϊκῶν μεγαλορρημοσύνην ὁ ἀρχικός, τουτέστιν ὁ εἰ-
δὼς ἄρχειν, μόνος ἄρχων ἐστίν, εἰ καὶ μὴ ἔχοι τὰ ὄργανα τῆς ἀρχικῆς 5
ἐπιστήμης· καὶ ὅτι μόνος ὁ σοφὸς πλούσιος, τουτέστιν ὁ εἰδὼς χρήσασθαι
παρόντι τῷ πλούτῳ, εἰ καὶ μὴ πάρεστιν. Cf. Proclus in Plat. Alcib. pr. p. 164 ed. Creuzer. Ταῦτ' ἄρα καὶ τὴν
Στωϊκὴν μεγαληγορίαν ὑπερβέβληκεν ὁ Σωκράτης ἐν τούτοις. Τί γὰρ ἄλλο
ἐστὶν ἐκ τῶν εἰρημένων συνάγειν ἢ ὅτι μόνος ἄρχων ὁ σπουδαῖος, μό- 10
νος δυνάστης, μόνος βασιλεύς, μόνος ἡγεμὼν πάντων, μόνος ἐλεύθερος,
καὶ ὅτι πάντα τῶν σπουδαίων ἐστίν, ὅσα καὶ τῶν θεῶν· κοινὰ γὰρ τὰ τῶν
φίλων· εἴπερ οὖν πάντα τῶν θεῶν, πάντα καὶ τῶν σπουδαίων.
— — Ὡς γὰρ τέκτονα λέγομεν οὐ τὸν ἔχοντα τὰ ὄργανα τοῦ τέκτο-
νος, ἀλλὰ τὸν τὴν τέχνην κεκτημένον· οὕτω καὶ ἄρχοντα καὶ βασιλέα 15
τὸν ἔχοντα τὴν βασιλικὴν ἐπιστήμην, ἀλλ' οὐ τὸν κρατοῦντα πολλῶν.
Ὄργανον γάρ ἐστιν ἡ φαινομένη δύναμις, τὸ δὲ χρώμενον ἡ ἕξις· χωρὶς δὲ
ταύτης οὐκ ἂν ποτέ τις ἄρχων εἴη ⟨ἢ⟩ βασιλεύς.

619 Clemens Al. Strom. II p. 438 Pott. Σπεύσιππος γὰρ ἐν τῷ
πρὸς Κλεοφῶντα πρώτῳ τὰ ὅμοια τῷ Πλάτωνι ἔοικε διὰ τούτου γράφειν. 20
Εἰ γὰρ ἡ βασιλεία σπουδαῖον, ὅ τε σοφὸς μόνος βασιλεὺς καὶ ἄρχων· ὁ νό-
μος, λόγος ἂν ὀρθός, σπουδαῖος· ἃ καὶ ἐστίν. Τούτοις ἀκόλουθα οἱ
Στωϊκοὶ φιλόσοφοι δογματίζουσιν, βασιλείαν, ἱερωσύνην, προφητείαν,
νομοθετικήν, πλοῦτον, κάλλος ἀληθινόν, εὐγένειαν, ἐλευθερίαν μόνῳ προσ-
άπτοντες τῷ σοφῷ· ὁ δὲ δυσεύρετος πάνυ σφόδρα καὶ πρὸς αὐτῶν ὁμολο- 25
γεῖται.

620 Philo de nominum mutat. § 152 Vol. III p. 182, 23 Wendl.
μόνον τὸν σοφὸν βασιλέα. Καὶ γὰρ ὄντως ὁ μὲν φρόνιμος ἡγεμὼν
ἀφρόνων ἐστίν, εἰδὼς ἃ χρὴ ποιεῖν τε καὶ καὶ ἃ μή· ὁ δὲ σώφρων ἀκο-
λάστων, τὰ περὶ τὰς αἱρέσεις καὶ φυγὰς ἠκριβωκὼς οὐκ ἀμελῶς, δειλῶν δὲ 30
ὁ ἀνδρεῖος, ἃ δεῖ ὑπομένειν καὶ ἃ μὴ σαφῶς ἐκμαθών, ἀδίκων δὲ ὁ δί-
καιος, ἰσότητος ἐν τοῖς ἀπονεμητέοις ἀρρεπῶς στοχαζόμενος.

621 Philo de migrat. Abrah. § 197 Vol. II p. 307, 8 Wendl. βασι-
λείαν δὲ σοφίαν εἶναι λέγομεν, ἐπεὶ καὶ τὸν σοφὸν βασιλέα.

622 Lucian. vitarum auctio 20 (Mercurius Chrysippum vendens dicit:) 35
ὅτι μόνος οὗτος σοφός, μόνος καλός, μόνος δίκαιος ἀνδρεῖος βασιλεὺς
ῥήτωρ πλούσιος νομοθέτης.

623 Stobaeus ecl. II 95, 9 W. Οἰκονομικὸν δ' εἶναι μόνον λέ-
γουσι τὸν σπουδαῖον καὶ ἀγαθὸν οἰκονόμον, ἔτι δὲ χρηματιστικόν. Τὴν
μὲν γὰρ οἰκονομικὴν εἶναι θεωρητικὴν ἕξιν καὶ πρακτικὴν τῶν οἴκῳ συμ- 40
φερόντων· τὴν δ' οἰκονομίαν διάταξιν περὶ ἀναλωμάτων καὶ ἔργων καὶ κτή-
σεως ἐπιμέλειαν καὶ τῶν κατ' ἀγρὸν ἐργαζομένων· τὴν δὲ χρηματιστικὴν
ἐμπειρίαν περιποιήσεως χρημάτων ἀφ' ὧν δέον καὶ ἕξιν ὁμολογουμένως ἀνα-
στρέφεσθαι ποιοῦσαν ἐν συναγωγῇ χρημάτων καὶ τηρήσει καὶ ἀναλώσει πρὸς
εὐπορίαν· τὸ δὲ χρηματίζεσθαί τινες μὲν μέσον εἶπον εἶναι, τινὲς δὲ ἀστεῖον. 45

---

42 ἀγρὸν Heeren, αὐτὸν libri.   43 δέον Meineke, δέος libri. ‖ ὁμολογοῦμεν
ὡς libri, corr. Heeren.   45 ἐμπορίαν F.

*Φαῦλον δὲ μηδένα προστάτην ἀγαθὸν οἴκου γίνεσθαι, μηδὲ δύνασθαι οἰκίαν
εὖ οἰκονομουμένην παρασχεῖν. Μόνον δὲ τὸν σπουδαῖον ἄνδρα χρηματιστικὸν
εἶναι, γινώσκοντα ἀφ᾽ ὧν χρηματιστέον καὶ πότε καὶ πῶς καὶ μέχρι πότε.*
624 Philo quaest. et solut. in Genesin IV 165 (p. 372 Aucher).
5 Sapiens et solidus duo haec itidem possidet, incomptus et domi habitans.
Indoles incompta patefacit veritatem simplicitatis carentiamque adulatio-
nis — —; altera vero, domus custodia una cum domestico more oppo-
sitio est agresti vitae. Unum enim istorum oeconomicum est et urbani-
tatis exiguae comprehensio; quoniam urbanitas et oeconomia cognatae
10 sunt virtutes, quas translatas fere inter se monstrare non frustra erit:
urbanitas namque oeconomia urbis est et oeconomia urbanitas est domi.

§ 8. Sapientes et sibi invicem et ceteris prosunt.

625 Stobaeus ecl. II 93, 19 W. *τά τε ἀγαθὰ πάντα τῶν σπου-
δαίων εἶναι ⟨κοινὰ⟩ λέγουσι, καθ᾽ ὃ καὶ τὸν ὠφελοῦντά τινα τῶν
15 πλησίον καὶ ἑαυτὸν ὠφελεῖν. Τήν τε ὁμόνοιαν ἐπιστήμην εἶναι κοινῶν
ἀγαθῶν, δι᾽ ὃ καὶ τοὺς σπουδαίους πάντας ὁμονοεῖν ἀλλήλοις διὰ τὸ συμ-
φωνεῖν ἐν τοῖς κατὰ τὸν βίον· τοὺς δὲ φαύλους διαφωνοῦντας πρὸς ἀλλή-
λους ἐχθροὺς εἶναι καὶ κακοποιητικοὺς ἀλλήλων καὶ πολεμίους.*
626 Stobaeus eclog. II 7 p. 101, 21 W. *Τὰ δ᾽ ἀγαθὰ πάντα κοινὰ
20 εἶναι τῶν σπουδαίων, τῶν δὲ φαύλων τὰ κακά. Δι᾽ ὃ καὶ τὸν ὠφε-
λοῦντά τινα καὶ αὐτὸν ὠφελεῖσθαι, τὸν δὲ βλάπτοντα καὶ ἑαυτὸν βλάπτειν.
Πάντας δὲ τοὺς σπουδαίους ὠφελεῖν ἀλλήλους, οὔτε φίλους ὄντας
ἀλλήλων πάντως οὔτε εὔνους ⟨οὔτε⟩ εὐδοκίμους οὔτε ἀποδεχομένους παρὰ
τὸ μήτε καταλαμβάνεσθαι μήτ᾽ ἐν ταὐτῷ κατοικεῖν τόπῳ, εὐνοητικῶς μέντοι
25 γε πρὸς ἀλλήλους διακεῖσθαι καὶ φιλικῶς καὶ δοκιμαστικῶς καὶ ἀποδεκτικῶς·
τοὺς δὲ ἄφρονας ἐν τοῖς ἐναντίοις τούτων ὑπάρχειν.*
627 Plutarchus de comm. not. cp. 22 p. 1068f. *Ἂν εἷς σοφὸς
ὁπουδήποτε προτείνῃ τὸν δάκτυλον φρονίμως, οἱ κατὰ τὴν οἰκουμένην
σοφοὶ πάντες ὠφελοῦνται.* p. 1069a. *ἐλήρει δ᾽ Ἀριστοτέλης, ἐλήρει
30 δὲ Ξενοκράτης — τὴν θαυμαστὴν ἀγνοοῦντες ὠφέλειαν ἣν οἱ
σοφοὶ κινουμένων κατ᾽ ἀρετὴν ἀλλήλων ὠφελοῦνται, κἂν μὴ
συνῶσι μηδὲ γινώσκοντες τυγχάνωσιν.* Cf. Seneca ep. 109.
628 Diog. Laërt. VII 123. *ἀλλὰ μὴν οὐδ᾽ ἐν ἐρημίᾳ, φασί, βιώσεται
ὁ σπουδαῖος· κοινωνικὸς γὰρ φύσει καὶ πρακτικός.*
35 **629** Lactant. div. instit. V 17 fin. Lucro autem nunquam sapiens
studet, quia bona haec terrena contemnit: nec quemquam falli pati-
tur, quia boni viri officium est, errores hominum corrigere eosque in viam
reducere; siquidem socialis est hominis ac benefica natura, quo solo cogna-
tionem cum deo habet.
40 **630** Stobaeus ecl. II 108, 5 W. *Τὸν δὲ σπουδαῖον, ὁμιλητικὸν
ὄντα καὶ ἐπιδέξιον καὶ προτρεπτικὸν καὶ θηρευτικὸν διὰ τῆς ὁμιλίας εἰς*

---

2 οἰκουμένην libri, corr. Heeren.　　5 incomptus = ἄπλαστος?　　9 urba-
nitas = πολιτική.　　14 κοινὰ add. Wachsm.　　23 suppl. Heeren.　　33 βιώσε-
ται, φασίν (hoc. ord.) BP.

εὔνοιαν καὶ φιλίαν, ὡς δυνατὸν εὐάρμοστον εἶναι πρὸς πλῆθος ἀνθρώπων, παρ᾽ ὃ καὶ ἐπαφρόδιτον εἶναι καὶ ἐπίχαριν καὶ πιθανόν, ἔτι δὲ αἱμύλον καὶ εὔστοχον καὶ εὔκαιρον καὶ ἀγχίνουν καὶ ἀφελῆ καὶ ἀπερίεργον καὶ ἁπλοῦν καὶ ἄπλαστον· τὸν δὲ φαῦλον ἔνοχον πᾶσι τοῖς ἐναντίοις. Τὸ δ᾽ εἰρω- νεύεσθαι φαύλων εἶναί φασιν, οὐδένα γὰρ ἐλεύθερον καὶ σπουδαῖον εἰρω- 5 νεύεσθαι· ὁμοίως δὲ καὶ τὸ σαρκάζειν, ὅ ἐστιν εἰρωνεύεσθαι μετ᾽ ἐπισυρμοῦ τινος. Ἐν μόνοις τε τοῖς σοφοῖς ἀπολείπουσι φιλίαν, ἐπεὶ ἐν μόνοις τού- τοις ὁμόνοια γίνεται περὶ τῶν κατὰ τὸν βίον· τὴν δ᾽ ὁμόνοιαν εἶναι κοινῶν ἀγαθῶν ἐπιστήμην. Φιλίαν γὰρ ἀληθινὴν καὶ μὴ ψευδώνυμον ἀδύνατον χωρὶς πίστεως καὶ βεβαιότητος ὑπάρχειν· ἐν δὲ τοῖς φαύλοις, ἀπίστοις καὶ 10 ἀβεβαίοις οὖσι καὶ δόγματα πολεμικὰ κεκτημένοις, οὐκ εἶναι φιλίαν, ἑτέρας δέ τινας ἐπιπλοκὰς καὶ συνδέσεις ἔξωθεν ἀνάγκαις καὶ δόξαις κατεχομένας γίνεσθαι. Φασὶ δὲ καὶ τὸ ἀγαπᾶν καὶ τὸ ἀσπάζεσθαι καὶ τὸ φιλεῖν μόνων εἶναι σπουδαίων.

631 Diog. Laërt. VII 124. λέγουσι δὲ καὶ τὴν φιλίαν ἐν μόνοις 15 τοῖς σπουδαίοις εἶναι διὰ τὴν ὁμοιότητα. φασὶ δὲ αὐτὴν κοινωνίαν τινὰ εἶναι τῶν κατὰ τὸν βίον, χρωμένων ἡμῶν τοῖς φίλοις ὡς ἑαυτοῖς. δι᾽ αὐτόν τε αἱρετὸν τὸν φίλον ἀποφαίνονται καὶ τὴν πολυφιλίαν ἀγαθόν. ἔν τε τοῖς φαύλοις μὴ εἶναι φιλίαν μηδένα τε τῶν φαύλων φίλον ἔχειν.

632 Stobaeus ecl. II 115, 10 W. Εἶναι δὲ καὶ πρᾶον, τῆς πραότη- 20 τος οὔσης ἕξεως καθ᾽ ἣν πράως ἔχουσι πρὸς τὸ ποιεῖν τὰ ἐπιβάλλοντα ἐν πᾶσι καὶ μὴ ἐκφέρεσθαι εἰς ὀργὴν ἐν μηδενί. Καὶ ἡσύχιον δὲ καὶ κόσμιον εἶναι, τῆς κοσμιότητος οὔσης ἐπιστήμης κινήσεων πρεπουσῶν, ἡσυχιό- τητος δὲ εὐταξίας περὶ τὰς κατὰ φύσιν κινήσεις καὶ μονὰς ψυχῆς καὶ σώ- ματος, τῶν ἐναντίων τούτοις ἐπὶ πάντων φαύλων γιγνομένων. 25

633 Seneca ep. 81, 8. non omnes grati sciunt debere beneficium — uni sapienti notum est, quanti res quaeque taxanda sit: nam ille, de quo loquebar modo, stultus, etiamsi bonae voluntatis est, aut minus quam debet aut tempore aut quo non debet loco reddit.

ibid. 10. Sapiens omnia examinabit secum: quantum acceperit, a 30 quo, quando, ubi, quemadmodum. itaque negamus quemquam scire gratiam referre nisi sapientem: non magis quam beneficium dare quisquam scit nisi sapiens.

ibid. 12. solus sapiens scit amare. solus sapiens amicus est. — — quod dicimus: fidem nisi in sapiente non esse. 35

634 Philo quaest. et solut. in Genesin IV 74 (p. 303 Aucher). Stu- diosus sapientiae cum nullo ex vanis ac vacuis [rebus], quamvis ex natura cognatus sit illis, cohabitat vel conversatur, sed longius ab illis est se- iunctus consilio; ita ut non navigationis socius nec comes in via nec concivis nec vitae consors neque coaemulator dicitur pro- 40 prie sapiens cum insipiente, eo quod principalis dux non concordat vel convenit in mente unius alteriusque.

635 Cicero de nat. deor. I 121. Quanto Stoici melius —. Censent autem sapientes sapientibus etiam ignotis esse amicos. Nihil

---

1 ὡς Meineke, καὶ libri.   16 αὐτοῖς, οἷς in litura P³.   19 μηδενί τε (om. P) τῶν φαύλων φιλονικεῖν BP.   24 μόνας libri, corr. Canter.   25 ἐπὶ πάντων φαύλων Meineke, περὶ πάντων φαύλων F, περὶ πάντα φαῦλον P, περὶ πάντα φαῦλον Heeren.

est enim virtute amabilius; quam qui adeptus erit, ubicumque erit gentium, a nobis diligetur.

636 Philo de sacrif. Abel et Cain § 121 Vol. I p. 251, 3 Wendl. μήποτε δὲ καὶ δόγμα εἰσηγεῖται σφόδρα ἀναγκαῖον, ὅτι πᾶς σοφὸς λύτρον
5 ἐστὶ τοῦ φαύλου, μηδ' ἂν πρὸς ὀλίγον χρόνον ἐξαρκέσαντος, εἰ μὴ ἐλέῳ καὶ προμηθείᾳ χρώμενος ἐκεῖνος προὐνόει τῆς διαμονῆς αὐτοῦ, καθάπερ ἰατρὸς τοῦ νοσοῦντος ἀντιτεταγμένος τοῖς ἀρρωστήμασι καὶ πραότερα κατασκευάζων αὐτὰ ἢ συνόλως ἀναιρῶν, εἰ μή που μετὰ φορᾶς ἀνεπισχέτου βιασάμενα καὶ τὴν τῆς θεραπείας ὑπερβάλλοι φροντίδα.
10 p. 251, 15 § 123. πειρᾶσθαι μέντοι δεῖ καὶ τοὺς πάντως ὑπὸ τῆς ἐν αὐτοῖς διαφθαρησομένους κακίας ὡς οἷόν τε διασῴζειν, μιμουμένους τοὺς ἀγαθοὺς τῶν ἰατρῶν, οἳ κἂν ὁρῶσιν ἀδύνατον τοῖς κάμνουσι τὸ σῴζεσθαι, προσφέρουσι τὴν θεραπείαν ὅμως ἄσμενοι, τοῦ μὴ τῇ παρ' αὐτοὺς ὀλιγωρίᾳ δοκεῖν συμβῆναί τι τῶν παρὰ γνώμην. Εἰ δέ τι καὶ μικρὸν ὅσον ὑγείας
15 σπέρμα ἐμφαίνοιτο, τοῦτο ὥσπερ ἐμπύρευμα πάσαις ἐπιμελείαις ζωπυρητέον· ἐλπὶς γὰρ μηκυνθέντος καὶ συναυξηθέντος ἀμείνονι καὶ ἀπταιστοτέρῳ χρήσασθαι τῷ βίῳ. Sequentibus commoda depingit ex sapientis persona in patriam eius redundantia.

§ 9. Sapiens austerus etc.

20 **637** Diog. Laërt. VII 117. καὶ αὐστηροὺς δέ φασιν εἶναι πάντας τοὺς σπουδαίους, τῷ μήτε αὐτοὺς πρὸς ἡδονὴν ὁμιλεῖν μήτε παρ' ἄλλων τὰ πρὸς ἡδονὴν προσδέχεσθαι. καὶ ἄλλον δὲ εἶναι αὐστηρόν, παραπλησίως λεγόμενον τῷ αὐστηρῷ οἴνῳ, ᾧ πρὸς μὲν φαρμακοποιΐαν χρῶνται, πρὸς δὲ πρόποσιν οὐ πάνυ.
25 **638** Stobaeus ecl. II 114, 22 W. Αὐστηρόν τε λέγεσθαι τὸν σπουδαῖον καθ' ὅσον οὔτε προσφέρει τινὶ οὔτε προσίεται τὸν πρὸς χάριν λόγον. Κυνιεῖν τε τὸν σοφὸν λέγουσιν, ἴσον ⟨ὂν⟩ τῷ ἐπιμένειν τῷ κυνισμᾷ, οὐ μὴν σοφὸν ὄντα ἐνάρξεσθαι τοῦ κυνισμοῦ.

639 Clemens Al. Strom. VII 7 p. 858 Pott. αὐστηρὸς οὗτος ἡμῖν,
30 αὐστηρὸς οὐκ εἰς τὸ ἀδιάφθορον μόνον, ἀλλὰ καὶ εἰς τὸ ἀπείραστον. οὐδαμῇ γὰρ ἐνδόσιμον οὐδὲ ἁλώσιμον ἡδονῇ τε καὶ λύπῃ τὴν ψυχὴν παρίστησιν· δικαστής, ἐὰν ὁ λόγος καλῇ, ἀκλινὴς γενόμενος, μηδ' ὁτιοῦν τοῖς πάθεσι χαριζόμενος, ἀμεταστάτῳ ⟨ποδὶ⟩ ᾗ πέφυκε [τὸ] δίκαιον πορεύεσθαι βαδίζων. p. 859. τὸ ἀναπόβλητον τῆς ἀρετῆς.
35 **640** Stobaeus eclog. II 7 p. 95, 24 W. Φασὶ μηδὲ συγγνώμην ἔχειν ⟨μηδενὶ τὸν νοῦν ἔχοντα· τοῦ γὰρ αὐτοῦ συγγνώμην τε ἔχειν⟩ καὶ νομίζειν τὸν ἡμαρτηκότα μὴ παρ' αὐτὸν ἡμαρτηκέναι, πάντων ἁμαρτανόντων παρὰ τὴν ἰδίαν κακίαν· διὸ καὶ δεόντως λέγεσθαι τὸ μηδὲ συγγνώμην ἔχειν τοῖς ἁμαρτάνουσιν. Οὐκ ἐπιεικῆ δέ φασιν εἶναι τὸν ἀγαθὸν ἄνδρα,
40 τὸν γὰρ ἐπιεικῆ παραιτητικὸν εἶναι τῆς κατ' ἀξίαν κολάσεως καὶ τοῦ αὐτοῦ εἶναι ἐπιεικῆ τε εἶναι καὶ ὑπολαμβάνειν τὰς ἐκ τοῦ νόμου τεταγμένας κο-

---

16 συναυξηθέντος Pap. UF, αὐξηθέντος ceteri.   22 τῷ μήτε—παρ' ἄλλου addidit B². ‖ προσδέχεσθαι (ροσδ in litura) P³, fuit παρέχεσθαι.   23 φαρμακοποσίαν P.   27 ὂν add. Valckenaar.   28 ἐνάρξεσθαι Wachsm., ἐνάρξασθαι libri.   33 addidi ex coni. ‖ τὸ delevi.   36 add. ex eiusd. Florileg. XLVI 50.

λάσεις τοῖς ἀδικοῦσι σκληροτέρας εἶναι καὶ τὸ ἡγεῖσθαι παρὰ τὴν ἀξίαν ἀπονέμειν τὰς κολάσεις τὸν νομοθέτην.

641 Diog. Laërt. VII 123. ἐλεήμονάς τε μὴ εἶναι συγγνώμην τε ἔχειν μηδενί· μὴ γὰρ παριέναι τὰς ἐπιβαλλούσας ἐκ τοῦ νόμου κολάσεις (ἐπεὶ τό γε εἴκειν καὶ ὁ ἔλεος αὐτή τε ἡ ἐπιείκεια οὐδεμία ἐστὶ ψυχῆς πρὸς κο- 5 λάσεις προσποιουμένη χρηστότητα) μηδὲ οἴεσθαι σκληροτέρας αὐτὰς εἶναι.

642 Diog. Laërt. VII 123. ἔτι γε τὸν σοφὸν οὐδὲν θαυμάζειν τῶν δοκούντων παραδόξων, οἷον χαρώνεια καὶ ἀμπώτιδας καὶ πηγὰς θερμῶν ὑδάτων καὶ πυρὸς ἀναφυσήματα.

643 Stobaeus eclog. II 7, p. 109, 5. Οὐχ οἷον δὲ μεθυσθήσεσθαι 10 τὸν νοῦν ἔχοντα· τὴν γὰρ μέθην ἁμαρτητικὸν περιέχειν, λήρησιν εἶναι ⟨γὰρ⟩ παρὰ τὸν οἶνον, ἐν μηδενὶ δὲ τὸν σπουδαῖον ἁμαρτάνειν, δι᾽ ὃ πάντα κατ᾽ ἀρετὴν ποιεῖν καὶ τὸν ἀπὸ ταύτης ὀρθὸν λόγον.

644 Diog. Laërt. VII 118. καὶ οἰνωθήσεσθαι μέν, οὐ μεθυσθήσεσθαι δέ (scil. τὸν σπουδαῖον), ἔτι δὲ οὐδὲ μανήσεσθαι· προσπεσεῖσθαι 15 μέντοι ποτὲ αὐτῷ φαντασίας ἀλλοκότους διὰ μελαγχολίαν ἢ λήρησιν, οὐ κατὰ τὸν τῶν αἱρετῶν λόγον, ἀλλὰ παρὰ φύσιν.

645 Cicero de finibus III 68. Cynicorum autem rationem atque vitam alii cadere in sapientem dicunt, si qui eius modi forte casus inciderit, ut id faciendum sit, alii nullo modo. 20

646 Diog. Laërt. VII 117. ἄτυφόν τε εἶναι τὸν σοφόν· ἴσως γὰρ ἔχειν πρός τε τὸ ἔνδοξον καὶ τὸ ἄδοξον. εἶναι δὲ καὶ ἄλλον ἄτυφον, κατὰ τὸν εἰκαῖον τεταγμένον, ὅς ἐστι φαῦλος.

647 Diog. Laërt. VII 118. ἀκιβδήλους τοὺς σπουδαίους φυλακτικούς τε εἶναι τοῦ ἐπὶ τὸ βέλτιον αὐτοὺς παριστάνειν, διὰ παρασκευῆς τῆς 25 τὰ φαῦλα μὲν ἀποκρυπτούσης, τὰ δὲ ὑπάρχοντα ἀγαθὰ φαίνεσθαι ποιούσης. ⟨καὶ⟩ ἀπλάστους· περιῃρηκέναι γὰρ ἐν τῇ φωνῇ τὸ πλάσμα καὶ τῷ εἴδει.

648 Stobaeus ecl. II 116, 1 W. οὐδ᾽ ἀναβάλλεσθαι δέ ποτε τὸν σπουδαῖον οὐδέν, εἶναι γὰρ τὴν ἀναβολὴν ὑπέρθεσιν ἐνεργείας δι᾽ ὄκνον· 30 ὑπερτίθεσθαι δέ τινα μόνον, ἀνεγκλήτου τῆς ὑπερθέσεως οὔσης. ἐπὶ γὰρ τοῦ ἀναβάλλεσθαι τὸν Ἡσίοδον ταῦτ᾽ εἰρηκέναι·

(Op. et D. 410) μηδ᾽ ἀναβάλλεσθαι ἔς τ᾽ αὔριον ἔς τ᾽ ἔννηφι καὶ

(ibid. 413) αἰεὶ δ᾽ ἀμβολιεργὸς ἀνὴρ ἄτῃσι παλαίει· 35
τῆς [δ᾽] ἀναβολῆς ἔκπτωσίν τινα τῶν προσηκόντων ἔργων ἐμποιούσης.

649 Diog. Laërt. VII 118. ἀπράγμονάς τε εἶναι (scil. τοὺς σπουδαίους)· ἐκκλίνειν γὰρ τὸ πράττειν τι παρὰ τὸ καθῆκον.

---

4 ἐπὶ B.   5 εἴκειν] εἶναι B. ‖ latet substantivum femininum, velut ἀδυναμία; nam οὐδένεια non aptum videtur.   7 τε B.   8 ἀμπώτις P (ις in litura).   10 οἶόν τε libri, corr. Usener.   12 add. Usener. ‖ διὰ τὸ Wachsm. in adn. quod rectum puto.   14 μεθύσεσθαι P, corr. P².   16 ἀλοκότους BP. 22 τε om. B. ‖ τὸ post καὶ om. B. ‖ ἄλλας B.   25 τοὺς P, B deest usque ad τῆς τά. ‖ αὐτοὺς] τι περὶ αὐτῶν P.   26 ἀποκρύπτουσι B.   27 καὶ ἀπλάστους scripsi, ἀπλάστως BP.   31 ἐπὶ cod. Aug., ἐπεὶ FP.   33 τε ἔνιφι F τ᾽ ἔνιφι P.   36 δ᾽ del. Meineke.

11*

§ 10. Sapientem amaturum esse.
Cf. n. 716 sq.

650 Stobaeus ecl. II 115, 1 W.   *Τὸν δὲ ἔρωτά φασιν ἐπιβολὴν εἶναι φιλοποιίας διὰ κάλλος ἐμφαινόμενον νέων ὡραίων· δι' ὃ καὶ ἐρωτικὸν εἶ-*
5 *ναι τὸν σοφὸν καὶ ἐρασθήσεσθαι τῶν ἀξιεράστων, εὐγενῶν ὄντων καὶ εὐφυῶν.*

651 Cicero de finibus III 68.   Ne amores quidem sanctos a sapiente alienos esse arbitrantur.

652 Cicero Tusc. disp. IV 72.   Stoici vero et sapientem ama-
10 turum esse dicunt et amorem ipsum conatum amicitiae faciendae ex pulchritudinis specie.

653 Cicero Tusculan. disput. IV 33, 70.   Ad magistros virtutis, philosophos veniamus: qui amorem negant stupri esse, et in eo litigant cum Epicuro, non multum, ut opinio mea fert, mentiente. Quis est enim iste
15 amor amicitiae? etc.

§ 11. Sapiens artes callet.

654 Stobaeus ecl. II 67, 13 W.   *μόνον δέ φασι τὸν σοφὸν καὶ μάντιν ἀγαθὸν εἶναι καὶ ποιητὴν καὶ ῥήτορα καὶ διαλεκτικὸν καὶ κριτικόν, οὐ πάντα δέ, διὰ τὸ προσδεῖσθαι ἔτι τινὰ τούτων καὶ θεωρη-*
20 *μάτων τινῶν ἀναλήψεως. εἶναι δὲ τὴν μαντικὴν φασιν ἐπιστήμην θεωρητικὴν σημείων τῶν ἀπὸ θεῶν ἢ δαιμόνων πρὸς ἀνθρώπινον βίον συντεινόντων· ὁμοίως δὲ καὶ τὰ εἴδη τῆς μαντικῆς.*

655 Plutarchus de tranq. animi cp. 12 p. 472 a.   *ἀλλ' ἔνιοι τοὺς μὲν Στωϊκοὺς οἴονται παίζειν, ὅταν ἀκούσωσι τὸν σοφὸν παρ' αὐτοῖς μὴ μόνον*
25 *φρόνιμον καὶ δίκαιον καὶ ἀνδρεῖον, ἀλλὰ καὶ ῥήτορα καὶ ποιητὴν καὶ στρατηγὸν καὶ πλούσιον καὶ βασιλέα προσαγορευόμενον* etc.

656 Stobaeus ecl. II 109, 1 W.   *Λέγουσι δὲ καὶ ἄριστον αὐτοῦ ἰατρὸν εἶναι τὸν σπουδαῖον ἄνδρα· ἐπιμελῆ γὰρ ὄντα τῆς ἰδίας φύ-σεως παρατηρητὴν ὑπάρχειν καὶ τῶν πρὸς ὑγίειαν ἐπιστήμονα συμφερόντων.*

30 ## § 12. Insipientes insanos esse et impios.

657 Sextus Emp. adv. math. VII 432.   *Ἄλλως τε, εἰ πᾶσα φαύλου κατ' αὐτοὺς ὑπόληψις ἄγνοιά ἐστι καὶ μόνος ὁ σοφὸς ἀληθεύει καὶ ἐπιστήμην ἔχει τἀληθοῦς βεβαίαν, ἀκολουθεῖ μέχρι δεῦρο ἀνευρέτου καθεστῶ-τος τοῦ σοφοῦ κατ' ἀνάγκην καὶ τἀληθὲς ἀνεύρετον εἶναι, διὰ δὲ τοῦτο καὶ*
35 *πάντα ἀκατάληπτα τυγχάνειν, ἐπείπερ φαῦλοι πάντες ὄντες οὐκ ἔχομεν βε-βαίαν τῶν ὄντων κατάληψιν. τούτου δὲ οὕτως ἔχοντος ἀπολείπεται, τὰ ὑπὸ τῶν Στωϊκῶν πρὸς τοὺς ἀπὸ τῆς σκέψεως λεγόμενα παρὰ μέρος καὶ ὑπὸ*

---

3 ἔρωτα Canter, ἐρῶντα libri.   5 ἐρασθήσεται libri, corr. Canter.
19 ἔτι Meineke, εἴ libri.   20 ἀναλήψεως Heeren, ἀναλήψεων libri. ‖ θεωρητι-κὴν Wachsm., θεωρηματικήν libri.

τῶν σκεπτικῶν πρὸς ἐκείνους λέγεσθαι. ἐπεὶ γὰρ τοῖς φαύλοις κατ᾽ αὐτοὺς
ἐγκαταριθμοῦνται Ζήνων τε καὶ Κλεάνθης καὶ Χρύσιππος καὶ οἱ λοιποὶ τῶν
ἀπὸ τῆς αἱρέσεως, πᾶς δὲ φαῦλος ἀγνοίᾳ κρατεῖται, πάντως ἠγνόει Ζήνων
πότερον ἐν κόσμῳ περιέχεται ἢ αὐτὸς τὸν κόσμον περιέσχηκεν καὶ πότερον
ἀνήρ ἐστιν ἢ γυνή, καὶ οὐκ ἠπίστατο Κλεάνθης εἴτε ἄνθρωπός ἐστιν εἴτε 5
τι θηρίον Τυφῶνος᾽ πολυπλοκότερον. καὶ μὴν ἢ ἐγίγνωσκε τὸ δόγμα τοῦτο
Χρύσιππος στωϊκὸν ὄν, φημὶ δὴ τὸ „πάντα ἀγνοεῖ ὁ φαῦλος" ἢ οὐδὲ
αὐτὸ τοῦτο ἠπίστατο. καὶ εἰ μὲν ἠπίστατο, ψεῦδος τὸ πάντα ἀγνοεῖν τὸν
φαῦλον· αὐτὸ γὰρ τοῦτο φαῦλος ὢν ἐγίνωσκεν ὁ Χρύσιππος, τὸ πάντα
ἀγνοεῖν τὸν φαῦλον. εἰ δ᾽ οὐδ᾽ αὐτὸ τοῦτο ᾔδει τὸ ὅτι πάντα ἀγνοεῖ, πῶς 10
περὶ πολλῶν δογματίζει, τιθεὶς τὸ ἕνα εἶναι κόσμον καὶ προνοίᾳ τοῦτον διοι-
κεῖσθαι καὶ διόλου τρεπτὴν εἶναι τὴν οὐσίαν καὶ ἄλλα παμπληθῆ; πάρεστι
δὲ εἴ τινι φίλον ἐστί, καὶ τὰς ἄλλας ἀπορίας τὸν ἀντερωτῶντα, ὡς ἔθος
ἔχουσιν αὐτοὶ τοῖς σκεπτικοῖς, προσάγειν.

658 Alexander Aphrod. de fato cp. 28 p. 199, 7 Bruns.   οἱ δὲ φάσ- 15
κοντες ἐξ ἀνάγκης ἡμᾶς εἶναί τε καὶ γίνεσθαι τοιούτους (scil. ἀγαθοὺς ἢ
κακούς), καὶ μὴ καταλιπόντες ἡμῖν τὴν ἐξουσίαν τοῦ ταῦτα πράττειν τε καὶ
μή, δι᾽ ὧν ἂν τοιοῦτοι γενοίμεθα — πῶς οὐχ ὁμολογήσουσιν κάκιστον γε-
γονέναι τῶν ζῴων ἀπάντων ὑπὸ τῆς φύσεως τὸν ἄνθρωπον, δι᾽ ὃν φασιν
πάντα τἆλλα γενέσθαι, ὡς συντελέσοντα πρὸς τὴν τούτου σωτηρίαν; εἰ γὰρ 20
ἡ μὲν ἀρετή τε καὶ ἡ κακία μόναι κατ᾽ αὐτοὺς ἡ μὲν ἀγαθόν, ἡ δὲ κακόν,
καὶ οὐδὲν τῶν ἄλλων ζῴων οὐδετέρου τούτων ἐστὶν ἐπιδεκτικόν, τῶν δὲ ἀν-
θρώπων οἱ πλεῖστοι κακοί, μᾶλλον δὲ ἀγαθὸς μὲν εἷς ἢ δεύτερος ὑπ᾽ αὐτῶν
γεγονέναι μυθεύεται, ὥσπερ τι παράδοξον ζῷον καὶ παρὰ φύσιν σπανιώτερον
τοῦ φοίνικος τοῦ παρ᾽ Αἰθίοψιν, οἱ δὲ πάντες κακοὶ καὶ ἐπίσης ἀλ- 25
λήλοις τοιοῦτοι, ὡς μηδὲν διαφέρειν ἄλλον ἄλλου, μαίνεσθαι δὲ
ὁμοίως πάντας ὅσοι μὴ σοφοί, πῶς οὐκ ἂν ἀθλιώτατον ζῷον ἀπάντων
ὁ ἄνθρωπος εἴη, ἔχων τήν τε κακίαν καὶ τὸ μαίνεσθαι σύμφυτα αὐτῷ καὶ
συγκεκληρωμένα;

659 Seneca de beneficiis IV 27.   Timidus dicitur aliquis, quia stul- 30
tus est: et hoc malos sequitur, quos indiscreta et universa vitia circum-
stant; dicitur timidus proprie natura etiam ad inanes sonos pavidus.
Stultus omnia vitia habet, sed non in omnia natura pronus est: alius in
avaritiam, alius in luxuriam, alius in petulantiam inclinatur. Itaque er-
rant illi, qui interrogant Stoicos: quid ergo? Achilles timidus est? — — 35
Non hoc dicimus, sic omnia vitia esse in omnibns, quomodo in
quibusdam singula eminent, sed malum ac stultum nullo vitio
vacare. ne audacem quidem timoris absolvimus, ne prodigum quidem
avaritia liberamus.

660 Stobaeus ecl. II 68, 8 W.   Ὁμοίως δὲ μηδ᾽ ὁσίους εἶναί φασι 40
τοὺς φαύλους. Τὴν γὰρ ὁσιότητα ὑπογράφεσθαι δικαιοσύνην πρὸς θεούς·
τοὺς δὲ φαύλους παρεκβαίνειν πολλὰ τῶν πρὸς θεοὺς δικαίων, παρ᾽ ὃ καὶ
ἀνοσίους εἶναι καὶ ἀκαθάρους καὶ ἀνάγνους καὶ μιαροὺς καὶ ἀνεορτάστους.

Τὸ γὰρ ἑορτάζειν ἀστείου φασὶν εἶναι, τῆς ἑορτῆς οὔσης χρόνου τινὸς
ἐν ᾧ χρὴ περὶ τὸ θεῖον γίγνεσθαι τιμῆς χάριν καὶ καθηκούσης ἐπισημασίας, 45

---

14 αὐτοὶ scripsi pro αὐτοῖς.   20 συντελέσοντα H, συντελέσαντα V.
42 τῶν—δικαίων Meineke, τῷ δικαίῳ libri.

ὅθεν καὶ τὸν ἑορτάζοντα συγκαθεικέναι δεῖ μετ' εὐσεβείας εἰς τὴν τοιαύτην τάξιν.

661 Stobaeus eclog. II 7 p. 105 W. Ἀρέσκει δὲ καὶ πᾶν ἁμάρτημα ἀσέβημα εἶναι. Τὸ γὰρ παρὰ τὴν βούλησίν τι πράττεσθαι τοῦ
5 θεοῦ ἀσεβείας εἶναι τεκμήριον. Τῶν γὰρ θεῶν οἰκειουμένων μὲν τῇ ἀρετῇ καὶ τοῖς ταύτης ἔργοις, ἀλλοτριουμένων δὲ τῇ κακίᾳ καὶ τοῖς ἀπὸ ταύτης συντελουμένοις, τοῦ δ' ἁμαρτήματος ὄντος ἐνεργήματος κατὰ κακίαν, κατεφαίνετο πᾶν ἁμάρτημα ἀπαρεστὸν θεοῖς ὑπάρχον (τοῦτο δ' ἐστὶν ἀσέβημα)· [καὶ] καθ' ἕκαστον γὰρ ἁμάρτημα ὁ φαῦλος ἀπαρεστόν τι ποιεῖ θεοῖς. —
10 Ἔτι δὲ ἐπεὶ πᾶς φαῦλος ὅσα ποιεῖ κατὰ κακίαν ποιεῖ, καθάπερ ὁ σπουδαῖος κατ' ἀρετήν, καὶ ὁ μίαν ἔχων. κακίαν πάσας ἔχει, ἐν δὴ ταύταις ὁρᾶσθαι καὶ τὴν ἀσέβειαν, οὐ τὴν τεταγμένην κατὰ τὴν ἐνέργειαν, ἀλλὰ τὴν τῇ εὐσεβείᾳ ἐναντίαν ἕξιν. Τὸ δὲ κατὰ ἀσέβειαν πεπραγμένον ἀσέβημα εἶναι, πᾶν ⟨ἄρ'⟩ ἁμάρτημα ἀσέβημα εἶναι.

15 Ἔτι δ' ἀρέσκει αὐτοῖς καὶ πάντ' εἶναι τὸν ἄφρονα θεοῖς ἐχθρόν· τὴν γὰρ ἔχθραν ἀσυμφωνίαν εἶναι ⟨περὶ⟩ τῶν κατὰ τὸν βίον καὶ διχόνοιαν, ὥσπερ καὶ τὴν φιλίαν συμφωνίαν καὶ ὁμόνοιαν. Διαφωνοῦσι δ' οἱ φαῦλοι πρὸς τοὺς θεοὺς περὶ τῶν κατὰ τὸν βίον, διόπερ πᾶς ἄφρων θεοῖς ἐχθρός ἐστιν. Ἔτι εἰ πάντες τοὺς ἐναντίους αὐτοῖς ἐχθροὺς εἶναι νομίζουσι, τῷ δὲ
20 σπουδαίῳ ὁ φαῦλός ἐστιν ἐναντίος καὶ σπουδαῖός ἐστιν ὁ θεός, ὁ φαῦλος θεοῖς ἐστιν ἐχθρός.

662 Plutarchus de Stoic. repugn. cp. 31 p. 1048e. Καὶ μὴν οὔθ' αὐτὸν ὁ Χρύσιππος ἀποφαίνει σπουδαῖον οὔτε τινὰ τῶν αὐτοῦ γνωρίμων ἢ καθηγεμόνων, τί οὖν περὶ τῶν ἄλλων φρονοῦσιν ἢ ταῦτα
25 ἅπερ λέγουσι; μαίνεσθαι πάντας, ἀφραίνειν, ἀνοσίους εἶναι, παρανόμους, ἐπ' ἄκρον ἥκειν δυστυχίας, κακοδαιμονίας ἁπάσης.

663 Stobaeus ecl. II 68,18 W. Ἔτι δὲ λέγουσι πάντα φαῦλον μαίνεσθαι, ἄγνοιαν ἔχοντα αὐτοῦ καὶ τῶν καθ' αὑτόν, ὅπερ ἐστὶ μανία. Τὴν δ' ἄγνοιαν εἶναι ἐναντίαν κακίαν τῇ φρονήσει· ταύτην δὲ πρός τί πως
30 ἔχουσαν ἀκαταστάτους καὶ πτοιώδεις παρεχομένην τὰς ὁρμὰς μανίαν εἶναι· διὸ καὶ ὑπογράφουσι τὴν μανίαν οὕτως· ἄγνοιαν πτοιώδη.

664 Diog. Laërt. VIII 124. πάντας τε τοὺς ἄφρονας μαίνεσθαι· οὐ γὰρ εἶναι φρονίμους, ἀλλὰ κατὰ τὴν ἴσην τῇ ἀφροσύνῃ μανίαν πάντα πράττειν.

35 **665** Cicero Tusc. disp. IV 54. Quid? Stoici, qui omnes insipientes insanos esse dicunt, nonne ista colligunt? Remove perturbationes maxumeque iracundiam, iam videbuntur monstra dicere. Nunc autem ita disserunt, sic se dicere omnes stultos insanire, ut male olere omne caenum. At non semper. Commove, senties. Sic iracundus non semper iratus est;
40 lacesse, iam videbis furentem.

666 Porphyrion ad Hor. Serm. II 3,32. Quia Stoici omnes homines insanos et stultos esse dicunt, excepto sapiente (cf. ad v. 187:

---

9 καὶ del. Wachsmuth. ‖ γὰρ suspectum. 11 δὴ scripsi, δὲ libri
13 ἄρ' W. dubitanter in adn. 16 περὶ add. Meineke. 19 ἔτι εἰ Heine, trad.
ἐπεὶ. 27 ἔτι Canter, ἐπεὶ libri. 28 αὐτὸν Canter, αὐτὸ libri. 29 φρονήσει
Usener, σωφροσύνη libri. 30 πτοιώδεις Canter, ποιώδεις libri. 31 πτοιώδη
Canter, ποιώδη libri.

Dogma autem Stoicorum quoddam πραγματικὸν vocatur, quo continetur, omnes homines insanos esse).

667 Athenaeus Deipnosoph. XI p. 464 d. τὴν δὲ μανίαν τοὺς πολλούς φησιν ὁ Χρύσιππος ἐν τῇ εἰσαγωγῇ τῆς περὶ ἀγαθῶν καὶ κακῶν πραγματείας τοῖς πλείστοις προσάπτεσθαι. καλεῖσθαι 5 γοῦν τὴν μὲν γυναικομανίαν, τὴν δὲ ὀρτυγομανίαν. τινὲς δὲ καὶ δοξομανεῖς καλοῦσι τοὺς φιλοδόξους, καθάπερ τοὺς φιλογύνας γυναικομανεῖς καὶ τοὺς φιλόρνιθας ὀρνιθομανεῖς, τὸ αὐτὸ σημαινόντων τῶν ὀνομάτων τούτων. ὥστε καὶ τὰ λοιπὰ μὴ ἀλλοτρίως καλεῖσθαι τὸν τρόπον τοῦτον. καὶ γὰρ ὁ φίλοψος καὶ ὁ ὀψοφάγος οἷον 10 ὀψομανής ἐστι, καὶ ὁ φίλοινος οἰνομανής, καὶ ὡσαύτως ἐπὶ τῶν ὁμοίων, οὐκ ἀλλοτρίως τῆς μανίας κειμένης ἐν αὐτοῖς, ὡς ἁμαρτάνουσι μανικῶς καὶ τῆς ἀληθείας ἐπὶ πλεῖον ἀπαρτωμένοις.

668 Plutarchus de Stoic. repugn. cp. 31 (cf. de comm. not. cp. 33 p. 1076 b). Καὶ μὴν οὔθ᾽ αὐτὸν ὁ Χρύσιππος ἀποφαίνει σπουδαῖον 15 οὔτε τινὰ τῶν αὐτοῦ γνωρίμων ἢ καθηγεμόνων. Τί οὖν περὶ τῶν ἄλλων φρονοῦσιν, ἢ ταῦτα ἅπερ λέγουσι; μαίνεσθαι πάντας, ἀφραίνειν, ἀνοσίους εἶναι, παρανόμους, ἐπ᾽ ἄκρον ἥκειν δυστυχίας, κακοδαιμονίας ἁπάσης [εἶτα προνοίᾳ θεῶν διοικεῖσθαι τὰ καθ᾽ ἡμᾶς οὕτως ἀθλίως πράττοντας addit Plutarchus]. paullo infra: si dei no- 20 bis nocere vellent, οὐκ ἂν δύναιντο διαθεῖναι χεῖρον ἢ νῦν ἔχομεν, ὡς Χρύσιππος ἀποφαίνει, μήτε κακίας ὑπερβολὴν ἀπολείπειν μήτε κακοδαιμονίας τὸν βίον· ὥστ᾽ εἰ λάβοι φωνήν, εἰπεῖν ἂν αὐτὸν τὰ τοῦ Ἡρακλέους· (Eur. Herc. 1245)

Γέμω κακῶν δὴ κοὐκέτ᾽ ἔσθ᾽ ὅπου τεθῇ· 25

Τίνας οὐ ἄν τις εὕροι μαχομένας μᾶλλον ἀλλήλαις ἀποφάσεις τῆς περὶ θεῶν Χρυσίππου καὶ τῆς περὶ ἀνθρώπων, τοὺς μὲν ὡς ἔνι βέλτιστα προνοεῖν, τοὺς δὲ ὡς ἔνι χείριστα πράττειν λέγοντος;

Plutarchus de comm. not. cp. 10 p. 1062 f. ἔτι δὲ μᾶλλον ἐν τοῖς πράγμασιν, ὅταν πάντας ἐπίσης κακοὺς καὶ ἀδίκους καὶ ἀπίστους 30 καὶ ἄφρονας τοὺς μὴ σοφοὺς ἀποφαίνοντες etc.

Diogenianus apud Eusebium praep. evang. VI p. 264 b. πῶς οὖν οὐδένα φῂς ἄνθρωπον, ὃς οὐχὶ μαίνεσθαί σοι δοκεῖ κατ᾽ ἴσον Ὀρέστῃ τε καὶ Ἀλκμαίωνι, πλὴν τοῦ σοφοῦ; ἕνα δὲ ἢ δύο μόνους φῂς σοφοὺς γεγονέναι, τοὺς δὲ ἄλλους δι᾽ ἀφροσύνην ἐπίσης τοῖς προειρημένοις 35 μεμηνέναι;

ibidem c. πρῶτον μὲν γὰρ οὐδὲ σὺ φῂς σοφὸν εἶναι σεαυτόν etc.

669 Porphyrio ad Hor. ep. I 1,82. Utraque haec a Stoicis dicuntur in insaniam vulgi: primum quod inter se dissideant, deinde quod a semet ipsis mutent subinde proposita. 40

670 Philo de posteritate Caini § 75 Vol. II p. 16,22 Wendl. πᾶν

ὅ,τι ἂν ἑαυτῷ λαμβάνῃ φαῦλος, πάντως ἐστὶν ἐπίληπτον, ἅτε γνώμῃ δυσκα-
θάρτῳ μιαινόμενον. καὶ γὰρ ἔμπαλιν αἱ τῶν σπουδαίων ἑκούσιοι πράξεις
ἐπαινεταὶ πᾶσαι.

§ 13. Insipientes esse infelicissimos.

5   **671** Philo Leg. Alleg. III § 247 Vol. I p. 168, 5 Wendl. Ἐπωδύ-
νως γὰρ ὁ φαῦλος πάντα τὸν βίον χρῆται τῇ ἑαυτοῦ ψυχῇ, μηδὲν
ἔχων χαρᾶς αἴτιον, ὃ πέφυκε γεννᾶν δικαιοσύνη καὶ φρόνησις καὶ αἱ σύν-
θρονοι ταύτης ἀρεταί.

672 Plutarchus de Stoic. repugn. cp. 25 p. 1046 b. (ἐν πρώτῳ
10 περὶ τῶν Κατορθωμάτων) Τὴν ἐπιχαιρεκακίαν ὅπου μὲν ἀνύ-
παρκτον εἶναί φησιν· ἐπεὶ τῶν μὲν ἀστείων οὐδεὶς ἐπ᾽ ἀλλοτρίοις κα-
κοῖς χαίρει, ⟨τῶν δὲ φαύλων οὐδεὶς χαίρει⟩ τὸ παράπαν.
p. 1046 c. ἣν (sc. τὴν ἐπιχαιρεκακίαν) ἐν ἑτέροις ἀνύπαρκτον
εἶναί φησιν, ὥσπερ τὴν μισοπονηρίαν καὶ τὴν αἰσχροκέρδειαν.
15   Plutarchus de comm. not. cp. 21 p. 1068 d. „ἀλλ᾽ οὐκ ὠφελοῦν-
ται (scil. οἱ φαῦλοι) τούτων τυγχάνοντες, οὐδ᾽ εὖ πάσχουσιν,
οὐδ᾽ εὐεργέτας ἔχουσιν, οὐδ᾽ εὐεργετῶν ἀμελοῦσιν." Οὐ τοίνυν
οὐδ᾽ ἀχαριστοῦσιν οἱ φαῦλοι· καὶ μὴν οὐδὲ οἱ νοῦν ἔχοντες. Ἀνύπαρ-
κτον οὖν ἐστι τὸ ἀχάριστον· οἱ μὲν γὰρ οὐκ ἀποστεροῦσι χάριν λαμβά-
20 νοντες, οἱ δὲ λαμβάνειν χάριν οὐ πεφύκασιν. Ὅρα δή, τί πρὸς ταῦτα
λέγουσιν ὅτι „ἡ χάρις εἰς τὰ μέσα διατείνει, καὶ τὸ μὲν ὠφε-
λεῖν καὶ ὠφελεῖσθαι σοφῶν ἐστι, χάριτος δὲ καὶ οἱ φαῦλοι
τυγχάνουσιν." Cf. Seneca de beneficiis V 12, 3.

673 Clemens Al. Strom. VI 17 p. 822 Pott. διόπερ κοινὰ μὲν τῶν
25 ἀγαθῶν [μέν] ἐστιν καὶ τῶν κακῶν ἀνθρώπων πολλὰ τῶν προτερημάτων,
γίνεται δ᾽ ὅμως ὠφέλιμα μόνοις τοῖς ἀγαθοῖς τε καὶ σπουδαίοις.

674 Plutarchus de Stoic. repugn. cp. 12 p. 1038 a. „Τοῖς φαύ-
λοις οὐδὲν εἶναι χρήσιμον" ὁ Χρύσιππός φησιν „οὐδ᾽ ἔχειν
χρείαν τὸν φαῦλον οὐδενὸς οὐδὲ δεῖσθαι." Ταῦτα δ᾽ εἰπὼν ἐν τῷ
30 πρώτῳ τῶν Κατορθωμάτων, αὖθις λέγει „καὶ τὴν εὐχρηστίαν
καὶ τὴν χάριν εἰς τὰ μέσα διατείνειν" ὧν οὐδέν ἐστι χρήσιμον
κατ᾽ αὐτούς. Καὶ μὴν οὐδ᾽ οἰκεῖον οὐδ᾽ ἁρμόττον οὐδὲν εἶναι τῷ
φαύλῳ φησὶν ἐν τούτοις·
„Κατὰ ταὐτὰ δὲ τῷ μὲν ἀστείῳ ἀλλότριον οὐδέν, τῷ δὲ
35 φαύλῳ οἰκεῖον οὐδέν ἐστιν· ἐπειδὴ τὸ μὲν ἀγαθόν, τὸ δὲ κα-
κόν ἐστιν αὐτῶν."
Plutarchus de comm. not. cp. 20 p. 1068 a. γράφων ἐν τοῖς περὶ

---

12 τῶν—χαίρει suppl. Mez.   25 seclusi μὲν posterius, Hoeschelius prius.
30 εὐχρηστίαν libri εὐχαριστίαν Stephanus.   35 verba corrupta; fortasse: τῷ
μὲν ἀγαθόν, τῷ δὲ κακόν ἐστιν οὐδέν.

Κατορθωμάτων, ὡς „ὁ φαῦλος οὐδενὸς δεῖται, οὐδενὸς ἔχει χρείαν· οὐδέν ἐστιν αὐτῷ χρήσιμον, οὐδὲν οἰκεῖον, οὐδὲν ἁρμόττον." (ἡ κακία μεθ' ἧς οὐδὲ ὑγίεια χρήσιμον, οὐδὲ πλῆθος χρημάτων, οὐδὲ προκοπή).

ibid. c. Νυνὶ δὲ τίς ὁ ἴλιγγος οὗτος, τὸν μὲν ἀνενδεᾶ δεῖσθαι ὧν 5 ἔχει ἀγαθῶν, τὸν δὲ φαῦλον ἐνδεᾶ μὲν εἶναι πολλῶν, δεῖσθαι δὲ μηδενός; τουτὶ γὰρ λέγει Χρύσιππος, ὡς „οὐ δέονται μέν, ἐνδέονται δὲ οἱ φαῦλοι."

Seneca ep. 9, 14. *Volo tibi Chrysippi quoque distinctionem indicare. ait: „sapientem nulla re egere et tamen multis illi rebus* 10 *opus esse. contra stulto nulla re opus est, nulla enim re uti scit, sed omnibus eget.*"

675 Schol. in Hom. Iliad. Ω 536. ὄλβῳ· δύναται τῇ φρονήσει, εἴγε καὶ ἄνολβος παρὰ Στωϊκοῖς ὁ ἀπαίδευτος.

676 Philo Leg. Alleg. III § 201 Vol. I p. 157, 25 Wendl. ὥσπερ 15 γὰρ ἑτέρως τύπτεται ὁ ἀθλητὴς καὶ ὁ δοῦλος· ὁ μὲν καθ' ὑπόπτωσιν ἐνδιδοὺς πρὸς τὰς αἰκίας καὶ ὑπείκων, ὁ δ' ἀθλητὴς ἀντέχων καὶ ἀντιστατῶν καὶ τὰς ἐπιφερομένας ἀποσειόμενος· καὶ κείρεις ἑτέρως μὲν ἄνθρωπον, ἑτέρως δὲ τὸ κῴδιον· τὸ μὲν γὰρ ἐν τῷ πάσχειν μόνον ἐξετάζεται· ὁ δ' ἄνθρω- πος καὶ ἀντιδρᾷ καὶ ὥσπερ ἀντιπέπονθε, σχηματίζων ἑαυτὸν πρὸς τὸ κεί- 20 ρεσθαι· οὕτως ὁ μὲν ἀλόγιστος ἀνδραπόδων δίκην ἑτέρῳ ὑπείκει καὶ ὑποπίπτει ταῖς ἀλγηδόσιν ὡς ἀφορήτοις δεσποίναις, ἀντιβλέψαι πρὸς αὐτὰς ἀδυνατῶν —. Παρὸ δὴ καὶ πλῆθος ἄπειρον διὰ τῶν αἰσθή- σεων αὐτῷ τῶν ὀδυνηρῶν ἐπαντλεῖται. Ὁ δ' ἐπιστήμων, ἀθλητοῦ τρόπον μετὰ δυνάμεως καὶ ῥώμης καρτερῶς ἀντιβάς, πρὸς τὰ ἀλγεινὰ πάντα ἀντιπνεῖ, ὡς 25 μὴ τιτρώσκεσθαι πρὸς αὐτῶν, ἀλλ' ἐξαδιαφορεῖν ἕκαστον. Καί μοι δοκεῖ νεα- νιευσάμενος ἂν ἐπιφωνῆσαι τὸ τραγικὸν πρὸς τὴν ἀλγηδόνα οὕτως·

(Eur. fr. 687 N) Πίμπρα κάταιθε σάρκας, ἐμπλήσθητί μου
   Πίνουσα κελαινὸν αἷμα· πρόσθε γὰρ κάτω
   Γῆς εἶσιν ἄστρα, γῆ δ' ἄνεισ' ⟨ἐς⟩ αἰθέρα   30
   Πρὶν ἐξ ἐμοῦ σοι θῶπ' ἀπαντῆσαι λόγον.

§ 14. Insipientes agrestes esse et exules.

677 Stobaeus ecl. II 103, 24 W. φασὶ δὲ καὶ ἄγροικον εἶναι πάντα φαῦλον· τὴν γὰρ ἀγροικίαν ἀπειρίαν εἶναι τῶν κατὰ πόλιν ἐθῶν καὶ νόμων· ᾗ πάντα φαῦλον ἔνοχον ὑπάρχειν. εἶναι δὲ καὶ ἄγριον, ἐναντιωτικὸν ὄντα 35 τῇ κατὰ νόμον διεξαγωγῇ καὶ θηριώδη καὶ βλαπτικὸν ἄνθρωπον. Τὸν δ' αὐτὸν τοῦτον καὶ ἀνήμερον ὑπάρχειν καὶ τυραννικόν, οὕτως διακείμενον ὥστε δεσποτικὰ ποιεῖν, ἔτι δὲ ὠμὰ καὶ βίαια καὶ παράνομα καιρῶν ἐπιλαβόμενος. Εἶναι δὲ καὶ ἀχάριστον, οὔτε πρὸς ἀνταπόδοσιν χάριτος οἰκείως ἔχοντα οὔτε

---

5 ἀνενδεῆ et mox ἐνδεῆ libri.   18 ἐπιφερομένας ⟨πληγὰς⟩ Wendl.
20 κείρασθαι libri, corr. Turn.   25 καρτερῶς ΒΗ, καρτερᾶς ΑΡ.   26 ἐξαδια-
φορεῖν Mang., ἔξω διαφορεῖν codd.   35 ἢ libri, corr. Meineke.

πρὸς μετάδοσιν διὰ τὸ μήτε κοινῶς τι ποιεῖν μήτε φιλικῶς μήτ' ἀμελε-
τήτως.

678 Philo quaest. et solut. in Genesin IV 165 (p. 371 Aucher). Ad
haec cum agrestis sit (scil. ὁ φαῦλος), est etiam urbe carens et transfuga
5 a lege et rectae vitae gustus nescius, rebellis et contumax, nullius rei
iustorum aut bonorum particeps, familiaritatis, humanitatis et communi-
tatis inimicus, vitam agens insociam.

679 Philo Leg. Alleg. III § 1 Vol. I p. 113,3 Wendl. δόγμα εἰση-
γεῖται διδάσκον, ὅτι ὁ φαῦλος φυγάς ἐστιν. εἰ γὰρ πόλις οἰκεία τῶν
10 σοφῶν ἡ ἀρετή, ταύτης ὁ μὴ δυνάμενος μετέχειν ἀπελήλαται πόλεως, ἧς
ἀδυνατεῖ μετέχειν ὁ φαῦλος. ἀπελήλαται ἄρα καὶ πεφυγάδευται μόνος ὁ
φαῦλος.

680 Philo de Gigantibus § 67 Vol. II p. 55,5 Wendl. ὅτι — ὁ
μὲν φαῦλος, ὥσπερ ἄοικος καὶ ἄπολις καὶ ἀνίδρυτος καὶ φυγὰς οὕτως
15 καὶ αὐτόμολος, ὁ δὲ σπουδαῖος βεβαιότατος σύμμαχος.

681 Philo quaest. et solut. in Genesin IV 76 (p. 304 Aucher). Se-
cundo vero legem statuit nimis naturalem, quam nonnulli philosophorum
sibi conciliarunt. Lex autem est, ut ex insipientibus nullus sit rex, quam-
vis terrae et maris totam vim subiugarit, sed solus sapiens et dei amans,
20 praeter partes apparatuum armorumque, quibus multi proficiunt per vim
violentam. Etenim sicut nauticae vel medicinae vel musicae si quis im-
peritus sit, pro argumento sunt ei clavus et medicaminum commixtura et
tibia et lyra (nullum enim istorum usurpare potest ad usum destinatum,
at nauarcho et medico ac musico dicatur omnino convenire) ita profecto,
25 siquidem ars est quaedam regium hoc munus et artifex homo virtute prae-
ditus. Nam qui imperitus est et nescius rerum homines iuvantium, rudis
atque rusticus est censendus, rex autem dicendus solus peritus gnarusque.

§ 15. Insipientes non esse verae rationis studiosos.

682 Stobaeus ecl. II 104, 10 W. Μηδὲ φιλόλογον εἶναι τὸν
30 φαῦλον μηδὲ φιλήκοον, παρὰ τὸ μηδ' ἀρχὴν παρεσκευάσθαι πρὸς τὴν
τῶν ὀρθῶν λόγων παραδοχὴν διὰ τὴν ὑπείκουσαν ἐκ τῆς διαστροφῆς ἀφρο-
σύνην, παρὰ τὸ μήτε προτετράφθαι τινὰ τῶν φαύλων μήτε προτρέ-
πειν πρὸς ἀρετήν· τὸν γὰρ προτετραμμένον ἢ προτρέποντα ἑτέρους ἕτοι-
μον εἶναι δεῖ πρὸς τὸ φιλοσοφεῖν, τὸν δ' ἕτοιμον ἀνεμποδίστως ἔχειν, μηδένα
35 ⟨δὲ⟩ τῶν ἀφρόνων εἶναι τοιοῦτον. Οὐ γὰρ τὸν προθύμως ἀκούοντα καὶ
ὑπομνηματιζόμενον τὰ λεγόμενα ὑπὸ τῶν φιλοσόφων ἕτοιμον εἶναι πρὸς τὸ
φιλοσοφεῖν, ἀλλὰ τὸν ἑτοίμως ἔχοντα πρὸς τὸ τὰ διὰ τῆς φιλοσοφίας παραγ-
γελλόμενα μεταφέρειν ἐπὶ τὰ ἔργα καὶ κατ' αὐτὰ βιοῦν. Οὐδένα δὲ τῶν
φαύλων τοιοῦτον εἶναι, προκατειλημμένον τοῖς τῆς κακίας δόγμασιν. Εἰ γὰρ
40 προετέτραπτό τις τῶν φαύλων, καὶ ἀπὸ τῆς κακίας ἂν ἐτέτραπτο. Οὐδεὶς δ'

1 μήτε—μήτε Meineke, μηδὲ—μηδὲ libri. || μήτ' Meineke, μηδ' libri.
10 conicio: πόλεως· ⟨τῆς δ' ἀρετ⟩ῆς. 30 ἀρχὴν Heeren, ἄρχειν libri. 31 ὑπεί-
κουσαν F ἀπήκουσαν P, παρήκουσαν vel ἀκολουθοῦσαν Usener. Fortasse: ὑπάρ-
χουσαν. 33 προτρέποντα Meineke, προτρεπόμενον libri. 35 δὲ add. Heeren.
40 ἀνετέτραπτο libri, corr. Meineke.

ἔχων τὴν κακίαν πρὸς ἀρετὴν τέτραπται, ὡς οὐδὲ νοσῶν πρὸς ὑγίειαν. μό-
νον δὲ προτετράφθαι τὸν σοφὸν καὶ μόνον προτρέπειν δύνασθαι, τῶν δ᾽
ἀφρόνων μηδένα. κατὰ γὰρ παραγγέλματα βιοῦν μηδένα τῶν ἀφρόνων· μηδ᾽
εἶναι φιλόλογον, λογόφιλον δὲ μᾶλλον, μέχρι λαλιᾶς ἐπιπολαίου προ-
βαίνοντα, μηκέτι δὲ καὶ τοῖς ἔργοις ἐκβεβαιούμενον τὸν τῆς ἀρετῆς λόγον. 5
683 Stobaeus ecl. II 105, 7. μηδὲ γὰρ φιλόπονόν τινα τῶν φαύ-
λων εἶναι· τὴν γὰρ φιλοπονίαν διάθεσιν ἐξεργαστικὴν εἶναι τῶν ἐπιβαλ-
λόντων ἀνυπόπτως διὰ πόνον· οὐδένα δὲ τῶν φαύλων ἀνυπόπτως ἔχειν πρὸς
τὸν πόνον.
684 Stobaeus eclog. II 7 p. 105, 11 Wachsm. Μηδὲ γὰρ τὴν κατ᾽ 10
ἀξίαν ποιεῖσθαι δόσιν τῆς ἀρετῆς τῶν φαύλων τινά, σπουδαῖον μὲν
γὰρ εἶναι τὴν δόσιν, ἐπιστήμην οὖσαν, καθ᾽ ἣν ἀξιόλογόν τι ἡγούμεθα περι-
ποιεῖσθαι. Τῶν δὲ σπουδαίων μηδὲν εἰς φαύλους πίπτειν, ὥστε μηδὲ τὴν
ἀξίαν τῆς ἀρετῆς δόσιν ποιεῖσθαί τινα τῶν φαύλων. Εἰ γὰρ τὴν κατ᾽ ἀξίαν
τις ἐποιεῖτο δόσιν τῶν ἀφρόνων τῆς ἀρετῆς, ἐφ᾽ ὅσον ἐτίμα ταύτην, ἀπῳ- 15
κονομεῖτο ἂν τὴν κακίαν. Πᾶς δέ τις ἄφρων σύνεστιν ἡδέως τῇ ἑαυτοῦ
κακίᾳ. Σκοπεῖν γὰρ δεῖ μὴ τὸν ἐξώφορον αὐτῶν λόγον, φαῦλον ὄντα, ἀλλὰ
τὸν τῶν πράξεων. Ἐκ τούτων γὰρ ἀπελέγχονται [καὶ] μὴ περὶ τὰ καλὰ καὶ
σπουδαῖα παρωρμημένοι, ἀλλὰ περὶ τὰς ἀνδραποδώδεις ἀμέτρους ἀπολαύσεις.

---

1 νόσον libri, corr. Heine.   8 τῶν cod. Aug., καὶ F.   11 φαύλων
Canter, libri σπουδαίων.   16 τις Wachsm., libri τε.   18 καὶ del. Heeren.

Ethica X.

Vitae agendae praecepta
i. e.
De singulis mediis officiis.

§ 1. De quaestu.

685 Diog. Laërt. VII 188 *ἐν δὲ τῷ δευτέρῳ περὶ βίων καὶ πορισμοῦ προνοεῖν, λέγων ὅπως ποριστέον τῷ σοφῷ. Καίτοι τίνος χάριν ποριστέον αὐτῷ; εἰ μὲν γὰρ τοῦ ζῆν ἕνεκεν, ἀδιάφορον τὸ ζῆν· εἰ δὲ ἡδονῆς, καὶ αὕτη ἀδιάφορος· εἰ δὲ τῆς ἀρετῆς, αὐτάρ-*
¹⁰ *κης αὕτη πρὸς εὐδαιμονίαν. καταγέλαστοι δὲ καὶ οἱ τρόποι τοῦ πορισμοῦ, οἷον οἱ ἀπὸ βασιλέως· εἴκειν γὰρ αὐτῷ δεήσει, καὶ οἱ ἀπὸ φιλίας· λήμματος γὰρ ὤνιος ἡ φιλία ἔσται. καὶ οἱ ἀπὸ σοφίας· μισθαρνήσει γὰρ ἡ σοφία.*

686 Stobaeus eclog. II 7 p. 109, 10. *Τρεῖς δὲ προηγουμένους εἶναι*
¹⁵ *βίους, τόν τε βασιλικὸν καὶ τὸν πολιτικὸν καὶ τρίτον τὸν ἐπιστημονικόν· ὁμοίως δὲ καὶ χρηματισμοὺς τρεῖς προηγουμένους, τόν τε ἀπὸ τῆς βασιλείας, καθ' ὃν ἢ αὐτὸς βασιλεύσει ἢ μοναρχικῶν χρημάτων εὐπορήσει· δεύτερον δὲ τὸν ἀπὸ τῆς πολιτείας, πολιτεύσεσθαι γὰρ κατὰ τὸν προη- γούμενον λόγον· καὶ γὰρ γαμήσειν καὶ παιδοποιήσεσθαι, ἀκολουθεῖν ⟨γὰρ⟩*
²⁰ *ταῦτα τῇ τοῦ λογικοῦ ζῴου καὶ κοινωνικοῦ καὶ φιλαλλήλου ⟨φύσει⟩. Χρη- ματιεῖσθαι οὖν καὶ ἀπὸ τῆς πολιτείας καὶ ἀπὸ τῶν φίλων, τῶν ἐν ὑπερο- χαῖς ὄντων. Περὶ δὲ τοῦ σοφιστεύσειν καὶ ἀπὸ σοφιστείας εὐπορήσειν χρημάτων διέστησαν οἱ ἀπὸ τῆς αἱρέσεως κατὰ τὸ σημαινόμενον. Τὸ μὲν γὰρ χρηματιεῖσθαι ἀπὸ τῶν κατὰ τὴν παιδείαν καὶ μισθοὺς ποτε λήψεσθαι*
²⁵ *παρὰ τῶν φιλομαθούντων διωμολογήσαντο· περὶ δὲ τὸ σημαινόμενον ἐγένετό τις ἐν αὐτοῖς ἀμφισβήτησις, τῶν μὲν αὐτὸ τοῦτο λεγόντων σοφιστεύειν, τὸ ἐπὶ μισθῷ μεταδιδόναι τῶν τῆς φιλοσοφίας δογμάτων, τῶν δ' ὑποτοπησάν- των ἐν τῷ σοφιστεύειν περιέχεσθαί τι φαῦλον, οἱονεὶ λόγους καπηλεύειν, οὐ*

---

6 βίων scripsi, βίου libri; Baguetus librum fingit περὶ βίου καὶ πορισμοῦ.
7 scribe προνοεῖ. 9 αὐτή B. 10 αὐτῇ B. 11 οἱ ex corr. B¹; scriben-
dum: ὅ. 12 scribendum: ὅ. ‖ scribendum: ὅ. 14 προηγορουμένους libri,
corr. Heeren. 17 καθ' ἦν libri, corr. idem. ‖ καὶ libri, corr. Heine. ‖ libri
μοναρχικοῖς, corr. Heeren. 18 -εύσεσθαι Meineke, trad. -εύεσθαι. 19 add.
Heeren. 22 σοφιστεύσειν Usener pro praes.

φαμένων δεῖν ἀπὸ παιδείας παρὰ τῶν ἐπιτυχόντων χρηματίζεσθαι, καταδεέστερον γὰρ εἶναι τὸν τρόπον τοῦτον τοῦ χρηματισμοῦ τοῦ τῆς φιλοσοφίας ἀξιώματος.

687 Diog. Laërt. VII 130. βίων δὲ τριῶν ὄντων, θεωρητικοῦ καὶ πρακτικοῦ καὶ λογικοῦ, τὸν τρίτον φασὶν αἱρετέον· γεγονέναι γὰρ 5 ὑπὸ τῆς φύσεως ἐπίτηδες τὸ λογικὸν ζῷον πρὸς θεωρίαν καὶ πρᾶξιν.

688 Plutarchus de Stoic. repugn. cp. 30 p. 1047 f. ἐν δὲ τῷ ἑβδόμῳ τοῦ Καθήκοντος καὶ κυβιστήσειν τρὶς (sc. τὸν σοφὸν) ἐπὶ τούτῳ λαβόντα τάλαντον.

689 Cicero de officiis III 10, 42. *Scite Chrysippus ut multa:* 10 *„Qui stadium, inquit, currit, eniti et contendere debet, quam maxime possit, ut vincat; supplantare eum, quocum certet, aut manu depellere nullo modo debet. Sic in vita sibi quemque petere quod pertineat ad usum, non iniquum est: alteri deripere ius non est."* 15

§ 2. De vita aulica.

690 Stobaeus ecl. II 111, 3 W. Καὶ βασιλεύσειν τέ ποτε τὸν νοῦν ⟨ἔχοντα⟩ καὶ βασιλεῖ συμβιώσεσθαι καὶ εὐφυΐαν ἐμφαίνοντι καὶ φιλομάθειαν. ἔφαμεν δ᾽ ὅτι καὶ πολιτεύεσθαι κατὰ τὸν προηγούμενον λόγον οἷόν ἐστι, μὴ πολιτεύεσθαι δὲ ἐάν τι ⟨κωλύῃ⟩ καὶ μάλιστ᾽ ⟨ἂν⟩ μηδὲν ὠφελεῖν 20 μέλλῃ τὴν πατρίδα, κινδύνους δὲ παρακολουθεῖν ὑπολαμβάνῃ μεγάλους καὶ χαλεποὺς ἐκ τῆς πολιτείας.

691 Plutarchus de Stoic. repugn. cp. 20 p. 1043 bc. ἀλλ᾽ αὐτὸς ὁ Χρύσιππος ἐν τῷ πρώτῳ περὶ Βίων „βασιλείαν τε τὸν σοφὸν ἑκουσίως ἀναδέχεσθαι, λέγει, χρηματιζόμενον ἀπ᾽ αὐτῆς· κἂν 25 αὐτὸς βασιλεύειν μὴ δύνηται, συμβιώσεται βασιλεῖ καὶ στρατεύσεται μετὰ βασιλέως, οἷος ἦν Ἰδάνθυρσος ὁ Σκύθης ἢ Λεύκων ὁ Ποντικός." Παραθήσομαι δὲ καὶ ταύτην αὐτοῦ τὴν διάλεκτον etc. — —

„Ὅτι γάρ, φησί, καὶ στρατεύσεται μετὰ δυναστῶν καὶ βιώ- 30 σεται, πάλιν ἐπισκεψώμεθα τούτων ἐχόμενοι, τινῶν μὲν οὐδὲ ταῦτα ὑπονοούντων διὰ τοὺς ὁμοίους ὑπολογισμούς, ἡμῶν δὲ καὶ ταῦτα ἀπολειπόντων, διὰ τοὺς παραπλησίους λόγους." καὶ μετὰ μικρόν· „Οὐ μόνον δὲ μετὰ τῶν προκεκοφότων ἐπὶ ποσὸν καὶ ἐν ἀγωγαῖς καὶ ἐν ἔθεσι ποιοῖς γεγονότων, οἷον 35 παρὰ Λεύκωνι καὶ Ἰδανθύρσῳ."

---

5 καὶ om. BP. ‖ καὶ om. BP.   18 ἔχοντα add. Heeren.   20 οἷόν ἐστι Heeren, οἷον μή τι libri. ‖ κωλύῃ add. Heine. ‖ ἂν add. Usener.   27 ὑδάνθυρσος aut ἐάνθυρσος libri.   33 ἀπολειπόντων Bernard., ἀπολιπόντων libri.

p. 1043 e. ὁ δὲ Χρύσιππος ἕνεκα χρηματισμοῦ τὸν σοφὸν ἐπὶ κεφαλὴν ἐς Παντικάπαιον ὠθεῖ καὶ τὴν Σκυθῶν ἐρημίαν. Plutarchus de comm. not. cp. 7 p. 1061 d. Ἆρ' οὖν ὁμοίως ὑγιείας ἐπιλειπούσης, αἰσθητηρίου καμόντος, οὐσίας ἀπολλυμένης ἀφρόν-
5 τιστός ἐστι καὶ πρὸς αὑτὸν οὐδὲν ἡγούμενος τούτων ὁ σοφός; ἢ „νοσῶν μὲν ἰατροῖς τελεῖ μισθούς, χρημάτων δ' ἕνεκα πρὸς Λεύκωνα πλεῖ τὸν ἐν Βοσπόρῳ δυνάστην, καὶ πρὸς Ἰδάνθυρσον ἀποδημεῖ τὸν Σκύθην"; ὥς φησι Χρύσιππος, „τῶν δ' αἰσθήσεων ἔστιν ἃς ἀποβαλὼν οὐδὲ ζῆν ὑπομένει";

10 **692** Strabo VII 8 p. 301 (de Scytharum veterum probitate). Οἱ μέντοι πρὸ ἡμῶν — — ὑπελαμβάνοντο παρὰ τοῖς Ἕλλησιν ὁποίους Ὅμηρός φησιν. ὅρα δὲ ἃ λέγει Ἡρόδοτος — — ὅρα δὲ καὶ ἃ λέγει Χρύσιππος περὶ τῶν τοῦ Βοσπόρου βασιλέων τῶν περὶ Λεύκωνα.

15 **693** Plutarchus de Stoic. repugn. cp. 20 p. 1043 e. Ὅτι γὰρ ἐργασίας ἕνεκα καὶ χρηματισμοῦ ταῦτα ποιεῖ (reges et principes comitatur), καὶ προδεδήλωκε (antecedunt duo primi libri fragmenta) „τρεῖς ὑποθέμενος ἁρμόζοντας μάλιστα τῷ σοφῷ χρηματισμούς, τὸν ἀπὸ βασιλείας καὶ τὸν ἀπὸ φίλων καὶ τρίτον ἐπὶ τού-
20 τοις τὸν ἀπὸ σοφιστείας."

cp. 30 p. 1047 f. Καὶ τὸν μὲν σοφὸν ἐν τοῖς περὶ Βίων καὶ βασιλεῦσι συνέσεσθαί φησιν ἕνεκα χρηματισμοῦ, καὶ σοφιστεύσειν ἐπ' ἀργυρίῳ, παρ' ὧν μὲν προλαμβάνοντα, πρὸς οὓς δὲ συντιθέμενον τῶν μαθητῶν.

25 ## § 3. De vita civili.

694 Stobaeus Florileg. 45,29. Χρυσίππου· Χρύσιππος ἐρωτηθεὶς διὰ τί οὐ πολιτεύεται, εἶπε· Διότι εἰ μὲν πονηρά[τις] πολιτεύεται, τοῖς θεοῖς ἀπαρέσει· εἰ δὲ χρηστὰ τοῖς πολίταις.

30 **695** Seneca ad Serenum de otio 8,1. *Adice nunc, quod e lege Chrysippi vivere otioso licet: non dico, ut otium patiatur, sed ut eligat. Negant nostri sapientem ad quamlibet rempublicam accessurum.*
idem ad Serenum de tranq. animi 1,10. *promptus, compositus sequor Zenona, Cleanthen, Chrysippum, quorum tamen nemo ad rem-
35 publicam accessit, nemo non misit.*

696 Seneca ep. 68,2. *Nec ad omnem rem publicam mittimus nec semper nec sine ullo fine: praeterea, cum sapienti rempublicam ipso dig-*

---

4 κάμνοντος Bernardakis. 15 γὰρ ἐργασίας Re. παρεργασίας libri.

nam dedimus, id est mundum, non est extra rem publicam, etiamsi recesserit.

697 Diog. Laërt. VII 121. πολιτεύσεσθαι φασὶ τὸν σοφὸν ἂν μή τι κωλύῃ, ὥς φησι Χρύσιππος ἐν πρώτῳ περὶ Βίων· καὶ γὰρ κακίαν ἐφέξειν καὶ ἐπ᾽ ἀρετὴν παρορμήσειν. 5

698 Plutarchus de Stoic. repugn. c. 5 p. 1034b. Χρύσιππος δὲ πάλιν ἐν τῷ περὶ Ῥητορικῆς γράφων „οὕτω ῥητορεύσειν καὶ πολιτεύσεσθαι τὸν σοφόν, ὡς καὶ τοῦ πλούτου ὄντος ἀγαθοῦ, καὶ τῆς δόξης καὶ τῆς ὑγείας“, ὁμολογεῖ τοὺς λόγους αὐτῶν ἀνεξόδους εἶναι καὶ ἀπολιτεύτους, καὶ τὰ δόγματα ταῖς χρείαις 10 ἀνάρμοστα καὶ ταῖς πράξεσιν.

699 Plutarchus de Stoic. repugn. cp. 23 p. 1045d. Ἃ δὲ τούτοις πάλιν αὐτὸς ἐξ ἐναντίας εἴρηκεν, οὐχ ὁμοίως οὕτως ἐν μέσῳ κείμενα, δι᾽ αὐτῶν παραθήσομαι τῶν ἐκείνου λέξεων. Ἐν μὲν γὰρ τῷ περὶ τοῦ Δικάζειν ὑποθέμενος δύο δρομεῖς ὁμοῦ συνεκπίπ- 15 τειν ἀλλήλοις, διαπορεῖ τί τῷ βραβευτῇ καθήκει ποιῆσαι·

„Πότερον, φησίν, ἔξεστι τὸν βραβευτὴν τὸν φοίνικα ὁποτέρῳ βούλεται ἀποδοῦναι, κ⟨αθ᾽ ὃ⟩ ἂν τύχωσιν αὐτῷ συνηθέστεροι ὄντες, ὡς ἂν ἐνταῦθα τῶν αὐτοῦ τι χαρισάμενον τρόπον τινά, ⟨ἢ⟩ μᾶλλον ὡς κοινοῦ τοῦ φοίνικος γεγονότος 20 ἀμφοτέρων, οἱονεί τινος κλήρου γινομένου ἐνάλλως κατὰ τὴν ἐπίκλισιν ὡς ἔτυχε δοῦναι αὐτόν· λέγω δὲ ἣν ἔτυχεν ἐπίκλισιν, οἷα γίνεται ὅταν δυεῖν προκειμένων δραχμῶν ὁμοίων κατὰ τὰ λοιπὰ ἐπὶ τὴν ἑτέραν ἐπικλίναντες λαμβάνωμεν αὐτήν.“ 25

700 Diog. Laërt. VII 131. πολιτείαν δὲ ἀρίστην τὴν μικτὴν ἔκ τε δημοκρατίας καὶ βασιλείας καὶ ἀριστοκρατίας.

§ 4. De vita scholastica.

701 Plutarchus de Stoic. repugn. cp. 20 p. 1043e. Οὕτω δὲ αὐτὸν (sc. sapientem) ἄρας ἐκεῖ (in libro περὶ Φύσεως) καὶ ὀγκώσας 30 ἐνταῦθα πάλιν εἰς μισθαρνίαν καταβάλλει καὶ σοφιστείαν· καὶ γὰρ αἰτήσειν καὶ προλήψεσθαι, τὸ μὲν εὐθὺς ἀρχομένου, τὸ δὲ χρόνου τῷ μαθητῇ διελθόντος, ὅπερ εὐγνωμονέστερον εἶναι

---

3 cf. Stobaeus eclog. II 7 p. 111,5, p. 94,8 W. et Zenonem apud Senecam dial. VIII 3, 2. — πολιτεύεσθαι BP. 5 καὶ om. BP. 18 καθ᾽ ὃ ἂν scripsi, κἂν libri. 20 ἢ addidi, quod sufficit, si ex verbo antecedente ἔξεστιν potest suppleri δεῖ, quo hic opus est. 22 verba ὡς ἔτυχε melius ante ἐπίκλισιν collocarentur.

φησιν, ἀσφαλέστερον δὲ τὸ προλαμβάνειν, ὡς ἀδικήματα
τοῦ τόπου ἐπιδεχομένου. Λέγει δὲ οὕτως·

„Εἰσπράττονται δὲ τὸν μισθὸν οὐ πάντας οἱ νοῦν ἔχοντες
ὡσαύτως· ἀλλ᾽ ἄλλως ⟨ἄλλους⟩, ὡς ἂν ὁ καιρὸς φέρῃ, οὐκ
5 ἐπαγγελλόμενοι ποιήσειν ἀγαθούς, καὶ ταῦτ᾽ ἐν ἐνιαυτῷ· ὅσα
δὲ πρὸς ἑαυτούς, ταῦτα ποιήσειν πρὸς τὸν συμφωνηθέντα
χρόνον." Καὶ πάλιν προελθών· „Τόν τε καιρὸν εἴσεται, πότερον
εὐθὺς δεῖ τὸν μισθὸν λαμβάνειν ἅμα τῇ προσόδῳ, καθάπερ
πλείους πεποιήκασιν, ἢ καὶ χρόνον αὐτοῖς διδόναι, τοῦ τό-
10 που τούτου μᾶλλον καὶ ἀδικήματα ἐπιδεχομένου, δόξαντος δ᾽
ἂν εἶναι εὐγνωμονεστέρου."

702 Plutarchus de Stoic. repugn. cp. 2 p. 1033 d. *Αὐτὸς γοῦν
Χρύσιππος ἐν τῷ τετάρτῳ περὶ Βίων οὐδὲν οἴεται τὸν σχολαστι-
κὸν βίον τοῦ ἡδονικοῦ διαφέρειν· αὐτὰς δὲ παραθήσομαι τὰς λέξεις·*
15 „Ὅσοι δὲ ὑπολαμβάνουσι φιλοσόφοις ἐπιβάλλειν μάλιστα
τὸν σχολαστικὸν βίον ἀπ᾽ ἀρχῆς, οὗτοί μοι δοκοῦσι διαμαρ-
τάνειν, ὑπονοοῦντες διαγωγῆς τινος ἕνεκεν δεῖν τοῦτο ποιεῖν
ἢ ἄλλου τινὸς τούτῳ παραπλησίου, καὶ τὸν ὅλον βίον οὕτω
πως διελκύσαι· τοῦτο δ᾽ ἐστίν, ἂν σαφῶς θεωρηθῇ, ἡδέως. Οὐ
20 γὰρ δεῖ λανθάνειν τὴν ὑπόνοιαν αὐτῶν, πολλῶν μὲν σαφῶς
τοῦτο λεγόντων, οὐκ ὀλίγων δ᾽ ἀδηλότερον."

*Τοῦτο οὖν ὁ Χρύσιππος, ὁ γέρων, ὁ φιλόσοφος, ὁ τὸν βασιλι-
κὸν καὶ πολιτικὸν ἐπαινῶν βίον.* ibidem.

703 Plutarchus de Stoic. repugn. cp. 20 p. 1043 a. *Μία σύν-
25 ταξις ἡ περὶ Βίων, τέτταρα βιβλία· τούτων ἐν τῷ τετάρτῳ
λέγει, τὸν σοφὸν ἀπράγμονά τε εἶναι καὶ ὀλιγοπράγμονα καὶ
τὰ αὑτοῦ πράττειν· ἔστι δὲ ἡ λέξις αὕτη·*

„Οἶμαι γὰρ ἔγωγε τὸν φρόνιμον καὶ ἀπράγμονα εἶναι καὶ
ὀλιγοπράγμονα, καὶ τὰ αὑτοῦ πράττειν, ὁμοίως τῆς τε αὐτο-
30 πραγίας καὶ τῆς ὀλιγοπραγμοσύνης ἀστείων ὄντων."

704 Plutarchus de Stoic. repugn. cp. 20 p. 1043 b. *Τὰ δὲ ὅμοια
σχεδὸν ἐν τῷ περὶ τῶν Δι᾽ αὑτὰ Αἱρετῶν εἴρηκε ταύταις ταῖς λέξεσι·*
„Τῷ γὰρ ὄντι φαίνεται ὁ κατὰ τὴν ἡσυχίαν βίος ἀκίνδυ-
νόν τι καὶ ἀσφαλὲς ἔχειν, οὐ πάνυ τῶν πολλῶν δυναμένων
35 τοῦτο συνιδεῖν."

---

3 πάντας Emperius, πάντες libri. 4 ἄλλους Emperius, πλῆθος libri.
5 ἐπαγγελλόμενοι cod. E. Reiske, ἐπαγγελλομένων ceteri codd. ‖ ὅσα cod. E.
ὅσον vulgo. 20 scil. Epicurus. 21 scil. Peripatetici. 26 ὀλιγοπράγμονα
Reiske, ἰδιοπράγμονα libri. 29 servitus definitur: στέρησις αὐτοπραγίας Diog.
Laërt. VII 121 extr.

§ 5. De victu simplici.

705 Plutarchus de Stoic. repugn. cp. 32 p. 1049a. Ἐγκαλοῦϲιν αὐτῷ τινὲϲ τῶν Πυθαγορικῶν ἐν τοῖϲ περὶ Δικαιοϲύνηϲ γράφοντι περὶ τῶν ἀλεκτρυόνων, ὅτι „χρηϲίμωϲ γεγόναϲι· ἐπεγείρουϲι γὰρ ἡμᾶϲ καὶ τοὺϲ ϲκορπίουϲ ἐκλέγουϲι καὶ κατὰ τὰϲ μάχαϲ 5 ἐπιϲτρέφουϲι, ζῆλόν τινα πρὸϲ ἀλκὴν ἐμποιοῦντεϲ· ὅμωϲ δὲ δεῖ κατεϲθίειν καὶ τούτουϲ, ἵνα μὴ τὴν χρείαν ὑπερβάλλῃ τὸ πλῆθοϲ τῶν νεοττῶν."

706 Plutarchus de Stoic. repugn. cp. 21 p. 1044b. *Ἐν δὲ τῷ περὶ Πολιτείαϲ „οὐδὲν ἡδονῆϲ ἕνεκα πράξειν οὐδὲ παρα-* 10 *σκευάϲεϲθαί φηϲι τοὺϲ πολίταϲ" καὶ τὸν Εὐριπίδην ἐπαινεῖ, ταῦτα προφεφόμενοϲ* (fab. inc. 884N)

Ἐπεὶ τί δεῖ βροτοῖϲι, πλὴν δυοῖν μόνων,
Δήμητροϲ ἀκτῆϲ πώματόϲ θ' ὑδρηχόου;

εἶτα μικρὸν ἀπὸ τούτων προελθὼν ἐπαινεῖ τὸν Διογένη, τὸ αἰ- 15 δοῖον ἀποτριβόμενον ἐν φανερῷ καὶ λέγοντα πρὸϲ τοὺϲ παρόνταϲ· Εἴθε καὶ τὸν λιμὸν οὕτωϲ ἀποτρίψαϲθαι τῆϲ γαϲτρὸϲ ἠδυνάμην.

Cf. Gellius N. A. VI 16, 6. *si versus Euripidi recordemur, quibus saepissime Chrysippus philosophus usus, tanquam edendi ** repertas* 20 *esse non per usum vitae necessarium, sed per luxum animi, parata atque facilia fastidientis per inprobam satietatis lasciviam. Versus Euripidi adscribendos putavi:*

Ἐπεὶ τί δεῖ βροτοῖϲι, πλὴν δυεῖν μόνον,
Δήμητροϲ ἀκτῆϲ, πώματοϲ θ' ὑδρηχόου, 25
Ἅπερ πάρεϲτι καὶ πέφυχ' ἡμᾶϲ τρέφειν;
Ὧν οὐκ ἀπαρκεῖ πληϲμονή, τρυφῇ δέ τοι
Ἄλλων ἐδεϲτῶν μηχανὰϲ θηρώμεθα.

707 Philo de fortitudine p. 376 Vol. II Mang. *Ἐνδεὴϲ δὲ — — τὸ παράπαν οὐδὲ εἷϲ ἐϲτι χορηγὸν ἔχων τὸν τῆϲ φύϲεωϲ ἀκαθαίρετον πλοῦ-* 30 *τον· ἀέρα μὲν τὴν πρώτην καὶ ἀναγκαιοτάτην καὶ ϲυνεχῆ τροφήν, ἀδιαϲτά-τωϲ μεθ' ἡμέραν τε καὶ νύκτωρ ἀναπνεόμενον· ἔπειτα δὲ πηγὰϲ ἀφθόνουϲ — — πρὸϲ πότου χρῆϲιν· ἔπειτα εἰϲ ἐδωδὴν φορὰϲ παντοίων καρπῶν καὶ δένδρων ἰδέαϲ, ἃϲ τὰϲ ἐτηϲίουϲ ὀπώραϲ ἀεὶ φέρουϲι.*

708 Athenaeus I 18b. *ἐϲ τὸ πρέπον δὲ Ὅμηροϲ ἀφορῶν τοὺϲ* 35 *ἥρωαϲ οὐ παρήγαγεν ἄλλο τι δαινυμένουϲ ἢ κρέα καὶ ταῦτα ἑαυτοῖϲ ϲκευάζονταϲ. οὐ γὰρ ἔχει γέλωτα οὐδ' αἰϲχύνην ὀψαρτύονταϲ αὐτοὺϲ καὶ ἕψονταϲ ὁρᾶν. ἐπετήδευον γὰρ τὴν αὐτοδιακονίαν καὶ*

---

37 ϲκευάζονται CE, corr. Mus.

ἐκαλλωπίζοντο, φησὶ Χρύσιππος, τῇ ἐν τούτοις εὐστροφίᾳ. Ὀδυσσεὺς γοῦν δαιτρεῦσαί τε καὶ „πῦρ νηῆσαι" οἷος οὐκ ἄλλος δεξιὸς εἶναί φησι (ο 322). καὶ ἐν Λιταῖς δὲ Πάτροκλος καὶ Ἀχιλλεὺς πάντα εὐτρεπίζει (Ι 202. 209). καὶ Μενελάου δὲ τελοῦντος γάμους ὁ νυμ-
5 φίος Μεγαπένθης οἰνοχοεῖ (ο 141). νῦν δὲ ἐπὶ τοσοῦτον ἐκπεπτώ-καμεν, ὡς κατακεῖσθαι δαινύμενοι.

709 Athenaeus III 104b. εἰς ταῦτ' οὖν τις ἀποβλέπων, ἄνδρες φίλοι, εἰκότως ἂν ἐπαινέσειεν τὸν καλὸν Χρύσιππον κατιδόντα ἀκρι-βῶς τὴν Ἐπικούρου φύσιν καὶ εἰπόντα μητρόπολιν εἶναι τῆς
10 φιλοσοφίας αὐτοῦ τὴν Ἀρχεστράτου Γαστρολογίαν, ἣν πάντες οἱ τῶν φιλοσόφων γαστρίμαργοι Θεογνίν τινα αὐτῶν εἶναι λέγουσι τὴν καλὴν ταύτην ἐποποιΐαν.

idem VII 278e. Χρύσιππος δ' αὐτὸν (scil. Archestratum), ὁ ὄντως φιλόσοφος καὶ περὶ πάντα ἀνὴρ ἀρχηγὸν Ἐπικούρῳ
15 φησὶ γενέσθαι καὶ τοῖς τὰ τούτου ἐπισταμένοις τῆς πάντα διαλυμηναμένης ἡδονῆς· καὶ γὰρ οὐκ ἐγκαλυπτόμενος ὁ Ἐπίκου-ρος λέγει, ἀλλὰ μεγάλῃ τῇ φωνῇ· „οὐ γὰρ ἔγωγε δύναμαι νοῆσαι τἀ-γαθὸν ἀφελὼν μὲν τὴν διὰ χυλῶν, ἀφελὼν δὲ τὴν δι' ἀφροδισίων ἡδονήν." οἴεται γὰρ οὗτος ὁ σοφὸς καὶ τὸν τῶν ἀσώτων βίον ἀνε-
20 πίληπτον εἶναι, εἴπερ αὐτῷ προσγένοιτο τὸ ἀδεὲς καὶ ἵλεων.

709a Athenaeus Deipnosoph. IV p. 158a. Στωϊκὸν δὲ δόγμα ἐστὶν ὅτι τε πάντα εὖ ποιήσει ὁ σοφὸς καὶ φακῆν φρονίμως ἀρ-τύσει. διὸ καὶ Τίμων ὁ Φλιάσιος ἔφη „καὶ Ζηνώνειόν γε φακῆν ἕψειν ὃς μὴ φρονίμως μεμάθηκεν" ὡς οὐκ ἄλλως δυναμένης ἑψηθῆναι
25 φακῆς, εἰ μὴ κατὰ τὴν Ζηνώνειον ὑφήγησιν, ὃς ἔφη
εἰς δὲ φακῆν ἔμβαλλε δυωδέκατον κοριάννου
Καὶ Κράτης δ' ὁ Θηβαῖος ἔλεγε
μὴ πρὸ φακῆς λοπάδ' αὔξων
εἰς στάσιν ἄμμε βάλῃς.
30 Χρύσιππος δὲ ἐν τῷ περὶ τοῦ καλοῦ γνώμας τινὰς ἡμῖν εἰσ-φέρων φησί
μὴ ⟨μοί⟩ποτ' ἐλαίαν ἔϲϑι' ἀκαλήφην ἔχων.
χειμῶνος ὥρᾳ βολβοφακῆν βαβαὶ βαβαί.
βολβοφακῆ δ' ἴϲον ἀμβροσίῃ ψύχους κρυόεντος.

35 **710** Georgius Nazianzenus carmin. lib. I sect. II 10 (περὶ ἀρετῆς) v. 604
Κἀκεῖνο δ' οἷον Στωϊκῶν τῶν φιλτάτων
Ὡς ἄλλος ἄλλῳ σαρκίῳ τις προσλαλῶν·
„Τί σοι χρεωστῶ, φησίν, ἄθλιον δέρος;

---

10 ἣν] ὅθεν coni Wilam.   11 θεογονίαν A, corr. Welcker.   19 οὗτος scripsi, οὕτως libri. ‖ τῶν om. A.   32 μήποτ' A μὴ μοί ποτ' Meineke, μηδέ-ποτε Bgk., Kaibel.   34 trad. δ' οἷον; corr. Meineke.

Φαγεῖν; μέγιστον ἄρτος ἐνδεῶς δοθείς.
Πιεῖν; ὕδωρ σοι δώσομεν καὶ ὀξίνην.
Οὐ ταῦτά μ' αἰτεῖς, τὰ τρυφῆς δὲ καὶ κόρου
Κρυσταλλίνων τε ἁβρότητ' ἐκπωμάτων.
Λίαν ἑτοίμως δώσομεν γ', ἀλλ' ἀγχόνην." 5

711 Alexander in Aristot. Top. p. 46 Ald. p. 84, 14 Wal. τὰ μὲν
γὰρ ἂν σύνεγγυς ἡ ἀπόδειξις ῥᾴδια καὶ εὔγνωστα καὶ διὰ βραχείας ἐπιστά-
σεως γνωριζόμενα. — — τοιαῦτά ἐστι καὶ τὰ ἐν τοῖς περὶ καθηκόντων
ὑπὸ τῶν ἀπὸ τῆς Στοᾶς ζητούμενα, οἷον πότερον χρὴ συναριστῶντά τισιν
ἢ τῷ πατρὶ ἐκτείνειν ἐπὶ τὰ πορρωτέρω μέρη τὴν χεῖρα, ἂν ᾖ μείζω, ἢ μὴ 10
ἀλλ' ἀρκεῖσθαι τοῖς παρακειμένοις, ἢ εἰ χρὴ ἀκούοντας φιλοσόφου ἐπηλλα-
χέναι τοὺς πόδας.

712 Philo de plantatione Noë § 142 Vol. II p. 161, 18 Wendl.
Ἐσπουδάσθη δὲ παρὰ πολλοῖς τῶν φιλοσόφων ἡ σκέψις οὐ μετρίως· προ-
τείνεται δὲ οὕτως· εἰ μεθυσθήσεται ὁ σοφός; Ἔστι τοίνυν τὸ μεθύειν 15
διττόν, ἓν μὲν ἴσον τι τῷ οἰνοῦσθαι· ἕτερον δὲ ἴσον τῷ ληρεῖν ἐν οἴνῳ. Τῶν
δὲ ἐπιχειρησάντων τῇ προτάσει οἱ μὲν ἔφασαν μήτε ἀκράτῳ πλείονι χρή-
σεσθαι τὸν σοφὸν μήτε ληρήσειν· τὸ μὲν γὰρ ἁμάρτημα, τὸ δὲ ἁμαρτήματος
εἶναι ποιητικόν, ἑκάτερον δὲ ἀλλότριον κατορθοῦντος. Οἱ δὲ τὸ μὲν οἰ-
νοῦσθαι καὶ σπουδαίῳ προσῆκον ἀπεφήναντο, τὸ δὲ ληρεῖν ἀνοίκειον. Τὴν 20
γὰρ ἐν αὐτῷ φρόνησιν ἱκανὴν εἶναι τοῖς βλάπτειν ἐπιχειροῦσιν ἀντιστατῆσαι
καὶ τὸν ἐπὶ τῇ ψυχῇ νεωτερισμὸν αὐτῶν καθελεῖν· δύναμιν δὲ περιβεβλῆσθαι
φρόνησιν παθῶν σβεστήριον, εἴτε ὑπὸ φλεγμαίνοντος ἔρωτος οἴστρῳ ἀνερ-
ριπισμένων, εἴτε ὑπὸ πολλοῦ καὶ ζέοντος ἐξημμένων οἴνου, δι' ἣν ὑπεράνω
στήσεται. Ἐπεὶ καὶ τῶν κατὰ ποταμοῦ βαθέος ἢ θαλάττης δυομένων οἱ 25
μὲν ἄπειροι τοῦ ναυτίλλεσθαι διαφθείρονται, οἱ δὲ τοῦ πράγματος ἐπιστή-
μονες τάχιστα διασῴζονται. — —

§ 149. Τὰ μὲν οὖν ὡσανεὶ προοίμια τῆς σκέψεως τοιαῦτά ἐστι. τὸν
δὲ περὶ αὐτῆς λόγον ἤδη περαίνωμεν, διπλοῦν ὡς εἰκὸς ὄντα· τὸν μὲν ὅτι
ὁ σοφὸς μεθυσθήσεται κατασκευάζοντα, τὸν δὲ τοὐναντίον ὅτι οὐ μεθυσθή- 30
σεται βεβαιούμενον.

Τοῦ δὲ προτέρου τὰς πίστεις ἁρμόττον λέγειν πρότερον, ποιησαμέ-
νους ἐνθένδε τὴν ἀρχήν· τῶν πραγμάτων τὰ μὲν ὁμώνυμα, τὰ δὲ συνώνυμα
εἶναι συμβέβηκεν (Sequitur longior de homonymia et synonymia disputatio).

§ 154. τὸν ἄκρατον ὥσπερ οἶνον, οὕτως καὶ μέθυ οἱ παλαιοὶ ἐκάλουν· 35
πολλαχοῦ γοῦν τῆς ποιήσεώς ἐστι τουτὶ τοὔνομα ἐμφερόμενον, ὥστ' εἰ τὰ
συνωνυμοῦντα καθ' ἑνὸς ὑποκειμένου λέγεται, οἶνος καὶ μέθυ, καὶ τὰ ἀπὸ
τούτων οὐδὲν ὅτι μὴ φωναῖς διοίσει μόνον, τό τε οἰνοῦσθαι καὶ τὸ μεθύειν
[ἕν]. ἑκάτερον δὲ πλείονος οἴνου χρῆσιν ἐμφαίνει, ἣν πολλῶν ἕνεκα αἰτιῶν
οὐκ ἂν ἀποστρέφοιτο ὁ σπουδαῖος. Εἰ δὲ οἰνωθήσεται, καὶ μεθυσθήσεται, 40
χεῖρον οὐδὲν ἐκ τῆς μέθης διατεθείς, ἀλλὰ ταὐτὸν ὅπερ καὶ [ὁ] ἐκ ψιλῆς
τῆς οἰνώσεως παθών. Μία μὲν ἀπόδειξις περὶ τοῦ τὸν σοφὸν μεθυσθῆναι
λέλεκται, δευτέρα δέ ἐστι τοιαύτη. (Cetera a Chrysippo aliena.)

17 χρήσεσθαι Mang., χρῆσθαι codd. 18 ληρήσειν Gª (coni. Mang.), ληρήσει
ceteri. 22 τὴν ψυχὴν Wendl. ‖ προβεβλῆσθαι Wendl. 23 οἴστρων coni.
Wendl. 24 ἐξημμένῳ MGUF. 39 ἓν GH ἓν UF ἐὰν M, seclusit Wendl.
41 ὁ seclusi. 42 οἰνώσεως Mang., γνώσεως codd.

713 Stobaeus Florileg. 18, 24. Χρυσίππου· Μικρὰν φασὶ μανίαν εἶναι τὴν μέθην.

714 Plutarchus de Stoic. repugn. cp. 21 p. 1044d. Ἐν δὲ τῷ περὶ Πολιτείας εἰπὼν ὅτι „ἐγγύς ἐσμεν τοῦ καὶ τοὺς κοπρῶ-
5 νας ζωγραφεῖν" μετ' ὀλίγον „τὰ γεωργικά φησι καλλωπίζειν τινὰς ἀναδενδράσι καὶ μυρρίναις, καὶ ταὼς καὶ περιστερὰς τρέφουσι καὶ πέρδικας, ἵνα κακκαβίζωσιν αὐτοῖς, καὶ ἀηδό-
νας." Ἡδέως δ' ἂν αὐτοῦ πυθοίμην, τί φρονεῖ περὶ μελιττῶν καὶ μέλιτος etc. — εἰ δὲ ταύταις τόπον ἐν πόλει δίδωσι, διὰ τί τῶν
10 πρὸς ἀκοὴν καὶ ὄψιν ἐπιτερπῶν ἀπείργει τοὺς πολίτας;

715 Diog. Laërt. VII 123. τὴν μέντοι ἄσκησιν ἀποδέξεται (scil. ὁ σοφὸς) ὑπὲρ τῆς τοῦ σώματος ὑπομονῆς.

§ 6. De amore.

716 Diog. Laërt. VII 129. καὶ ἐρασθήσεσθαι δὲ τὸν σοφὸν
15 τῶν νέων, τῶν ἐμφαινόντων διὰ τοῦ εἴδους τὴν πρὸς ἀρετὴν εὐφυΐαν, ὥς φησι Ζήνων ἐν τῇ πολιτείᾳ καὶ Χρύσιππος ἐν τῷ πρώτῳ περὶ Βίων καὶ Ἀπολλόδωρος ἐν τῇ ἠθικῇ. εἶναι δὲ τὸν ἔρωτα ἐπιβολὴν φιλοποιΐας, διὰ κάλλος ἐμφαινόμενον· καὶ μὴ εἶναι συνουσίας, ἀλλὰ φιλίας. τὸν γοῦν Θρασωνίδην καίπερ ἐν ἐξουσίᾳ
20 ἔχοντα τὴν ἐρωμένην διὰ τὸ μισεῖσθαι ἀπέχεσθαι αὐτῆς (cf. n. 650 sq.).

717 Stobaeus ecl. II 65, 15 W. δογματίζουσι καὶ ὅτι καὶ νουνεχόν-
τως καὶ διαλεκτικῶς ποιεῖ (scil. ὁ σοφὸς) καὶ συμποτικῶς καὶ ἐρωτικῶς. τὸν δὲ ἐρωτικὸν καὶ διχῇ λέγεσθαι, τὸν μὲν κατὰ τὴν ἀρετὴν ποιὸν σπου-
δαῖον ὄντα, τὸν δὲ κατὰ τὴν κακίαν ἐν ψόγῳ, ὡς ἂν ἐρωτομανῆ τινα.
25 εἶναι δ' ἔρωτα ⟨τὸν σπουδαῖον φιλίας⟩. τόν τ' ἀξιέραστον ὁμοίως λέγεσθαι τῷ ἀξιοφιλήτῳ, καὶ οὐ τῷ ἀξιαπολαύστῳ· τὸν γὰρ ἄξιον σπουδαίου ἔρωτος, τοῦτον εἶναι ἀξιέραστον. Ὁμοίως δὲ τῇ ἐρωτικῇ τὴν συμποτικὴν παρα-
λαμβάνουσιν εἰς τὰς ἀρετάς, τὴν μὲν περὶ τὸ ἐν συμποσίῳ καθῆκον ἀνα-
στρεφομένην ἐπιστήμην οὖσαν τοῦ πῶς δεῖ ἐξάγεσθαι τὰ συμπόσια καὶ τοῦ
30 πῶς δεῖ συμπίνειν· τὴν δ' ἐπιστήμην νέων θήρας εὐφυῶν, προτρεπτικὴν οὖσαν ἐπὶ τὴν κατ' ἀρετήν, καὶ καθόλου ἐπιστήμην τοῦ καλῶς ἐρᾶν· διὸ καὶ φασιν ἐρασθήσεσθαι τὸν νοῦν ἔχοντα. Τὸ δὲ ἐρᾶν αὐτὸ μόνον ἀδιάφο-
ρον εἶναι, ἐπειδὴ γίνεταί ποτε καὶ περὶ φαύλους. Τὸν δὲ ἔρωτα οὔτε ἐπι-
θυμίαν εἶναι οὔτε τινὸς φαύλου πράγματος, ἀλλ' ἐπιβολὴν φιλοποιΐας διὰ
35 κάλλους ἔμφασιν.

718 Diog. Laërt. VII 129. εἶναι οὖν τὸν ἔρωτα φιλίας, ὡς καὶ

---

18 φιλευποιΐας P. 21 καὶ νουνεχόντως Usener, κατὰ νοῦν ἔχων libri.
25 εἶναι δ' Wachsm., εἰ δ' libri. ‖ τὸν—φιλίας suppl. Wachsm. 26 οὐ τῷ
Usener, οὕτως libri. 29. 30 τοῦ πῶς bis Heeren, τὸ πῶς libri. 30 προ-
τρεπτικὴν Wachsm., πρὸς τρέψιν (vel τέρψιν) libri. 31 ἐπὶ τ⟨ὸ ζ⟩ῆν Meineke.
32 ἀδιάφορον Heeren, διάφορον libri.

Χρύσιππος ἐν τῷ περὶ Ἔρωτος φησί, καὶ μὴ εἶναι ἐπίμεμπτον αὐτόν. εἶναι δὲ καὶ τὴν ὥραν ἄνθος ἀρετῆς.

719 Plutarchus de comm. not. cp. 28 p. 1072f. Τῶν δὲ περὶ Ἔρωτος φιλοσοφουμένων ἐν τῇ Στοᾷ παρὰ τὰς κοινὰς ἐννοίας, τῆς ἀτοπίας πᾶσιν αὐτοῖς μέτεστιν. „Αἰσχροὺς μὲν γὰρ εἶναι τοὺς 5 νέους, φαύλους γ᾽ ὄντας καὶ ἀνοήτους, καλοὺς δὲ τοὺς σοφούς· ἐκείνων δὲ τῶν καλῶν μηδένα μήτ᾽ ἐρᾶσθαι μήτ᾽ ἀξιέραστον εἶναι." Καὶ οὐ τοῦτό πω δεινόν· ἀλλὰ καὶ „τοὺς ἐρασθέντας αἰσχρῶν παύεσθαι λέγουσι καλῶν γενομένων." p. 1072b. Ἦν δὲ λέγοντες καὶ ὀνομάζοντες ἔμφασιν κάλλους ἐπαγωγὸν εἶναι τοῦ 10 ἔρωτος λέγουσι, πρῶτον μὲν οὐκ ἔχει τὸ πιθανόν· ἐν γὰρ αἰσχίστοις καὶ κακίστοις οὐκ ἂν ἔμφασις γένοιτο κάλλους· εἴπερ, ὡς λέγουσιν, ἡ μοχθηρία τοῦ ἤθους ἀναπίμπλησι τὸ εἶδος.

ibidem. θήρα γάρ τις, φασίν, ἐστὶν ὁ ἔρως, ἀτελοῦς μέν, εὐφυοῦς δὲ μειρακίου πρὸς ἀρετήν. 15

720 Stobaeus Florileg. 63, 31 Mein. Χρυσίππου· Εἰπόντος τινός, οὐκ ἐρασθήσεται ὁ σοφός· μαρτυρεῖ γοῦν Μενέδημος, Ἐπίκουρος, Ἀλεξῖνος· Ταύτῃ, ἔφη, χρήσομαι ἀποδείξει· εἰ γὰρ Ἀλεξῖνος ὁ ἀνάγωγος καὶ Ἐπίκουρος ὁ ἀναίσθητος καὶ Μενέδημος ὁ — — οὔ φησιν, ἐρασθήσεται ἄρα. 20

721 Scholia Dionys. Thrac. Bekker Anecd. Gr. p. 667. καὶ πάλιν τὸν ἔρωτα οἱ μὲν Ἐπικούρειοί φασιν εἶναι σύντονον ἀφροδισίων ὄρεξιν, οἱ δὲ ἀπὸ τῆς Στοᾶς ἐπιβολὴν φιλοποιΐας νέων [κορῶν] διὰ κάλλος ἐμφαινόμενον· διπλοῦς δὲ ὁ ἔρως ἐστίν, ὁ μὲν ψυχῆς, ὁ δὲ σώματος.

722 Alexander Aphrod. comm. in Aristot. Topica II p. 75 Ald. p. 139, 21 25 Wal. ἀλλὰ καὶ τὸ ὅτι οὐδεὶς ἔρως ἀστεῖος πρόβλημα καθόλου ὂν ἀποφατικὸν ἀνασκευάσομεν ὅτι μὴ πᾶς ἔρως φαῦλος, διελόντες τὸν ἔρωτα εἴς τε σύντονον ὄρεξιν ἀφροδισίων ὡς Ἐπίκουρος λέγει, ὃν οὐχ οἷόν τε ἀστεῖον εἶναι, καὶ εἰς ἐπιβολὴν φιλοποιΐας διὰ κάλλος ἐμφαινόμενον, ὡς οἱ ἀπὸ τῆς Στοᾶς.

Cf. etiam p. 77 Ald. p. 144, 5 Wal. 30

§ 7. De amicitia et gratia.

723 Clemens Al. Strom. II p. 483 Pott. Τριττὰ δὲ εἴδη φιλίας διδασκόμεθα καὶ τούτων τὸ μὲν πρῶτον καὶ ἄριστον τὸ κατ᾽ ἀρετήν· στερρὰ γὰρ ἡ ἐκ λόγου ἀγάπη· τὸ δὲ δεύτερον καὶ μέσον κατ᾽ ἀμοιβήν· κοινωνικὸν δὲ τοῦτο καὶ μεταδοτικὸν καὶ βιωφελές· κοινὴ γὰρ ἡ ἐκ χάριτος φιλία· τὸ 35 δὲ ὕστατον καὶ τρίτον ἡμεῖς μὲν τὸ ἐκ συνηθείας φαμέν· οἱ δὲ τὸ καθ᾽ ἡδονὴν τρεπτὸν καὶ μεταβλητόν.

---

1 θεόπεμπτον B ἐπίμεμπτον, ἐπιμ in litura P³. 23 ed. ἐπιβουλήν.
24 ed. ἐμφαινομένην. 33 dubitari potest, num haec ad veteres Stoicos pertineant, sed illud κατ᾽ ἀμοιβήν optime quadrat in ea, quae de pilae lusu dixit Chrysippus cf. n. 725.

724 Plutarchus de Stoic. repugn. cp. 13 p. 1039 b. Ἔτι τοίνυν ἐν τῷ δευτέρῳ περὶ Φιλίας, διδάσκων ὡς οὐκ ἐπὶ πᾶσι δεῖ τοῖς ἁμαρτήμασι τὰς φιλίας διαλύεσθαι, ταύταις κέχρηται ταῖς λέξεσι (sc. Chrysippus)

5 „Προσήκει γὰρ τὰ μὲν ὅλως παραπέμπεσθαι, τὰ δὲ μικρᾶς ἐπιστροφῆς τυγχάνειν, τὰ δὲ καὶ ἐπὶ μεῖζον, τὰ δὲ ὅλως δια-λύσεως ἀξιοῦσθαι" — — ἐν τῷ αὐτῷ φησιν ὅτι „τοῖς μὲν ἐπὶ πλεῖον, τοῖς δ' ἐπ' ἔλαττον συμβαλοῦμεν· ὥστε τοὺς μὲν μᾶλ-λον, τοὺς δὲ ἧττον φίλους εἶναι· ἐπὶ πολὺ δὲ τῆς τοιαύτης 10 παραλλαγῆς γενομένης, οἱ μὲν τοσαύτης οἱ δὲ τοσαύτης γίνον-ται φιλίας ἄξιοι· καὶ οἱ μὲν ἐπὶ τοσοῦτον ⟨οἱ δὲ ἐπὶ τοσοῦ-τον⟩ πίστεως καὶ τῶν ὁμοίων καταξιωθήσονται."

725 Seneca de beneficiis II 17, 3. *Volo Chrysippi nostri uti similitudine de pilae lusu: quam cadere non est dubium aut mittentis* 15 *vitio aut excipientis. tunc cursum suum servat, ubi inter manus utrius-que apte ab utroque et iactata et excepta versatur. necesse est autem lusor bonus aliter illam conlusori longo, aliter brevi mittat. Eadem bene-ficii ratio est: nisi utrique personae dantis et accipientis aptatur, nec ab hoc exibit nec ad illum perveniet, ut debet. Si cum exercitato et* 20 *docto negotium est, audacius pilam mittemus. Utcumque enim venerit, manus illam expedita et agilis repercutiet. Si cum tirone et indocto, non tam rigide nec tam excusse, sed languidius et in ipsam eius diri-gentes manum remisse occurremns. Idem faciendum est in beneficiis: quosdam doceamus et satis iudicemus, si conantur, si audent, si volunt.* 25 *Facimus autem plerumque ingratos et ut sint favemus, tamquam ita demum magna sint beneficia nostra, si gratia illis referri non potuit: ut malignis lusoribus propositum est conlusorem traducere, cum damno scilicet ipsius lusus, qui non potest nisi consentitur extendi* (fortasse ex libro περὶ Χαρίτων).

30 (cp. 31—35. *agitur de paradoxo Stoicorum: eum qui libenter ac-cepit, gratiam reddidisse.* cp. 32. *pilae similitudo recurrit. Unde effi-cere possis hic quoque Hecatonem Chrysippo uti*).

726 Seneca de beneficiis II 25, 3. *Qui gratus futurus est, statim dum accipit de reddendo cogitet. Chrysippus quidem dicit illum velut* 35 *in certamen cursus compositum et carceribus inclusum opperiri debere tempus suum, ad quod velut dato signo prosiliat. Et quidem magna illi celeritate opus est, magna contentione, ut consequatur antecedentem.*

(ex libro περὶ Χαρίτων.)

---

10 τοιαύτης libri, corr. Mez.   11 οἱ δὲ ἐπὶ τοσοῦτον inseruit Mez.

§ 8. De matrimonio et familia.

727 Hieronymus adv. Iovinianum II 48. *Ridicule Chrysippus duncendam uxorem sapienti praecipit, ne Iovem Gamelium et Genethlium violet. Isto enim modo apud Latinos ducenda uxor non erit, quia Iovem non habent nuptialem.*

Dio Chrys. VII § 134 (de lenonibus) οὐκ αἰσχυνομένους οὐδένα ἀνθρώπων ἢ θεῶν, οὔτε Δία γενέθλιον οὔτε Ἥραν γαμήλιον.

728 Diog. Laërt. VII 131. ἀρέσκει δὲ αὐτοῖς καὶ κοινὰς εἶναι τὰς γυναῖκας δεῖν παρὰ τοῖς σοφοῖς· ὥστε τὸν ἐντυχόντα τῇ ἐντυχούσῃ χρῆσθαι, καθά φησι Ζήνων ἐν τῇ πολιτείᾳ καὶ Χρύσιππος ἐν τῷ περὶ Πολιτείας — — πάντας τε παῖδας ἐπίσης στέρξομεν πατέρων τρόπον καὶ ἡ ἐπὶ μοιχείᾳ ζηλοτυπία περιαιρεθήσεται.

729 Origenes contra Celsum VII 63 Vol. II p. 213, 6 Kö. (p. 739 Del.). ἐκκλίνουσι τὸ μοιχεύειν οἱ τὰ τοῦ Κιτιέως Ζήνωνος φιλοσοφοῦντες — — διὰ τὸ ⟨μὴ⟩ κοινωνικὸν καὶ παρὰ φύσιν εἶναι τῷ λογικῷ ζῴῳ νοθεύειν τὴν ὑπὸ τῶν νόμων ἑτέρῳ προκαταληφθεῖσαν γυναῖκα καὶ φθείρειν τὸν ἄλλου ἀνθρώπου οἶκον.

730 Clemens Al. Paedag. II p. 224 Pott. εἰ γὰρ οὐδὲ τὸν δάκτυλον ὡς ἔτυχε σαλεύειν τῷ σοφῷ ὁ λόγος ἐπιτρέπει, ὡς ὁμολογοῦσιν οἱ Στωϊκοί, πῶς οὐχὶ πολὺ πλέον τοῦ συνουσιαστικοῦ ἐπικρατητέον μορίου τοῖς σοφίαν διώκουσιν;

731 Diog. Laërt. VII 120. δοκεῖ δὲ αὐτοῖς καὶ γονέας σεβήσεσθαι (scil. τοὺς σπουδαίους) καὶ ἀδελφοὺς ἐν δευτέρᾳ μοίρᾳ μετὰ τοὺς θεούς. φασὶ δὲ καὶ τὴν πρὸς τὰ τέκνα φιλοστοργίαν φυσικὴν εἶναι αὐτοῖς καὶ ἐν φαύλοις μὴ εἶναι.

§ 9. De educatione puerorum et eruditione.

732 Origenes contra Celsum IV 16 Vol. I p. 285, 23 Kö. (p. 511 Delarue). Εἰσὶ γὰρ διάφοροι οἱονεὶ τοῦ λόγου μορφαί, καθὼς ἑκάστῳ τῶν εἰς ἐπιστήμην ἀγομένων φαίνεται ὁ λόγος, ἀνάλογον τῇ ἕξει τοῦ εἰσαγομένου, ἢ ἐπ᾽ ὀλίγον προκόπτοντος ἢ ἐπὶ πλεῖον ἢ καὶ ἐγγὺς ἤδη γινομένου τῆς ἀρετῆς ἢ καὶ ἐν ἀρετῇ γεγενημένου.

733 Quintilianus instit. orat. I 1, 15—16. *Quidam litteris instituendos qui minores septem annis essent non putaverunt, quod illa primum aetas et intellectum disciplinarum capere et laborem pati posset. — — melius autem qui nullum tempus vacare cura volunt, ut Chrysippus. nam is, quamvis nutricibus triennium dederit, tamen ab illis quoque iam formandam quam optimis institutis mentem infantium iudicat.*

---

6 credibile est Dionem e loco Chrysippi pendere.   9 ὡς P. — Cf. I n. 269 (Zeno).   15 μὴ addidi.   16 προκαταλειφθεῖσαν A.

734 Quintilianus instit. orat. I 1,4. *Ante omnia ne sit vitiosus sermo nutricibus, quas, si fieri posset, sapientes Chrysippus optavit, certe quantum res pateretur optimas eligi voluit. et morum quidem in his haud dubie prior ratio est: recte tamen etiam loquantur. has pri-*
5 *mum audiet puer, harum verba effingere imitando conabitur* etc.

735 Quintilianus instit. orat. I 10,32. *nam et Pythagoran accepimus concitatos ad vim pudicae domui adferendam iuvenes iussa mutare in spondium modos tibicina composuisse, et Chrysippus etiam nutricum illi quae adhibetur infantibus allectationi suum quoddam*
10 *carmen adsignat.*

736 Quintilianus instit. orat. I 3,14. *Caedi vero discentis, quamlibet receptum sit et Chrysippus non improbet, minime velim.*

737 Quintilianus instit. orat. I 11,17. *cum praesertim haec chironomia, quae est, ut nomine ipso declaratur, lex gestus, et ab illis tem-*
15 *poribus heroicis orta sit et a summis Graeciae viris atque ipso etiam Socrate probata, a Platone quoque in parte civilium posita virtutum, et a Chrysippo in praeceptis de liberorum educatione compositis non omissa.*

738 Diog. Laërt. VII 129. εὐχρηστεῖν δὲ καὶ τὰ ἐγκύκλια μα-
20 θήματα φησὶν ὁ Χρύσιππος.

739 Philo de sacrif. Abel et Cain § 78 Vol. I p. 234, 7 Wendl. ὠφέλιμον μὲν οὖν, εἰ καὶ μὴ πρὸς ἀρετῆς κτῆσιν τελείας, ἀλλά τοι πρὸς πολιτείαν, καὶ τὸ παλαιαῖς καὶ ὠγυγίοις ἐντρέφεσθαι δόξαις, καὶ ἀρχαίαν ἀκοὴν ἔργων καλῶν μεταδιώκειν, ἅπερ ἱστορικοὶ καὶ πᾶν τὸ ποιητικὸν γένος τοῖς τε
25 καθ᾽ ἑαυτοὺς καὶ τοῖς ἔπειτα μνήμῃ παραδεδώκασι.

740 Quintilianus instit. orat. I 10,15. *et eius sectae quae aliis severissima, aliis asperrima videtur, principes in hac fuere sententia, ut existimarent sapientium aliquos nonnullam operam his studiis accommodaturos.*

30 **741** Origenes contra Celsum III 25 Vol. I p. 221,3 Kö. (p. 461 Delarue). εἴπερ μέσον ἐστὶν ἡ τῶν σωμάτων ἰατρικὴ καὶ πρᾶγμα πῖπτον οὐκ εἰς ἀστείους μόνον ἀλλὰ καὶ φαύλους, μέσον δὲ καὶ ἡ περὶ τῶν μελλόντων πρόγνωσις· οὐ γὰρ πάντως ἐμφαίνει τὸ ἀστεῖον ὁ προγιγνώσκων.

742 Origenes contra Celsum IV 96 Vol. I p. 368, 23 Kö. (p. 574
35 Del.). Χρὴ δ᾽ εἰδέναι ὅτι τὸ τὰ μέλλοντα προγιγνώσκειν οὐ πάντως θεῖόν ἐστι· καθ᾽ αὐτὸ γὰρ μέσον ἐστὶ καὶ πῖπτον εἰς φαύλους καὶ ἀστείους· καὶ ἰατροὶ γοῦν ἀπὸ ἰατρικῆς προγιγνώσκουσί τινα, κἂν φαῦλοι τὸ ἦθος τυγχάνωσιν, οὕτω δὲ καὶ κυβερνῆται, κἂν μοχθηροὶ τυγχάνωσιν ὄντες, προγιγνώσκουσιν ἐπισημασίας καὶ ἀνέμων σφοδρότητας καὶ τροπὰς περὶ τὸ περι-
40 έχον ἔκ τινος πείρας καὶ τηρήσεως καὶ οὐ δήπου παρὰ τοῦτο θείους τις ἂν αὐτοὺς εἶναι φήσειε, ἂν τύχωσι μοχθηροὶ εἶναι τὸ ἦθος.

---

28 scilic. musicae.   40 παρατηρήσεως Φ.   41 ἂν—φήσειε EH Del., φήσει vel φησίν, om. ἄν, ceteri.

§ 10. Cynica.

743 Origenes contra Celsum IV 45 p. 538 Delarue. *Τὴν τῶν ἀγα-θῶν καὶ κακῶν καὶ ἀδιαφόρων ἐζήτησαν καὶ Ἕλληνες φύσιν· καὶ οἱ ἐπιτυγχάνοντές γε αὐτῶν τὰ μὲν ἀγαθὰ καὶ κακὰ τίθενται ἐν προαιρέσει μόνῃ, πάντα δὲ ἀδιάφορα τῷ ἰδίῳ λόγῳ φασὶν εἶναι τὰ χωρὶς προαιρέσεως ἐξετα-* 5 *ζόμενα· τὴν δὲ προαίρεσιν τούτοις χρωμένην δεόντως μὲν ἐπαινετὴν εἶναι, οὐ δεόντως δὲ ψεκτήν. εἶπον οὖν ἐν τῷ περὶ ἀδιαφόρων τόπῳ, ὅτι τῷ ἰδίῳ λόγῳ θυγατράσι μίγνυσθαι ἀδιάφορόν ἐστιν, εἰ καὶ μὴ χρὴ ἐν ταῖς καθεστώσαις πολιτείαις τὸ τοιοῦτον ποιεῖν. Καὶ ὑπο-θέσεως χάριν, πρὸς παράστασιν τοῦ ἀδιάφορον εἶναι τὸ τοιοῦτον,* 10 *παρειλήφασι τὸν σοφὸν μετὰ τῆς θυγατρὸς μόνης καταλελειμμέ-νον, παντὸς τοῦ τῶν ἀνθρώπων γένους διεφθαρμένου· καὶ ζη-τοῦσιν, εἰ καθηκόντως ὁ πατὴρ συνελεύσεται τῇ θυγατρὶ ὑπὲρ τοῦ μὴ ἀπολέσθαι κατ' αὐτὴν τὴν ὑπόθεσιν τὸ πᾶν τῶν ἀνθρώπων γένος. Ἀρ' οὖν παρὰ μὲν Ἕλλησιν ὑγιῶς ταῦτα λέγεται καὶ οὐκ εὐκατα-* 15 *φρόνητος αὐτοῖς αἵρεσις ἡ τῶν Στωϊκῶν συναγορεύει* etc.

744 Diog. Laërt. VII 188. *ἐν δὲ τῷ περὶ πολιτείας καὶ μη-τράσι λέγει συνέρχεσθαι καὶ θυγατράσι καὶ υἱοῖς· τὰ δ' αὐτά φησι καὶ ἐν τῷ περὶ τῶν μὴ δι' αὐτὰ αἱρετῶν εὐθὺς ἐν ἀρχῇ.*

745 Sextus Emp. adv. math. XI 192. ὁ δὲ Χρύσιππος ἐν τῇ 20 πολιτείᾳ κατὰ λέξιν φησὶν οὕτως „δοκεῖ μοι καὶ ταῦτα οὕτως ἐξαγαγεῖν καθάπερ καὶ νῦν οὐ κακῶς παρὰ πολλοῖς εἴθισται, ὥστε * καὶ τὸν πατέρα ἐκ τῆς θυγατρὸς καὶ τὸν ὁμομήτριον ἐκ τῆς ὁμομητρίας."

Pyrrh. Hyp. III 246. τούτοις δὲ (Zenonis similibus placitis) ὁμο- 25 γνωμονεῖ καὶ ὁ Χρύσιππος· ἐν γοῦν τῇ πολιτείᾳ φησὶ „δοκεῖ δέ μοι ταῦτα οὕτω διεξάγειν καθάπερ καὶ νῦν οὐ κακῶς παρὰ πολ-λοῖς εἴθισται, ὥστε καὶ τὴν μητέρα ἐκ τοῦ υἱοῦ τεκνοποιεῖσθαι καὶ τὸν πατέρα ἐκ τῆς θυγατρὸς καὶ τὸν ὁμομήτριον ἐκ τῆς ὁμομητρίας." cf. ibid. 205 et I 160. 30

Eundem librum fortasse Sextus respicit P. H. III 200. καὶ τί θαυ-μαστόν, ὅπου γε καὶ οἱ ἀπὸ τῆς κυνικῆς φιλοσοφίας καὶ οἱ περὶ τὸν Κιτιέα Ζήνωνα καὶ Κλεάνθην καὶ Χρύσιππον ἀδιάφορον τοῦτο εἶναι φασίν.

746 Epiphan. adv. haeres. III 39 (DDG 593,1). *Χρύσιππος ὁ* 35 *Σολεὺς νόμους ἔγραψεν οὐ θεμιτούς. ἔλεγε γὰρ δεῖν μίγνυσθαι ταῖς μητράσι τοὺς παῖδας, τοῖς δὲ πατράσι τὰς θυγατέρας. εἰς δὲ τὰ ἄλλα συνεφώνησε Ζήνωνι τῷ Κιττιεῖ· πρὸς τούτοις δὲ ἔλεγε*

---

4 κακὰ τίθενται Kö., κατατίθενται A ⟨κακὰ⟩ κατατίθενται ceteri editores.
23 lacunam significavi; exciderunt verba καὶ τὴν μητέρα ἐκ τοῦ υἱοῦ τεκνο-ποιεῖσθαι.

καὶ ἀνθρωποβορεῖν· ἔλεγε δὲ τὸ τέλος τῶν πάντων τὸ ἡδυπαθὲς εἶναι.

747 Diog. Laërt. VII 188. ἐν δὲ τῷ τρίτῳ περὶ Δικαίου κατὰ τοὺς χιλίους στίχους καὶ τοὺς ἀποθανόντας κατεσθίειν κελεύων. Cf. VII 121. γεύσεσθαί τε καὶ ἀνθρωπίνων σαρκῶν κατὰ περίστασιν (scil. τὸν σπουδαῖον).

748 Sextus Emp. adv. math. XI 192. δεῖγμα δὲ τῆς πρὸς τοὺς κατοιχομένους αὐτῶν ὁσιότητος γένοιτ᾽ ἂν καὶ τὰ περὶ τῆς ἀνθρωποφαγίας παραγγελλόμενα· οὐ γὰρ μόνον ἀξιοῦσι τοὺς τετελευτηκότας ἐσθίειν, ἀλλὰ καὶ τὰς αὐτῶν σάρκας, εἴ ποτε τύχοι τι μέρος τοῦ σώματος ἀποκοπέν. Λέγεται δ᾽ ἐν τῷ περὶ Δικαιοσύνης ὑπὸ Χρυσίππου ταυτί

„καὶ ἂν τῶν μελῶν ἀποκοπῇ τι μέρος πρὸς τὴν τροφὴν χρήσιμον, μήτε κατορύττειν αὐτὸ μήτε ἄλλως ῥίπτειν, ἀναλίσκειν δὲ αὐτό, ὅπως τῶν ἡμετέρων ἕτερον μέρος γένηται.‟

749 Plutarchus de esu carnium II 3 p. 997e. σκόπει δ᾽ ἡμᾶς πότεροι βέλτιον ἐξημεροῦσι τῶν φιλοσόφων, οἳ καὶ τέκνα καὶ φίλους καὶ πατέρας καὶ γυναῖκας ἐσθίειν κελεύοντες [ὡς] ἀποθανόντας, ἢ Πυθαγόρας καὶ Ἐμπεδοκλῆς.

750 Theophilus ad Autolycum III cp. 5. Ἐπειδὴ οὖν πολλὰ ἀνέγνως τί σοι ἔδοξεν τὰ Ζήνωνος ἢ τὰ Διογένους καὶ Κλεάνθους, ὁπόσα περιέχουσιν αἱ βίβλοι αὐτῶν, διδάσκουσαι ἀνθρωποβορίας, πατέρας μὲν ὑπὸ ἰδίων τέκνων ἕψεσθαι καὶ βιβρώσκεσθαι, καὶ εἴ τις οὐ βούλοιτο ἢ μέλος τι τῆς μυσερᾶς τροφῆς ἀποῤῥίψειεν, αὐτὸν κατεσθίεσθαι τὸν μὴ φαγόντα; Πρὸς τούτοις ἀθεωτέρα τις φωνὴ εὑρίσκεται, ἡ τοῦ Διογένους, διδάσκοντος τὰ τέκνα τοὺς ἑαυτῶν γονεῖς εἰς θυσίαν ἄγειν καὶ τούτους κατεσθίειν. cp. 6 fin. Πρὸς τί οὖν Ἐπίκουρος καὶ οἱ Στωϊκοὶ δογματίζουσιν ἀδελφοκοιτίας καὶ ἀῤῥενοβασίας ἐπιτελεῖσθαι, ἐξ ὧν διδασκαλιῶν μεστὰς ⟨τὰς⟩ βιβλιοθήκας πεποιήκασιν.

751 Lactant. div. instit. VI 12. Quin etiam non defuerunt, qui supervacaneam facerent sepulturam, nihilque esse dicerent mali, iacere inhumatum atque abiectum. Quorum impiam sapientiam cum omne humanum genus respuit, tum divinae voces, quae id fieri iubent. Verum illi non audent dicere, id non esse faciendum; sed si forte non fiat, nihil esse incommodi. Itaque in ea re non tam praecipientium quam consolantium funguntur officio, ut si forte id sapienti eveniat, ne se ob hoc miserum putet.

752 Sextus Emp. adv. math. XI 194. ἐν δὲ τῷ περὶ τοῦ Καθήκοντος (Chrysippus) περὶ τῆς τῶν γονέων ταφῆς διεξερχόμενος ῥητῶς φησίν

„Ἀπογενομένων δὲ τῶν γονέων ταφαῖς χρηστέον ταῖς

---

2 ἔλεγε δὲ — ἡδυπαθὲς εἶναι inepta. 13 idem P. H. III 247. eundem locum affert: μελῶν] ζώντων ‖ om. τὴν 15 falso add. ἐκ post ὅπως. 18 ὡς del. Dü.

ἁπλουστάταις, ὡς ἂν τοῦ σώματος καθάπερ ὄνυχος ἢ τριχῶν
οὐδὲν ὄντος πρὸς ἡμᾶς, οὐδ᾽ ἐπιστροφῆς καὶ πολυωρίας προσ-
δεομένων ἡμῶν τοιαύτης τινός. διὸ καὶ χρησίμων μὲν ὄντων
τῶν κρεῶν τροφῇ χρήσονται αὐτοῖς, καθάπερ καὶ τῶν ἰδίων
μερῶν οἷον ποδὸς ἀποκοπέντος ἐπέβαλλε χρῆσθαι αὐτῷ, καὶ 5
τοῖς παραπλησίοις. ἀχρείων δὲ ὄντων αὐτῶν ἢ κατορύξαντες
τὸ μνῆμα ἐποίσουσιν, ἢ κατακαύσαντες τὴν τέφραν ἀφήσουσιν,
ἢ μακρότερον ῥίψαντες οὐδεμίαν ἐπιστροφὴν αὐτῶν ποιήσον-
ται καθάπερ ὄνυχος ἢ τριχῶν."

753 ·Plutarchus de Stoic. repugn. cp. 22 p. 1044f. *Καὶ μὴν ἐν* 10
τῷ(?) *τῶν Προτρεπτικῶν εἰπὼν ὅτι καὶ τὸ μητράσιν ἢ ἀδελφαῖς ἢ*
θυγατράσιν συγγενέσθαι καὶ τὸ φαγεῖν τι καὶ προελθεῖν ἀπὸ λεχοῦς
ἢ θανάτου πρὸς ἱερὸν ἀλόγως διαβέβληται. καὶ πρὸς τὰ θηρία φησὶ
δεῖν ἀποβλέπειν, καὶ τοῖς ὑπ᾽ ἐκείνων γινομένοις τεκμαίρεσθαι τὸ
μηδὲν ἄτοπον μηδὲ παρὰ φύσιν εἶναι τῶν τοιούτων· εὐκαίρως γὰρ 15
πρὸς ταῦτα γίνεσθαι τὰς τῶν ἄλλων ζῴων παραθέσεις, εἰς τὸ μήτε
συγγινόμενα μήτε γεννῶντα μήτ᾽ ἐναποθνήσκοντα ἐν τοῖς ἱεροῖς μιαί-
νειν τὸ θεῖον."

754 Plutarchus de Stoic. repugn. cp. 22 p. 1045a. *Ἐν δὲ τῷ*
πέμπτῳ πάλιν περὶ Φύσεως λέγει "καλῶς μὲν ἀπαγορεύειν τὸν 20
Ἡσίοδον, εἰς ποταμοὺς καὶ κρήνας οὐρεῖν· ἔτι δὲ μᾶλλον ἀφεκτέον
εἶναι τοῦ πρὸς βωμὸν οὐρεῖν ἢ ἀφίδρυμα θεοῦ· μὴ γὰρ εἶναι πρὸς
λόγον, εἰ κύνες καὶ ὄνοι τοῦτο ποιοῦσι καὶ παιδάρια νήπια, μηδεμίαν
ἐπιστροφὴν μηδ᾽ ἐπιλογισμὸν ἔχοντα περὶ τῶν τοιούτων."

755 Sextus Pyrrh. Hypot. III 201. *καὶ τοὺς Στωϊκοὺς δὲ ὁρῶμεν* 25
οὐκ ἄτοπον εἶναι λέγοντας τὸ ἑταίρᾳ συνοικεῖν ἢ τὸ ἐξ ἑταίρας ἐργασίας
διαζῆν.

756 Origenes contra Celsum IV 26 Vol. I p. 295, 29 Kö. (p. 520
Delarue). *καὶ οἱ ταῖς χαμαιτύπαις ἀδιαφόρως προσιόντες, διδάσκοντες δὲ*
καὶ μὴ πάντως παρὰ τὸ καθῆκον τοῦτο γίνεσθαι. 30

§ 11. De rationali e vita excessu
(εὔλογος ἐξαγωγή).

757 Diog. Laërt. VII 130. *εὐλόγως τέ φασιν ἐξάξειν ἑαυτὸν*
τοῦ βίου τὸν σοφόν, καὶ ὑπὲρ πατρίδος καὶ ὑπὲρ φίλων, κἂν ἐν σκληρο-
τέρᾳ γένηται ἀλγηδόνι ἢ πηρώσεσιν ἢ νόσοις ἀνιάτοις. 35
758 Stobaeus ecl. II 110, 9 W. *Φασὶ δέ ποτε καὶ τὴν ἐξαγωγὴν*

---

1 idem P. H. III 248. v. l.: 1 ὀνύχων ἢ ὀδόντων   2 καὶ οὐδὲν ἐπιστρ. ἢ
πολ. 6 αὐτῶν om. 7 ἑάσουσιν pro τὸ μν. ἐπ. 8 αὐτῶν ante ἐπιστροφήν.
11 numerum libri excidisse vidit Xyl.   12 φαγεῖν τι⟨τῶν ἀπειρημένων⟩ Xyl.
22 γὰρ εἶναι Reiske, παρεῖναι libri.

τὴν ἐκ τοῦ βίου τοῖς σπουδαίοις καθηκόντως ⟨γίγνεσθαι⟩ κατὰ πολλοὺς τρόπους, τοῖς ⟨δὲ⟩ φαύλοις μονὴν ⟨τὴν⟩ ἐν τῷ ζῆν καὶ εἰ μὴ μέλλοιεν ἔσεσθαι σοφοί· οὔτε γὰρ τὴν ἀρετὴν κατέχειν ἐν τῷ ζῆν οὔτε τὴν κακίαν ἐκβάλλειν· τοῖς δὲ καθήκουσι καὶ τοῖς παρὰ τὸ καθῆκον ⟨παρα⟩μετρεῖσθαι
5 τήν τε ζωὴν καὶ τὸν θάνατον.

759 Plutarchus de Stoic. repugn. cp. 18 p. 1042 d. ᾿Αλλ᾽ οὐδ᾽ ὅλως, φασίν, οἴεται δεῖν Χρύσιππος οὔτε μονὴν ἐν τῷ βίῳ τοῖς ἀγαθοῖς, οὔτ᾽ ἐξαγωγὴν τοῖς κακοῖς παραμετρεῖν, ἀλλὰ τοῖς μέσοις κατὰ φύσιν. Διὸ καὶ τοῖς εὐδαιμονοῦσι γίνεταί ποτε καθῆκον ἐξάγειν
10 ἑαυτούς, καὶ μένειν αὖθις ἐν τῷ ζῆν τοῖς κακοδαιμονοῦσιν.

Plutarchus de comm. not. cp. 11 p. 1063 d. Ταῦτα τοίνυν ἐν τῇ Στοᾷ νομοθετεῖται, καὶ πολλοὺς μὲν ἐξάγουσι τῶν σοφῶν, ὡς ἄμεινον εὐδαιμονοῦντας πεπαῦσθαι· πολλοὺς δὲ κατέχουσι τῶν φαύλων, ὡς καθήκοντος αὐτοῖς ζῆν κακοδαιμονοῦντας. Καίτοι ὁ μὲν σοφὸς ὄλβιος,
15 μακάριος, πανευδαίμων, ἀσφαλής, ἀκίνδυνος, ὁ δὲ φαῦλος καὶ ἀνόητος οἷος εἰπεῖν·

Γέμω κακῶν δὴ κοὐκέτ᾽ ἔσθ᾽ ὅπου τεθῇ. (Eur. Herc. 1245) ἀλλὰ καὶ τούτοις μονὴν οἴονται καθήκουσαν εἶναι, κἀκείνοις ἐξαγωγήν. Εἰκότως δέ, φησὶ Χρύσιππος· οὐ γὰρ ἀγαθοῖς καὶ κακοῖς δεῖ παρα-
20 μετρεῖσθαι τὸν βίον, ἀλλὰ τοῖς κατὰ φύσιν καὶ παρὰ φύσιν.

760 Plutarchus de Stoic. repugn. cp. 18 p. 1042 a. ἐν δὲ τῷ τρίτῳ περὶ Φύσεως ὑπειπὼν ὅτι „λυσιτελεῖ ζῆν ἄφρονα μᾶλλον ἢ ⟨μὴ⟩ βιοῦν, κἂν μηδέποτε μέλλῃ φρονήσειν" ἐπιλέγει „Τοιαῦτα γὰρ τἀγαθά ἐστι τοῖς ἀνθρώποις, ὥστε τρόπον
25 τινὰ τὰ κακὰ τῶν ἀνὰ μέσον προτερεῖν."

p. 1042 b. τῶν δ᾽ ἀνὰ μέσον λεγομένων παρ᾽ αὐτοῖς μήτε κακῶν ὄντων μήτ᾽ ἀγαθῶν.

p. 1042 c. Βουλόμενος οὖν ταύτην ἐπιλεαίνειν τὴν ἀτοπίαν, ἐπιλέγει περὶ τῶν κακῶν·
30 „Ἔστι δ᾽ οὐ ταῦτα προτεροῦντα, ἀλλ᾽ ὁ λόγος, μεθ᾽ οὗ βιοῦν ἐπιβάλλει μᾶλλον, καὶ εἰ ἄφρονες ἐσόμεθα."

Πρῶτον μὲν οὖν τὰ κακὰ κακίαν λέγει καὶ τὰ μετέχοντα κακίας, ἄλλο δ᾽ οὐδέν· ἡ δὲ κακία λογικόν ἐστι, μᾶλλον δὲ λόγος ἡμαρτημένος etc.

761 Plutarchus de Stoic. repugn. cp. 14 p. 1039 d. Ἐν γοῦν
35 τοῖς περὶ τοῦ Προτρέπεσθαι, τοῦ Πλάτωνος ἐπιλαμβανόμενος λέγοντος, ὅτι τῷ μηδὲ μαθόντι μηδ᾽ ἐπισταμένῳ ζῆν, λυσιτελεῖ μὴ ζῆν, ταῦτ᾽ εἴρηκε κατὰ λέξιν·

---

1 γίγνεσθαι add. Heeren.   2 δὲ add. Heeren. ‖ τὴν add. Usener.
4 παραμετρεῖσθαι Wachsm., μετρεῖσθαι libri.   22 Eadem verba de comm. not. cp. 12 afferuntur cum hac lectionis varietate: 22 μᾶλλον om. CNot.   23 μὴ om. St. Rep. et in CNot. codd. BE.   25 τινὰ καὶ CNot. ‖ τῶν ἄλλων ἀνὰ μέσον CNot.   31 εἰ καὶ CNot.   36 Gorg. p. 512 b.

„Ὁ γὰρ τοιοῦτος λόγος καὶ ἑαυτῷ μάχεται καὶ ἥκιστά ἐστι
προτρεπτικός. Πρῶτον γὰρ παραδεικνύων, ὅτι κράτιστον
ἡμῖν ἐστι τὸ μὴ ζῆν καὶ τρόπον τινὰ ἀποθνήσκειν ἀξιῶν, πρὸς
ἕτερά τινα μᾶλλον ἡμᾶς προὔτρεψεν ἢ τὸ φιλοσοφεῖν· οὐ γὰρ
ἔστι μὴ ζῶντα φιλοσοφεῖν· οὐδὲ μὴ πολὺν χρόνον ἐπιζήσαντα 5
κακῶς καὶ ἀπείρως φρόνιμον γενέσθαι.“ καὶ προελθὼν δέ
φησιν ὅτι „καὶ τοῖς φαύλοις καθήκει μένειν ἐν τῷ ζῆν.“ εἶτα
κατὰ λέξιν· „Πρῶτον γὰρ ἡ ἀρετὴ ψιλῶς οὐδέν ἐστι πρὸς τὸ
ζῆν ἡμᾶς, οὕτω δ' οὐδ' ἡ κακία οὐδέν ἐστι πρὸς τὸ δεῖν ἡμᾶς
ἀπιέναι.“ 10

762 Plutarchus de comm. not. cp. 11 p. 1064a. *Καὶ γὰρ Ἡρα-*
κλείτῳ, φασί, καὶ Φερεκύδῃ καθήκειν ἄν, εἴπερ ἠδύναντο,
τὴν ἀρετὴν ἀφεῖναι καὶ τὴν φρόνησιν, ὥστε παύσασθαι φθει-
ριῶντας καὶ ὑδρωπιῶντας· καὶ τῆς Κίρκης ἐγχεούσης δύο
φάρμακα, τὸ μὲν ποιοῦν ἄφρονας ἐκ φρονίμων, τὸ δὲ [φρο- 15
νίμους] ὄνους ἐξ [ἀφρόνων] ἀνθρώπων, τότε δὴ τὸν Ὀδυσσέα
πιεῖν τὸ τῆς ἀφροσύνης μᾶλλον, ἢ μεταβαλεῖν εἰς θηρίου
μορφὴν τὸ εἶδος, ἔχοντα τὴν φρόνησιν (καὶ μετὰ τῆς φρονήσεως
δηλονότι τὴν εὐδαιμονίαν). Καὶ ταῦτά φασιν αὐτὴν ὑφηγεῖσθαι
καὶ παρακελεύεσθαι τὴν φρόνησιν· „Ἄφες με καὶ καταφρό- 20
νησον ἀπολλυμένης ἐμοῦ καὶ διαφθειρομένης εἰς ὄνου πρό-
σωπον.“

Cf. Cicero apud Lactantium Instit. V 11. *Praeclare M. Tullius:*
Etenim si nemo est, inquit, quin emori malit, quam converti in aliquam
figuram bestiae, quamvis hominis mentem sit habiturus; quanto est mi- 25
serius, in hominis figura animo esse efferato? Mihi quidem tanto vide-
tur, quanto praestabilior est animus corpore.

763 Cicero de finibus III 18, 60. Sed cum ab his (scil. a princi-
piis naturalibus) omnia proficiscantur officia, non sine causa dicitur, ad
ea referri omnes nostras cogitationes, in his et excessum e vita et in 30
vita mansionem. In quo enim plura sunt, quae secundum naturam sunt,
huius officium est, in vita manere; in quo autem sunt plura contraria
aut fore videntur, huius officium est, e vita excedere. E quo apparet,
et sapientis esse aliquando officium, excedere e vita, cum beatus
sit, et stulti manere in vita, cum sit miser. 61. Nam bonum illud et 35
malum — postea consequitur; prima autem illa naturae, sive secunda
sive contraria, sub iudicium sapientis et dilectum cadunt, estque illa sub-
iecta quasi materia sapientiae. Itaque et manendi in vita et migrandi
ratio omnis iis rebus, quas supra dixi, metienda. Nam neque ⟨virtutem
qui habet⟩ virtute retinetur in vita, nec iis qui sine virtute sunt, mors 40

---

16 *φρονίμους ἐξ ἀφρόνων,* τὸ δὲ ὁ libri, corr. Wyttenb.   18 uncis inclusa
addit Plut.   39 virtutem qui habet *supplevit Baiter.*

est oppetenda. Et saepe officium est sapientis desciscere a vita, cum sit beatissimus, si id opportune facere possit. Sic enim censent, opportunitatis esse beate vivere, quod est convenienter naturae vivere. Itaque a sapientia praecipitur, se ipsam, si usus sit, sapiens ut relinquat. Quam
5 ob rem cum vitiorum ista vis non sit, ut causam afferant mortis voluntariae, perspicuum est etiam stultorum, qui iidem miseri sint, officium esse manere in vita, si sint in maiore parte rerum earum, quas secundum naturam esse dicimus. Et quoniam excedens e vita et manens aeque miser est, nec diuturnitas magis ei vitam fugiendam facit, non sine causa dicitur
10 iis, qui pluribus naturalibus frui possint, esse in vita manendum.

764 Alexander Aphrod. de anima libri mant. p. 168, 1 Bruns. καθόλου δέ, εἰ ἡ ἀρετὴ αὐτάρκης πρὸς τὸ παρασχέσθαι τὸν βίον ἡμῶν ἄκρως εὐδαίμονα καὶ μακάριον, πῶς εὔλογος ἐξαγωγὴ τῷ τὴν ἀρετὴν ἔχοντι, ἐν μακαρίῳ βίῳ ὄντι; ὡς γὰρ ἄτοπον τὸ λέγειν τὸν Δία ἐθέλειν ἀπο-
15 θανεῖν, οὕτως ἄτοπον καὶ τὸν ἐπίσης τούτῳ μακαρίως ζῶντα ἑαυτὸν ἐξάγειν εὐλόγως τοῦδε τοῦ βίου, τῶν μὲν σωματικῶν καὶ ἐκτὸς ἀδιαφόρων ὄντων καὶ μήτε ποιούντων τὴν εὐδαιμονίαν μήτε ἀναιρούντων, τῆς δὲ ἀρετῆς, ἢ μόνη καὶ κατασκευάζει τὸν μακάριον βίον καὶ φυλάττει βέβαιον παροῦσα, μηδέποτ᾽ ἂν ἀπολειπούσης τὸν σοφόν. — — πῶς γὰρ εὔλογον τὴν ἀρε-
20 τὴν τοῦθ᾽ ὑποβάλλειν τῷ σοφῷ;

765 Clemens Al. Strom. IV 6 p. 576 Pott. αὐτίκα εὔλογον ἐξαγωγὴν τῷ σπουδαίῳ συγχωροῦσι καὶ οἱ φιλόσοφοι, εἴ τι τοῦ πράσσειν [αὐτὸν] οὕτω στερήσειεν αὐτόν, ὡς μηκέτι ἀπολελεῖφθαι αὐτῷ μηδὲ ἐλπίδα τῆς πράξεως.

25 **766** Alexander Aphrod. de anima libri mant. p. 160, 24 Bruns. εἰ περὶ τὴν τῶν κατὰ φύσιν καὶ οἰκείων ἐκλογὴν ἡ ἐνέργεια τῆς ἀρετῆς καὶ περὶ τὴν ἀποικονομίαν καὶ ἔκκλισιν τῶν τούτοις ἐναντίων, δεῖ δηλονότι παρεῖναι ἃ ἐκλέξεται. οὐ γὰρ δὴ ἀεὶ τῷ ἀνθρώπῳ ταῦτα πάρεστι· διὰ γοῦν τὴν τούτων ἔνδειαν ὁ τὴν ἀρετὴν ἔχων ἑαυτὸν ἐξάγει ποτέ. οὐδὲ
30 γὰρ διὰ τὸ ἀδυνατεῖν ἐκλέγεσθαι ταῦτα ἡ ἐξαγωγή, ὅπερ ἔργον τῆς ἀρετῆς, ἀλλὰ τῷ μὴ παρεῖναι ἃ οὐκ ἐπ᾽ αὐτῇ.

767 Alexander Aphrod. de anima libri mant. p. 159, 19 Bruns. ὁ δὲ τὴν ἀρετὴν ἔχων καταλείποι ἄν ποτε τὸν βίον τὸν μετὰ ἀρετῆς ἑκὼν διὰ τὴν ἐξαγωγὴν τὴν εὔλογον.

35 **768** Excerpta philos. Cod. Coislin. 387 Cramer Anecd. Paris. Vol. IV 403. ἀλλὰ καὶ οἱ Στωϊκοὶ φιλόσοφοι — τὴν φιλοσοφίαν ὑπέλαβον μελέτην εἶναι τοῦ φυσικοῦ θανάτου· διὸ καὶ πέντε τρόπους εὐλόγου ἐξαγωγῆς ἔγραψαν· ἔοικε γάρ, φησιν, ὁ βίος μακρῷ συμποσίῳ, ἐν ᾧ δοκεῖ εὐωχεῖσθαι ἡ ψυχή· καὶ παρ᾽ ὅσους τρόπους λύεται τὸ συμπόσιον, παρὰ
40 τοσούτους τρόπους γίνονται καὶ εὔλογοι ἐξαγωγαί. Λύεται δὲ τὸ συμπόσιον κατὰ πέντε τρόπους· ἢ διὰ χρείαν μεγάλην ἄφνω καταλαβοῦσαν, οἷον παρουσίαν φίλου διὰ χρόνου· ὑπὸ χαρᾶς γὰρ ἀνίστανται οἱ φίλοι καὶ λύεται τὸ συμπόσιον. ἢ διὰ τοὺς ἐπεισκωμάζοντας καὶ αἰσχρορρημονοῦντας λύεται ὁμοίως τὸ συμπόσιον· ἢ διὰ τὸ νεκρὰ καὶ νοσώδη εἶναι τὰ

---

1 Et *Ursinus*, ut *libri*.   3 *verba:* quod est — vivere *ante* sic enim — beate vivere *praebent libri, transposuit Madvig*.   22 τι Wil., τις cod.   23 αὐ-
τὸν seclusit Wil. ‖ αὐτὸν Wil., αὐτῶν cod.

παρατιθέμενα· ἢ διὰ σπάνιν ἐδεσμάτων· ἢ διὰ μέθην λύεται τὸ συμπόσιον.

Κατὰ τοὺς αὐτοὺς οὖν πέντε τρόπους γίνονται καὶ εὔλογοι ἐξαγωγαί· ἢ διὰ χρείαν μεγάλην καταλαβοῦσαν ὡς προσέταξεν ἡ Πυθία τινὶ ἀποσφάξαι ἑαυτὸν ὑπὲρ τῆς ἰδίας πόλεως, φθορᾶς τῇ πόλει ἐπικειμένης — 5 — ἢ διὰ τοὺς ἐπεισκωμάζοντας τυράννους καὶ ἀναγκάζοντας ἡμᾶς ἢ πράττειν αἰσχρὰ ἢ λέγειν τὰ ἀπόρρητα (sequitur narratiuncula de muliere Pythagorea) ἢ διὰ μακρὰν νόσον κωλύουσαν ἐπὶ πολὺ ὀργάνῳ χρῆσθαι τὴν ψυχὴν τῷ σώματι, εὐλόγως δεῖ ἐξάγειν αὐτήν· διὸ καὶ Πλάτων οὐκ ἀποδέχεται τὸ διαιτητικὸν τῆς ἰατρικῆς ὡς παιδαγωγοῦν τὰ νοσήματα καὶ 10 ποιοῦν ἐγχρονίζειν, ἀλλ᾽ ἀποδέχεται τὸ χειρουργικὸν καὶ φαρμακευτικόν, ᾧ ἐχρῆτο Ἀρχιγένης, ὃ στρατόπεδον θεραπεύων· φησὶ δὲ καὶ Σοφοκλῆς
οὐ πρὸς ἰατροῦ σοφοῦ
θρηνεῖν ἐπῳδὰς πρὸς στομῶντι τραύματι (Ai. 582)
ἢ διὰ πενίαν· καὶ καλῶς φησιν ὁ Θέογνις· 15
χρὴ πενίην φεύγοντα etc.
ἢ διὰ λῆρον· ὥσπερ γὰρ ἐκεῖ ἡ μέθη ἔλυε τὸ συμπόσιον, οὕτως κἀνταῦθα ἔστι τινα ἐξαγαγεῖν ἑαυτὸν διὰ λῆρον· οὐδὲν γάρ ἐστι λῆρος, εἰ μὴ φυσικὴ μέθη· καὶ οὐδέν ἐστι μέθη, εἰ μὴ προαιρετικὸς λῆρος· καὶ ταῦτα μὲν περὶ τούτου. 20

Cf. Olympiodorum ad Plat. Phaed. p. 5 ed. Finckh.

Appendix I.

Fragmenta Chrysippi, quae ad explicationem carminum Homericorum pertinent.

769 Scholia in Homeri Iliadem A 129. Ζώϊλος δὲ ὁ Ἀμφιπολίτης καὶ Χρύσιππος ὁ Στωϊκὸς σολοικίζειν οἴονται τὸν ποιητὴν ἀντὶ ἑνικοῦ πληθυντικῷ χρησάμενον ῥήματι· τὸ γὰρ δῶσι φασί πληθυντικόν· ἀγνοοῦσι δὲ etc.

770 Scholia in Homeri Iliad. A 405. ὅς ῥα παρὰ Κρονίωνι· ὅτι ἐντεῦθεν ἐπὶ τοῦ Ἄρεως λέγεται οὐκ ὀρθῶς (l. Il. E 906) Ὅμηρος δέ, ὡς Στωϊκός, Ποσειδῶνος αὐτὸν εἶναί φησι.

771 Scholia in Hom. Iliad. Θ 441. ἀμβωμοῖσι· Χρύσιππος ὑφ᾽ ἓν προφέρεται, ὁ μέντοι Ἀρίσταρχος δύο μέρη λόγου etc.

Etymol. Magn. s. v. ἀμβωμοῖσιν· ἀντὶ τοῦ περὶ τοῖς βωμοῖς. Χρύσιππος ὑφ᾽ ἓν προφέρει, ὁ μέντοι Ἀρίσταρχος δύο μέρη λόγου.

772 Scholia ad Hom. Iliad. K 252. Χρύσιππος δὲ ὥσπερ εἴ τις, φησί, περὶ τριῶν ἡμερῶν διαλεγόμενος ἐν τῇ τρίτῃ λέγει μίαν ἀπολείπεσθαι ἔτι ἡμέραν, κἂν μὴ περὶ ὄρθρον ποιῆται τοὺς λόγους, οὕτως καὶ τὸν Ὀδυσσέα εἰ καὶ πλέον ἦν παρῳχηκὸς τῶν δύο μοιρῶν τὴν τρίτην φάναι καταλείπεσθαι, ἐπειδὴ τριμεροῦς οὔσης τῆς νυκτὸς ἕκαστον μέρος ἕν τι λαμβάνεται, ὥστε κἂν ἐλλιπὲς ᾖ τοῦτο καὶ μὴ ὁλόκληρον, ἀλλ᾽ ἀριθμεῖσθαί γε τρίτην, τῷ τάξιν τῶν ἡμερῶν ἔχειν τὴν τρίτην. οὕτω γὰρ καὶ ἄνθρωπον παρὰ πόδα γενόμενον ἔτι τυγχάνειν τῆς ὅλης προσηγορίας.

773 Scholia in Hom. Iliad. N. v. 41. Χρύσιππος δὲ ὁ Στωϊκὸς καὶ Διονύσιος ὁ Θρᾷξ δασύνουσι τὸ „αὔϊαχοι“ ἵν᾽ ᾖ ξηρόφωνοι.

774 Scholia in Hom. Iliad. O. v. 241. ἀμφὶ ἓ γιγνώσκων· — — Χρύσιππος δὲ ψιλοῦν τὸ ε̄ ὡς περισσεῦον, καί φησιν „ἀμφιγνοῶν ἀντὶ τοῦ ἀντιβάλλων.“

775 Scholia in Hom. Iliad. X 212. μέσσα· Χρύσιππος ῥῦμα γράφει· τὴν γὰρ ῥοπὴν τοῦ ζυγοῦ ῥύμην καλεῖσθαι.

Chrysippum, cuius in scholiis Pindari aliquot afferuntur explicationes, non esse philosophum Solensem, sed eiusdem nominis grammaticum demonstravit Alfred Körte. Mus. Rhen. LV 131.

776 Scholia in Hom. Odyss. *E*. 240. περίκηλα· Ἀρίσταρχος ὥσπερ ξηρὰ ἐκδεχόμενος, τὰ περικεκαυμένα ὑπὸ ἡλίου. Χρύσιππος δὲ διῄρει, περὶ κῆλα, περισσῶς ξηρά.

777 Etymol. Magn. s. v. ἐπικυνεῖν (p. 361, 13 Gaisf.). καὶ Χρύσιππος γράψει Κυλλήνιος Ἑρμῆς, ἐπειδὴ ἡ ῥάβδος αὐτοῦ ἀνδρῶν 5 ὄμματα θέλγει — — Φαίακες δὲ θύουσιν αὐτῷ ἑσπέρας ὡς Ὅμηρος „ὅτε μνησαίατο κοίτου" οὐχ ὅτι ὀνειρόπομπος ἦν ἀλλ' ὅτι ὕπνου ἡδέος αἴτιος. Cf. Etymol. Gud. s. v. ἐπικυνεῖν et ἐπισκύνειν.

---

5 γράφεται Gud. s. v. ἐπικυνεῖν. ‖ Od. ω 1.   7 Od. η 138

Appendix II.

Fragmenta Chrysippi ad singulos libros relata.
(Hic ea inserui, quae ad rationem doctrinae nihil facere viderentur.)

I. Περὶ Ἀγαθῶν (περὶ Ἀγαθοῦ fr. 3)
    fr. 1: III p. 33, 19   n. 137 (ἐν τῷ πρώτῳ)
    fr. 2: III p. 35, 38   n. 148 (ἐν τῷ πρώτῳ)
    fr. 3: III p. 102, 11   n. 418 (ἐν τῷ δευτέρῳ)
    fr. 4: III p. 9, 2   n. 25 (ἐν τῷ τρίτῳ).

II. Περὶ Ἀνομολογίας
    fr. 1: III p. 94, 43   n. 390.

III. Περὶ Ἀρετῶν πρὸς Πόλλιν β' (Titulus II p. 9, 42)
    fr. 1: III p. 13, 18   n. 49 (ἐν τῷ πρώτῳ)
    fr. 2: III p. 72, 30   n. 295 (ἐν τῷ πρώτῳ)
    fr. 3: III p. 85, 27   n. 350 (ἐν τῷ περὶ ἀρ.).

IV. Περὶ τῆς τῶν Ἀρετῶν διαφορᾶς πρὸς Διόδωρον δ' (Titulus II
    p. 9, 40)
    fr. 1: III p. 61, 20   n. 256
    fr. 2: III p. 62, 20   n. 259.

V. Περὶ τοῦ ποιὰς εἶναι τὰς Ἀρετάς α' (Titulus II p. 9, 41)
    fr. 1: III p. 60, 13   n. 256
    fr. 2: III p. 62, 22   n. 259.

VI. Περὶ Αὐξανομένου
    II p. 131, 6   n. 397.

VII. Περὶ Βίων Δ
    fr. 1: III p. 173, 23   n. 691 (ἐν τῷ πρώτῳ)
    fr. 2: III p. 174, 15. 21 n. 693 (ἐν τοῖς π. β.)
    fr. 3: III p. 175, 3   n. 697 (ἐν πρώτῳ)
    fr. 4: III p. 175, 31   n. 701 (ἐν πρώτῳ?)
    fr. 5: III p. 180, 14   n. 716 (ἐν τῷ πρώτῳ)
    fr. 6: III p. 172, 6   n. 685 (ἐν τῷ δευτέρῳ)
    fr. 7: III p. 176, 12   n. 702 (ἐν τῷ τετάρτῳ)
    fr. 8: III p. 176, 24   n. 703 (ἐν τῷ τετάρτῳ)
    fr. 9: II p. 16, 29   n. 42 (ἐν τῷ τετάρτῳ)
    fr. 10: II p. 89, 41   n. 270 (ἐν τῷ τετάρτῳ).

VIII. Περὶ τῆς Διαλεκτικῆς πρὸς Ἀριστοκρέοντα Δ (Titulus II
    p. 9, 34 in catalogo librorum moralium)
    fr. 1: II p. 38, 21   n. 126.

IX. Περὶ τῶν Δι' αὐτὰ Αἱρετῶν Α
    fr. 1: III p. 176, 31   n. 704

fr. 2: Athenaeus Deipnos. VII 285 d.   Χρύσιππος δ' ὁ φιλόσοφος ἐν
τῷ περὶ τῶν δι' αὐτὰ αἱρετῶν „τὴν ἀφύην, φησίν, [τὴν] ἐν Ἀθήναις μὲν
διὰ τὴν δαψίλειαν ὑπερορῶσι καὶ πτωχικὸν εἶναί φασιν ὄψον, ἐν ἑτέραις δὲ
πόλεσιν ὑπερθαυμάζουσι πολὺ χείρω γενομένην. εἶθ' οἱ μέν, φησίν, ἐνταῦθα
τοὺς ἀδριατικοὺς ὄρνιθας τρέφειν σπεύδουσιν ἀχρειοτέρους ὄντας, ὅτι τῶν 5
παρ' ἡμῖν πολὺ ἐλάττους εἰσίν· ἐκεῖνοι δὲ τἀναντία μεταπέμπονται τοὺς ἐν-
θάδε."

fr. 3: III p. 36, 2   n. 148 (ἐν τῷ περὶ τῶν καθ' αὐτὰ αἱρετῶν).

X. *Περὶ τῶν μὴ Δι' αὐτὰ Αἱρετῶν*
fr. 1: III p. 185, 17   n. 744   10
fr. 2: Athenaeus Deipnosoph. IV p. 159 a.   οἷον ὁ καλὸς Χρύσιππος
διαγράφει ἐν τῷ περὶ τῶν μὴ δι' αὐτὰ αἱρετῶν λέγων ὧδε „ἐπὶ τοσοῦτον
τινὲς ἐκπίπτουσι πρὸς τὸ ἀργύριον ὥστε ἱστορῆσθαι πρὸς τῇ τελευτῇ τινὰ
μὲν καταπιόντα οὐκ ὀλίγους χρυσοῦς ἀποθανεῖν τὸν δὲ ἕτερον ῥαψάμενον
εἴς τινα χιτῶνα καὶ ἐνδύντ' αὐτὸν ἐπισκῆψαι τοῖς οἰκείοις θάψαι οὕτως, 15
μήτε καύσαντας μήτε θεραπεύσαντας."

XI. *Περὶ τοῦ Δικάζειν Α*
fr. 1: II p. 326, 32   n. 1125
fr. 2: III p. 175, 12   n. 699.

XII. *Περὶ Δικαιοσύνης* (cf. II p. 3, 10)   20
fr. 1: Cicero de republ. III 8, 12 et reqeriret et tueretur, alter (scil.
Aristoteles) autem de ipsa iustitia quattuor implevit sane grandis libros.
Nam ab Chrysippo nihil magnum nec magnificum desideravi, qui suo
quodam more loquitur, ut omnia verborum momentis, non rerum ponde-
ribus examinet.   25
fr. 2: II p. 11, 44   n. 30
fr. 3: II p. 337, 35   n. 1175 (ἐν τῷ πρώτῳ)
fr. 4: III p. 89, 27   n. 367 (ἐν τῷ πρώτῳ)
fr. 5: III p. 8, 10. 20   n. 23 (ἐν τῷ τρίτῳ)
fr. 6: III p. 146, 10   n. 545 (ἐν τῷ τρίτῳ)   30
fr. 7: III p. 186, 3   n. 747. (ἐν τῷ τρίτῳ περὶ δικαίου)
fr. 8: III p. 186, 7   n. 748 (ἐν τῷ περὶ δικαιοσύνης)
fr. 9: III p. 177, 2   n. 705 (ἐν τοῖς περὶ δικαιοσύνης).

XIIa. *Περὶ Δικαιοσύνης πρὸς Πλάτωνα* (fortasse pars eiusdem operis)
fr. 1: III p. 110, 29   n. 455 (ἐν τῷ πρώτῳ)   35
fr. 2: III p. 37, 16   n. 157
fr. 3: III p. 70, 30   n. 288
fr. 4: III p. 77, 20   n. 313.

XIIb. *Περὶ Δικαιοσύνης πρὸς Ἀριστοτέλην* (fortasse pars eiusdem
operis)   40
fr. 1: III p. 8, 22   n. 24 (Ἀριστοτέλει περὶ δικαιοσύνης ἀντι-
γράφων).

XIII. *Περὶ Δικαιοσύνης Ἀποδείξεις*
fr. 1: III p. 71, 5. 10   n. 289
fr. 2: III p. 73, 13 ‾   n. 297.   45

---

2 τὴν del. Wilam. ‖ μὲν διὰ Wilam., διὰ μὲν A.   13 πρὸς τὸ φιλάργυ-
ρον coni. Wilam.   15 τινα] τὸν Meineke.

XIV. *Περὶ τοῦ Διός* A
    fr. 1: III p. 50, 31   n. 211
    fr. 2: III p. 52, 41   n. 226.

XV. *Περὶ Δυνατῶν πρὸς Κλεῖτον* Δ (Titulus in catalogo II p. 5, 22)
5   fr. 1: II p. 92, 33. 93, 10. 15 n. 283 (*ἐν τῷ πρώτῳ*)
    fr. 2: II p. 174, 5. 24   n. 551 (*ἐν τῷ τετάρτῳ*).

XVI. *Περὶ Εἱμαρμένης* B (hoc opus restituere conatus est A. Gercke
    Chrysippea Fleck. ann. suppl. XIV)
    fr. 1: II p. 264, 17   n. 913
10   fr. 2: II p. 265, 24   n. 915
    fr. 3: II p. 267, 26   n. 927
    fr. 4: II p. 270, 8   n. 939
    fr. 5: II p. 309, 33   n. 1049
    fr. 6: II p. 266, 33   n. 925 (*ἐν τῷ πρώτῳ*)
15   fr. 7: II p. 292, 23   n. 998 (*ἐν τῷ δευτέρῳ*)
    fr. 8: II p. 293, 12   n. 999 (*ἐν τῷ δευτέρῳ*).

XVII. *Εἰσαγωγὴ τῆς περὶ Ἀγαθῶν καὶ Κακῶν πραγματείας*
    (respici videtur: II p. 11, 45)
    fr. 1: III p. 167, 3   n. 667.
20   fr. 2: Athenaeus Deipnos. IV p. 159 d. *Χρύσιππος δ᾽ ἐν τῇ εἰσα-
γωγῇ τῇ εἰς τὴν περὶ ἀγαθῶν καὶ κακῶν πραγματείαν νεανίσκον φησί
τινα ἐκ τῆς Ἰωνίας σφόδρα πλούσιον ἐπιδημῆσαι ταῖς Ἀθήναις πορφυρίδα
ἠμφιεσμένον ἔχουσαν χρυσᾶ κράσπεδα. πυνθανομένου δέ τινος αὐτοῦ ποδα-
πός ἐστιν ἀποκρίνασθαι ὅτι πλούσιος.*
25   fr. 3: Origenes contra Celsum IV 63 Vol. I p. 334, 15 Kö. (p. 552
Delarue). (Dum refutare studet Celsi opinionem *τὰ κακὰ οὔτε πλείονα
οὔτε ἐλάττονα γίγνεσθαι*) *καὶ ἄλλως δ᾽ ἐλέγχεται ὁ τοῦ Κέλσου περὶ τῶν κα-
κῶν λόγος ἀπὸ τῶν ἐξετασάντων φιλοσόφων τὰ περὶ ἀγαθῶν καὶ κακῶν καὶ
παραστησάντων καὶ ἀπὸ τῆς ἱστορίας ὅτι πρῶτον μὲν ἔξω πόλεως καὶ προ-
30 σωπεῖα περικείμεναι αἱ ἑταῖραι ἐξεμίσθουν ἑαυτὰς τοῖς βουλομένοις· εἶθ᾽
ὕστερον καταφρονήσασαι ἀπέθεντο τὰ προσωπεῖα καὶ ὑπὸ τῶν νόμων μὴ
ἐπιτρεπόμεναι εἰσιέναι εἰς τὰς πόλεις, ἔξω ἦσαν αὐτῶν· πλείονος δὲ τῆς δια-
στροφῆς γινομένης ὁσημέραι, ἐτόλμησαν καὶ εἰς τὰς πόλεις εἰσελθεῖν. Ταῦτα
δὲ Χρύσιππός φησιν ἐν τῇ περὶ ἀγαθῶν καὶ κακῶν εἰσαγωγῇ·
35 „Ὅθεν ὡς τῶν κακῶν πλειόνων καὶ ἡττόνων γινομένων, ἔστι λαβεῖν ὅτι οἱ
καλούμενοι ἀμφίβολοι ἦσάν ποτε προεστηκότες, πάσχοντες καὶ διατιθέντες
καὶ ταῖς ἐπιθυμίαις τῶν εἰσιόντων δουλεύοντες, ὕστερον δὲ οἱ ἀγορανόμοι
τούτους ἐξῶσαν.“ Καὶ περὶ μυρίων δ᾽ ἂν τῶν ἀπὸ κεχυμένης τῆς κακίας
ἐπεισελθόντων τῷ βίῳ τῶν ἀνθρώπων ἔστιν εἰπεῖν, ὅτι πρότερον οὐκ ἦν.
40 Αἱ γοῦν ἀρχαιόταται ἱστορίαι, καίτοι γε μυρία ὅσα κατηγοροῦσαι τῶν ἁμαρ-
τανόντων ἀρρητοποιοὺς οὐκ ἴσασι.*

XVIII. *Περὶ τῶν Ἐναντίων πρὸς Διονύσιον* B (Titulus in catalogo
    librorum moralium II p. 9, 9)
    fr. 1: II p. 49, 13 sq.   n. 172 sq.?
45   XIX. *Περὶ Ἐνυπνίων* A (cf. Cic. de div. I 6)
    fr. 1: II p. 342, 4   n. 1187
    fr. 2: II p. 344, 39. 345, 11 n. 1204. 1205
    fr. 3: II p. 345, 21   n. 1206.

XX. Περὶ Ἕξεων (libri περὶ ἕξεως πρὸς Κλέωνα α' β' γ' in catalogo
librorum moralium II p. 9, 38 fortasse diversi)
 fr. II p. 147, 38   n. 449.
XXI. Ἐρωτικαὶ Ἐπιστολαί
 fr. II p. 314, 15   n. 1072.   5
XXII. Περὶ Ἔρωτος
 fr. 1: III p. 180, 14   n. 716
 fr. 2: III p. 180, 36   p. 718.
XXIII. Περὶ Θεῶν Γ (vel plures)
 fr. 1: II p. 201, 4   n. 687   10
 fr. 2: II p. 305, 26   n. 1022 (ἐν τῷ πρώτῳ)
 fr. 3: II p. 315, 1   n. 1076 (ἐν τῷ πρώτῳ)
 fr. 4: II p. 316, 20   n. 1078 (ἐν τῷ πρώτῳ)
 fr. 5: II p. 315, 25   n. 1077 (in primo)
 fr. 6: II p. 316, 12   n. 1077 (in secundo)   15
 fr. 7: II p. 316, 16   n. 1078 (ἐν τῷ δευτέρῳ)
 fr. 8: II p. 326, 32   n. 1125 (ἐν τῷ δευτέρῳ)
 fr. 9: II p. 309, 12   n. 1049 (ἐκ τοῦ τρίτου)
 fr. 10: II p. 313, 21   n. 1068 (ἐν τῷ τρίτῳ)
 fr. 11: III p. 50, 40   n. 212 (ἐν τῷ τρίτῳ)   20
 fr. 12: III p. 80, 33   n. 326 (ἐν τῷ τρίτῳ).
XXIV. Περὶ Ἡδονῆς (num idem liber qui inscribitur περὶ τοῦ καλοῦ
καὶ τῆς ἡδονῆς? Cf. catalogum librorum moralium II p. 10, 3—6)
 fr. III p. 37, 13   n. 156.
XXV. Ἠθικῶν Ζητημάτων I   25
 fr. 1: III p. 141, 23   n. 23
 fr. 2: III p. 50, 18   n. 210 (ἐν τῷ ἕκτῳ)
 fr. 3: III p. 57, 39   n. 243 (ἐν τῷ ἕκτῳ)
 fr. 4: Scholia in Eur. Androm. v. 276 Vol. IV p. 152 Dind. Vol. II
p. 274 Schw. Χρύσιππος δὲ ἐν Ἠθικῶν δεκάτῳ λογισάμενον τὸν Πάριν 30
τίνων δεῖ μᾶλλον ἀντέχεσθαι, πολεμικῆς ἀσκήσεως ἢ ἐρωτικῆς ἢ βασιλείας,
νεῦσαι [αὐτὸν] μᾶλλον εἰς τὰ ἐρωτικὰ καὶ οὕτως τὸν περὶ τῆς κρίσεως μῦ-
θον συντεθῆναι.
XXVI. Περὶ τοῦ Καθήκοντος Z (vel plures)
 fr. 1: III p. 186, 39   n. 752 (ἐν τῷ περὶ τοῦ κ.)   35
 fr. 2: III p. 41, 34   n. 174 (ἐν τῷ ἕκτῳ)
 fr. 3: III p. 173, 7   n. 688 (ἐν τῷ ἑβδόμῳ).
XXVII. Περὶ τοῦ Καλοῦ A (sine dubio diversus a libro XXVIII)
 fr. 1: III p. 9, 29   n. 30 (ἐν τοῖς περὶ τοῦ κ.)
 fr. 2: III p. 9, 24   n. 29 (ἐν τῷ περὶ τοῦ κ.)   40
 fr. 3: III p. 76, 4   n. 308 (ἐν τῷ περὶ τοῦ κ.)
 fr. 4: III p. 178, 30   n. 709a (ἐν τῷ περὶ τοῦ κ.).
XXVIII. Περὶ τοῦ Καλοῦ καὶ τῆς Ἡδονῆς πρὸς Ἀριστοκρέοντα I
 (Titulus in catalogo II p. 10, 3)
 fr. 1: Gellius N. A. XIV 4. Condigne mehercule et condecore Chry- 45
sippus in librorum, qui inscribuntur περὶ καλοῦ καὶ ἡδονῆς, primo,
os et oculos Iustititiae vultumque eius severis atque venerandis verborum

---

32 αὐτὸν del. Schwartz. ‖ περὶ τῆς scripsi, τῆς NO περὶ A.

coloribus depinxit. Facit quippe imaginem Iustitiae fierique solitam esse dicit a pictoribus rhetoribusque antiquioribus ad hunc ferme modum: „forma atque filo virginali, aspectu vehementi et formidabili, luminibus oculorum acribus, neque humilis neque atrocis, sed reverendae cuiusdam
5 tristitiae dignitate." Ex imaginis autem istius significatione intellegi voluit, iudicem, qui Iustitiae antistes est, oportere esse gravem, sanctum, severum, incorruptum, inadulabilem contraque improbos nocentesque immisericordem atque inexorabilem erectumque et arduum ac potentem, vi et maiestate aequitatis veritatisque terrificum. Verba ipsa Chrysippi de Iu-
10 stitia scripta haec sunt:

„*Παρθένος δὲ εἶναι λέγεται κατὰ σύμβολον τοῦ ἀδιάφθορος εἶναι καὶ μηδαμῶς ἐνδιδόναι τοῖς κακούργοις, μηδὲ προσίεσθαι μήτε τοὺς ἐπιεικεῖς λόγους μήτε παραίτησιν καὶ δέησιν μήτε κολακείαν μήτε ἄλλο μηδὲν τῶν τοιούτων· οἷς ἀκολούθως καὶ σκυθρωπὴ γράφεται καὶ συνεστηκὸς ἔχουσα τὸ
15 πρόσωπον καὶ ἔντονον καὶ δεδορκὸς βλέπουσα, ὥστε τοῖς μὲν ἀδίκοις φόβον ἐμποιεῖν, τοῖς δὲ δικαίοις θάρσος· τοῖς μὲν προσφιλοῦς ὄντος τοῦ τοιούτου προσώπου, τοῖς δὲ ἑτέροις προσάντους.*"

Haec verba Chrysippi eo etiam magis ponenda existimavi, ut prompta ad considerandum iudicandumque sint, quoniam legentibus ea nobis deli-
20 catiores quidam disciplinarum philosophi, Saevitiae imaginem istam esse, non Iustitiae, dixerunt.

fr. 2: Athenaeus Deipnosoph. XIII p. 565 a. *τοῦ ξύρεσθαι τὸν πώγωνα κατ᾽ Ἀλέξανδρον εὑρημένου, ὥς φησιν ὑμῶν ὁ Χρύσιππος ἐν τῷ τετάρτῳ περὶ τοῦ καλοῦ καὶ τῆς ἡδονῆς. οὐκ ἀκαίρως δέ, ὡς ἐμαυτὸν
25 πείθω, μεμνήσομαι τῆς λέξεως· χαίρω γὰρ πάνυ τῷ ἀνδρὶ διά τε τὴν πολυμαθίαν καὶ τὴν τοῦ ἤθους ἐπιείκειαν. λέγει δὲ οὕτως ὁ φιλόσοφος „τὸ ξύρεσθαι τὸν πώγωνα κατ᾽ Ἀλέξανδρον προῆκται, τῶν προτέρων οὐ χρωμένων αὐτῷ. καὶ γὰρ Τιμόθεος ὁ αὐλητὴς πώγωνα μέγαν ἔχων ηὔλει, καὶ ἐν Ἀθήναις διατηροῦσιν οὐ σφόδρα ἀρχαῖον τὸν πρῶτον προσκειράμενον παρωνύμιον
30 ἔχειν Κόρσην. διὸ καὶ Ἄλεξις ἔφη που·*

  ἂν πιττοκοπούμενόν τιν᾽ ἢ ξυρούμενον
  ὁρᾷς, δυοῖν τούτων ἔχειν δεῖ θάτερον·
  ἢ γὰρ στρατεύειν ἐπινοεῖν μοι φαίνεται
  καὶ πάντα τῷ πώγωνι δρᾶν ἐναντία
35 *ἢ πλουσιακὸν τούτῳ τι προσπίπτει κακόν.*
  τί γὰρ αἱ τρίχες λυποῦσιν ἡμᾶς, πρὸς θεῶν,
  δι᾽ ἃς ἀνὴρ ἕκαστος ἡμῶν φαίνεται,
  εἰ μή τι ταύταις ἀντιπράττεσθ᾽ ὑπονοεῖς.

Διογένης δὲ ἰδών τινα οὕτως ἔχοντα τὸ γένειον ἔφησε, „μή τι ἔχεις ἐγκαλεῖν
40 *τῇ φύσει ὅτι ἄνδρα σ᾽ ἐποίησε καὶ οὐ γυναῖκα; ἕτερον δέ τινα ἐπὶ ἵππου ἰδὼν παραπλησίως ἔχοντα καὶ μεμυρισμένον καὶ τούτοις ἀκολούθως ἠμφιεσμένον, πρότερον μὲν ἔφησε ζητεῖν τί ἐστιν ὁ ἱππόπορνος, νῦν δὲ εὑρηκέναι. ἐν Ῥόδῳ δὲ νόμου ὄντος μὴ ξύρεσθαι οὐδὲ ὁ ἐπιληψόμενος οὐδείς ἐστι διὰ τὸ πάντας ξύρεσθαι. ἐν Βυζαντίῳ δὲ ζημίας ἐπικειμένης τῷ ἔχοντι κουρεῖ
45 ξυρὸν οὐδὲν ἧττον πάντες χρῶνται αὐτῷ.*" *καὶ ταῦτα μὲν ὁ θαυμάσιος εἴρηκε Χρύσιππος.*

fr. 3: Athenaeus Deipnosoph. IV p. 137 f. *Χρύσιππός τ᾽ ἐν τετάρτῳ περὶ τοῦ καλοῦ καὶ τῆς ἡδονῆς φησιν „ἐν Ἀθήναις δὲ ἱστοροῦσιν οὐ πάνυ ἀρχαίων δυοῖν γενομένων δείπνων, ἐν Λυκείῳ τε καὶ Ἀκαδημείᾳ,* τοῦ μὲν εἰς τὴν Ἀκαδήμειαν εἰσενέγκαντος ὀψοποιοῦ λοπάδα πρὸς ἑτέραν τινὰ χρείαν τὸν κέραμον κατᾶξαι πάντα τοὺς ἱεροποιούς, ὡς μακρόθεν οὐκ ἀστείας παρεισδύσεως γινομένης, δέοντος ἀπέχεσθαι τούτων ⟨τῶν⟩ μακρόθεν· τὸν δ' ἐν τῷ Λυκείῳ κρέας ταριχηρὸν εἰς τάριχος διασκευάσαντα μαστιγω- θῆναι ὡς παρασοφιζόμενον πονηρῶς." 5

fr. 4: Athenaeus Deipnosoph. IX p. 373 a.   καὶ Χρύσιππος δ' ὁ φι- λόσοφος ἐν τῷ πέμπτῳ περὶ τοῦ καλοῦ καὶ τῆς ἡδονῆς γράφει οὕτως „καθάπερ τινὲς τὰς λευκὰς ὄρνιθας τῶν μελαινῶν ἡδίους εἶναι μᾶλλον."

fr. 5: Athenaeus Deipnosoph. VIII 335 b.   Χρύσιππον δ', ἄνδρες φί- λοι, τὸν τῆς Στοᾶς ἡγεμόνα κατὰ πολλὰ θαυμάζων ἔτι μᾶλλον ἐπαινῶ, τὸν 10 πολυθρύλητον ἐπὶ τῇ ὀψολογίᾳ Ἀρχέστρατον ἀεί ποτε μετὰ Φιλαινίδος κατα- τάττοντα, εἰς ἣν ἀναφέρεται τὸ περὶ ἀφροδισίων ἀκόλαστον σύγγραμμα.

id. 335 a.   ἀλλ' οὖν ὅ γε θαυμασιώτατος Χρύσιππος ἐν τῷ πέμπτῳ περὶ τοῦ καλοῦ καὶ τῆς ἡδονῆς φησί „καὶ βιβλία τά τε Φιλαινίδος καὶ τὴν τοῦ Ἀρχεστράτου Γαστρονομίαν καὶ δυνάμεις ἐρωτικὰς καὶ συνουσιαστι- 15 κάς, ὁμοίως δὲ καὶ τὰς θεραπαίνας ἐμπείρους τοιῶνδε κινήσεών τε καὶ σχη- μάτων καὶ περὶ τὴν τούτων μελέτην γινομένας." καὶ πάλιν „ἐκμανθάνειν τ' αὐτοὺς τὰ τοιαῦτα καὶ κτᾶσθαι τὰ περὶ τούτων γεγραμμένα Φιλαινίδι καὶ Ἀρχεστράτῳ καὶ τοῖς τὰ ὅμοια γράψασι." κἂν τῷ ἑβδόμῳ δέ φησι „καθάπερ γὰρ οὐκ ἐκμανθάνειν τὰ Φιλαινίδος καὶ τὴν Ἀρχεστράτου Γαστρονομίαν 20 ἔστιν ὡς φέροντά τι πρὸς τὸ ζῆν ἄμεινον."

fr. 6: Athenaeus Deipnos. I p. 4 e.   Ἀρχέστρατος ὁ Συρακόσιος ἢ Γε- λῷος ἐν τῇ ὡς Χρύσιππος ἐπιγράφει Γαστρονομίᾳ, ὡς δὲ Λυγκεὺς καὶ Καλλίμαχος Ἡδυπαθείᾳ.

Cf. III p. 104 a.   Εἰς ταῦτ' οὖν τις ἀποβλέπων, ἄνδρες φίλοι, εἰκότως 25 ἂν ἐπαινέσειε τὸν καλὸν Χρύσιππον, κατιδόντα ἀκριβῶς τὴν Ἐπικούρου φύσιν καὶ εἰπόντα „μητρόπολιν εἶναι τῆς φιλοσοφίας αὐτοῦ τὴν Ἀρχεστράτου γαστρολογίαν, ἣν πάντες οἱ τῶν φιλοσόφων γαστρίμαργοι Θεογνίν τινα αὑ- τῶν εἶναι λέγουσι, τὴν καλὴν ταύτην ἐποποιίαν."

Cf. VII p. 278 e.   Χρύσιππος δ' αὐτὸν (scil. Archestratum) ὁ ὄντως 30 φιλόσοφος καὶ περὶ πάντ' ἀνὴρ ἀρχηγὸν Ἐπικούρῳ φησὶ γενέσθαι καὶ τοῖς τὰ τούτου ἐπισταμένοις τῆς πάντα διαλυμηναμένης ἡδονῆς.

fr. 7: Athenaeus Deipnosoph. XIV p. 616 a.   καὶ Χρύσιππος δ' ὁ φιλόσοφος ἐν πέμπτῳ περὶ τοῦ καλοῦ καὶ τῆς ἡδονῆς περὶ τοῦ Παν- ταλέοντος τάδε γράφει „ὁ δὲ πλάνος Πανταλέων τελευτᾶν μέλλων ἑκάτερον 35 τῶν υἱῶν κατ' ἰδίαν ἐξηπάτησε, φήσας μόνῳ αὐτῷ λέγειν, ὅπου κατορώρυχοι τὸ χρυσίον· ὥστε μάτην ὕστερον κοινῇ σκάπτοντας αἰσθέσθαι ἐξηπατη- μένους."

fr. 8: Athenaeus Deipnosoph. XIV p. 616 b.   οὐκ ἠπόρει δ' ἡμῶν τὸ συμπόσιον οὐδὲ τῶν φιλοσκωπτούντων. περὶ δὲ τοιούτου τινὸς πάλιν ὁ 40 Χρύσιππος ἐν τῷ αὐτῷ (scil. ἐν τῷ πέμπτῳ περὶ τοῦ καλοῦ καὶ τῆς ἡδονῆς) γράφει „φιλοσκώπτης μέλλων ὑπὸ τοῦ δημίου σφάττεσθαι εἶπε θέλειν ὥσπερ τὸ κύκνειον ᾄσας ἀποθανεῖν. ἐπιτρέψαντος δ' ἐκείνου ἔσκωψεν."

fr. 9: Athenaei Deipnosoph. epit. lib. I p. 9 c.   τὸ παρὰ πολλοῖς λασταυ- 45

---

2 trad. πάντας; corr. Meineke.   3 δέον malit Kaibelius. ‖ ⟨τῶν⟩ add. Schweigh.   13 trad. γε ὁ, transposuit Schweigh.   15 trad. βρωτικάς, corr. Coraes.   28 ἣν] ὅθεν coni. Wilam. ‖ θεογονίαν libri; Θέογνιν Welcker.

ροκάκκαβον καλούμενον βρῶμα, ὥς φησι Χρύσιππος ⟨ἐν τῷ περὶ καλοῦ
καὶ ἡδονῆς⟩ οὗ ἡ κατασκευὴ περιεργοτέρα.

fr. 10: Athenaeus Deipnosoph. I p. 5e. Ἀπὸ τούτου τοῦ Φιλοξένου
καὶ φιλοξένειοί τινες πλακοῦντες ὠνομάσθησαν. περὶ τούτου Χρύσιππός
5 φησιν „ἐγὼ κατέχω τινὰ ὀψοφάγον ἐπὶ τοσοῦτον ἐκπεπτωκότα τοῦ μὴ ἐν-
τρέπεσθαι τοὺς πλησίον ἐπὶ τοῖς γινομένοις, ὥστε φανερῶς ἐν τοῖς βαλα-
νείοις τήν τε χεῖρα συνεθίζειν πρὸς τὰ θερμά, καθιέντα εἰς ὕδωρ θερμόν,
καὶ τὸ στόμα ἀναγαργαριζόμενον θερμῷ, ὅπως δηλονότι ἐν τοῖς θερμοῖς
δυσκίνητος ᾖ. ἔφασαν γὰρ αὐτὸν καὶ τοὺς ὀψοποιοῦντας ὑποποιεῖσθαι, ἵνα
10 θερμότατα παρατιθῶσι, καὶ μόνος καταναλίσκη αὐτός, τῶν λοιπῶν συνακο-
λουθεῖν μὴ δυναμένων.

fr. 11: Athenaeus VIII p. 336a.   (ὁ Σαρδανάπαλλος) ἐφ᾿ οὗ τοῦ τάφου
ἐπιγεργάφθαι φησὶ Χρύσιππος τάδε
(sequitur epigramma aliunde notum).

15   Cf. p. 336f. κρεῖττον δ᾿ ἂν εἶχε, φησὶν ὁ Χρύσιππος, εἰ μετελήφθη
τὰ ἐπὶ τοῦ Σαρδαναπάλλου οὕτως
εὖ εἰδὼς ὅτι θνητὸς ἔφυς σὺν θυμὸν ἄεξε,
τερπόμενος μύθοισι· φαγόντι σοι οὔτις ὄνησις.
καὶ γὰρ ἐγὼ ῥάκος εἰμί, φαγὼν ὡς πλεῖστα καὶ ἡσθείς.
20   ταῦτ᾿ ἔχω ὅσσ᾿ ἔμαθον καὶ ἐφρόντισα καὶ μετὰ τούτων
ἔσθλ᾿ ἔπαθον· τὰ δὲ λοιπὰ καὶ ἡδέα πάντα λέλειπται.

fr. 12: Athenaeus Deipnosoph. XV p. 686f. καὶ ὁ θαυμασιώτατος δὲ
Χρύσιππος τὴν ὀνομασίαν φησὶ λαβεῖν τὰ μύρα ἀπὸ τοῦ μετὰ πολλοῦ μό-
ρου καὶ πόνου ματαίου γίνεσθαι. Λακεδαιμόνιοίτε ἐξελαύνουσι τῆς Σπάρ-
25 της τοὺς τὰ μύρα κατασκευάζοντας ὡς διαφθείροντας τοὔλαιον, καὶ τοὺς τὰ
ἔρια δὲ βάπτοντας ὡς ἀφανίζοντας τὴν λευκότητα τῶν ἐρίων. Σόλων τε ὁ
σοφὸς διὰ τῶν νόμων κεκώλυκε τοὺς ἄνδρας μυροπωλεῖν.

fr. 13: Athenaeus Deipnosoph. XIV p. 659a. ἐκάλουν δ᾿ οἱ παλαιοὶ
τὸν μὲν πολιτικὸν μάγειρον Μαίσωνα τὸν δ᾿ ἐκτόπιον Τέττιγα. Χρύσιππος
30 δ᾿ ὁ φιλόσοφος τὸν Μαίσωνα ἀπὸ τοῦ μασᾶσθαι οἴεται κεκλῆσθαι, οἷον τὸν
ἀμαθῆ καὶ πρὸς γαστέρα νενευκότα, ἀγνοῶν ὅτι Μαίσων γέγονε κωμῳδίας
ὑποκριτὴς Μεγαρεὺς τὸ γένος, ὃς καὶ τὸ προσωπεῖον εὗρε τὸ ἀπ᾿ αὐτοῦ κα-
λούμενον μαίσωνα, ὡς Ἀριστοφάνης φησὶν ὁ Βυζάντιος ἐν τῷ περὶ προσώπων.

fr. 14: Athenaeus Deipnosoph. II p. 67c. κάλλιστον δ᾿ ὄξος εἶναί φησι
35 Χρύσιππος ὁ φιλόσοφος τό τε Αἰγύπτιον καὶ τὸ Κνίδιον.

fr. 15: Athenaeus Deipnosoph. I p. 8c. Χρύσιππος δέ φησιν· ἀσύμ-
βολον κώθωνα μὴ παραλίμπανε.

XXIX. Περὶ Κατορθωμάτων
fr. III p. 168, 27. 9   n. 674 (ἐν τῷ πρώτῳ) 672.
40   XXX. Περὶ τοῦ Κενοῦ
fr. 1: II p. 165, 32   n. 518
fr. 2: II p. 172, 15   n. 543.
XXXI. Περὶ Κινήσεως B (vel plures)
fr. 1: II p. 143, 29   n. 434 (ἐν τῷ δευτέρῳ)
45   fr. 2: II p. 173, 15   n. 550 (ἐκ τοῦ δευτέρου).

---

1 suppletum ex Suida s. v. λαστανροκάκκαβον.   9 δυσνίκητος Kaibelius
probabiliter.   10 ὡς post ἵνα inseri vult Wilam.   19 trad. κακός, corr.
Roehl.   36 an Solensis?

XXXII. Περὶ Κόσμου B (vel plures)
fr. 1: II p. 189, 34   n. 624 (ἐν τοῖς περὶ κ.)
fr. 2: II p. 264, 14   n. 913 (ἐν τῷ δευτέρῳ).

XXXIII. Περὶ τοῦ κυρίως κεχρῆσθαι Ζήνωνα τοῖς ὀνόμασιν A
fr. III p. 158, 34   n. 617.   5

XXXIV. Περὶ Λόγου B (Titulus in catalogo librorum moralium II
p. 9, 29)
fr. 1: II p. 15, 16   n. 37 (ἐν τῷ πρώτῳ)
fr. 2: II p. 33, 7   n. 105 (ἐν τῷ πρώτῳ)
fr. 3: II p. 228, 27   n. 841 (ἐν τῇ π. λ. πραγματείᾳ).   10

XXXV. Περὶ Λόγου Χρήσεως πρὸς Λεπτίναν A′ (περὶ τῆς χρήσεως
τοῦ λόγου πρὸς Λεπτίναν in catalogo librorum moralium II p. 9, 30)
fr. 1: II p. 20, 10   n. 50 (53 errore typothetae)
fr. 2: II p. 38, 32   n. 127 (omissa libri inscriptione)
fr. 3: II p. 39, 15   n. 129.   15

XXXVI. Περὶ Μαντικῆς B
fr. 1: II p. 340, 13   n. 1183
fr. 2: II p. 342, 4   n. 1187 (duobus libris)
fr. 3: II p. 342, 23   n. 1191 (ἐν τῷ δευτέρῳ)
fr. 4: II p. 348, 17   n. 1216.   20

XXXVII. Περὶ τῶν Μερῶν E (vel plures)
fr. 1: II p. 165, 29   n. 517 (ἐν τῷ τρίτῳ καὶ τετάρτῳ καὶ
                                    πέμπτῳ π. τ. μ.).

XXXVIII. Περὶ Νόμου A
fr. 1: III p. 42, 4   n. 175   25
fr. 2: III p. 77, 33   n. 314 (exordium libri).

XXXIX. Περὶ Ὁμονοίας B (vel plures)
fr. 1: III p. 86, 22   n. 353.

XL. Περὶ Ὁρμῆς
Arrianus Epict. dissert. I 4, 14 (nominato paulo ante Chrysippo): λάβε 30
τὴν περὶ ὁρμῆς σύνταξιν καὶ γνῶθι πῶς αὐτὴν ἀνέγνωκα.

XLI. Ὅρων Διαλεκτικῶν πρὸς Μητρόδωρον ς′ (In catalogo logi-
corum titulo II p. 4, 40)
fr. 1: II p. 62, 41   n. 193 (ἐν τοῖς διαλ. ὅροις)
fr. 2: II p. 75, 18   n. 226 (ἐν τῷ περὶ ὅρων dubitans huc 35
                                    rettuli propter rem tractatam).

XLII. Περὶ τῶν Ὅρων πρὸς Μητρόδωρον Z (Fuit de definitionibus
moralibus; nam titulus exstat in moralium librorum catalogo II
p. 9, 2. Ceteros libros, qui simili fuerunt inscriptione vide II
p. 8, 33—37)   40
fr. 1: II p. 264, 16   n. 913 (ἐν τῷ δευτέρῳ περὶ ὅρων. Dubi-
                                    tari potest, num fragmentum ad
                                    hunc librum referendum sit. Nam
                                    etiam physicarum definitionum li-
                                    brum fuisse probabile est).   45

XLIII. Περὶ Οὐσίας Γ (vel plures)
fr. 1: II p. 136, 4   n. 412 (ἐν τοῖς π. οὐσίας λόγοις)
fr. 2: II p. 338, 24   n. 1178 (ἐν τῷ τρίτῳ).

XLIV. *Περὶ Παθῶν Δ* (Tres libri priores fuerunt *λογιϰοί*, quartus *θεραπευτιϰός* vel *ἠθιϰός*)

Fragmenta composui III p. 110, 38—133, 26.   n. 456—490.

XLV. *Περὶ Παροιμιῶν* (libri complures)

fr. 1: Diog. Laërt. VII 1. (de Zenone locutus) *ὅτι ἰσχνὸς ἦν, ὑπομήϰης, μελάγχρως, ὅθεν τις αὐτὸν εἶπεν Αἰγυπτίαν ϰληματίδα, ϰαθά φησι Χρύσιππος ἐν πρώτῳ Παροιμιῶν.*

fr. 2: Schol. Pind. Isthm. II 17. *Χρήματα χρήματ' ἀνήρ*] *τοῦτο ἀναγράφεται μὲν εἰς τὰς παροιμίας ὑπ' ἐνίων, ἀπόφθεγμα δέ ἐστιν Ἀριστοδήμου, ϰαθάπερ φησὶ Χρύσιππος ἐν τῷ περὶ παροιμιῶν. τοῦτον δὲ τὸν Ἀριστόδημον Πίνδαρος μὲν οὐ τίθησιν ἐξ ὀνόματος, ὡς δήλου ὄντος ὅς ἐστιν ὁ τοῦτο εἰπών, μόνον δὲ ἐσημειώσατο τὴν πατρίδα ὅτι Ἀργεῖος* etc.

fr. 3: Diogenianus Paroemiographus I 62 p. 10. *Αἲξ Σϰυρία: Χρύσιππός φησιν ἐπὶ τῶν τὰς χάριτας ἀνατρεπόντων τετάχθαι τὴν παροιμίαν, ἐπειδὴ πολλάϰις τὰ ἀγγεῖα ἀνατρέπει ἡ αἴξ.*

Zenobius II 18.

fr. 4: Zenobius V 32. *Οὐ νυϰτιπλοεῖς: ἐπὶ τῶν μὴ ἀϰριβῶς τι ποιούντων. Ἡ γὰρ νὺξ ἀϰριβεστέρα τῆς ἡμέρας τοῖς πελαγοδρομοῦσι, διὰ τὰς τῶν ἄστρων σημειώσεις. Ὁ δὲ Χρύσιππος ἀφελὼν τὴν „οὐ“ ἀπόφασιν „νυϰτιπλοεῖς“ εἶπεν.*

fr. 5: [Plut.] Prov. Alex. I 3 (Cod. VB.-Corp. Par. II p. 321). *Ὀπισάμβω[ν]· ταύτην Χρύσιππος τάττει ϰατὰ τῶν χεῖρον ἐν τοῖς πράγμασι προβαινόντων παρὰ τὸ ἀεὶ ὀπίσω βαίνειν. Μέμνηται τοῦ ὀνόματος Σοφοϰλῆς.*

fr. 6: Zenobius Paroemiogr. III 40. *Δοῖδυξ αὔξει: ἐπὶ τῶν μὴ αὐξανομένων φησὶν ὁ Χρύσιππος, ἀλλὰ ϰαὶ ⟨ἐπὶ τῶν⟩ μιϰρῶν μενόντων εἴρηται ἡ παροιμία. Ὁ γὰρ δοῖδυξ μιϰρός ἐστι ϰαὶ στρογγύλος.*

fr. 7: Plutarchus vita Arati 1, 1. *Παροιμίαν τινὰ παλαιάν, ὦ Πολύϰρατες, δείσας μοι δοϰεῖ τὸ δύσφημον αὐτῆς, ὁ φιλόσοφος Χρύσιππος οὐχ ὃν ἔχει τρόπον, ἀλλ' ὡς αὐτὸς ᾤετο βέλτιον εἶναι διατίθεται,*

τίς πατέρ' αἰνήσει, εἰ μὴ εὐδαίμονες υἱοί;

Διονυσόδωρος δὲ ὁ Τροιζήνιος ἐλέγχων αὐτὸν ἀντεϰτίθησι τὴν ἀληθινὴν οὕτως ἔχουσαν·

τίς πατέρ' αἰνήσει, εἰ μὴ ϰαϰοδαίμονες υἱοί;

etc.

fr. 8: Suidas s. v. *Κέρϰωπες* (pr.) — *ἡ δὲ παροιμία „ϰερϰωπίζειν“ ἦν ὁ Χρύσιππος ἀπὸ τῶν σαινόντων τῇ ϰέρϰῳ ζῴων φησὶ μετενηνέχθαι.*

XLVI. *Περὶ τοῦ πῶς δεῖ τῶν Ποιημάτων ἀϰούειν Β* (Titulus in catalogo librorum moralium II p. 9, 18. Liber nusquam laudatur, sed probabiliter huc referuntur fragmenta II p. 31, 37 n. 100. 101. Plura etiam Plutarchus in libro *πῶς δεῖ τὸν νέον ποιημάτων ἀϰούειν* ex hoc Chrysippi libro hausisse videtur; quae tamen vix possunt accurate definiri).

XLVII. *Περὶ Πολιτείας*

fr. 1: II p. 11, 46   n. 30
fr. 2: III p. 177, 9   n. 706
fr. 3: III p. 180, 3   n. 714
fr. 4: III p. 183, 8   n. 728

25 add. Gaisford.

fr. 4: III p. 185, 17   n. 744
fr. 5: III p. 185, 20   n. 745
fr. 6: Diogenes Laërt. VII 34. ὅτι δ' αὐτοῦ ἐστιν ἡ Πολιτεία (scil.
Zenonis) καὶ Χρύσιππος ἐν (ὥσπερ ἐν B) τῷ περὶ Πολιτείας φησί.

XLVIII. Περὶ Προνοίας Δ (De hoc opere conf. A. Gercke Chrysippea 5
     in Fleckeiseni ann. suppl. XIV)
     fr. 1: II p. 189, 28   n. 623 (in libris quos de providentia
                                        scripsit)
     fr. 2: II p. 192, 1   n. 634 (ἐν τοῖς π. πρ.).
     fr. 3: II p. 201, 4   n. 687 (ἐν τῷ περὶ πρ.)   10
     fr. 4: II p. 305, 29   n. 1023 (ἐν τοῖς π. πρ.)
     fr. 5: II p. 309, 26   n. 1049 (ἐν τοῖς π. πρ.)
     fr. 6: II p. 185, 43   n. 604 (ἐν τῷ πρώτῳ π. πρ.)
     fr. 7: II p. 186, 8   n. 605 (ἐν τῷ πρώτῳ π. πρ.)
     fr. 8: II p. 191, 34   n. 633 (ἐν πρώτῳ π. πρ.)   15
     fr. 9: II p. 194, 12   n. 644 (ἐν τῷ πρώτῳ π. πρ.)
     fr. 10: II p. 293, 22   n. 1000 (in libro π. πρ. quarto)
     fr. 11: II p. 335, 27   n. 1169 (in libro π. πρ. quarto)
     fr. 12: II p. 336, 7   n. 1170 (in eodem libro).

XLIX. Περὶ τοῦ Προτρέπεσθαι Γ (vel Προτρεπτικά cf. ad fr. 1)   20
     fr. 1: III p. 33, 36   n. 139 (idem locus affertur ἐν τῷ πρώτῳ
                                     τῶν προτρεπτικῶν et ἐν τῷ πρώτῳ
                                     περὶ τοῦ προτρέπεσθαι; itaque idem
                                     opus intelligitur)
     fr. 2: III p. 17, 12   n. 69 (ἐν τῷ τρίτῳ τῶν προτρεπτικῶν)   25
     fr. 3: III p. 187, 10   n. 753 (ἐν τῷ (?) τῶν προτρεπτικῶν)
     fr. 4: III p. 188, 34   n. 761 (ἐν τοῖς περὶ τοῦ προτρέπεσθαι)
     fr. 5: III p. 39, 18   n. 167 (ἐν αὐτοῖς τούτοις).

L. Περὶ τῆς Ῥητορικῆς πρὸς Διοσκουρίδην Δ (Titulus in catalogo
     librorum moralium II p. 9, 36)   30
     fr. 1: II p. 96, 12   n. 297 (ἐν τῷ πρώτῳ)
     fr. 2: II p. 96, 19   n. 298 (ἐν τῷ αὐτῷ βιβλίῳ)
     fr. 3: III p. 35, 38   n. 148 (ἐν τῷ περὶ ῥητ.)
     fr. 4: III p. 175, 6   n. 698 (ἐν τῷ περὶ ῥητ.).
     Cicero cum Chrysippum artem rhetoricam scripsisse dicit II p. 95, 5 35
n. 288 vix hoc opus intelligit. Nam libri περὶ ῥητορικῆς non sunt „ars
rhetorica.“

LI. Περὶ τῶν κατὰ Στέρησιν λεγομένων πρὸς Θέαρον Α (Titu-
     lus in catalogo II p. 5, 11. Eundem librum Simplicius appellat
     τὰ περὶ στερητικῶν)   40
     fr. 1: II p. 51, 15   n. 177 (ἐν τοῖς περὶ τῶν στερητικῶν)
     fr. 2: II p. 52, 17   n. 178
     fr. 3: II p. 52, 26   n. 179.

LII. Περὶ Συλλογισμῶν εἰσαγωγὴ πρώτη (Deest in catalogo II
     p. 6, 33 sq., nisi idem est liber περὶ συλλογισμῶν εἰσαγωγικῶν p. 7, 15 45
     aut τῶν πρὸς εἰσαγωγὴν τρόπων ibid. 16)
     fr. 1: II p. 80, 24   n. 242.

LIII. *Κατὰ τῆς Συνηθείας πρὸς Μητρόδωρον* ς′ (Titulus in catalogo II p. 8,22)
    fr. 1: II p. 33,31   n. 109.

LIV. *Ὑπὲρ τῆς Συνηθείας πρὸς Γοργιππίδην* Z (Titulus in catalogo II p. 8,23; ὑπὲρ Cobetus, περί libri)
    fr. 1: II p. 33,31   n. 109.

LV. *Περὶ τῆς Συντάξεως τῶν τοῦ λόγου μορίων* (In catalogo II p. 6,18 περὶ τῆς συντάξεως τῶν λεγομένων δ′, fortasse idem liber. Cf. p. 41,29)
    fr. 1: II p. 11,28   n. 28 (ὑπὲρ τῆς συντάξεως τῶν τοῦ λόγου μορίων)
    fr. 2: II p. 67,35   n. 206a (περὶ τῆς συντάξεως τῶν τοῦ λόγου μερῶν).

LVI. *Περὶ Τέλους* B (aut περὶ τελῶν, ut Laërt. VII 85. 87)
    fr. 1: II p. 11,44   n. 30 (περὶ τελῶν)
    fr. 2: III p. 21,29   n. 85 (ἐν τῷ προτέρῳ περὶ τέλους et ἐν τοῖς περὶ τέλους)
    fr. 3: III p. 52,17   n. 223 (ἐν τῷ πρώτῳ περὶ τέλους)
    fr. 4: III p. 3,27   n. 4 (ἐν τῷ πρώτῳ περὶ τελῶν)
    fr. 5: III p. 43,2   n. 178 (ἐν τῷ πρώτῳ περὶ τελῶν).

LVII. *Ὑπογραφὴ τοῦ λόγου τοῦ ⟨ἠθικοῦ⟩ πρὸς Θεόπορον* A (Titulus in catalogo librorum moralium II p. 8,30. ἠθικοῦ addidi)
    fr. 1: Stob. Eclog. II 116,11 W. *Περὶ γὰρ πάντων τῶν παραδόξων δογμάτων ἐν πολλοῖς μὲν καὶ ἄλλοις ὁ Χρύσιππος διελέχθη· καὶ γὰρ ἐν τῷ περὶ δογμάτων καὶ ἐν τῇ ὑπογραφῇ τοῦ λόγου καὶ ἐν ἄλλοις πολλοῖς τῶν κατὰ μέρος συγγραμμάτων.*

LVIII. *Περὶ Φιλίας* B (vel plures)
    fr. 1: III p. 182,1   n. 724.

LIX. *Περὶ Φύσεως* E (vel plures)
  A. fr. 1: II p. 179,28   n. 579 (ἐν τῷ πρώτῳ περὶ φύσεως)
    fr. 2: II p. 269,1   n. 937 (ἐν τῷ πρώτῳ περὶ φύσεως)
    fr. 3: II p. 339,14   n. 1181 (ἐν τῷ δευτέρῳ περὶ φύσεως)
    fr. 4: III p. 36,30   n. 153 (ἐν τῷ τρίτῳ περὶ φύσεως)
    fr. 5: III p. 141,15   n. 526 (ἐν τῷ τρίτῳ περὶ φύσεως)
    fr. 6: III p. 188,21   n. 760 (ἐν τῷ τρίτῳ περὶ φύσεως)
    fr. 7: II p. 334,24   n. 1163 (ἐν τῷ πέμπτῳ περὶ φύσεως)
    fr. 8: III p. 187,19   n. 754 (ἐν τῷ πέμπτῳ περὶ φύσεως)
    fr. 9: II p. 192,20   n. 636 (ἐν τῷ πρώτῳ, ἐν τῷ τρίτῳ, ἐν τῷ πέμπτῳ)
    fr. 10: II p. 309,34   n. 1049 (ἐν τοῖς περὶ φύσεως)
    fr. 11: II p. 334,19   n. 1163 (ἐν τοῖς περὶ φύσεως)
  B. Dubium est, num ad hos libros referenda sint fragmenta: ἐν τῇ α′, β′, γ′ τῶν φυσικῶν (scil. βίβλων?)
    fr. 12: II p. 110,8   n. 300 (ἐν τῇ πρώτῃ τῶν φυσικῶν πρὸς τῷ τέλει)
    fr. 13: II p. 179,35. 180,15   n. 580 (ἐν τῇ πρώτῃ τῶν φυσικῶν)
    fr. 14: II p. 180,17   n. 581 (ἐν τῇ πρώτῃ τῶν φυσικῶν)

---

25 ὑπογραμμῇ libri, corr. Heeren.

fr. 15: II p. 33, 3   n. 105 (ἐν τῇ β' [ιβ' BP] τῶν φυσικῶν)
fr. 16: II p. 43, 38   n. 140 (ἐν τῇ δευτέρᾳ τῶν φυσικῶν)
fr. 17: II p. 211, 21   n. 741 (ἐν τῇ δευτέρᾳ τῶν φυσικῶν)
fr. 18: II p. 233, 35   n. 867 (ἐν β' τῶν φυσικῶν)
fr. 19: II p. 157, 36   n. 479 (ἐν τῇ τρίτῃ τῶν φυσικῶν).   5

LX. *Φυσικὰ Ζητήματα* (complures libri) (Fragmenta ad tria ζητήματα diversa libri primi pertinent)

fr. 1: II p. 140, 35   n. 429 (ἐν τῷ πρώτῳ τῶν φυσικῶν ζητημάτων)

fr. 2: II p. 157, 40   n. 480 (ἐν τῷ πρώτῳ τῶν φυσικῶν ζητη- 10 μάτων)

fr. 3: II p. 197, 39   n. 665 (ἐν τῷ πρώτῳ τῶν φυσικῶν ζητημάτων).

LXI. *Φυσικαὶ Θέσεις*
fr. 1: II p. 39, 10   n. 128 (ἐν ταῖς φυσικαῖς θέσεσιν)   15
fr. 2: II p. 214, 37   n. 763 (ἐν ταῖς φυσικαῖς θέσεσιν)
fr. 3: III p. 17, 3   n. 68 (ἐν ταῖς φυσικαῖς θέσεσιν).

LXI. *Φυσικαὶ Τέχναι*
fr. 1: II p. 143, 34   n. 435 (ἐν ταῖς φυσικαῖς τέχναις)
fr. 2: II p. 200, 21   n. 683 (ἐν ταῖς φυσικαῖς τέχναις)   20
fr. 3: II p. 172, 15   n. 543 (ἐν τῇ πρώτῃ τῶν φυσικῶν τεχνῶν).

LXIII. *Περὶ τῶν ἀρχαίων Φυσιολόγων* (Idem liber vocatur περὶ τῆς ἀρχαίας φυσικῆς fr. 2)

fr. 1: II p. 314, 1   n. 1071 (ἐν τῷ περὶ τῶν ἀρχαίων φυσιολόγων)   25

fr. 2: II p. 212, 38   n. 748 (ἐν τῷ περὶ ἀρχαίας φυσικῆς).

LXIV. *Περὶ Χαρίτων* (Cf. III n. 725. 726)
fr. 1: II p. 316, 34   n. 1081 (ἐν τῷ περὶ Χαρίτων)
fr. 2: II p. 316, 38   n. 1082 (totum librum his ineptiis replet).

LXV. *Περὶ Χρησμῶν*   30
fr. 1: II p. 342, 6   n. 1187 (uno de oraculis)
fr. 2: II p. 344, 30   n. 1202 (ἐν τῷ περὶ χρησμῶν)
fr. 3: = fr. 2: II p. 344, 37   n. 1203 (ἐν τῷ περὶ χρησμῶν)
fr. 4: II p. 345, 11   n. 1205
fr. 5: II p. 345, 21   n. 1206.   35

LXVI. *Περὶ Ψυχῆς Β*
fr. 1: II p. 22, 21   n. 55 (ἐν τῇ β' περὶ ψυχῆς)
fr. 2: II p. 211, 37   n. 743 (ἐν τοῖς περὶ ψυχῆς).

Cetera fragmenta composui II p. 235 sq. n. 879—911.

CHRYSIPPI
DISCIPULI ET SUCCESSORES.

I. Zeno Tarsensis.

1 Eusebius praep. evang. XV 13, 8 (p. 816 c). *Κράτητος δὲ ἐγέ-νετο Ζήνων ὁ Κιτιεύς, ὁ τῆς τῶν Στωϊκῶν φιλοσόφων αἱρέσεως καταστὰς ἀρχηγός. Ζήνωνα δὲ Κλεάνθης διεδέξατο, Κλεάνθην δὲ Χρύσιππος, τοῦτον δὲ Ζήνων ὁ ἕτερος καὶ οἱ καθεξῆς. λέγονται δ'* 5 *οὗτοι πάντες διαφερόντως καὶ βίου στερροῦ καὶ διαλεκτικῆς ἐπιμε-ληθῆναι.* (Sequitur de placitis ex Arii Didymi epitoma excerptum).
Diogenes Laërt. VII 35 (in homonymorum indice) *πέμπτος* (scil. *γέγονε Ζήνων) Χρυσίππου μαθητής, βιβλία μὲν ὀλίγα γεγραφώς, μαθητὰς δὲ πλείστους καταλελοιπώς.* 10
Suidas s. v. *Ζήνων Διοσκορίδου Ταρσεύς, ὡς δέ τινες Σιδώνιος, φιλόσοφος, μαθητὴς Χρυσίππου τοῦ Ταρσέως, φιλοσόφου Στωϊκοῦ, καὶ διάδοχος.*
In Epitoma Diog. Laërt. statim post Chrysippum appellatur.

2 Ind Stoic. Herc. col. XLVIII. *καὶ πέντε πρὸς Ἱερώ(νν)|μ(ον)* 15 *καὶ Φ......(πε|ρὶ ὑπ)οθέσε(ω)ν· (γ)νώρι(μοι) | δ' α(ὐτο)ῦ γεγόνασιν Διο|γέν(ης) Ἀρτεμιδώρου | Σε(λευκε)ὺς (ἀπ)ὸ Τίγριος, | ὁ (παραλαβὼν Ζή)νωνος τὴν | (σχολήν· Ἀρχέ)δημος Δι|..... Ταρ-σε)εύς· Δ(ι)ο ....* etc.
Zenonis Tarsensis enumerari discipulos apparet ex verbis *γνώρι-* 20 *μοι δ' αὐτοῦ γεγόνασιν,* cum antea iam de Chrysippi discipulis actum sit (col. 46. 47) et ex Diogenis Seleucensis (vulgo Babylonii) nomine.

3 Diog. Laërt. VII 41. *ἄλλοι δὲ οὐ τοῦ λόγου* (scil. *τοῦ κατὰ φιλοσοφίαν) ταῦτα μέρη φασίν* (scil. logicam, physicam, ethicam), *ἀλλ' αὐτῆς τῆς φιλοσοφίας, ὡς Ζήνων ὁ Ταρσεύς.* 25

4 Diog. Laërt. VII 84. *τὸ δὲ ἠθικὸν μέρος τῆς φιλοσοφίας δι-αιροῦσιν* (ipsam partitionem vide III p. 3, 1). *καὶ οὕτω δὲ ὑποδιαι-ροῦσιν οἱ περὶ Χρύσιππον — — καὶ Ζήνωνα τὸν Ταρσέα* etc.

5 Arius Didymus epit. phys. fr. 36 Diels (Eusebius praep. evang. XV 18, 2). *τὸν μὲν γὰρ τούτου* (scil. Chrysippi) *μαθητὴν καὶ διάδοχον* 30 *τῆς σχολῆς Ζήνωνά φασιν ἐπισχεῖν περὶ τῆς ἐκπυρώσεως τῶν ὅλων.*

---

11 Scil. permutabant Tarsensem cum Sidonio Citiensis discipulo Diog. Laërt. VII 38.   16 titulum libri Zenonis ex coniectura restitui, ... ΘΩϹΕΑΝ pap.   18 fortasse *ὁ (διαδεξά)μενος τὴν σχολήν.*   25 *τῆς* om. BP.

II. Diogenes Babylonius.

1 Galenus hist. philos. 3 (p. 600,10 Diels). τοῦ δὲ (scil. Chrysippi) Διογένης ὁ Βαβυλώνιος ἀκροατὴς γεγονὼς 'Αντιπάτρου καθηγητὴς γέγονε.

5 **2** Strabo XVI p. 743. πάλαι μὲν οὖν ἡ Βαβυλὼν ἦν μητρόπολις τῆς 'Ασσυρίας, νῦν δὲ Σελεύκεια ἡ ἐπὶ τῷ Τίγρει λεγομένη. — — ὥσπερ δὲ Βαβυλωνίαν τὴν χώραν καλοῦμεν, οὕτω καὶ τοὺς ἄνδρας τοὺς ἐκεῖθεν Βαβυλωνίους καλοῦμεν, οὐκ ἀπὸ τῆς πόλεως, ἀλλ' ἀπὸ τῆς χώρας, ἀπὸ δὲ Σελευκείας ἧττον, κἂν ἐκεῖθεν ὦσι, καθάπερ Διο-
10 γένη τὸν Στωϊκὸν φιλόσοφον.

Diogenes Laërtius VI 81 (in homonymorum indice). τέταρτος (scil. γέγονε Διογένης) Στωϊκός, γένος Σελευκεύς, καλούμενος δὲ Βαβυλώνιος διὰ τὴν γειτονίαν. Cf. Plut. de exilio 14 p. 605 b.

3 Index Stoic. Herc. col. XLVIII. (γ)νώρι(μοι) | δ' α(ὐτο)ῦ γε-
15 γόνασιν Διο|γέν(ης) 'Αρτεμιδώρου | Σε(λευκε)ὺς (ἀπ)ὸ Τίγριος ὁ (παραλαβὼν Ζή)νωνος τὴν | (σχολήν).

4 Lucian. Macrob. 20. Διογένης δὲ ὁ Σελευκεὺς ἀπὸ Τίγριος, Στωϊκὸς φιλόσοφος, ὀκτὼ καὶ ὀγδοήκοντα (scil. ἔτη ἔζησεν).

5 Plutarchus de Stoic. repugn. cp. 2. τίς οὖν μᾶλλον ἐν τῷ
20 σχολαστικῷ βίῳ τούτῳ κατεγήρασεν ἢ Χρύσιππος καὶ Κλεάνθης καὶ Διογένης καὶ Ζήνων καὶ 'Αντίπατρος; οἵ γε καὶ τὰς αὑτῶν κατέλιπον πατρίδας οὐδὲν ἐγκαλοῦντες, ἀλλ' ὅπως καθ' ἡσυχίαν καὶ ἐπὶ ζωστῆρος σχολάζοντες καὶ φιλολογοῦντες διάγωσιν.

6 Cicero Cato maior 23. num postea Zenonem, Cleanthem aut
25 eum, quem vos etiam vidistis Romae, Diogenem Stoicum, coëgit in suis studiis obmutescere senectus? an in omnibus his studiorum agitatio vitae aequalis fuit?

7 Plutarchus de vita Catonis 22. ἤδη δὲ αὐτοῦ γέροντος γεγονότος πρέσβεις 'Αθήνηθεν ἦλθον εἰς 'Ρώμην οἱ περὶ Καρνεάδην τὸν
30 'Ακαδημαϊκὸν καὶ Διογένη τὸν Στωϊκὸν φιλόσοφον, καταδίκην τινὰ

---

14 αὐτοῦ] scil. Zenonis Tarsensis, quem etiam in Epitoma Diogenis Laërtii sequitur. Cf. Plut. de fort. Alexandri I 5 p. 328 d Ζήνωνος, εἰ Διογένη τὸν Βαβυλώνιον ἔπεισε φιλοσοφεῖν.

παραιτησόμενοι τοῦ δήμου τῶν Ἀθηναίων, ἣν ἐρήμην ὦφλον Ὠρω-
πίων μὲν διωξάντων, Σικυωνίων δὲ καταψηφισαμένων, τίμημα ταλάν-
των πεντακοσίων ἔχουσαν. εὐθὺς οὖν οἱ φιλολογώτατοι τῶν νεα-
νίσκων ἐπὶ τοὺς ἄνδρας ἴεντο καὶ συνῆσαν ἀκροώμενοι καὶ θαυμάζοντες
αὐτούς.   5

8 Gellius Noct. Att. VI 14, 8. *Animadversa eadem tripartita varie-
tas est in tribus philosophis, quos Athenienses Romam ad senatum lega-
verant impetratum, uti multam remitteret, quam fecerat is propter Oropi
vastationem. Ea multa fuerat talentum fere quingentum. Erant isti
philosophi Carneades ex Academia, D i o g e n e s S t o i c u s, Critolaus Peri-* 10
*pateticus. Et in senatum quidem introducti interprete usi sunt C. Acilio
senatore; sed ante ipsi seorsum quisque ostentandi gratia magno con-
ventu hominum dissertaverunt. Tum admirationi fuisse aiunt Rutilius
et P o l y b i u s philosophorum trium sui cuiusque generis facundiam.*
„Violenta, inquiunt, et rapida Carneades dicebat, scita et teretia Crito- 15
laus, m o d e s t a D i o g e n e s e t s o b r i a."

9 Cicero Acad. Pr. II 137. *Legi apud Clitomachum, cum Car-
neades et S t o i c u s D i o g e n e s ad senatum in Capitolio starent, A. Al-
binum, qui tum P. Scipione [et] M. Marcello coss. praetor esset, —
doctum sane hominem — iocantem dixisse Carneadi: „Ego tibi, Car-* 20
*neades, praetor esse non videor, quia sapiens non sum, nec haec urbs
nec in ea civitas." Tum ille: „Huic Stoico non videris."*

10 Cicero Tusc. disp. IV 5. *Quibus (scil. Laelio et Scipione) adu-
lescentibus S t o i c u m D i o g e n e m et Academicum Carneadem video ad
senatum ab Atheniensibus missos esse legatos, qui cum rei publicae* 25
*nullam umquam partem attigissent essetque eorum alter Cyrenaeus,
alter B a b y l o n i u s, numquam profecto scholis essent excitati neque ad
illud munus electi, nisi in quibusdam principibus, temporibus illis, fuis-
sent studia doctrinae.*

11 Ind. Stoic. Herc. col. LI. -χου τῆς Τρῳάδος Ἀ|λεξανδρείας· 30
Παναί|τιος Νικαγόρου Ῥόδιος· | Μνήσαρχος Ὀνησίμου | Ἀθηναῖος·
Δάρδα(νος) | Ἀνδρομάχου Ἀ(θηναῖ)|ος· Ἀπολλόδω(ρος Σελευ)|κεὺ(ς)
ἀπὸ Τ(ίγριος· Βόη)|θος Σιδώ(νιος .....

Diogenes Laërt. VII 29. Ζηνόδοτος ὁ Στωϊκός, Διογένους μα-
θητής (epigramma fecit in Zenonem Citiensem).   35

Ps. Scymnus v. 10

   τῶν Ἀττικῶν τις γνησίων τε φιλολόγων,
   γεγονὼς ἀκουστὴς Διογένους τοῦ Στωϊκοῦ,

---

19 et *seclusit Baiter.*   22 Stoico *secludit Halmius.*   30 Enumeratio disci-
pulorum Diogenis Babylonii.   37 Apollodorum Atheniensem grammaticum in-
tellegi certum est.

συνεσχολακὼς δὲ πολὺν Ἀριστάρχῳ χρόνον
συνετάξατ' ἀπὸ τῆς Τρωϊκῆς ἁλώσεως
χρονογραφίαν στοιχοῦσαν ἄχρι τοῦ νῦν χρόνου.

12 Ind. Stoic. Herc. col. LII. θυ|γατρὸς υἱός· ἐγένετο | δὲ (κ)αὶ
5 Ἀρεοπαγίτης | οὗτος· Ἀπολλωνίδης | Σμυρναῖος· Χρύσερμ(ος) |Ἀλε-
ξανδρεὺς τῆς πρὸς | Αἴγυπ(τον)· Διονύσιος | Κυρηναῖος. οὗτ(ος δὲ) |
καὶ γεω(μέ)τρης (ἦν ἄ)|ριστος, ὁ καὶ ἀντ(ι)γ(ράψας) | Δημητρίῳ τῷ
(ῥή)|τορι τῷ π(ρὸς τοὺς γεωμέτρας γράψαντι?)

13 Cicero Acad. Pr. II 98. *Cum aliquid huius modi inciderat,*
10 *sic ludere Carneades solebat: „si recte conclusi, teneo; sin vitiose, mi-*
nam Diogenes reddet." Ab eo enim Stoico dialecticam didicerat; haec
autem merces erat dialecticorum.

14 Cicero de fin. II 24. *Nec ille qui Diogenem Stoicum adu-*
lescens, post autem Panaetium audierat Laelius.

15   **15** Cicero de fin. I 6. *Quid enim est a Chrysippo praetermissum*
in Stoicis? Legimus tamen Diogenem, Antipatrum.

Fragmenta.

16 Diog. Laërt. VII 39. Τριμερῆ φασιν εἶναι τὸν κατὰ φιλο-
σοφίαν λόγον· εἶναι γὰρ αὐτοῦ τὸ μέν τι φυσικόν, τὸ δὲ ἠθικόν, τὸ
20 δὲ λογικόν. οὕτω δὲ πρῶτος διεῖλε Ζήνων ὁ Κιτιεύς· — — καὶ
Διογένης ὁ Βαβυλώνιος.

I. Logica.

17 Diocles Magnes apud Diog. Laërt. VII 55. ἔστι δὲ φωνὴ ἀὴρ
πεπληγμένος ἢ τὸ ἴδιον αἰσθητὸν ἀκοῆς, ὥς φησι Διογένης ὁ Βα-
25 βυλώνιος ἐν τῇ περὶ τῆς φωνῆς τέχνῃ. ⟨καὶ⟩ ζῴου μέν ἐστι
φωνὴ ἀὴρ ὑπὸ ὁρμῆς πεπληγμένος, ἀνθρώπου δέ ἐστιν ἔναρθρος καὶ
ἀπὸ διανοίας ἐκπεμπομένη, ὡς ὁ Διογένης φησίν, ἥτις ἀπὸ δεκα-
τεσσάρων ἐτῶν τελειοῦται.

18 Diocles Magnes apud Diog. Laërt. VII 55. καὶ σῶμα δ᾽ ἐστὶν
30 ἡ φωνὴ κατὰ τοὺς Στωϊκούς, ὥς φησιν Ἀρχέδημος — — καὶ Διο-
γένης καὶ Ἀντίπατρος· πᾶν γὰρ τὸ ποιοῦν σῶμά ἐστι· ποιεῖ δὲ ἡ
φωνὴ προσιοῦσα τοῖς ἀκούουσιν ἀπὸ τῶν φωνούντων.

19 Simplicius in Aristot. Phys. p. 426,1 Diels. καὶ οἱ ἀέρα δὲ

---

5 Cuius discipuli hic enumerentur, dubium est; locus facit, ut de Diogene
Babylonio etiam hic cogitandum videatur, sed obstare videntur ipsa nomina
Apollonidis (Plut. Cat. 65) et Dionysii, qui primo a. Chr. saeculo fuerunt.
19 μέντοι B. ‖ τὸ δὲ ἠθικὸν τὸ δὲ λογικόν add. B² in mg.   25 καὶ addidi.
32 προσοῦσα BP.

πεπληγμένον τὴν φωνὴν ἀποδιδόντες, ὥσπερ Διογένης ὁ Βαβυ-
λώνιος, ἁμαρτάνουσι. σῶμα γὰρ οὕτως ἔσται ἡ φωνή, εἴπερ ἐν
γένει τῷ ἀέρι ἐστί, καὶ τὸ πεπονθός, τουτέστι τὸν πεπληγμένον ἀέρα,
ἀντὶ τοῦ πάθους, ὅπερ ἐστὶν ἡ πληγή, ἀποδιδόασιν.

20 Diocles Magnes apud Diog. Laërt. VII 56. Λέξις δέ ἐστι 5
κατὰ τοὺς Στωϊκούς, ὥς φησιν ὁ Διογένης, φωνὴ ἐγγράμματος, οἷον
„ἡμέρα".

λόγος δέ ἐστι φωνὴ σημαντικὴ ἀπὸ διανοίας ἐκπεμπομένη, ⟨οἷον
„ἡμέρα ἐστί"⟩.

διάλεκτος δέ ἐστι λέξις κεχαραγμένη ἐθνικῶς τε καὶ Ἑλληνι- 10
κῶς· ἢ λέξις ποταπή, τουτέστι ποιὰ κατὰ διάλεκτον, οἷον κατὰ μὲν
τὴν Ἀτθίδα „θάλαττα", κατὰ δὲ τὴν Ἰάδα „ἡμέρη".

τῆς δὲ λέξεως στοιχεῖά ἐστι τὰ εἰκοσιτέσσαρα γράμματα. τρι-
χῶς δὲ λέγεται τὸ γράμμα, ⟨τό τε στοιχεῖον⟩ ὅ τε χαρακτὴρ τοῦ στοι-
χείου καὶ τὸ ὄνομα, οἷον „ἄλφα". 15

φωνήεντα δέ ἐστι τῶν στοιχείων ἑπτά· α, ε, η, ι, ο, υ, ω.

ἄφωνα δὲ ἕξ· β, γ, δ, π, κ, τ.

διαφέρει δὲ φωνὴ καὶ λέξις, ὅτι φωνὴ μὲν καὶ ὁ ἦχός ἐστι, λέξις
δὲ τὸ ἔναρθρον μόνον.

λέξις δὲ λόγου διαφέρει, ὅτι λόγος ἀεὶ σημαντικός ἐστι, λέξις δὲ 20
καὶ ἀσήμαντος, ὡς ἡ „βλίτυρι", λόγος δὲ οὐδαμῶς.

διαφέρει δὲ καὶ τὸ λέγειν τοῦ προφέρεσθαι· προφέρονται μὲν
γὰρ αἱ φωναί, λέγεται δὲ τὰ πράγματα, ἃ δὴ καὶ λεκτὰ τυγχάνει.

21 Diocles Magnes apud Diog. Laërt. VII 57. τοῦ δὲ λόγου
ἐστὶ μέρη πέντε, ὥς φησι Διογένης τε ἐν τῷ περὶ φωνῆς καὶ 25
Χρύσιππος· ὄνομα, προσηγορία, ῥῆμα, σύνδεσμος, ἄρθρον.

22 Diocles Magnes apud Diog. Laërt. VII 58. ἔστι δὲ προσ-
ηγορία μέν, κατὰ τὸν Διογένην, μέρος λόγου σημαῖνον κοινὴν
ποιότητα, οἷον „ἄνθρωπος" „ἵππος".

ὄνομα δέ ἐστι μέρος λόγου δηλοῦν ἰδίαν ποιότητα, οἷον Διο- 30
γένης, Σωκράτης.

ῥῆμα δέ ἐστι μέρος λόγου σημαῖνον ἀσύνθετον κατηγόρημα, ὡς
ὁ Διογένης, ἤ, ὥς τινες, στοιχεῖον λόγου ἄπτωτον σημαῖνόν τι συν-
τακτὸν περί τινος ἢ τινῶν, οἷον „γράφω" „λέγω".

---

7 ἡμέρα Casaubonus, ἡμέρα ἐστί P, ἐστι comp. add. B¹.   9 οἷον ἡμέρα
ἐστὶ add. Casaubonus.   12 ///μέρη B¹.   14 τό τε στοιχεῖον om. BP, inseruit
Meibomius.   15 οἷον ᾱ BP.   18 λέξις μὲν γὰρ ἄσημος γίνεται ὡς ἡ „βλίτυρι"
(cet. om.) BP.   29 Cf. Bekker Anecd. p. 842 οἱ Στωϊκοὶ ὀνόματα μὲν τὰ κύρια
ἔλεγον, τὰ δὲ προσηγορικὰ οὐκ ὀνόματα· καί φασιν ὡς διάφορος ἡ κλίσις κυρίων
καὶ προσηγοριῶν etc.   33 τινες] scil. Apollodorus cf. § 64 κατηγόρημα—πρᾶγμα
συντακτὸν περί τινος ἢ τινῶν, ὡς οἱ περὶ Ἀπολλόδωρόν φασιν.

σύνδεσμος δέ ἐστι μέρος λόγου ἄπτωτον, συνδοῦν τὰ μέρη τοῦ λόγου.

ἄρθρον δέ ἐστι στοιχεῖον λόγου πτωτικόν, διορίζον τὰ γένη τῶν ὀνομάτων καὶ τοὺς ἀριθμούς· οἷον „ὁ, ἡ, τό, οἱ, αἱ, τά".

5 **23** Diocles Magnes apud Diog. Laërt. VII 62. ἀμφιβολία δέ ἐστι λέξις δύο ἢ καὶ πλείονα πράγματα σημαίνουσα λεκτικῶς καὶ κυρίως καὶ κατὰ τὸ αὐτὸ ἔθος, ὥσθ᾽ ἅμα τινὰ πλείονα ἐκδέξασθαι κατὰ τὴν αὐτὴν λέξιν, οἷον „αὐλητρὶς πέπτωκε"· δηλοῦται γὰρ δι᾽ αὐτῆς τὸ μὲν τοιοῦτον „οἰκία τρὶς πέπτωκε", τὸ δὲ τοιοῦτον „αὐλήτρια
10 πέπτωκε".

24 Diocles Magnes apud Diog. Laërt. VII 59. ἀρεταὶ δὲ λόγου εἰσὶ πέντε. ἑλληνισμός, σαφήνεια, συντομία, πρέπον, κατασκευή. ἑλληνισμὸς μὲν οὖν ἐστι φράσις ἀδιάπτωτος ἐν τῇ τεχνικῇ καὶ μὴ εἰκαίᾳ συνηθείᾳ.

15 σαφήνεια δέ ἐστι λέξις γνωρίμως παριστᾶσα τὸ νοούμενον.

συντομία δέ ἐστι λέξις αὐτὰ τὰ ἀναγκαῖα περιέχουσα πρὸς δήλωσιν τοῦ πράγματος.

πρέπον δέ ἐστι λέξις οἰκεία τῷ πράγματι.

κατασκευὴ δέ ἐστι λέξις ἐκπεφευγυῖα τὸν ἰδιωτισμόν.

20 ὁ δὲ βαρβαρισμός, ἐκ τῶν κακιῶν, λέξις ἐστὶ παρὰ τὸ ἔθος τῶν εὐδοκιμούντων Ἑλλήνων.

σολοικισμὸς δέ ἐστι λόγος ἀκαταλλήλως συντεταγμένος.

25 Diocles Magnes apud Diog. Laërt. VII 60. γένος δέ ἐστι πλειόνων καὶ ἀναφαιρέτων ἐννοημάτων σύλληψις, οἷον „ζῷον"· τοῦτο
25 γὰρ περιείληφε τὰ κατὰ μέρος ζῷα.

ἐννόημα δέ ἐστι φάντασμα διανοίας, οὔτε τὶ ὂν οὔτε ποιόν, ὡσανεὶ δὲ τὶ ὂν καὶ ὡσανεὶ ποιόν· οἷον γίνεται ἀνατύπωμα ἵππου καὶ μὴ παρόντος.

εἶδος δέ ἐστι τὸ ὑπὸ γένους περιεχόμενον, ὡς ὑπὸ τοῦ ζῴου ὁ
30 ἄνθρωπος περιέχεται.

γενικώτατον δέ ἐστιν ὃ γένος ὂν γένος οὐκ ἔχει, οἷον τὸ ὄν.

εἰδικώτατον δέ ἐστιν ὃ εἶδος ὂν εἶδος οὐκ ἔχει, ὥσπερ ὁ Σωκράτης.

---

3 διορίζων B.   4 ō τοῦ τῶ οῖ αῖ ᾱ P.   6 δύο om. B¹ (suppl. B²). ‖ ἐκτικῶς B.   7 ἔθνος Menag. ‖ τινὰ scripsi, τὰ libri. ‖ ἐκλέξασθαι P.   8 τὴν αὐτὴν scripsi, ταύτην τὴν BP. ‖ δηλοῦ///ται B.   15 γνώριμος B. ‖ παριστᾶσα BP.   19 ἐστι om. BP.   20 κακιῶν BP.   21 εὐδοκιμούντων Vossius, εὐδαιμονούντων libri. Haec quoque ex Diogenis Babylonii περὶ φωνῆς libro Dioclem sumpsisse probabile est.   24 ἀναφαιρέτων vix sanum; ἀναφερέτων B; fortasse: ἀναφερόντων. ‖ ἐστὶν ἐννόημα οἷον BP (ἐστὶν ἐννόημα del. P²).   29 γένος BP (-ους P¹).   31 ὂν γένος om. P, suppl. P¹. ‖ οἷον τον P (del. P³) οἷον τὸ ὂν τοῦ B.   32 ἰδικώτατον P, εἰδικώτατον (εἰδι in ras.) B.

διαίρεσις δέ ἐστι γένους ἡ εἰς τὰ προσεχῆ εἴδη τομή, οἷον „τῶν ζῴων τὰ μέν ἐστι λογικά, τὰ δὲ ἄλογα.“

ἀντιδιαίρεσις δέ ἐστι γένους εἰς εἶδος τομὴ κατὰ τοὐναντίον, ὡς ἂν κατὰ ἀπόφασιν, οἷον „τῶν ὄντων τὰ μέν ἐστιν ἀγαθά, τὰ δ' οὐκ ἀγαθά.“ 5

ὑποδιαίρεσις δέ ἐστι διαίρεσις ἐπὶ διαιρέσει, οἷον „τῶν ὄντων τὰ μέν ἐστιν ἀγαθά, τὰ δ' οὐκ ἀγαθά· καὶ τῶν οὐκ ἀγαθῶν τὰ μέν ἐστι κακά, τὰ δὲ ἀδιάφορα.“

μερισμὸς δέ ἐστι γένους εἰς τόπους κατάταξις, ὡς ὁ Κρῖνις· οἷον· „τῶν ἀγαθῶν τὰ μέν ἐστι περὶ ψυχήν, τὰ δὲ περὶ σῶμα.“ 10

26 Diocles Magnes apud Diog. Laert. VII 71. τῶν δ' οὐχ ἁπλῶν ἀξιωμάτων συνημμένον μέν ἐστιν, ὡς ὁ Χρύσιππος ἐν ταῖς διαλεκτικαῖς φησι καὶ Διογένης ἐν τῇ διαλεκτικῇ τέχνῃ, τὸ συνεστὸς διὰ τοῦ „εἰ“ συναπτικοῦ συνδέσμου· ἐπαγγέλλεται δὲ ὁ σύνδεσμος οὗτος ἀκολουθεῖν τὸ δεύτερον τῷ πρώτῳ, οἷον „εἰ ἡμέρα ἐστί, 15 φῶς ἐστι.“

II. Physica.

27 Philo de incorrupt. mundi 15 p. 248 Bern. p. 25, 3 Cumont. (postquam de Boëtho et Panaetio Stoicis locutus est) λέγεται δὲ καὶ Διογένης ἡνίκα νέος ἦν συνεπιγραψάμενος τῷ δόγματι τῆς ἐκ- 20 πυρώσεως ὀψὲ τῆς ἡλικίας ἐνδοιάσας ἐπισχεῖν.

28 Aëtius II 32, 4 (DG p. 364ᵃ 1) (τὸν μέγαν ἐνιαυτόν:) Ἡράκλειτος ἐκ μυρίων ὀκτακισχιλίων ἐνιαυτῶν ἡλιακῶν. Διογένης ὁ Στωϊκὸς ἐκ πέντε καὶ ἑξήκοντα καὶ τριακοσίων ἐνιαυτῶν τοσούτων, ὅσος ἦν ὁ καθ' Ἡράκλειτον ἐνιαυτός. 25

29 Galenus de Hipp. et Plat. dogm. II 5 p. 201 Mü. καὶ μὴν ὁ θαυμαζόμενος ὑπὸ τῶν Στωϊκῶν λόγος ὁ Ζήνωνος, ὃν καὶ πρῶτον ἁπάντων ἔγραψεν ἐν τῷ περὶ τοῦ τῆς ψυχῆς ἡγεμονικοῦ Διογένης ὁ Βαβυλώνιος, — — εἴη δ' ἐναργέστερον, εἰ παραγράψαιμεν αὐτόν, ἔχει γὰρ ὧδε. „Φωνὴ διὰ φάρυγγος χωρεῖ. εἰ δὲ ἦν 30 ἀπὸ τοῦ ἐγκεφάλου χωροῦσα, οὐκ ἂν διὰ φάρυγγος ἐχώρει. ὅθεν δὲ λόγος, καὶ φωνὴ ἐκεῖθεν χωρεῖ. λόγος δὲ ἀπὸ διανοίας χωρεῖ, ὥστ' οὐκ ἐν τῷ ἐγκεφάλῳ ἐστὶν ἡ διάνοια.“ τὸν αὐτὸν δὴ τοῦτον λόγον Διογένης οὐ κατὰ τὴν αὐτὴν ἐρωτᾷ λέξιν, ἀλλ' ὧδε· „Ὅθεν ἐκπέμπεται ἡ φωνή, καὶ ἡ ἔναρθρος, οὐκοῦν καὶ ἡ σημαίνουσα ἔναρθρος 35 φωνὴ ἐκεῖθεν. τοῦτο δὲ ὁ λόγος. καὶ λόγος ἄρα ἐκεῖθεν ἐκπέμπεται, ὅθεν καὶ ἡ φωνή. ἡ δὲ φωνὴ οὐκ ἐκ τῶν κατὰ τὴν κεφαλὴν

---

6 ἐπιδιαίρεσις B ὑποδιαίρεσις, ὑ et o in litura P³. ‖ ἐν παντὶ (pro ἐπὶ) B. 9 κρίνεις B. 12 Cf. Vol. II p. 68, 14. 13 συνεστὸς (vel -ὼς) BP. 14 εἰ διὰ B. 36 ὁ λόγος C, ὁ om. MAB.

τόπων ἐκπέμπεται, ἀλλὰ φανερῶς ἐκ τῶν κάτωθεν μᾶλλον. ἐκ-
φανὴς γοῦν ἐστι διὰ τῆς ἀρτηρίας διεξιοῦσα. καὶ ὁ λόγος ἄρα οὐκ
ἐκ τῆς κεφαλῆς ἐκπέμπεται, ἀλλὰ κάτωθεν μᾶλλον. ἀλλὰ μὴν κἀκεῖνο
ἀληθὲς τὸ τὸν λόγον ἐκ τῆς διανοίας ἐκπέμπεσθαι. ἔνιοι γοῦν καὶ
5 ὁριζόμενοι αὐτὸν φασὶν εἶναι φωνὴν σημαίνουσαν, ἀπὸ διανοίας ἐκ-
πεμπομένην· καὶ ἄλλως δὲ πιθανὸν ὑπὸ τῶν ἐννοιῶν ἐνσεσημασμένον
τῶν ἐν τῇ διανοίᾳ καὶ οἷον ἐκτετυπωμένον ἐκπέμπεσθαι τὸν λόγον,
καὶ παρεκτείνεσθαι τῷ χρόνῳ κατά τε τὸ διανοεῖσθαι καὶ τὴν κατὰ
τὸ λέγειν ἐνέργειαν. καὶ ἡ διάνοια ἄρα οὐκ ἔστιν ἐν τῇ κεφαλῇ, ἀλλ᾽
10 ἐν τοῖς κατωτέρω τόποις, μάλιστά πως περὶ τὴν καρδίαν." τοιοῦτος
μέντοι καὶ ὁ τοῦ Διογένους λόγος, ἔμπαλιν ἢ κατὰ τὸν τοῦ Ζήνωνος
εἰς μῆκος ῥήσεων ἐκτεταμένος, ὥστε ἐκείνῳ μὲν ἐλλείπειν τινὰ τῶν
ἀναγκαίων ἀξιωμάτων, πλεονάζειν δὲ τούτῳ.

30 Galen de H. et Plat. dogm. II 8 (110) p. 246 Mü. οὔκουν
15 οὔτε τούτων τῶν λόγων ἰσχυρὸς οὐδείς, οὔθ᾽ ὅταν ὁ Διογένης εἴπῃ·
„ὃ πρῶτον τροφῆς καὶ πνεύματος ἀρύεται, ἐν τούτῳ ὑπάρχει τὸ ἡγε-
μονικόν, ὃ δὲ πρῶτον τροφῆς καὶ πνεύματος ἀρύεται, ἡ καρδία." — —

ibid. Κατὰ τὸν αὐτὸν δὲ τρόπον καὶ ἑαυτοῦ τοῖς λόγοις ἐχρή-
σατο. „Τό, φησί, κινοῦν τὸν ἄνθρωπον τὰς κατὰ προαίρεσιν κινήσεις
20 ψυχική τίς ἐστιν ἀναθυμίασις, πᾶσα δὲ ἀναθυμίασις ἐκ τῆς τροφῆς
ἀνάγεται, ὥστε τὸ κινοῦν πρῶτον τὰς κατὰ προαίρεσιν κινήσεις καὶ
τὸ τρέφον ἡμᾶς ἀνάγκη ἓν καὶ ταὐτὸν εἶναι." ὅταν ταῦτα ὁ Διο-
γένης γράφῃ, περὶ μὲν τοῦ τὴν οὐσίαν εἶναι τῆς ψυχῆς ἀναθυμίασιν,
εἴτ᾽ οὖν ἐκ τροφῆς εἴτ᾽ ἐκ πνεύματος, οὐδὲν ἕν γε τῷ παρόντι φήσομεν
25 ἀμφισβητεῖν, ἵνα μὴ τὰ πάντα λυπῶμεν τὸν ἄνδρα etc.

paulo post: Καὶ αὐτὸς ἐπιλανθανόμενος τῶν οἰκείων δογμάτων
αἷμά φησιν εἶναι τὴν ψυχήν, ὡς Ἐμπεδοκλῆς καὶ Κριτίας ὑπέλαβον.
εἰ δέ γε ἔποιτο Κλεάνθει καὶ Χρυσίππῳ καὶ Ζήνωνι, τρέφεσθαι
μὲν ἐξ αἵματος φήσασι τὴν ψυχήν, οὐσίαν δ᾽ αὐτῆς ὑπάρχειν τὸ πνεῦμα,
30 πῶς ἔτι ταὐτὸν ἔσται τὸ τρέφον καὶ τὸ κινοῦν, εἴπερ τρέφει μὲν τὸ
αἷμα, κινεῖ δὲ τὸ πνεῦμα;

31 Aëtius I 7, 17 (DG p. 302ᵇ 15). Διογένης καὶ Κλεάνθης
καὶ Οἰνοπίδης τὴν τοῦ κόσμου ψυχήν (scil. θεὸν ἀπεφήναντο).

32 Sextus adv. math. IX 133. Ζήνων δὲ καὶ τοιοῦτον ἠρώτα
35 λόγον· „τοὺς θεοὺς εὐλόγως ἄν τις τιμῴη· τοὺς δὲ μὴ ὄντας οὐκ ἄν
τις εὐλόγως ⟨τιμῴη⟩· εἰσὶν ἄρα θεοί". ᾧ λόγῳ τινὲς παραβάλλοντες
φασί· „τοὺς σοφοὺς ἄν τις εὐλόγως τιμῴη· τοὺς δὲ μὴ ὄντας οὐκ
ἄν τις εὐλόγως τιμῴη· εἰσὶν ἄρα σοφοί." ὅπερ οὐκ ἤρεσκε τοῖς ἀπὸ
τῆς Στοᾶς, μέχρι τοῦ νῦν ἀνευρέτου ὄντος τοῦ κατ᾽ αὐτοὺς σοφοῦ.

---

2 ἐκφανὴς CM ἐμφανὴς AB.   8 χρόνῳ MA, λόγῳ C.   19 κινοῦν ⟨πρῶ-
τον⟩ Müller.   29 φήσαντος ABP, φήσαντι Müller.   36 τιμῴη add. Fabricius.

ἀπαντῶν δὲ πρὸς τὴν παραβολὴν Διογένης ὁ Βαβυλώνιος τὸ δεύ-
τερόν φησι λῆμμα τοῦ Ζήνωνος λόγου τοιοῦτον εἶναι τῇ δυνάμει
„τοὺς δὲ μὴ πεφυκότας εἶναι οὐκ ἄν τις εὐλόγως τιμῴη." τοιούτου
γὰρ λαμβανομένου δῆλον ὡς πεφύκασιν εἶναι θεοί. εἰ δὲ τοῦτο, καὶ
εἰσὶν ἤδη. εἰ γὰρ ἅπαξ ποτὲ ἦσαν, καὶ νῦν εἰσίν, ὥσπερ εἰ ἄτομοι 5
ἦσαν, καὶ νῦν εἰσίν. ἄφθαρτα γὰρ καὶ ἀγένητα τὰ τοιαῦτά ἐστι κατὰ
τὴν ἔννοιαν τῶν σωμάτων· διὸ καὶ κατὰ ἀκόλουθον ἐπιφορὰν συνάξει
ὁ λόγος· οἱ δέ γε σοφοὶ οὐκ ἐπεὶ πεφύκασιν εἶναι, ἤδη καὶ εἰσίν.

33 Philodemus de pietate 15 (DG p. 548ᵇ 14). Δ(ι)ογένης δ᾽
ὁ Βαβυλώνιος ἐν τῷ περὶ τῆς Ἀθηνᾶς τ(ὸ)ν κ(όσ)μον γράφει 10
τῷ Δ(ιὶ τ)ὸν αὐτὸν ὑπάρ(χει)ν ἢ περιέχε(ιν τὸ)ν Δία κ(αθ)άπε(ρ)
ἄνθρωπ(ον ψ)υχή(ν)· καὶ τὸ(ν ἥλι)ον μ(ὲν) Ἀπόλλ(ω, τ)ὴν δ(ὲ σε)-
λήνη(ν Ἄρ)τ(ε)μι(ν· καὶ) π(αι)δ(αριῶ)δες εἶν(αι) θε(ο)ὺς ἀ(ν)θρωποε(ι)-
δεῖς λ(έγει)ν καὶ ἀδύνατον. (εἶ)ν(αί) τε τοῦ Διὸς τὸ μὲν εἰς τὴν
θάλατταν διατετα(κ)ὸς Ποσειδῶνα, τὸ δ᾽ εἰς (τ)ὸν ἀέρα Ἥραν, καθάπερ 15
κ(αὶ τὸν Πλά)τωνα λέγειν, ὥσ(τ᾽ ἐ)ὰν πολλάκις „ἀήρ" (λ)έγῃ τις ἐρεῖν
„Ἥ(ρα", τὸ) δ᾽ εἰς τὸ(ν) α⟨ἰθ⟩έρα Ἀθηνᾶν· τοῦτο γὰρ λέ(γε)σθαι τὸ
„ἐκ τῆς (κεφα)λῆς" καὶ „Ζεὺς ἄρρην Ζεὺς θῆλυς". τινὰς δὲ τῶν
Στωϊκῶν φάσκειν, ὅτι τὸ ἡγεμονικὸν ἐν τῇ κ(ε)φαλῇ· φρόνησιν γὰ(ρ)
εἶναι, διὸ καὶ Μῆτιν καλεῖσθαι· Χρύσιππον δ᾽ ἐν τῷ στή(θ)ει τὸ 20
ἡγεμονικὸν (ε)ἶναι κἀκεῖ τὴ(ν Ἀθ)ηνᾶν γεγονένα(ι) φρόνησιν οὖσαν,
τῷ (δ)ὲ τ(ὴ)ν φωνὴν ἐκ τῆς (κ)εφαλῆς ἐκκρίνεσθαι (λέ)γειν ἐκ τῆς
(κ)εφα(λ)ῆς, ὑπὸ δὲ Ἡ(φ)αίσ(του δι)ότι τ(έ)χνη(ι γί)νεθ᾽ ἡ φρόνησις,
καὶ Ἀθηνᾶν μὲν ο(ἷ)ον Ἀθ(ρη)νᾶν εἰρῆσθαι, (Τριτω)νίδα δὲ καὶ Τρ(ι-
τογέν)ειαν διὰ τὸ τὴν φρόνησιν ἐκ τριῶν συνεστηκέναι λόγων, τῶ(ν) 25
φ(υσικῶ)ν καὶ τῶ(ν ἠ)θικῶ(ν κ)αὶ τῶν λογικῶν. καὶ τὰς ἄλλας δ᾽
αὐτ(ῆς προσ)ηγορ(ί)ας καὶ τὰ φορήματα μάλα καταχρύσως τῇ φρο-
νήσει συνοικειοῖ.

34 Cicero de nat. deor. I 41. *quem (scil. Chrysippum) Diogenes*
Babylonius consequens in eo libro qui inscribitur „de Minerva", 30
partum Iovis ortumque virginis ad physiologiam traducens diiungit a
fabula.

35 Cicero de divin. I 6. *Quem (scil. Chrysippum) subsequens*
unum librum Babylonius Diogenes edidit, eius auditor (scil. περὶ
μαντικῆς). 35

36 Cicero de divin. II 90. *Quibus (scil. Chaldaeis) etiam Dio-*
genes Stoicus concedit aliquid, ut praedicere possint dumtaxat, qualis
quisque natura et ad quam quisque maxume rem aptus futurus sit;
cetera quae profiteantur, negat ullo modo posse sciri; etenim geminorum

---

31 diiungit *Orelli,* deiungit *libri.*   37 qualis BV quali A.

formas esse similis, vitam atque fortunam plerumque disparem.   Procles
et Eurysthenes, Lacedaemoniorum reges, gemini fratres fuerunt.   At ii
nec totidem annos vixerunt; anno enim Procli vita brevior fuit; mul-
tumque is fratri rerum gestarum gloria praestitit.   91. *At ego id ipsum,*
5 *quod vir optumus* Diogenes *Chaldaeis quasi quadam praevaricatione*
concedit, nego posse intellegi.

     37 Cicero de divin. I 84.   *Hac ratione et Chrysippus et* Diogenes
et Antipater *utitur* (Chrys. fr. phys. n. 1192 Vol. II p. 342, 27).

III. Ethica.

10   **38** Diog. Laërt. VII 84.   τὸ δὲ ἠθικὸν μέρος τῆς φιλοσοφίας
διαιροῦσιν (ipsam partitionem vide III p. 3, 1).   καὶ οὕτω δ' ὑποδιαι-
ροῦσιν οἱ περὶ Χρύσιππον — — καὶ Διογένην etc.

     39 Arrianus Epict. dissert. II 19, 13.   „τῶν ὄντων τὰ μέν ἐστιν
ἀγαθά, τὰ δὲ κακά, τὰ δ' ἀδιάφορα. ἀγαθὰ μὲν οὖν αἱ ἀρεταὶ καὶ
15 τὰ μετέχοντα αὐτῶν, κακὰ δὲ κακίαι καὶ τὰ μετέχοντα κακίας, ἀδιά-
φορα δὲ τὰ μεταξὺ τούτων, πλοῦτος, ὑγίεια, ζωή, θάνατος, ἡδονή,
πόνος.“ πόθεν οἶδας; „Ἑλλάνικος λέγει ἐν τοῖς Αἰγυπτιακοῖς.“ τί
γὰρ διαφέρει τοῦτο εἰπεῖν ἢ ὅτι Διογένης ἐν τῇ ἠθικῇ ἢ Χρύσιπ-
πος ἢ Κλεάνθης. Cf. II 9, 15.

20   **40** Cicero de finibus III 33.   *Bonum autem — etiam definitione*
explicatur.   *Sed eorum definitiones paulum oppido inter se differunt et*
tamen eodem spectant.   *Ego assentior* Diogeni, *qui bonum definierit*
id, quod esset natura absolutum.   *Id autem sequens illud etiam quod*
prodesset (ὠφέλημα *enim sic appellemus) motum aut statum esse dixit*
25 *e natura absoluto.*

     41 Cicero de finibus III 49.   *Divitias autem* Diogenes *censet*
non eam modo vim habere, ut quasi duces sint ad voluptatem et ad
valetudinem bonam, sed etiam uti ea contineant; non idem facere eas
in virtute neque in ceteris artibus, ad quas esse dux pecunia potest, con-
30 *tinere autem non potest; itaque si voluptas aut si bona valetudo sit in*
bonis, divitias quoque in bonis esse ponendas, at si sapientia bonum sit,
non sequi ut etiam divitias bonum esse dicamus.   *Neque ab ulla re,*
quae non sit in bonis, id quod sit in bonis contineri potest, ob eamque
causam, quia cognitiones comprehensionesque rerum, e quibus efficiuntur
35 *artes, appetitionem movent, cum divitiae non sint in bonis, nulla ars*
divitiis contineri potest.   50. *Quod si de artibus concedamus, virtutis*
tamen non sit eadem ratio, propterea quod haec plurimae commentatio-
nis et exercitationis indigeat, quod idem in artibus non sit, et quod vir-

---

25 absoluta *libri, corr. Bremius.*   28 uti ea *Baiter,* ut in ea AB.

tus stabilitatem, firmitatem, constantiam totius vitae complectatur, nec haec eadem in artibus esse videamus.

42 Cicero de finibus III 57. *De bona autem fama (quam enim appellant εὐδοξίαν, aptius est bonam famam hoc loco appellare quam gloriam) Chrysippus quidem et Diogenes detracta utilitate ne digitum 5 quidem eius causa porrigendum esse dicebant.*

43 Epiphanius adv. haeres. III 40 (DG p. 593, 5). Διογένης ὁ Βαβυλώνιος ἔλεγε τὰ σύμπαντα συνίστασθαι ἐξ ἡδονῆς.

44 Stobaeus ecl. II 75, 11 W. τὸ δὲ τέλος ὁ μὲν Ζήνων οὕτως ἀπέδωκε „τὸ ὁμολογουμένως ζῆν" — — οἱ δὲ μετὰ τοῦτον προσ- 10 διαρθροῦντες οὕτως ἐξέφερον — — Διογένης δὲ „εὐλογιστεῖν ἐν τῇ τῶν κατὰ φύσιν ἐκλογῇ καὶ ἀπεκλογῇ."

45 Diog. Laërt. VII 88 (antecessit Zenonis, Cleanthis, Chrysippi de fine bonorum explicatio). ὁ μὲν οὖν Διογένης τέλος φησὶ ῥη- τῶς τὸ εὐλογιστεῖν ἐν τῇ τῶν κατὰ φύσιν ἐκλογῇ. 15

46 Clemens Alex. Stromat. II 21 p. 179 Sylb., I p. 497 Pott. ⟨Διογένης δὲ ὁ Βαβυλώνιος τὸ τέλος⟩ ἐν τῷ εὐλογιστεῖν [ὃ] ἐν τῇ τῶν κατὰ φύσιν ἐκλογῇ κεῖσθαι ὑπελάμβανεν.

47 Stobaeus ecl. II 84, 4 W. Τὴν δὲ δόσιν φησὶν ὁ Διογένης κρίσιν εἶναι, ἐφ' ὅσον κατὰ φύσιν ἐστὶν ἢ ἐφ' ὅσον χρείαν τῇ φύσει 20 παρέχεται. Τὸ δὲ „δοκιμαστοῦ", οὐχ ὡς λέγεται τὰ πράγματα δοκι- μαστὰ παραλαμβάνεσθαι, ἀλλ' ὡς δοκιμαστήν φαμεν εἶναι τὸν τὰ πράγματα δοκιμάζοντα· τῆς οὖν ἀμοιβῆς τὸν τοιοῦτόν φησι δοκιμαστὴν εἶναι. Καὶ ταύτας μὲν τὰς δύο ἀξίας καθ' ἃς λέγομέν τινα τῇ ἀξίᾳ προῆχθαι, τρίτην δέ φησιν εἶναι, καθ' ἥν φαμεν ἀξίωμά τινα ἔχειν 25 καὶ ἀξίαν, ἥπερ περὶ ἀδιάφορα οὐ γίνεται, ἀλλὰ περὶ μόνα τὰ σπου- δαῖα. Χρῆσθαι δ' ἡμᾶς φησιν ἐνίοτε τῷ ὀνόματι τῆς ἀξίας ἀντὶ τοῦ ἐπιβάλλοντος· ὡς ἐν τῷ τῆς δικαιοσύνης ὅρῳ παρείληπται, ὅταν λέγη- ται εἶναι „ἕξις ἀπονεμητικὴ τοῦ κατ' ἀξίαν ἑκάστῳ". ἔστι γὰρ οἷον τοῦ ἐπιβάλλοντος ἑκάστῳ. 30

48 Stobaeus ecl. II 64, 13 W. Διττῶς δέ φησιν ὁ Διογένης λέγεσθαι τὰ δι' αὑτὰ αἱρετά, ⟨τὰ⟩ καὶ τελικῶς αἱρετά, ὡς ἔχει τὰ ἐν τῇ προειρημένῃ διαιρέσει κατατεταγμένα, τὰ δὲ ὅσα ἐν αὑτοῖς ἔχει τὴν αἰτίαν τοῦ αἱρετὰ εἶναι, ὅπερ παντὶ ἀγαθῷ ὑπάρχει.

49 Cicero de officiis III 50. *Sed incidunt, ut supra dixi, saepe* 35

---

7 Inepta referre Epiphanium apparet.   11 εὐλογιστίαν libri, corr. Davi- sius.   15 εὐλογεῖν B¹ (εὐλογιστεῖν B²).   17 Diogenis nomen supplendum esse docet loci Stobaeani comparatio.   21 δοκιμαστοῦ Meineke, δοκιμαστὸν P, δοκιμαστικὸν F.   22 δοκιμαστὴν Heeren, δοκιμαστόν libri.   23 φησι Wachsm., φασι libri.   24 τινα Heeren, τινας libri.   25 φησίν F φασιν P. ‖ τινα Heeren, τινας libri.   32 τὰ add. Wachsm.   33 ad ea quae antecedunt apud Stobaeum hoc non pertinet.

*causae, cum repugnare utilitas honestati videatur, ut animadvertendum
sit, repugnetne plane an possit cum honestate coniungi.* — 51. *In huius
modi causis aliud Diogeni Babylonio videri solet, magno et gravi
Stoico, aliud Antipatro — Antipatro omnia patefacienda, ut ne quid*
5 *omnino, quod venditor norit, emptor ignoret, Diogeni venditorem, qua-
tenus iure civili constitutum sit, dicere vitia oportere, cetera sine insidiis
agere et, quoniam vendat, velle quam optume vendere. „Advexi, exposui,
vendo meum non pluris quam ceteri, fortasse etiam minoris, cum maior
est copia. Cui fit iniuria?"* — 52. *Exoritur Antipatri ratio ex altera*
10 *parte (cf. Antip. fr.). Respondebit Diogenes fortasse sic: „Aliud est
celare, aliud tacere; neque ego nunc te celo, si tibi non dico, quae na-
tura deorum sit, qui sit finis bonorum, quae tibi plus prodessent cognita
quam tritici vilitas; sed non, quicquid tibi audire utile est, idem mihi
dicere necesse est." „Immo vero, inquiet ille, necesse est, siquidem me-*
15 *ministi esse inter homines natura coniunctam societatem." „Memini,
inquiet ille, sed num illa societas talis est, ut nihil suum cuiusque sit?
Quod si ita est, ne vendundum quidem quicquam est, sed donandum."*
— — 55. *Diogenes contra: „Num te emere coëgit, qui ne hortatus
quidem est? Ille, quod non placebat, proscripsit, tu, quod placebat, emisti.*
20 *Quodsi, qui proscribunt villam bonam beneque aedificatam, non existi-
mantur fefellisse, etiamsi illa nec bona est nec aedificata ratione, multo
minus, qui domum non laudarunt. Ubi enim iudicium emptoris est,
ibi fraus venditoris quae potest esse? Sin autem dictum non omne prae-
standum est, quod dictum non est, id praestandum putas? Quid vero*
25 *est stultius, quam venditorem eius rei, quam vendat, vitia narrare? quid
autem tam absurdum, quam si domini iussu ita praeco praedicet: „Do-
mum pestilentem vendo."*

50 Seneca de ira III 38, 1. *Contumeliam tibi fecit aliquis: num-
quid maiorem quam Diogeni philosopho Stoico, cui de ira cum ma-*
30 *xime disserenti adulescens protervus inspuit? Tulit hoc ille leniter et
sapienter: „non quidem, inquit, irascor, sed dubito tamen, an oporteat
irasci."*

51 Quintilianus Instit. orat. I 1, 8. *de paedagogis hoc amplius,
ut aut sint eruditi plene* — — *aut se non esse eruditos sciant.* — —
35 *nec minus error eorum nocet moribus; si quidem Leonides, Alexandri
paedagogus, ut a Babylonio Diogene traditur, quibusdam eum vitiis
imbuit, quae robustum quoque et iam maximum regem ab illa institu-
tione puerili sunt persecuta.*

52 Athenaeus IV 168 e. Διογένης δ' ὁ Βαβυλώνιος ἐν τοῖς
40 περὶ Εὐγενείας „τὸν Φωκίωνος υἱόν, φησί, Φῶκον οὐκ ἦν ὃς οὐκ
ἐμίσει Ἀθηναίων. καὶ ὁπότε ἀπαντήσειέ τις αὐτῷ ἔλεγεν ʿὦ καται-

σχύνας τὸ γένος'. πάντα γὰρ ἀνάλωσε τὰ πατρῷα εἰς ἀσωτίαν καὶ
μετὰ ταῦτα ἐκολάκευε τὸν ἐπὶ τῆς Μουνιχίας· ἐφ' ᾧ πάλιν ὑπὸ πάν-
των ἐπερραπίζετο. ἐπιδόσεων δέ ποτε γινομένων παρελθὼν καὶ αὐτὸς
εἰς τὴν ἐκκλησίαν ἔφη 'ἐπιδίδωμι κἀγώ', καὶ οἱ Ἀθηναῖοι ὁμοθυμα-
δὸν ἀνεβόησαν 'εἰς ἀκολασίαν'. ἦν δ' ὁ Φῶκος καὶ φιλοπότης. νι- 5
κήσαντος γοῦν αὐτοῦ ἵπποις Παναθήναια ὡς ὁ πατὴρ εἰστία τοὺς
ἑταίρους, συνελθόντων εἰς τὸ δεῖπνον λαμπρὰ μὲν ἦν ἡ παρασκευὴ
καὶ τοῖς εἰσιοῦσι προσεφέροντο ποδονιπτῆρες οἴνου δι' ἀρωμάτων.
οὓς ἰδὼν ὁ πατὴρ καλέσας τὸν Φῶκον 'οὐ παύσεις, ἔφη, τὸν ἑταῖρον
διαφθείροντά σου τὴν νίκην'; 10

53 Athenaeus XII 526 c. Θεόπομπος δ' ἐν πεντεκαιδεκάτῃ Ἱστο-
ριῶν χιλίους φησὶν ἄνδρας αὐτῶν (scil. τῶν Κολοφωνίων) ἁλουργεῖς
φοροῦντας στολὰς ἀστυπολεῖν· ὃ δὴ καὶ βασιλεῦσιν σπάνιον τότ' ἦν
καὶ περισπούδαστον. ἰσοστάσιος γὰρ ἦν ἡ πορφύρα πρὸς ἄργυρον
ἐξεταζομένη. τοιγαροῦν διὰ τὴν τοιαύτην ἀγωγὴν ἐν τυραννίδι καὶ 15
στάσεσι γενόμενοι αὐτῇ πατρίδι διεφθάρησαν. ταὐτὰ εἴρηκεν περὶ
αὐτῶν καὶ Διογένης ὁ Βαβυλώνιος ἐν τῷ πρώτῳ τῶν Νόμων.

Libri περὶ μουσικῆς reliquiae.

54 Philodemus de musica p. 5 Kemke. καὶ ἐν ὀλίγοις (μ)ὲν
κυρίων γίνεσθαι τὰς μελέτας τῶν (κα)τὰ τὰς ἀρετάς. ἀναγκαῖ(ον γ)ὰρ 20
ἐν τοῖς ἐλάττοσιν καὶ τοῖς ὁμοίοις ὥσ(πε)ρ στοιχει(οῦσθαι· καὶ τοῦτο
συ)μβαίνειν (διὰ τῆς μουσικῆς.

55 Philodemus de musica p. 6 Kemke. (πάντων τὰ μέλη αὐτῆς
τὰ μὲν καλὰ καὶ σώφρονα καὶ ἀ)ν(δ)ρεῖα, τ(ὰ) δ(ὲ δειλὰ) κα(ὶ) ἀκό-
λαστα καὶ ὅλ(ως) α(ἰ)σχρὰ προσαγορευόντων, ὡς συνεπιφερούσης τὰς 25
τοιαύτας διαθέσεις. οὐ γὰρ ἂν ἴσως οὐδ' ἐφαίνοντο μὴ οὖσαί γε
κα(τ') ἀλήθειαν. οὐδ' ἰατρικώτερον γοῦν φαίνεσθαι μὴ (ὄν)των ἰατρι-
κῶν, οὐδ' ἱππικώτερον μὴ (ὄν)των ἱππικῶν.

56 Philodemus de musica p. 7 ed. Kemke. αὐτὴν δὲ καθ' ἑαυ-
τὴν (τὴν σύ)νεσιν τοῦ τε (ἁ)ρ(μονικοῦ) καὶ τοῦ ῥυθμ(ικοῦ ὁμ)ολογῶν 30
εἶναι (πρὸς τὴν παι)δείαν χρήσιμον.

ibidem paulo post: καὶ τὴν ἕξ(ι)ν ποι(ήσειν ἁρμ)ονικωτάτην καὶ
(ῥυθμικω)τάτην· ἐπιζητή(σαντος) δέ τινος, πότερον οἴσ(εταί τιν)ας

---

6 Παναθηναίοις A. corr. Nauck. Cf. Plut. Phoc. 20.   13 ὃ δὴ Coraes,
ὅθεν AE.   19 fragmentum et originis dubiae neque sententiae clarae, quod
tamen probabile sit ad Diogenem referendum esse, omittere nolui, inde a στοι-
χειοῦσθαι ipse supplevi.   20 an κυρίως?   23 Sententia ut intellegatur
haec fere antecessisse sumendum est: φαίνεσθαι δὲ τῶν τῆς μουσικῆς ἁρμονιῶν
τὰς μὲν σωφρονικὰς καὶ ἀνδρείας μᾶλλον, τὰς δὲ φορτικωτέρας etc.   27 ὄντων
bis scripsi, τι τῶν Kemke.   30 τὴν scripsi, διὰ Kemke.   32 καὶ τὴν—ῥυθμι-
κωτάτην suppl. Gomp.

ἀρετὰς ἢ τίνας ἡ (μουσική), προάγει Δάμωνα . . . . τὸν μουσικὸν
(τὰ ὅμοια)σχεδὸν οἴεσθαι. λέ(γοντα γὰ)ρ αὐτόν, προσήκειν (ᾄδοντ)α
καὶ κιθαρίζον(τα τὸν π)αῖδα μὴ μόνον etc.

57 Philodemus de musica p. 8 ed. Kemke. (τὸ) δὲ κα(λῶς καὶ)
5 χρησίμως κινεῖσθαί τε καὶ ἠρεμεῖν τῷ σώματι τῆς (γυ)μναστικῆς, καὶ
τὰς ἐπὶ τούτων τεταγμένας αἰσθήσεις κριτικὰς ποιεῖν· ὑπὸ δὲ τῆς
γραφικῆς τὴν ὄψιν διδάσκεσθαι καλῶς κρίνειν πολλὰ τῶν ὁρατῶν·
τῆς δὲ μουσικῆς τὸ μὲν ἀναγκαῖον ἧ(ττον) τούτων ἔχειν (δοκού-
σης) etc.

10 **58** Philodemus de musica p. 8 Kemke (refert Diogenis Baby-
lonii de musica opiniones). τὰ κατὰ τὰς ὀ(ργὰς) καὶ τὰ μ(ε)θ' (ἡ)δο-
νῆς καὶ (λύ)πης ἐντυγ(χάνοντα κοινῶς, ἐ)πειδὴ τῶν οἰκείων δ(ιαθέσ)εων
οὐκ ἔξωθεν ἀλλ' ἐ(ν ἡ)μῖν ἔχομεν τὰς αἰτίας· (τῶν) δὲ κοινῶν εἶναί
τι καὶ (τὴν) μουσικήν· πάντας γὰρ Ἕλληνάς τε καὶ βαρβάρου(ς αὐ)τῇ
15 χρῆσθαι καὶ κατὰ (πᾶ)σαν, ὡς εἰπεῖν, ἡλικίαν· (ἤδη) γὰρ πρὸ τοῦ
λογισμὸν ἔ(χειν) καὶ σύνεσιν ἅπτεσθα(ι τὴ)ν μουσικὴν δύναμιν (παι-
δικῆς) ἧστινος (οὖν ψυχῆς) etc.

59 Philodemus de musica p. 9 Kemke. νόμον θε⟨ῖ⟩σιν, πά(ν-
τας) αὐτῇ χρῆσ(θα)ι καὶ μη(δέν)α (καιν)οτομεῖν, τὴν δὲ ν(ῦν ἐπιπ)ο-
20 λ(ά)ζουσαν διάθεσιν ἀπ' (αὐτῆς) ἀφεστηκέναι. κ(αὶ τοὺς) δειθυραμ-
βικοὺς δὲ τρόπ(ο)υς εἴ τις συγκρίναι, τόν τε κατὰ Πίνδαρον καὶ τὸν
κατὰ Φιλόξενον, μεγάλην εὑρεθήσεσθαι τὴν διαφορὰν τῶν ἐπιφαινο-
μένων ἠθῶν, τὸν δ' αὐτὸν εἶναι λόγον καὶ περὶ τῶν ἄλλων τρόπων
(ὁποί)ων δή τινων. v. 20 χρῶμα.

25 **60** Philodemus de musica p. 10 Kemke. -χρόνον, καταρξαμέ(νων)
τῶν Μαντινέων τε καὶ Λα(κε)δαιμονίων (καὶ Πελ)λα(νέ)ων· παρὰ
τούτοις γὰρ κα(ὶ πρ)ώτοις καὶ μάλιστα τὴν ἀκριβεστάτην ἐπιμέ(λειαν)
γενέσθαι τῶν τοι(ούτων) ἐπιτηδευμάτων (καὶ τῆς) ἄλλης μουσικῆς.

ibidem. τοιαύτης δ' οὖν (γενομ)ένης ἀγωγῆς καὶ (συνα)θροιζο-
30 μένης πολ(λῆς κ)αὶ γενναίας σπου(δῆς οὕτ)ως ὥστε καὶ οἰκει(ωθῆνα)ι
τε καὶ ἅψασθαι . . . . ἕως τὴν τοιαύτην (ἀγωγή)ν, οὐκέτι καταλείπει
χώραν τοῖς ἐναντιωθε⟨ῖ⟩σιν, οὐχ ὑπάρξειν τὸ παραδεξόμενον (ἔνε)κα
τῶν ἐθῶν τε (καὶ θε)μάτων etc.

61 Philodemus de musica p. 11 Kemke. συ(νωμολογ)ηκέναι δ'
35 αὐτῷ, τὰ μὲ(ν αὐτο)φυοῦς αἰσθήσεως δε(ῖσ)θαι, τὰ δ' ἐπιστημονικῆς,
τὰ (θ)ερμὰ μὲν καὶ τὰ (ψ)υχρὰ τ(ῆς αὐ)τοφυοῦς, τὸ δ' ἡρμοσμέν(ον)
καὶ ἀνάρμοστον τῆς ἐπ(ιστη)μονικῆς· (ἑ)τέραν δὲ τῇ (τοι)αύτῃ συ(ν-

---

2 λέγοντα Brinckmann. 4 initium suppl. Gomp. 8 ἧττον supplevi.
11 Irae et voluptatis et aegritudinis sensus omnium hominum communis item-
que musica ad omnes pertinet. 23 λόγον scripsi, τ. οπον pag. 24 ὁποίων
δή τινων scripsi. 31 fortasse: φύσεως. 32 an ταῖς ἐναντιώσεσιν?

ε)ζευγμένη(ν κα)ὶ παρακολουθοῦσαν ὡς (ἐπὶ τ)ὸ πολύ, δι' ἧς δεχόμεθα
(τὴν π)αρεπομένην [ἡδον(ὴν] ἑκ)άστῳ τῶν αἰσθητῶν (ἡδον)ήν τε (καὶ
λύ)πην, οὖσαν (οὐ πᾶσι) τὴν αὐτήν. οὐ γὰρ ἂν (ἀνα)μειχθῶσιν δύο
αἰσθήσεις, (περὶ) μὲν τὸ ὑπο(κ)εί(μ)ενον συμ(φ)ωνεῖ(ν), οἷον ὅτι .. ηγον
ἢ α(ὐστ)ηρόν, περὶ δὲ τὴν (π)αρεπ(ομέν)ην ἡδονήν (τ)ε καὶ λ(ύπην) 5
διαφωνεῖν (ἐν)α(ργῶς).

Contra haec disputat Philodemus lib. IV p. 62 sq. Kemke: κᾶτα
ποῖ(ον) τὸ ὑ(πὸ ἄλ)λ(η)ς δυνάμεως περὶ τὴν αἴσθησιν καταλαμβά-
νεσθ(α)ι τὰς ποιότητας ὧν ἀντιλαμβάνονται, καὶ τὰς ἡδ(ονὰ)ς καὶ
ὀχλήσεις τὰς (ἀ)π' αὐτῶν, τῆς μὲν αὐτοφυοῦς, τῆς δ' ἐπιστημονι(κῆ)ς· 10
ὑπ(ὸ γ)ὰρ αὐτοφυοῦς καὶ (ἀλ)όγου κρείνετα(ι δυνάμεως ἡ ποι)ότης
αὐτὴ κ(αθ' αὐτήν· ὑπὸ δ' ἐπ)ιστημονι(κῆς τὸ πρὸς ἡμᾶς ἀπ' ἐκεί)νου
μᾶλλον; ο(ὐ μαχόμενον τ)οῖς ἐναργέσιν (καὶ διεψευσμέν)ον προ(χ)ει-
ρότα(τα; κα)τὰ λόγον δ(ὲ) καὶ τὸ (ἐπὶ τούτῳ ὅμοι)ον, ὅ φησιν ἐναρ(γ)ὲς
εἶνα(ι, εἴλη)πται· ⟨αἱ⟩ παραπ(λή)σιοι γὰ(ρ) αἰσθ(ήσεις) κατὰ τ(ὴ)ν 15
διάθε(σ)ιν οὐ(χ) ὅτι μὲν (αὐσ)τηρὸν τὸ ὑ(ποκε)ίμενον ὁμολογοῦσ(ιν,
εἰ δ') ὀχληρῶς ἢ ἐπιτερπῶς (ἔ)χει διαφωνοῦσιν, ἀλλὰ τὴν αὐτὴν· ποι-
οῦνται κρίσιν. καὶ ἐπὶ μέν γε τούτω(ν) παρά τινας προδιαθέσεις
ἐνδέχεται παραλλαττούσας συμβαίνειν ἐπαισθήσεις, ἐπὶ δὲ τῶν ἀκοῶν
οὐδ' ἔστιν ὅλως διαφορά τις, ἀλλὰ πᾶσαι τὰς ὁμοίας τῶν ὁμ(οί)ων 20
μελῶν ἀντι(λήψ)εις ποιοῦνται καὶ τὰς ἡδονὰς παραπλησίους ἀπολαμ-
βάνουσιν, ὥστε καὶ τῆς ἐνα(ρ)μονίου καὶ τῆς χρωματικῆς διαφέρονται
(ο)ὐ κατὰ τὴν ἄλογον ἐπα(ίσ)θησιν ἀλλὰ κατὰ τὰς δό(ξας), οἱ μέν,
ὥσπερ οἱ τούτω (π)αραπλήσ(ιοι), τὴν μ(ὲν) φά(σκο)ντες εἶναι σεμνὴν
κα(ὶ γεν)ναίαν καὶ (ἀπ)λῆν καὶ (καθ)αράν, τὴν (δ' ἄ)νανδρον (καὶ 25
φο)ρτικὴν κα(ὶ) ἀνελεύθερον. οἱ δὲ — οἱ δὲ — · τὰ δ' ἀνά(λ)ο(γ)α
καὶ ἐπὶ τῶν ῥυθμῶν (κ)α(ὶ) μελοποιῶν· καὶ (π)ρό(δηλόν) ἐστιν ὡς ἡ
μουσική, κἂν (ἡ) πολυε(ι)δεστάτη κα(θ' ἅπαν διαφορὰ ἀλ)ῶι προσοῦσα
(αὐ)τῆι, τῶν (ἠ)θῶν ἐ(μ)φ(ά)σεις οὐδέποτε (πο)ιήσε(ι οὐδ' ἄλλων | ἄλ-
λως κατὰ τὴν διάθεσιν τὰς | ἀκοὰς κινήσει) ἅτε ἀπαρα(λ)λάκτου(ς 30
κ)αθεστώσας. καὶ διὰ τοῦ(το) ζητῶν μουσικὸς τὴν τοιαύτην σύνεσιν,
ᾗ δυνήσεται διαγινώσκειν, αἱ ποῖαι τῶν αἰσθήσεων πῶς διατεθήσον-
ται, τῶν ἀνυπάρκτων ἐπιστήμην ζητεῖ καὶ τ(ὰ) πρὸς τοῦτο κενῶς
παραδίδωσιν.

62 Philodemus de musica p. 12 Kemke. (δύνασθαι γὰρ τὴν μου- 35
σικὴν ἀκίνητον ψυχὴν καὶ ἡσυχάζουσαν ἐγείρειν καὶ ἄγ)ειν εἰς τοι-
αύτην διάθ(εσιν οἵ)αν αὐτῇ κινηθῆναι (κατὰ φύ)σιν ἐστὶν ὑπὸ τῆς

---

1 δεχόμεθα scripsi, ΛΟΚΟΜΕΝ pap.   2 ἡδονὴν seclusi, errore bis scrip-
tum. 3 οὐ πᾶσι supplevi. ‖ ΟΥΠΑΡΑΝ . . . ΜΕΙΧΘΕΙΣΑΙ pap.   4 fortasse:
πικρόν.   6 ἐναργῶς addidi.   8 Α. Ο pap.   11 ΕΤΗΣ pap.   12 ΑΥΤΗΣ
pap.   16 ΝΗΡΟΝ pap.   36 ΤΙΝ pap.   37 διάθεσιν contra sententiam

προ(σηκού)σης μελωδίας· ἐπεὶ ο(ὐ πάν)τες ὁμοίως κινηθήσ(ονται) πρὸς
τῆς αὐτῆς· ἢ τοὐ(ναντί)ον ἐξ ἀττούσης τε καὶ (φερο)μένης πρὸς (ὅ,
τ)ι δὴ (πρα)ΰνειν τε καὶ εἰς ἠρεμ(ίαν) κα)θ(ισ)τάνειν ἢ μετακε(ινεῖν)
καὶ ἀποστρέφειν πρὸ(ς ἄλ)λην ὁρμὴν ἀπ' ἄλλη(ς ἢ τὴν) ὑπάρχουσαν
5 ἄγειν δ(ιάθεσιν) εἰς αὔξησιν ἢ ἐλάττ(ωσιν).

idem lib. IV p. 65 Kemke. ἐπειδήπερ οὐδὲν μέλος καθὸ μέλος,
ἄλογον ὑπάρχον, ψυχὴν οὔτ' ἐξ ἀκεινήτου καὶ ἡσυχαζούσ(ης) ἐ(γ)είρει
καὶ ἄγει πρὸς τὴν κατ(ὰ φ)ύσιν ἐν ἥ(θ)ει διάθεσιν, οὔτ' ἐξ ἀ(τ)τούσης
καὶ φερομένης π(ρὸς ὅτ)ι δήποτε πρα(ΰ)νει καὶ εἰς ἠρεμίαν καθίστησιν,
10 οὐδ' ἀπ' ἄλλης ὁρμῆς ἐπ' ἄλλην ἀποστρέφ(ειν) οἷόν (τ' ἐστὶ)ν οὐδὲ τὴν
ὑπάρχου(σα)ν διάθεσιν εἰς αὔξησιν ἄγειν καὶ ἐλάττωσιν.

63 Philodemus de musica p. 12 Kemke. καθόλου μὲν ....
πᾶσαν μουσικὴν .... (post duos versus) δε εἰ μιμητι(κὸν ... etc.

idem lib. IV p. 65. οὐδὲ γὰρ μιμητικὸν ἡ μουσική, καθάπερ
15 τινὲς ὀνειρ(ώττ)ουσιν, οὐδ', (ὡς ο)ὗτος, ὁμ(οι)ό(τ)η(τα)ς ἠθῶν οὐ
μιμητικὰς μὲ(ν ἔχ)ει, πάντως δὲ πάσα(ς τῶν ἠ)θῶν ποιότητας ἐπ(ι-
φα)ίνε(ι) τοιαύτας ἐναρ(γῶς), τ(ὸ) μεγα(λ)οπρεπὲς καὶ ταπεινὸν καὶ
ἀνδρῶδες καὶ ἄνανδρον καὶ κ(όσ)μιον καὶ θρασύ, μ(ᾶ)λλον ἤπερ ἡ
μαγειρική. (δι)όπερ οὐδὲ καθ' αὑτὰς ἔ(χουσι) διαφόρως οὐδὲ κατὰ
20 τὴν (ἀ)λλήλαις μεῖξιν· οὐδὲ τὰς ἐναντίας ἀλλήλαις διαθέσεις, ὅσον
ἐπὶ τοῖ(ς) πρὸς ἀκοὴν ἐπαισθήμασιν (δι' ἀρ)μ(ο)ν(ι)ῶν ἔστιν δημι-
ο(υ)ργ(εῖν). ἃ δὲ λέγει πρὸς | .... ασθαι κίνησιν ‖ (ἐν) ἄλλῳ
τόπῳ κατοψ(όμεθα.

64 Philodemus de musica p. 12 Kemke. ἐν δὲ τῷ τρίτῳ μα-
25 κρότερα μὲν εἴρηκε καὶ μάλιστα περ(ὶ τ)ῆς πρὸς τὸ δαιμόνιον μουσι-
κῆς, οὐκ ἀποδεικτικῶς ἀλλ' ἱστορικῶς καὶ ἐξηγητικῶς, ἀρκέσει δὲ τὴν
συγκεφαλαίωσιν ἐπιτεμεῖν. κ)αὶ τ(ὴ)ν ἔννομόν τε καὶ σ(π)ου(δαζο-
μ)ένην μουσικὴν πρῶ(τα) μέν φησιν ἕνεκα τῆς πρὸς τὸ θεῖον συν-
ταχθῆναι τειμῆς, ἔπειτα τῆς τῶν ἐλευθέρων παιδείας· ὅτι δὲ πρὸς
30 τ(ὸ) θε(ῖο)ν, καὶ αὐτὰ σημαίνειν τὰ ὀνόματα, τό τε θεωρεῖν (καὶ τὸ)ν
θεατὴν (καὶ τ)ὸ θέατρον.

Idem lib. IV p. 66. περὶ τοίνυν τῆς διὰ τ(ῶν μου)σικῶν (τ)οῦ
θείου τει(μῆς εἴ)ρη)ται μὲν αὐτάρκως καὶ πρότερον — — — διόπερ
οὐδ(ὲ) συνάγετα(ι) τὸ τοῖς κατὰ μέρος αὐτὴν χρησιμεύειν, ἀλλ' εἴπερ
35 ἄρα (τ)ῶ(ι) δημοσίῳ· καὶ τούτῳ δ' οὔτε πᾶν εἶδος αὐτῆς οὔτε ὅσον
ποτὲ παρ(αλαμ)βάνεται διαπεποι(κιλμέν)ο(ν), ἀ(λ)λὰ (ὁ)πό(σον) λιτ(ό-
τερον)· καὶ οὐχ ὑπὸ πάντω(ν ἀλλ') ὑπὸ τινῶν Ἑλλήν(ων κα)ὶ κατὰ
ἐνίους καιροὺς καὶ (τό γε) νῦν διὰ μισθωτῶ(ν ἀνθρ)ώπω(ν. — — —

---

pugnat. ‖ κατὰ φύσιν suppl. Gomp.   17 ἐναργῶς scripsi, ΕΝΑΙϹΕ. pap.
19 scil. αἱ ἁρμονίαι.   36 ἀλλὰ—λιτότερον suppl. Gomp.

ἀλλὰ δὴ καὶ πάλαι τῶν γ᾽ Ὀλυμ(πίων) ἡ πλείστη δ(ό)σις οὐ(χὶ) τῶ(ν)
μελῶν κα(ὶ) τ(ῶ)ν κ(ρ)ούσεων (ἦν, οὐδὲ) τοῦ θεωρε(ῖ)ν (καὶ τ)οῦ
θ(εατοῦ) κα(ὶ τὸ)ῦ θ(εάτ)ρο(υ)· καί(τοι) ὠνομάσθαι (φ)ήσει(εν) ἄν
τις καὶ ἀπὸ τοῦ θεῖν τὸ θεωρεῖν καὶ τὸν θεατὴν (κ)αὶ τὸ θέατρο(ν)·
οὐ γὰρ ἐπικοινωνεῖ τὸ θεῖον αὐτοῖς μᾶλλον ἢ τὸ θεῖν· καὶ τὰ θεά- 5
ματα συνάγεσθαι τῆς τιμῆς ἕνεκα πα(ρειλῆ)φθαι τῶν θεῶν, ἀλλ᾽ οὐ
τὴν μουσικήν, ἀκουστήν γ᾽ ὑπάρχουσαν· μᾶλλον δ᾽ ἀπὸ τοῦ ταῖς ὄψεσ(ιν)
ὁρᾶν καὶ τῇ διανοίᾳ προσηγορεῦσθαι ταῦτα.

65 Philodemus de musica p. 67 Kemke. ἐπεὶ δὲ ἀποχρώντως καὶ
περὶ τοῦ διὰ μουσικῆς παιδεύεσθαι λέλεκται, περὶ τῶν ἐ(γ)κωμίων 10
αὐτὰ ταῦτ᾽ εἴπωμεν, ὅτι καὶ ὑπὸ τῶν ποιημάτων ἐγίνετο, ἀλλ᾽ οὐχ
ὑπὸ τῶν κατὰ μουσικὴν τὴν νῦν ἐξεταζομένην. — — — εἰς δὲ τοὺς
γάμους καὶ μάγειροι καὶ δημιο(υρ)γοὶ παραλαμβάνονται, καὶ τὰ ποι-
ήματ᾽ ἐστίν, οὐχ ἡ μουσική, τὰ τὴν εἰρημένην ὑπ᾽ αὐτοῦ παρε-
χόμενα χρείαν ἐν τοῖς ὑμεναί(οι)ς· καὶ βραχεῖά τις ἀπαρχὴ τοῦ 15
γένους ἐγίνετο καὶ παρά τισίν, ἀλλ᾽ οὐχ ἅπασιν, καὶ τοῖς γαμοῦσιν,
οὐ(χ)ὶ καὶ τοῖς ἄλ(λ)οις, εἰ δὴ καὶ γάμος ἁπλῶς ἀγαθὸν ἂν λέγοιτο.
— — καὶ μὴν (τό) γε ἐρωτικὸν πάθο(ς οὔθ᾽) ὅσιον ἀλλ(ὰ — —
— εἴ)ρη(τ)αι δὲ καὶ ὑπὸ τούτου ταρα(χ)ῶδες ὑπάρ(χ)ειν· οὔθ᾽ ἃ
γίνε(σ)θαί φησι, διὰ μουσικῆς συν(τ)ελεῖτ᾽ ἀλλ᾽ ὑπὸ τῶν ποιημά- 20
(τ)ων, οὔτε βοηθεῖται διὰ (μ)ουσικῆς καὶ ποιητικῆς ἔρως (ἀ)λλ᾽ ὑπὸ
τῶν πλείστων κα(ὶ) (τ)οῖς πλείστοις ἐκκάεται. κα(ὶ τ)ὰ γίνεσθαι
δ᾽ ἐν τοῖς ἐρωτι(κ)οῖς ὑπὸ τούτου λεγόμενα παρίστησιν ἑκάτε-
ρον, ἐφιστα(μ)ένου δὲ λ(όγ)ο(υ) καὶ παντάπασι. καὶ τοὺς θ(ρή)νους
μέντοι ποι(ή)ματ᾽ εἶναι συμβέ(β)ηκε καὶ τοῖς ὅλοις οὐ(δ)ὲν ἰατρεύειν 25
τῆς λύπης, ἀλλ᾽ ἐνίοτε καὶ ἐπίσχει(ν), τὰ πολλὰ δὲ ἐπιτείνειν, καὶ δὴ
(π)ρὸς τοῦτο τῶν (γ)ραφόν(τ)ων ἀμ(ιλ)λωμένων, εὐ(πάθει)αν δὲ καὶ
εὐσχημοσύνην ἐκ (τ)ού(των) μὴ πα(ρ)α(κ)ολουθ(ε)ῖν, ἀ(λλ)ὰ τ(οὐ)ναν-
τίον, εἰς ὑπερ(βολὴ)ν ἐκκαλουμένων, (μο)υσικῆς (ἦθο)ς οὐδ᾽ ἐπιδεχο-
μένης. 30

66 Philodemus de musica p. 14 Kemke. νόμο)υς, τόν τε περὶ
τὰς πο(λεμικὰς) ἐνεργείας καὶ τὸν (περὶ τὰς) γυμναστικὰς καὶ ἀ(θλη-
τικ)ὰς τὸ μὲν παλαιὸ(ν ἐπὶ π)λεῖον, νῦν δ᾽ ἐπ᾽ ἔλαττο(ν. κοι)νῇ μὲν
γὰρ πρὸς τὰς πο(λεμι)κὰς τοῖς ἐν τῇ σάλπι(γγι) καὶ νῦν τὸ πολὺ
πλῆθος (τῶν Ἑ)λλήνων χρῆσθαι, τι(νὰ)ς δὲ καὶ τ(ῶ)ι διὰ τῶν αὐ(λ)ῶν· 35
πρὸς δὲ τὰς ἀθλήσεις (καὶ) τῇ σάλπιγγι σημαί(νειν τ)ὸν πολεμικὸν
νόμ(ον, ὄντι)ν᾽ (ἂν) ἔχωσιν, ἐπὶ τὸ (πολύ· ἐν) τοῖς δὲ πεντάθλοις (ἐς
τ)ὴν ἄλσιν καὶ τὸν δί(αυλο)ν αὐλῷ πεποιῆσθαι ‖ (καὶ πρ)ὸς τὴ(ν) χει-

---

26 pro καὶ priore exspecto μὲν.   29 ὑπερβολὴν Brinckmann, ὑπερπάθειαν
Acad. ‖ ἦθος scripsi, . . ε pap.   35 αὐτῶν pap.

ρονομίαν (δὲ αὐλεῖσθαι) τὸ ὁμώνυμον (μέλος. Ἀργείο)υς δὲ καὶ πρὸς (τὴν π)άλην (προσ)άγειν τὸν αὐ(λόν).

Idem lib. IV p. 69. ἀλ(λ)ὰ μὴν ἱκανὰ (καὶ π)ερὶ τῆ(ς π)ρὸς το(ὺς) πολέ(μους σ)υνερ(γ)ίας π(ρ)ο(γέ)γραπτα(ι· — — τὸ (δ)ὲ
5 τῶν ἀθλημά(τ)ων γέ(ν)ος οὔθ᾽ ὑπὸ πά(ντ)ων ἐπα(σκεῖ)ται, κοιν(ή)ν (δ᾽) ἡμεῖς (ἐπι)ζητοῦμεν εὐχρηστίαν (κα)ὶ καθ᾽ ἕκαστον (ex sequentibus nihil de Diogenis sententiis colligi potest).

67 Philodemus de musica p. 14 Kemke. προσῆχθ(αι) δὲ τὴν μουσικὴν καὶ πρ(ὸς τ)ὰς χορικὰς (ὀρχή)σεις τῶν τε γυμνοπαι(δικ)ῶν
10 καὶ τῶν ἐνόπλων τούτων δραματικῶν, τραγικῆς καὶ σατυρικῆς καὶ κωμικῆς. τὴν μὲν οὖν καλλί(στην) τούτων τὴν τραγικὴν . . . . ἐκ)ατέρων . . . . | . . . . .τ ὴ)ν δὲ σατυρικήν.

Idem lib. IV p. 70. καὶ διότι περιῃρημέ(ν)ης (τ)ῆς ὀρχήσεως ἐκ τῶν δραμάτων οὐδὲν ἔχομεν ἔλαττον, ἐπειδήπερ ο(ὐ)δὲν ἦν ἐν οὐδε-
15 μιᾷ πρὸς τὸ καλὸν καὶ γενναῖον συνέργημα. ταῖς δὲ θηλείαις εἰ καὶ τὰ π(ο)ήματα κα(τ)ὰ τὸ συνέχον ἐποήθη, τοσοῦτον ἀ(π)έχω τοῦ χρήσιμόν τι ν(ο)μίζειν περ(ι)γίνεσθαι διὰ μουσικῆς πρὸς γενναιότητα κ(α)ὶ σωφροσύνην καὶ εὐταξίαν, ὥστε κα(ὶ) λείαν ἐπισφαλὲς πείθομα(ι) καὶ ὕποπτον τὸ δ(ί)δαγ(μ)α, (μ)ή ποτε πολλὴν ἀφορμὴν διδῷ πρὸς ἀκο-
20 λασία(ν) καὶ (ἀτ)αξίαν (β)ακχεύουσα(ν), ὧν ὑπομνήσω που προβαίνων.

68 Philodemus de musica p. 15 Kemke. τὰ μαντευόμενα τῶν οἰκείων ἄνωθεν (ἔχειν) φύσει τὸ μέλος κ(ινητικό)ν τι καὶ παραστα-(τικὸ)ν πρὸς τὰς πράξεις, (καὶ μ)εμυθεῦσθαί γ᾽ Ὀρ(φέα θέλξ)αι τὰς πέτρας, κ(ινεῖν δὲ ο)ὐκ ἐκεί(ν)ας ἀλλὰ (τοὺς πο)νοῦντας παρίστα(σθαι·
25 δ)ιὸ καὶ Πτολεμαῖον (κελ)εῦσαι τοῖς ἀδυνατοῦ(σιν) καθελκύσα(ι) κέλευ(σμα π)ροσαυλεῖν Ἰσμηνί(αν).

Idem lib. IV p. 70. νῦν) δὲ (μ)εταβὰς λέγω διό(τι · τῶν σ)υνηγμένων ὑπὸ Διο(γένο)υ(ς τὸ ἄν)ωθεν (ἀ)εὶ (τὸ) μέλος ἔχειν τι κινητι(κὸν καὶ π)α(ρ)αστατικὸν πρ(ὸ)ς (τὰς πρά)ξεις, (ε)ἰ μὲν ὑπὸ τῆ(ς
30 προν)οίας εἰσῆχθαί φη(σι τ)ούτ(ου) χά(ρι)ν, οὐκ ε(ὔ)κα(ιρόν ἐστιν) ἐξετάζειν, εἰ δ᾽, ὡς τὸ πῦρ φύ(σ)ει καυστικὸν τῷ φύσιν ἔχειν καυστικὴν πρ(ο)σαγο(ρεύ)ομεν, οὕτω κα(ὶ τὸ) μέλος ἀξιοῖ, (ν)α(ὶ) μ(ὰ) Δία μ(έ)γα ψεύδετα(ι. — — — πρὸς δ᾽ οὖν τὴν ὑπό(νο)ιαν τὴν οὕτω κωφὴν (ἔ)οικεν ἐπεσπάσθαι τὸ τοῖς ἐλα(ύ)νουσιν ἐν ταῖς ναυσὶν καὶ
35 τοῖς θερίζουσιν πάλαι καὶ τὸν οἶνον ἐργαζομένοις καὶ πολλοῖς ἄλλοις τῶν ἐπίπο(ν)α συντ(ε)λούν(τ)ων ἔργα τῶν ὀργάνων τινὰ παρα(ξε)υ(γ)-νύειν· ὃ καὶ Πτολεμαῖο(ν) οὖ(τ)ος γράφει πεποιηκέναι το(ῖ)ς καθέλκουσιν. — — — (κ)ἂ(ν) τὸν Ὀρφέα (μὴ δ)ιὰ (τ)ὴ(ν ἐξο)χὴν τῆς

---

10 desideratur καὶ τῶν pro τούτων.   23 γ᾽ scripsi, τ᾽ pap.   30 διανοίας Kemke.

ἐμ(μ)ελ(είας ὑπ)ακ(ού)ωμεν μεμυϑ(ε)ῦσϑ(αι) κα(ὶ) τοὺ(ς λ)ίϑ(ο)υς καὶ
(τὰ δένδ)ρα ϑ(έλ)γειν, ὡς καὶ ν(ῦν ἡμεῖς) εἰώϑαμεν ὑπε(ρ)βο(λικῶς)
λέγειν, ἀλλὰ τοῖς τριηρα(ύ)λαις, ὥσπερ ὁ Στωϊκός, ἀνα(λόγ)ως
(ἐ)φ(ε)στῶτα ποιῶμεν (οἰ)κοδόμοις, διὰ ταῦτα φήσομεν, (οὐ δι)ὰ τὰ
τούτου ληρή(μα)τα.   5

69 Philodemus de musica p. 15 ed. Kemke. (οὐ) μόνον δὲ τὰς
ψυχὰς (διατιϑ)έναι πως, ἀλλὰ καὶ (τὰ σώμ)ατα. παιδὸς γοῦν α(ὐλ)-
οῦντος (κ)αί τι μέλος μουσικὸν (διαπεραίνοντος) τὸ πρόσω(πον) etc.

Idem lib. IV p. 72. χάριεν δ(ὲ) τ(ὸ) μὴ μόν(ον) φάναι (τ)ὰς ψυχὰς
διατιϑέ(ν)αι πως τὸ μέλος ⟨ἀλλὰ⟩ καὶ τὰ σώματα, καϑάπερ πρ(οσ)-   10
επιτε(ί)νοντα — — διὸ καὶ (πρότερον μὲν) ἐχ(ρῆν) τὸ σῶ(μ)α δι(α)-
τεϑει)μένον ἐπιδείξαντα τὸ πα(ρα)δοξ(ότ)ερον ἐπιφέρειν „οὐ μόνον
δὲ τὸ σῶμα" λέγοντ' „(ἀ)λλὰ καὶ τὴν ψυχήν πως δι(α)τίϑησιν." οὐ
μὴν ἀλλὰ θαύματος ἄξιον, πῶς ἐξ οὗ λέ(γ)ει δείκνυται τὸ καὶ τὰ
σώματα. τὸ γὰρ (π)ρόσωπον τῶ(ι ἐ)σχηματισ(μ)ένωι τὸ τῶν ἀδ(όν)-   15
των ἐ(κ)είνησε καὶ παρέστησε πρὸς τὴν ἐνέργειαν τῆς ᾠδῆς, οὐ τὸ
μέλος ἐκίνη(σ)εν τὸ σῶμα καὶ διέθηκέ πως, εἰ μὴ μέλος ἐ(σ)τὶν ὁ
σχηματισμός.

70 Philodemus de musica lib. IV p. 73 Kemke. τὸ δὲ τὸν ζω-
(γρ)άφον ἐπιτυχεῖν τῆς ὁ(μο)ιότητος, ὅτ' ᾖσεν ὁ κ(ι)ϑάρῳ(δ)ός, ὑπὸ   20
μὲν τοῦ μέλους τὴν ἐπιτυχίαν. ελ . ι ποι|εῖν, ἀλλὰ τῆ(ς ψυχ)ῆς αὕτη
ἐ(σ)τὶ μᾶλλον ἤπ(ε)ρ ἡ (τ)ῶ(ν κ)αϑελκόντων· ἰσχὺν γὰρ ἐμφα(ίν)ει
προσειληφότας, ὅπερ ἐστὶν σω(μ)ατικόν· ὥστ' ἐχρῆν ἐνηλλ(α)χέναι καὶ
διὰ μ(ὲ)ν τοῦ ζ(ω)γράφου τὸ τὴν ψυχὴν (κ)ιν(εῖ)σϑα(ι) προσβιβάζειν,
διὰ δὲ τῶ(ν) καϑελκόντων τὸ καὶ (τὰ) σώματα. ἄλλως δ' ἐπεξήτησεν   25
ἄν τις ὑ(π)ερηδέως, τί τῆς ᾠδῆς σ(υ)μβαλλομένης ὅμοι(ο)ν ἔγραψεν,
ἀ(δ)υνατῶν πρότερον· οὐ γὰρ δὴ καὶ τεχνικωτέρους (γε π)οιεῖν τὸ
(μέ)λος ἐ(ν)όμι(σε)ν, ἢ μακάριο(ς) ἦν (τ)ῆς σ(υν)έσεως.

71 Philodemus de musica lib. IV p. 74 Kemke. ὁ δ' ἐπά(γ)ει
τοῖς (ϑ)αύ(μ)ασιν τούτοις ἄλλα τέρατα, κινητικὸν λέγ(ων) μᾶ(λλ)ον   30
εἶναι τῆς (λ)ογι(στι)κῆς (διαν)οίας (τὸ ἀδόμενον ἢ τὸ ψιλὸν πόη)μα·
καὶ τὸ μόνον . . . . . . τὸ τοῦ Κρέξου πόημα καίπερ οὐκ ὂν ἀνάρμοστον
πολὺ σεμνότερον φαίνε(σϑαι τ)οῦ μέλο(υ)ς προστεϑέντος, καὶ τοὺς
ὕμνους τοὺς ἐν Ἐφέσω(ι καὶ τοὺ)ς ὑπ(ὸ τ)ῶν ἐν Λακεδαίμον(ι) χο-
ρῶν ἀδ(ο)μένους μηδ(ὲν π)οήσειν παραπλήσιον ἀφαιρεϑέντ(ο)ς, ἀπο-   35
(χρ)ῆν ἐ(νόμ)ισεν πρὸς ἀπόδειξιν τ(οῦ) μᾶλλον κεινεῖν, οὐϑὲν (ὑπ)ο-
λογισάμενος ὅτι (ῥ)ᾳδίως πρὸς αὐτὸν ὁ μὲν ἐρεῖ μηδὲ ἓν πρὸς

---

4 διὰ ταῦτα: scil. τῷ ἀνειμένους ἐπὶ τὸν πόνον γίνεσϑαι καὶ κουφότερον
πονεῖν τῇ παραμείξει τῆς ἡδονῆς.   7 πως scripsi, πρὸς pap.   15 τῷ ἐσχημα-
τισμένῳ scripsi, το. | σχηματισ . ενως pap.   21 fortasse: δοκεῖ.

σεμνότητα καὶ λογιστικὴν ἔ(μφ)ασιν ποι(εῖ)ν τὸ μέλος δ(ι)αφορώτε(ρ)ον,
ἀλλὰ τέρψιν ἀκοῆς προστι(ϑ)έναι μόνον, ὁ δὲ διὰ (τὴ)ν (π)ρ(ο)συπο-
λαμβα(νομέν)ην τιμὴν τῶν θεῶν καὶ τῶν ἀνδρῶν, ο(ὐ) δι(ὰ) τὸ μέ-
λο(ς ἐμ)φαίνεσϑαι τὴ(ν) κα(τ)αλλ(α)γήν, ὁ (δὲ τ)άχ(α καὶ) τοῦτο (μ)ὲν
5 γίνεσϑαι, (τὴν δ)ὲ διά(νο)ιαν τοῦ ποή(ματ)ος ᾀδο(μέν)ου καὶ προσ-
(κιρ)νᾶσϑαι ..

72 Philodemus de musica lib. IV p. 75 Kemke.   τὸ δ' ὑπὸ τῶν
... αἴων (τετι)μῆσϑαι τὴν (μου)σικὴν ἰδ(ι)ώτῃ μὲν κ(αὶ) ἀπαιδεύτῳ
τ)εκμήριο(ν ἡγ)εῖσϑα(ι τῆς εὐχ)ρηστίας συ(γγ)νωσ(τόν, πε)παιδευμέ(ν)ῳ
10 δὲ (καὶ μ)ᾶλλον ἔτι φι(λ)οσόφ(ῳ μέγ') ἂν ὄνειδος (εἴη)· ἐπ(εὶ .....
κ)αὶ μαντι(κή), ὑπὸ τῶν Στωϊ(κ)ῶν ἀξιουμ)έν(η) τιμ(ῆς, καὶ μ)ύρια
ἄλ(λα) τ(ῶν) μηδὲν ἀ(γα)ϑὸν πα(ρα)σκ(ευα)ζόντων, (ἔ)νια δὲ (κα)ὶ
παμπόν(η)ρα (πρ)οελη(λε)γμένα κα(ὶ φιλο)σοφία (μ)ὴ τιμώμ(ενα??
omitto tres versus.   τοῦ)ναντί(ον δ)ὲ ὡς πλείστη(ς) ἡ (μο)υσική, μέχρι
15 τῶν συμπο(σί)ων προβαίνουσα. τῷ δ(ὲ) καὶ μαινομένους ἀεὶ το(ὺ)ς
πολλοὺς νομίζοντ(ι) καὶ παντελῶς οὐκ ἔξεστι ἐπὶ τὰ(ς) κρίσεις κατα-
φεύγειν αὐτῶν, τοῖς δὲ καταφεύ(γουσι)ν οὐδὲν ἧττον αὐτὴν ἀποδοκι-
μαστέον, τὴν μουσικήν, (δ)ιὰ τὴν (τ)ῶν ὕστ(ερ)ον (ἀ)μέλ(ει)αν.

p. 76,25.   τὸ γὰρ λε(λέχϑαι ἀπ)ὸ Μουσ(ῶν) μουσι(κήν, αἷς)
20 πᾶσα(ν π)αιδεί(αν καὶ τέχνα)ς ὅσας ἀ(να)φέρουσιν (post duos versus:)
καὶ (π)ᾶσιν ἀναγκ(αία)ν εἶνα(ι λ)αβεῖν etc.

73 Philodemus de musica lib. IV p. 76 Kemke.   ποιη)τῶν τι
βαρβ ... αι θυμὸν ἀμ(βλ)ύνοντα καὶ „φωνὰν ἐν οἴνῳ“ καὶ „(γ)λυκὺ
τρωγάλιον“ αὐτὴν εἶναι λεγόντων παρὰ τὰ δεῖπνα, τοῦτο μὲν φωνεῖ(ν)
25 ὡς ἐ(π)εγειρ(ό)ν(τ)ων τινῶν μελῶν καὶ τὴν διάνοιαν ἐντε(ι)νόντων
πρὸς τὴν ὁμειλίαν καὶ τὴν ἁρμόττουσαν ἀναστροφήν.

74 Philodemus de musica lib. IV p. 77 Kemke.   τὸ το(ί)νυν ὑπ(ὸ)
τῶν ἀρχαίων κ(α)ὶ πρὸς ἀγωγὴν παραλ(α)μ(β)άνεσϑαι π(αί)δων εἰς
ὑποτύπ(ω)σιν ἀρετ(ῶν) τέτευχε λόγ(ο)υ (ἤδη) πλὴν ἴσω(ς) τῆ(ς ε)ὐσε-
30 βείας, πρὸς ἣν (ἡ)δέω(ς ἄ)ν ἠκούσαμεν (αὐτοῦ) τί(ν)ας (ὑ)πολήψεις
συμβαλλομέν(η) κατά γε τὸ μουσικὸν (εἶ)δος ὑποτ(υ)ποῖ. τῷ δ(ὲ κ)αὶ
πρὸς τὴν (τ)ῶν ἀνδρῶν, (ὥ)στε καὶ τότε ἐνεργεῖν, πῶς οἱ κ(ω)μι(κοὶ)
μαρτ(υρ)οῦσι(ν) ἐ(πι)ζητῶ[ι]. τὸ γὰρ μεμουσῶσϑ(αι) μόνον, (ἀ)πα(ν-
δρωϑῆ)ν(αι δὲ) μὴ λοιδο(ροῦσιν καὶ τ)ῶν (χ)ειροτον(ι)ῶν ἀπείρ(γου)-
35 σιν· ὧν τὸ μὲν (ἐγ)γενέν(εσϑ)αι, τὸ δὲ μηδαμῶς πα(ίδ)ων ὑπαρχόντων
καὶ ν(έ)ω(ν δ)ύναται λέ(γ)εσϑαι κ(υρίως) οὕτως· ε(ἰ)ς γὰρ δὴ τ(ὴν)
ἀνδρ(άσ)ιν ἐ(σ)ομ(έν)ην ἀ(ρετ)ὴν προετυποῦντ(ο. τί γ)ὰρ δεῖ λέγειν
ὑπὲρ τοῦ τὸν φιλόσοφον ὡ(ς) ἀξιοπιστ(οτ)έρ(ω)ν ἑαυτοῦ (τ)ὰς
φάσεις τ(ῶ)ν (β)ωμολοχωτάτων ἀ(ποδ)είξεις νομίζειν; (post quinque

---

8 ἀρχαίων Kemke.   13 προελήλεγμένα] ΟΕΝΗ pap   23 Pind. fr. 124 c Schr.

versus: κα)τακεκρίσ(θαι κ)αὶ πονηροὺς γεγονέν(αι) τοὺς τότε φιλ(ο)-
σό(φ)ου(ς καὶ τ)οὺς ἄλλους ὅσους ἐκόλασαν.

75 Philodemus de musica lib. IV p. 78 Kemke. ὑπερβάντες δὴ
(τοιγα)ροῦν τὰ πε(ρὶ) τῆ(ς σ)ωφρο(σύ)νης (ε)ἰρημένα κα(ὶ) τῆς (ἀν-
δρ)είας, ἐπειδὴ λόγου (τέτε)υχεν, ἐπὶ τὰ π(ε)ρὶ τῶν ἐ(ρ)ώτων βαδί- 5
ζ(ω)μεν. πρ(ῶτον) μὲν δὴ τὸ κακοῦ καὶ (με)γάλου τῆς ἐρωτικῆ(ς)
ὀρέξ(εω)ς οὔσης, ἥν γε (δ)ὴ νοοῦσι(ν οἱ Π)ανέλληνες, ἀρετὴν (ἐρ)ω-
τικὴν εἶναι νομί(ζει)ν (καταγ)έλαστον οὐ μετ(ρί)ως· ἔπ⟨ε⟩ιτ' αὖ τὸ
δοκεῖν μέλ(η συ)νεργεῖν πρὸς (ὀ)ρθὴ(ν) ἀν(ασ)τρ(ο)φὴν ἔρωτ(ος), τῶν
μὲν (ἐ)μ φωνῆς (κ)ειμένων ποιότη(τ)ι μόνον, τοῦ δὲ λό(γῳ τ) ᾦδιδά- 10
(σκ)οντι τὸ μ(άτ)αιον (καὶ) β(λα)βερὸν κ(αὶ) ἀπ(λ)ήρ(ω)τ(ον τοῦ ἐκρι)-
πι(ζ)ομ(έν)ου καὶ π(αροξυν)ομένο(υ) μέ(χρ)ι ἀνοί(ας πάθους συνεργεῖ-
σθαι πεφυκότος deest unus versus: κ)αὶ (μ)ὴ (β)λέπειν ὅ(σον ἔδω)κεν
ἀφορμῆς εἰς (ἀταξία)ν καὶ ἀκολασίαν· (quae secuntur, nondum recte
suppleta sunt). 15

76 Philodemus de musica lib. IV col. XIII p. 79 Kemke. πρὸς
δὲ τούτοις ὡς . . . . . . | δης μὲ(ν εἰ)κότως ει|πεος . . . . αν . . . .
ἐλευθερ(. . .)νομ . . . . | περιάπτει(ν ἔ)ρωτα | βούλεται κα(ὶ) Τιμόθε(ον) |
ἔ(νε)κα τῶν
col. XIV. εὐγενῶν πρεπώδη, τὰ δ' ἑταιρῶν, οὐκ ἔστιν φύσει καὶ 20
μὴ κατὰ διατάξεις κενάς· οὐδ' οὗτος ὑποδείγμα(τ)α παρέθηκε τοιού-
των, ἀλλὰ διανοημάτων· μόν(ο)ν (δὲ) φατικῶς συμπαρ(έ)συρε καὶ τὸ
μ(έ)λος. οὐδὲ τοὺς νέους τοῖς μέλεσι διαφ(θε)ίροντας παρέδειξεν τὸν
Ἴβυκον καὶ τὸν Ἀνακρέοντα καὶ τοὺς ὁμοίους, ἀλλὰ τοῖς διανοήμασι·
καὶ γὰρ ἅπερ Σαπ|(φὼ) ὀνόματ' ἔλεγε, τούτοις ἔθρυπτεν, εἴπερ (ἄ)ρα· 25
μέλ(ος δ' ἀ)κόλουθον ὂν ποιότητι φωνῆς . . τ . . . οὐ δύνατ' ε(ἶ)ναι
. . . . δ(ι)ὰ (με)λῶ(ν) ὁμοίω(ς) ἀ(λ)λ' ὀνομάτω(ν) καὶ διανοημ(ά)-
των ἀρέσκεσθαι καὶ τοὺς ἐρω(μ)ένου(ς), εἰ θέλουσιν, ὁμολο(γ)ήσομεν,
τὸν δ' Ἀριστοφά(ν)(ην) τοὺς ἀρχαίους ἀποφ(αίνε)ιν ἐνκεκλ(ασ)μένῃ
καθά(περ) οἱ παλαιοὶ τῇ φωνῇ χ(ρ)ῆ(σθ)αι καὶ τοῖς ὀφθαλμοῖ(ς προ)- 30
αγωγεύειν ἑαυτούς, (οὐ τοῖς) μέλεσιν· εἰ δὲ τούτοις (ἔλε)γεν, (κ)λαίειν
αὐτῷ προσ(λέγ)ομεν· ταῦτα γὰρ οὔτ' εἰς ἃ φησιν ὦ(σ)περ ἀδίστακτα
(ἔ)χων, ἐκκαλεῖθ' ὅσον ἐφ' αὑ(τοῖ)ς, οὔτε πρὸς συνουσίας (αἰσχρ)ὰς
καὶ ἄνδρας καὶ γυναῖ(κας) καὶ νέους ὡραίους (εἰς γ)υναικισμόν· οὔτε
γὰ(ρ οὔτ)ος οὔθ' οἱ κωμικοὶ (π)αρέδ(ε)ιξάν (τ)ι τῶν Ἀγάθωνο(ς) καὶ 35
Δημοκρίτου τοιο(ῦτ)ον, ἀλλὰ μόνον λέγουσ(ιν)· οὐ (δὲ) Νίκανδρος οὐδὲ
κ . . . . τ)οῦτ(ο) παρέστησε δ(ιὰ) τῶ(ν . . . . . ἀλλ') ἐπλ(ά)νησεν εἴπερ ἄρα.

---

1 fortasse: ἢ λεγέτω πάντας δικαίως κα)τακεκρίσ(θαι etc.   2 scil. comici.
12 ΓΙ . ΟΜ . . ΟΥ pap.   24 fortasse agitur de Aristoph. Thesm. 161 sq.
25 ἃ Περσαῖος Kemke, απερσαι . | . c pap.   29 Aristoph. Nub. 279 c. schol. 269
(Kemke).

Idem p. 16 Kemke. *καὶ πρὸς (συνουσίας αἰσχρὰς) ἐκκαλεῖσ(θαι*
καὶ ἄνδρας καὶ γυ)ναῖκας κα(ὶ νέους ὡραίους) εἰς γυναικισ(μόν . . . . .
Ἀγάθωνος ἃ κατ(ηγοροῦσιν οἱ) κωμικοὶ κα(ὶ . . . . | *καὶ Δημο-*
κρ(ίτου. Νίκαν)δρον δὲ τὸν . . . . *ἐ)πιδει(κ)νύμε(νον* . . . . |
5 *ἔργοις διδάξ(αντα* . . . .) *ἀλλὰ καὶ*

77 Philodemus de musica lib. IV p. 80 Kemke. *καὶ μὴν οὐδὲ*
παραμυθεῖσθαι δύναται μουσικὴ τὰς ἐν ἔρωτι δυσπραξίας· λόγου γὰρ
μόνου τὸ τοιοῦτον, ἀλλ᾽ ἀνεπιβλήτους ποιεῖ περισπῶσα καθάπερ ἀφρο-
δείσ(ι)α καὶ μέθη· ποήματα δ᾽ εἰ προαιρεῖται, διδόσθω καὶ Φιλόξενον,
10 *εἰ τοῦτ᾽ ἠνίττετο, μὴ τελέως ψεύδεσθαι, καθάπερ οὐδὲ Μένανδρον*
πο(ν)ηρ(ὸν) ὑπέκκαυμα πολλο(ῖ)ς αὐτὴν λέγοντα τῷ διδόναι τινὰς
ἀφορμάς.

Idem p. 16. *ἀ)λλ᾽ ἡ μ(ουσικὴ δυ)νατή (ἐστιν παραμυθεῖσθαι) τὰς*
ἐν ἔ(ρωτι δυσπραξίας. paulo post Menandri versus videtur afferri.

15   78 Philodemus de musica p. 16 Kemke. *(τῷ) δὲ τὸ μ(έλος συμ)-*
βάλλε(σθ)αι πρὸ(ς τὴν ἐρωτι)κὴν ἀρετὴν (λέγει προση)κόντως καὶ
μία(ν τῶν Μου)σῶν Ἐρατὼ (ὠνομάσθαι).

Idem lib. IV p. 81. *ἡ μέντοι γ᾽ Ἐρατὼ ζητῶ πῶς τὸ συ(μ)βαλέ-*
σθα(ι) τὴν ἰδίως (κ)αλουμένην μ(ουσ)ικὴν πρὸς τὴν ἐρωτ(ι)κὴν ἀρε-
20 *τὴν ἐ(ρ)ρήθη δηλο(ῦσα) μ(ᾶ)λλον ἢ τὴν ποιητικὴν ἢ βέλτιον ἔ(τι τὴν)*
φι(λο)σοφίαν· (ἅ)παντα γὰρ δὴ ταῖς (Μ)ούσαις ἀνατέθηται· καὶ τ(ὸ
. . . .)*αν ὑποβάλλειν, ἀ(λλ᾽ ο)ὐ (τ)ὸ διαμάχεσθαι (πρὸς) τὸ πάθος.*

79 Philodemus de musica p. 16 Kemke. *ἔτι) δὲ τοῦτ᾽ ἀξι(οῖ* [scil.
τὸ μέλος] *συνεργεῖν καὶ) πρὸς τὴν συμπο(τικὴν ἀρε)τήν· τοῦ γὰρ ἔρω-*
25 *(τος καὶ κα)θόλου τῶν ἐρωτ(ικῶν* . . . . 29. *οὐ)δ᾽ εὑρεθῆ(ναι πρεπω-*
δεστέραν) ἐλευθέρ(οις) ἄλλ(η)ν ἄνεσ(ιν) καὶ παιδειὰ(ν) τοῦ τὸν μὲν
ᾆσαι, τὸν δὲ κιθαρίσαι, τὸν δὲ χορεῦσαι. καὶ γὰρ εἰ μή τις ἐπιτη-
δεύοι, τὸν οἶνον ἐ(κκ)αλεῖ(σθα)ι „πολύφρονά (περ μάλ᾽ ἀεῖσαι) καὶ θ᾽
ἀπαλὸν (γελάσαι καί)τ᾽ ὀρχήσασθαι" (Od. ξ 464 sq.). *ταῦ(τα μὲν) ποι-*
30 *εῖν* etc.

Idem lib. IV p. 81. *ἀλλὰ γὰρ ἐπεὶ πρὸς ἐρωτικὴν ἀρε(τ)ὴν οὐ*
φαίνεθ᾽ ἡ μουσικὴ συνεργοῦσα, δῆλον ὡς οὐδὲ πρὸς ἥν φησιν ο(ἰ)-
κείαν αὐτῆς εἶναι τὴν συμποτικὴν καὶ τὰ συμπόσια κοινῶς· ἐγὼ δ᾽
οὔτ᾽ εἶναι τὴν καλουμένην συμποτικὴν ἀρετὴν — ἀλλ᾽ οὐχὶ τὴν ὑπὸ
35 *τοῦτ(ω)ν πλασθησομένην — ἀπὸ φρονήσεως ἡγοῦμαι, τάχα δ᾽ (ο)ὐδὲ*
πίπτουσαν εἰς φρονίμ(ους), οὔ(τ)ε συμποσίοις ἔρωτας ἐναρμόττ(ε)ιν
ὡς ἂν ταραχώδεις καὶ ἀτερπεῖς καὶ διαστατικοὺς τῶν συνόντων ὑπ(ά)ρ-
χοντας. τὴν μέντ(οι μ)ουσικὴν οἰκείαν μὲν ε(ἶνα)ι συμποσίων κα(ὶ)
τὰ παρ᾽ (Ὁμ)ήρῳ δεόντως ἐπ(ι)σεσημάνθαι δι[ο]δούς, ἔτι δ(ὲ) καὶ τὸ

---

34 fort. *ἀλλ᾽ οὐδὲ.*   39 *σεσημανται διοδους* pap.

δεῖν ἀνίεσθαι καὶ (π)αίζειν ἐν αὐτοῖς, οὐ δώσω τὸ μ(η)δεμίαν εἶνα(ι)
πρεπωδ(ε)στέραν ἐλευθέρ(οι)ς ἄνεσι(ν καὶ π)αιδιὰν τοῦ τὸν (μὲν)
ᾆσαι, τὸ(ν) δὲ κιθαρί(σ)αι, τ(ὸ)ν (δ)ὲ χορεῦσα(ι, τῶν δ') ἐρ(ώτων πολλῷ
ἀ)μείνους ε(ἶ)ναι (τοὺς κ)ατὰ μουσικὴν τὴν ἐ(π') ἀκουσμάτων, οὐ τὴν
αὐ(λ)ῶν. οὐχ ὁμο(λ)ογήσω δ' οὐδ' ἐκκαλεῖσθαι τὸ(ν) οἶνο(ν) ἐξ ἀ(ν)- 5
άγκης καὶ τοὺς φρ(ο)ν(ί)μους ἅπαντα ποιεῖν, ὅσα φη(σίν — — —
col. XVII. μὴ σκ(αι)ῶς ἀλλ' ἐμμελῶς ἀνασ(τ)ρ(έ)φεσθαι.

80 Philodemus de musica lib. IV p. 83 Kemke. κἀκεῖνο δὲ χρη-
στ(ο)μαθῶς εἴρηται τὸ σαίνε(σθαι) μὲν καὶ τοὺς ἰδ(ι)ώτας ὑπὸ τῆς
οἰκειότητος (scil. τῆς μουσικῆς πρὸς τὰ συμπόσια), παραλαμβάνειν (γ)έ 10
τοι καὶ ἀκροάματ' εἰς τὰ συμπόσι(α), διαπίπτειν δὲ τῷ μὴ τὸν Ὅμηρον
καὶ τὸν Ἡσίοδον καὶ τοὺς ἄλλους π(ο)ητὰς τῶν μέτρων καὶ μελῶν·
βελτίω γὰρ ἔστω τὰ χρώμενα συμπόσια τοῖς τούτων· μουσικῇ δὲ πῶς
ἄμεινον χρῆ(τ)αι, ποιητὰς ἀλλ' οὐ μουσικ(ο)ὺς τούς γε τῶν μέτρων
εἰσ(ά)γοντα; κἂν τῷ λοιπῷ βίῳ τοιγαροῦν ἐκ τινῶν χρόνων, εἰ καὶ 15
μὴ παρ' ὅλον σχεδόν, ὡς οὗτος ἔγραψε, ποι(κί)λη(ν) διαγωγὴν ὑπὸ
(τῶν μ)ουσικῶν παρασκευ(άζ)εσθαι προσδεχόμενοι, τὸ π(ο)ικίλον καὶ
πλεῖον ὑπ(ὸ τ)ῶν συμπλεκομένων γ(ίνε)σθαι φήσομεν, οὐχ ὑ(πὸ) τῆς
μουσικῆς α(ὐτῆς etc.

81 Philodemus de musica p. 17 Kemke. (ψυχα)γωγίαν ἰδίᾳ ... 20
κα . φαθαι παρὰ τοῖς μελοποιοῖς, ὅσοι (χρ)ησίμως πεφιλομουσή(κ)ασιν·
μὴ γὰρ κακῶς ἐπιση(μ)αίνεσθαι Χαμαιλέοντα τοιοῦτόν τι τοὺς κωμι-
κοὺς (αἰ)νίττεσθαι περὶ τῶν ΓΙϹ|ων, προσηγορίαις μὲν χρω(μ)ένους
ταῖς τῶν (π)ρώτων καὶ ποτε . . . . ‖ εἰς πάντας δὲ τὴν ἰδιότητα (τ)ούτων.
Idem lib. IV p. 83. ... να δὲ δὴ γράφοι τ(ὴν ψυχα)γωγίαν ἰδίᾳ 25
π(. . . . . . .)θαι παρὰ τοῖς μελ(οπ)ο(ιοῖ)ς καὶ τυγχάνειν ἐπιστάσε(ω)ς
ὑπὸ Χαμαιλέοντος, ἅπ(α)ντα σχ(ε)δὸν διανοημά(τω)ν εἶναι καὶ ποιητι-
κ(ῆς χρ)ώματα (scil. φήσομεν).

82 Philodemus de musica p. 17 Kemke. ἔχειν δέ τι καὶ πρὸς
φ(ιλί)αν (ο)ἰκεῖον. ἐπειδὴ γὰρ πρὸς ἔρω(τα ἐ)δείχθη, κα(ὶ) πρὸς τὸ 30
τέλος αὐτοῦ (λ)όγον αἱρεῖν. ἔτι δ' ἐπεὶ πρὸς (συμπό)σια, καὶ (π)ρ(ὸς)
τὸ τέλος (αὐτῶν, ὃ) φαίνεσθα(ι π)άλι φιλο(φροσύ)νην. εἰ δὲ (πρ)ὸς
ταύτ(ην, καὶ) πρὸς φιλίαν. ἄλλως (δὲ καὶ) τὴν (ψυχὴν) ἀνίησιν (καὶ
ἀφιλαροῖ).
Idem lib. IV p. 84. πάλι δ(ὲ λέγομε)ν, ἐπεὶ πρὸς τὸν ἔρωτα τὴ(ν) 35
μουσικὴν οὐθὲν ἂν ε(ὕρο)μ(εν) χ(ρη)σιμεύουσα(ν, οὐ)δὲ πρὸς φιλ(ί)αν
οἰκε(ίως) προσφέρεσθαι
col. XVIII. (πρὸς) συμ(π)όσια διδόντες ἐναρμό(τ)τειν (α)ὐτήν,

---

20. 25 ψυχαγωγίαν Kemke, quod minime certum; fortasse εὐαγωγίαν.
23 fortasse πόσεων.　　24 πρώτων scripsi, ἐρώτων dubit. Kemke.　　25 ἅτινα
Kemke.　　26 πεπορίσθαι Kemke.

τὸ δὲ μόνον τέλο(ς) αὐτῶν εἶναι φιλοφροσύ(ν)ην οὐ τιθέντες, ἀλλὰ
καί τιν' ἕτερα, πρὸς τὴν ἡδονήν, οὐ πρὸ(ς) ἐκείνην χρησιμεύειν ὁμο-
λογήσομεν· ὥστ' οὐδὲ πρὸς (φ)ιλίαν. —— οὐδ' ἀνείησι δὲ τα(ῦτ)α
καὶ ἀφιλ(α)ροῖ, τὰ δὲ συμπεπλεγ(μ)ένα αὐτοῖς διανοήμα(τα. ——
5 p. 85. οὐ μὴ(ν) ἀλ(λ)ὰ (κἂν) ἀνιῇ καὶ (ἱ)λαροὺς π(οι)ῇ, καθάπ(ερ)
ἀπόλαυσ(ις π)ο(τῶν) τε (καὶ) βρωτῶν κα(ὶ πᾶσα ἡδον)ή, φιλίας καὶ
ὁμο(νοίας οὐ)κ ἂν αἴτια (διδ)ο(ἵμεν εἶναι) ο(ὐδ)ὲ ταύτῃ μόν(ον), μ(ὴ
ὑπ' ἄ)λλων κατὰ (τ)ὰς ἱ(λ)αρ(ό)τη(τας) ἡμᾶς μά(λι)στα γίνεσθ(α)ι
δ(ι)αλυτικούς.

10 83 Philodemus de musica lib. IV p. 85 Kemke. Λακ(εδ)αιμονίους
δὲ τοῖς ἀδιανοήτοις οὐ προσιέμ(εθ)α μαρτυροῦντας, ὅτι καὶ πυ(θ)ό-
χρηστον ἔσχον μεταπ(έ)μψ(α)σθαι Θαλήταν 'καὶ π(αρ)α(γ)ενομένου τῆς
διχο(νοί)ας (ἔλ)ηξαν· εἰ δὴ μαρ(τυρο)ῦσ(ιν), ἄλλο(ις) μόνον εἴπ(οντο)
τοῖς πεπλακόσι (τ)ἀρ(χαῖα) καὶ μουσικοῖς· ἄλλο(ι γὰρ) ἀντιλέγου(σ)ιν,
15 (αὐτὸν δείξαντες) ἀλ(α)ζονευόμενον δι' ἀναθέματος, εἴπερ ἀνέθηκεν
οὕτως ἐπιγράψας, ὡς (ο)ὗτοι λέγουσιν.

Idem p. 18 vs. 23 Λακεδαιμο vs. 25 καὶ λοιμ, unde pestilentiae
quoque a Thaleta sanatae mentionem fecisse Diogenem Babylonium,
coll. Plut. de mus. 42 p. 1046 c, colligit Kemke.

20 84 Philodemus de musica p. 18 Kemke. καὶ Τέρπανδ(ρος κατὰ
μαν)τεῖον . . . . (ἐν τοῖ)ς φιλιτείοις ἄ(δ)ω(ν τῆς ταρ)αχῆς ἔπαυσε τοὺς
(Λακεδαιμονίο)υς.

Idem lib. IV p. 85. οὐ πειθόμεθα (δ') οὐδὲ τῷ Τέρπανδρον κ(α)τὰ
μαντείαν κεκλῆσθαι πρ(ὸ)ς κατάπαυσιν ἐμφυλίου στά(σ)εως, ἄν καὶ
25 πάνυ πολλοὶ συμφωνῶσι περὶ τούτου τῶν μουσολήπτω(ν), οὗτος δὲ
σχεδὸν μόνος (ἐ)ν τοῖς φιλειτείοις αὐτὸν ᾄδοντα ποιῇ. καὶ δὴ γὰρ
προ(σ)ῆκε τοὺς φιλοσόφους ὑπογράψαντας, τίνα τρόπον δύναται πα(ύ)-
ειν ἄλογα μέλ(η) λογικὴν διαφοράν, οὕτω πείθειν καὶ τὰ Θαλ(ήτου)
καὶ Τερπάνδρου πεπαυκέναι (τὰς) τῶν Λακώνων. (quae secuntur de
30 Sybaritis ipsius Philodemi sunt cavillantis).

85 Philodemus de musica p. 18 Kemke. καὶ περὶ Στησιχόρου δ'
ἱστορεῖται, διότι τῶν (πολιτῶ)ν ἀν(τι)παρατεταγμένων (ἤδη) καταστὰς
ἐν μέσοις (ᾖσέ τι παρα)κλητικὸν καὶ δια(λλάξ)α(ς) διὰ τοῦ μέλου(ς
εἰς ἡσυχ)ίαν αὐτοὺς μετέσ(τησεν. ἄλλ)ου δέ τινος ἔνε(κα οὐδὲ Πιν)-
35 δάρῳ γεγράφθ(αι „τὸ κοινόν) τις ἀστῶν ἐν ε(ὐδίᾳ τιθείς") καὶ τὸ
Σοφο(κλέους ἐν το)ῖς Ἐπιγόνοις.

Idem lib. IV p. 87. ἀλλὰ μὴν καὶ τὸ μὲν κα(τ)ὰ Στησίχορον οὐκ
ἀκρι(β)ῶ(ς) ἱστο(ρεῖ)ται· τ(ὸ δ)ὲ Π(ι)νδάρειον εἰ τῆς διχ(ον)οίας ἔπαυσεν
οὐκ οἴδαμεν. —— τὸ δ' ἐκ τῶν Ἐπιγόνων μέλος ὑπο(γ)ράφομεν οὐκ

35 γεγραφε pap. Pind. fr. 109 Schr.

(ἀ)πιϑαν(ω)τέραν ἄλλην (δ)ιάνο(ιαν· κ)ἂν δ(ὲ νο)ῶμεν ὡς οὗτος, (ἀλλ)ὰ
μετὰ τῆς ἐπι(σ)ημ(ασίας τ)οῦ κωμωδογράφ(ου ἐατέ)ον ἐστίν.

86 Philodemus de musica p. 19 ed. Kemke. (διατ)άττει(ν) μέλη
τι(νά, ὥ)στε μὴ μόνον κοινῶς (ταῦτα) πρὸς ϑεῶν τιμὴν (οἰκε)ίόν (τι)
ἔχειν, ἀλλὰ καὶ (κατ)ὰ τὰς διαφορὰς τῶν δ(αιμόνω)ν ἄλλα πρὸς ἄλ(λ)ους. 5
Idem lib. IV p. 88. ὥστ' ἐφ' ἃ γράφει πε(ρὶ) τ(ῆ)ς εὐσεβε(ί)ας
μεταβάν(τε)ς λέγωμεν, ὡς εἰ χάριν τ(οῦ τιμ)ᾶσϑαι τὸ ϑεῖον διὰ (μ)ου-
σικῆς ὑπὸ τῶν πολλῶ(ν οἰ)κε(ί)αν εἶναι τὴν μουσ(ικὴν) τῆς εὐσεβείας
οἰησό(μεϑα, κ)α(ὶ) μαγειρι(κ)ὴν οἰησό(μ)εϑ(α) — — — (ἔτι δ' ἂν
ἕ)ποιτο (τοῖς δόγμασι τοῦ φι)λοσό(φου τὸ μὴ οἰκείαν εἶναι), ἐπεὶ δι' 10
αὐτῆς οὐδ(ὲ) εἷς τιμᾶ(τ)αι, διότι κατὰ τοὺς Στωϊκοὺς ο(ἱ) πολλοὶ
ϑεοῖς ὄντες ἐχϑροὶ κα(ὶ) ἀνόητοι τὰς ἀληϑε(ι)νὰς τιμὰ(ς) τ(ῶ)ν (κρ)α-
τί(στ)ων οὐδ' ὠνε(ιρ)οπολήκασιν. — — — καὶ (τ)ὸν Π(ί)νδαρον οὕτω
νομ(ίζ)ειν, ὅτ' ἔφη ϑύσων πο(ιεῖσ)ϑαι διϑύραμβον, ἀλλὰ δὴ καὶ τὸ(ν)
τὰ μέλη διατάττο(ντ)α τῶν ϑεῶν ἑκάστῳ κωμικόν. — — — εἰ μὴ 15
Δ(ι)ογένης ἄρα συνεπείϑετο καὶ τῷ τῶν ϑεῶν ἑτέρους ἕτερα μέλη
προσίεσϑαι καὶ πρέπειν ἑκάστοις ἴδια.

87 Philodemus de musica p. 19 Kemke. (εὐχρηστε)ῖν δὲ (λέγει)
τὸ (μέλος καὶ) πρὸς (σύνεσ)ιν. καὶ γὰρ ὅ(ρους) καὶ διαιρέσεις καὶ
ἀ(ποδείξεις ἐ)ν ἁρμονικῇ (π)λείσ(τας εἶναι) καὶ κατ' ἄλλον 20
. . . . . τινὰ ϑεωρία(ν
Idem lib. IV p. 89. καὶ τί δεῖ τἄλλα ϑαυμάζειν αὐτοῦ; καὶ πρὸς
σ(ύ)νε(σ)ιν γὰρ εὐ(χρ)η(στε)ῖν (οἴετ)αι τῷ καὶ ὅρους (καὶ διαιρ)έσεις
καὶ ἀποδείξ(εις πολ)λὰς ὑπάρχειν ἐν ἁ(ρμο)ν(ι)κ(ῇ), κα(ϑ)άπερ ὅτι
μό(νον διεῖλον ἢ ὥρι)σάν τι τούτων, ἠ(μαρτη)μένον ἄλλως, κατ' αὐ(τ)ὸ 25
(δ)ὴ ⟨τὸ⟩ διαλεκτικῶς ἐπιτ(υγχ)άνε(σ)ϑαί (τ)ι, τῶν παρὰ τ(οῖ)ς (μ)ου-
σι(κ)οῖς οὐκ ἀσυνέτω(ς) κ(αὶ κ)αταγελάσ(τ)ως ἐκκειμένων etc. — —
εἰ δὲ τὴν ἀπὸ φρονήσεως (scil. σύνεσιν λέγει) οὐδὲν ἐπιδείξει τὰ τῶν
μουσικῶν πρὸς ταύτην συνεργοῦντα μᾶλλον ἢ τὰ τῶν ἄλλων ἀκρι-
βώματα. 30

88 Philodemus de musica lib. IV p. 90. τ(ῆ)ι δὲ κριτικῇ λέγων
(π)αραπλησίαν τινὰ ϑεωρίαν ἔχειν τοὺς φιλομουσοῦντας, οὐ μόνον
ἀγνοεῖ καϑόσον ὡς ἐμ μέλεσι καὶ ῥυϑμοῖς πρέποντος καὶ ἀπρεποῦς
ὄντο(ς) καὶ καλοῦ καὶ αἰσχροῦ κριτικὴν αὐτῶν ἀπέλειπε ϑεωρίαν,
(ἀ)λλὰ καὶ καϑόσον, εἴ τι τοιοῦτον ἦν, οὐχὶ τοῖς φιλοσοφοῦσιν ἀπε- 35
δίδου τὴν κρίσιν, καὶ νὴ τὸν Δία καϑόσον τὴν κριτικήν, ἧι τι παρα-
πλήσιον ἔχ(ε)ιν τὴν μουσικὴν ἔφασκε(ν, ο)ὐχὶ τούτο(ις) ἀλλὰ (το)ῖς
ὀνομαζομένοις κριτικοῖ(ς συνε)χώρει. καὶ τῇ ποιητ(ικῇ) δὲ γράφων
ἀνάλογο(ν εἶνα)ι κατά τε τὴν μίμησ(ιν κ)αὶ κατὰ τὴν ἄλλην εὕρ(ε)σιν,

---

1 fortasse: οὐκ ἀπιϑανώτερον ἄλλῃ διανοίᾳ. ‖ κἂν δὲ] ΑΛΛ pap.

κατὰ μὲν τὴν μίμη(σ)ιν οὐκ ἂν ἐπέδειξεν, κ(ατ)ὰ (δὲ) τὴν εὕρεσιν οὐ
ταύτ(η μ)ᾶλλον ἢ ταῖς ἄλλαι(ς τέχ)ναις. κατὰ μέν(τ)οι τὸ πλ(άττεσ)θαι
καὶ ἀνταποδιδόναι τ(ὸ μ)έλος ἔστω τι παραπλήσι(ον) αὐ(τῆ)ς καὶ τῇ
γραμματι(κῇ). τί γὰρ δεῖ φ(ρ)ονε.......

5 Ibidem p. 92. ἃ μέντοι Διογένης φ(η)σὶν κα(τα)νοήσαντας ἡμᾶς
ἀναγεγραμμένα παρ᾽ Ἡρακλείδῃ περὶ πρέποντος μέλους καὶ ἀπρεποῦς
καὶ ἀ(ῤῥ)ένων κα(ὶ) μαλακῶν ἠθῶν καὶ κρ(ούσ)εων ἁρμοττουσῶν κ(αὶ
ἀ)ναρμόστων το(ῖς) ὑπ(ο)κειμένοις προσώπ(οι)ς οὐ μακρὰν ἀπηρτη-
μέ)ν(ην τῆ)ς φιλοσοφ(ίας ἡγή)σ(ε)σ(θα)ι τῷ πρὸς π(λεῖστα) ἐπὶ τοῦ
10 βίου χρησι(μεύειν) τὴν μουσ(ικὴ)ν (καὶ τὴν) περὶ αὐτὴν φιλ(οτεχ)νίαν
οἰκείως διατι(θέν)αι πρὸς πλείους ἀρετάς, μᾶλλον δὲ πρὸς πάσας, ἐκ-
θέντες ἡμεῖς ἐν τῷ τρίτῳ τῶν ὑπομνημάτων — καὶ τὰ παρ᾽ (ἄ)λλοις
δὲ συγγενῶς εἰρημένα — παρεδείξαμεν ὅσης ἐστὶν γέμοντα ληρείας.

Philodemus de musica p.19 Kemke. κατανοήσαντά τι(να τῶ)ν
15 εἰρημένων, ἐν οἷς (περὶ πρ)έ(π)οντος μέλους καὶ (ἀπρεπο)ῦς καὶ περὶ
ἠθῶν ἀ(ῤ)έ(νων κα)ὶ μαλακῶν καὶ περὶ (κρούσε)ων ἁρμοττουσῶν
κα(ὶ ἀναρμ)όστων τοῖς ὑποκειμέ(νοις πρ)οσώποις, ἅπερ ὁμολο(γουμέ)-
νως οὐ μακρὰν ἀπεῖρ(χθαι τοῦ) φιλοσοφεῖν καὶ παρα — (post duos
versus)

20 (εἶ)ναι φανερὸν πρὸς (πάντ)α μέρη τοῦ βίου (χρησιμ)εύειν τὴν
μουσικὴν (καὶ δύ)νασθαι τὴν περὶ αὐτὴ(ν φι)λοτεχνίαν οἰκείως ἡ(μᾶς
δι)ατιθέναι πρὸς πλείους (ἀρε)τάς, δοκεῖν ⟨δὲ⟩ αὐτῷ καὶ π(ρὸς πά)σας.

89 Philodemus de musica p.20 Kemke. ἐξ ὧν δὲ παρατίθετ(αι
Δικ)αιάρχου λάβοι τις ἂν ὅσ(α βούλετ)αι πρὸς τὴν ἐνεστηκυ(ῖα)ν ὑπό-
25 θεσιν, (ὡς) τὸ τοὺς πα(λα)ιοὺς καὶ σοφὸν τὸν ᾠδ(ὸν νο)μίζειν, ὡς
εἶναι δῆλον (ἐκ) τοῦ παρὰ τῇ Κλυταιμ(ήστρᾳ κατ)αλειφθέντος· καὶ
...... γ)νῶναί φασιν ο... | .. τ)ούτων ἀκυύσῃ· δι᾽ οὗ γε | ... φωνεῖ-
ται καὶ πλείο|(σι.....)τα(τ)αι τὸ πρὸ⟨ς⟩ ταῖς ἄλ(λαις δυνάμ)εσιν τὸ
μέλος καὶ (στάσεων κ)αὶ ταραχῶν εἶ(ναι κ)ατα(πα)υστικόν, ὡς ἐπὶ
30 (τῶν ἀνθρώπω)ν καὶ τῶν ζῴ(ων φαίν)εσθαι καταπραΰνο(μένω)ν· διὸ
καὶ τὸν Ἀρχίλο(χον λ)έγειν „κηλ(εῖ)ται δ᾽ ὅτις (ἐστὶ)ν ἀοιδαῖς.“ πα(ρὰ)
δὲ Κ(αρσὶν ἐ)πειδὰν ἐν ταῖς ἐκ(κλησίαις θ)όρυβος γένηται, τῶν (γλυ-
κ)υτάτων τινὰς ᾠδ(ῶν ἐξά)ρχειν, εἶτ᾽ εἰς τοὺς (ἄλλους γί)νεσθαι καὶ
πέρας (εἰ)ς ἅ(παντ)ας· οὕτω δὲ κατα(λύειν) τὸ προκείμενον· εἶτα —

35 90 Philodemus de musica lib. IV p. 105 Kemke. ἀ(λ)λὰ μὴν
(θε)ὸς μὲν (ο)ὐθεὶς εὑρετ(ὴς) ἐγέν(ε)το τῆς μουσικῆ(ς οὐ)δὲ π(αρ)-
έδωκε τοῖς ἀνθρώπο(ις, ἀλ)λ᾽ οὕτω παρ(εξέ)μαθον ὡς πρότερον ἀπε-
δώκα(μ)εν. λόγον δὲ καὶ φρόνη(σιν) καὶ παιδευτ(ι)κὰς ἐπ(ιστή)μας

---

7 πρ . . εων pap.   27 ὃς ἄν τι τούτων Kemke.   28 συμφωνεῖται καὶ
πλείοσι παρίσταται Kemke.   32 παρὰ δὲ—θόρυβος suppl. Gomperz et Brinck-
mann.

οὐδεὶς εὐσεβὴς νο(μίζει) τὸν Ἑρμῆν καὶ τὴν Ἀ(θ)ηνᾶν καὶ τὰς Μού-
σα(ς). ε(ἰ) δ' ὁ λόγος ἢ λογισμὸς ἐπήγα(γ)εν τὴν μουσικήν, οὐκ ἤδ(η)
καὶ) χ(ρή)σιμ(ος) διὰ τὸ καὶ τὰ (χ)είριστα. τὸν δὲ λόγον ἂν ἀ(ξι)ῶ(σ)ι
καὶ φρόνησ(ιν) καὶ τὰ(ς) παιδ(ευ)τικὰς ἐ(πιστήμας ἐν)απο(λ)αβεῖν,
(λεγέτωσαν) τὰς α(ἰ)τίας. 5

Libri περὶ ῥητορικῆς reliquiae.

91 Philodemus de rhetorica Vol. I p. 329 Sudh. (δύ)νασ(θ)αι
πιθανῶς ἐπαινεῖν, ἢν ἂν βουλώμεθα δίαιταν, κα(ὶ) πάλιν τὴν αὐτ(ὴ)ν
ταύτην, ἂν ἡ(μῖ)ν δοκῇ ψέγειν· ὥστε πείθ(ει)ν τὸν λό(γ)ον, ὅτι εἰσὶν
ὑγιειναὶ αἱ ὑφ' ἡμῶν λεγόμεναι ἢ ἐκείνων μᾶλλον, τὸν ὑγιαίνειν βου- 10
λόμενον. ἡ δὲ τοιαύτη ἐργολαβεῖν μὲν τὰ ἰατ(ρι)κὰ ζητοῦντι, (φη)σίν,
(οὐ)κ ἂν ἄ(χ)ρηστος (εἴη), πρὸς (δὲ) τὸ ὑγιαίνειν (οὐθὲ)ν (ἂν συμ)-
βάλλ(οι)το.

92 Philodemus de rhetorica Vol. I p. 329 Sudh. (εἰ δὲ τῷ ῥή-
τορι ἥκισ)τα τῶν κατὰ (δό)ξαν ἀληθῆ φαίνετ' εἶναι προσῆκον, ἀντι- 15
(θ)εῖναι τὰ κατὰ ματα(ί)αν δό(ξ)αν ὑπόκωφον ἦν ου . η|τά τε μὴ τὴν
ἀναφ(ο)ρὰν ἐπὶ (τ)ὰς ἐν(α)ρ(γεί)ας λαμβάνοντα καὶ (τὸ μη)δὲ τούτων
τελέως ἐ(λ)λ(είπ)ειν τοὺς ῥήτορας. ἀλλὰ μὴν ἐν τῷ κατασκευάζειν τὸ
προκε(ί)μενον πρὸς οὐθὲν ἔο(ικ)εν ἀπὸ τῆς μουσικῆς ἐπάγειν. οὐ
γὰρ ἦν φαυ(λ)ότερα τὰ κατ' αὐτ(ὴ)ν (τ)ῶν ὑπὲρ ὧν ἐποίει τ(οὺς λο- 20
γι)σμο(ύ)ς, ἀλλὰ ταῦτα (μὲ)ν εὐπαρακολ(ο)ύθη(τα πᾶ)σιν ὄντα etc.

93 Philodemus de rhetorica Vol. I p. 332 Sudh. ἑαυτοὺς καὶ
ἐ . . | . . . . . μ εὐμαθ(ε)ῖς (ο)ὐ πεί(θουσιν), ἀλλὰ πᾶσα ἡ μελέ(τη ἐσ)τ(ὶ)ν
αὐτῶν πρὸς τοὺς (ὄχλους) καὶ τὰ δικαστήρια· (ὄθε)ν δὲ πρὸς ἑαυτόν
τι ἐρ(εῖ, ο)ὐθεὶς ἐπιμέλεται οὐδὲ πρὸς συνήθη, πρὸς υἱόν, πρὸς γυ- 25
ναῖκα· κἂν μὲν δίκη γένηται πέντε μνῶν, μ(ε)λετῶσιν καὶ ἐντεί(νο)ν-
(ται), ὅπως πείσουσιν· (τὸν) δ(έ) που διὰ κενοδοξί(α)ν εἰς μοχθηρὰς
ἐπιθ(υμί)ας (τ)άλαντον μέ(λλ)οντ(α) ἀναλίσκειν καὶ (μετὰ τ)ούτου
ἑαυτὸν προσα(π)οβάλλειν, (ἢ τ)ῆς (γ)υναι(κὸς ἢ τοῦ υἱ)οῦ etc.

94 Philodemus de rhetorica Vol. I p. 333 Sudh. ὡς ὁ (πείθων 30
ἀναμέ|ν)ειν ἐν (Μ)αραθῶν(ι Λακεδαι)μονίους· „τί οὖν ἐπι(χ)ειρεῖς“;
ἐρωτήσαντος, ἔφη ὅτι „τὰ στενὰ καὶ τὰς παρόδους καταλή(ψ)ονται
(καὶ) τὰ ὀχυρώματα ἐκπολ(ιορ)κήσουσιν.“ „Ἐλήλυθας οὖν“ εἰπόντος
„εἰς Μαραθῶνα“; „Οὐκ“ ἔφη. „Ἀλλ' ἀ(κ)ήκοα(ς) ἐπιμελῶς περὶ τού-
(του) τ(οῦ) τ(ό)που“; τοῦ δ' ἀνανε(ύσ)α(ν)τ(ος) „Τί οὖν, εἶπεν, ἐπι- 35
χε(ιρ)εῖς οὐ(δ') εἰδώς, εἰ εἰσίν“; (τ)οιοῦτοί εἰσιν οἱ σύμβου(λοι) οἱ

---

4 ἐναπολαβεῖν scripsi, ΔΥΟ . ΑΚΕΙΝ pap. 10 ἐκείνην pap. haec videntur
Diogenis pravam rhetoricam pravae medicinae exemplo illustrantis. 15 ἥκιστα]
γα pap. 16 fortasse: εἴδη. 20 αὐτ . ΛΕ pap.

δοκοῦν(τες) εἶνα(ι) δεινοὶ ἐν ταῖς (πόλ)εσιν καὶ λέγουσιν (ὁμοί)ως τούτῳ etc.

95 Philodemus de rhetorica Vol. I p. 333 Sudh. ἅμα μὲν γὰρ ἐ(π)αγγέ(λ)λονται πολιτικοὺς π(οιή)σειν καὶ χρησίμους (τ)ῆι πόλει καὶ 5 τοῖς φίλοις, (ἅ)μα δ' ἀπολογοῦνται περὶ τῆς τέχνης, ὡς οὐκ οὔσης φαύλης, ἀλλὰ τῶν (χρ)ωμένων αὐτ(ῆ)ι φαύλως· ὥσπερ δυνατὸν τοὺς γενομένους οἵους δεῖ (καὶ) τῇ πόλει χρησίμους καὶ τοῖς φίλοις, ἐν ταύτηι τῆι δυνάμει ἀγνω(μό)νως (φέρ)εσθ(αι etc.

p. 334. (εἰ)κῆ δ(έ τι)ς τῶν π(οιη)ρῶν ἐνίο(τ' ἐν π)όλε(σιν) τῇ 10 τέχνῃ χρῆ(τ)αι. γενομένους μὲν γὰρ οἷο(υς) δεῖ καὶ τῆι πόλει (χρ)η- σίμου(ς) καὶ τοῖς φίλοις, (οὐ)κ ἐνδ(ε)χόμεν(ο)ν ἀγν(ω)μόνως χρῆσθαι τούτ(οις), οὓς ἐπηνόρθωσαν, οὐδ' ἀγνώμονας κα(ὶ π)ονηροὺς κα(ὶ δω)ροδόκο(υ)ς τιν(ὰς) ὄντ(α)ς καὶ πό(λ)ει κ(αὶ φίλοις ε)ἶναι χρησί- μ(ους).

15 **96** Philodemus de rhetorica Vol. I p. 337 Sudh. καὶ δικολόγο(ν. πρῶ)τον μὲ(ν το)ίνυν προσ(ε)κτέον (ἢ)ν, μήποτ' ο(ὐ)κ (ἀ)φαιρῆι (τῶν) νεωτέρων τὸν πόθ(ο)ν τῆς ῥητορικῆς ἀλλ' ἐ(π)ιτείνηι διὰ τῶν (κ)ατη- γοριῶν. κἂν γὰρ ἐμφ(α)νῶ(ς) ἄλλο τι λέγω(σι)ν, θαυμά(ζου)σι τὴν οὕτω γε π(ρακτ)ικὴν δύ(ναμ)ιν οἷον (τὴν) μεμυθευμένην (περὶ τ)ὸν 20 Αὐτό(λ)υκ(ον καὶ τοὺ)ς ὁμοίους.

97 Philodemus de rhetorica Vol. I p. 344 Sudh. — — τοὺ)ς δὲ φιλοσόφους δυνα(τ)ούς, γ⟨ε⟩λοῖον ἦν κελ(εύ)ειν αὐτὰ παριέναι γεγρα(μ)ματευκόσι καὶ κεχορευ(κό)σι καὶ τετελωνηκόσι καὶ τὴν ὥραν πεπωληκόσι· εἰ δὲ ἐχέλευσε μὴ παραχωρεῖν λέ(γ)ειν, ἀλλ' ἀντ(ιποιεῖ)- 25 σθαι (τῶ)ν ἀποτελεσμάτ(ω)ν, ἀπ(ορ)ώτερον ποιεῖ τὸ (συ)μ(βαῖνον, οὐ) φάσκων ὑπὸ τῶν ἰδι(ω)τῶν παρα . . . . | . . . σθαι.

98 Philodemus de rhetorica Vol. I p. 344 Sudh. — εἶ)ναι τὸ κατ' ἀλλήλω(ν εἰ)ρηκέναι (τ)οὺς ῥήτο(ρα)ς, ἃ παρατίθησι, καὶ τοῦ παμπονήρους γεγονέναι τοὺς φιλοσόφους ση(με)ῖον ἡγήσεται τὰ κα(τ') 30 ἀλλήλων παρ' αὐτοῖς γεγραμμένα· καὶ πολὺ μᾶλλον ὅσῳ τοῖς μὲν οὐκ ἀπαρέσκ(ε)ι τὸ καὶ ψευδές που (λέγειν etc.

99 Philodemus de rhetorica Vol. I p. 345 Sudh. οὐδὲ γὰρ τὴν τῶν ἰατρῶν τέχνην | δει)χθήσ(ε)σθα(ι) τῆς ὑγ(ιεία)ς οὐκ ἀπεργαστι- (κὴ)ν (ο)ὖσαν, ἐπειδὴ νικῶν(ται) ὑπὸ τῶν ἰδιωτῶν, φάρμακον ἱστορη- 35 κότων τι νοσήματος ἀπαλλακτικόν, ἀγν(ο)οῦντες αὐτοί. τῶν τε ῥη- (τ)όρων οἱ διαφέροντες οὐ πολλάκις ὑπ' ἰδι(ω)τῶν ἡττ(ῶ)ν(ται) τοῖς πράγμασιν (ἢ οὐ πολ)λάκις ἄγαν, κατα(λαλ)εῖσθαι δὲ πολ(λάκι)ς

---

18 θαυμα . . ναι pap. κατηγορίαι sunt Diogenis in rhetoricam crimina. 20 Od. τ 395 sq.   22 ΤΑCΙΟΝΗΝ pap.   24 ΙΠΕΔΕΖΕ pap.   27 Initium enuntiati sic fere supplendum: κἂν τις πεισθῇ τοῦ πονηροὺς αὐτοὺς γεγονέναι σημεῖον εἶναι.   37 ἄγαν] απαν pap.

(πολ│λο)ῦ δέουσιν, εἰ μή πο(υ ἄ)│φωνοι διὰ σωματι(κ)ὴν νόσον ἢ
ἀχαν(ε)ῖ(ς ὑπ)ό τινος πά(ϑο)υς (γεγεν)η(μ)ένοι.

Hac Philodemi refutatione probatur Diogenis verba esse, quae
leguntur p. 343. ἄλλοι δὲ (μι)κρῶ(ι εὐ)λαβέστερον τὴν πρώ(την ἐ)παγ-
γέλλονται καὶ ὅμως τοιαῦτα συν(γ)ραφόμενοι οὐ μόνον κατὰ τὰ πράγ- 5
μαϑ᾽ ἧτ(τ)ῶνται ἀλλὰ καὶ κα(τ)αλαληϑέντες πολλ(άκις) ὑπ᾽ ἰδιωτῶν,
οὐ(δ)ὲ(ν οὕ)τως ἐστὶν πει(σ)τικ(ὸν ὡ)ς ἀλή(ϑ)εια καὶ ἡ (περὶ τῶ)ν
πραγμάτων (ἀμε)τά(πτω)τος ἐμπειρ(ί)α.

Ad ultima verba referri videntur, quae Philodemus disputat p. 346:
ἐμπ(ειρία ἀμετάπτωτός) ἐστι· (τοὐν)αν(τί)ον δὲ οὐ τῶν ῥητόρων, ἀλλὰ 10
τῆς Διογένους καὶ τῶν ὁμοίων ἐπαγγελίας ὑπὲρ τοῦ ῥήτο(ρ)α κα(ὶ)
μόνον εἶναι τὸν σοφὸν (ἀ)πο(φα)τικόν. οἱ μὲν γὰρ │ ... ἄκασι τὴν
ἀλή(ϑ)ε(ιαν ἑ)κάστου (τῶν πό)λε(ι συμ)φερόντων κατὰ (τὴν ἱστο)ρίαν
τῆς ... etc.

100 Philodemus de rhetorica Vol. I p. 346 Sudh. — — εἶναι 15
Φίλωνος, ὃ (Δημή)τριος ὁ Φαληρεὺς ἐν (τ)ῷ περὶ τῆς ῥητορικῆς ἔτα-
(ξ)εν, ἴσως τὰ πράγματ᾽ ἄλλα. κατ᾽ αὐτοῦ δὲ καὶ τὰ περὶ θατέ(ρο)υ
Φίλωνος. ε(ἴ)τε γὰρ ὁ μᾶλλον εἰδὼ(ς τῶν) εἰδότων μὲν ..... αϑ᾽,
ἧ(τ)τον δ᾽ ε(ἰδό)των ἀφείλ(ε)το τὴν ἐργολαβ(ίαν τῷ) ἀνασκε(νάσ)αι,
. κοι ... │ σει τὸν (ὅλω)ς ἄπει(ρον) σοφὸν τῶν πολιτικῶν ὁ τὴν ἄκραν 20
ἐσχηκὼ(ς) ῥήτωρ ἐμπ(ειρί)αν ἀ(πὸ) τῶν . εω ...... (καὶ) δυ(ν)ά-
με(νος etc.

101 Philodemus de rhetorica Vol. I p. 347 Sudh. — — λειν
μᾶλλο(ν πλανωμ)ένων ἢ μὴ πλ(ανωμ)ένων, ὑπ(ὸ) Διογένους (δὲ
κ)αὶ τ(ῶν πα)ραπλησίων σχεδὸ(ν) δι│ὰ τ(ῶν) λεγομένων (ἐ)ξαπατᾶσθαι, 25
καὶ κατ(ασ)κευασ(τ)ικὸν φέρει το(ῦ μ)ὴ πλανᾶν τοὺ(ς ῥ)ήτο(ρ)ας, ἀλλὰ
τὰ λι ...... το .. │ πείθειν κα(τὰ τὸ πλ)εῖσ(τ)ον· πείθειν .... etc.

102 Philodemus de rhetorica Vol. I p. 348 Sudh. τοὺς με(γά)-
λους (τῶν) πρ(ότερ)ον ῥη(τ)ό(ρων) κατὰ σύνεσιν ἐξηκέναι πολιτικὴν
κ(αὶ) με(γ)άλ(η)ν εὐα(γωγία)ν τ)αῖς (π)ό(λε)σιν (ἐν)απερ(γάσα)σϑ(α)ι 30
β(ιω)│τικήν· τοὺ(ς) ν(ῦ)ν (γ)ὰρ (post duos versus:) οἱ δὲ καὶ etc.

Col. LIII, 9. καὶ πρὸ(ς ὄχ)λον τυγ(χάν)ο(υ)σι, (μ)ηϑὲν μαϑόντων
(π)οτ(ὲ .)ασ ..... │ δην, μήϑ(τ᾽ ἀπὸ τῆ)ς ἐμπ(ει)ρίας ἐν(δόξ)ων γεγονό-
των μήτ᾽ ἀ(π)ὸ τοῦ καλῶς (ἔχοντ)ος (πρ)οσερχομέ(νων ταῖς) ἀρχαῖς,
ἀλλ᾽ ἀ(πὸ │ .... πε)ρὶ λαλήσεως   35
Col. LIV. (καὶ τού)τωι π(αρα)πλήσιοί τινες οὐ(ϑὲν μα)ϑό(ντ)ες.

---

1 μηπο│γεινοι pap.   .12 ἑωράκασι Sudham.   18 πρᾶγμαϑ᾽ Sudh.
19 αφειϑ..│το pap.   20 fortasse (ἀ)ποστερή)σει. ‖ ὅλως] ρα .. σ pap.   25 σχε-
δο . Ν │ ΑΙΕ . ΛΕ pap.   27 fortasse: τὰ λυσιτελέστερα. loquitur Philod. de scrip-
tore qui contra Diogenem pro rhetoribus pugnaverat.   29 εστηκεναι pap.
30 ο .. σιγ .. ιαγεσ ... σϑ . ι pap.   33 Ε . ΑΝ │ ΤΙΑC pap., unde ἐ(ν)αντίας Sudh.

ἐμπείρω(ς γὰρ ἔ)χειν (κ)αὶ ἀ(π)ὸ τοῦ κ(αλλί)στου προ(σέρ)χεσ(θαι
ταῖς) ἀρχαῖς, ἀπείργ(εσθαι δὲ μὴ) τοὺς τελείους κα(τ' ἀρετὴν) καὶ
(τ)ὰς πόλ(ει)ς δ(νατοὺς) βρ(αβ)ε(ύ)ειν. ἀλλὰ (τὴν) μὲν ἱσ(τορί)αν.

103 Philodemus de rhetorica Vol. I p. 350 Sudh. τὸ δὲ τοὺς)
5 ἀρξα(μ)έ(νο)υς ἀ(πὸ τοῦ) δύνασ(θαι σιω)πᾶν, ὡ(ς) παρὰ Ξενοκράτει,
μονωτάτους καὶ λέγειν εἰδέναι — ταὐτοῦ γὰρ ἑκάτερον εἶναι — τί(νι)
προ(σ)έχο(ν)τες, ὦ πρὸς θεῶν, πιστεύσομεν, εἰ μὴ τῷ Ξενοκράτην οὕ-
τως (ἐ)π' Ἀντιπά(τ)ρου καὶ τῶν συνέδρων διαλεχθῆνα(ι, καθά)π(ερ
δ) Φαληρεὺς (ἱστόρηκεν ἐν τ)ῶι (περὶ τῆς ῥητορικῆς);

10 **104** Philodemus de rhetorica Vol. I p. 350 extr. Sudh. κ)αὶ τοὺς
ἐ(πι)σημ(ο)τάτου(ς τῶ)ν (ἐμ)πρά(κ)τ(ων ῥ)ητό(ρ)ων, δι(ὰ τὴ)ν ἐ(μ)φαι-
νομένην ἐκ τῶν φ(ι)λοσόφων συνερ(γ)ίαν, ἤχθ(αι) παρ' αὐτ(ῶν), ὥ(σπερ
Πε)ρι(κ)λέα καί τινας ἄλλους ἄρχον(τας καὶ) Δη(μο)σθένην, καὶ (οὐ)-
δὲν π(λημελῆ)σαι τοι(οῦ)τον, οἷον (Σω)κράτε(ι) παραβαλόν(τας) Ἀλκι-
15 (βι)άδ(ην) τε καὶ (Κρ)ιτία(ν). τῆς (δ') αὐτῆς ὕ(λης) τ(ὴν τῶν ῥη)τό-
ρων ἔχ(εσθαι etc.

105 Philodemus de rhetorica Vol. I p. 351 Sudh. -λαις τὴ(ν) |
ἀ . . ντ . ι ιιν (π)αρεισ(ῆγ)εν· τοῖς δ' ὅπλοις οὐ(κ ἔο)ικεν. τὰ μὲ(ν)
γὰρ οὐθὲν εὐφυὲς προσφέρεται πρὸς ἀπάτην μεμηχανημένον, ἡ δ(ὲ)
20 τῶν ῥη(τόρ)ων εἰσαγωγὴ πάντα (τ)ὰ θεωρήματα πρ(ὸ)ς τοῦτ' ἔχει τεί-
νο(ντα) καὶ κατὰ τὸν Ἡράκλειτον κοπίδων ἐστὶν ἀρχη(γός.

p. 354 col. LXII. τὰ (μὲν γὰρ οὐθὲν ε)ὐφυὲς ἔχε(ι πρὸς ἀπάτ)ην
μεμηχα(νη)μέν(ον), ἡ δὲ τῶν ῥητόρων (ε)ἰσ(α)γωγὴ πάντα τὰ θεωρήματα
πρὸς τοῦτ' ἔχει τείνοντα καὶ κατὰ τὸν Ἡράκλειτον κοπίδων ἀρχηγός·
25 πῶ(ς) γοῦν ἔστ(ι)ν, χωρὶς τοῦ πάντ' ἐπιδεῖξαι τὰ θεωρήματα, πρὸς ὃ
λέγει τείνοντα (μᾶλλον ἢ) μηθὲν ἁπλῶς εἰπεῖν; ἢ τίς ἂ(ν τ)ὸ π(ρ)ό-
τερον τοῦτ' ἀν(έχοιτ'), ἀπὸ τοῦ ῥη(θ)ησομένου κα(ὶ λ)εγο(μέ)νου πρὸ(ς
αὐ)τῶ(ν etc.

p. 355 col. LXIII. τάχα δ' ἴ(σω)ς ἀ(φορμήν) τιν' (οὕ)τω(ς) δί-
30 δωσιν ἐν(ί)οις πρὸς ἀπάτην τῶν ἀκο(υό)ντων. „ἀλλὰ νὴ Δία τοῦ(τ)ο
τοῖς ὅπλοις, ἐρεῖ τις, οὐ συμβέβηκεν, (τ)ὸ δ(ιδ)όναι πρὸς ἀπάτην ἀφορ-
μάς.“ οὐκοῦν τοῦτ' ἐχρῆν, ἐ(γὼ φ)ήσω, λέγειν συμβεβηκέναι τοῖς τῆς
ῥητορικῆς θεωρήμασιν, μᾶλλον δὲ τισίν, ἀλλ' οὐ τὸ πάντα καὶ τὴν
εἰσαγωγὴν εἰς τοῦτο τείνειν.

35 **106** Philodemus de rhetorica Vol. I p. 352 Sudh. δι(ὸ κιν)άδοις
Ἀριστοφάνης α(ὐ)τοὺς ε(ἰ)κά(ζ)ει etc.

col. LIX. (τῶν μάλιστα) π(επι)στευμένω(ν εὖ) ἱστορία(ν γ)ρά-
φειν, (οὐκ ἀγ)ενοῦς τινος καὶ ἀ(ν)ε(πιγρ)άφου παρ(α)τιθείς. (οὐ μ)ό-

---

3 Αl pap. δ(νατοὺς) scripsi.   5 αρξα . θ . ν.   21 Heracl. frg. 81
Diels.

νον δ' Ἀλ(έξ)αν(δρ)ον ἠρέθιζ(ο)ν, ἀλλὰ καὶ τὸν πατέρ(α). κον....
... ων κωμῳδοποιὸν (τῆ)ς εἰς τοὺς ῥήτορας ... μνησθεὶς (βλα)σφημίας,
ὅθεν, φη(σίν, ο)ὐ κακῶς μο.οκ.υ.νην ε..ων πε......ρε..ατο..
δοπ.η.υε.

col. LX. ἐ)πιφερ............ | προσδο(κ)ῶν τ......... | νῦ(ν) 5
γε διαμ(αχ...... | φιλοσόφωι χαρακτῆρι | πιε.ει πρὸς.... ορον τὸν
φιλόσοφον. οὐ μὴν ἀλλ' ἔτι (τ)αῦτα πάντ' ἐπ(ιμε)λῶς ἐπικόψομεν, εἰ
κα(ὶ) δι' αὐτοὺς ἀναγκα(ζ)όμεθα καὶ αὐτοί π(ω)ς τὰ παραπλήσια
π(άντ)α λέγειν. τίς γὰρ οὐκ ἂν διετράπ(η τὸ)ν Διογένους (ἐ)πη-
(ρεασ)μόν, μὴ πιθανώ(τερο)ν προσφέροντα κα(τ' αὐτῶ)ν ἢ ὁ Π(ῶλ)ος? 10
εἰσῆκ(ται π)αρὰ Πλάτων⟨ι⟩ ἀ — —

col. LXI. τὸ δ') αὖ φῆσαι τὸ ῥηθὲν ὅμοιον εἶναι τῶι λέγειν
(ὡς | οὐδὲν) κωλύει τὴν μέθοδον εἰδέναι, καθ' ἣν.περγα ποιοῦσι καινὰ
(φ)αίνεσθαι καὶ καθ' ἣν (ἀπ)οτέμνουσι βαλλάντι(α), μὴ μέντοι χρῆσθαι
κα(τ') ἀνθρώπων, ἀλλ' ὅταν χρεία γένηται, ταὐτόν (ἐ)στιν τῶι μηδὲν 15
ἔ(χ)ειν ἀντειπεῖν. εἶνα(ι γὰ)ρ αὐ(τ)ῆι χρῆσθαι (π)ρὸ(ς.....|..ν
καὶ π(ρ)ὸ(ς) σο — —

col.LXIX p. 359. τὰ δὲ λεγό)μεν(α | κατὰ) Δημοσ(θέ)ν(ο)υς καὶ
Λυκούργου περὶ τῶν Ἁ(ρ)πα(λ)είων ψευδῆ πειράσονται δεικνύειν, (ὃν)
δὲ τῶν μάλιστα πεπιστευμένων ἱστορι(ο)γράφων γράφειν ἅ φησιν λέ- 20
γει[ν], καὶ π(ά)ντως ἀσημότατον εἶναι δια(τε)νοῦνται καὶ δυσμενῆ καὶ
τὸ πέρας ἀ(ν)αι(δ)ε(ίας). ἀπαρν(ή)σονται δ' εἰκότως καὶ Ἀλέξανδρον
αὐτοὺς ἠρεθ(ικέ)να(ι κ)αὶ τὸν πατέρα (πολ)ὺ πρότερον ἐπ — —

107 Philodemus de rhetorica Vol. I p. 355 Sudh. (καὶ μὴν)
περ(ι)ο(υ)σίαν καὶ σώ(μα)τος (ἰσ)χὺν κα(ὶ κ)άλλο(ς) καὶ (μυ)ρι' ἄλλα 25
προφέρειν (εἶ)χεν ἄ(ν) τις, ἀφορμὴν μ(έν) τισιν εἰς ἀδικίαν ἀ(ν)θρώ-
πων διδόντα, τετιμημένα δὲ χάριν ὠφελίας καὶ παρεχόμενα πολλ(οῖς,
χ)ρηστὰ δὲ λεγόμενα καὶ ὑπὸ Διογένους. εἰ δ' ὄντως ἀμιλ(λᾶ)σθαι
δυνατός ἐστιν ὁ ῥήτωρ καὶ τὴν σιωπ(ὴν — — —

col. LXV. (ταύτῃ) μὲν δυ(νήσεταί τις καὶ το)ὺς Στωϊκούς, (εἰ 30
μὴ) κα(ὶ) τοὺς φιλοσόφους ἅπαντας λέγειν ὁρᾶσθαι τοιούτους καὶ ἐπι-
δεικνύειν τινὰς ῥήτορας οὐ τοιούτους, εἰ καὶ παιδα(ρ)ιωδῶς οὗτ(ος,
προσδο)κή(σ)ας ὑποπτευθ(ή)σεσθα(ι ἢ) ἀπαντηθήσεσθαι, τοῦτο προσέ-
θηκ(εν· „ἐὰ)ν μή τις οἰκείας ἥτ(των) ἦι φύσε(ως." .... το)ὺς
ἀπολα(ύ)οντας ἑαυτ(ῶν) ἀν(θρώπ)ους καὶ λόγους· | ξ.....α.εν.ι 35
καὶ δι- etc.

108 Philodemus de rhetorica Vol. I p. 357 Sudh. — καθ(άπε)ρ
ἐν Λα(κεδαίμο)νι, φα(νῆν)αι τοὺς ῥήτορας ἠ(τι)ᾶτο· ἀλ(λ)αι δὲ πολλαὶ

---

1 ΑΤΑΡ pap. .9 ΜΕΝ pap. 10 ΚΑ.....ΑΠΟΙΙ..ΑC pap.; fortasse:
ἢ ἃ Γοργίας ut voluit Gomperz (cf. Sudh. Vol. II p. XXII).

συντυχίαι καὶ (π)ονηρίαι πάντη διὰ τῶν ἀνθρώπων. (ἐ)ῶ γὰρ ὅτι
κα(ὶ) ἀπὸ φιλοσοφίας ὡρμ(η)μένου(ς ἔχ)οι (ἄ)ν ἐπιδεικνύειν τινὰς αἰ-
τίους κα(ὶ συ)ναιτίους τῶν εἰρημένων. εὐπορήσουσι δὲ καὶ δημοκρα-
τίας ἐκ τυραννίδων παραφέρειν (καὶ) φυλακὰς ἐκ πολ(εμίων κ)αὶ
5 σωτηρία(ς ἐκ τῶν μεγίσ)των συμφ(ορῶν τοὺς) ῥήτορα(ς ἐξευρηκότας.
col. LXVII. (ὁμο)ίως 'Α(θῆ)νη(σι τὸ γένος ἐ)φύετ(ο τὸ) τῶν τυ-
ράννων, ὅπου πλείονες ἐγένοντο ῥ(ή)τορες ἢ συλλήβδην κατὰ τὴν
ἅπασαν οἰκουμένην, ἀληθὲς εἶναι δύναται τὸ μηδεμίαν π(όλιν νὴ)
Δία ῥήτορας ἐκ δημοκρατίας εἰς τυραννίδα περιστῆσαι. σιωπῶ γὰρ
10 ὅτι καὶ τὰς (αἰ)τίας ἃς φα.|.ας ὑπέγραψε, κοινὰς (μὲν) εἶναι καὶ
παντὸς ὄχλου συμβ(ήσε)τα(ι

109 Philodemus de rhetorica Vol. I p. 358 Sudh. ὁ δ' Α(ἰσχί)-
νης οὐκ ἂν ἐπετ(είμ)α τοῖς 'Αθηναίοις ὅ(τι) Δημοσθένην οὐχ ὡς τοὺς
περιτρέψαντας τῶν πορθμέων ἐκώ(λ)υ(ον ἐ)πευθύνειν ἀνατε(τρ)αφότα
15 τὴν Ἑλλάδα· κ(α)κῶς Διογένην ἐροῦσιν λέ(γει)ν „οὐ χρῆσθαι τοῖς
αὐτοῖς ῥήτορσι τοὺς 'Αθηναίους."

110 Philodemus de rhetorica Vol. I p. 359 Sudh. ῥήτ)ο(ρας δὲ
ἐκβεβληκέ)ναι καὶ τεθανατωκέναι τὰς 'Αθήνας. εἰ δ' ἔνιαι καὶ ῥήτορας
ἐκώλυσαν προσιέναι, μὴ μόνον συμβουλεύειν, ἀλλὰ πολλὰς καὶ τὰς
20 μεγίστας διατελεῖν αὐτοῖς χρωμένας. καὶ πάλιν τοὺς ῥήτορας μὴ πάν-
τας αὐχοῦντας, ὡς ἔφη οὗτος, ἐπιτηδ(εύ)οντας δια)τελεῖν τόλμαν. καὶ
(γὰρ τ)ῶν ἄλλων (τ)οὺς (μὲ)ν κακουργ(εῖν), τοὺς (δὲ) καὶ τἀγαθά πως
πεί(θει)ν.

111 Philodemus de rhetorica Vol. II p. 202 Sudh. τῶν μὲν (γ)ὰρ
25 παναρέτων, οἷου φατὲ (τ)οὺς πολειτικοὺς ὑπάρ(χειν|. ειν (ο)ὐδεὶς οὐ-
δὲ Φωκίων, ἂν ἄρα· δό(ξη καλεῖσθ(αι, ὃν) ἔφη δῆμο(υ · γ)ενέσθαι (σω-
τῆρα) | διὰ τῶν ἑαυτοῦ λόγων, (κατὰ) Διογένην (π)ανάρε(τός τις) ἦν.

112 Philodemus de rhetorica Vol. II p. 203 Sudh. ὅ)ταν μὴ τ(οῦ)
κα(λοῦ χάριν πρ)οσέρχωνται τ(ῶι) πολι(τεύ)εσθαι, τεωρ |..ον.ηγο
30 ... ενοι, καθάπερ ἐν τῆ(ι Σκυθ)ῶν ἐρημίᾳ δι(αλ)εγόμενος οὕτως γρά-
φει. (τ)ὰ μὲν (γ)ὰρ ἄλλα π(α)ρείσθω, (ἐ)πεὶ τόν γε σ(υναρ)μόττοντα
λόγον ἐ(ξηγη)σάμεθα πρότερον δι(ότι οὐ) τοῦ καλοῦ χάριν προ(σέρ)-
χε(σ)θαι δεῖ τ .... ων τ..| ACCTO.. νει (post duos versus: ὁ νο)ού-
μενος δ' ὑπὸ τῆς (Στο)ᾶς οὔτε γέγονεν (οὔτε ἔστι)ν οὔτ' (ἔ)σται
35 ποτέ etc.

113 Philodemus de rhetorica Vol. II p. 204 Sudh. μετὰ δὲ ταῦτα
λίαν ἐπε(νήνεκται ἄ)πιστ(ον· „δῆλοι δ' οὐ μετέχον)τες (τῶν τοιούτων
ἐπιστη)μῶν, (ο)ὔ(τε ἀναλίσκοντες) χρόνο(ν οὔτε δ)απ(άνην οὔτ' ἀσχ(ο-

---

15 Aesch. contra Ctesiph. § 158.   21 ΕΦΗΝΠΩΣ pap. ‖ ΕΠΙΤΑΔΙ.Ε
...|...Τ pap.   25 οἷον‹ς› Sudh., fort. εἰ οὐ φατε. ‖ δεῖν Sudh.; fort. ὧν.
26 δημο.γενησσφ pap. locus nondum satis expeditus.

λ)ίαν ὑπομέ(νον)τες ἔνεκα (τ)ῶν τοιούτων οὐδ' ὑποτάττοντες ἑαυτοὺς
οὐ(δε)νὶ πώποτε τῶν τὰ το(ιαῦ)τα ἐπαγγελλομένων."

114 Philodemus de rhetorica Vol. II p. 207 Sudh. τό τε (φά-
σ)κειν δ(ια)τετελεκένα(ι) τοὺς ῥήτορας φαίνοντάς τε καὶ ε(ὐ)θύνοντας
(καὶ εὐθυ)νομ(έν)ους, πικρίᾳ (καὶ ἐπ)ηρείᾳ ἐστὶ χαριζομέν(ων) ἀνθρώ- 5
πων. τοὺς (γ)ὰρ ἐπισήμους αὐτῶν εὐθυνκότας μέν ποτε κα(ὶ α)ὐτοὺς
ὑπεσχηκότ(ας) ε(ὐθ)ύνα(ς) καὶ παρε(ιλ)ήφ(α)μ(ε)ν καὶ (ὁ πολ)ιτικὸς
φιλεῖ βίος τὰ τ(οια)ῦτα π(άσχε)ιν τε καὶ πράττειν κα..ογ.|νη-
μενο etc.

115 Philodemus de rhetorica Vol. II p. 208 Sudh. εἰ δὲ μόνος 10
Διογ(ένη)ς δῆμον ἱστόρηκε (πραγ)ματ(ικὸ)ν μὲν αὐτῶν ο(ὐδ)έν(α
λαβό)ντα, διὰ παντὸς δὲ πρ(ὸς χ)ά(ριν) ὁμιλ(ο)ῦντας καὶ τό(γε) θεω-
ρικὸν δ(ιδόν)τας (ἢ κ)ατ' ἄλλον τρό(π)ον (τ)ὰ (κοινὰ) δια(νέμον)τα(ς),
ἴσ(ως βέλ)τιο(ν ἔχ)ομ(εν) οἱ μηδ(ὲ)ν ἱστο(ρηκ)ότες τ(ῶν π)ερὶ τοὺς
(ῥή)τ(ορας· τὸ μ)ὲ(ν) γὰρ ἐ(νί)ους τοιούτου(ς γε)γονέν(αι, π)ολλοὺς 15
δὲ καὶ πραγματικὰ (συ)μβεβου(λε)υκέναι καὶ δι(άνο)ι(αν) ἐνβρι(θ)ε-
στέραν ἔχοντ(α καὶ μ)ετὰ παρρησίας πολλῆ(ς πεπολιτ)εῦσθαι καὶ πε-
π(ολεμηκέν)αι τοῖς τὰς νεμή(σεις τῶ)ν κοινῶν εἰσηγου(μένοι)ς, καὶ
τὰς ἱστορίας ἐδο(ξά)ζομεν ἡμῖν μαρτυρήσειν.

116 Philodemus de rhetorica Vol. II p. 209 Sudh. ἀκ(ο)λούθως 20
δὲ τούτοι(ς)· „ἱκανόν, (φ)ησίν, εἶναι δεῖ τὸν πολιτικὸν ἄρχειν τὰς
κατὰ πόλι(ν ἀ)ρχάς, ῥήτω(ρ) δ' οὐ δ(ύναται" etc.

col. VII, 7. οὐ μ(ὴ)ν ὅ γε τῆς ἰδιωτέρας τυν(χά)νων προσηγορίας
πολιτικὸς ἐπὶ τὸν (στρα)τηγεῖν δυν(άμ)ενον καὶ ναυαρχεῖν (ἐπι)δια-
τείνει etc. 25

117 Philodemus de rhetorica Vol. II p. 210 Sudh. ἔτι καταγε-
λά(στως φησίν „τῆς μὲν) ῥητορ(ικῆς ἀ)ν(τι)ποιουμέν(ης ο)ὐ (π)αν(τὸ)ς
τοῦ (π)ολιτικοῦ καὶ οὐ.. νου, τοῦ δ' ἰδί(ως καὶ) κ(α)τὰ πό(λεις συμ-
βουλεύ(ειν deest unus versus τὸν σοφ)ὸν (ἄ)ρχειν (ἁπάσας) τὰς κ(α)τὰ
πόλιν ἀ(ρχάς post tres versus:) οὐ μόνον (τὴν ....|.. αν φρό- 30
νησιν ἐξ.......|εν, οὐδὲ μόνο(ν) ἀγα(θ)ός ἐσ(τιν) διαλεκτικὸς καὶ
γραμματικὸ(ς καὶ πο)ητὴς καὶ ῥήτωρ καὶ τε(λείως μεθο)δικὸς ὁ καλὸς
ἐπὶ πάσα(ις γ)έγον(εν) ταῖς τέχν(αι)ς, (ἀλλ)ὰ καὶ πρὸς τῶι συ(μφέ-
ροντι τῶν π)όλεων· (οὐδὲ τοῖς οἰκοῦσι τ)ὰς Ἀθήνας (μό)νο(ν ἢ Λακε-
δαίμονα συμ(πο)λ(ι)τε(ύει)· ἀ(φρ)όνων γὰρ πολιτ(εία οὐκ ἔσ)τι(ν) οὐδὲ 35
νόμος· ἀλλὰ τῷ | ἐκ (θ)εῶν καὶ σο(φ)ῶν συστήματ(ι, ᾗ) καὶ βα(σι-

---

8 fortasse: κα(ὶ γ)εγ(ε)νημένο(υς.   11 δομον O, ΑΝ.. Ν, δι λ.ον legit
Sudh.   14 τισ pap.   24 hinc intelligitur quid post δύναται exciderit.
28 fortasse: συ(μφό)ρου. || κ.τα.το pap.   31 τὴν (ἰδίως λεγομένην) φρόνησιν
ἐξ(ηκρίβωκ)εν vel tale quid.   35 σιμ.. ΑΝ, συμ... ΔΥΕΝ O. || πολιτι Ν, πο-
λις O.   36 ᾗ] τω legisse sibi videtur Sudh.

λ)εⲥⲩ⟩ς εἶν(αι λέ|γεται) καὶ στρατηγὸς κ(αὶ κατ)ὰ (γῆ)ν καὶ κατὰ
θάλα(τταν κα)ὶ ταμίας καὶ πρά(κτωρ καὶ τ)ὰς ἄλλας κατὰ τρόπον (οἰ-
κο)νομεῖν ἀρχάς, ἐπειδὴ (τὸν) πολιτικὸν ἐξ ἀνάγκης δεῖ καὶ τὴν ἁπάν-
των τ(ού)των ἔχειν ἐπιστήμην."

5   **118** Philodemus de rhetorica Vol. II p. 214 Sudh. τ(οὺς) μὲν
ἀπο(τέμ)νεσθαι τὸ συμβουλευτικὸν αὐτ(ῆς) μέρο(ς), τοὺ(ς) δὲ τὸ δι-
κα(νικόν), το(ὺς δὲ) τὸ κατὰ τὰς ἀρχὰ(ς) ἔμπειρον, ὡς ἐπὶ ἰατρ(ι)κῆς
ἔχει (κ)αὶ ζωγραφί(ας) καί τινω(ν ἄλλω)ν (τ)εχνῶν· καὶ τοὺς π(ερὶ
Δη)μο(σθ)ένη(ν) καὶ Δημάδην τὸ συμβουλευτικὸ(ν) καὶ δικαν(ικὸ)ν
10 εἶδος ἐκπεπονηκ(ότα)ς εἰκό(τω)ς ὑπ(ὸ τ)ῶν (Ἀθ)ην(αί)ων οὐκ ἐνπ(ι-
στεύεσθ)αι (τὸ) μέρος, οὗ τ(ή)ν (ἐμπειρία)ν οὐκ ἔσχον.

    119 Philodemus de rhetorica Vol. II p. 216 Sudh. πρὸς) τὸ κα-
λῶς πρεσβ(εύειν συ)νεργε(ῖ)ν τὴν ῥητορικήν. „Λακεδαιμόνιοι, φησίν,
καίπ(ερ) ἐκπαίζοντες αὐτήν, δ(ιὰ) τῆς τυχούση(ς) ἐντε(ύξεω)ς οἰκονο-
15 μ(οῦ)νται π(ᾶν ὃ θ)έλουσιν." (πρ)ῶτον μ(ὲν οὖν) οὐ δώσει τις οἰ-
κονομεῖ(σθ)αι πᾶ(ν) ὃ θέλουσιν Λακε(δ)αι(μ)ονίους ἀπὸ τ(ῆ)ς τυχούσης
(ἐ)ντεύξεως, οὐδ᾿ ε(ἰ)δ(έν)αι (φ)ήσει καλῶς πρεσβ(εύ)ειν, καὶ παρὰ
ταύτην τὴν (αἰτ)ίαν οὐκ εἰδέναι, διότι (τ)ῆς (ῥ)ητο(ρ)ικῆς οὐκ (ἐπ)ε-
μελή(θ)ησα(ν), ἀλλ᾿ ὑπὸ Διογένους εἰκῇ (τα)ῦτα περιφ(έρεσθαι· κἂν)
20 συγχωρηθῇ δὲ ἐ(πιτ)ε(τευ)χέναι κ(α)τὰ πρε(σβείας αὐ)τούς, ἀλλὰ π(ῶς
δέδεικται γ)εἰνεσθα(ι αὐτοὺς οὕτως ἀ)πείρους τῆς (ῥητορικῆς ὥσ)τ᾿
ἐ(κπ)α(ί)ζειν (αὐτήν etc.

    120 Philodemus de rhetorica Vol. II p. 218 Sudh. ἐ)άν τε διὰ
τοῦ(το μὴ φῇ) τὴν πολιτικὴν ῥη(τορικ)ὴν εἶν(αι) πάντως, ἐπειδὴ (τι)νες
25 οὐκ ὄντες ῥήτορες καλῶς πρ(ε)σβεύ(ουσιν), τό(γε) τὴν ῥητορικὴν οὐκ
εἶναι καὶ πολιτικὴν (πῶ)ς προσῆκται;

    121 Philodemus de rhetorica Vol. II p. 218. „ν(ὴ Δ)ί᾿ ἀλλὰ καὶ
Ἀθηνα(ῖο)ι κα(ίπε)ρ ὄντε(ς) φιλορήτορε(ς ἤδη) προσκόπτουσι ταῖς
π(εριόδοις) καὶ τοῖς (τ)έχνης (καὶ διδασ)καλεί(ου) ῥητορικοῦ π(ρο)σ-
30 βάλλο(υσι)ν." γελοῖον μὲν τὸ ν(ῦ)ν λέγειν προσκόπ(τ)ειν Ἀθηναίους
τούτοις. etc.

    122 Philodemus de rhetorica Vol. II p. 220 Sudh. λέγειν, ἀ(λλ᾿
ε)ἰσὶν (καὶ φι)λόσοφοι, (οἷσ)τισιν ἔθος ἐστὶν φλυαρεῖν ὥσπερ σοὶ καὶ
Κριτολάωι, σαφῶς λέγοντος ἄκουσον· „ἤ γ᾿ ἐνπειρία τῶν πολιτικῶν
35 ῥητόρω(ν), τὸ συνέχον ἔχου(σα) κεί(με)νον ἐν εὐκαιρίας στο(χασμ)ῶι
καὶ διδάσκει πολ(λάκ)ις μὲν ἐ(κ)τείνειν μα(κρ)οὺς λόγους, πολλάκις
δὲ βα(ι)ά τινα διαλεχθῆναι, πο(λλ)άκις δὲ μηδὲ διᾶρα(ι) τὰ (χείλ)η."
παρα(ι)ρούμενος οὖ(ν ἐκ) τῆς ἐπιστήμ(ης καὶ) τ(ῆ)ς ἐνπειρίας (τὰ)

---

    1 τα ... ες pap.   5 dubium Philodemi haec sint an Diogenis. antecedit
tribus versibus nominis vestigium: Διογ ..   19 ὑπὸ scripsi, ἀπὸ pap.
36 οσ ... πωι και N στο ... ϲωι ΛΛΙ Ο στ .. ο. ΙⲞΙΙΛΙ legit Sudh.

μάλιστα παρα(διδό)μενα, (ἐ)πεὶ καὶ τινὲς ἀστοχοῦσ(ιν), αὐτὸ(ς) γε-
λοῖ(ό)ς ἐστιν.

123 Philodemus de rhetorica Vol. II p. 220, 25. „ἀλλ᾽ εἰ δύναν-
ται συλλῦσα(ι πό)λεις καὶ συμμάχ(ους ποι)ῆσαι, γνωρίμους δια(φερο)-
μένους καὶ (γ)υναῖ(κα) πρὸς ἄνδρα (σ)τασιά(ζουσαν ἢ ἐρ)αστ(ὴν πῶς 5
οὐχ οἷοί τε διαλλ)άτ(τειν) πρὸς τ(ὸν ἐρώ)μεν(ο)ν καί πως ἀ... | ...
ε(σθαι) φιλίαν; τ(ῆς γὰρ αὐτ)ῆς ἐ(στιν) ἐνπειρί(ας ἔ|να π)ρὸς ἕνα οἰ-
κειῶσαι κα(ὶ πλήθη), καθάπερ τῆς αὐτῆ(ς ἐνπειρί)ας μίαν λύραν π(ρὸς
ἐ)τέ(ρ)αν σύμφωνον ποιῆ(σαι) καὶ πολλὰς πρὸς πολλάς."

124 Philodemus de rhetorica Vol. II p. 224 Sudh. „καὶ μὴν νὴ 10
Δία, φησίν, εἷ(ς ἢ) οὐδ(εὶς) μνημονεύεται τούτω(ν) πεπρεσβευκὼς ἐπὶ
(τῷ) συμφέροντι τῆς π(ατρίδος."

p. 225. „ἀλλ᾽ οὐ(δὲ) εἷς, φησίν, ἱστόρη(τ)αι τούτων πολίτης ἀγα-
(θὸς γενόμενος."

col. XX. πολίτου πολιτικὸς .. α | .. νητα . δαιος, εἰ δὲ π(ολιτικ)όν, 15
οὐ μόνον, φήσ(ω), τῶν ῥητόρων ἀλλὰ καὶ τῶν τ(ὰ)ς πόλεις κατοικούν-
τω(ν οὐ)κ ὀλ(ίγοι χ)ωρὶς φιλοσο(φί|ας ἄνδρ)ες (γεγ)όνασιν πολι(τι-
κοί· οἱ) μὲ(ν γ)ὰρ ἄφ(ρ)ονε(ς πάν)τες (εἰ)σὶν ἄθλιοι, χρηστ(ὸς) δ᾽
οὐδὲ εἷς οὐδ(ὲ ἥ)μερος (οὐ)δὲ φιλόπα(τρις οὐ)δὲ τὰ(ς ἄλλα)ς δημώ-
δ(εις ἀρε)τὰς ἔχω(ν, μή τι δ)ὴ (τ)ὰς τελε(ί)ους. καὶ | προσε(νην)εγμέ- 20
ν(ων τῶν) τοιού(των ἐκ) φύσεώς (τινα) καὶ ἀγω(γῆς), ἔστ(αι) σ(υν)-
δεδομέ(νον) τὸ χ(ωρὶς φιλοσο)φίας (πολιτικοὺς δύνα|σθα)ι γενέσθα(ι
τινάς· ὥσ|τε) πῶς πολι(τικὸ)ς ο(ὐκ) ἔσ(τα)ι ῥήτωρ χω(ρὶ)ς φιλ(οσο)φίας;

125 Philodemus de rhetorica Vol. II p. 226 Sudh. „ὅθε(ν) μὲν
μ(ὴ κ)αλῶς προστ(ή)σεσθαι τὸν ῥήτορα τῆς πατρίδ(ος), κἂν ἔχη τὴν 25
ἐνπειρία(ν), ἄνευ φιλοσοφίας λέγο(μεν." — Πε(ρι)κλῆς τοίνυν, ὃν
(ἔφη) ἀν(εκ)τότατον γε(γ)ο(νέναι τῶ)ν ἄλλων ῥητό(ρων, ὅτι ᾽Αναξ)α-
γόρου καὶ (ἄλλων τινῶν) ἤκουσεν, φι(λοσόφοις) μὲν ἴσως παρέβαλε,
Στωϊ(κ)οῖς δ᾽ ο(ὐ)δα(μ)ῶς, ἀλλὰ κα(ὶ τ)ὰς ἐναντίας ἐσ(χ)ηκ(όσιν δ)όξας
ὑπὲρ τῶν ὅλ(ων)· μόνον δὲ (κα)τὰ Διο(γέν)ην ἡ Στωϊκὴ (π)οιεῖ 30
πο(λίτ)ας ἀγα(θούς etc.

126 Philodemus de rhetorica Vol. II p. 228 Sudh. (Ζήνω)νος
καὶ Κλε(άνθους καὶ Χρ)υσίππου καὶ τῶν τ(οιού)τ(ω)ν ἀπάντων. ἀλλὰ
γὰ(ρ οὐχὶ) προσεδρεύειν (χρὴ ἐπὶ πλέον) τοῖς Διογένους (λόγοις·
καὶ) γὰ(ρ οὔ)τ᾽ ἀκριβὲς ο(ὔτε ..|τ .... τι (γρ)άφων (φαίνε)τ(αι etc.

---

1 ΓΕΙ pap. ‖ ΤΙΝΟC pap. verba allata non sunt Diogenis, sed alius philo-
sophi. quae affert Philodemus ut Diogenem refutet, qui εὐκαιρίας στοχασμόν
in rhetorica desideraverat. 5 ἐραστὴν] ΛΟΥ pap. 18 ΛΛΟ .. ΑΡΛΕ . ΟΙΤΕ
(vel ΟΕ) pap. supplementa haud pauca incerta sunt neque sententia satis in-
telligitur. 24 ὅθε(ν) μὲν vix sanum, qnamquam aliter suppleri non potest.

III. Antipater Tarsensis.

1 Strabo XIV p. 674. ἄνδρες δ᾽ ἐξ αὐτῆς (scil. τῆς Ταρσοῦ) γεγόνασι τῶν μὲν Στωϊκῶν Ἀντίπατρός τε καὶ Ἀρχέδημος καὶ Νέστωρ, ἔτι δ᾽ Ἀθηνόδωροι δύο etc.

2 Galenus hist. philos. 3 (p. 600, 10 Diels). τοῦ δὲ (scil. Chrysippi) Διογένης ὁ Βαβυλώνιος ἀκροατὴς γεγονὼς Ἀντιπάτρου καθηγητὴς γέγονε. τούτου δὲ Ποσειδώνιος ἤκροᾶτο.

3 Cicero Tusc. disp. V 107 *Iam vero exilium — quantum tandem a perpetua peregrinatione differt? in qua aetates suas philosophi nobilissimi consumpserunt, — — Zeno, Cleanthes, Chrysippus, Antipater — — qui semel egressi numquam domum reverterunt.*

4 Cicero Acad. Post. lib. I apud Nonium p. 65, 11. *quid Antipater digladiatur cum Carneade tot voluminibus.*

5 Plutarchus de garrulitate cp. 23. ὁ μὲν γὰρ Στωϊκὸς Ἀντίπατρος, ὡς ἔοικε, μὴ δυνάμενος μηδὲ βουλόμενος ὁμόσε χωρεῖν τῷ Καρνεάδῃ μετὰ πολλοῦ ῥεύματος εἰς τὴν στοὰν φερομένῳ, γράφων δὲ καὶ πληρῶν τὰ βιβλία τῶν πρὸς αὐτὸν ἀντιλογιῶν καλαμοβόας ἐπεκλήθη.

6 Strabo XIV p. 674. *commemorat Antipatrum philosophum Tarso oriundum.* Cf. Plut. de exilio cp. 14.

Cicero Acad. II 143. *quid? duo vel principes dialecticorum, Antipater et Archedemus, opiniosissimi homines, nonne multis in rebus dissentiunt.*

Numenius apud Euseb. XIV 8, 10. πᾶσα γοῦν Καρνεάδου διάνοια ἐνίκα καὶ οὐδεμία ἡτισοῦν ἄλλως, ἐπεὶ καὶ οἷς ἐπολέμει ἦσαν εἰπεῖν ἀδυνατώτεροι. Ἀντίπατρος γοῦν ὁ κατ᾽ αὐτὸν γενόμενος ἔμελλε μὲν ἀγωνιᾶν τι γράφειν, πρὸς δ᾽ οὖν τοὺς ἀπὸ Καρνεάδου καθ᾽ ἡμέραν ἀποφερομένους λόγους οὔποτε ἐδημοσίευσεν, οὐκ ἐν ταῖς διατριβαῖς, οὐκ ἐν τοῖς περιπάτοις, οὐδὲ εἶπεν οὐδὲ ἐφθέγξατο, οὐδ᾽ ἤκουσέ τις αὐτοῦ, φασίν, οὐδὲ γρῦ· ἀντιγραφὰς δὲ ἐπανετείνετο καὶ γωνίαν λαβὼν βιβλία κατέλιπε γράψας τοῖς ὕστερον, οὔτε νῦν δυνάμενα καὶ τότε ἦν ἀδυνατώτερα πρὸς οὕτως ἄνδρα ὑπέρμεγαν φανέντα

9 tandem a *Davisius,* damna *libri.*

καὶ καταδόξαντα εἶναι τοῖς τότε ἀνθρώποις, τὸν Καρνεάδην· ὅμως δὲ
καίτοι καὐτὸς ὑπὸ τῆς Στωϊκῆς φιλοτιμίας εἰς τὸ φανερὸν κυκῶν,
πρός γε τοὺς ἑαυτοῦ ἑταίρους δι' ἀποῤῥήτων ὡμολόγει τε καὶ ἠλήθευε
καὶ ἀπεφαίνετο ἃ κἂν ἄλλος τῶν ἐπιτυχόντων.

7 Diog. Laërt. IV 64.   μαθών τε (scil. ὁ Καρνεάδης) Ἀντίπατρον 5
φάρμακον πιόντα ἀποθανεῖν, παρωρμήθη πρὸς τὸ εὐθαρσὲς τῆς ἀπαλ-
λαγῆς καί φησι· δότε οὖν κἀμοί. τῶν δὲ εἰπόντων· τί; οἰνόμελι,
εἰπεῖν.

Stob. Floril. 119, 19.   Καρνεάδης Ἀντιπάτρου αὐτὸν ἐξαγαγόντος
γέρων ὢν δύο κύλικας ἐκέρασε, τὴν μὲν κωνείου, τὴν δὲ οἰνομέλιτος. 10
Καὶ τὴν τοῦ κωνείου τοῖς λοιποῖς Στωϊκοῖς εἰπὼν προπίνειν, τὴν τοῦ
οἰνομέλιτος ἐξέπιε, διαπαίζων τὴν σπουδὴν τῶν ἑκουσίως ἐκλειπόντων
τὸν βίον.

8 Cicero de fin. I 6.   *Quid enim est a Chrysippo praetermissum*
in Stoicis? Legimus tamen Diogenem, Antipatrum. 15

9 Arrianus Epicteti dissert. III 2, 13.   εἰ Χρύσιππον ἀνέγνως ἢ
Ἀντίπατρον; εἰ μὲν γὰρ καὶ Ἀρχέδημον, ἀπέχεις ἅπαντα.

III 21, 7.   καὶ μὴν ἐγὼ ὑμῖν ἐξηγήσομαι τὰ Χρυσίππεια, ὡς οὐ-
δείς· τὴν λέξιν διαλύσω καθαρώτατα· προσθήσω ἄν που καὶ Ἀντι-
πάτρου καὶ Ἀρχεδήμου φοράν. 20

10 Arrianus Epict. dissert. II 17, 40.   οὐδ' ἐγγὺς ἐσόμεθα τοῦ
προκόψαι, κἂν πάσας τὰς εἰσαγωγὰς καὶ τὰς συντάξεις τὰς Χρυσίππου
μετὰ τῶν Ἀντιπάτρου καὶ Ἀρχεδήμου διέλθωμεν.

11 Ind. Stoic. Herc. col. LIII.   διακηκόει κ(αὶ) διάδο|χος ἐγ(έ)-
νετο (τῆ)ς Ἀντι|πάτρου σχολῆς· Δάρ|δανος Ἀνδρομάχο(υ Ἀ)|θη(ν)αῖος, 25
καὶ οὗτ(ος) | .. ναι .... σχολ(ὴν ... | ... ἐμενος· Ἀπολλ(όδω|ρος) Ἀθη-
ναῖος· Δ ...

Discipulos hic enumerari Antipatri inde probavit Comparettius,
quod et Panaetius, qui initio Antipatri successor dicitur, et Dardanus
iam col. LI commemorati sunt, ut discipuli scilicet Diogenis Babylonii. 30

12 Ind. Stoic. Herc. col. LX.   καὶ διὰ (μ)εγάλην ἕξιν | ἰδιοπρα-
γεῖν δυνάμε|νος, οὐκ ἔκρινεν, ἀλλ' ἀ|(εἰ) (π)ροεξάγειν Ἀντιπά(τρ)ῳ·
καὶ τοῦτο ποιῶν | (μέ)χρι τέλο(υ)ς ἀμελ(έ)|(τη)τος ἐγένετο· χρόν(ῳ |
δὲ) ὁ μὲν δ(ιὰ τ)ὸ γῆρα(ς οὐ σ)χολάζ(ων . ατο . κ ..

13 Plutarchus vita Tib. Gracchi cp. 8.   Διοφάνους τοῦ ῥήτορος 35
καὶ Βλοσσίου τοῦ φιλοσόφου παρορμησάντων αὐτόν, ὧν ὁ μὲν — —
ὁ δὲ αὐτόθεν ἐξ Ἰταλίας Κυμαῖος, Ἀντιπάτρου τοῦ Ταρσέως

---

26 fortasse: καὶ οὗτ(ος ἐν Ἀ|θή)ναι(ς τὴν) σχολ(ὴν δια|τιθ)έμενος.
32 Narrat quomodo Panaetius erga Antipatrum Tarsensem magistrum se ges-
serit.

γεγονὼς ἐν ἄστει συνήθης καὶ τετιμημένος ὑπ᾽ αὐτοῦ προσφωνήσεσι
γραμμάτων φιλοσόφων.

14 Athen. V p. 186 c. Ἀντίπατρος δ᾽ ὁ φιλόσοφος συμπόσιόν
ποτε συνάγων συνέταξε τοῖς ἐρχομένοις ὡς περὶ σοφισμάτων ἐροῦσιν.
5 ibid. 186 a. πολλῶν γοῦν εἰσι φιλοσόφων ἐν ἄστει σύνοδοι τῶν
μὲν Διογενιστῶν, τῶν δὲ Ἀντιπατριστῶν λεγομένων, τῶν δὲ Πα-
ναιτιαστῶν.

15 Plutarchus de tranq. cp. 9. Ἀντίπατρος δὲ ὁ Ταρσεὺς
πρὸς τῷ τελευτᾶν ὧν ἔτυχεν ἀγαθῶν ἀναλογιζόμενος οὐδὲ τὴν εὔ-
10 πλοιαν παρέλιπε τὴν ἐκ Κιλικίας αὐτῷ γενομένην εἰς Ἀθήνας.

vita Marii cp. 46. καὶ νὴ Δία τὸν Ταρσέα λέγουσιν Ἀντί-
πατρον ὡσαύτως ὑπὸ τὴν τελευτὴν ἀναλογιζόμενον ὧν τύχοι μακα-
ρίων μηδὲ τῆς εἰς Ἀθήνας οἴκοθεν εὐπλοίας ἐπιλαθέσθαι, καθάπερ
φιλοχρήστου τῆς τύχης ἅπασαν δόσιν εἰς μεγάλην χάριν τιθέμενον
15 καὶ σώζοντα τῇ μνήμῃ διὰ τέλους, ἧς οὐδέν ἐστιν ἀνθρώπῳ ταμιεῖον
ἀγαθῶν βεβαιότερον.

Fragmenta logica.

16 Diocles Magnes apud Diog. Laërt. VII 55. καὶ σῶμα δ᾽ ἐστὶν
ἡ φωνὴ κατὰ τοὺς Στωϊκούς, ὥς φησιν Ἀρχέδημος — — καὶ Διο-
20 γένης καὶ Ἀντίπατρος —. πᾶν γὰρ τὸ ποιοῦν σῶμά ἐστι· ποιεῖ
δὲ ἡ φωνὴ προσιοῦσα τοῖς ἀκούουσιν ἀπὸ τῶν φωνούντων.

17 Varro de lingua latina VI 1. *In hoc (scil. libro) dicam de
vocabulis temporum et earum rerum quae in agendo fiunt aut dicuntur
cum tempore aliquo ut Sedetur, Ambulatur, Loquontur; atque si qua*
25 *erunt ex diverso genere adiuncta, potius cognationi verborum quam au-
ditori calumnianti geremus morem. Huius rei auctor satis mihi Chry-
sippus et Antipater et illi in quibus, si non tantum acuminis, at plus
litterarum, in quo est Aristophanes et Apollodorus, qui omnes verba ex
verbis ita declinari scribunt, ut verba litteras alia assumant, alia mit-
30 tant, alia commutent.*

18 Diocles Magnes apud Diog. Laërt. VII 54. κριτήριον δὲ τῆς
ἀληθείας φασὶ τυγχάνειν τὴν καταληπτικὴν φαντασίαν, τουτέστι τὴν
ἀπὸ ὑπάρχοντος, καθά φησι Χρύσιππος — — καὶ Ἀντίπατρος καὶ
Ἀπολλόδωρος.

35 19 Plutarchus Stoic. rep. 47, 12. καὶ μὴν ἕν γε τοῖς πρὸς τοὺς
Ἀκαδημαϊκοὺς ἀγῶσιν ὁ πλεῖστος αὐτῷ τε Χρυσίππῳ καὶ Ἀντιπάτρῳ
πόνος γέγονε περὶ τοῦ μήτε πράττειν μήτε ὁρμᾶν ἀσυγκαταθέτως,
ἀλλὰ πλάσματα λέγειν καὶ κενὰς ὑποθέσεις τοὺς ἀξιοῦντας οἰκείας

_____

21 προσοῦσα BP (corr. P¹).

φαντασίας γενομένης εὐθὺς ὁρμᾶν μὴ εἴξαντας μηδὲ συγκατατιθε-
μένους.

20 Cicero Acad. Pr. II 17. *Sed quod nos facere nunc ingredimur,
ut contra Academicos disseramus, id quidam e philosophis, et ii quidem
non mediocres, faciundum omnino non putabant; nec vero esse ullam* 5
*rationem disputare cum iis, qui nihil probarent; Antipatrumque Stoi-
cum, qui multus in eo fuisset, reprehendebant nec definiri aiebant necesse
esse, quid esset cognitio aut perceptio aut, si verbum e verbo volumus,
eomprehensio, quam* κατάληψιν *illi vocant; eosque qui persuadere vellent
esse aliquid, quod comprehendi et percipi posset, inscienter facere dice-* 10
bant etc.

21 Cicero Acad. Pr. II 9, 28. *Ex hoc illud est natum quod postu-
labat Hortensius, ut id ipsum saltem perceptum a sapiente diceretis,
nihil posse percipi. Sed Antipatro hoc idem postulanti, cum diceret,
ei qui affirmaret nihil posse percipi, unum tamen illud dicere percipi* 15
*posse consentaneum esse, ut alia non possent, Carneades acutius re-
sistebat.*

ibid. 34, 109. *Et tamen illud usitatum et saepe repudiatum refers,
non ut Antipater, sed ut ais pressius. Nam Antipatrum reprehensum,
quod diceret, consentaneum esse ei, qui affirmaret, nihil posse compre-* 20
*hendi, id ipsum saltem dicere posse comprehendi, quod ipsi Antiocho
pingue videbatur et sibi ipsum contrarium.*

22 Diocles Magnes apud Diog. Laërt. VII 57. τοῦ δὲ λόγου ἐστὶ
μέρη πέντε — — — ὄνομα, προσηγορία, ῥῆμα, σύνδεσμος, ἄρθρον·
ὁ δὲ Ἀντίπατρος καὶ τὴν μεσότητα τίθησιν ἐν τοῖς περὶ λέξεως 25
καὶ τῶν λεγομένων.

23 Diocles Magnes apud Diog. Laërt. VII 60. ὅρος δέ ἐστιν,
ὥς φησιν Ἀντίπατρος ἐν τῷ πρώτῳ περὶ ὅρων λόγος κατὰ ἀνά-
λυσιν ἀπαρτιζόντως ἐκφερόμενος — — —
ὑπογραφὴ δέ ἐστι λόγος τυπωδῶς εἰσάγων εἰς τὰ πράγματα ἢ 30
λόγος ἁπλούστερον τὴν τοῦ ὅρου δύναμιν προενηνεγμένος.

24 Alexander in Aristot. Top. p. 42, 27. οἱ δὲ λέγοντες ὅρον
εἶναι λόγον κατὰ ἀνάλυσιν ἀπαρτιζόντως ἐκφερόμενον, ἀνάλυσιν μὲν
λέγοντες τὴν ἐξάπλωσιν τοῦ ὁριστοῦ [καὶ] κεφαλαιώδη, ἀπαρτιζόντως
δὲ τὸ μήτε ὑπερβάλλειν μήτε ἐνδεῖν, οὐδὲν ἂν λέγοιεν τὸν ὅρον δια- 35
φέρειν τῆς τοῦ ἰδίου ἀποδόσεως.

25 Cicero Acad. Pr. II 143. *In hoc ipso, quod in elementis dia-*

---

15 ei qui A¹, eique A²BV.   29 ἀπαρτιζόντος B.   31 λόγος scripsi, ὅρος
libri. ‖ προενηνεγμένος scripsi, προσενηνεγμένος libri.   34 κεφαλαιώδη Diels,
καὶ κεφαλαιωδῶς libri.

*lectici docent, quo modo iudicare oporteat, verum falsumne sit, si quid
ita conexum est, ut hoc „si dies est, lucet", quanta contentio est! Aliter
Diodoro, aliter Philoni, Chrysippo aliter placet. Quid? cum Cleanthe,
doctore suo, quam multis rebus Chrysippus dissidet? quid? duo vel prin-*
5 *cipes dialecticorum, Antipater et Archidemus, opiniosissimi homines,
nonne multis in rebus dissentiunt?*

26 Alexander in Aristot. Topica p. 8, 16 Wal. οὓς γὰρ οἱ περὶ
Ἀντίπατρον μονολημμάτους συλλογισμοὺς λέγουσιν, οὐκ εἰσὶ συλ-
λογισμοί, ἀλλ' ἐνδεῶς ἐρωτῶνται, ὡς οἱ τοιοῦτοι „ἡμέρα ἐστί, φῶς
10 ἄρα ἐστίν." „ἀναπνεῖς, ζῆς ἄρα." *Deinde exponit in eiusmodi con-
clusionibus propositionem maiorem omissam esse.*

[Apuleius] περὶ ἑρμηνείας 272 (p. 9, 6 Goldb.). *ex una accep-
tione non fit collectio, licet Antipatro Stoico contra omnium sententiam
videatur plena conclusio esse: „Vides: vivis igitur".*

15 **27** Alexander in Aristot. Anal. pr. p. 17, 11 Wal. οὐ γάρ εἰσι
συλλογισμοὶ οἱ λεγόμενοι ὑπὸ τῶν νεωτέρων μονολήμματοι. 18. οἱ
δὲ λεγόμενοι μονολήμματοι δοκοῦσιν εἶναί ποτε συλλογισμοὶ τῷ τὴν
ἑτέραν πρότασιν διὰ τὸ εἶναι γνώριμον τοὺς ἀκούοντας προστιθέναι.
τὸ γὰρ „ἀναπνεῖς, ζῆς ἄρα" δοκεῖ συλλογισμὸς εἶναι, ὅτι παρ' αὐτοῦ
20 προστίθησιν ὁ ἀκούσας τὴν ἑτέραν πρότασιν οὖσαν γνώριμον, τὴν
„πᾶς ὁ ἀναπνέων ζῇ."

28 Sextus hypotyp. II 167. εἰ δὲ οὐκ ἀρέσκει τισὶ λόγους μονο-
λημμάτους εἶναι, οὐκ εἰσὶν ἀξιοπιστότεροι Ἀντιπάτρου, ὃς οὐδὲ τοὺς
τοιούτους λόγους ἀποδοκιμάζει.

25 idem adv. math. VIII 443. Ἀντίπατρος γάρ, τῶν ἐν τῇ Στωϊκῇ
αἱρέσει ἐπιφανεστάτωι ἀνδρῶν, ἔφη δύνασθαι καὶ μονολημμάτους
λόγους συνίστασθαι.

Cf. Varro Marcopolis fr. I (Sat. Men. ed. Riese p. 165). *Cui Celer
Διενοσλημματοσλόγος, Antipatri Stoici filius rutro caput displanat.*

30 **29** Arrianus Epict. dissert. II 19, 9. *(aliis qui* περὶ δυνατῶν *et*
περὶ τοῦ κυριεύοντος *scripserunt, enumeratis)* γέγραφεν δὲ καὶ Ἀντί-
πατρος, οὐ μόνον δ' ἐν τοῖς περὶ δυνατῶν, ἀλλὰ καὶ κατ' ἰδίαν
ἐν τοῖς περὶ τοῦ κυριεύοντος.

30 Arrianus Epictet. dissert. II 19, 2. λοιπὸν ὁ μέν τις ταῦτα
35 τηρήσει τῶν δυεῖν, ὅτι ἔστι τέ τι δυνατόν, ὃ οὔτ' ἔστιν ἀληθὲς οὔτ'
ἔσται, καὶ δυνατῷ ἀδύνατον οὐκ ἀκολουθεῖ· οὐ πᾶν δὲ παρεληλυθὸς
ἀληθὲς ἀναγκαῖόν ἐστι, καθάπερ οἱ περὶ Κλεάνθην φέρεσθαι δοκοῦσιν,
οἷς ἐπὶ πολὺ συνηγόρησεν Ἀντίπατρος.

31 Galenus de Hippocr. et Plat. decr. II 3. p. 182 Mü. νυνὶ δὲ

---

5 opinosissimi AB, spinosissimi *C. F. Hermann.*

πῶς μὲν οἱ διὰ δύο τροπικῶν ἢ τριῶν ἀναλύονται συλλογισμοὶ καὶ πῶς οἱ ἀδιαφόρως περαίνοντες ἤ τινες ἄλλοι τοιοῦτοι, τῷ πρώτῳ καὶ δευτέρῳ θέματι προσχρώμενοι, πολλοῖς ἔστι συντυχεῖν ἀκριβῶς ἠσκημένοις, ὥσπερ ἀμέλει καὶ ἐπ᾽ ἄλλοις, ὅσοις διὰ τοῦ τρίτου θέματος ἢ τετάρτου συλλογισμοὺς ἀναλύουσι· καίτοι τούτων τοὺς πλείστους 5 ἔνεστιν ἑτέρως ἀναλύειν συντομώτερον, ὡς Ἀντίπατρος ἔγραψεν.

Fragmenta physica.

32 Diog. Laërt. VII 150. σῶμα δέ ἐστι κατ᾽ αὐτοὺς ἡ οὐσία καὶ πεπερασμένη, καθά φησιν Ἀντίπατρος ἐν δευτέρῳ περὶ οὐσίας.

33 Plutarchus de Stoic. repugn. cp. 38. Ἀντίπατρος ὁ Ταρ- 10 σεὺς ἐν τῷ περὶ θεῶν γράφει ταῦτα κατὰ λέξιν „Πρὸ δὲ τοῦ σύμπαντος λόγου τὴν ἐνάργειαν, ἣν ἔχομεν περὶ θεοῦ, διὰ βραχέων ἐπιλογιούμεθα· θεὸν τοίνυν νοοῦμεν ζῷον μακάριον καὶ ἄφθαρτον καὶ εὐποιητικὸν ἀνθρώπων.“ εἶτα τούτων ἕκαστον ἀφηγούμενος, φησὶν οὕτω „καὶ μὴν ἀφθάρτους αὐτοὺς ἡγοῦνται πάντες.“ 15

34 Plutarchus de Stoic. repugn. cp. 38 p. 1052 b. τούτοις ἔτι βούλομαι παραβαλεῖν μικρὰ τῶν ὑπὸ τοῦ Ἀντιπάτρου λεγομένων· „ὅσοι δὲ περιαιροῦνται τὸ εὐποιητικὸν ἐκ τῶν θεῶν, ἀπὸ μέρους προσβάλλουσι τῇ τούτων προλήψει· κατὰ τὸν αὐτὸν λόγον καὶ οἱ νομίζοντες αὐτοὺς γενέσεώς τε καὶ φθορᾶς κοινωνεῖν.“ 20

35 Aëtii plac. philos. I 27,6 (p. 322 b Diels). Ἀντίπατρος ὁ Στωϊκὸς θεὸν ἀπεφαίνετο τὴν εἱμαρμένην.

36 Macrob. I 17,36. *Apollinis Lycii plures accipimus cognominis causas. Antipater Stoicus Lycium Apollinem nuncupatum scribit ἀπὸ τοῦ λευκαίνεσθαι πάντα φωτίζοντος ἡλίου.* 25

37 Cicero de divin. I 6. *Quem (scil. Chrysippum) subsequens unum librum (scil. περὶ μαντικῆς) Babylonius Diogenes edidit, eius auditor, duo Antipater.*

38 Cicero de divin. I 123. *Permulta collecta sunt ab Antipatro, quae mirabiliter a Socrate divinata sunt; quae praetermittam. —* 30

124. *Illud tamen eius philosophi magnificum ac paene divinum, quod, cum impiis sententiis damnatus esset, aequissimo animo se dixit mori; neque enim domo egredienti neque illud suggestum, in quo causam dixerat, ascendenti signum sibi ullum, quod consuesset, a deo quasi mali alicuius impendentis datum.* 35

39 Cicero de divin. II 35. *Pudet me non tui quidem, cuius etiam memoriam admiror, sed Chrysippi, Antipatri, Posidonii, qui idem*

---

12 ἐνέργειαν libri, ἐνάργειαν Mez, ἔννοιαν Wy. 18 προσβάλλουσι Wy., προβάλλουσι libri. 29 collecta Victorius, coniecta libri.

istuc quidem dicunt, quod est dictum a te, ad hostiam deligendam ducem esse vim quandam sentientem atque divinam, quae toto confusa mundo sit. Illud vero multo etiam melius, quod et a te usurpatum est et dicitur ab illis: quum immolare quispiam velit, tum fieri extorum muta-
5 *tionem, ut aut absit aliquid aut supersit: deorum enim numini parere omnia.*

40 Cicero de divin. I 84. *Hac ratione et Chrysippus et Diogenes et Antipater utitur* (Chrys. Vol. II n. 1192).

41 Cicero de divin. I 39. *veniamus ad somnia: de quibus dispu-*
10 *tans Chrysippus multis et minutis somniis colligendis facit idem quod Antipater, ea conquirens quae Antiphontis interpretatione explicata declarant illa quidem acumen interpretis: sed exemplis grandioribus decuit uti.*

42 Cicero de divin. II 144. *Quid? ipsorum interpretum coniec-*
15 *turae nonne magis ingenia declarant eorum, quam vim consensumque naturae? Cursor ad Olympia proficisci cogitans visus est in somnis curru quadrigarum vehi. Mane ad coniectorem. At ille: vinces, inquit. Id enim celeritas significat et vis equorum. Post idem ad Antiphontem. Is autem: vincare, inquit, necesse est. An non intelligis,*
20 *quattuor ante te cucurrisse? Ecce alius cursor (atque horum somniorum et talium plenus est Chrysippi liber, plenus Antipatri) sed ad cursorem redeo etc.*

43 Diog. Laërt. VII 140. ἕνα τὸν κόσμον εἶναι καὶ τοῦτον πεπερασμένον, σχῆμα ἔχοντα σφαιροειδές· πρὸς γὰρ τὴν κίνησιν ἁρμοδιώ-
25 τατον τὸ τοιοῦτον, καθά φησι Ποσειδώνιος — — καὶ οἱ περὶ Ἀντίπατρον ἐν τοῖς περὶ κόσμου.

44 Diog. Laërt. VII 148. οὐσίαν δὲ θεοῦ Ζήνων μέν φησι τὸν ὅλον κόσμον καὶ τὸν οὐρανόν, ὁμοίως δὲ καὶ Χρύσιππος — —. καὶ Ἀντίπατρος ἐν ἑβδόμῳ περὶ κόσμου ἀεροειδῆ φησιν αὐτοῦ τὴν
30 οὐσίαν.

45 Diog. Laërt. VII 142. περὶ δὴ οὖν τῆς γενέσεως καὶ τῆς φθορᾶς τοῦ κόσμου φησὶ Ζήνων — — — καὶ Ἀντίπατρος ἐν τῷ δεκάτῳ περὶ κόσμου (placitum vide Chrys. fr. phys. 581).

46 Macrob. I 17, 57. *haec est autem de nece draconis ratio natu-*
35 *ralis, ut scribit Antipater Stoicus. nam terrae adhuc umidae exhalatio meando in supera volubili impetu atque inde sese, postquam cale-*

---

21 ipsa somnia vide Chrys. Vol. II n. 1206.   24 ἁρμονιώτατον BP.
25 τοιοῦτο BP.   27 θυσίαν P (corr. P¹).   29 ἀέρος δὴ (δὴ B²) B.   31 γενέσεως τε καὶ φθορᾶς BP (om. τῆς).   33 ἐν τῷ ι BP. numerus suspectus; nam fortasse fuit: ἐν τῶι περὶ κόσμου.

*facta est, instar serpentis mortiferi in infera revolvendo corrumpebat
omnia vi putredinis, quae non nisi ex calore et umore generatur, ipsum-
que solem densitate caliginis obtegendo videbatur quodam modo lumen
eius eximere: sed divino fervore radiorum tandem velut sagittis inci-
dentibus extenuata exsiccata enecta interempti draconis ab Apolline 5
fabulam fecit.*

47 Plutarchus de sollert. anim. cp. 4. ὄνοις δὲ καὶ προβάτοις
Ἀντίπατρος ἐγκαλῶν ὀλιγωρίαν καθαριότητος, οὐκ οἶδα πῶς παρῆλθε
τὰς λύγγας καὶ τὰς χελιδόνας etc.

48 Plutarchus Aetia physica 38 (ex versione Gyberti Longolii). 10
Cur lupae certo anni tempore omnes intra duodecim dies pariunt?

*Antipater in libro de Animalibus partum lupas proicere ad-
serit, quum glandiferae arbores florem abiciunt, quo gustato uteri illarum
reserantur; quum eius copia non est, partum in ipso corpore emori nec
in lucem venire posse. propterea regiones illas a lupis non vastari, quae 15
glandium quercuumque feraces non sunt.*

Cf. Cic. de divin. II 33. (possunt haec Stoico Antipatro vindicari
de συμπαθείᾳ disserenti, sed certi nihil affirmare licet.)

49 Diog. Laërt. VII 157. Ζήνων δὲ ὁ Κιτιεὺς καὶ Ἀντίπατρος
ἐν τοῖς περὶ ψυχῆς — — πνεῦμα ἔνθερμον εἶναι τὴν ψυχήν· 20
τούτῳ γὰρ ἡμᾶς εἶναι ἐμπνόους καὶ ὑπὸ τούτου κινεῖσθαι.

50 Scholia in Hom. Iliad. Α 115. ἀπαλόν τέ σφ' ἦτορ ἀπηύρα:
οὕτως Ἀριστοτέλης καὶ Ἀντίπατρος ὁ ἰατρὸς συναύξεσθαί φασι τῷ
σώματι τὴν ψυχὴν καὶ συμμειοῦσθαι πάλιν.

τοῦτο ἐκίνησε τοὺς Στωϊκοὺς καὶ Ἀντίπατρον ἐν τῷ περὶ 25
ψυχῆς δευτέρῳ λέγειν ὅτι συναύξεται τῷ σώματι ἡ ψυχὴ καὶ πάλιν
συμμειοῦται.

Fragmenta moralia.

51 Diog. Laërt. VII 84. τὸ δὲ ἠθικὸν μέρος τῆς φιλοσοφίας
διαιροῦσιν (ipsam partitionem vide Chrys. fr. eth. 1) καὶ οὕτω δ' ὑπο- 30
διαιροῦσιν οἱ περὶ Χρύσιππον — — καὶ Ἀντίπατρον etc.

52 Stobaeus ecl. II 83, 10. πάντα δὲ τὰ κατὰ φύσιν ἀξίαν ἔχειν
καὶ πάντα τὰ παρὰ φύσιν ἀπαξίαν. τὴν δὲ ἀξίαν λέγεσθαι τριχῶς,
τήν τε δόσιν καὶ τιμὴν καθ' αὑτὸ καὶ τὴν ἀμοιβὴν τοῦ δοκιμαστοῦ·
καὶ τὴν τρίτην, ἣν ὁ Ἀντίπατρος ἐκλεκτικὴν προσαγορεύει, καθ' ἣν 35
διδόντων τῶν πραγμάτων τάδε τινὰ μᾶλλον ἀντὶ τῶνδε αἱρούμεθα,
οἷον ὑγίειαν ἀντὶ νόσου καὶ ζωὴν ἀντὶ θανάτου καὶ πλοῦτον ἀντὶ
πενίας. κατὰ τὸ ἀνάλογον δὲ καὶ τὴν ἀπαξίαν τριχῶς φασι λέγεσθαι,

---

34 τε F, δὲ P. ‖ τιμὴν Meineke, τὴν libri.   35 ἣν F, καὶ P.

ἀντιτιϑεμένων τῶν σημαινομένων τοῖς ἐπὶ τῆς πρώτης ἀξίας εἰρημένοις.

53 Seneca epist. ad Lucil. 92, 5. *Quidam tamen augeri summum bonum iudicant, quia parum plenum sit fortuitis repugnantibus. Anti* 5 *pater quoque inter magnos sectae huius auctores aliquid se tribuere dicit externis, sed exiguum admodum. vides autem quale sit, sole te non esse contentum, nisi aliquis igniculus adluxerit?*

54 Seneca epist. ad Lucil. 87, 38. *„Ex malis bonum non fit. ex multis paupertatibus divitiae fiunt: ergo divitiae bonum non sunt.“ Hanc* 10 *interrogationem nostri non agnoscunt: Peripatetici et fingunt illam et solvunt. ait autem Posidonius hoc sophisma, per omnes dialecticorum scholas iactatum, sic ab Antipatro refelli: „Paupertas non per positionem dicitur, sed per detractionem (vel ut antiqui dixerunt per orbationem. Graeci κατὰ στέρησιν dicunt). non quod habeat dicitur, sed* 15 *quod non habeat. itaque ex multis inanibus nihil impleri potest: divitias multae res faciunt, non multae inopiae. Aliter, inquit, quam debes, paupertatem intellegis. paupertas enim est non quae pauca possidet, sed quae multa non possidet: ita non ab eo dicitur, quod habet, sed ab eo, quodo ei deest.“ Facilius quod volo exprimerem, si latinum verbum* 20 *esset, quo ἀνυπαρξία significa[re]tur. hanc paupertati Antipater adsignat.*

55 Cicero de finibus III 57. *Qui autem post eos fuerunt (scil. post Chrysippum et Diogenem) cum Carneadem sustinere non possent, hanc quam dixi bonam famam ipsam propter se praepositam et sumen* 25 *dam esse dixerunt, esseque hominis ingenui et liberaliter educati velle bene audire a parentibus, a propinquis, a bonis etiam viris, idque propter rem ipsam, non propter usum, dicuntque ut liberis consultum velimus, etiam si postumi futuri sint, propter ipsos, sic futurae post mortem famae tamen esse propter rem, etiam detracto usu, consulendum.*

30 **56** Clemens Alex. Stromat. V 14 p. 254 Sylb., V. II p. 705 Pott. Ἀντίπατρος μὲν οὖν ὁ Στωϊκὸς τρία συγγραψάμενος βιβλία περὶ τοῦ „ὅτι κατὰ Πλάτωνα μόνον τὸ καλὸν ἀγαϑόν“, ἀποδείκνυσιν ὅτι καὶ κατ᾽ αὐτὸν αὐτάρκης ἡ ἀρετὴ πρὸς εὐδαιμονίαν· καὶ ἄλλα πλείω παρατίϑεται δόγματα σύμφωνα τοῖς Στωϊκοῖς.

35 **57** Stobaeus ecl. II 75, 11 W. τὸ δὲ τέλος ὁ μὲν Ζήνων οὕτως ἀπέδωκε „τὸ ὁμολογουμένως ζῆν“ — — οἱ δὲ μετὰ τοῦτον προσδιαρϑροῦντες οὕτως ἐξέφερον — — — Ἀντίπατρος δὲ „ζῆν ἐκλεγομένους μὲν τὰ κατὰ φύσιν, ἀπεκλεγομένους δὲ τὰ παρὰ φύσιν“. πολλάκις δὲ καὶ οὕτως ἀπεδίδου „πᾶν τὸ καϑ᾽ αὑτὸν ποιεῖν διηνεκῶς

---

1 τριττῆς Wachsm.   25 esseque cod. BE Madv., esse A.

καὶ ἀπαραβάτως πρὸς τὸ τυγχάνειν τῶν προηγουμένων κατὰ φύσιν."

58 Clemens Alex. Stromat. II 21 p. 179 Sylb., V. II p. 497 Pott. ὅ τε Ἀντίπατρος, ὁ τούτου (scil. Diogenis, cuius antecessit definitio) γνώριμος, τὸ τέλος κεῖσθαι ἐν τῷ διηνεκῶς καὶ ἀπαραβάτως ἐκλέγε- 5 σθαι μὲν τὰ κατὰ φύσιν, ἀπεκλέγεσθαι δὲ τὰ παρὰ φύσιν ὑπο- λαμβάνει.

59 Plutarchus de comm. not. cp. 27. οὐσίαν τἀγαθοῦ τίθενται τὴν εὐλόγιστον ἐκλογὴν τῶν κατὰ φύσιν· ἐκλογὴ δὲ οὐκ ἔστιν εὐλό- γιστος ἡ μὴ πρός τι γενομένη τέλος. — τί οὖν τοῦτό ἐστιν; οὐδὲν 10 ἄλλο, φασίν, ἢ τὸ εὐλογιστεῖν ἐν ταῖς τῶν κατὰ φύσιν ἐκλογαῖς. — — τὴν εὐλόγιστον ἐκλογὴν ἀγαθῶν ἔδει καὶ ὠφελίμων καὶ συνεργῶν πρὸς τὸ τέλος ἐκλογὴν εἶναι· τὸ γὰρ ἐκλέγεσθαι τὰ μήτε συμφέροντα μήτε τίμια μήτε ὅλως αἱρετά, πῶς εὐλόγιστόν ἐστιν; ἔστω γάρ, ὡς αὐτοὶ λέγουσιν, εὐλόγιστος ἐκλογὴ τῶν ἀξίαν ἐχόντων πρὸς τὸ 15 εὐδαιμονεῖν. ὅρα τοίνυν ὡς εἰς πάγκαλόν τι καὶ σεμνὸν αὐτοῖς ὁ λόγος ἐξήκει κεφάλαιον. ἔστι γάρ, ὡς ἔοικε, τέλος κατ᾽ αὐτοὺς τὸ εὐλογιστεῖν ἐν τῇ ἐκλογῇ τῶν ἀξίαν ἐχόντων πρὸς τὸ εὐλογιστεῖν. — — ἄλλην γὰρ οὐσίαν τοῦ ἀγαθοῦ καὶ τῆς εὐδαιμονίας οὔτε ἔχειν φασὶν οὔτε νοεῖν οἱ ἄνδρες ἢ τὴν πολυτίμητον εὐλογιστίαν ταύτην 20 περὶ τὰς ἐκλογὰς τῶν ἀξίαν ἐχόντων. ἀλλὰ τοῦτο μέν εἰσιν οἱ πρὸς Ἀντίπατρον οἰόμενοι λέγεσθαι, μὴ πρὸς τὴν αἵρεσιν· ἐκεῖνον γὰρ ὑπὸ Καρνεάδου πιεζόμενον εἰς ταύτας καταλύεσθαι τὰς εὐρεσιλογίας.

60 Diog. Laërt. VII 92. Παναίτιος μὲν οὖν δύο φησὶν ἀρετάς — — τέτταρας δὲ οἱ περὶ Ποσειδώνιον καὶ πλείονας οἱ περὶ Κλε- 25 άνθην καὶ Χρύσιππον καὶ Ἀντίπατρον.

61 Cicero de off. III 50. sed incidunt — saepe causae, quum re- pugnare utilitas honestati videatur, ut animadvertendum sit repugnetne plane an possit cum honestate coniungi.

51. In huiusmodi causis aliud Diogeni Babylonio videri solet, 30 magno et gravi Stoico, aliud Antipatro, discipulo eius, homini acu- tissimo. Antipatro omnia patefacienda, ut nequid omnino, quod ven- ditor norit, emptor ignoret. — —

52. Exoritur Antipatri ratio ex altera parte: „Quid ais? Tu quum hominibus consulere debeas et servire humanae societati eaque lege natus 35 sis et ea habeas principia naturae, quibus parere et quae sequi debeas, ut utilitas tua communis sit utilitas vicissimque communis utilitas tua sit, celabis homines, quid iis adsit commoditatis et copiae?" — —

54. „Quid est enim aliud, erranti viam non monstrare — quod Athenis exsecrationibus publicis sanctum est — si hoc non est, emptorem 40 pati ruere et per errorem in maximam fraudem incurrere? Plus etiam

est, quam viam non monstrare: nam est scientem in errorem alterum inducere."

62 Stobaeus Florileg. LXX, 13. Ἀντιπάτρου ἐκ τοῦ περὶ γυναικὸς συμβιώσεως.

5　　Πρῶτον μὲν χρὴ τὴν μνηστείαν μὴ εἰκῆ ποιήσασθαι ἀλλὰ πάνυ πεφροντισμένως, μηδ᾽ εἰς πλοῦτον μηδ᾽ εἰς ὀγκοῦσαν εὐγένειαν μηδὲ εἰς ἄλλην χάσμην μηδεμίαν ἀποβλέπειν, μηδὲ μὰ Δία εἰς κάλλος· καὶ γὰρ τοῦτο ὡς ἐπὶ πᾶν ὄγκον καὶ δεσποτικὸν ἦθος περιποιεῖ· ἀλλὰ πρῶτα μὲν τὸ τοῦ γονέως ἐξετάζειν ἦθος καὶ τρόπον, εἰ πολιτικὸς
10　καὶ ἄφορτος ⟨καὶ⟩ εὐγνώμων, ἔτι δὲ σώφρων καὶ δίκαιος, ἐπὶ δὲ τούτοις ἀκενόσπουδος καὶ ⟨κατ᾽⟩ ἴχνος καὶ τὰ ἄλλα ⟨ἃ⟩ περὶ τοῦ ποίους τινὰς φίλους κτᾶσθαι δεῖ παραγγέλλεται. ἔπειτα καὶ τὴν μητέρα, ᾗ ⟨ἡ⟩ γαμεῖσθαι μέλλουσα συντρέφεται καὶ τὸν ταύτης τρόπον κατὰ τὸ πλεῖστον ἀποπλάττεται. μετὰ ταῦτα εἰ ἀκολούθως τῷ ἑαυ-
15　τῶν τρόπῳ ἤχασι τὴν θυγατέρα καὶ μὴ ἡττημένοι εἰσὶν καὶ ἀποκεκλικότες ἀπὸ τοῦ συμφέροντος διὰ τὴν ἄγαν φιλοστοργίαν· καὶ τοῦτο ποικίλως ἐξητακέναι καὶ διὰ δούλων καὶ ⟨δι᾽⟩ ἐλευθέρων τῶν τε ἔνδοθεν καὶ τῶν ἔξωθεν καὶ διὰ γειτόνων καὶ τῶν ἄλλων εἰσιόντων εἴσω διὰ φίλων ἐπιπλοκὰς ἑστιατικὰς ἢ ἄλλως, μαγείρων ἢ δημιουργῶν
20　ἢ ἀκεστριῶν ἢ τῶν ἄλλων τεχνιτῶν καὶ τεχνιτίδων. καὶ λίαν γὰρ προχειρότερον· τοὺς τοιούτους εἰσάγουσιν καὶ ὑπὲρ τὴν ἀξίαν μεγάλα πράγματα καὶ πίστιν ἐγχειρίζουσιν.

63 Stobaeus Florileg. LXVII 25. Ἀντιπάτρου ἐκ τοῦ περὶ Γάμου.

25　　Ὁ εὐγενὴς καὶ εὔψυχος νέος, ἔτι δ᾽ ἥμερος καὶ πολιτικός, θεωρῶν διότι τέλειος οἶκος καὶ βίος οὐκ ἄλλως δύναται γενέσθαι ἢ μετὰ γυναικὸς καὶ τέκνων· ἀτελὴς γὰρ ⟨οἰκία⟩, ὥσπερ πόλις, οὐχ ἡ ἐκ γυναικῶν μόνον, ἀλλὰ καὶ ἡ ἐκ ψιλῶν ἀνδρῶν· ὃν τρόπον τε ποίμνη ἐπιγονὴν μὴ ἔχουσα οὐ καλὴ οὐδὲ βουκόλιον εὐθηνοῦν, πολὺ μᾶλλον
30　οὐδὲ πόλις οὐδ᾽ οἰκία· ταῦτά τε δὴ κατανενοηκὼς ὁ εὐγενὴς καὶ ὡς φύσει πολιτικὸν γενόμενον συναύξειν τὴν πατρίδα δεῖ· (καὶ γὰρ οὐκ ἂν ἄλλως δύναιντο αἱ πόλεις σῴζεσθαι, εἰ μὴ οἱ βέλτιστοι ταῖς φύσεσι τῶν πολιτῶν [ἢ] τῶν γενναίων παῖδες, τῶν πατέρων καθαπερεὶ φύλλων καλοῦ δένδρου ἀπομαραινομένων καὶ ἀπορρεόντων, οὗτοι καθ᾽

---

9 τοῦ γονέως scripsi, τῶν γονέων vulgo. ‖ εἰ Jacobs, ἐπεὶ libri.　　10 fortasse: ἄφοβος. ‖ καὶ add. Meineke.　　11 κατ᾽ addidi. ‖ ἃ add. Halm.
12 παραγγέλλεται Halm, παραγγέλλεσθαι libri.　　13 ἡ add. Meineke.　　14 εἰ ἀκολούθως Meineke, ἐπακολούθως libri. ‖ τῷ Jacobs, πῶς libri.　　15 ἀποκεκλικότες scripsi, ἀποβεβλεφότες libri.　　17 δι᾽ addidi.　　18 εἰσιόντων scripsi, εἰσοδίων vulgo.　　27 οἰκία addidi.　　30 τε scripsi, δὲ libri.　　33 ἢ seclusi. ‖ πατέρων scripsi, προτέρων libri.

ὥραν γαμοῖεν, καθαπερεί τινας γενναίους βλαστοὺς διαδόχους τῇ πα-
τρίδι καταλιπόντες, καὶ θάλλειν αὐτὴν ἀεὶ ποιοῖεν καὶ τὴν ἀκμὴν
ἀίδιον φυλάττοιεν καὶ ὅσον ἐφ᾽ ἑαυτοῖς μηδέποτ᾽ εὐεπίθετον τοῖς ἐχ-
θροῖς, στοχαζόμενοι τοῦ καὶ ζῶντες καὶ μεταλλάξαντες ἀμύνειν τῇ
πατρίδι καὶ βοηθεῖν) τῶν ἀναγκαιοτάτων καὶ πρώτων καθηκόντων 5
νομίζουσι τὸ συγκραθῆναι εἰς γάμον, πᾶν μὲν τὸ τῇ φύσει ἐπιβάλλον
σπεύδοντες ἐπιτελεῖν, πολὺ δὲ μάλιστα τὸ εἰς τὴν τῆς πατρίδος σω-
τηρίαν καὶ αὔξησιν ἀνῆκον καὶ ἔτι μᾶλλον εἰς τὴν τῶν θεῶν τιμήν.
εἰ γὰρ ἐκλείποι τὸ γένος, τίς τοῖς θεοῖς θύσει; λύκοι τινὲς ἢ „ταυ-
ροκτόνων γένος λεόντων.“ 10

Συμβέβηκε δὲ καὶ τὸν μὴ πεῖραν ἐσχηκότα γαμετῆς γυναικὸς καὶ
τέκνων ἄγευστον εἶναι τῆς ἀληθινωτάτης καὶ γνησίου εὐνοίας. αἱ
μὲν γὰρ ἄλλαι φιλίαι ἢ φιλοστοργίαι ἐοίκασι ταῖς τῶν ὀσπρίων ἢ
τινων ἄλλων παραπλησίων κατὰ τὰς παραθέσεις μίξεσιν, αἱ δ᾽ ἀνδρὸς
καὶ γυναικὸς ταῖς δι᾽ ὅλων κράσεσιν, ὡς οἶνος ὕδατι καὶ τοῦτο ἐπι- 15
μέν⟨ων⟩ μίσγεται δι᾽ ὅλων. οὐ γὰρ μόνον τῆς οὐσίας καὶ τῶν φιλ-
τάτων πᾶσιν ἀνθρώποις τέκνων καὶ τῆς ψυχῆς, ἀλλὰ καὶ τῶν σωμά-
των οὗτοι μόνοι κοινωνοῦσι. καὶ κατ᾽ ἄλλον δὲ τρόπον εἰκότως με-
γίστη ἐστίν. αἱ μὲν γὰρ ἄλλαι κοινωνίαι καὶ ἑτέρας τινὰς ἀποστροφὰς
ἔχουσι· „ταύτας δ᾽ ἀνάγκη πρὸς μίαν ψυχὴν βλέπειν“ (Eur. Med. 247) 20
τὴν τοῦ ἀνδρὸς (προστίθεται γὰρ ⟨οὕ⟩τω ἡ οὖσα πατρὸς καὶ μητρὸς
μὴ ἀγνώμονος) ἕνα ⟨τε⟩ τοῦτον σκοπὸν τοῦ βίου ποιεῖσθαι καὶ τέλος,
τούτῳ ἀρέσκειν, αὐτῶν τῶν γονέων ἑκατέρων παραχωρούντων ἑκουσίως
τὰ πρῶτα τῆς εὐνοίας ἀπονέμειν τὴν μὲν τῷ ἀνδρί, τὸν δὲ τῇ γυ-
ναικί. οὐκ ἀπείρως δὲ τῆς πρὸς γυναῖκα συμβιώσεως καὶ ὁ Εὐρι- 25
πίδης εἰς ταῦτα ἀποβλέψας καὶ ἀποθέμενος τὴν ἐν τῷ γράφειν μισο-
γυνίαν ταῦτ᾽ εἴρηκεν· (Phrixi frg. 819 N.)

γυνὴ γὰρ ἐν νόσοισι καὶ κακοῖς πόσει
ἥδιστόν ἐστι, δώματ᾽ ἢν οἰκῇ καλῶς,
ὀργήν τε πραΰνουσα καὶ δυσθυμίας 30
ψυχὴν μεθιστᾶσ᾽· ἡδὺ κἀπάται φίλων.

τυγχάνει δὲ καὶ ἡρωϊκὸν τὸ πρᾶγμα· νῦν δ᾽ ἐν ἐνίαις πόλεσιν ἅμα
τῇ ἄλλῃ τῇ καθεστώσῃ ἐκλύσει καὶ ἀναρχίᾳ καὶ τῇ ἐπὶ τὸ καταφερὲς
⟨καὶ⟩ ῥᾴθυμον ἐπικλίσει καὶ τὸ γαμεῖν τῶν χαλεπωτάτων εἶναι δοκεῖ·
τὸν δ᾽ ᾔθεον ⟨βίον⟩, ἐξουσίαν διδόντα πρὸς ἀκολασίαν καὶ ποικίλων 35
ἡδονῶν ἀπόλαυσιν ἀγεννῶν καὶ μικροχαρῶν, ἰσόθεον νομίζουσι, τὴν

2 καὶ θάλλειν scripsi, οἳ θ. libri. 5 πρώτων Gesner, πρὸ τῶν libri.
15 ἐπιμένων scripsi, ἔτι μὲν libri. 21 γὰρ οὕτω ἡ οὖσα scripsi, γὰρ σώζουσα
libri; γὰρ ᾗ γε (vel ὡς) οὖσα Gaisf. 23 τούτῳ Gaisf., τούτων AB. 32 ἐνίαις
Gesner, ἰδίαις libri. 34 καὶ add. Wyttenbach. 35 δ᾽ ᾔθεον βίον Meineke,
δὴ θεὸν libri.

δὲ [πρὸς] τῆς γυναικὸς εἴσοδον οἱονεί τινος φρουρᾶς εἰς πόλιν εἰσα
γωγήν. ἔοικε μέντοι δύσκολος ἐνίοις ὁ μετὰ γυναικὸς φαίνεσθαι βίος
διὰ τὸ μὴ δύνασθαι ἄρχειν ἀλλ' ἡδονῆς δούλους εἶναι· καὶ τοὺς μὲν
ὑπὸ τοῦ κάλλους τεθηρευμένους, τοὺς δ' ὑπὸ τῆς προικός, τὰ μὲν ἐπ'
5 αὐτῇ ἑκουσίως καταχαρίζεσθαι τῇ γυναικὶ καὶ μὴ διδάσκειν περὶ οἰ
κονομίας μηθὲν μηδὲ περὶ αὐξήσεως οἴκου μηδὲ τίνος ἕνεκα συνελη
λύθασι, μηδὲ περὶ θεῶν ⟨καὶ⟩ εὐσεβείας καὶ δεισιδαιμονίας καλὰς
δόξας ἐμποιεῖν, μηδὲ τὸ τῆς τρυφῆς ὀλέθριον παριστάναι μηδὲ τὸ
ἀχάριστον τῶν ἡδονῶν, μηδὲ ἐθίζειν ἀτενίζειν εἰς τὸ ἔμπροσθεν τοῦ
10 βίου καὶ πᾶν τὸ μέλλον ὀρθῇ τῇ γνώμῃ ἐκλογίζεσθαι, μηδὲ αὖ τυφλῶς
καὶ ἀσκέπτως εὔελπιν εἶναι, [μηδ'] ὅτι ἐὰν ὁ ἀνὴρ βουληθῇ, δύναται
πάντως γενέσθαι ὧν ἐπιθυμεῖ, καὶ μὴ πρὸς τῷ παρόντι μόνῳ γίγνε
σθαι, ἀλλὰ καὶ αὐτὴν συνεπιβλέπειν τὸ πόθεν καὶ πῶς καὶ εἰ σωτη
ρίως καὶ εἰ συμφερόντως εἰς τὰ ὅλα. ἐπεὶ καὶ εἴ τις ταῦτα καὶ τὰ
15 ἄλλα τὰ καλῶς τεθεωρημένα καὶ παραγγελλόμενα παρὰ τοῖς φιλοσό
φοις δύναιτο πράττειν, ἓν ἂν τῶν ἡδίστων καὶ κουφότατον εἶναι βά
ρος γαμετὴ γυνὴ δόξειε. ὁμοιότατον γάρ ἐστιν ὡς εἴ τις μίαν ἔχων
χεῖρα ἑτέραν ποθὲν προσλάβοι ἢ ἕνα πόδα ἔχων ἕτερον ἀλλαχόθεν
κτήσαιτο. ὡς γὰρ οὗτος πολὺ ἂν ῥᾷον καὶ βαδίσαι οὐ θέλοι κἀπε
20 λάσαι καὶ προσαγάγοιτο, οὕτως ὁ γυναῖκα εἰσαγαγόμενος ῥᾷον ἀπο
λήψεται τὰς κατὰ τὸν βίον σωτηρίους καὶ συμφερούσας χρείας.
ἀντὶ γοῦν δύο ὀφθαλμῶν χρῶνται τέσσαρσι καὶ ἀντὶ δύο χειρῶν ἑτέ
ραις τοσαύταις, αἷς καὶ ἀθρόως πράττοι ἂν ⟨καὶ⟩ ῥᾷον τὸ τῶν χειρῶν
ἔργον. διὸ κἂν εἰ αἱ ἕτεραι κάμνοιεν, ταῖς ἑτέραις αὖ θεραπεύοιτο
25 καὶ τὸ σύνολον δύο γεγονὼς ἀνθ' ἑνὸς μᾶλλον ἂν ἐν τῷ βίῳ κατορ
θοίη. διόπερ τὸν νομίζοντα τὴν εἴσοδον τῆς γυναικὸς καταβαρύνειν
τὸν βίον καὶ δυσκίνητον ποιεῖν ὅμοιον ⟨οἶμαι⟩ πάσχειν, ὡς εἴ τις
πλείονας πόδας κωλύοι προσλαβεῖν, ἵν' ἐὰν πολὺ δέῃ βαδίζειν μὴ
ἐφελκώμεθα πολλούς, ἢ τῷ πλείονας χεῖρας κτωμένῳ μέμφοιτο· ὅταν
30 γάρ τι δέῃ πράττειν ἐμποδίσεσθαι ὑπὸ τοῦ πλήθους αὐτῶν. κατὰ
ταὐτὰ γὰρ καὶ εἴ τις προσλάβοι οἷον ἑαυτὸν ἕτερον (οὐθὲν γὰρ δι
οίσει εἴτε θῆλυ τοῦτό ἐστιν εἴτε ἄρρεν), πολὺ ἐλαφρότερον καὶ εὐκο
πώτερον πάντ' ἂν πράξειεν τὰ ἔργα. φιλαγάθῳ ⟨δ'⟩ ἀνδρὶ καὶ θέ
λοντι σχολὴν ἄγειν ἢ περὶ τοὺς λόγους ἢ τὰ πολιτικὰ ἔργα ἢ ἄμφω

---

1 πρὸς del. Gaisf.; fortasse: γαμετῆς.   5 ἐπ' αὐτῇ scripsi, ὑπ' αὐτῆς libri.
7. 8 καὶ addidi et mox δεισιδαιμονίας καλὰς δόξας scripsi, δόξης καὶ δεισιδαι
μονίας libri.   10 αὖ Meineke, ἂν libri.   11 μηδ' seclusi.   16 ἓν ἂν τῶν
ἡδίστων scripsi, ὃ ἂν τῶν πλείστων libri.   17 δόξειε scripsi, δόξει libri.
19 κἀπελάσαι scripsi, καὶ γελάσαι libri.   23 καὶ addidi.   24 κἂν εἰ Meineke,
καὶ ἐὰν libri.   27 οἶμαι add. Meineke.   30 ἐμποδισθήσεται B unde ἐμποδι
σθήσεσθαι Meineke dubit.   33 δ' addidi.

ταῦτα, καὶ τελείως τοῦτο ἀμετάθετόν ἐστιν. ὅσῳ γὰρ μᾶλλον αὐτὸς
ἀπὸ τῆς οἰκονομίας ἀπέστραπται, τοσούτῳ μᾶλλον τὴν διαδεξομένην
τὴν ⟨δι⟩οίκησιν παραληπτέον καὶ περὶ τὰ ἀναγκαῖα ἑαυτὸν ἀπερίσπα-
στον ⟨ποιητέον⟩. οὐ κακῶς καὶ ὁ κωμικὸς ἐπιτέμνει ⟨τὸ⟩

σχολαστής ἐστι· δεῖ δ' οἶμαι γαμεῖν   5
τὸν ἐπιμελῆ καὶ δυνατὸν οἰκονομεῖν ὄχλον
πλείω,

ἐπιφωνήσας·

τὸν ἀμελῆ μᾶλλον, ἐπιθυμοῦντα δὲ
σχολῆς, ἵν' ἔχων οἰκονόμον ἀδεῶς περιπατῇ.   10

64 Athen. VIII p. 346 c. καίτοι γε Ἀντίπατρος ὁ Ταρσεύς,
ὁ ἀπὸ τῆς στοᾶς, ἐν τετάρτῳ περὶ δεισιδαιμονίας λέγεσθαί
φησι πρός τινων ὅτι Γάτις ἡ τῶν Σύρων βασίλισσα οὕτως ἦν ὀψο-
φάγος ὥστε κηρῦξαι ἄτερ Γάτιδος μηδένα ἰχθὺν ἐσθίειν· ὑπ' ἀγνοίας
δὲ τοὺς πολλοὺς αὐτὴν μὲν Ἀταργάτιν ὀνομάζειν, ἰχθύων δὲ ἀπέ- 15
χεσθαι.

65 Athenaeus XIV p. 643 f. ἡμεῖς δὲ ἃ μετεγράψαμεν ὀνόματα
πλακούντων, τούτων σοι καὶ μεταδώσομεν, οὐχ ὡς τοῦ ⟨ὑπ'⟩ Ἀλκι-
βιάδου πεμφθέντος Σωκράτει [ὃν] Ξανθίππης καταγελασάσης ὁ Σω-
κράτης „οὐκοῦν, ἔφη, οὐδὲ σὺ μεθέξεις τούτου.“ (τοῦτο δὲ ἱστόρησεν 20
Ἀντίπατρος ἐν τῷ πρώτῳ περὶ Ὀργῆς) ἐγὼ δέ, φιλοπλάκουντος
ὤν, οὐκ ἂν περιεῖδον τὸν θεῖον ἐκεῖνον ἐξυβριζόμενον πλακοῦντα.

66 Plutarchus de Stoic. rep. cp. 4. Καὶ μὴν Ἀντίπατρος ἐν
τῷ περὶ τῆς Κλεάνθους καὶ Χρυσίππου διαφορᾶς ἱστόρηκεν,
ὅτι Ζήνων καὶ Κλεάνθης οὐκ ἠθέλησαν Ἀθηναῖοι γενέσθαι, μὴ δό- 25
ξωσιν τὰς αὑτῶν πατρίδας ἀδικεῖν.

67 Philodemus περὶ τῶν φιλοσόφων col. VII (VH¹ VIII)

διὰ τῶν κατὰ ⟨τὴν
π)ολιτείαν ἀπ(ό)ρων καὶ ἀν..
. ων ὡς ἀρέσκοντα καταχω-   30
ρί)ξει· καὶ Ἀντίπατ(ρ)ος ἐν τῶ(ι
κατὰ τῶν αἱρέσεων τῆς τε τοῦ
Ζήνωνο(ς) μιμνήσκεται πολι-
τείας κα(ὶ τ)ῆς τοῦ Διογένους δ(ό-
ξης ἣν κα(τ)εχώρισεν ἐν τῇ πο-   35
λιτεία, τ(ῆ)ς ἀπαθίας καταπλη(θυ-

---

1 ταῦτα scripsi, ταῦτ' εἰ libri. ‖ ἀμετάθετον scripsi, εὐμετάθετον libri.
3 διοίκησιν Gesner, οἴκησιν libri.   4 ποιητέον addidi, τηρητέον add. Gesner. ‖
τὸ addidi.   15 Ἀταργάτις dea in titulis Deliis (bull. de corr. hell. 6, 495)
Kaibel.   18 τούτων Coraes, ὧν A. ‖ ὑπ' add. Cas.   19 ὃν delevi.

νόμενος αὐτ(οῦ ...... αι ι ...
τινες· ἀλλ' οὐκ ἔστ(ιν) ἡ πολιτεί-
α) τοῦ Σι(ν)ωπέως .. ἀλλ' ἑτέ(ρου
τι)νός

Sosigenes.

Alexander de mixtione p. 216 Bruns. τῶν γὰρ μετ' αὐτὸν (scil.
Χρύσιππον) οἱ μὲν Χρυσίππῳ συμφέρονται, οἱ δέ τινες αὐτῶν, τῆς
Ἀριστοτέλους δόξης ὕστερον ἀκοῦσαι δυνηθέντες, πολλὰ τῶν εἰρημέ-
νων ὑπ' ἐκείνου περὶ κράσεως καὶ αὐτοὶ λέγουσιν, ὧν εἷς ἐστι καὶ
10 Σωσιγένης, ἑταῖρος Ἀντιπάτρου, οἷς οὐ δυνάμενοι πάντῃ συμ-
φέρεσθαι διὰ τὴν ἐν τοῖς ἄλλοις διαφωνίαν ἐν πολλοῖς αὐτοῖς λέγον-
τες εὑρίσκονται μαχόμενα.

Heraclides Tarsensis.

Diogenes Laërt. VII 121. Ἡρακλείδης μέντοι ὁ Ταρσεύς, Ἀντι-
15 πάτρου τοῦ Ταρσέως γνώριμος, καὶ Ἀθηνόδωρος ἄνισά φασι τὰ ἁμαρ-
τήματα.

IV. Apollodorus Seleuciensis
(ὁ Ἔφιλλος).

Patriam huius Apollodori cognoscimus ex catalogo discipulorum Diogenis Babylonii in Ind. Stoic. Herc. col. 51.

1 Diog. Laërt. VII 39. τριμερῆ φασιν εἶναι τὸν κατὰ φιλοσο- 5
φίαν λόγον· εἶναι γὰρ αὐτοῦ τὸ μέν τι φυσικόν, τὸ δὲ ἠθικόν, τὸ δὲ
λογικόν. οὕτω δὲ πρῶτος διεῖλε Ζήνων ὁ Κιτιεύς — — καὶ Ἀπολ-
λόδωρος ὁ Ἔφιλλος ἐν τῷ πρώτῳ τῶν εἰς τὰ δόγματα εἰσαγω-
γῶν — —. ταῦτα δὲ τὰ μέρη ὁ μὲν Ἀπολλόδωρος τόπους καλεῖ etc.

2 Diog. Laërt. VII 41 (de ordine partium philosophiae locutus). 10
ὁ δ᾽ Ἀπολλόδωρος δεύτερα τὰ ἠθικά (scil. τάττει).

3 Diocles Magnes apud Diog. Laërt. VII 54. κριτήριον δὲ τῆς
ἀληθείας φασὶ τυγχάνειν τὴν καταληπτικὴν φαντασίαν, τουτέστι τὴν
ἀπὸ ὑπάρχοντος, καθά φησι Χρύσιππος — — καὶ Ἀντίπατρος καὶ
Ἀπολλόδωρος. 15

4 Diog. Laërt. VII 150. σῶμα δέ ἐστι κατ᾽ αὐτοὺς ἡ οὐσία καὶ
πεπερασμένη, καθά φησιν — — καὶ Ἀπολλόδωρος ἐν τῇ φυσικῇ.
καὶ παθητὴ δέ ἐστιν, ὡς ὁ αὐτός φησιν· εἰ γὰρ ἦν ἄτρεπτος, οὐκ ἂν
τὰ γινόμενα ἐξ αὐτῆς ἐγίνετο. ἔνθεν κἀκεῖνός φησιν ὅτι τομὴ εἰς
ἄπειρόν ἐστιν. 20

5 Diog. Laërt. VII 140. φησὶ δὲ περὶ τοῦ κενοῦ Χρύσιππος μὲν
ἐν τῷ περὶ κενοῦ καὶ ἐν τῇ πρώτῃ τῶν φυσικῶν τεχνῶν — — καὶ
Ἀπολλόδωρος.

6 Diog. Laërt. VII 135. σῶμα δ᾽ ἐστί, φησὶν Ἀπολλόδωρος
ἐν τῇ φυσικῇ, τὸ τριχῇ διαστατόν, εἰς μῆκος, εἰς πλάτος, εἰς βάθος. 25
τοῦτο δὲ καὶ στερεὸν σῶμα καλεῖται. ἐπιφάνεια δ᾽ ἐστὶ σώματος
πέρας ἢ τὸ μῆκος καὶ πλάτος μόνον ἔχον, βάθος δὲ οὔ. — — γραμμὴ
δ᾽ ἐστὶν ἐπιφανείας πέρας ἢ μῆκος ἀπλατὲς ἢ τὸ μῆκος μόνον ἔχον.
στιγμὴ δ᾽ ἐστὶ γραμμῆς πέρας, ἥτις ἐστὶ σημεῖον ἐλάχιστον.

---

5 φησιν B.   6 μέντοι B. ‖ τὸ δὲ ἠθικὸν τὸ δὲ λογικόν add. B² in
mg.   8 ὁ Ἔφιλλος P, ὁ ἔφιλος B (η pro ι B²), καὶ Σύλλος Aldobrand. ex Cic.
de nat. deor. I 93 Zeno quidem non eos solum, qui tum erant, Apollodorum,
Silum, ceteros figebat maledictis.   19 κἀκεῖνος ἤ τε BP (om. φησιν).
21 φασὶ B.

7 Arius Didymus epit. phys. fr. 24 Diels (DG p. 460, 6. Stob. ecl. I p. 166, 24 W.). Ἀπολλόδωρος ἐν τῇ Φυσικῇ τέχνῃ κίνησιν εἶναι μεταβολὴν κατὰ τόπον ἢ σχῆμα ἢ ὅλῳ ἢ [τοῖς] μέρεσι· σχέσιν δὲ συνοχὴν κατὰ τόπον ἢ σχῆμα καὶ τὸ ἴσχεσθαι τοιοῦτο· γένη δὲ 5 κινήσεως εἶναι πρῶτα δύο, τήν τε κατ᾽ εὐθεῖαν καὶ τὴν ἐγκύκλιον. τούτων δὲ εἴδη γίγνεσθαι πλείονα. περὶ τὸ αὐτὸ δὲ κινήσεις γίγνεσθαι πολλὰς καὶ ἐν τῷ αὐτῷ τόπῳ, οἷον περιπατεῖν καὶ τρέχειν μὴ ἐκβαίνοντα τὸν αὐτὸν τόπον, καὶ ἅμα κινεῖσθαι τήν τε ἐπ᾽ εὐθεῖαν καὶ τὴν εἰς τὰ πλάγια καὶ τὴν ἔμπροσθεν καὶ τὴν ὄπισθεν καὶ τὴν 10 εἰς δεξιὰν καὶ ἀριστερὰν καὶ ἐγκύκλιον, καὶ ταχέως ἅμα καὶ βραδέως, καθάπερ ἐπὶ τῶν πλεόντων καὶ τῶν ὁμοίως τούτοις διακειμένων συντυγχάνειν. ὥσπερ δὲ παντὸς σώματος ἐλέγομεν μέρος εἶναι σῶμα καὶ πάσης ἐπιφανείας ἐπιφάνειαν καὶ πάσης γραμμῆς γραμμὴν καὶ παντὸς τόπου τόπον καὶ παντὸς χρόνου χρόνον, οὕτως καὶ πάσης κινήσεως κί- 15 νησιν εἶναι ῥητέον καὶ πάσης σχέσεως σχέσιν κατὰ τὴν αὐτὴν ἀναλογίαν.

8 Arius Didymus epit. phys. fr. 26 Diels (DG p. 461, 7. Stobaeus ecl. I p. 105, 8 W.). Ἀπολλόδωρος δ᾽ ἐν τῇ Φυσικῇ τέχνῃ οὕτως ὁρίζεται τὸν χρόνον· „χρόνος δ᾽ ἐστὶ τῆς τοῦ κόσμου κινήσεως διάστημα· οὕτως δ᾽ ἐστὶν ἄπειρος, ὡς ὁ πᾶς ἀριθμὸς ἄπειρος λέγεται 20 εἶναι· τὸ μὲν γάρ ἐστιν αὐτοῦ παρεληλυθός, τὸ δὲ ἐνεστηκός, τὸ δὲ μέλλον. ἐνεστάναι δὲ τὸν πάντα χρόνον ὡς τὸν ἐνιαυτὸν ἐνεστηκέναι λέγομεν κατὰ μείζονα περιγραφήν. καὶ ὑπάρχειν ὁ πᾶς χρόνος λέγεται, οὐδενὸς αὐτοῦ τῶν μερῶν ὑπάρχοντος ἀπαρτιζόντως.“

9 Diog. Laërt. VII 143. τὸ δὲ πᾶν λέγεται, ὥς φησιν Ἀπολ- 25 λόδωρος, ὅ τε κόσμος καὶ καθ᾽ ἕτερον τρόπον τὸ ἐκ τοῦ κόσμου καὶ τοῦ ἔξωθεν κενοῦ σύστημα· ὁ μὲν οὖν κόσμος πεπερασμένος ἐστί, τὸ δὲ κενὸν ἄπειρον.

10 Diog. Laërt. VII 142. ὅτι δὲ καὶ ζῷον ὁ κόσμος καὶ λογικὸν καὶ ἔμψυχον καὶ νοερὸν — — καὶ Ἀπολλόδωρός φησιν ἐν τῇ φυ- 30 σικῇ — — ζῷον μὲν οὕτως ὄντα, οὐσίαν ἔμψυχον αἰσθητικήν· (argumentum vide Chrys. fr. phys. 633).

11 Diog. Laërt. VII 143. ὅτι τε εἷς ἐστι (scil. ὁ κόσμος) Ζήνων τέ φησιν ἐν τῷ περὶ τοῦ ὅλου καὶ Χρύσιππος καὶ Ἀπολλόδωρος ἐν τῇ φυσικῇ.

35   12 Diog. Laërt. VII 157. ὁρᾶν δὲ ⟨ἡμᾶς⟩ τοῦ μεταξὺ τῆς ὁράσεως καὶ τοῦ ὑποκειμένου φωτὸς ἐντεινομένου κωνοειδῶς, καθά φησι Χρύ-

---

3 τοῖς del. Diels.   4 τοιοῦτο] ⟨κατὰ⟩ τὸ αὐτὸ coni. Diels.   5 ἔγκυκλον FP, corr. Heeren.   8 αὐτὸν Diels, ἀσώματον FP.   11 συντυγχάνειν Meineke, οὖν τυγχάνειν FP.   12 λέγομεν Diels.   23 ἀπαρτίζοντος FP, corr. Heeren. 26 συστήματος BP. ‖ fortasse: τὸ δὲ πᾶν.   35 ἡμᾶς τοῦ scripsi, τοὺς B τοῦ P.

σιππος — — καὶ Ἀπολλόδωρος. γίνεσθαι μέντοι τὸ κωνοειδὲς τοῦ ἀέρος πρὸς τῇ ὄψει, τὴν δὲ βάσιν πρὸς τῷ ὁρωμένῳ· ὡς διὰ βακτηρίας οὖν τοῦ ταθέντος ἀέρος τὸ βλεπόμενον ἀναγγέλλεσθαι.

13 Diog. Laërt. VII 84. τὸ δὲ ἠθικὸν μέρος τῆς φιλοσοφίας διαιροῦσιν (ipsam partitionem vide Chrys. fr. eth. 1). καὶ οὕτω δ' 5 ὑποδιαιροῦσιν οἱ περὶ Χρύσιππον — — καὶ Ἀπολλόδωρον etc.

14 Diog. Laërt. VII 102. οὐδέτερα δὲ ὅσα μήτε ὠφελεῖ μήτε βλάπτει, οἷον ζωή, ὑγίεια, ἡδονή, κάλλος, ἰσχύς, πλοῦτος, εὐδοξία, εὐγένεια· καὶ τὰ τούτοις ἐναντία, θάνατος, νόσος, πόνος, αἶσχος, ἀσθένεια, πενία, ἀδοξία, δυσγένεια καὶ τὰ τούτοις παραπλήσια, καθά φησιν 10 Ἑκάτων — — καὶ Ἀπολλόδωρος ἐν τῇ ἠθικῇ καὶ Χρύσιππος (accuratiora vide Chrys. fr. mor. 117 (p. 28)).

15 Diog. Laërt. VII 125. τὰς δὲ ἀρετὰς λέγουσιν ἀντακολουθεῖν ἀλλήλαις καὶ τὸν μίαν ἔχοντα πάσας ἔχειν· εἶναι γὰρ αὐτῶν τὰ θεωρήματα κοινά, καθάπερ Χρύσιππος — Ἀπολλόδωρος δὲ ἐν τῇ φυ- 15 σικῇ κατὰ τὴν ἀρχήν.

16 Diog. Laërt. VII 118. οὐδὲ μὴν λυπηθήσεσθαι τὸν σοφόν, διὰ τὸ τὴν λύπην ἄλογον εἶναι συστολὴν ψυχῆς, ὡς Ἀπολλόδωρός φησιν ἐν τῇ ἠθικῇ.

17 Diog. Laërt. VII 121. κυνιεῖν τε αὐτόν (scil. τὸν σπου- 20 δαῖον)· εἶναι γὰρ τὸν κυνισμὸν σύντομον ἐπ' ἀρετὴν ὁδόν, ὡς Ἀπολλόδωρος ἐν τῇ ἠθικῇ.

18 Diog. Laërt. VII 129. καὶ ἐρασθήσεσθαι δὲ τὸν σοφὸν τῶν νέων τῶν ἐμφαινόντων διὰ τοῦ εἴδους τὴν πρὸς ἀρετὴν εὐφυΐαν, ὥς φησι Ζήνων — καὶ Χρύσιππος — — καὶ Ἀπολλόδωρος ἐν τῇ 25 ἠθικῇ.

---

1 μὲν BP. ‖ κονοειδὲς B.   8 δόξα BP.   10 τούτοις om. BP.   16 ἀρχήν scripsi, ἀρχαίαν libri. Cf. Chrys. II n. 300 πρὸς τῷ τέλει.   17 λυπήσεσθαι BP.   21 εὔτονον BP.

V. Archedemus Tarsensis.

1 Strabo XIV p. 674. ἄνδρες δ' ἐξ αὐτῆς (scil. τῆς Ταρσοῦ) γεγόνασι τῶν μὲν Στωϊκῶν Ἀντίπατρός τε καὶ Ἀρχέδημος καὶ Νέστωρ etc.

2 Plutarchus de exilio 14 p. 605b. ὁ δ' Ἀθηναῖος Ἀρχέδημος εἰς τὴν Πάρθων μεταστὰς ἐν Βαβυλῶνι Στωϊκὴν διαδοχὴν ἀπέλιπε.

3 Arrianus Epict. dissert. II 17, 40. οὐδ' ἐγγὺς ἐσόμεθα τοῦ προκόψαι, κἂν πάσας τὰς εἰσαγωγὰς καὶ τὰς συντάξεις τὰς Χρυσίππου μετὰ τῶν Ἀντιπάτρου καὶ Ἀρχεδήμου διέλθωμεν.

II 4, 11. „ἀλλὰ φιλόλογός εἰμι καὶ Ἀρχέδημον νοῶ." Ἀρχέδημον τοίνυν νοῶν μοιχὸς ἴσθι καὶ ἄπιστος καὶ ἀντὶ ἀνθρώπου λύκος ἢ πίθηκος. τί γὰρ κωλύει;

4 Arrianus Epict. dissert. III 2, 13. εἰ Χρύσιππον ἀνέγνως ἢ Ἀντίπατρον. εἰ μὲν γὰρ καὶ Ἀρχέδημον, ἀπέχεις ἅπαντα.

III 21, 7. καὶ μὴν ἐγὼ ὑμῖν ἐξηγήσομαι τὰ Χρυσίππεια, ὡς οὐδείς .. τὴν λέξιν διαλύσω καθαρώτατα· προσθήσω ἄν που καὶ Ἀντιπάτρου καὶ Ἀρχεδήμου φοράν.

5 Diog. Laërt. VII 40. ἄλλοι δὲ πρῶτον μὲν τὸ λογικὸν τάττουσι, δεύτερον δὲ τὸ φυσικὸν καὶ τρίτον τὸ ἠθικόν· ὧν ἐστι — καὶ Ἀρχέδημος.

6 Diocles Magnes apud Diog. Laërt. VII 55. καὶ σῶμα δ' ἐστὶν ἡ φωνὴ κατὰ τοὺς Στωϊκούς, ὥς φησιν Ἀρχέδημός τε ἐν τῇ περὶ φωνῆς καὶ etc. — — πᾶν γὰρ τὸ ποιοῦν σῶμά ἐστι· ποιεῖ δὲ ἡ φωνὴ προσιοῦσα τοῖς ἀκούουσιν ἀπὸ τῶν φωνούντων.

7 Demetrius de elocutione 34 (Vol. III p. 269, 19 Spengel). τὸ δὲ κῶλον Ἀριστοτέλης οὕτως ὁρίζεται „κῶλόν ἐστι τὸ ἕτερον μέρος περιόδου". εἶτα ἐπιφέρει· „γίνεται δὲ καὶ ἁπλῆ περίοδος". — — ὁ δὲ Ἀρχέδημος συλλαβὼν τὸν ὅρον τοῦ Ἀριστοτέλους καὶ τὸ ἐπιφερόμενον τῷ ὅρῳ σαφέστερον καὶ τελεώτερον οὕτως ὡρίσατο „κῶλόν ἐστιν ἤτοι ἁπλῆ περίοδος ἢ συνθέτου περιόδου μέρος."

8 Clemens Alex. Stromat. VIII p. 332 Sylb., V. II p. 930 Pott. τὸ γίνεσθαι οὖν καὶ τὸ τέμνεσθαι, τὰ οὗ ἐστιν αἴτια, ἐνέργειαι οὖσαι

20 ἀρχαίδημος Β.   22 ἀρχαίδημος ΒΡ.   24 προσοῦσα ΒΡ.

ἀσώματοί εἰσιν. εἰς ὃν λόγον κατηγορημάτων ἤ, ὥς τινες, λεκτῶν (λεκτὰ γὰρ τὰ κατηγορήματα καλοῦσιν Κλεάνθης καὶ Ἀρχέδημος) τὰ αἴτια· ἤ, ὅπερ καὶ μᾶλλον, τὰ μὲν κατηγορημάτων αἴτια λεχθήσεται, οἷον τοῦ τέμνεται, οὗ πτῶσις τὸ τέμνεσθαι· τὰ δ᾽ ἀξιωμάτων, ὡς τοῦ „ναῦς γίνεται", οὗ πάλιν [ἢ] πτῶσίς ἐστι τὸ ναῦν γίνεσθαι. 5

9 Diocles Magnes apud Diog. Laërt. VII 68. τῶν ἀξιωμάτων τὰ μέν ἐστιν ἁπλᾶ, τὰ δ᾽ οὐχ ἁπλᾶ, ὥς φασιν οἱ περὶ Χρύσιππον καὶ Ἀρχέδημον — —. ἁπλᾶ μὲν οὖν ἐστι τὰ συνεστῶτα ἐξ ἀξιώματος μὴ διαφορουμένου [ἢ ἐξ ἀξιωμάτων], οἷον τὸ „ἡμέρα ἐστί". οὐχ ἁπλᾶ δέ ἐστι τὰ συνεστῶτα ἐξ ἀξιώματος διαφορουμένου ἢ ἐξ ἀξιωμάτων. 10 ἐξ ἀξιώματος μὲν διαφουμένου, οἷον „εἰ ἡμέρα ἐστίν, ⟨ἡμέρα ἐστίν⟩". ἐξ ἀξιωμάτων δέ, οἷον „εἰ ἡμέρα ἐστί, φῶς ἐστι".

10 Arrianus Epict. dissert. II 19, 9. (eos qui περὶ δυνατῶν et περὶ κυριεύοντος scripserunt, enumerans) καὶ Κλεάνθης δ᾽ ἰδίᾳ γέγραφεν περὶ τούτου καὶ Ἀρχέδημος. 15

11 Quintilianus institut. orat. III 6, 31. *Fuerunt qui duos status facerent: Archedemus coniecturalem et finitivum exclusa qualitate, quia sic de ea quaeri existimabat „quid esset inicum? quid iniustum? quid dicto audientem non esse?" quod vocat de eodem et alio.*

ibid. 33. *quemadmodum ab Archedemo qualitas exclusa est.* 20

12 Diog. Laërt. VII 134. δοκεῖ δ᾽ αὐτοῖς ἀρχὰς εἶναι τῶν ὅλων δύο, τὸ ποιοῦν καὶ τὸ πάσχον. τὸ μὲν οὖν πάσχον εἶναι τὴν ἄποιον οὐσίαν, τὴν ὕλην, τὸ δὲ ποιοῦν τὸν ἐν αὐτῇ λόγον, τὸν θεόν· τοῦτον γὰρ ἀΐδιον ὄντα διὰ πάσης αὐτῆς δημιουργεῖν ἕκαστα. τίθησι δὲ τὸ δόγμα τοῦτο Ζήνων μέν — — — Ἀρχέδημος δ᾽ ἐν τῷ περὶ 25 στοιχείων.

13 Syrianus in Aristot. Metaph. (Aristot. Acad. Ber. Vol. V) p. 892ᵇ 14. ὡς ἄρα τὰ εἴδη παρὰ τοῖς θείοις τούτοις ἀνδράσιν οὔτε πρὸς τὴν χρῆσιν τῆς τῶν ὀνομάτων συνηθείας παρήγετο, ὡς Χρύσιππος καὶ Ἀρχέδημος καὶ οἱ πλείους τῶν Στωϊκῶν ὕστερον ᾠήθησαν etc. 30

14 Plutarchus de communibus notitiis 41 p. 1081. Ἀρχέδημος μὲν ἀρχήν τινα καὶ συμβολὴν εἶναι λέγων τοῦ παρῳχημένου καὶ τοῦ ἐπιφερομένου τὸ „νῦν" λέληθεν αὐτόν, ὡς ἔοικε, τὸν πάντα χρόνον ἀναιρῶν. εἰ γὰρ τὸ „νῦν" οὐ χρόνος ἐστὶν ἀλλὰ πέρας χρόνου, πᾶν δὲ μόριον χρόνου τοιοῦτον οἷον τὸ νῦν ἐστιν, οὐδὲν φαίνεται μέρος 35 ἔχων ὁ σύμπας χρόνος, ἀλλ᾽ εἰς πέρατα διόλου καὶ συμβολὰς καὶ ὁρμὰς ἀναλυόμενος.

---

1 fortasse: καθ᾽ ὅν.   4 τοῦ scripsi, τὸ ed.   5 γίνεται scripsi, γίνεσθαι ed. ‖ ἡ seclusi.   7 καὶ coni. Menag., ἤ libri.   9 μὴ om. BP. ‖ ἢ ἐξ ἀξιωμάτων del. Rossius.   11 ἡμέρα ἐστίν addidi.   32 fortasse ἀρμήν vel ἀρμόν. 36 scrib. ἀρμὰς vel ἀρμούς.

15 Aëtius II 4, 17 (DG p. 332, 26). *Ἀρχέδημος τὸ ἡγεμονικὸν τοῦ κόσμου ἐν γῇ ὑπάρχειν ἀπεφήνατο.*

16 Simplicius in Aristot. de caelo p. 512, 28 Heibg. *καὶ γὰρ δυνατὸν πιθανῶς κατασκευάζειν, ὅτι τὸ πῦρ ἐν τῷ μέσῳ* (scil. τοῦ κόσμου) 5 *ἐστίν, ἀλλ᾽ οὐχ ἡ γῆ. — — 513,7. ταύτης τῆς δόξης νεώτερος μὲν τοῦ Ἀριστοτέλους Ἀρχέδημος γέγονε.*

17 Seneca epist. 121, 1. *Litigabis, ego video, cum tibi hodiernam quaestiunculam, in qua satis diu haesimus, exposuero. iterum enim exclamabis —: „hoc quid ad mores?“ sed — tibi primum alios opponam,* 10 *cum quibus litiges, Posidonium et Archedemum: hi iudicium accipient.*
    5. *quaerebamus an esset omnibus animalibus constitutionis suae sensus.*

18 Diog. Laërt. VII 84. *τὸ δὲ ἠθικὸν μέρος τῆς φιλοσοφίας διαιροῦσιν* (ipsam partitionem vide Chrys. fr. eth. 1) *καὶ οὕτω δ᾽ ὑπο-* 15 *διαιροῦσιν οἱ περὶ Χρύσιππον καὶ Ἀρχέδημον* etc.

19 Diog. Laërt. VII 88 (antecedunt variae *τέλους* definitiones). *Ἀρχέδημος δὲ τὸ πάντα τὰ καθήκοντα ἐπιτελοῦντα ζῆν.*

20 Stobaeus eclog. II 75, 11 W. *τὸ δὲ τέλος ὁ μὲν Ζήνων οὕτως ἀπέδωκε „τὸ ὁμολογουμένως ζῆν“ — — οἱ δὲ μετὰ τοῦτον προσ-* 20 *διαρθροῦντες οὕτως ἐξέφερον — — Ἀρχέδημος δὲ „πάντα τὰ καθήκοντα ἐπιτελοῦντας ζῆν.“*

21 Clemens Alex. Stromat. II 21 p. 179 Sylb., V. I p. 497 Pott. *Ἀρχέδημός τε αὖ οὕτως ἐξηγεῖτο· „εἶναι τὸ τέλος ⟨ζῆν⟩ ἐκλεγόμενον τὰ κατὰ φύσιν μέγιστα καὶ κυριώτατα, οὐχ οἷόν τε ὄντα ὑπερβαίνειν.“*
25 **22** Sextus adv. math. XI 73. *ὁ δὲ Ἀρχέδημος κατὰ φύσιν μὲν εἶναι* (scil. τὴν ἡδονήν) *ὡς τὰς ἐν μασχάλῃ τρίχας, οὐχὶ δὲ καὶ ἀξίαν ἔχειν.*

---

12 hanc igitur quaestionem etiam ab Archedemo tractatam esse Seneca significat. argumenta vide apud ipsum Senecam.

VI. Boëthus Sidonius.

1 Diocles Magnes apud Diog. Laërt. VII 54. ὁ μὲν γὰρ **Βόηθος** κριτήρια πλείονα ἀπολείπει, νοῦν καὶ αἴσθησιν καὶ ὄρεξιν καὶ ἐπιστήμην.

2 Aëtius I 7,25 (DG p. 303,15). **Βόηθος** τὸν αἰθέρα θεὸν ⁵ ἀπεφήνατο.

3 Diog. Laërt. VII 148. **Βόηθος** δὲ ἐν τῇ περὶ φύσεως οὐσίαν θεοῦ τὴν τῶν ἀπλανῶν σφαῖραν.

4 Cicero de divin. I 13. *Quis igitur elicere causas praesensionum potest? etsi video Boëthum Stoicum esse conatum, qui hactenus ali-* ¹⁰ *quid egit ut earum rationem rerum explicaret, quae in mari caelove fierent.*

II 47. *prognosticorum causas persecuti sunt et Boëthus Stoicus, qui est a te nominatus, et noster etiam Posidonius.*

5 Diog. Laërt. VII 149. καθ' εἱμαρμένην δέ φασι τὰ πάντα γί- ¹⁵ νεσθαι Χρύσιππος — καὶ Ποσειδώνιος — καὶ Ζήνων, **Βόηθος** δὲ ἐν α' περὶ εἱμαρμένης.

6 Diog. Laërt. VII 143. **Βόηθος** δέ φησιν οὐκ εἶναι ζῷον τὸν κόσμον.

7 Philo de incorrupt. mundi 15 p. 248 Bern. p. 24,20 Cum. ²⁰ **Βόηθος** γοῦν ὁ Σιδώνιος καὶ Παναίτιος, ἄνδρες ἐν τοῖς Στωϊκοῖς δόγμασιν ἰσχυκότες, ἅτε θεόληπτοι, τὰς ἐκπυρώσεις καὶ παλιγγενεσίας καταλιπόντες πρὸς ὁσιώτερον δόγμα τὸ τῆς ἀφθαρσίας τοῦ κόσμου πάντως ηὐτομόλησαν.

16. ἀποδείξεσι δ' οἱ περὶ τὸν **Βόηθον** κέχρηνται πιθανωτάταις, ²⁵ ἃς αὐτίκα λέξομεν· εἰ, φασί, γενητὸς καὶ φθαρτὸς ὁ κόσμος, ἐκ τοῦ μὴ ὄντος τι γενήσεται, ὅπερ καὶ τοῖς Στωϊκοῖς ἀτοπώτατον εἶναι δοκεῖ. διὰ τί; ὅτι οὐδεμίαν φθοροποιὸν αἰτίαν εὑρεῖν ἔστιν, οὔτ' ἐντὸς οὔτ' ἐκτός, ἢ τὸν κόσμον ἀνελεῖ· ἐκτὸς μὲν γὰρ οὐδέν ἐστιν ὅτι μὴ τάχα που κενόν, τῶν στοιχείων ἀποκριθέντων εἰς αὐτὸν ὁλοκλήρων, ³⁰ εἴσω δὲ οὐδὲν νόσημα τοιοῦτον ὃ γένοιτ' ἂν αἴτιον θεῷ τοσούτῳ δια-

3 ἀπολείπειν οὖν B.   15 φησι BP.   17 ἐν πρώτῳ P (γρ. ιᾱ P⁴) ἐν ιᾱ B.   34 θεῷ Cumont, τῷ libri.

λύσεως· εἰ δ᾽ ἀναιτίως φθείρεται, δῆλον ὅτι ἐκ τοῦ μὴ ὄντος ἔσται ἡ
γένεσις τῆς φθορᾶς ὅπερ οὐδ᾽ ἡ διάνοια παραδέξεται.

Καὶ μὴν φασιν, ὅτι γενικοὶ τρόποι φθορᾶς εἰσι τρεῖς· ὅ τε κατὰ
διαίρεσιν καὶ ὁ κατὰ ἀναίρεσιν τῆς ἐπεχούσης ποιότητος καὶ ὁ κατὰ
5 σύγχυσιν. τὰ μὲν οὖν ἐκ διεστηκότων, αἰπόλια, βουκόλια, χοροί,
στρατεύματα, ἢ πάλιν ἐκ συναπτομένων σώματα παγέντα διαστάσει
καὶ διαιρέσει λύονται. κατὰ δὲ ἀναίρεσιν τῆς ἐπεχούσης ποιότητος ὁ
μετασχηματιζόμενος κηρὸς ἢ καταλεαινόμενος ἵνα μηδὲ ἑτεροειδῆ τινα
παράσχῃ τύπον μορφῆς· κατὰ δὲ σύγχυσιν, ὡς ἡ παρὰ ἰατροῖς τετρα-
10 φάρμακος· αἱ γὰρ δυνάμεις τῶν συνενεχθέντων ἠφανίσθησαν εἰς ἐξαι-
ρέτου μιᾶς γένεσιν ἀποτελεσθείσης. ποίῳ δὴ τούτων ἄξιον τὸν κόσμον
φθείρεσθαι φάναι; τῷ κατὰ διαίρεσιν; ἀλλ᾽ οὔτε ἐκ διεστηκότων ἐστίν,
ὡς τὰ μέρη σκεδασθῆναι, οὔτ᾽ ἐκ συναπτομένων, ὡς διαλυθῆναι, οὔτε
τὸν αὐτὸν τρόπον τοῖς ἡμετέροις ἥνωται σώμασι· τὰ μὲν γὰρ ἐπική-
15 ρως τε ἐξ ἑαυτῶν ἔχει καὶ δυναστεύεται πρὸς μυρίων ὑφ᾽ ὧν βλάπτε-
ται, τοῦ δ᾽ ἀήττητος ἡ ῥώμη πολλῇ τινι περιουσίᾳ πάντων κατακρα-
τοῦσα. ἀλλ᾽ ἀναιρέσει παντελεῖ τῆς ποιότητος; ἀλλ᾽ ἀμήχανον τοῦτό
γε· μένει γὰρ κατὰ τοὺς τἀναντία αἰρουμένους ἡ τῆς διακοσμήσεως
ποιότης ἐπ᾽ ἐλάττονος οὐσίας τῆς τοῦ Διὸς σταλεῖσα κατὰ τὴν ἐκπύ-
20 ρωσιν. ἀλλὰ τῷ κατὰ σύγχυσιν; ἄπαγε, δεήσει γὰρ πάλιν εἰς τὸ μὴ
ὂν γίνεσθαι τὴν φθορὰν παραδέχεσθαι. τοῦ χάριν; ὅτι εἰ μὲν ἕκαστον
ἐν μέρει τῶν στοιχείων ἐφθείρετο, μεταβολὴν ἐδύνατο τὴν εἰς ἕτερον
δέχεσθαι, πάντων δὲ συλλήβδην ἀθρόων κατὰ σύγχυσιν ἀναιρουμένων,
ἀνάγκη ὑπονοεῖν τὸ ἀδύνατον.

25 Ἔτι πρὸς τούτοις, ἐὰν ἐκπυρωθῇ, φασί, τὰ πάντα, τί κατ᾽ ἐκεῖνο
ὁ θεὸς πράξει τὸν χρόνον; ἢ τὸ παράπαν οὐδέν; καὶ μήποτ᾽ εἰκότως·
νυνὶ μὲν γὰρ ἕκαστα ἐφορᾷ καὶ πάντων οἷα γνήσιος πατὴρ ἐπιτρο-
πεύει καί, εἰ δεῖ τἀληθὲς εἰπεῖν, ἡνιόχου καὶ κυβερνήτου τρόπον
ἡνιοχεῖ καὶ πηδαλιουχεῖ τὰ σύμπαντα, ἡλίῳ τε καὶ σελήνῃ καὶ τοῖς
30 ἄλλοις πλάνησι καὶ ἀπλανέσιν, ἔτι δ᾽ ἀέρι καὶ τοῖς ⟨ἄλλοις⟩ μέρεσι
τοῦ κόσμου παριστάμενος καὶ συνδρῶν ὅσα πρὸς τὴν τοῦ ὅλου δια-
μονὴν καὶ τὴν κατ᾽ ὀρθὸν λόγον ἀνυπαίτιον διοίκησιν. πάντων δ᾽
ἀναιρεθέντων, ὑπ᾽ ἀργίας καὶ ἀπραξίας δεινῆς ἀβιώτῳ βίῳ χρήσεται·
οὐ τί γένοιτ᾽ ἂν ἀτοπώτερον; ὀκνῶ λέγειν, ὃ μηδὲ θέμις εἰπεῖν, ὅτι
35 ἀκολουθήσει θεῷ θάνατος, εἴ γε καὶ ἠρεμία· τὸ γὰρ ἀεικίνητον ἐὰν
ἀνέλῃς ψυχῆς, καὶ αὐτὴν πάντως συνανελεῖς. ψυχὴ δὲ τοῦ κόσμου

---

6 συναπτομένων Turneb., συναπτομένου libri.   8 ἢ καταλεαινόμενος Diels,
ἢ καὶ λεαινόμενος libri.   19 οὐσίας τῆς τοῦ Διὸς σταλεῖσα Bern., οὐσίας τῇ τοῦ
ἰδιοσταλεῖσα E οὐσίας τῇ τοῦ .... σταλεῖσα L.   24 τοῦτο ὑπονοεῖν ἀδύνατον
Cumont.   30 ἄλλοις suppl. Cumont.

κατὰ τοὺς ἀντιδοξοῦντας ὁ θεός. *Quae secuntur non iam ad Boëthum pertinere mihi videntur.*

8 Aëtius II 31,5 (DG p. 363,12). Βόηθος δὲ πρὸς τὴν φαντασίαν δέχεται τὸ ἀναπεπταμένον (scil. τοῦ οὐρανοῦ), οὐ κατὰ τὴν ὑπόστασιν.

9 Aëtius III 2,7 (DG p. 367,5). Βόηθος ἀέρος ἀνημμένου φαντασίαν (scil. τοὺς κομήτας).

10 Macrobius in Somn. Scip. I 14,19. *Plato dixit animam essentiam se moventem — — Critolaus Peripateticus constare eam de quinta essentia — — Boëthos ex aëre et igne etc.*

11 Simplicius in Aristot. de anima p. 247,24 Hayd. ἵνα μὴ ὡς ὁ Βοηθὸς οἰηθῶμεν τὴν ψυχὴν ὥσπερ τὴν ἐμψυχίαν ἀθάνατον μὲν εἶναι ὡς αὐτὴν μὴ ὑπομένουσαν τὸν θάνατον ἐπιόντα, ἐξισταμένην δὲ ἐπιόντος ἐκείνου τῷ ζῶντι ἀπόλλυσθαι.

---

5 antecedit Empedoclis placitum: τοῦ ὕψους τοῦ ἀπὸ τῆς γῆς ⟨εἰς⟩ τὸν οὐρανόν — — πλείονα εἶναι τὴν κατὰ τὸ πλάτος διάστασιν, κατὰ τοῦτο τοῦ οὐρανοῦ μᾶλλον ἀναπεπταμένου.

VII. Appendix.

Stoicorum incertae aetatis, Basilidis, Eudromi, Crinidis fragmenta.

Basilides.

5 Sextus adv. math. VIII 258. ὁρῶμεν δὲ ὡς εἰσί τινες οἱ ἀνῃρηκότες τὴν ὕπαρξιν τῶν λεκτῶν, καὶ οὐχ οἱ ἑτερόδοξοι μόνον, οἷον οἱ Ἐπικούρειοι, ἀλλὰ καὶ οἱ Στωϊκοί, ὡς οἱ περὶ τὸν Βασιλείδην, οἷς ἔδοξε μηδὲν εἶναι ἀσώματον.

In Epitoma Diogenis enumeratur inter Nestorem et Dardanum.

Eudromus.

10

1 Diog. Laërt. VII 39. τριμερῆ φασιν εἶναι τὸν κατὰ φιλοσοφίαν λόγον· εἶναι γὰρ αὐτοῦ τὸ μέν τι φυσικόν, τὸ δὲ ἠθικόν, τὸ δὲ λογικόν. οὕτω δὲ πρῶτος διεῖλε Ζήνων ὁ Κιτιεύς — — καὶ Εὔδρομος ἐν τῇ ἠθικῇ στοιχειώσει — — ταῦτα δὲ τὰ μέρη ὁ μὲν
15 Ἀπολλόδωρος τόπους καλεῖ, ὁ δὲ Χρύσιππος καὶ Εὔδρομος εἴδη.

2 Diog. Laërt. VII 40. ἄλλοι δὲ πρῶτον μὲν τὸ λογικὸν τάττουσι, δεύτερον δὲ τὸ φυσικὸν καὶ τρίτον τὸ ἠθικόν· ὧν ἐστι — καὶ Εὔδρομος.

Crinis.

20 **1** Arrianus Epictet. dissert. III 2, 15. ἄπελθε νῦν καὶ ἀναγίγνωσκε Ἀρχέδημον· εἶτα μῦς ἂν καταπέσῃ καὶ ψοφήσῃ, ἀπέθανες· τοιοῦτος γάρ σε μένει θάνατος, οἷος καὶ τὸν — — τίνα ποτ' ἐκεῖνον; — τὸν Κρῖνιν· καὶ ἐκεῖνος μέγα ἐφρόνει ὅτι ἐνόει Ἀρχέδημον.

2 Diog. Laërt. VII 62. μερισμὸς δέ ἐστι γένους εἰς τόπους
25 κατάταξις, ὡς ὁ Κρῖνις, οἷον „τῶν ἀγαθῶν τὰ μέν ἐστι περὶ ψυχήν, τὰ δὲ περὶ σῶμα."

3 Diog. Laërt. VII 68. Τῶν ἀξιωμάτων τὰ μέν ἐστιν ἁπλᾶ, τὰ δ' οὐχ ἁπλᾶ, ὥς φασιν οἱ περὶ Χρύσιππον — — καὶ Κρῖνιν.

---

11 φησιν B.   12 μέντοι B.   13 τὸ δὲ ἠθικὸν τὸ δὲ λογικόν add. B² in mg.   18 εὔδρομος BP.   23 κρινον S, corr. Sc. ‖ Crinis fortasse Archedemi fuit discipulus. Non video cur Zeller Gr. Ph. IV 690 n. duos fuisse Crinides iudicet.   25 κρίνεις B.

4 Diocles Magnes apud Diog. Laërt. VII 71. παρασυνημμένον δέ ἐστιν, ὡς ὁ Κρῖνις φησὶν ἐν τῇ διαλεκτικῇ τέχνῃ, ἀξίωμα ὃ ὑπὸ τοῦ „ἐπεὶ" συνδέσμου παρασυνῆπται, ἀρχόμενον ἀπ' ἀξιώματος καὶ λῆγον εἰς ἀξίωμα, οἷον „ἐπεὶ ἡμέρα ἐστί, φῶς ἐστίν". ἐπαγγέλλεται δὲ ὁ σύνδεσμος ἀκολουθεῖν τε τὸ δεύτερον τῷ πρώτῳ καὶ τὸ πρῶ- 5 τον ὑφεστάναι.

ibid. 74. παρασυνημμένον δὲ ἀληθὲς μέν ἐστιν ὃ ἀρχόμενον ἀπὸ ἀληθοῦς εἰς ἀκόλουθον λήγει, οἷον „ἐπεὶ ἡμέρα ἐστίν, ἥλιός ἐστιν ὑπὲρ γῆς". ψεῦδος δὲ ⟨ὃ⟩ ἢ ἀπὸ ψεύδους ἄρχεται ἢ μὴ εἰς ἀκόλουθον λήγει, οἷον „ἐπεὶ νύξ ἐστι, Δίων περιπατεῖ" ἂν ἡμέρας οὔσης 10 λέγηται.

5 Diocles Magnes apud Diog. Laërt. VII 76. λόγος δέ ἐστι, ὡς οἱ περὶ τὸν Κρῖνιν φασί, τὸ συνεστηκὸς ἐκ λήμματος καὶ προσλήψεως καὶ ἐπιφορᾶς, οἷον ὁ τοιοῦτος „εἰ ἡμέρα ἐστί, φῶς ἐστι· ἡμέρα δέ ἐστι· φῶς ἄρα ἐστί". λῆμμα μὲν γάρ ἐστι τὸ „εἰ ἡμέρα 15 ἐστί, φῶς ἐστι", πρόσληψις τὸ „ἡμέρα δέ ἐστιν", ἐπιφορὰ δὲ τὸ „φῶς ἄρα ἐστί". τρόπος δέ ἐστιν οἱονεὶ σχῆμα λόγου, οἷον ὁ τοιοῦτος „εἰ τὸ πρῶτον, τὸ δεύτερον· ἀλλὰ μὴν τὸ πρῶτον· τὸ ἄρα δεύτερον". λογότροπος δέ ἐστι τὸ ἐξ ἀμφοτέρων σύνθετον, οἷον „εἰ ζῇ Πλάτων, ἀναπνεῖ Πλάτων· ἀλλὰ μὴν τὸ πρῶτον· τὸ ἄρα δεύτερον" 20 παρεισήχθη δὲ ὁ λογότροπος ὑπὲρ τοῦ ἐν ταῖς μακροτέραις συντάξεσι τῶν λόγων μηκέτι τὴν πρόσληψιν μακρὰν οὖσαν καὶ τὴν ἐπιφορὰν λέγειν, ἀλλὰ συντόμως ἐπενεγκεῖν „τὸ δὲ πρῶτον· τὸ ἄρα δεύτερον."

8 ἐπεὶ] ἐὰν B.   9 ὑπὲρ γῆς om. B (spatio relicto).   10 ἐπεὶ] εἰ B. ‖ περιπατῶν B.   13 κρίνειν B. ‖ ἐκ λήμματος ἢ λημμάτων BP.   15 ἐστι om. BP (post γάρ).   16 πρόσλημψις B.   20 λογότροπος—δεύτερον add. B² in mg.   22 πρόσλημψιν B.

VERLAG VON B. G. TEUBNER IN LEIPZIG

STOICORUM VETERUM FRAGMENTA

COLLEGIT

IOANNES AB ARNIM

Das nun in drei Bänden — bis auf die Indices, die baldmöglichst folgen sollen — vollendet vorliegende Werk berücksichtigt die ganze „alte Stoa", d. h. die Stoa vor Panaitios.

Der erste Band enthält die Prolegomena zu dem ganzen Werke und die Fragmente der Stoiker vor Chrysippos, also vor allem des Zenon und Kleanthes. Für die Fragmente des Zenon und Kleanthes wurde die Sammlung von Pearson zugrunde gelegt und sowohl textkritisch als bezüglich der Anordnung dem Charakter des ganzen Werkes angepaßt. Die Bruchstücke der übrigen vorchrysippischen Stoiker sind hier zum ersten Male vereinigt. Der zweite Band enthält die logischen und physischen Bruchstücke Chrysipps, der dritte die Fragmente der moralischen Schriften Chrysipps und die Schriften der Nachfolger. Die Anordnung ist nach dem System, nicht nach den Schrifttiteln gemacht. Dadurch wird die philosophie-geschichtliche Benutzung des Buches erleichtert, die der literar-geschichtlichen gegenüber als die ungleich wichtigere erscheinen mußte. Im Druck sind durch verschiedene Typen die wörtlichen

Fragmente Chrysipps unterschieden von bloßen Berichten über seine Lehre und diese wiederum von den rein kombinatorisch auf ihn zurückgeführten Abschnitten und der gemeinstoischen Überlieferung. Der Apparat gibt Abweichungen des Textes von der Überlieferung nur an, soweit dieselben inhaltlich von Bedeutung schienen und kritische Ausgaben der Quellenschriftsteller zur Verfügung standen. Die Prolegomena enthalten in ihrem Hauptteile eine Würdigung der Quellen, aus denen die Fragmente entnommen sind. Diese ist für die richtige Benutzung der Sammlung unentbehrlich, da die geschichtliche Verwertung der Quellenstellen nicht ohne Reflexion auf den Charakter der Quelle geschehen darf. Ausführlich wird namentlich die Herkunft der Stoica Plutarchs und die Natur der bei Stobaeus und bei Diogenes Laërtius erhaltenen stoischen Kompendien besprochen. Für die Exegese werden, von der Anordnung abgesehen, die Indices eine Grundlage bieten. Doch sind auch im Apparat Verweisungen auf andere Teile des Werkes in erheblicher Zahl angebracht. — Ausführliche Indices werden das Buch der dogmengeschichtlichen und der sprachgeschichtlichen Benutzung erschließen.

═══ **Bestell-Zettel.** ═══

Bei ....

Buchhandlung in ....

bestellt der Unterzeichnete hiermit aus dem Verlage von B. G. Teubner in Leipzig [zur Ansicht]:

Stoicorum veterum fragmenta coll. Ioannes ab Arnim.

Vol. I: Zeno et Zenonis discipuli. [L u. 142 S.] gr. 8. geh. *M.* 8. —

Vol. II: Chrysippi fragmenta logica et physica. [VI u. 348 S.] gr. 8. geh. *M.* 14. —

Vol. III: Chrysippi fragmenta moralia — Fragmenta successorum Chrysippi. [IV u. 269 S.] gr. 8. geh. *M.* 12. —

Vol. IV: Indices. (In Vorbereitung.)

Ort, Wohnung: Unterschrift:

Inhaltsübersicht und Proben von Vol. I—III.

Vol. I.

V. De virtute.

(Vol. III p. 48.)

199 Cicero Acad. Post. I 38. *Cumque superiores non omnem virtutem in ratione esse dicerent, sed quasdam virtutes natura aut more perfectas, hic (scil. Zeno) omnes in ratione ponebat; cumque illi ea* 5 *genera virtutum, quae supra dixi, seiungi posse arbitrarentur, hic nec id ullo modo fieri posse disserebat, nec virtutis usum modo, ut superiores, sed ipsum habitum per se esse praeclarum, nec tamen virtutem cuiquam adesse, quin ea semper uteretur.*

200 Plutarchus de Stoic. rep. 7 p. 1034c. ἀρετὰς ὁ Ζήνων ἀπο- 10 λείπει πλείονας κατὰ διαφοράς, ὥσπερ ὁ Πλάτων, οἷον φρόνησιν ἀνδρείαν σωφροσύνην δικαιοσύνην, ὡς ἀχωρίστους μὲν οὔσας, ἑτέρας δὲ καὶ διαφερούσας ἀλλήλων. πάλιν δὲ ὁριζόμενος αὐτῶν ἑκάστην, τὴν μὲν ἀνδρείαν φησὶ φρόνησιν εἶναι ἐν ⟨ὑπομενετέοις· τὴν δὲ . . . . φρόνησιν ἐν⟩ ἐνεργητέοις· τὴν δὲ δικαιοσύνην φρόνησιν ἐν ἀπονεμη- 15 τέοις· ὡς μίαν οὖσαν ἀρετήν, ταῖς δὲ πρὸς τὰ πράγματα σχέσεσι κατὰ τὰς ἐνεργείας διαφέρειν δοκοῦσαν. — Diogenes Laërt. VII 161. ἀρετάς τε οὔτε πολλὰς εἰσῆγεν (scil. Aristo) ὡς ὁ Ζήνων. Cf. VII 126.

201 Plutarchus de virt. mor. 2 p. 441a. ἔοικε δὲ καὶ Ζήνων εἰς τοῦτό πως ὑποφέρεσθαι ὁ Κιτιεύς, ὁριζόμενος τὴν φρόνησιν ἐν 20

---

15 lacunam manifestam supplevi, secutus Hirzelium; sed nomen virtutis, quae est φρόνησις ἐν ἐνεργητέοις (quae certe non est σωφροσύνη cf. 201) non potui supplere. Cf. Cleanth. fr. 563.

Vol. II.

Vol. III.

Chrysippi fragmenta moralia cum generali Stoicorum doctrina composita.

Chrysippi discipuli et successores.